2002

OEUVRES COMPLÈTES

DU CHANCELIER

D'AGUESSEAU.

SE TROUVENT AUSSI

CHEZ L'ÉDITEUR, RUE CHRISTINE, N.º 3, A PARIS;
ET CHEZ LES PRINCIPAUX LIBRAIRES DE FRANCE ET DE L'ÉTRANGER.

DE L'IMPRIMERIE DE I. JACOB, A VERSAILLES.

OEUVRES COMPLÈTES

DU CHANCELIER

D'AGUESSEAU.

NOUVELLE ÉDITION,

AUGMENTÉE DE PIÈCES ÉCHAPPÉES AUX PREMIERS ÉDITEURS,
ET D'UN DISCOURS PRÉLIMINAIRE

PAR M. PARDESSUS,

PROFESSEUR A LA FACULTÉ DE DROIT DE PARIS.

TOME TREIZIÈME,

CONTENANT LA FIN DE LA CORRESPONDANCE OFFICIELLE, ET PLUSIEURS
MÉMOIRES SUR LA JUSTICE ET LES FINANCES.

PARIS,

FANTIN ET COMPAGNIE, LIBRAIRES,
QUAI MALAQUAI, N.° 3.

H. NICOLLE, A LA LIBRAIRIE STÉRÉOTYPE,
RUE DE SEINE, N.° 12.

DE PELAFOL, RUE DES GRANDS-AUGUSTINS, N.° 21.

M. DCCC. XIX.

TITRES

DES DIFFÉRENS OUVRAGES

CONTENUS DANS LE TOME TREIZIÈME.

CORRESPONDANCE OFFICIELLE.

SUITE DE LA SIXIÈME DIVISION.

FIN DES TITRES DU TOME TREIZIÈME.

OEUVRES
DE D'AGUESSEAU.

CORRESPONDANCE OFFICIELLE.

SUITE

DE LA SIXIÈME DIVISION.

LETTRES ET ORDONNANCES SUR DIVERSES MATIÈRES
DE DROIT CIVIL.

§. VIII. — *Matières commerciales.*

Du 29 novembre 1721.

La modification que le parlement de Rouen a mise
à l'édit de 1563, par rapport au pouvoir qu'il donne
aux juges-consuls de juger en dernier ressort, jusqu'à
la somme de 500 livres, m'étoit inconnue, aussi bien
qu'au conseil. On ne pouvoit pas deviner que le parlement de Normandie suivît, sur ce point, un usage
différent de celui de tous les autres parlemens du
royaume ; et il est bien difficile d'autoriser un pareil
usage, dans une matière où les mêmes motifs doivent
faire observer partout les mêmes règles. D'ailleurs,
l'ordonnance générale du commerce, qui a été faite
en l'année 1673, et qui ordonnoit purement et simplement que l'édit d'établissement des consuls de
1563, et tous les autres édits et déclarations donnés

en conséquence, seroient des lois communes pour tous les siéges de juridiction consulaire, est un titre postérieur et général, qui, ayant été enregistré, suivant toute apparence, sans aucune modification par le parlement de Rouen, semble couvrir et effacer cette ancienne modification qu'il avoit mise, en enregistrant le premier édit de création des juges et consuls des marchands. Il y a eu, depuis ce temps-là, au mois de mai 1710, un édit par lequel le roi créa vingt nouvelles juridictions consulaires; et, par cet édit, le roi leur attribua les mêmes droits et les mêmes pouvoirs qu'aux juges et consuls précédemment établis, pour en jouir conformément aux édits et déclarations qui avoient été donnés en faveur de ces juges. Prenez la peine de me faire savoir si cet édit n'a pas été enregistré au parlement de Rouen, où il doit l'être, puisque, par l'édit, il y a un nouveau siége de juges et consuls établi dans le ressort de votre parlement; et si votre compagnie a renouvelé, en enregistrant cet édit, l'ancienne modification qu'elle avoit mise dans l'enregistrement de l'édit de 1563; mais, si cela n'est pas, comme il est naturel de le présumer, il sera bien difficile de donner la préférence à l'usage particulier d'une seule province du royaume, sur tant de titres antérieurs et postérieurs qui établissent une règle contraire sur le droit commun de toute la France, à l'exception de la Normandie, et sur le bien du commerce qui ne souffre pas que la condition des négocians, qui sont obligés de plaider devant les juges et consuls, soit moins favorable dans votre ressort que dans celui de tous les autres parlemens.

Du 10 juin 1729.

Vous recevrez incessamment, par M......, l'arrêt par lequel le roi a cassé l'élection du nommé......, pour la place de consul de la ville de Bordeaux, et

ordonné qu'il seroit procédé à une nouvelle élection
en la manière accoutumé. On y auroit pu faire mén-
tion de votre ordonnance, si j'avois reçu plus tôt
l'éclaircissement que vous me donnez par votre lettre
du 3o du mois dernier; mais, comme on ignoroit,
quand l'arrêt a été rendu, ce que vous observez,
dans cette lettre, sur l'édit de 1563, portant création
d'une juridiction consulaire dans la ville de Bordeaux, par lequel le roi s'est réservé la connoissance
des appels qui seroient interjetés de l'élection des
juges et consuls, on n'a pas cru devoir y rappeler
votre ordonnance, à cause du doute que l'on avoit
sur votre compétence. D'ailleurs, quand même l'édit
que vous citez dans votre dernière lettre auroit été
plus connu en ce pays-ci, il auroit toujours été question de savoir si la disposition de cet édit, qui
pouvoit appuyer votre ordonnance, étoit encore en
vigueur, et si l'usage n'y avoit point dérogé, en supposant que cette disposition ne regardoit que la
première élection qui seroit faite après l'édit, et que
l'établissement de la nouvelle juridiction consulaire
étant une fois consommé, il falloit revenir, sur ce
point, aux règles ordinaires et à l'ordre naturel des
juridictions, comme, en effet, je crois qu'on en trouveroit des exemples; mais l'essentiel est que, sans
parler de votre ordonnance, on en a suivi entièrement l'esprit, en cassant l'élection que vous aviez eu
raison de vouloir empêcher. Vous prendrez la peine
de faire signifier l'arrêt aussitôt que vous l'aurez
reçu, et de tenir la main à ce que la nouvelle élection, à laquelle il s'agira de procéder suivant cet
arrêt, se passe dans l'ordre, et sans cabale, autant
qu'il sera possible.

Au surplus, on n'a pas jugé à propos de faire
aucun réglement, au moins quant à présent, sur ce
qui regarde la succession du fils au père dans les
places de juge et consuls des marchands. Outre que
tous les députés des villes de commerce s'y sont fort
opposés, on n'a pas cru que, sur le seul exemple
d'un cas où on avoit abusé, à cet égard, de la liberté

commune, il convînt de faire une loi générale. Il faudra voir ce que l'expérience apprendra sur ce sujet; et, comme on a vécu depuis long-temps dans une entière liberté à cet égard, sans qu'il en soit arrivé aucun inconvénient remarquable, il pourra se passer encore beaucoup d'années sans qu'on soit obligé d'y mettre la main : ce qui paroît beaucoup plus important, seroit de régler plus exactement la forme des élections et la manière d'y prendre les voix. Il y a eu une déclaration faite l'année dernière, sur ce sujet, par rapport aux juges et consuls de Paris, qui contient plusieurs réglemens utiles, mais qu'il seroit peut-être difficile d'approprier aux usages des autres villes de commerce. Je me contente donc de vous prier d'y faire réflexion à l'égard de la ville de Bordeaux; et, si vous jugez à propos de m'envoyer quelques mémoires sur cette matière, je les recevrai toujours avec plaisir, pour en faire l'usage qu'il conviendra, par rapport au bien public.

<hr>

Du 25 mai 1735.

Le mémoire du parlement de Bretagne, que vous m'avez envoyé, a deux objets : le passé et l'avenir.

Sur le premier objet, dès le moment que les consuls de Nantes ont connu de la faillite du nommé......, dans le temps qu'ils avoient pouvoir de le faire, il n'est pas douteux qu'ils ne puissent achever ce qu'ils ont commencé, parce que, pour les priver de ce droit, il faudroit, comme ils ont raison de le dire, que le roi les eût expressément dépouillés de leur pouvoir, au lieu qu'il s'est contenté de ne le pas renouveler. Il seroit, d'ailleurs, contre le bien de la justice, et contre l'intérêt des parties, de diviser la même affaire, et d'en renvoyer la suite dans un nouveau tribunal, qui détruiroit peut-être ce que ce premier a fait; et il y a même d'autant moins de raisons d'en user de cette manière, que le parlement étant le supérieur des consuls de Nantes, ainsi que des juges ordinaires, auxquels il pourroit renvoyer l'affaire, il sera en état de réformer ce que les consuls de Nantes y ont déjà fait, ou ce qu'ils y pourront faire, supposé qu'il le trouve contraire aux règles de la justice.

A l'égard de l'avenir que forme le second projet du mémoire; j'entre fort dans les raisons du parlement, contre l'attribution indéfinie qui avoit été faite aux consuls; mais c'est une matière qui mérite une loi nouvelle. Le projet en est fait il y a long-temps, et des raisons qu'il seroit inutile d'expliquer ici en ont suspendu l'expédition; mais elles pourront cesser bientôt, et ce sera par cette nouvelle loi que l'on conciliera la faveur et les intérêts du commerce avec les véritables règles de l'ordre public, qui, dans le point dont il s'agit, sont pour les juges ordinaires.

Du 16 février 1736.

Je vous envoie un autre mémoire que MM. les élus des états de Bourgogne m'ont envoyé avec celui qui est l'objet de la lettre que je viens de vous écrire.

Ce second mémoire regarde l'article 13 des derniers cahiers des états de cette province, où ils ont demandé qu'il plût au roi, en étendant à toutes sortes de personnes la disposition de l'ordonnance de 1673, qui ne regarde que les marchands, ordonner que les contrats de direction qui seront faits par une assemblée de créanciers, suivant l'avis du plus grand nombre, eu égard aux plus fortes créances, auront lieu dans le cas d'insolvabilité des débiteurs, bourgeois, officiers, gentilshommes et autres, comme pour tous les marchands.

Le roi a répondu à cet article que Sa Majesté feroit examiner les mémoires que les états pourroient lui présenter sur ce sujet, pour voir si l'extension qu'ils proposent de donner à l'ordonnance de 1673, devoit être autorisée par Sa Majesté.

C'est en conséquence de cette réponse que les élus m'ont envoyé le mémoire qui est joint à ma lettre, et sur lequel je vous prie de me faire savoir quel a été, jusqu'à présent, l'usage de votre province et la jurisprudence du parlement.

Votre réponse, sur ce dernier mémoire, n'est pas aussi pressée que celle qui regarde le mémoire joint à mon autre lettre.

Du 27 février 1738.

La lettre que vous m'avez écrite le 17 de ce mois me fait voir que les consuls d'Arles, dont je vous avois envoyé le mémoire, ne se trompent pas dans le fait, lorsqu'ils disent que la jurisprudence du parlement d'Aix, les réduit à ne connoître des causes des marchands qu'entre ceux qui sont domiciliés dans la ville d'Arles; mais vous croyez qu'ils errent dans le droit, lorsqu'ils pensent que cette jurisprudence n'est pas bien fondée : c'est une question qui a été agitée bien des fois, et qu'il seroit à souhaiter que le roi décidât enfin par son autorité. On a voulu le faire en différentes occasions, même pendant la vie du feu roi; mais on y a trouvé tant de difficultés, que la question est demeurée encore indécise; ainsi, jusqu'à ce qu'il plaise à Sa Majesté de s'expliquer sur ce sujet, rien n'empêche le parlement de Provence de continuer de suivre la maxime qu'il observe sur cette matière.

Du 30 janvier 1741.

Vous avez raison de dire que le nommé........ peut se pourvoir par-devant les juges et consuls de Bayonne, pour demander l'homologation du contrat d'atermoiement qu'il a passé avec ses créanciers, puisque les consuls de Bayonne n'ont point fait renouveler depuis l'année 1733, comme d'autres consuls l'ont fait, l'attribution qui leur avoit été donnée pour connoître de ces sortes d'affaires ; mais je ne vois pas par quelle raison le parlement en prendroit connoissance directement et en première instance, ces sortes d'affaires étant de nature à être portées régulièrement dans les sénéchaussées ou bailliages soumis immédiatement aux parlemens ; c'est pourquoi vous prendrez la peine vous expliquer d'une manière plus précise.

Du 22 février 1741.

Il y a quelque temps que j'ai appris un usage du parlement de Bordeaux, que j'avois ignoré jusqu'à présent ; et cet usage est de porter directement et immédiatement, en ce parlement, toutes demandes en homologation de contrats d'atermoiement passé entre un débiteur et ses créanciers. J'en écrivis à M. le procureur-général, qui m'a assuré que c'étoit en effet l'usage qui s'observoit dans votre compagnie. Comme rien n'est plus contraire au droit commun qu'un pareil usage, qui dépouille les bailliages et sénéchaussées d'une connoissance qui leur appartient naturellement, je vous prie de me faire savoir si le parlement de Bordeaux a des titres particuliers qui l'autorisent à se mettre ainsi à la place des juges naturels. Il est vrai que les parties évitent par là un degré de juridiction ; mais, d'un autre côté, elles sont exposées à des voyages et à des frais beaucoup plus considérables, outre qu'il n'est pas permis, d'ailleurs, de déroger aux dispositions des ordonnances qui ont fixé les règles de l'ordre public sur ce qui concerne la compétence des juges.

Du 12 mars 1741.

Le sieur de........, qui est toujours prisonnier à la conciergerie de Bordeaux, m'a écrit pour me prier de lui accorder des lettres de répit qui pussent lui procurer sa liberté; mais comme depuis très-long-temps on n'est plus dans l'usage d'accorder ces sortes de lettres, vous prendrez, s'il vous plaît, la peine de lui faire dire qu'il ne peut prendre d'autre parti que celui de se concilier avec ses créanciers, et de se pourvoir ensuite au parlement, pour y demander sa liberté.

Du 24 juin 1741.

Je vous envoie une nouvelle lettre du sieur.......; dont l'état me paroît toujours très-digne de compassion; mais je n'y vois point de remède, à moins qu'il ne trouve le moyen de passer un contrat avec ses créanciers, au moyen duquel il puisse obtenir au moins un élargissement provisoire; c'est ce que je vous prie de lui faire savoir, en l'avertissant, comme je crois que vous l'avez déjà fait, qu'il n'est plus d'usage d'expédier des lettres de répit, à cause des difficultés et des inconvéniens qu'elles produisoient, et qu'ainsi c'est inutilement qu'il insiste toujours sur ce sujet dans les lettres qu'il m'écrit.

Du 4 mars 1743.

J'ai reçu les exemplaires imprimés que vous m'avez envoyés de la déclaration du roi, qui proroge pour deux ans le pouvoir attribué aux juridictions consu-laires de Lille et de Valenciennes, de connoître des faillites et banqueroutes, avec l'arrêt d'enregistrement de cette déclaration. Les exemplaires que vous y avez joints de deux arrêts rendus sur votre réquisition, sont une nouvelle preuve de votre zèle, soit contre l'avidité des officiers et autres gens de justice du Cambresis, soit contre l'abus des loteries particulières, qu'on ne sauroit réprimer trop sévèrement, surtout quand elles tendent à faire sortir l'argent du royaume pour passer dans les pays étrangers. Vous ne sauriez tenir la main trop exactement à l'exécution de ces deux arrêts, et je ne doute pas que vous ne le fassiez avec toute la vigilance que l'on peut attendre de votre ministère.

Du 20 mars 1743.

On rapporta hier, au conseil du roi, une instance dans laquelle il s'agissoit de la cassation d'un arrêt rendu par le parlement de Besançon, en faveur du sieur......; et la matière sur laquelle rouloit toute la difficulté de cette affaire, me paroît assez importante pour mériter non-seulement que je vous fîsse part de la décision du conseil, mais que je vous demandasse votre avis sur la manière de fixer la jurisprudence du parlement de Besançon, au sujet des questions qui avoient été agitées devant cette compagnie, et qui ont été renouvelées au conseil.

Ces questions se réduisoient à deux principales, qui formoient aussi deux moyens de cassation :

La première étoit de savoir si le sieur...... avoit pu acquérir une hypothèque sur les biens d'un débiteur dont la banqueroute avoit été ouverte *trois jours* après l'acte par lequel on avoit voulu convertir une créance purement chirographaire en créance hypothécaire ;

La seconde question rouloit sur la validité de la subrogation par laquelle celui qui avoit gagné son procès au parlement de Besançon, prétendoit être entré dans les droits du créancier originaire.

Par rapport à la première question, le demandeur fondoit sa demande en cassation sur une contravention à la déclaration du feu roi, du 18 novembre 1702, par laquelle il lui auroit plu d'ordonner que tous les actes passés dans les dix jours qui auroient précédé immédiatement la banqueroute, seroient regardés comme nuls et incapables de nuire aux créanciers du même débiteur. Celui qui soutenoit l'arrêt du parlement de Besançon répondoit, à la vérité, que cette déclaration n'avoit pas été enregistrée dans ce parlement, et qu'ainsi on ne pouvoit l'accuser d'être contrevenu à une loi qui ne lui étoit pas connue ; mais on repliquoit, de l'autre côté, que cette loi n'avoit fait qu'expliquer l'article 4 du titre 11 de l'ordonnance de 1673, qui a été enregistrée au parlement de Besançon, et qui porte : *que le roi déclare nuls tous transports, cessions, ventes, déclarations et donations de biens, meubles et immeubles qui seroient faits en fraude des créanciers.* Or, un acte qui ne précédoit que de trois jours la faillite du débiteur commun, et qui tendoit à changer la condition d'un des créanciers au préjudice des autres, portoit un caractère si évident de fraude et de collusion, que le parlement de Besançon n'avoit besoin que de l'ordonnance de 1673, pour prononcer la nullité de cet acte, et, par conséquent, on ne pouvoit justifier son arrêt par l'ignorance où il avoit été de la déclaration de 1702 ; ignorance, d'ailleurs, qui paroissoit peu vraisemblable, puisque les consuls de Besançon avoient donné une attestation par laquelle ils certifioient que, dans leur usage, ils se conformoient exactement à cette déclaration, qui, en effet, n'étant que l'explication de la disposition générale de l'ordonnance du commerce, devoit au moins tenir en garde les officiers du parlement de Besançon, et fixer leurs esprits sur l'application qu'ils devoient faire de l'ordonnance de 1673, à l'espèce sur laquelle ils avoient à prononcer.

À l'égard de la seconde question, on a prétendu que l'arrêt du parlement étoit encore plus insoutenable, puisqu'il avoit autorisé une subrogation qui ne pouvoit avoir été opérée suivant les règles les plus communes.

Non-seulement elle n'étoit faite que par le débiteur seul, mais l'écrit qui la contenoit étoit plus que suspect dans la forme. Les termes qui faisoient mention de la subrogation paroissant visiblement avoir été ajoutés après coup, sans approbation suffisante, et sans que l'on pût appliquer la signature de l'écrit à l'addition qui contenoit la subrogation.

Quand même cet écrit auroit été moins suspect de fraude et d'affectation, la subrogation n'en auroit pas été moins nulle, puisque, suivant les ordonnances du royaume et la jurisprudence constante de tous les parlemens, il faut qu'il y ait une convention précédente, par laquelle le nouveau créancier, dont les deniers doivent être employés au paiement du premier, ait stipulé que cet emploi sera fait; il faut encore qu'il l'ait été réellement, et que les deniers du nouveau créancier aient passé de ses mains dans celles de l'ancien, sans quoi le seul consentement du débiteur ne peut opérer la subrogation.

En vain opposoit-on, pour soutenir l'arrêt du parlement, que les ordonnances de nos rois, qui regardent la matière des subrogations, n'avoient point été enregistrées au parlement de Besançon : on répondoit à cette objection, que ces ordonnances n'avoient fait que suivre exactement les principes et les dispositions des lois romaines sur cette matière; et que, comme ces lois forment le droit commun dans la Franche-Comté, la contravention formelle dans laquelle le parlement étoit tombé à l'égard de ces lois formoit un moyen suffisant de cassation.

C'étoit aussi inutilement qu'on opposoit, pour défendre l'arrêt attaqué, qu'il y avoit eu un acte postérieur du lendemain, par lequel l'ancien créancier avoit consenti à la subrogation. Cet acte, très-suspect encore en lui-même, étoit venu trop tard, puisque, le paiement ayant été consommé dès la veille et même sans aucune subrogation valable, la dette étoit éteinte, et il n'étoit plus temps de parler de subrogation.

Tels étoient les moyens par lesquels on combattoit la décision du parlement de Besançon; et il faut avouer qu'il s'étoit défendu si mal par les motifs qu'il avoit envoyés d'abord, que leur foiblesse donnoit encore une nouvelle force aux moyens qu'on alléguoit contre son jugement. C'est donc en cet état que le conseil du roi a cru devoir casser l'arrêt dont on se plaignoit; et, s'il y a eu quelques juges qui n'ont pas été aussi frappés que les autres du premier moyen de cassation, tous les suffrages se sont également réunis en faveur du second moyen, qui suffisoit seul, en effet, pour ne pas laisser subsister l'arrêt dont on demandoit la réformation, et le fond de l'affaire a été retenu au conseil, comme on le fait ordinairement lorsque les moyens de cassation sont tirés du fond même de la décision.

Le détail dans lequel je viens d'entrer m'a paru nécessaire pour vous mettre pleinement au fait des principes que le conseil du roi croit devoir suivre dans la matière dont il s'agit.

C'en seroit bien assez pour obliger le parlement de Besançon à s'y conformer dans les cas semblables qui pourront naître à l'avenir; mais, comme il est nécessaire de ne laisser aucun doute ni aucun prétexte à l'incertitude des opinions sur des questions si importantes, j'ai cru qu'il seroit bon d'aller encore plus loin, et de vous prier d'examiner, avec ceux de MM. du parlement que vous jugerez à propos de commettre, s'il ne seroit pas convenable,

1.º D'adresser, au parlement de Besançon, la déclaration du 18 novembre 1702, par laquelle il a été ordonné que tous les actes passés entre le débiteur et quelqu'un de ses créanciers qui ne précéderoient pas de dix jours l'ouverture de la faillite, seroient regardés comme nuls, comme faits en fraude des autres créanciers. C'est une loi si sage, qu'on ne peut pas douter que le parlement de Besançon ne la reçoive avec plaisir ; et il est très-important pour le bien du public que la jurisprudence de tous les parlemens soit absolument uniforme dans cette matière.

2.º Ne seroit-il pas aussi nécessaire de rectifier, ou du moins de fixer les véritables principes sur la matière des subrogations, par une déclaration du roi, qui seroit aussi adressée au parlement de Besançon, et qui comprendroit toutes les règles que nos ordonnances ont établies, après le droit romain, sur cette matière.

C'est sur ces deux points que j'attends votre avis, pour en rendre compte au roi, et vous faire savoir ensuite les intentions de Sa Majesté.

Du 21 mars 1743.

Je vous prie de me faire savoir si la déclaration du 18 novembre 1702, par laquelle il a été ordonné que tous les actes, passés entre un débiteur et quelqu'un de ses créanciers qui ne précéderoient pas de dix jours la faillite du débiteur, seroient déclarés nuls, comme faits en fraude des autres créanciers, a été adressée et enregistrée au parlement de Douay ; parce que, si l'on avoit omis de le faire, il faudroit y suppléer en vous envoyant cette déclaration, rien n'étant plus important pour le bien du commerce, que de fixer la jurisprudence sur cette matière, et de la rendre absolument uniforme dans tous les tribunaux du royaume.

Du 7 juin 1746.

Les termes d'appels en réparation, dont vous vous servez dans votre lettre du 31 du mois dernier, comme d'une expression usitée à Bordeaux, ne sont pas trop intelligibles dans ce pays-ci. Les jurats ne sont point juges d'appels ; et, quand ils le seroient, ils ne pourroient pas recevoir l'appel de leur propre jugement. Il y a apparence que cette expression ne signifie qu'une opposition formée à un jugement rendu par défaut ; si cela est, il faudroit première-ment commencer par réformer un si mauvais style, et la question se réduiroit à savoir si les premiers juges ont droit de recevoir des oppositions à des sen-tences qu'ils ont rendues par défaut, ou si l'on doit faire exécuter à la rigueur ce qui est porté par l'or-donnance, qu'ils ne pourront rabattre les défauts par eux prononcés que lorsqu'on le leur demandera dans la même audience. Il est vrai que dans les premiers temps qui suivirent la publication de l'ordonnance de 1667, on observoit exactement cet article, et qu'on ne souffroit pas que les premiers juges admissent des oppositions formées après l'audience, quoique dans la huitaine, à compter du jour de la signification du jugement ; mais on s'est relâché insensiblement de cette rigueur, qui a paru contraire au bien de la justice, parce qu'elle rendoit la voie de l'appel pres-que toujours nécessaire. Ainsi, l'usage, dans tous les siéges de ce pays-ci, est, qu'une opposition, formée à un jugement rendu par défaut à l'audience est receva-ble, pourvu qu'elle le soit dans la huitaine ; et je ne vois aucun inconvénient à suivre cet usage, non-seulement dans la juridiction des jurats, mais dans les autres siéges de votre ressort, où il y a apparence qu'on le tolère, à en juger par les derniers arrêts du parlement.

Du 25 juin 1746.

C'EST un usage commun dans les différens tribu-naux du royaume, que, dans les cas de faillite ou de banqueroute, ou de contrat d'atermoiement passé entre le débiteur et ses créanciers, on a égard à la demande d'un négociant qui réclame, par droit de suite, la marchandise qu'il avoit envoyée au débiteur commun, et qui se trouve exister encore en nature au nombre des effets de ce débiteur, sans obliger le réclamateur à souscrire aux conditions de l'accommodement qui se fait avec les autres créanciers.

Mais, comme il est nécessaire, pour cela, que l'identité des marchandises revendiquées soit constante et bien prouvée, c'est sur ce point qu'on prétend que les parlemens ne suivent pas tous la même règle.

Il y en a, par exemple, où l'on n'a égard à la demande en revendication, que lorsque les marchandises qui en sont l'objet se trouvent encore *sous balle et sous corde.*

D'autres croient que, quoiqu'elles aient été déballées, l'identité peut encore en être suffisamment constatée par le numéro, par l'aunage, par la couleur, et quand les pièces d'étoffe ou de marchandise ont ce qu'on appelle *cap* et *queue*, c'est-à-dire, deux chefs ou deux bouts, qui prouvent que les pièces sont entières, et qu'elles n'ont point été coupées.

Le bien du commerce paroît demander qu'il y ait une règle fixe sur les preuves suffisantes pour établir l'identité des effets revendiqués; et il sera peut-être nécessaire que le roi explique, sur ce sujet, sa volonté, par une déclaration adressée à tous les parlemens du royaume.

C'est pour parvenir à cet objet avec plus de connoissance, que je vous prie de m'informer exactement de la jurisprudence que votre compagnie a suivie jusqu'à présent dans cette matière, et d'y joindre votre avis sur le genre et la nature des preuves qui vous paroîtront nécessaires, pour assurer le fait de l'identité des marchandises qui seront réclamées à l'avenir par celui qui les aura envoyées au directeur commun.

Vous pouvez conférer, sur ce sujet, avec ceux des magistrats de votre compagnie que vous jugerez à propos d'associer à ce travail, et avec MM. les gens du roi, à qui j'écris aussi dans le même esprit (1).

Du 8 septembre 1747.

JE ne saurois mieux répondre à la consultation que vous faites, par votre lettre du 19 juillet dernier, sur l'affaire du sieur Ladoux en particulier ; et, en général, sur l'usage des endossemens en blanc, qu'en vous envoyant l'avis d'un homme très-instruit de toutes les matières du commerce, et surtout de celui qui se fait par la voie des lettres de change. La question y est traitée avec une clarté et une justesse qui ne

(1) RÉPONSE, faite par un procureur-général, à cette Circulaire.

23 juillet 1746.

CE parlement a toujours admis des négocians à revendiquer leurs marchandises dans les cas de faillite ou de banqueroute, ou de contrat d'atermoiement, lorsqu'elles se trouvent encore sous balle et sous corde ; et les plus anciens officiers, avec lesquels j'ai eu une conférence sur cette matière, ont assuré qu'il n'a jamais rendu d'arrêt qui ait étendu le droit de suite jusqu'aux marchandises qui ont été déballées.

Il me reste, monseigneur, à faire en particulier quelques réflexions :

Le bien du commerce semble exiger que tous ceux qui y contribuent soient traités avec la même faveur. Cependant, en accordant un droit de suite sur les marchandises, on attribue à cette espèce de commerce un avantage qui ne peut avoir lieu pour celui des banquiers qui se fait en argent ; ou rend meilleure la condition de quelques créanciers au préjudice des autres, sur lesquels on rejette de nouvelles pertes, et ceux-ci sont toujours en plus grand nombre.

Ce n'est point la prudence du créancier qui fait que sa marchandise se trouve encore en nature au nombre des effets de son débiteur. C'est un pur hasard auquel il n'a point contribué ; et il faudroit quelque chose de plus personnel de sa part pour le garantir des risques auxquels tous les créanciers d'un débiteur qui a failli se sont également exposés.

On pourroit conclure, de ces observations, que ce privilége

laissent rien à désirer (2). Je n'ai pas cru cependant devoir me contenter de cet avis, quelque solide qu'il soit, et je l'ai fait communiquer à tous MM. les commissaires du conseil qui composent le bureau du commerce, et qui sont pleinement au fait de ce qui regarde ces sortes de matières. Ils ont tous été du même sentiment que l'auteur de l'avis ; et le parlement de Toulouse ne sauroit mieux faire que de se conformer, dans ses arrêts, aux principes qui y sont établis. On y remarque fort bien que les abus, dont la crainte a suspendu la décision de ce parlement, ne peuvent être mis dans la balance, avec les grands avantages qui résultent, pour le bien et la facilité du commerce, de l'usage des billets au porteur, et des endossemens mis en blanc sur des lettres de change. Ainsi, ces abus sont du nombre de ceux que les lois humaines ne sauroient prévenir entièrement, et qui, ne pouvant causer que quelques inconvéniens particuliers, sont plus que compensés par l'utilité publique.

devroit être borné à la personne des fabricans, les négocians, en mains de qui les étoffes passent, ne méritant pas la même faveur, et étant, d'ailleurs, très-convenable d'accorder des distinctions aux fabriques et manufactures.

Mais ce seroit donner atteinte à un usage fondé sur le droit commun, et sur la jurisprudence de tous les parlemens, qui ne diffèrent entr'eux que par rapport aux restrictions plus ou moins grandes qu'ils ont mises à ce privilége.

Il semble donc que tout ce qu'on peut faire est d'adopter la jurisprudence qui lui a donné le moins d'étendue, en le bornant aux marchandises qui sont *sous balle* et *sous corde*. L'identité cesse, en quelque manière, dès qu'elles sont déballées, puisque le tout qu'elles composoient auparavant n'existe plus dans la même forme, et la preuve de ce changement seroit sujette à des fraudes qu'on ne pourroit découvrir que par des procédures longues et coûteuses. On n'a jamais douté que les règles les plus simples et les plus exemptes d'abus et de contestations ne soient toujours les plus convenables pour l'intérêt du commerce et de tous les négocians.

(2) Ce Mémoire est à la suite de la lettre.

D'Aguesseau. Tome XIII. 2

Observations sur deux Mémoires du Parlement de Toulouse, concernant les Signatures en blanc, mises au dos des Lettres de change.

« Par le premier des deux mémoires communiqués, on traite, à l'occasion d'une affaire particulière, la question de savoir si l'on doit permettre les signatures en blanc mises au dos des lettres de change ; et l'on parle des inconvéniens auxquels ces signatures peuvent être sujettes.

» Par le second mémoire, on voit que ce qui a donné lieu au premier, est une contestation qui s'est élevée au sujet d'une lettre de change, tirée de Toulouse sur Paris, dont il est à propos de rapporter les termes :

A Toulouse, ce 1.er juillet 1745, pour 4,970 livres.

Monsieur, dans neuf mois prochains, payez, par cette première lettre de change, à l'ordre de M. Ladoux, receveur-général des finances, la somme de 4970 livres, valeur reçue comptant dudit sieur, que passerez, suivant l'avis de......

Votre très-humble serviteur,

Signé Saget.

A Monsieur

Monsieur......., marchand à Paris, charnier Saints-Innocents.

Au dos de la lettre de change est l'endossement suivant : *Payez, à l'ordre de M. Dumas, le contenu en l'autre part, valeur reçue comptant dudit sieur, le 1.er juillet 1745.*

Pour servir d'ordre,

Signé Ladoux.

» Cette lettre de change, qui avoit été endossée par le sieur Dumas, aux sieurs Mariette, et par ceux-ci aux sieurs Salles, ayant été protestée, les sieurs Mariette firent assigner devant les juges et consuls le sieur Dumas, qui, de son côté, appela en garantie le sieur Ladoux.

» Ce dernier a allégué, pour sa défense, qu'il ne devoit pas être garant, parce que sa signature, au-dessus de laquelle il avoit mis ces mots : *pour servir d'ordre*, ne devoit être considérée que comme une procuration, et que l'endossement qu'il avoit laissé en blanc avoit été rempli par autre que lui.

» Il a cependant été condamné par sentence des juges et consuls, du 24 mars 1746, de laquelle il s'est rendu appelant au parlement de Toulouse ; et ce parlement paroît incertain sur le parti qu'il doit prendre. La question n'est pas douteuse.

» La lettre dont s'agit est une vraie lettre de change ; elle en porte le caractère à tous égards.

» L'endossement est dans la forme requise par l'ordonnance de 1673. Il est daté ; il porte le nom de celui à qui l'ordre est transmis, et fait mention que la valeur en a été payée comptant ; ainsi, aux termes du vingt-quatrième article du titre 5 de l'ordonnance de 1673, la lettre de change appartient au sieur Dumas ; aussi la propriété ne lui en a-t-elle pas été contestée.

» Mais, dit le sieur Ladoux, l'endossement a été rempli par un autre que lui, et les mots, *pour servir d'ordre*, qu'il a mis au-dessus de sa signature, ne doivent être considérés que comme une procuration.

» La réponse est facile.

» En premier lieu, l'ordonnance de 1673 a pres-crit la forme des endossemens ; mais elle n'a point ordonné qu'ils fussent remplis de la propre main de l'endosseur, ou de celle d'un de ses commis : il suffit donc qu'il se trouve rempli dans la forme portée par cette ordonnance ; et il est même à remarquer qu'il est de la même date que la lettre de change, c'est-à-dire, du 1.er juillet 1745, en sorte qu'il ne paroît pas être resté un seul jour en blanc, et que l'on ne

2 *

voit pas s'il a été rempli sous les yeux ou hors la présence du sieur Ladoux.

» En second lieu, quand le sieur Ladoux prétend que ces termes, *pour servir d'ordre*, ne doivent être considérés que comme une simple procuration : il les interprète sans doute de la façon qui peut lui être avantageuse; mais cette interprétation est-elle fondée? Nullement.

» Dans le vrai, ces termes : *pour servir d'ordre*, sont équivoques ; mais, à les considérer dans le sens qu'ils présentent naturellement, ils signifient que l'on donne, à celui à qui l'on transmet la lettre de change, la même faculté que l'on a soi-même de la transmettre à un autre : c'est un ordre en faveur d'une seconde personne, qui peut en faire autant pour une troisième, et celle-ci pour une quatrième : ainsi du reste. Or, au sens de l'ordonnance de 1673, l'ordre est considéré comme transmission de propriété, et non comme procuration. Le sieur Ladoux n'est donc pas fondé à vouloir faire regarder son ordre comme une simple procuration.

» Il y a plus : il est évident qu'il n'avoit pas droit de se substituer le sieur Dumas en la simple qualité de procureur ; car il n'a pas fourni de son propre fonds la valeur de la lettre de change, et c'est le sieur Dumas qui a payé cette valeur au sieur Saget. Le sieur Dumas en est donc devenu le légitime propriétaire ; et dès-lors disparoît la prétendue procuration du sieur Ladoux, qui, par conséquent, est garant de son endossement au profit du sieur Dumas.

» Ce que l'on voit clairement dans la négociation de la lettre de change dont il s'agit, c'est que le sieur Dumas n'ayant pas de confiance au sieur Saget, n'a consenti à s'accommoder de cette lettre qu'à condition qu'elle ne lui seroit pas fournie directement à lui-même, et que le sieur Saget la feroit endosser par quelque personne solvable : le sieur Ladoux, n'importe par quel motif, a bien voulu en être l'endosseur ; il doit donc en être le garant.

» Cette conséquence est d'autant plus certaine,

qu'il est visible que ce n'est que sur la foi de son endossement et de sa garantie que le sieur Dumas a fourni la valeur de la lettre de change. Or, il seroit contre la bonne foi, contre l'intérêt du commerce, et contre la protection qu'il mérite, de détruire la confiance que l'on donne aux endossemens, dans les cas où les tireurs n'ont pas assez de crédit, ou ne sont pas assez connus, pour pouvoir négocier par eux-mêmes les traites qu'ils ont occasion de faire. On sent bien que ceux qui se prêtent à eux en pareil cas peuvent être leurs dupes ; mais, s'ils s'exposent, c'est volontairement ; et quand ils s'engagent, c'est à eux de prévoir les suites de leur engagement. A l'égard de la question générale sur les endossemens en blanc, elle ne peut non plus causer aucun doute, quand on considère que les billets au porteur sont permis par une loi publique. Les inconvéniens sont précisément les mêmes sur ces billets et sur les endossemens en blanc ; car les uns et les autres ont également la facilité de passer de main en main, sans qu'il reste aucun vestige de leur passage, et ils peuvent également être détournés, si l'on veut en abuser ; cependant la facilité que ces billets procurent à la circulation en a fait rétablir l'usage, qui avoit été interrompu pendant quelques années.

» La même raison milite pour les endossemens en blanc ; ils sont permis par l'ordonnance de 1673, puisque l'article 23 du titre 5 porte *que les signatures au dos des lettres de change* ne serviront que d'endossement, s'il n'est daté et ne contient le nom de celui qui a payé la valeur.

» Outre les raisons rapportées dans le mémoire de Toulouse, en faveur des endossemens en blanc, il y en a d'autres essentielles qui ont donné lieu à leur grand usage dans le commerce :

» 1.º Le secret des opérations et des relations d'un négociant, qui prend une lettre de change, ne veut pas que l'on sache le lieu où il la remet, ni la personne à qui il l'endosse. Le lieu de la remise peut souvent en faire connoître l'objet, et empêcher l'avantage que l'on peut s'en promettre. Par exemple, un banquier de Paris prend une lettre de change sur l'Espagne, on ne doit pas, pour cela, en conclure qu'il ait dessein de la remettre en Espagne même : très-souvent il la remet ou en Hollande, ou en Angleterre, ou en quelques autres pays étrangers, où il reconnoît, les différens cours des changes, qu'il lui est avantageux de la faire négocier ; ainsi, quand il la prend, le négociant qui la lui fournit ne sait jamais l'usage immédiat auquel elle est destinée.

» Si, au contraire, ce négociant, tireur ou endosseur, en remplissoit lui-même l'endossement, il connoîtroit, en premier lieu, la relation du banquier preneur; en second lieu, la ville et le pays où l'on veut envoyer la lettre de change : ce qui, souvent, suffiroit pour faire deviner au négociant, tireur ou endosseur, l'objet de la négociation, et à la croiser, ou à la rendre moins fructueuse par une opération semblable.

» 2.° La facilité des négociations sans endossement ni garantie ; par exemple, un banquier, prend d'un négociant réputé solide, une lettre de change sur quelque ville de France, ou sur un pays étranger, par spéculation, dans l'espoir de la négocier dans quinze jours ou un mois, sur un pied avantageux pour lui. Si l'endossement en étoit rempli à son ordre, il ne sauroit la négocier qu'en l'endossant lui-même.

» Or, quelque confiance qu'un banquier ait dans un tireur, il observe, autant qu'il le peut, afin de ne pas multiplier ses engagemens, de négocier le papier de ce tireur sans l'endosser ; et, plus il est fidèle à cette loi, plus il agit prudemment ; cependant il ne sauroit la suivre, si l'endossement sur lequel il l'a pris ne demeure en blanc.

» Il est donc évident que ces endossemens en blanc donnent, aux négocians, la facilité de négocier, sans garantie, le papier qu'ils ont pris, même à leurs risques.

» 3.° L'augmentation des fonds à trouver, par le plus grand nombre de personnes chez qui l'on peut placer des lettres de change ou billets de commerce, avec les endossemens en blanc. Il est, dans toutes les villes du royaume, quantité de gens qui ne paroissent pas être dans le commerce, et qui, en effet, ne sont pas mis au nombre des négocians, qui, cependant, ne laissent pas de disposer annuellement de sommes considérables, soit pour des billets au porteur, ou pour des lettres de change ou billets de commerce, dont les endossemens sont en blanc. Ces personnes ne prennent de pareil papier que par la facilité qu'elles ont, ou d'en recevoir le paiement à l'échéance, ou de le négocier, en cas de besoin, sans être connues. Sans cette facilité, elles ne prendroient jamais de ce papier ; et leurs fonds, qui circulent plusieurs fois dans l'année, se trouveroient de moins dans la circulation ordinaire. On a senti en France, surtout à Paris, où il y a des gens de différens états extrêmement riches, combien l'état étoit intéressé à leur procurer les moyens de faire circuler leurs fonds sans être connus ; et c'est par cette raison que les billets au porteur, abrogés au mois de mai 1716, ont été rétablis par la déclaration du roi, du mois de janvier 1721. On en reconnoît journellement l'utilité, à l'occasion des avances et des emprunts qui se font pour le roi.

» Rien ne prouve mieux la solidité de ces raisons, que l'usage constant où l'on est, depuis plusieurs années, principalement à Paris, lieu de la plus grande circulation, de négocier les lettres de change et les billets de commerce, sur les endossemens en blanc. Cet usage est tel, qu'on pose en fait, sans craindre d'être démenti, qu'il ne se fait pas autrement une seule négociation ; et il est, d'ailleurs, parfaitement égal, quant aux effets, à celui des billets au porteur. Quelle bizarrerie, ou plutôt quelle contrariété n'y auroit-il pas dans la loi, si, pendant que ces billets sont autorisés par le souverain, les endossemens en blanc étoient défendus ? Tout le monde sait que les uns et les autres sont susceptibles d'abus ; mais, quelle est la loi qui n'ait des inconvéniens ? On sait que l'on peut quelquefois, au moyen de ces endossemens et des billets au porteur, cacher l'usure, ou détourner des effets, ou que l'on s'expose à en perdre; mais le mal qui peut résulter de ces inconvéniens connus, mal incertain, sinon pour le tout, du moins pour la plus grande partie, ne devient-il pas nul, pour ainsi dire, en comparaison des avantages sensibles d'un usage également commode pour le commerce et pour la finance ?

» Si l'on vouloit répondre en détail à ce qu'on allègue dans le mémoire de Toulouse, contre les endossemens en blanc, on feroit un volume ; et si Savary, dont on emprunte l'autorité, vivoit encore, il trouveroit bien des choses à changer et à rectifier dans l'ordonnance de 1673.

» Sans pousser plus loin des réflexions, on se borne à l'explication succincte qu'on vient de donner, des raisons qui ont introduit l'usage des endossemens en blanc, et qui en font connoître l'utilité ; mais on croit devoir observer, avant que de finir, que, si jamais on vouloit donner atteinte à cet usage, ce ne seroit pas le moment d'y toucher, et que rien ne seroit aujourd'hui plus dangereux ».

Du 29 décembre 1747.

Je vous envoie l'extrait d'une lettre que j'ai reçue des nommés......., négocians à Bordeaux, qui ne donne pas une idée bien favorable de la justice et du procédé de madame...... Rien ne paroît plus indécent pour une personne qui porte ce nom, et qui est mère d'un président à mortier du parlement de Bordeaux, que de chercher à se dispenser de payer les loyers d'une maison, en traduisant, dans la juridiction consulaire, les propriétaires de cette maison, pour être payée du vin qu'elle leur avoit vendu, sans offrir de leur tenir compte, sur ce prix, des loyers dont elle leur étoit redevable; et l'on ne peut guère même s'empêcher de soupçonner qu'elle a fait choix de cette juridiction, parce que les juges et consuls des marchands n'étoient compétens ni pour fixer le prix des loyers qui pouvoient être dus par madame de........, ni pour admettre la compensation que les marchands assignés étoient en droit d'opposer à la demande de cette dame. Il y auroit si peu de droiture et de bonne foi dans une pareille conduite, que j'aime mieux présumer que les faits qu'on a exposés ne sont pas exactement vrais; mais ils méritent au moins que vous les approfondissiez, et que vous preniez la peine de m'en rendre compte.

Il y a aussi, dans la même lettre, un fait qui regarde M. le président de........, et dont je serois fort mal édifié, s'il étoit tel qu'on l'avance; on pourroit en conclure que les affaires de ce président seroient bien mal en ordre, s'il étoit vrai qu'il y eût des lettres de change tirées sur lui, qu'il eût obligé les négocians dont il s'agit à endosser ces lettres, et qu'ils eussent été exposés par là à beaucoup de poursuites et de frais; c'est ce qui doit exciter encore plus mon attention, que la conduite que l'on reproche à madame........; et je vous prie de me faire savoir ce qu'il y a de vrai dans l'exposé dont il s'agit.

Du 27 janvier 1749.

Les lettres que vous m'avez écrites au sujet de la nomination que les consuls de la ville de Grenoble ont faite du sieur........, pour remplir la charge de lieutenant-général de police, et celles qui ont été écrites sur le même sujet à M. le contrôleur-général, m'ont fait voir que ces consuls ont eu deux torts différens en cette occasion:

Le premier est de ne vous avoir pas fait part de

leur choix, comme toutes sortes de raisons, de devoirs
et de bienséance les y obligeoient ;

Le second est d'avoir inséré, dans leurs délibérations, la clause par laquelle ils se réservent la faculté
de révoquer, quand il leur plaira, la nomination du
sujet qu'ils devoient présenter au roi.

Il n'étoit pas possible d'accorder au sieur.......
des provisions sur une présentation faite sous de telles
conditions ; mais il a paru que, pour ne pas donner
une trop grande mortification à ces consuls, on pouvoit prendre le tempérament d'ignorer leur délibération, et de leur faire savoir qu'ils aient à en former
une nouvelle, dans laquelle ils retrancheront absolument la clause vicieuse qui se trouve dans la première.

A l'égard du sujet qu'ils avoient nommé, comme
vous lui rendez des témoignages avantageux, et qu'il
ne seroit pas juste de lui faire l'affront d'exiger que
les consuls changeassent le choix qu'ils en ont fait,
il suffira, pour empêcher les conséquences de l'omission dans laquelle ils sont tombés à votre égard, de
leur faire savoir que, dorénavant, ils doivent avoir
l'attention de vous rendre compte du choix qu'ils se
proposeront de faire, moyennant quoi vous serez toujours en état, si vous ne l'approuvez pas, de m'en
donner avis, avant que celui qui aura été nommé
puisse obtenir les provisions.

§. IX. — *Matières féodales.*

Du 28 juin 1729.

Vous savez qu'il est intervenu différens réglemens
au sujet des salaires des huissiers de la chambre des
comptes de Nantes, pour les saisies féodales qu'ils
font des fiefs qui relèvent du roi ; que, par un ancien
réglement de 1613, ces salaires avoient été fixés à

quatre livres; et que les différentes contraventions à ce réglement ayant donné lieu à d'autres réglemens intervenus sur ce sujet, il fut enfin rendu un arrêt, en 1685, suivi de lettres-patentes enregistrées, qui contient une nouvelle disposition à cet égard, en ce que non-seulement il fait défenses aux huissiers de prendre plus de quatre livres pour chaque saisie; mais il ordonne encore qu'ils ne pourront en être payés que par le fermier du domaine, sur les deniers provenant des terres dont les saisies se trouveront bonnes et valables. J'apprends que cette loi, quelque précise qu'elle soit, n'est pas néanmoins exécutée par les huissiers de votre chambre, qui n'ont pas laissé depuis de continuer de se faire payer de leurs salaires par les parties saisies, non-seulement sur le pied de quatre livres porté par le réglement de 1613, mais encore de cinq sous d'augmentation. Vous voyez qu'il est important que vous teniez la main à l'exécution du réglement de 1685, pour obliger ces huissiers à s'y conformer : il seroit même à propos que votre compagnie rendît un arrêt pour en renouveler la connoissance et le souvenir, et pour rendre plus inexcusables les huissiers qui manqueront à l'observer, et les contenir dans leur devoir par la sévérité dont on usera à l'égard de ceux qui pourront être encore trouvés en faute dans la suite.

Du 18 février 1732.

J'AI reçu le mémoire que vous m'avez envoyé, au sujet des plaintes que le sieur......, sénéchal de Vannes, m'a portées contre un arrêt qui lui fait défenses de faire des enquêtes dans sa maison, suivant la règle qui s'observe, à cet égard, au parlement de Bretagne; et je donnerai toute l'attention que je dois aux raisons sur lesquelles cette règle est fondée, en cas que le sieur........ entreprenne de se pourvoir au conseil, contre l'arrêt dont il se plaint.

A l'égard du mémoire que je vous ai envoyé sur la difficulté qui consiste à savoir, si l'appel des saisies féodales, où les oppositions à ces saisies peuvent être portées en certains cas à la chambre des comptes, ou si c'est au parlement seul qu'il appartient d'en connoître, je trouve très-bon que vous confériez sur ce sujet avec ceux de MM. du parlement que cette compagnie jugera à propos de choisir pour examiner cette matière avec vous; et il ne seroit pas juste de vous charger seul d'une affaire qui intéresse tout le parlement, dont vous auriez à craindre les reproches si vous répondiez sans l'avoir consulté.

Du 4 septembre 1733.

S'il est vrai, comme on m'en assure, que la directe que vous possédez soit située dans le comté de Gaure, dépendant de l'ancien domaine de Navarre, l'hommage et le dénombrement que vous avez présentés mal-à-propos aux trésoriers de France de Toulouse, ne vous dispensent pas de vous acquitter de ce devoir à la chambre des comptes de Pau, qui est seule en droit de le recevoir.

Du 27 juillet 1734.

Je crois que la bonne manière de répondre au style insolent du sieur......., est de faire juger l'affaire principale, et de mettre à exécution le décret que M. le président....... a obtenu contre lui, s'il croit devoir user de cette voie pour le contenir.

Je ne sais pourquoi la saisie féodale qu'il a fait faire a été portée aux requêtes du palais, qui sera notoirement incompétent pour connoître de pareilles poursuites.

Du 10 décembre 1734.

JE suis surpris de ce que vous m'écrivez sur la possession où les requêtes du palais du parlement de Bordeaux sont de connoître des saisies féodales ; il n'y a point de matières plus réelles : les requêtes de l'hôtel ni du palais à Paris n'en connoissent d'aucune ; et si l'on demandoit au conseil du roi la cassation d'un arrêt du parlement qui auroit confirmé une saisie féodale faite de l'autorité des requêtes du palais, un tel arrêt seroit détruit tout d'une voix.

Vous prendez donc la peine de voir si l'on ne pourroit point engager MM. des requêtes du palais à faire cesser d'eux-mêmes un tel abus ; il seroit fâcheux qu'on fût obligé d'interposer l'autorité du roi pour le réformer.

Du 4 octobre 1737.

JE vous envoie un mémoire que M. le duc de........ avoit donné à M. le procureur-général au parlement de Paris, mais dont il n'a pu faire usage, parce que les officiers dont il s'agit de réprimer la conduite, sont de votre ressort. Vous verrez par le procès-verbal que je joins à cette lettre, que le procureur-fiscal de la justice de Clisson, par un détour fort extraordinaire, a voulu faire décharger son seigneur de la nourriture de deux bâtards abandonnés, en les faisant conduire par un huissier dans une terre dont la justice appartient à M. le duc de......, sur lequel il a voulu en faire retomber la charge, en supposant, sans aucune preuve, que ces deux bâtards étoient nés dans le lieu où il les a fait conduire. Je n'entrerai point avec vous dans un plus grand détail sur ce sujet, parce que vous en serez pleinement instruit par la lecture du mémoire et du procès-verbal que je vous envoie. Vous prendrez donc, s'il vous plaît, la peine de vous faire rendre compte incessamment des raisons pour lesquelles le procureur-fiscal de Clisson prétend excuser une conduite qui paroît si extraordinaire; et, supposé qu'il n'en ait point de bonne, vous l'obligerez à renvoyer chercher les deux enfans dont il s'agit, et vous aurez soin de faire en sorte que leur nourriture et leur entretien soient suffisamment assurés. En cas que vous y trouviez quelque difficulté, je vous prie de m'en instruire promptement.

Vous aurez soin, s'il vous plaît, de me renvoyer le mémoire et le procès-verbal qui sont joints à cette lettre.

---

§. X. — Matières domaniales.

Du novembre 1721.

Il y a long-temps que la question sur laquelle vous me faites l'honneur de m'écrire, pour me demander l'usage du parlement, y a été agitée et décidée.

Dans le célèbre procès que M....., procureur-général, soutient contre les enfans de........ et de......, sur la réunion à la couronne des terres Darres, Nogent-le-Roi, Breval et Mont-Chaunée, il y eut un partage à la grand'chambre. Depuis ce partage M....... fit une production nouvelle, les héritiers de...... et de......, sa veuve, demandèrent qu'elle fût rejetée. Leur demande étoit fondée sur l'usage du parlement, qui, depuis long-temps, n'admet aucune production nouvelle après le partage; cependant le parlement jugea que cette règle devoit cesser en faveur du procureur-général du roi; et il ordonna, par un arrêt du 11 avril 1551,

que la production nouvelle seroit reçue ; mais jugeant
en même temps que la loi devoit être égale des deux
côtés, et qu'en ouvrant la bouche au procureur-général, il n'étoit pas juste de la fermer à ses adver-
saires, il permit à la veuve et aux enfans de.....,
de produire aussi de leur part ce qu'ils jugeroient
à propos.

C'est ainsi que cette question a été jugée il y a
160 ans ; et, comme je ne vois rien de contraire à
un préjugé si illustre, je ne doute pas que le parlement ne suivît encore la même règle, si la même
question se présentoit.

A la vérité, cette décision est contraire aux principes ordinaires que l'on suit en matière de partage,
d'opinions. On y tient pour maxime, que le sort des
parties est fixé par le partage même, qu'il ne s'agit
plus que de savoir laquelle des deux opinions doit
prévaloir : mais qu'il est sûr que l'une des deux
doit être suivie ; que la destinée des parties est tellement déterminée dès le jour du partage, qu'en
quelque temps qu'on le juge, le jugement remonte
toujours jusqu'à ce jour fatal ; que par conséquent
on ne peut recevoir de productions qui aient une
date postérieure, au moment critique où les opinions
des juges sont tellement acquises aux parties, qu'elles
ne peuvent jamais plus les perdre. On pouvoit appliquer, ce semble, tous ces principes au roi, qui,
dans l'ordre des jugemens, est assujetti aux mêmes
règles que les parties, et soutenir que le partage étoit
un terme fatal pour le procureur-général de Sa Majesté comme pour les autres parties, après quoi on
ne pouvoit plus admettre, de sa part, aucune production nouvelle.

Mais l'opinion contraire a prévalu, non pas tant
par le respect qui est dû à la Majesté Royale, que
par l'obligation singulière de la forme dans laquelle
les causes du roi sont défendues ; comme il ne les
soutient que par le ministère de son procureur-général, on a cru qu'il n'étoit pas juste que la négligence, ou même la juste ignorance de son défenseur

lui pût nuire; et qu'en quelque temps que la vérité parût, elle ne paroissoit jamais trop tard pour un roi, qui ne devoit pas être confondu avec des sujets particuliers, auxquels on peut justement imputer leur négligence ou leur erreur. C'est par cette-raison que, même après un jugement définitif, on reçoit le procureur-général à produire de nouveaux titres; et à faire juger une seconde fois les mêmes questions qui ont déjà été décidées contre le roi; et, si on peut l'écouter après une décision parfaite et consommée, on a cru sans doute qu'il devoit être encore plus facile de permettre au procureur-général de produire de nouvelles pièces, après un simple arrêt de partage. L'équité et l'intérêt même des parties, contre lesquelles le roi use de ce privilége, semblent le demander ainsi, afin qu'elles puissent éviter par là un nouveau procès, auquel elles ne manqueroient pas d'être exposées dans la suite, si l'on rejettoit la production nouvelle du procureur-général; et, enfin, dès le moment que la loi est égale, et qu'on leur permet de produire aussi de leur côté, elles ne peuvent avoir aucun juste sujet de se plaindre.

Tels ont été, autant que j'en puis juger, les motifs de l'arrêt qui a décidé cette question; et, sans prévention pour le ministère que j'ai l'honneur d'exercer, il me semble qu'après cet exemple et les motifs sur lesquels il est fondé, la cause du roi, dans le cas dont il s'agit, peut paroître aussi juste dans l'usage que dans le droit.

Du 30 décembre 1730.

IL n'est pas possible d'établir une règle générale sur la difficulté que vous m'exposez par votre lettre du 28 décembre 1730; la décision dépend toujours, et de la nature des demandes, et de celle des différens titres sur lesquels elle peut être fondée. Il est certain, par exemple, que quand vous demandez qu'un vassal soit tenu de rendre la foi et hommage; vous n'avez pas besoin d'appuyer une telle demande sur des titres quand la partie est défaillante, parce que, de droit commun, le roi est présumé le seigneur dominant de tous ceux qu'aucun autre seigneur ne réclame. Il en peut être de même dans d'autres cas semblables; mais, lorsque votre demande est fondée sur un titre particulier, comme dans le cas que vous proposez, sur un contrat de vente, il n'y a point de règle établie en faveur du roi, qui dispense ses défenseurs de rapporter le titre qui sert de fondement à leur demande, et tout ce que vous pouvez prétendre, sur ce point, est que vous n'êtes pas obligé de payer le droit de contrôle pour lever un pareil acte quand vous en avez besoin pour justifier le droit du roi.

<hr>

Du 31 janvier 1731.

J'AI été si peu le maître de mon temps depuis plusieurs mois, que je n'ai pu vous envoyer plus tôt les instructions dont j'ai vu, par plusieurs de vos lettres et par les mémoires qui y étoient joints, que vous avez eu grand besoin pour vous bien conduire dans les poursuites que vous faites par rapport au domaine du roi.

Vous y confondez deux sortes de possesseurs, ou, pour employer un terme plus général, des détenteurs de ce domaine, je veux dire les engagistes et les acquéreurs à titre de propriété.

Les premiers ne pouvant jamais être admis à rendre la foi-hommage, ne peuvent par conséquent y être contraints; et, lorsqu'ils vendent les domaines qu'ils possèdent à titre d'engagement, il n'est dû au roi aucun droit à titre de mutation : c'est une règle qui n'est pas douteuse, et qui est fondée sur ce que les engagistes, n'acquièrent ni la propriété ni même la possession des domaines engagés, mais seulement la

jouissance des fruits; par une espèce de droit d'anthi-
crèse, ils ne sont sujets ni aux devoirs que les seuls
propriétaires peuvent remplir, ni aux droits qui ne
se peuvent exercer que contre les seuls propriétaires.

La condition des derniers est entièrement différente; plusieurs édits et déclarations du roi ayant
ordonné l'aliénation absolue et à titre de propriété
de ce que l'on appelle les petits domaines, c'est-à-
dire, de ceux qui sont d'une si petite valeur que
le roi n'en tire aucune utilité, et qu'il ne peut en
profiter qu'en les vendant. Les acquéreurs de ces
domaines sont de véritables propriétaires, et obligés,
par conséquent, soit à remplir les devoirs, soit à
acquitter les droits qui sont une suite de la propriété.

Vous n'avez qu'à bien réfléchir sur cette distinction pour résoudre toutes les difficultés que vous
m'avez proposées par votre lettre et par votre mémoire.

Ainsi, pour en faire l'application, soit à M. de......;
soit à d'autres, toute la question se réduit à savoir
s'ils sont seulement engagistes, et s'ils sont véritablement acquéreurs à titre de propriété incommu-
table en exécution de l'édit de 1672 et des autres
édits et déclarations qui l'ont suivi.

Dans le premier cas, vous n'avez aucune action à
exercer contre eux; dans le second, ils sont sujets à
toutes les poursuites que vous êtes en droit de faire
contre les propriétaires des fiefs mouvans du roi,
suivant les règles qui sont établies dans cette matière.

Du 8 février 1732.

La difficulté qui s'est élevée depuis quelque temps,
pour savoir si c'étoit au parlement ou à la chambre
des comptes, que l'appel des saisies féodales, faites

à la requête de M. le procureur-général en cette dernière compagnie, devoit être porté, ayant été examiné depuis quelque temps au conseil. L'inspecteur du domaine, à qui les mémoires faits sur cette difficulté, ont été communiqués, a donné un avis dans lequel il propose le tempérament qui lui paroît le plus propre à concilier les deux compagnies ; mais, comme ce tempérament pourroit être sujet à des inconvéniens qui n'auroient pas été suffisamment prévus, j'ai cru qu'avant de prendre une dernière résolution sur ce sujet, il étoit bon de vous communiquer cet avis de l'inspecteur du domaine, sur lequel vous pouvez faire les observations que vous jugerez nécessaires, afin qu'après les avoir reçues, je puisse vous marquer les dernières intentions du roi sur la difficulté qu'il s'agit de régler.

Du 13 juin 1734.

Je ne sais si la chambre des comptes de Rouen a quelque titre ou quelque privilége particulier qui la distingue des autres chambres des comptes du royaume, dans ce qui regarde la réception des aveux et dénombremens ; mais voici les règles qui sont de droit commun en cette matière.

L'application et la vérification des aveux qui se rendent au roi sont une fonction qui appartient aux baillis et sénéchaux, anciens juges du domaine en première instance, comme l'édit de Cremieu le suppose ou le confirme ; et il n'y a que les trésoriers de France qui puissent leur contester ce droit, sur le fondement de plusieurs édits qui, à l'occasion de nouvelles créations d'officiers dans les bureaux des finances, les ont mis à la place des baillis et sénéchaux pour ce qui regarde la connoissance des matières domaniales.

La vérification des aveux qui se fait par les baillis et sénéchaux, ou par les trésoriers de France, lors même qu'elle leur est renvoyée par les chambres des comptes, comme elles sont obligées de le faire, n'est pas une simple cérémonie qui se réduise à faire publier l'aveu, à entendre le receveur du domaine, aussi bien que des témoins administrés par celui qui présente l'aveu, et à donner ensuite un avis sans connoissance de cause. La règle générale en cette matière, est que les baillis et sénéchaux, ou les trésoriers de France dans les lieux où ils leur ont été subrogés, sont véritablement juges de toutes les difficultés ou contestations qui naissent au sujet de la publication et de la vérification des aveux.

Ainsi, soit que le procureur du roi, auquel ces actes doivent être communiqués encore plus qu'au receveur du domaine, fournisse des blâmes contre l'aveu, soit que des communautés d'habitans ou des seigneurs voisins forment opposition à la réception du dénombrement pour la conservation de leurs droits, les baillis et sénéchaux, ou les trésoriers de France qui les représentent, ne sont pas réduits à ne donner qu'un simple avis sur ce sujet ; ils sont en droit de rendre de véritables jugemens sur les blâmes ou sur ces contestations, parce que c'est à eux que de droit commun appartient la justice contentieuse en cette matière.

S'il y a appel de leur jugement, c'est au parlement que cet appel doit être porté, et non pas aux chambres des comptes qui n'ont point le droit de réformer les jugemens rendus par les baillis et sénéchaux, ou par les trésoriers de France, et qui n'exercent la juridiction contentieuse que dans certains cas marqués par les ordonnances, ou réglés par un usage qui tient lieu de loi.

Tout cela n'empêche pas, à la vérité, que lorsque les aveux, après avoir été ainsi examinés, discutés et jugés par les premiers juges et par les parlemens mêmes, en cas d'appel, reviennent aux chambres des comptes, elles ne soient en droit de les revoir encore, de les comparer avec les aveux précédens, ou avec les autres titres dont elles sont les dépositaires, et que, sur la réquisition du procureur-général, elles ne puissent y réformer ce qui auroit échappé à d'autres yeux. On a cru que, dans cette matière, l'intérêt du roi demandoit qu'il y eût plusieurs inspecteurs pour la conservation de ses droits ; mais la pluralité de ces inspecteurs ne doit pas empêcher qu'ils ne se renferment chacun dans les bornes que les règles de l'ordre public leur ont prescrites.

S'ils ne s'accordent pas dans leur manière de penser ; si, par exemple, une chambre des comptes ne croit pas devoir passer ce qui l'a été par d'autres tribunaux, il faut distinguer deux cas dans lesquels cette question peut avoir lieu :

Le premier est celui où il n'y a eu qu'un jugement rendu par un bailliage ou par les trésoriers de France, alors il est encore temps d'y remédier par l'appel que les procureurs-généraux aux parlemens peuvent interjeter de ce jugement. Ils sont même en droit de demander aux procureurs - généraux des chambres des comptes les titres dont ils peuvent avoir besoin en ce cas pour soutenir les droits du roi.

Un second cas qui peut aussi arriver, est que les procureurs-généraux aux parlemens ne veuillent pas agir, parce qu'ils pensent de la même manière que les premiers juges, ou, ce qui est encore plus fort, que, les parlemens aient confirmé la sentence rendue sur le blâme de l'aveu.

Dans ce second cas, les chambres des comptes ne seroient pas en droit de décider autrement, et quand ils le feroient, cela ne serviroit qu'à produire une contrariété de jugemens sur le même fait, entre deux compagnies indépendantes l'une de l'autre ; ainsi, ce seroit au roi qu'il faudroit nécessairement avoir recours, en ce cas, comme à la source de toutes les juridictions, et à celui qui peut seul détruire les arrêts de ses cours supérieures, lorsqu'ils sont contraires aux droits de son domaine.

Telles sont les maximes générales qui doivent être observées en cette matière.

Si vous avez des titres particuliers qui dérogent à ces règles pour la chambre des comptes de Normandie, vous pouvez me les envoyer, et j'y donnerai toute l'attention qu'ils mériteront ; mais si vous n'en avez point, vous n'êtes pas en état d'empêcher que les officiers des bailliages de Mortagne et de Bellesme ne suivent les règles qui leur sont favorables ; et il seroit bien plus à propos d'étendre ces règles aux siéges de Normandie où elles ne sont pas observées, peut-être parce qu'elles n'y sont pas connues, que de vouloir obliger les officiers qui ont conservé l'usage du droit commun, à suivre l'exemple de ceux qui l'ont laissé perdre ou affoiblir par leur ignorance ou par leur négligence.

Tout se réduit donc à savoir si la chambre des comptes de Normandie a quelque droit singulier dans la matière dont il s'agit ; et c'est sur quoi j'attends les éclaircissemens que vous me donnerez, s'il vous plaît, incessamment.

---

§. XI. — *Matières bénéficiales.*

Du 15 mai 1728.

Je me trouve si bien de m'adresser à vous pour être instruit de la jurisprudence de votre province, que je me porte très-volontiers à le faire aujourd'hui sur une matière plus importante que celle qui m'a donné lieu de vous consulter il n'y a pas long-temps.

Je vois naître tous les jours des difficultés sur la manière dont les édits et déclarations du roi Henri II, touchant les droits qu'on a conservés au pape en Bretagne, dans la collation des bénéfices, ont été exécutés, et sur les changemens que l'usage et la jurisprudence des arrêts y ont apportés. Je serois bien aise d'être instruit à fond de tout ce qui s'est passé dans votre province sur cette matière; et voici les points principaux dont je désire d'avoir une connoissance plus parfaite :

1.º Si l'on trouve dans les registres du parlement les remontrances qui furent faites, par cette compagnie, contre l'édit et les déclarations d'Henri II, et les modifications qu'elle y mit lorsqu'elle fut obligée de les enregistrer ; je vous prie de m'en envoyer une copie ;

2.º Comme l'alternative des écrits du pape et de ceux des ordonnances est principalement fondée en Bretagne sur les mêmes lois d'Henri II, et que le pape s'est réduit au partage égal, en faveur des évêques qui résideroient ; vous me ferez plaisir de comprendre cet article aussi dans votre mémoire, et de m'expliquer exactement si la résidence actuelle est de rigueur, d'un moment à l'autre, comme cela se pratique dans les lieux qui sont entièrement pays d'obédience; ou si les absences des évêques, soit pour les états, soit pour les assistances de leurs diocèses qui les appellent ou à Rennes ou à Paris, n'empêchent pas qu'ils ne jouissent de l'alternative parfaite ;

3.º Le point le plus important consiste à savoir, si toutes les règles de chancellerie sont observées en Bretagne comme l'édit d'Henri II, ou si l'usage a restreint et limité, en certain cas, les termes généraux de cet édit ; et si cela est, vous prendrez la peine d'entrer dans un détail instructif sur ce sujet, pour distinguer les règles de chancellerie qui sont en vigueur dans votre province, et celles qui n'y sont pas observées;

4.º Comme une de ces règles établit une réserve en faveur du pape, par les premières dignités des églises cathédrales, je vous prie de vous expliquer encore plus exactement sur ce point, qui fait naître à présent une difficulté avec la cour de Rome, au sujet d'un arrêt par lequel le parlement de Bretagne a jugé que la première dignité du chapitre de Treguier n'étoit pas réservée à la collation du pape. On prétend que jusqu'à cet arrêt la maxime contraire avoit été suivie par le parlement même, et c'est un des points qui méritent le plus votre attention dans le mémoire que vous prendrez la peine de m'envoyer.

Je suis persuadé, par avance, que j'y trouverai de nouvelles preuves de votre capacité, et de nouvelles raisons d'augmenter encore, s'il est possible, l'estime avec laquelle je suis.

Du 25 septembre 1732.

LES usages ne sont pas uniformes dans le royaume sur l'administration de la justice, au nom du roi, dans les archevêchés et évêchés pendant l'ouverture de la régale, quoiqu'il y ait une ancienne ordonnance à la chambre des comptes de Paris, qui établisse la règle que vous proposez de suivre en cette matière; mais il n'y a rien en cela qui regarde votre ministère. Le parlement de Paris est seul en droit de connoître de la régale; et son privilège, à cet égard, doit avoir lieu principalement dans ce qui concerne le point de l'administration de la justice; ainsi, après avoir loué votre zèle, je crois que vous n'en devez faire aucun usage en cette occasion.

Du 5 août 1735 (1).

LE premier objet des questions que je vous envoie, a été de faire cesser la diversité de jurisprudence qui subsiste depuis long-temps entre le parlement de Paris et le grand-conseil, sur plusieurs points de matières bénéficiales; mais avant que de mettre la dernière main à l'ouvrage qui a été commencé dans cette vue, j'ai cru que, comme il peut y

(1) Cette lettre étoit circulaire, et accompagnoit les Questions imprimées à la suite.

avoir plusieurs points sur lesquels la jurisprudence de votre compagnie ne s'accorde pas, soit avec celle du parlement de Paris, soit avec celle du grand-conseil, je devois vous envoyer les questions dont il s'agit, afin qu'avec ceux de MM. du parlement de Pau qui ont déjà été choisis pour travailler sur d'autres diversités de jurisprudence, vous preniez la peine de marquer, sur chacune de ces questions, quelle est la règle que l'on suit actuellement dans votre compagnie, ou celle que vous estimez qu'on y doit substituer à l'avenir, si vous croyez qu'il y ait quelque changement à faire dans les maximes qu'on y a suivies jusqu'à présent.

Il seroit à désirer que je pusse recevoir vos réponses avant la fin de la séance présente de votre parlement, afin que pendant le temps qu'il vaquera, j'eusse le loisir de travailler à la rédaction de l'ordonnance que le roi veut faire sur ces matières, et la mettre en état de vous être envoyée au commencement du parlement prochain. Mais, si cela ne peut se concilier avec la multitude des affaires dont les parlemens sont chargés dans la saison présente, je vous prie au moins de remettre de bonne heure les questions dont il s'agit, à ceux qui doivent les examiner avec vous, afin qu'ils puissent y faire leurs réflexions pendant le temps des vacations, et se rassembler promptement après la saint Martin, pour y arrêter avec vous les réponses qui seront jugées convenables.

QUESTIONS proposées aux Parlemens et Cours supérieures, sur les Matières bénéficiales (1).

PREMIER POINT.

QUEST. 1.re Si, pendant la vacance des abbayes, les

(1) Ces Questions n'ont pas été suivies d'ordonnance.

évêques sont en droit de conférer les bénéfices qui sont à la présentation ou à la collation de l'abbé?

Ou s'il faut distinguer, entre les bénéfices qui sont à la présentation de l'abbé, et ceux qui sont à la collation; maintenir seulement les évêques dans le droit de conférer les premiers, et décider, à l'égard des derniers, que la dévolution s'en fait au pape?

2. Faut-il suivre la jurisprudence des cours où l'on se contente que les pourvus des cures aient vingt-quatre ans commencés lorsqu'ils sont pourvus par l'ordinaire, et où l'on n'exige vingt-cinq ans commencés qu'à l'égard de ceux qui sont pourvus par le pape?

Ou doit-on exiger vingt-cinq ans commencés pour les uns et pour les autres indistinctement?

3. L'âge de sept ans est-il suffisant pour pouvoir être pourvus des prieurés simples, ou autres bénéfices semblables; ou faut-il avoir quatorze ans accomplis?

4. Si l'âge de dix ans suffit pour pouvoir être pourvus des prébendes dans les chapitres; ou faut-il avoir quatorze ans?

En cas que l'âge de quatorze ans soit nécessaire, faut-il en excepter le cas des nominations royales?

Y a-t-il quelques distinctions à faire sur ce sujet, entre les églises cathédrales et les collégiales?

5. L'acceptation expresse ou tacite du résignataire dépose-t-elle le résignant; en sorte que si le résignataire meurt après avoir accepté, mais sans avoir pris possession, le bénéfice soit censé vaquer par mort?

Ou le résignant n'est-il dépossédé qu'après la prise de possession du résignataire?

Et cette dernière jurisprudence peut-elle subsister depuis l'édit de 1691, sur les insinuations ecclésiastiques?

6. La preuve du recèlement des corps des bénéficiers doit-elle être ordonnée par voie d'informations, suivant une déclaration de 1657, qui n'a été enregistrée qu'au grand conseil, et qui paroît conforme à l'esprit des articles 54, 55 et 56 de l'ordonnance de 1539; ou cette preuve peut-elle être ordonnée par voie d'enquête?

7. Ceux qui ont résigné leurs bénéfices, étant malades, doivent-ils être admis au regrès lorsqu'ils recouvrent la santé; ou doivent-ils en être exclus, à moins qu'ils n'y ait preuve d'aliénation d'esprit. dans le temps de la résignation ?

Quid ? Si le résignant n'a pas, d'ailleurs, de quoi vivre ?

8. Si la voie du regrès est autorisée, peut-elle avoir lieu, lors même que le résignant a été dépossédé par le résignataire ; et doit-elle cesser lorsque le résignant, revenu en santé, a approuvé la résignation expressément ou tacitement, ou lorsqu'il n'est plus en état de desservir son bénéfice ?

9. Le regrès doit-il être admis par le défaut de paiement de la pension réservée par le résignant, ou en cas qu'elle soit réduite comme excédant la quotité portée par les déclarations du Roi, suivant cette ancienne règle *aut solve aut cede* ? Faut-il faire quelque distinction, à cet égard, entre les bénéficiers simples et les bénéficiers à charge d'amer, ou rejeter le regrès indistinctement dans tous les cas ?

10. Doit-on observer l'article 14 de la déclaration de 1646, suivant lequel une permutation n'est censée parfaite et accomplie qu'après que les résignations pour cause de permutation ont été admises par le collateur; ou doit-on décider, suivant l'article 21 de l'édit du mois de novembre 1631, et les lettres-patentes du 13 août 1638, que la permutation est accomplie dès que celui qui a obtenu des provisions du collateur à passer procuration pour résigner son bénéfice en faveur de son copermutant ?

11. Si l'on doit autoriser la jurisprudence des cours qui ont enregistré l'édit de 1605, et qui jugent que les dignités des églises cathédrales ne sont point sujettes à l'expectative des gradués, ou si elles doivent y être jugées sujettes ?

12. Un gradué est-il censé rempli lorsqu'il possède 400 liv. de revenu en bénéfices, à quelque titre qu'ils lui aient été conférés, ou faut-il que ces bénéfices lui

aient été conférés *in vene gradûs;* ou, s'il les possède à autre titre, qu'ils vaillent au moins 600 livres de revenu, toutes charges déduites?

13. Lorsqu'un bénéfice qui a vaqué dans un mois de faveur a été conféré à un ecclésiastique non gradué par le collateur, et que, sur ce défaut, plusieurs gradués viennent le requérir dans les six mois de la vacance, doit-on, entre ces gradués, préférer le plus diligent; ou décider qu'en ce cas le mois de faveur devient de rigueur, et préférer le plus ancien d'entr'eux?

14. S'il suffit d'être bachelier en théologie pour pouvoir posséder une théologale; ou si, par le terme de bachelier formé, employé dans le concordat, on doit entendre au moins un licentié, en ne le maintenant même qu'en cas qu'il ne se présente pas de docteur?

15. Si un visa donné par l'ordinaire est valable, lorsque l'ordinaire y déclare que le pourvu est capable et suffisant, quoiqu'il ne se soit pas présenté en personne lors de l'obtention du visa; ou s'il est nécessaire que le pourvu soit présent et subisse l'examen, et qu'il en soit fait une mention expresse dans le visa?

16. Si, pour être pourvu d'une dignité dans une église cathédrale, il faut avoir des degrés en théologie, ou en droit canonique, avant les provisions, suivant les termes de l'article 51 de l'édit de 1606; ou s'il suffit de les obtenir avant la prise de possession?

17. Lequel est le plus convenable, ou de faire observer la disposition de l'article 15 de la déclaration de 1646, qui donne aux dévolutaires une année pour prendre possession, et trois mois ensuite pour faire appeler en jugement le possesseur du bénéfice; ou de se conformer à la disposition de l'article 22 de l'édit du mois de novembre 1637, qui ne leur donne en tout qu'une année pour prendre possession, et faire appeler le possesseur du bénéfice?

SECOND POINT.

Des Distributions manuelles dans les Chapitres.

QUEST. 1.re Quelles sont les distributions dont les chanoines sont privés quand ils s'absentent pendant les trois mois permis ?

2. Quelles sont les distributions dont les officiers commensaux sont privés pendant leur non-résidence ?

3. Quelles sont les distributions dont les titulaires doivent jouir, franches et quittes de toutes pensions; et faut-il les réduire seulement à celles qui sont accoutumées de se payer de tout temps, qui se distribuent en argent sec ou monnoie, et se paient par le service divin ?

TROISIÈME POINT.

Des Dîmes et Novales.

QUEST. 1.re Les novales doivent-elles appartenir aux curés, dans tous les cas et sans distinction; ou doit-on excepter de cette règle générale : 1.º le cas où les gros décimateurs, tels que ceux de l'ordre de Citeaux, et autres ordres, allèguent des bulles des papes, par lesquelles les novales leur sont accordées à proportion des grosses dîmes?

2.º Le cas où l'on rapporte des transactions par lesquelles les curés ont renoncé aux novales ?

3.º Le cas d'une possession ancienne de la part des gros décimateurs; et peut-on les admettre à faire la preuve par témoins de cette possession ?

4.º Le cas d'un partage des cantons entre les gros décimateurs et les curés où l'on aurait accordé des novales à chacun d'eux dans son canton?

2. Les évêques peuvent-ils, dans les lieux où ils sont décimateurs en partie, et pour une certaine

portion, jouir des novales dans la même proportion que des anciennes dîmes ?

> Dans les lieux où ils sont décimateurs pour toute l'étendue du territoire, peuvent-ils prétendre que les curés ne doivent avoir qu'une quatrième partie des novales ?

3. Pendant combien de temps faut-il qu'une terre anciennement cultivée ait été abandonnée et laissée en friche, pour donner lieu à la réputer novale lorsqu'on recommence à la cultiver et à la remettre en valeur ?

4. Faut-il décider que la qualité de novale cesse, après un certain temps, comme cinq ou dix ans, en telle sorte qu'après ce temps expiré, la dîme perde la qualité de novale, et commence à appartenir au gros décimateur ?

> Ou faut-il autoriser la jurisprudence des cours qui jugent que ce qui est novale conserve toujours la qualité de novale en faveur des curés, suivant la maxime : *semel novale, semper novale ?*

5. Lorsque, par le changement de culture d'une terre, il arrive que le fonds produit une espèce de fruit dont la dîme se prend sur un pied plus fort que celle qui avait lieu sur l'espèce des fruits que le fonds produisait auparavant, sur quel pied la dîme doit-elle être perçue ?

> *Quid ?* Dans le cas contraire, lorsque, par le changement de culture, le fonds produit une espèce de fruit, dont la dîme se paie sur un pied moins fort ?

6. Lorsque la superficie d'une terre qui produisoit des fruits décimables est changée de telle manière qu'elle en produit qui ne sont pas sujets à la dîme, suivant l'usage des lieux, est-il dû une indemnité à ceux qui ont droit de percevoir la dîme, ou n'en est-il pas dû ?

> Ou faut-il avoir égard à la quantité des terres dont la superficie est changée, et à la proportion que cette quantité peut avoir avec la totalité des fonds sur lesquels la dîme étoit perçue avant ce changement, et sur quel pied, comme du tiers ou du quart, ou du cinquième, etc. ; en sorte que, si le changement de la

superficie ne va pas jusqu'au quart, par exemple, de tout le territoire sujet à la dîme, ce changement soit compté pour rien, et qu'on y ait égard, au contraire, lorsqu'il ira jusqu'au quart, ou plus loin?

7. La dîme est-elle dûe pour les terres enfermées dans des parcs ou enclos, lorsque le propriétaire les met en culture permanente pour produire une espèce de fruit sujet à la dîme?

QUATRIÈME POINT.

Des Pensions sur les Bénéfices.

QUEST. 1.re Si l'on peut autoriser l'usage des cautions pour le paiement des pensions sur les bénéfices; ou si l'on doit rejeter cet usage comme suspect de simonie?

2. Si l'on doit réduire les pensions au tiers du revenu des bénéfices, même des bénéfices simples, et pour les pensions accordées *concordiæ causâ?*

3. Si les pensions sur les bénéfices consistoriaux sont réductibles, comme celles qui ont lieu sur d'autres bénéfices, ou s'il n'est pas permis au premier brevetaire de demander la réduction, en sorte que son successeur seul ait droit de le faire?

4. Si, pour rendre une pension réelle sur un bénéfice, en telle sorte que tout successeur au bénéfice soit obligé de la continuer, il suffit qu'elle ait été créée en cour de Rome; ou, s'il est nécessaire, que la signature de cour de Rome soit homologuée par arrêt rendu sur les conclusions des gens du roi?

CINQUIÈME POINT.

De l'Extinction et union des Bénéfices.

QUEST. 1.re Si les évêques peuvent procéder valablement à l'extinction et union des bénéfices de leur diocèse dépendant des chapitres, monastères, ou congrégations, lorsque ces chapitres, ou communautés, sont exemptés ?

2. Lorsque le bénéfice, qu'il s'agit d'unir, et celui auquel l'union doit être faite, sont situés en différens diocèses, auquel des deux évêques appartient-il de procéder à l'union ?

SIXIÈME POINT.

Des Réguliers.

Quest. 1.re Si un abbé régulier peut demander, aux pourvus des prieurés de sa dépendance, les arrérages de la redevance, appelée droit de visite, seulement pour son temps, ou pour fournir aux frais des chapitres généraux ?

Ou s'il peut en demander vingt-neuf années d'arrérages ?

2. S'il seroit à propos de fixer les charges qui doivent être supportées par le tiers lot, et quelles doivent être ces charges ?

3. Si les cottes mortes, ou pécules des religieux-curés, appartiennent aux monastères, ou aux pauvres, et à la fabrique des paroisses ?

SEPTIÈME POINT.

Des Réparations des Bénéfices.

Quest. 1.re Si l'on doit suivre la jurisprudence de quelques cours, qui déclarent le résignataire non-recevable à poursuivre son résignant pour les réparations du bénéfice résigné; ou si l'on doit décider le contraire ?

2. La disposition des articles 21 et 22 de l'édit de 1695, qui charge les gros décimateurs des réparations du chœur, et les habitans de celles de

la nef de l'église paroissiale, est-elle observée également partout ; ou y a-t-il des lois, ou des usages différens sur cette matière ?

3. Lorsque la dîme d'une année ne suffit pas, pour faire les réparations, dont les décimateurs ecclésiastiques sont chargés, peuvent-ils être obligés à les payer à quelque somme qu'elles montent ; ou peuvent-ils demander, en ce cas, que les décimateurs laïques soient tenus d'y contribuer à proportion des dîmes inféodées qu'ils possèdent ?

4. Lorsque c'est le curé qui jouit des grosses dîmes, en tout ou en partie, a-t-il droit, dans le cas de la question précédente, de retenir sa portion congrue, en ne contribuant que pour l'excédant aux réparations dont il est tenu ; et, supposé qu'on le juge ainsi, faut-il excepter le cas, où il se trouveroit qu'il y auroit d'autres revenus de la cure équivalens à la portion congrue ?

5. Si le prix des réparations excède la valeur des fonds des dîmes, tant ecclésiastiques qu'inféodées, les décimateurs peuvent-ils être reçus à les abandonner au curé, pour être déchargés à perpétuité des réparations ; ou de quelle autre manière doit-il y être pourvu ?

6. Lorsque le nombre des habitans est considérablement augmenté, et qu'il est nécessaire de construire une nouvelle église paroissiale, ou d'agrandir le chœur ou la nef de celles qui sont déjà construites, doit-on suivre la règle portée par les articles 21 et 22 de l'édit du mois d'avril 1695 ; ou cette nouvelle charge doit-elle tomber sur les décimateurs seuls, même pour la nef ?

HUITIÈME POINT.

De la Prescription des Biens d'église.

QUEST. Si le tiers détenteur d'un bien d'église aliéné peut prescrire par le temps de quarante ans, ou s'il ne peut se servir que de la prescription de cent ans ?

Du 11 août 1736.

C'EST un principe certain que, comme la régale met le roi à la place et dans les droits de l'évêque, par rapport à la collation des bénéfices, on ne sauroit établir aucune règle dans cette matière en faveur de l'évêque, sans l'établir aussi, par une conséquence nécessaire, en faveur du roi, pendant l'ouverture de la régale. Ainsi, l'article 4 de la déclaration du mois d'août 1735, sur lequel vous m'expliquez les réflexions et les désirs de MM. du parlement de Rouen, ne donne rien au roi, à proprement parler, parce que le droit de Sa Majesté, comme représentant l'évêque pendant la vacance, n'en seroit pas moins certain, quand même on n'en auroit fait aucune mention dans la déclaration dont il s'agit. Par la même raison, le parlement de Paris n'y acquiert aucune nouvelle juridiction. Son pouvoir est toujours relatif au droit de régale ; dans tous les cas où elle a lieu, ce parlement est le seul tribunal compétent pour connoître des causes où l'exercice de ce droit est contesté ; et, comme dans celui qui a été prévu dans l'art. 4 de la déclaration, ce ne seroit qu'à titre de régale que le roi conféreroit le bénéfice contentieux ; la juridiction du parlement de Paris ne seroit pas plus douteuse dans ce cas que dans tous les autres, où il s'agit du droit de régale. Il faudroit donc, ou priver le roi du pouvoir de conférer les bénéfices dans le cas de l'article 4, ce qui ne seroit pas juste, suivant les principes de la régale, ou dès le moment qu'on ne peut disputer ce droit à Sa Majesté, et qu'elle n'en sauroit user qu'à titre de régale ; il faut, par une conséquence nécessaire, que ce soit le seul parlement de Paris qui soit juge des différends qui peuvent naître à l'égard de ces sortes de collations. Ainsi, je vois, quoiqu'avec peine, qu'il ne m'est pas possible d'entrer dans la pensée de MM. du parlement de Rouen, quelqu'envie que j'aie de leur faire plaisir, parce que la régale en elle-même, et la compétence du parlement de Paris à cet égard, ne forment qu'un droit indivisible, qui doit être toujours uniforme dans son exécution comme dans son principe; et, après ces éclaircissemens, je ne vois rien qui puisse suspendre plus long-temps l'enregistrement de la déclaration dont il s'agit, au parlement de Rouen.

Du 16 octobre 1736.

Je suis bien persuadé que ce n'est nullement par votre faute que je n'ai pas encore reçu les réponses aux questions que je vous ai envoyées sur les matières bénéficiales; mais il faut avouer qu'elles se font attendre long-temps. S'il ne s'agissoit que d'un mois ou deux de retardement, cela seroit plus aisé à concevoir; mais il est difficile de comprendre qu'une année entière s'écoule, sans qu'on puisse prendre un temps suffisant pour un travail qui, après tout, se réduit à ce qui est absolument essentiel, à marquer quelle est la jurisprudence de votre compagnie sur les différens points qui sont indiqués dans les questions. Si MM. du parlement de Bordeaux vouloient bien penser aussi sérieusement aux lois à faire, qu'ils s'appliquent à les examiner lorsqu'elles sont faites, leur travail pourroit être beaucoup plus utile, et j'en profiterois avec plus de plaisir que personne, par la grande considération que j'ai pour cette compagnie; mais il est naturel à tous les conseillers de s'occuper foiblement de ce qui paroît encore éloigné, et de n'être véritablement attentif que lorsqu'il s'agit d'un objet présent. Vous ferez tel usage que vous jugerez à propos, avec votre prudence ordinaire, de ces réflexions qui m'échappent en écrivant; mais je vous

4 *

prie au moins de reprendre l'ouvrage des matières bénéficiales aussitôt après la Saint-Martin, et de le suivre continuellement jusqu'à ce qu'il soit entièrement fini.

Je vous prie d'avoir attention, lorsqu'il sera question de rédiger les réponses qui me seront envoyées, à suivre la même forme que dans celles que j'ai reçues sur d'autres matières; c'est-à-dire, que la réponse à chaque question soit écrite sur une feuille séparée. Je suis obligé de vous en rappeler le souvenir, parce que plusieurs des parlemens qui m'ont envoyé leurs réponses sur les matières bénéficiales, les ont fait écrire tout de suite sur le même cahier; ce qui est fort incommode, quand il s'agit de comparer les réponses les unes avec les autres.

Du janvier 1738.

LES représentations que le parlement de Besançon a cru devoir faire au sujet de l'arrêt rendu au conseil du roi le 18 septembre dernier, sur la régie et administration des revenus de l'abbaye de Saint-Claude, ont été examinées avec toute l'attention qu'elles pouvoient mériter; et M. le cardinal de Fleury, à qui vous les aviez adressées, comme à moi, y a fait les mêmes réflexions dont j'avois été aussi frappé en les lisant.

Les maximes générales qu'on y rappelle sont certaines; mais elles ne paroissent pas avoir une juste application à la matière présente. La déclaration du 6 octobre 1731, a suivi et confirmé ces maximes, qui étoient anciennement établies dans votre province; et l'intention du roi est que cette déclaration soit toujours observée dans les cas qu'on y a prévu, et qui se règlent par le droit commun.

Ainsi, toutes les fois qu'il s'agira d'une véritable vacance, par mort ou par démission, qui donnera lieu à la nomination d'un nouveau titulaire du même genre que son prédécesseur, comme il n'y aura alors aucune raison pour s'écarter de l'ordre établi par la déclaration de 1731, sur l'administration et la régie des bénéfices vacans, il sera juste d'y maintenir cette ordonnance, dont la conservation est confiée au parlement.

Mais il s'agit ici d'un de ces cas singuliers, et qu'on peut même appeler uniques, qui ne sont point l'objet des lois, et auxquels par conséquent il ne peut être pourvu que par l'autorité du souverain. Si l'abbaye de Saint-Claude vaque par démission, ce n'est pas pour être remplie par un nouvel abbé tel qu'il plairoit au roi de le nommer, c'est pour changer de forme et de nature en quelque manière; c'est pour être élevée au titre et à la dignité d'évêché. L'usage qui doit être fait des revenus de cette abbaye, entre dans le plan que Sa Majesté s'est formée pour parvenir à une érection également convenable au bien de l'église et à celui de l'état. Ainsi, la régie de ces revenus doit être regardée comme une dépendance naturelle des mesures que Sa Majesté prend pour procurer un si grand bien; et il est d'un usage notoire, que toutes les fois qu'il a été question de parvenir à de semblables créations, c'est le roi seul qui en a réglé les préliminaires, ou ce qui y sert de préparation, et que les parlemens de son royaume n'ont commencé à en prendre connoissance que lorsque l'érection étant consommée par l'autorité ecclésiastique, le roi a jugé à propos de la revêtir de ses lettres-patentes, adressées au parlement dans le ressort duquel le nouvel évêché a été érigé.

Tels ont été les motifs de l'arrêt du 18 septembre dernier. Le roi seul pouvoit pourvoir à la régie des revenus de l'abbaye de Saint-Claude, comme destinés à un usage que Sa Majesté seule pouvoit ordonner : c'étoit un objet de cette police suprême, ou de cette administration supérieure, qui ne réside que dans la personne du souverain; et par conséquent, ce qui se passoit par de telles raisons dans un cas que la loi n'a pu ni dû prévoir, ne tiroit à aucune conséquence contre l'observation d'une déclaration de 1731, qui, comme je l'ai déjà dit, ne pourvoit qu'à ce qui est renfermé dans les bornes du droit commun.

Le parlement de Besançon auroit donc dû demeurer dans le silence en une occasion qui n'intéressoit en aucune manière l'autorité qu'il plaît au roi de lui confier.

Il devait néanmoins, avant que de faire aucune démarche, douter davantage de son pouvoir, et s'adresser à Sa Majesté, pour savoir si elle trouveroit bon qu'il usât, dans cette occasion singulière, de l'autorité qui lui est attribuée par la déclaration du 6 octobre 1731 ; il prétend, à la vérité, avoir pu ignorer l'arrêt du 18 septembre dernier, et agir comme s'il n'eût été question que d'une vacance ordinaire ; mais le projet de l'érection de Saint-Claude en évêché étoit si notoire, que je ne sais si cette excuse est aussi recevable en cette occasion, qu'elle le pourroit être dans d'autres.

Enfin, cette excuse même, telle qu'elle puisse être, a cessé entièrement, lorsque les commissaires du parlement, s'étant transportés à Saint-Claude, le chapitre de cette église leur a représenté l'arrêt du conseil du 18 septembre dernier. Ils auroient dû s'arrêter absolument à la vue de cet arrêt ; et je vois cependant, qu'ils ont cru pouvoir passer outre, comme si cet arrêt ne leur lioit pas entièrement les mains, et ne les réduisoit pas à prendre seulement le parti d'en informer leur compagnie, afin qu'elle pût faire des représentations à Sa Majesté si elle le jugeoit à propos.

Il est vrai que MM. les commissaires du parlement cherchent à justifier leur conduite sur ce point, en disant qu'ils n'ont fait autre chose, depuis la connoissance qui leur a été donnée de l'arrêt du conseil, que d'ordonner l'apposition du scellé sur les titres de l'abbaye, pour réparer l'omission dans laquelle les officiers de Saint-Claude étoient tombés à cet égard ; et que, comme ce n'étoit qu'un acte conservatoire, ils avoient cru ne pas manquer, en le faisant, à ce qu'ils devoient à l'autorité du roi.

Mais, quand il seroit vrai que dans le fond on eût dû apposer le scellé dont il s'agit, l'ordonnance des commissaires auroit toujours péché par le défaut de pouvoir, et ils n'étoient pas en droit de pouvoir rien ordonner, même sur cet article, sans avoir su auparavant les intentions de Sa Majesté, qui s'étoit réservé, par son arrêt, la connoissance de tout ce qui regardoit la régie ou l'administration des revenus de l'abbaye de Saint-Claude, et par conséquent de tout ce qui étoit incident à cette régie.

Le mal vient, comme je l'ai déjà marqué, de ce qu'on a confondu le cas d'une vacance ordinaire avec celui d'une vacance qui, n'ayant lieu que pour parvenir à l'érection d'un évêché, doit laisser l'abbaye sous la main du roi, à qui seul il appartient de pourvoir à tout ce qui regarde l'érection.

Il résulte de toutes ces réflexions, que si Sa Majesté vouloit en user à la rigueur avec le parlement de Besançon, elle ne pourroit s'empêcher de détruire tout ce qu'il a fait en cette occasion, soit par lui-même ou par ses commissaires. Mais, comme Sa Majesté est persuadée que votre compagnie n'a eu que de bonnes intentions dans tout ce qui s'est passé, elle se portera volontiers à ignorer ce qu'elle ne sauroit approuver, pourvu néanmoins qu'il ne reste aucun vestige des démarches de MM. les commissaires du parlement, et que vous écriviez, ou que vous fassiez écrire par M. le procureur-général, aux officiers de Saint-Claude, qu'ils peuvent lever les scellés qui ont été apposés par MM. du parlement, suivant les ordres qu'ils recevront de Sa Majesté, cette compagnie n'entendant plus prendre connoissance de cette affaire, attendu l'arrêt du conseil par lequel le roi se l'est réservée. C'est le seul moyen de finir cette affaire, de la manière la moins désagréable au parlement de Besançon; et, s'il y faisoit quelque difficulté, le roi ne pourroit se dispenser d'user de son autorité, pour annuler ce qui a été fait au préjudice de l'arrêt du conseil du 18 septembre dernier.

Du 18 septembre 1739.

VOUS vous souvenez, sans doute, de tout ce que vous m'avez écrit au mois de juin dernier sur l'affaire du sieur ......, qui veut porter au parlement de Bordeaux l'appel comme d'abus qu'il a interjeté d'une ordonnance, par laquelle les vicaires généraux du diocèse d'Acs ont accordé une institution au sieur ...., sur la nomination de M. le......, pour le bénéfice de sacristain dans l'église collégiale de Bidache. Comme vous me marquiez à la fin de cette lettre, que M. le ...... souhaitoit que cette affaire pût se terminer par la médiation ou la décision de deux arbitres, et que je n'entends plus parler depuis long-temps du sieur de ......, je vous prie de me faire savoir si les parties ont pris cette voie pour terminer leur différend, si elle a eu effet.

Vous me ferez plaisir de me marquer aussi, s'il y a des exemples d'appels simples ou d'appels comme d'abus, qui aient été relevés et jugés au parlement de Bordeaux par rapport à la principauté de Bidache; et si ce parlement est en possession d'exercer quelques actes d'autorité dans l'étendue de cette principauté.

Du 18 février 1740.

JE vous envoie un mémoire qui m'a été remis par M......, conseiller au parlement, et qui rend la rédaction de l'arrêt d'évocation que vous demandez plus difficile qu'elle ne m'avoit paru d'abord. Il ne répugne pas à l'évocation, pour ce qui regarde les

réparations de la cathéderale ; mais il prétend que
cela ne doit pas empêcher l'exécution de la sentence
rendue à Falaise, par laquelle il a été ordonné qu'il
seroit procédé à la réception des autres réparations
qui ont déjà été faites; et en effet, il seroit fort extraordinaire de commettre un nouveau juge pour faire
la visite des lieux, autres que la cathédrale, pendant
qu'il y a une sentence contradictoire qui l'ordonne,
et une sentence qui est de nature à être exécutée par
provision. Je ne sais d'ailleurs, si ce n'est pas votre
intérêt autant que celui des héritiers de M. votre prédécesseur, que l'on prenne le parti d'exécuter cette
sentence, sans cela, il faudroit recommencer un nouveau procès sur une affaire déjà jugée; et si le juge,
qui a rendu la sentence, a omis d'y marquer expressément que l'ancien procès-verbal des réparations qui
étoient à faire seroit remis entre les mains des experts,
c'est une disposition qui est en quelque manière de
droit, et qui doit être regardée comme sous-en-
tendue.

Outre qu'il sera fort aisé d'y suppléer par les ordonnances que le juge, qui doit se transporter sur les
lieux, rendra en exécution de la sentence, c'est donc
à vous, monsieur, d'examiner si, au lieu de commettre un nouveau juge pour vérifier les réparations
déjà faites, il ne sera pas plus à propos d'ordonner
que cette vérification sera faite conformément à la sentence de Falaise.

Je n'ai pas voulu prendre un parti décisif sur
tout cela, sans avoir reçu votre réponse ; et je
vous prie d'être persuadé qu'on ne peut vous ho-
norer, monsieur, plus parfaitement que je le fais.

Du 24 juin 1742.

JE vous marquai, par ma lettre du 10 de ce mois,
que j'écrirois à M. l'évêque d'Arras, au sujet des
mouvemens que le sieur de . . . . . ., prévôt de Saint-

Amé de Douai, se donnoit pour faire regarder la place de vicaire perpétuel de la paroisse établie dans la même église, comme un bénéfice amovible, auquel il vouloit engager le sieur ...... à nommer, pour déplacer le sieur......, qui remplit cette vicairie depuis douze ans, avec la satisfaction et l'approbation du public. J'en ai écrit, en effet, à ce prélat; et comme je vois, par sa réponse, qu'il pense entièrement comme vous sur ce sujet, je ne dois pas différer davantage de vous faire savoir, que l'intention du roi est de se faire rendre un compte exact de la nature et de la qualité de la vicairie perpétuelle dont il s'agit; ainsi, vous aurez soin, s'il vous plaît, de faire savoir au sieur de ...... et au sieur ......, ou à celui des deux que vous jugerez à propos, qu'ils aient à vous remettre incessamment les mémoires et les pièces par lesquels ils prétendent faire voir que la vicairie de Saint-Amé est amovible, et que le sieur ...... est en droit d'y nommer. Vous communiquerez ensuite leurs mémoires au sieur ....., qui pourra y faire la réponse qu'il croira nécessaire, et y joindre les pièces qu'il jugera à propos; après quoi vous m'enverrez ce qui vous aura été remis de part et d'autre, avec votre avis, dont je ferai part à M. l'évêque d'Arras, afin qu'il me donne aussi le sien; et, lorsque j'en aurai rendu compte au roi, je vous ferai savoir les sentimens de Sa Majesté, qui veut cependant que toutes choses demeurent par provision dans l'état où elles sont, sans qu'il y soit fait aucun changement, jusqu'à ce que je vous aie envoyé ses ordres.

C'est après en avoir conféré avec M. le cardinal de Fleury, que je vous écris comme je le fais.

Du 24 mars 1745.

J'AI reçu la lettre par laquelle vous m'informez de l'enregistrement, qui a été ordonné par votre compagnie, de la déclaration du roi qui regarde les maisons religieuses; et les deux difficultés que

vous me proposez sur ce sujet ne sont pas bien
difficiles à résoudre.

A l'égard de la première, la déclaration dont
il s'agit a été faite sur le fondement de la règle
générale, qui exige que toutes les religieuses soient
cloîtrées. C'est le droit commun du royaume, et
c'est même la disposition particulière du concile de
Trente, qui a été reçu en Flandre sans aucune
modification sur ce point. S'il y a quelques exceptions de cette règle qui soient suffisamment autorisées, le motif de la loi cessant à cet égard, sa
disposition ne pourra aussi être pleinement exécutée.
Mais c'est une matière qui doit être examinée avec
beaucoup d'attention, pour empêcher que ce qui
ne seroit qu'un abus et une contravention aux règles
civiles et canoniques, ne devînt un titre d'exception. Le seul cas qui puisse être regardé d'une manière favorable est celui dont vous parlez dans votre
lettre, par rapport à ces établissemens de religieuses,
qui n'ont été reçues qu'à condition de servir les
malades hors de leur monastère. Mais, dans les lieux
où cet usage aura été légitimement approuvé, il sera
bien aisé de faire tomber votre difficulté par une permission générale que l'évêque pourra accorder, tous
les ans, aux religieuses qui lui seront indiquées par
la supérieure, de sortir de leur couvent, pour
aller donner aux malades les secours qu'ils peuvent
attendre de leur expérience et de leur charité.

La seconde difficulté ne peut être agitée que
faute de bien entendre le véritable esprit de la
déclaration du roi. Elle décide seulement que les
permissions accordées par les supérieurs réguliers,
aux religieuses des monastères même exempts, ne
sont pas suffisantes pour les autoriser à en sortir,
et qu'il faut nécessairement qu'elles obtiennent la
permission de l'évêque; si le supérieur régulier
veut les assujettir à prendre aussi la sienne, il n'en
résultera aucun mal, ce sera seulement un obstacle
de plus, qui ne servira qu'à rendre les sorties des
religieuses plus difficiles; et c'est ce qui doit être

considéré comme un avantage plutôt que comme un inconvénient. Le seul cas embarrassant seroit celui où le supérieur régulier défendroit la sortie du monastère à une religieuse à qui l'évêque l'auroit permise ; mais il est peu à craindre que ce cas arrive, parce que les difficultés dans cette matière, viennent ordinairement de la part des évêques, et non pas de celle des supérieurs réguliers dont la facilité n'est souvent que trop grande sur ce sujet ; et, d'ailleurs, si un supérieur régulier vouloit procéder contre une religieuse qui seroit sortie de son monastère sur le fondement d'une permission accordée par l'évêque, ce seroit alors qu'elle seroit en droit d'avoir recours à l'autorité royale, pour arrêter les poursuites qui se feroient contre elle ; parce que, dans le doute, la présomption doit être du côté de l'évêque plutôt que de celui des supérieurs réguliers.

Du 1.er janvier 1746.

Il y a déjà long-temps que le clergé de France demande au roi, qu'il lui plaise de fixer la jurisprudence des différens tribunaux de son royaume, sur la question qui consiste à savoir dans quel cas les curés, ou les autres gros décimateurs, peuvent demander une indemnité pour les changemens de culture, qui tendent à substituer des fruits non-décimables à ceux sur lesquels ils percevoient auparavant la dîme. Le feu roi donna, en l'année 1657, une déclaration par laquelle il fut ordonné que de pareils changemens ne feroient aucuns torts aux décimateurs, et qu'ils prendroient la dîme sur la matière des fruits qui auroit pris la place de celle que les mêmes terres produisoient autrefois ; mais, quoique cette règle parût assez simple, elle fut regardée néanmoins comme contraire à la liberté naturelle que chacun avoit de faire valoir son bien, ainsi qu'il le jugeoit à propos ; et la déclaration de 1657 n'ayant été enregistrée dans aucun des parlemens du royaume, elle a été regardée comme non avenue ; c'est ce qui a donné lieu au clergé de renouveler ses instances sur cette matière, dans ses dernières assemblées. Il ne paroît pas, à la vérité, se flatter d'obtenir une déclaration pareille à celle dont je viens de parler ; mais il désireroit au moins qu'il plût au roi de prévenir tous les procès que les curés ou les gros décimateurs peuvent essuyer dans cette matière, en établissant une règle uniforme sur la quantité du terrain dont il faut que la culture ait été changée, pour donner lieu aux décimateurs de demander une indemnité. Je crois que presque tous les parlemens exigent que cette quantité soit considérable, eu égard à l'étendue de la paroisse dans laquelle la dîme se perçoit ; mais, selon les uns, il faut que le changement aille jusqu'à la moitié des terres sujettes à la dîme : il y en a d'autres qui le fixent au tiers, et peut-être même au quart. C'est sur quoi je vous prie de m'expliquer quelle est la jurisprudence de votre compagnie, et quelle est la règle à laquelle elle croira qu'il seroit à propos de donner la préférence, quand même ce ne seroit pas celle qu'elle auroit suivie jusqu'à présent. Vous pouvez associer à cet examen les magistrats de votre compagnie que vous croirez les plus dignes d'être consultés sur ce sujet, pour m'envoyer ensuite votre avis et le leur, afin que, sur le compte que j'aurai l'honneur d'en rendre au roi, Sa Majesté puisse prendre la résolution qu'elle jugera la plus convenable pour le bien des ministres de l'église, et pour celui de ses autres sujets.

Du 11 août 1747.

Je vous envoie une lettre, que le provincial des récollets de Saint-André de Lille m'a écrite, afin que vous preniez la peine de vous instruire de l'affaire dont il s'agit, et de me faire savoir votre sentiment sur ce qui est contenu dans cette lettre, et sur les moyens de terminer cette affaire, au moins par rapport aux couvents des récollets qui sont établis dans les lieux anciennement soumis à la domination du roi.

Du 16 septembre 1747.

Vous avez raison de croire que le seul moyen d'assurer l'exécution de la nouvelle bulle que les récollets de la province de Saint-André sollicitent à Rome, contre ceux de la province de Flandre, est de faire en sorte qu'il soit porté par le premier traité de paix, que les choses demeureront dans l'état où la décision du saint Siége aura mis ces deux provinces. Vous pouvez faire donner cet avis aux pères de Saint-André; mais comme c'est une matière qui ne passera point par mes mains, il faudra, qu'après le jugement du pape, ils remettent un mémoire sur ce sujet entre les mains de M. le marquis de......, ministre des affaires étrangères.

§. XII. — *Acquisitions par les Gens de Main-morte.*

Édit concernant les Établissemens et Acquisitions des Gens de Main-morte, du mois d'août 1749.

LOUIS, par la grâce de Dieu, roi de France et de Navarre, à tous présens et à venir, salut :

Le désir que nous avons de profiter du retour de la paix, pour maintenir de plus en plus le bon ordre dans l'intérieur de notre royaume, nous fait regarder comme un des principaux objets de notre attention, les inconvéniens de la multiplication des établissemens des gens de main-morte, et de la facilité qu'ils trouvent à acquérir des fonds naturellement destinés à la subsistance et à la conservation des familles. Elles ont souvent le déplaisir de s'en voir privées, soit par la disposition que les hommes ont à former des établissemens nouveaux qui leur soient propres et fassent passer leurs noms à la postérité avec le titre de fondateurs, soit par une trop grande affection pour des établissemens déjà autorisés, dont plusieurs testateurs préfèrent l'intérêt à celui de leurs héritiers légitimes. Indépendamment même de ces motifs, il arrive souvent que, par les ventes qui se font à des gens de main-morte, les biens immeubles qui passent entre leurs mains cessent pour toujours d'être dans le commerce; en sorte qu'une très-grande partie des fonds de notre royaume se trouve actuellement possédée par ceux dont les biens, ne pouvant être diminués par des aliénations, s'augmentent au contraire continuellement par de nouvelles acquisitions :

Nous savons que les rois nos prédécesseurs, en protégeant les établissemens qu'ils jugeoient utiles à leur état, ont souvent renouvelé les défenses d'en former de nouveaux sans leur autorité; et le feu roi, notre très-honoré seigneur et bisaïeul, y ajouta des peines sévères par les lettres-patentes, en forme d'édit, du mois de décembre 1666 : il est d'ailleurs dans notre royaume un genre de biens, tels que les fiefs et les censives, dont les établissemens, même les plus autorisés, pouvoient être contraints de vider leurs mains, parce qu'en diminuant, par l'acquisition qu'ils en faisoient, les droits dus à notre domaine, ils diminuoient aussi ceux des seigneurs particuliers lorsque les fonds acquis étoient dans leur mouvance, et ils ne pouvoient s'affranchir de cette obligation qu'en obtenant des lettres d'amortissement, qui ne devoient leur être accordées qu'en connoissance de cause, et toujours relativement au bien de l'état. Mais ce qui sembloit devoir arrêter le progrès de leurs acquisitions, a servi au contraire à l'augmenter contre l'intention du législateur, par l'usage qui s'est introduit de recevoir d'eux, sans aucun examen, le droit d'amortissement qu'ils se sont portés sans peine à payer, dans l'espérance de faire mieux valoir les fonds qu'ils acquéroient, que les anciens propriétaires. La multiplication des rentes constituées sur des particuliers, a contribué encore à l'accroissement des biens possédés par des gens de main-morte, parce qu'il arrive souvent, ou par la négligence du débiteur à acquitter les arrérages de ces rentes, ou par les changemens qui surviennent dans sa fortune, qu'ils trouvent le moyen de devenir propriétaires des fonds mêmes sur lesquels elles étaient constituées. Ils se sont servi enfin de la voie du retrait féodal pour réunir à leur domaine les fiefs vendus dans leur mouvance. Plusieurs coutumes, à la vérité, les ont déclarés incapables d'exercer ce droit; mais le silence des autres donne lieu de former un doute sur ce sujet, qui ne peut être entièrement résolu que par notre autorité. Le meilleur usage que nous puissions en faire dans une matière si importante, est de concilier, autant qu'il est possible, l'intérêt des familles avec la faveur des établissemens véritablement utiles au public; c'est ce que nous proposons de faire, soit en nous réservant d'autoriser ceux qui pourraient être fondés sur des motifs suffisans de religion et de charité, soit en laissant aux gens de main-morte déjà établis, la faculté de nous exposer les raisons qui peuvent nous porter à leur permettre d'acquérir quelque fonds, et en leur conservant une entière liberté de posséder des rentes constituées sur nous ou sur ceux qui ont la même condition qu'eux, dont la jouissance leur sera souvent plus avantageuse, et toujours plus convenable au bien public, que celle des domaines ou des rentes hypothéquées sur les biens des particuliers. A ces causes et autres considérations à ce nous mouvantes, de l'avis de notre conseil et de notre certaine science, pleine puissance et autorité royale, nous avons, par notre présent édit perpétuel et irrévocable, dit, statué et ordonné, disons, statuons et ordonnons, voulons et nous plaît ce qui suit:

ART. 1.er Renouvelant en tant que de besoin les défenses portées par les ordonnances des rois nos prédécesseurs, voulons qu'il ne puisse être fait aucun nouvel établissement de chapitres, colléges, séminaires,

maisons ou communautés religieuses, même sous prétexte d'hospices, congrégations, confréries, hôpitaux,
ou autres corps et communautés, soit ecclésiastiques,
séculières ou régulières, soit laïques, de quelque qualité
qu'elles soient, ni pareillement aucune nouvelle érection de chapelles ou autres titres de bénéfices dans toute
l'étendue de notre royaume, terres et pays de notre
obéissance, si ce n'est en vertu de notre permission expresse portée par nos lettres-patentes enregistrées en
nos parlemens ou conseils supérieurs, chacun dans
son ressort, en la forme qui sera prescrite ci-après.

2. Défendons de faire à l'avenir aucune disposition par acte de dernière volonté, pour fonder un
nouvel établissement de la qualité de ceux qui sont
mentionnés dans l'article précédent, ou au profit des
personnes qui seroient chargées de former ledit établissement; le tout à peine de nullité : ce qui sera
observé quand même la disposition seroit faite à la
charge d'obtenir nos lettres-patentes.

3. N'entendons comprendre dans les deux articles
précédens, les fondations particulières qui ne ten-
droient à l'établissement d'aucuns nouveaux corps,
colléges ou communautés, ou à l'érection d'un nouveau titre de bénéfice, et qui n'auroient pour objet que
la célébration des messes ou obits, la subsistance d'é-
tudians ou de pauvres ecclésiastiques ou séculiers,
des mariages de pauvres filles, écoles de charité,
soulagement de prisonniers ou incendiés, ou autres
œuvres pieuses de même nature, et également utiles
au public; à l'égard desquelles fondations il ne sera
point nécessaire d'obtenir nos lettres-patentes, et il
suffira de faire homologuer les actes ou dispositions
qui les contiendront, en nos parlemens et conseils supérieurs, chacun dans son ressort, sur les conclusions
ou réquisitions de nos procureurs-généraux; voulons
qu'il soit en même temps pourvu, par nosdits parlemens ou conseils supérieurs, à l'administration des
biens destinés à l'exécution desdites fondations, et
aux comptes qui en seront rendus.

4. Ceux qui voudront faire, par des actes entre-vifs,

un nouvel établissement de la qualité mentionnée dans
l'article 1.er, seront tenus, avant toute donation ou
convention, de nous faire présenter le projet de l'acte
par lequel ils auront intention de faire ledit établissement, pour en obtenir la permission par nos lettres-
patentes, lesquelles ne pourront être expédiées, s'il
nous plaît de les accorder, qu'avec la clause expresse
que dans l'acte qui sera passé pour consommer ledit
établissement, il ne pourra être fait aucune addition
ni changement audit projet, qui sera attaché sous le
contre-scel de nosdites lettres-patentes, et après l'enregistrement desdites lettres, ledit acte sera passé
dans les formes requises pour la validité des contrats
ou donations entre-vifs.

5. Déclarons que nous n'accorderons aucune lettre-
patente pour permettre un nouvel établissement,
qu'après nous être fait informer exactement de l'objet
et de l'utilité dudit établissement, nature, valeur et
qualité des biens destinés à le doter, par ceux qui
peuvent en avoir connoissance, notamment par les
archevêques ou évêques diocésains, par les juges
royaux, par les officiers municipaux ou syndics des
communautés, par les administrateurs des hôpitaux,
par les supérieurs des communautés déjà établies
dans les lieux où l'on proposera d'en fonder une nouvelle, pour, sur le compte qui nous en sera rendu par
eux, chacun en ce qui le concerne, suivant la différente nature des établissemens, y être par nous
pourvu, ainsi qu'il appartiendra.

6. Lorsqu'il y aura lieu de faire expédier nos lettres-
patentes pour autoriser l'établissement proposé, il sera
fait mention expresse dans lesdites lettres, ou dans un
état qui sera annexé sous le contre-scel d'icelles, des
biens destinés à la dotation dudit établissement, sans
que, dans la suite, il puisse en être ajouté aucun autre
de la qualité marquée par l'article 14, qu'en se conformant à ce qui sera réglé ci-après sur les acquisitions qui seroient faites par des gens de main-morte;
ce que nous voulons pareillement être observé, même
à l'égard des établissemens déjà faits en vertu de lettres-

patentes dûment enregistrées; et ce, nonobstant toutes clauses ou permissions générales, par lesquelles ceux qui auroient obtenu lesdites lettres, auroient été autorisés à acquérir des biens-fonds indistinctement, ou jusqu'à concurrence d'une certaine somme.

7. Lesdites lettres-patentes seront communiquées à notre procureur-général en notre parlement ou conseil supérieur, pour être par lui fait telles réquisitions, ou pris telles conclusions qu'il jugera à propos; et lesdites lettres ne pourront être enregistrées qu'après qu'il aura été informé, à sa requête, de la commodité ou incommodité dudit établissement, et qu'il aura été donné communication desdites lettres aux personnes dénommées dans l'article 5 ci-dessus, suivant la nature dudit établissement, comme aussi aux seigneurs dont les biens seront mouvans immédiatement en fief ou en roture, ou qui ont la haute justice sur lesdits biens, même aux autres personnes dont nos parlemens ou conseils supérieurs jugeront à propos d'avoir l'avis ou le consentement; et seront lesdites formalités observées à peine de nullité.

8. Les oppositions qui pourront être formées avant l'enregistrement desdites lettres; comme aussi celles qui se feroient après ledit enregistrement, seront communiquées à notre procureur-général, pour y être, sur ses conclusions, statué par nosdits parlemens ou conseils supérieurs, ainsi qu'il appartiendra.

9. Désirant assurer pleinement l'exécution des dispositions du présent édit, concernant les établissemens mentionnés dans l'article 1.er, déclarons nuls tous ceux qui seroient faits à l'avenir, sans avoir obtenu nos lettres-patentes, et les avoir fait enregistrer dans les formes ci-dessus prescrites. Voulons que tous les actes et dispositions qui pourroient avoir été faits en leur faveur, directement ou indirectement, ou par lesquels ils auroient acquis des biens de quelque nature que ce soit, à titre gratuit ou onéreux, soient déclarés nuls, sans qu'il soit besoin d'obtenir des lettres de rescision contre lesdits actes; et que ceux qui se seroient ainsi établis, ou qui auroient été chargés

de former ou administrer lesdits établissemens, soient déchus de tous les droits résultant desdits actes et dispositions, même de la répétition des sommes qu'ils auroient payées pour lesdites acquisitions, ou employées en constitutions de rentes ; ce qui sera observé, nonobstant toute prescription et tous consentemens exprès ou tacites qui pourroient avoir été donnés à l'exécution desdits actes ou dispositions.

10. Les enfans ou présomptifs héritiers seront admis, même du vivant de ceux qui auront fait lesdits actes ou dispositions, à réclamer les biens par eux donnés ou aliénés. Voulons qu'ils en soient envoyés en possession, pour en jouir en toute propriété, avec restitution de fruits ou arrérages, à compter du jour de la demande qu'ils en auront formée. Laissons à la prudence des juges d'ordonner ce qu'il appartiendra par rapport aux jouissances échues avant ladite demande ; et le contenu au présent article aura lieu pareillement, après la mort de ceux qui auront fait lesdits actes ou dispositions, en faveur de leurs héritiers, successeurs ou ayant-cause ; le tout à la charge qu'encore que la faculté à eux accordée par le présent article, n'ait été exercée par l'un d'eux, elle profitera également à tous ses cohéritiers ou ayant le même droit que lui, lesquels seront admis à partager avec lui, suivant les lois et coutumes des lieux, les biens réclamés, soit pendant la vie ou la mort de celui qui aura fait lesdits actes ou dispositions.

11. Les seigneurs dont aucuns desdits biens seront tenus immédiatement, soit en fief ou roture, et qui ne seront pas eux-mêmes du nombre des gens de main-morte, pourront aussi demander à en être mis en possession, avec restitution des jouissances, à compter du jour de la demande qu'ils en formeront ; à la charge, néanmoins, qu'en cas que les personnes mentionnées en l'article précédent, forment leur demande, même postérieurement à celle des seigneurs, ils leur seront préférés ; comme aussi, que lesdits seigneurs seront tenus de leur remettre lesdits fonds, si lesdites personnes en forment la demande dans l'an

et jour après le jugement qui en aura mis lesdits seigneurs en possession ; auquel cas les fruits échus depuis ledit jugement jusqu'au jour de ladite demande, demeureront auxdits seigneurs ; voulons que la propriété desdits fonds leur soit acquise irrévocablement, s'il n'a point été formé de demande dans ledit délai ; et lorsque lesdits seigneurs seront du nombre des gens de main-morte, il y sera pourvu, ainsi qu'il est marqué par l'article suivant.

12. Enjoignons à nos procureurs-généraux, dans chacun de nosdits parlemens et conseils supérieurs, de tenir la main à l'exécution du présent édit, concernant lesdits établissemens ; et, en cas de négligence de la part des parties ci-dessus mentionnées, il sera ordonné, sur le réquisitoire de notre procureur-général, que, faute par les personnes dénommées en l'art. 10 et par les seigneurs qui ne seroient gens de main-morte, de former leur demande dans le délai qui sera fixé à cet effet, et qui courra du jour de la publication et affiches faites aux lieux accoutumés, de l'arrêt qui aura été rendu, lesdits biens seront vendus au plus offrant et dernier enchérisseur, et que le prix en sera confisqué à notre profit, pour être par nous appliqué à tels hôpitaux, ou employés au soulagement des pauvres ou à tels ouvrages publics que nous jugerons à propos.

13. A l'égard des établissemens de la qualité marquée par l'article premier, qui seroient antérieurs à la publication du présent édit, voulons que tous ceux qui auroient été faits depuis les lettres-patentes en forme d'édit du mois de décembre 1666, ou dans les trente années précédentes, sans avoir été autorisés par des lettres-patentes bien et dûment enregistrées, soient déclarés nuls : comme aussi tous actes ou dispositions faites en leur faveur, ce qui aura lieu nonobstant toutes clauses et dispositions générales par lesquelles il auroit été permis à des ordres ou communautés régulières d'établir de nouvelles maisons dans les lieux qu'ils jugeroient à propos, nous réservant néanmoins, à l'égard de ceux desdits établissemens qui subsistent paisiblement et sans aucune demande en nullité formée avant

la publication du présent édit, de nous faire rendre compte, tant de leur objet que de la nature et quantité des biens dont ils sont en possession, pour y pourvoir ainsi qu'il appartiendra, soit en leur accordant nos lettres-patentes, s'il y échoit. soit en réunissant lesdits biens à des hôpitaux ou autres établissemens déjà autorisés, soit en ordonnant qu'ils seront vendus, et que le prix en sera appliqué, ainsi qu'il est porté par l'article précédent.

14. Faisons défenses à tous gens de main-morte d'acquérir, recevoir, ni posséder à l'avenir aucun fonds de terre, maisons, droits réels, rentes foncières ou non-rachetables, même des rentes constituées sur des particuliers, si ce n'est après avoir obtenu nos lettres-patentes pour parvenir à ladite acquisition et pour l'amortissement desdits biens, et après que lesdites lettres, s'il nous plaît de les accorder, auront été enregistrées en nosdites cours de parlement, ou conseils supérieurs, en la forme qui sera ci-après prescrite; ce qui sera observé nonobstant toutes clauses ou dispositions générales qui auroient pu être insérées dans les lettres-patentes ci-devant obtenues par des gens de main-morte, par lesquelles ils auroient été autorisés à recevoir ou acquérir des biens-fonds indistinctement ou jusqu'à concurrence d'une certaine somme.

15. La disposition de l'article précédent sera observée, même à l'égard des fonds, maisons, droits réels et rentes qui seroient réputés meubles, suivant les coutumes, statuts et usages des lieux.

16. Voulons aussi que la disposition de l'art. 14 soit exécutée, à quelque titre que lesdits gens de main-morte puissent acquérir les biens y mentionnés, soit par vente, adjudication, échange, cession ou transport, même en paiement de ce qui leur seroit dû, soit par donations entre-vifs pures et simples, ou faites à la charge de service ou fondation, et, en général, pour quelque chose gratuite ou onéreuse que ce puisse être.

17. Défendons de faire à l'avenir aucune disposition de dernière volonté, pour donner aux gens de main-

morte des biens de la qualité marquée par l'art. 14 ; voulons que lesdites dispositions soient déclarées nulles, quand bien même elles seroient faites, à la charge d'obtenir nos lettres-patentes, ou qu'au lieu de donner directement lesdits biens auxdits gens de main-morte, celui qui en auroit disposé auroit ordonné qu'ils seroient vendus ou régis, par d'autres personnes, pour leur en remettre le prix ou les revenus.

18. Déclarons n'avoir entendu comprendre dans la disposition des articles 14, 15, 16 et 17 ci-dessus, les rentes constituées sur nous, ou sur le clergé, diocèses, pays d'état, villes ou communautés que lesdits gens de main-morte pourront acquérir et recevoir, sans être obligés d'obtenir nos lettres-patentes ; voulons qu'ils en soient dispensés, même pour celles qu'ils ont acquises par le passé.

19. Voulons qu'à l'avenir il ne puisse être donné ni acquis pour l'exécution des fondations mentionnées dans l'art. 3, que des rentes de la qualité marquée par l'article précédent, lorsque lesdites fondations seront faites par des dispositions de dernière volonté ; et si elles sont faites par des actes entre-vifs, il ne pourra être donné ou acquis pour l'exécution desdites fondations, aucuns des biens énoncés dans l'art. 14, qu'après avoir obtenu nos lettres-patentes, et les avoir fait enregistrer ainsi qu'il est porté par ledit article ; le tout à peine de nullité.

20. Dans tous les cas où il sera nécessaire d'obtenir nos lettres-patentes, suivant ce qui est porté par les art. 14 et 19, elles ne seront par nous accordées qu'après nous être fait rendre compte de la nature et valeur des biens qui en seront l'objet, comme aussi de l'utilité et des inconvéniens de l'acquisition que lesdits gens de main-morte voudroient en faire, ou de la fondation à laquelle ils seroient destinés.

21. Lesdites lettres-patentes, en cas que nous jugions à propos de les accorder, ne pourront être enregistrées que sur les conclusions de nos procureurs-

généraux, après qu'il aura été informé de la commodité ou incommodité de l'acquisition ou de la fondation, et qu'il aura été donné communication desdites lettres aux seigneurs dont lesdits biens seroient tenus immédiatement, soit en fief ou en roture, ou qui auroient la haute justice, même aux autres personnes dont nosdites cours de parlement, ou conseils supérieurs jugeroient à propos de prendre les avis ou le consentement; et s'il survient des oppositions, soit avant ou après l'enregistrement desdites lettres, il y sera statué sur les conclusions de nosdits procureurs-généraux, ainsi qu'il appartiendra.

22. Défendons à tous notaires, tabellions ou autres officiers, de passer aucun contrat de vente, échange, donation, cession ou transport des biens mentionnés dans l'art. 14, ni aucun bail à rente ou constitution de rente sur particuliers au profit desdits gens de main-morte ou pour l'exécution desdites fondations, qu'après qu'il leur sera apparu de nos lettres-patentes, et de l'arrêt d'enregistrement d'icelles, desquelles lettres et arrêts il sera fait mention expresse dans lesdits contrats ou autres actes, à peine de nullité, d'interdiction contre lesdits notaires, tabellions ou autres officiers, des dommages et intérêts des parties, s'il y échoit, et d'une amende qui sera arbitrée suivant l'exigence des cas; laquelle sera appliquée, savoir : un tiers au dénonciateur, un tiers à nous, et un tiers aux seigneurs dont les biens seront tenus immédiatement; et en cas qu'ils soient tenus de notre domaine, ladite amende sera appliquée à notre profit pour les deux tiers.

23. Il ne sera expédié à l'avenir aucune quittance du droit d'amortissement qui sera dû pour les biens de la qualité marquée par l'art. 14, s'il n'a été justifié de nosdites lettres-patentes et arrêts d'enregistrement d'icelles; desquelles lettres et arrêts il sera fait mention expresse dans lesdites quittances; ce qui sera exécuté à peine de nullité, et en outre de confiscation, au profit de l'hôpital général le plus prochain, des sommes qui auroient été payées pour l'amortissement

desdits biens avant lesdites lettres et arrêts; voulons que ceux qui les auroient payées ne puissent être admis dans la suite à obtenir des lettres-patentes pour raison des mêmes biens, nous réservant au surplus d'expliquer plus amplement nos intentions sur le cas où le droit d'amortissement sera dû, et sur la quotité dudit droit.

24. Défendons à toutes personnes de prêter leurs noms à des gens de main-morte, pour l'acquisition ou la jouissance des biens de ladite qualité, à peine de 3,000 livres d'amende, applicables ainsi qu'il est porté par l'art. 22, même sous plus grande peine, suivant l'exigence des cas.

25. Les gens de main-morte ne pourront exercer à l'avenir aucune action en retrait féodal ou seigneurial, à peine de nullité; à l'effet de quoi nous avons dérogé et dérogeons à toutes lois, coutumes ou usages qui pourroient être à ce contraires; sauf auxdits gens de main-morte à se faire payer les droits qui leur seront dus, suivant les lois, coutumes ou usages des lieux.

26. Dans tous les cas dans lesquels les biens de la qualité marquée par l'art. 14 pourroient échoir auxdits gens de main-morte, en vertu de droits acquis aux seigneuries à eux appartenantes, ils seront tenus de les mettre hors de leurs mains dans un an, à compter du jour que lesdits biens leur auront été dévolus, sans qu'ils puissent les faire passer à d'autres gens de main-morte, ou employer le prix desdits biens à en acquérir d'autres de la même qualité; et faute de satisfaire à la présente disposition dans ledit temps, lesdits biens seront réunis à notre domaine, si la seigneurie appartenante auxdits gens de main-morte est dans notre mouvance immédiate; et si elle relève des seigneurs particuliers, il leur sera permis, dans le délai d'un an, après l'expiration dudit temps, d'en demander la réunion à leur seigneurie; faute de quoi ils demeureront réunis de plein droit à notre domaine, et les fermiers ou receveurs de nos domaines feront les diligences et poursuites nécessaires pour s'en mettre en possession.

27. Pour assurer l'entière exécution des dispositions portées par les articles 14, 15, 16, 17, 19, 20, 21 et 25 ci-dessus, concernant les biens de la qualité marquée auxdits articles, voulons que tout ce qui est contenu dans l'article 9, au sujet des nouveaux établissemens non autorisés, soit observé par rapport aux dispositions ou actes par lesquels aucuns desdits biens auroient été donnés ou aliénés, contre ce qui est réglé par le présent édit, à des gens de main-morte, corps ou communautés valablement établies, ou pour l'exécution des fondations ci-dessus mentionnées; voulons pareillement que les personnes dénommées aux articles 10 et 11, puissent répéter lesdits biens, ainsi qu'il est porté auxdits articles, et qu'en cas de négligence de leur part, ils soient vendus sur la réquisition de notre procureur-général, suivant ce qui est prescrit par l'article 12.

28. N'entendons rien innover en ce qui concerne les dispositions ou actes ci-devant faits en faveur des gens de main-morte légitimement établis, ou pour l'exécution desdites fondations, lorsque lesdites dispositions ou actes auront une date authentique avant la publication des présentes, ou auront été faits par des personnes décédées avant ladite publication; et les contestations qui pourroient naître au sujet desdites dispositions ou actes, seront jugées par les juges qui en doivent connoître, suivant les lois et la jurisprudence qui avoit lieu avant le présent édit, dans chacun des pays du ressort de nosdits parlemens ou conseils supérieurs.

29 *et dernier.* Toutes les demandes qui seront formées en exécution des dispositions du présent édit, seront portées directement en la première chambre de nosdites cours de parlement ou conseils supérieurs, et ce privativement à tous autres, pour y être statué, sur les conclusions de notre procureur-général; dérogeant à cet effet à toutes évocations, *committimus*, ou autres priviléges accordés par le passé, ou qui pourroient l'être dans la suite à tous ordres, même à l'ordre de Malthe, à celui de Fontevrault, ou à

toutes congrégations, corps, communautés, ou particuliers, lesquels n'auront aucun effet en cette matière.

Si donnons en mandement, etc.

OBSERVATIONS relatives à l'Édit du mois d'août dernier, sur les nouveaux Établissemens et sur les Acquisitions qui peuvent être faites par des Gens de Main-morte.

Rien n'est plus ordinaire en France, que de voir les meilleures lois de police tomber bientôt en désuétude, par le grand nombre d'exceptions ou de dispenses qu'on a la facilité d'accorder. Il est fort à craindre que l'édit du mois d'août dernier n'ait le même sort, comme l'on en a vu l'exemple dans des lois à peu près semblables; ainsi, il est très-important d'avoir toujours devant les yeux les principaux points auxquels il faudra veiller avec attention, pour assurer l'exécution de cette nouvelle loi.

Elle a deux objets généraux :

L'un, d'empêcher la multiplication des nouveaux établissemens ;

L'autre, de donner des bornes aux acquisitions des gens de main-morte, et de les renfermer dans un certain genre de biens.

Comme chacun de ces objets mérite des réflexions différentes, il est à propos de les expliquer aussi séparément.

PREMIER OBJET.

Nouveaux Établissemens.

L'édit a deux dispositions à cet égard :

Les unes ont rapport au passé ;

Les autres regardent l'avenir.

1.° A l'égard du passé, l'article 13 porte : « que

» tous établissemens de la qualité marquée par l'article
» premier, qui se trouveront avoir été faits depuis
» l'édit du mois de décembre 1666, ou dans les
» trente années précédentes, sans avoir été autorisés
» par des lettres-patentes dûment enregistrées, se-
» ront déclarés nuls, aussi bien que tous actes et
» dispositions faites en leur faveur, Sa Majesté se
» réservant néanmoins de confirmer ceux qui lui pa-
» roîtront utiles, ou de les réunir à d'autres établis-
» semens autorisés, selon qu'elle le jugera à propos,
» sur le compte qu'elle s'en fera rendre. »

La véritable manière d'assurer l'effet de cette disposition, et d'empêcher qu'elle ne soit aussi peu
exécutée que celle de l'édit de 1666, sera de charger
tous les procureurs-généraux aux parlemens, par
une lettre que M. le chancelier leur écrira, de se
faire remettre un état de toutes les communautés
qui se sont établies, sans lettres-patentes, dans le
ressort depuis l'époque marquée par l'édit de 1666,
afin de commencer à mettre le roi en état de faire
le discernement des établissemens qu'il faudra supprimer entièrement, et de ceux qu'il conviendra ou de
laisser subsister en les confirmant par des lettres-
patentes, ou d'unir à des hôpitaux ou à d'autres
communautés.

Lorsqu'on aura reçu les états qui seront envoyés
par les procureurs-généraux, avec les observations
qu'ils y auront jointes, sur l'utilité ou l'inutilité de
ces établissemens, on pourra consulter encore sur
le même sujet et les intendans et les évêques diocésains, afin que Sa Majesté puisse prendre une dernière résolution sur ce sujet avec une entière connoissance.

2.º A l'égard de l'avenir, les dispositions de
l'édit qui y pourvoient sont contenues dans les douze
premiers articles de cette loi.

Les deux premiers ne contiennent qu'une défense
générale de faire de nouveaux établissemens sans
la permission du roi, et l'exécution d'une loi négative ou prohibitive ne peut consister, à cet égard,

que dans un refus absolu, si ce n'est dans les cas
où il s'agira d'un établissement qui pourra mériter
d'être autorisé par Sa Majesté, et les précautions
qu'il faudra prendre alors font la matière des articles 4, 5 et 6 de l'édit dont il s'agit.

Mais, avant que de passer à ce qui regarde ces
précautions, il est nécessaire de dire un mot des exceptions de la règle générale qui sont marquées par
l'article troisième.

Le roi y déclare, qu'il n'entend point comprendre, dans les deux premiers articles, les fondations
qui n'auroient pour objet que *la célébration de
messes ou obits, la subsistance d'étudians, ou de
pauvres ecclésiastiques ou séculiers, des mariages
de pauvres filles, écoles de charité, soulagemens de
prisonniers ou incendiés, ou autres œuvres pieuses
de même nature.*

On peut conclure, de ces dispositions :

1.° Que c'est sans fondement qu'on a voulu mettre
en doute, si les dons ou legs faits à des fabriques
étoient compris dans l'exception portée par cet article ? C'est ce qui ne peut avoir pour objet que les
fondations *de messes, d'obits ou d'écoles de charité,*
dont l'usage ordinaire est de charger les fabriques. Il
est sans difficulté qu'elles sont capables de recevoir
ces sortes de dons, ou de legs par l'organe des curés
et des marguilliers, ou des curés et des syndics des
paroisses, dans les lieux où il n'y a point de marguilliers ; mais, il est toujours bon d'en faire la remarque,
pour être en état de répondre aux plaintes, la plupart mauvaises, que les ecclésiastiques ont faites de
cet édit.

2.° Il y a d'autres objets dans le même article, où
il peut être plus difficile de régler par quelles personnes les dons qui auront été faits à cet égard seront
acceptés, ou l'exécution des legs demandée.

Telles sont les libéralités qui seroient faites :

Pour la subsistance d'étudians, ou de pauvres ecclésiastiques ou séculiers ;

Pour des mariages de pauvres filles ;

Pour le soulagement de prisonniers ou d'incendiés.

Si c'est par des actes entre-vifs que ces fondations sont faites, il y a deux cas à distinguer :

Ou la donation est faite à un corps ou à une communauté légitimement établie, sous la condition d'employer le revenu de ce bien aux œuvres de charité marquées par le donateur, et alors c'est par ce corps, ou cette communauté, que la donation doit être acceptée ;

Ou la donation ne contient qu'une désignation générale de l'usage auquel les biens donnés doivent être employés, suivant l'intention du donateur, et, en ce cas la donation ne peut être acceptée que par les procureurs-généraux ou par leurs substituts.

Si ces dispositions sont faites par des actes de dernière volonté, ce sera aussi, ou par les corps légitimement établis à qui le legs sera fait directement, que la demande en délivrance devra être formée, sinon ce sera par les procureurs-généraux ou par leurs substituts.

3.° Il reste d'observer sur le même article 3, que, comme il dispense de la formalité des lettres-patentes les fondations qui y sont énoncées, ce ne sera point au roi même qu'il faudra avoir recours pour les faire autoriser. Il suffira, selon cet article, de les faire homologuer par les parlemens, et l'on doit présumer, qu'avant que d'user du pouvoir qui leur est accordé à cet égard, ils auront soin de prendre l'avis des évêques dans les cas qui pourront intéresser la célébration du service divin, ou d'autres matières qui regardent la juridiction spirituelle.

Pour passer ensuite aux cas dans lesquels les nouveaux établissemens pourront être autorisés par des lettres-patentes, on remarquera d'abord que toutes les précautions qu'il faudra prendre, soit avant l'expédition de ces lettres, soit dans ces lettres mêmes, sont si exactement marquées dans les articles 4, 5 et 6 de l'édit, qu'il seroit inutile d'entrer dans un nouveau détail sur ce sujet.

On observera seulement ici, que la règle générale est de s'adresser à MM. les secrétaires d'état, lorsqu'il s'agit d'obtenir des lettres-patentes du roi pour confirmer un nouvel établissement, et si l'on présentoit quelques projets semblables à M. le chancelier, comme on le fait quelquefois, il les renverra toujours à celui de MM. les secrétaires d'état dans le département duquel on proposera de faire cet établissement.

La première chose, à laquelle on est persuadé que MM. les secrétaires d'état donneront une grande attention, est d'exiger que le projet de l'acte par lequel on veut faire un nouvel établissement, soit rédigé le plus clairement et le plus exactement qui sera possible.

Suivant l'article 5, ce projet doit être envoyé, ou aux archevêques, ou aux évêques diocésains, ou aux juges royaux, ou aux officiers municipaux ou syndics des communautés, ou aux supérieurs de celles qui sont déjà établies dans les lieux où l'on voudra en former une nouvelle, chacun dans ce qui peut le concerner, selon la différente nature des établissemens, pour avoir leur avis ou leur consentement ; mais, comme l'on peut proposer des établissemens mixtes, qui, par rapport à leurs différens objets, demandent aussi les consentemens ou les avis de différentes personnes, on jugera à propos, sans doute, de faire part des nouveaux projets à tous ceux qu'ils pourront regarder ou intéresser.

Après que de nouveaux projets auront été approuvés par le roi dans son conseil, il ne sera plus question que de faire expédier des lettres-patentes, suivant ce qui est porté par l'article 6; et l'on pourroit même, à la première occasion qui s'en présentera, convenir d'une espèce de formule de ces lettres qui servira de modèle pour toutes celles qui seront données dans la suite.

Les articles 7 et 8 ne regardent que ce qui se passera dans les parlemens pour l'enregistrement des

lettres-patentes , et il n'y a rien en cela qui mérite de nouvelles réflexions.

On peut faire la même observation sur les articles 9, 10, 11 et 12, qui ne concernent que la manière de réprimer les contraventions qu'on feroit aux
articles précédens, et les personnes à qui l'on accorde
le droit d'agir contre tous les actes qui y seroient
contraires.

SECOND OBJET.

*Biens dont l'acquisition est défendue, ou dont elle
est permise par l'édit aux Gens de Main-morte.*

C'est ce qui fait principalement la matière des
articles 14, 15, 16, 17, 18, 19 de cet édit, et les
dispositions de ces articles ont souffert une grande
contradiction de la part des ecclésiastiques ou des
réguliers , et ce sont en effet ceux qui sont les
plus susceptibles de quelque difficulté dans l'exécution.

On peut réduire ces dispositions à deux points :

L'un , est la prohibition d'acquérir aucuns fonds de
terres , maisons, droits réels ou rentes foncières ;

L'autre , est la défense d'acquérir des rentes constituées sur des particuliers.

Quelque utiles que puissent être ces dispositions
générales, on n'a pas cru néanmoins devoir en faire
des règles immuables qui ne pussent admettre aucune exception , et le roi a jugé à propos de laisser
aux gens de main-morte, par l'article 19 de son
édit , la ressource d'obtenir des lettres-patentes, qui
les autorisent à posséder des biens de la nature de
ceux dont la règle générale leur interdit l'acquisition.

Mais, pour commencer par ce qui regarde le premier point , c'est-à-dire, l'acquisition des fonds de
terres ou autres immeubles réels, on a représenté
sur ce sujet , que les frais de l'expédition et de l'enregistrement des lettres-patentes égaleroient quelquefois, et pourroient même surpasser la valeur des

fonds qu'on voudroit donner à des gens de main-morte.

Comme il peut arriver des cas où cette représentation se trouveroit bien placée, à cause de la médiocrité d'un fonds de terre que l'on donneroit à des gens de main-morte, il sera peut-être nécessaire d'examiner dans la suite, s'il ne seroit pas à propos de donner une déclaration pour faire les distinctions qui seront jugées convenables, soit entre les différens corps ou communautés, qui seront l'objet des nouvelles acquisitions, soit entre les différens usages auxquels elles seront destinées, soit enfin entre les différentes valeurs des biens donnés ou légués.

On a déjà l'exemple d'une pareille indulgence dans la matière des eaux et forêts, où l'usage a introduit la dispense de la formalité des lettres-patentes, en considération de la modicité de l'objet; mais il sera peut-être encore mieux, dans les cas où la règle pourra souffrir quelque adoucissement, prendre le tempérament de substituer l'homologation aux parlemens à la formalité des lettres-patentes, et l'édit du mois d'août en a déjà donné l'exemple dans l'article 3, par rapport à un autre objet.

Pour ce qui est du second point, c'est-à-dire, de la prohibition d'acquérir des rentes constituées sur des particuliers, on observera d'abord que cette défense est un des articles de l'édit, contre lesquels les communautés religieuses réclament avec le plus de vivacité.

Il leur est cependant plus avantageux d'acquérir des rentes sur le roi ou sur l'hôtel-de-ville, sur le clergé ou sur les diocèses, sur les pays d'état, villes et communautés, que d'en acquérir sur des particuliers. Les dernières sont sujettes au droit d'amortissement, au lieu que les autres ne le sont pas; et, d'ailleurs, soit que l'on considère la sûreté de l'emploi, ou qu'on envisage la facilité de la perception des arréages, il est évident que la possession des rentes du premier genre convient beaucoup mieux en toutes manières aux gens de main-morte, que l'acquisition de rentes constituées sur des particuliers.

Quand même il plairoit à la finance d'assujettir au droit d'amortissement les rentes constituées sur le clergé ou sur des pays d'état, etc., les représentations des gens de main-morte, sur le point dont il s'agit, n'en seroient pas mieux fondées, et il seroit aisé de leur répondre :

1.º Que si elles acquéroient des fonds de terre, comme elles désireroient toutes de pouvoir le faire encore, elles devroient sans doute en payer l'amortissement ;

2.º Que l'extension du droit d'amortissement aux rentes que l'édit leur permet de posséder ne feroit qu'égaler ces rentes à celles qui sont constituées sur des particuliers ; mais, qu'en supposant cette égalité même, le véritable intérêt des gens de main-morte seroit encore de préférer toujours les rentes dues par des corps, à celles qui ne sont dues que par des particuliers. Telle est la nature des dernières, comme l'expérience le fait voir, que si elles sont véritablement bonnes, elles sont bientôt remboursées, et l'on est obligé de faire toujours de nouveaux emplois, ou, si le rachat en est différé long-temps, on est souvent exposé à en perdre le fonds en tout ou en partie.

Ainsi, de quelque manière que l'on envisage les représentations des gens de main-morte sur cet article, elles ne paroissent mériter aucune attention, et c'est un des points sur lesquels il est le plus à propos de ne se point relâcher dans l'exécution de l'édit du mois d'août.

L'intérêt du roi même exige qu'on en use ainsi, pour faciliter les emprunts qui sont faits pour le bien de l'état, soit par le clergé ou par d'autres corps, qui prêtent leur crédit à Sa Majesté.

Du 7 décembre 1732.

Les représentations que vous me faites par votre lettre du 28 du mois dernier, font honneur à votre zèle pour l'exécution d'une loi aussi importante que la déclaration du 18 mai 1731 ; mais il est aisé de vous rassurer sur l'inquiétude que vous avez eue à la vue de l'arrêt du 22 octobre dernier.

Cet arrêt a été rendu au conseil avec une entière connoissance de cause, et sans qu'on ait pensé à favoriser les ecclésiastiques de votre province, en diminuant la juste rigueur de la déclaration dont il s'agit. Elle subsiste dans tous ses points, et le roi est bien éloigné de vouloir y donner aucune atteinte ; ainsi, rien n'empêche qu'elle ne soit pleinement exécutée à l'égard de toutes acquisitions faites par des gens de main-morte depuis la déclaration. Il n'y a qu'un seul article de cette loi qui ait été l'objet de l'arrêt du conseil, et c'est celui qui regarde le passé.

On avoit fixé par cet article le terme d'une année, pendant lequel les gens de main-morte seroient tenus de vider leurs mains des biens fonds qu'ils avoient acquis depuis l'année 1686, et ce délai s'étoit écoulé pendant que les ecclésiastiques faisoient des instances qu'ils fondoient sur l'exemple de ce qu'ils avoient obtenu dans un cas presque semblable en l'année 1695.

On reconnut, à la vérité, dans la discussion qui fut faite au conseil royal, que les gens d'église se trompoient dans l'application qu'ils faisoient de cet exemple ; mais, comme c'étoit l'espérance d'obtenir une pareille grâce du roi qui les avoit empêchés de satisfaire à l'article 6 de la nouvelle déclaration dans le terme fatal d'une année, on crut qu'il étoit équitable de leur accorder une prorogation de ce délai, afin de leur donner le temps de représenter les titres sur le fondement desquels ils pouvoient obtenir des lettres-patentes, pour confirmer quelques-unes des acquisitions qu'ils avoient faites.

Ainsi, d'un côté, l'arrêt qui a été rendu affermit pleinement l'exécution de la déclaration du 18 mai 1731, puisqu'il refuse aux ecclésiastiques la décharge générale qu'ils demandoient pour le passé; et de l'autre, il ne fait que renouveler un délai nécessaire pour pouvoir distinguer les acquisitions qui méritoient d'être exceptées de la règle générale, et autorisées à cet effet par des lettres-patentes particulières.

On agita fort au conseil si ces titres seroient représentés dans le nouveau délai, ou à M. le procureur-général, ou à M. de la Neuville, intendant en Franche-Comté, et l'on inclinoit même d'abord pour le premier parti; mais l'on considéra que les formes étoient plus longues dans les compagnies réglées que devant les intendans; que d'ailleurs M. le procureur-général étant en pareil cas la partie et non pas le juge, il faudroit que le parlement rendît autant d'arrêts qu'il y auroit d'ecclésiastiques qui représenteroient leurs titres, pour obtenir une exception particulière qui pourroit donner lieu à des retardemens considérables et à des frais qu'il étoit bon d'épagner à ces ecclésiastiques; qu'enfin, il ne s'agissoit dans tout cela que d'une espèce d'instruction préliminaire à des lettres-patentes, instruction qu'on avoit accoutumé de faire passer d'abord par le canal de MM. les intendans, mais dont les suites étoient toujours renvoyées au parlement auquel les lettres-patentes étoient adressées pour les enregistrer, en sorte que le dernier jugement de chaque affaire particulière étoit toujours référé à cette compagnie.

Ce fut par toutes ces considérations, et non par aucun défaut d'attention pour le parlement de Besançon, que le roi se détermina à commettre M. l'intendant, non pour retarder l'exécution de la nouvelle déclaration, mais au contraire pour l'avancer.

Vous n'avez donc rien à craindre d'un tel arrêt; j'aurai soin de veiller moi-même à son exécution, et de m'en faire rendre compte, de temps en temps, par M. de la Neuville, à qui je recommanderai de donner

ordre que pendant son absence les titres des ecclésiastiques, qui demanderont exception, soient représentés
devant ses subdélégués, afin qu'aussitôt après son
retour il puisse les voir et envoyer promptement ses
avis au conseil.

Vous voyez par là combien j'entre dans l'esprit
de votre compagnie; j'aurai toujours la même attention à tout ce qu'elle croira devoir me représenter pour le bien public, et à lui donner des
marques de la parfaite considération avec laquelle
je suis.

Du 24 octobre 1738.

LES remontrances que votre compagnie a cru devoir faire au roi sur la déclaration du 9 juillet dernier, n'ont pour principal objet que l'obligation
imposée par cette loi aux gens de main-morte, de
recourir à l'autorité de Sa Majesté lorsqu'ils veulent
augmenter leurs biens par des rentes constituées sur
des particuliers. Si cette disposition ne se trouve pas
en termes exprès dans les anciennes lois de la Flandre, dont le roi a bien voulu y conserver l'usage,
elle est entièrement conforme à leur esprit, et elle
étoit même nécessaire pour en assurer l'exécution.
En effet, comme ces lois défendent en général de
faire aucun acte translatif de propriété en faveur
des gens de main-morte, sans lettres d'octroi, il n'y
avoit pas lieu d'en excepter les contrats de constitution, qui, suivant les règles établies en Flandre,
pour acquérir une hypothèque, emportent une véritable aliénation des biens du débiteur dont il est
obligé de se dépouiller ou de se dévêtir pour en
saisir le créancier, jusqu'à concurrence de la rente
qu'il constitue; c'est donc une acquisition d'un droit
réel de la part des gens de main-morte, et par
conséquent ils doivent s'adresser au roi à qui il appartient de juger s'il convient au bien public de

leur permettre d'acquérir ce droit sur les fonds des particuliers.

Autrement il arriveroit peut-être bientôt qu'ils éluderoient les défenses portées par les placards et renouvelées par la déclaration du roi, soit en cachant une vente véritable sous la forme d'un contrat dans lequel on stipuleroit que la rente seroit rachetable, et en faisant renoncer le débiteur, par un acte séparé, à la faculté de la racheter, soit en concertant des poursuites simulées pour se faire adjuger les fonds sous un nom interposé : le roi n'a pas cru qu'il fût suffisant de prononcer des peines contre toutes ces voies indirectes ; la sagesse de Sa Majesté lui a fait penser qu'il étoit plus court et plus sûr d'en couper la racine, que d'autoriser seulement les juges à punir des fraudes souvent difficiles à découvrir ; et c'est ce qui a porté le roi à défendre absolument de faire des contrats de cette espèce, sans une permission donnée en connoissance de cause.

La faveur que méritent les hôpitaux, et qui les distingue des autres gens de main-morte, engagera sans doute Sa Majesté à leur accorder plus facilement cette permission ; mais il seroit dangereux de les dispenser de la demander et même de la rendre trop commune, parce qu'on s'exposeroit peut-être à faire des pauvres pour en assister d'autres.

Le véritable intérêt du commerce est de conserver le patrimoine des familles sans l'aliéner ni l'hypothéquer à des gens de main-morte, qui, de leur côté, pourront acquérir des rentes sur le roi ou sur le clergé, ou autres corps et communautés, sans être astreints à aucunes formalités à cet égard ; et c'est par toutes ces raisons que l'arrêt du conseil du 12 juillet 1729, en exemptant des droits d'amortissement les rentes sur les corps de ville et d'état, y a assujetti les rentes constituées, et qu'il a compris, nommément dans cette disposition, les hôpitaux et autres établissemens de charité.

Il n'est pas fort à craindre que les gens de main-morte prennent le parti de confier leur argent à des étrangers, et de s'exposer par là à être obligés de plaider hors du royaume, ou de courir le risque de perdre la jouissance de leurs rentes dans les temps de guerre : et à l'égard des provinces du royaume qui sont voisines de la Flandre, il ne sera pas difficile d'y établir les mêmes règles, puisqu'il y en a où l'on demande avec empressement une loi semblable à celle qui vous a été envoyée.

Le roi m'ordonne donc de vous dire qu'il attend de la sagesse et de la soumission de son parlement de Flandre, qu'il procédera incessamment à l'enregistrement pur et simple d'une loi qui n'a été faite qu'après avoir pesé toutes les considérations dont votre compagnie a été touchée, et après les avoir comparées avec d'autres vues qui ont paru plus avantageuses pour les familles.

Il ne me reste après cela, que de vous instruire des intentions de Sa Majesté sur les deux difficultés qui sont proposées à la fin des remontrances, et qui regardent l'exécution de la loi plutôt que la loi même.

Il suffit de la lire attentivement pour décider la première difficulté, puisque le Cambresis fait, sans doute, partie du ressort de votre compagnie, et que la déclaration est faite pour tout *le pays du ressort du parlement de Flandre*. Cette expression générale se trouve deux fois dans le préambule, aussi bien que dans l'article premier et dans l'article 10 du dispositif. Vous pouvez donc assurer votre compagnie, que l'intention du roi est qu'elle fasse observer cette loi également dans tous les différens pays qui forment son ressort sans aucune exception.

A l'égard de la seconde difficulté, il faut mettre une grande différence entre des lettres d'amortissement dont l'objet n'est que de faire cesser des recherches de finance, et qui, par cette raison, ne sont enregistrées que dans les chambres des comptes, et les lettres d'octroi qui, suivant vos anciennes ordonnances aussi bien que suivant la nouvelle loi, doivent être accordées en connoissance de cause, et enregistrées au parlement. La déclaration du 4 octobre 1704 ne parle que de la première espèce de lettres ; et cette distinction suffit pour faire cesser l'argument que les gens de main-morte pourroient en tirer ; d'ailleurs, depuis cette déclaration, le roi, par le même arrêt que j'ai déjà cité, a expliqué si clairement ses intentions sur le recouvrement des droits dûs en Flandre à Sa Majesté par les gens de main-morte, que c'est sur cet arrêt qu'on a cru devoir se régler pour fixer l'époque marquée par le dernier article de la nouvelle déclaration.

Au surplus, comme cette loi permet aux gens de main-morte qui sont en possession paisible de biens immeubles d'avoir recours à Sa Majesté dans le délai d'un an, pour lui demander des lettres d'octroi, elle pourra y pourvoir en connoissance de cause, selon la différence des cas. Il n'auroit été ni possible ni même convenable de les prévoir en détail dans une loi qui n'est faite que pour établir des règles générales sur une matière si importante.

Il ne reste donc plus à votre compagnie, à laquelle vous ferez part de cette lettre, que d'en procurer la prompte exécution, par un enregistrement qui, après ce que je viens de vous marquer, ne doit plus souffrir ni retardement ni difficulté.

Du 2 novembre 1738.

J'ai reçu la lettre par laquelle vous m'apprenez qu'après la réponse que j'ai faite aux remontrances de votre compagnie sur un des articles de la déclaration du 9 juillet dernier, elle a procédé à l'enregistrement pur et simple de cette déclaration ; si vous vous

apercevez dans la suite qu'elle produise quelqu'inconvénient par la défense qu'elle fait aux gens de
main-morte d'acquérir des rentes constituées sur des
particuliers, vous pourrez m'en informer, et le roi
sera toujours en état d'y apporter les remèdes convenables.

Du 18 mai 1739.

J'ai reçu plusieurs mémoires de différentes parties qui ont des procès au parlement de Flandre, sur
des demandes que l'on expose avoir été formées avant
l'enregistrement de la déclaration du 15 juillet 1738,
soit pour faire déclarer nuls de nouveaux établissemens faits sans l'autorité du roi, soit au sujet d'acquisitions d'immeubles faites sans lettres d'octroi par
gens de main-morte. Le parlement a différé de prononcer sur une de ces affaires qui est au rapport de
M......, afin de laisser le temps à M...... d'examiner les faits, et de voir ce qu'il croiroit devoir
proposer au roi pour l'utilité de la province. Je n'ai
pu qu'approuver en général cette conduite de la part
des officiers du parlement; mais j'ai appris aussi que
M...... s'est renfermé avec raison dans l'objet sur
lequel Sa Majesté s'est réservé de prononcer par sa
déclaration, et il faut distinguer, suivant les articles
9 et 26 de cette loi, entre les cas où il n'y a point eu
de demande formée avant l'enregistrement de la déclaration, et les cas où il y en a eu. Dans le premier,
il y a une possession paisible qui peut mériter qu'on
use d'indulgence suivant les circonstances que le roi
s'est réservé d'examiner à cet égard ; mais dans les
autres cas, il y a un droit acquis à la partie par la
demande qu'elle a formée avant la déclaration ; ce qui
oblige de la juger suivant les dispositions des lois
précédentes, sans que ceux qui y auroient contrevenu puissent espérer une grâce que le roi n'accorde au préjudice du droit acquis à un tiers ; c'est

ce qui fait que la réserve portée par l'article 9 de la déclaration est bornée aux établissemens *qui subsistent paisiblement et sans aucune demande formée avant la présente déclaration pour les faire déclarer nuls.* Et par l'article 26, le délai d'un an dans lequel les gens de main-morte qui ont acquis des immeubles sans lettres d'octroi pourront encore en obtenir, n'est qu'en faveur de ceux *qui se trouveront en possession paisible desdits biens, sans qu'il y ait aucune demande formée contre eux avant la publication des présentes.* L'arrêt du conseil du 30 décembre dernier qui rappelle les termes mêmes de l'article 7, loin d'y déroger, n'est fait que pour en procurer l'exécution; et, par conséquent, il ne s'applique qu'à ceux qui seront dans le cas de la réserve exprimée dans cet article : cette distinction est même d'autant plus importante, qu'outre qu'il est de la justice de juger les contestations suivant la disposition des lois dont les parties ont demandé l'exécution, il est aussi de l'intérêt public de ne pas donner lieu à ceux qui auroient contrevenu à ces lois, de regarder la déclaration qui les confirme comme une amnistie générale pour tout le passé; ce qui les porteroit à ne se pas conformer davantage à cette loi pour l'avenir dans l'espérance d'obtenir un jour une pareille grâce, et les fortifieroit dans la persuasion où ils étoient que le défaut de lettres-patentes peut être réparé en tout temps, ensorte que les peines prononcées par les lois qui les exigent, ne pourroient jamais avoir leur application. Il n'y a donc aucune raison qui doive empêcher le parlement de juger les affaires qu'il a suspendues jusqu'à présent, lorsqu'il s'agira de demandes formées avant l'enregistrement de la déclaration ; et se sera au surplus aux juges d'examiner si la demande a été signifiée en effet avant cette époque, ou si l'on ne s'est pourvu que depuis ce temps contre des actes que l'on n'avoit pas attaqués auparavant.

Du novembre 1741.

Le mémoire que je joins à cette lettre (1) m'a été présenté par MM. les agens généraux du clergé,

(1) *MÉMOIRE.*

Il est certain que les arrêts de 1736 n'ont point décidé que l'indemnité fût imprescriptible dans tous les cas, sans exception.

Premièrement, dans l'espèce de ces deux arrêts, il n'y avoit pas quarante ans écoulés depuis l'expiration des trente ans donnés aux seigneurs par l'article 368 de la coutume, pour obliger la main-morte de vider ses mains.

Secondement, il n'y avoit pas eu d'exhibition des contrats, ni d'aveu suivi de la possession de quarante ans.

Ainsi, depuis ces arrêts, comme auparavant, la question demeure entière de savoir :

1.º Si, quarante ans après l'expiration des trente ans donnés au seigneur pour faire vider les mains, la prescription de l'indemnité peut être acquise ?

2.º Si cette prescription peut courir du jour de l'exhibition du contrat, ou de l'aveu dûment reçu ?

Dans le mémoire de MM. les agens du clergé, on prétend établir la prescription quadragénaire de l'indemnité du jour des contrats :

1.º Par les principes du droit de Bretagne ;

2.º Par les auteurs de la province et par les auteurs français ;

3.º Par les inconvéniens qui peuvent résulter de l'imprescriptibilité ; et ce mémoire finit par quelques faits sur lesquels il n'est pas possible de donner des éclaircissemens, les seigneurs auxquels on impute un procédé injuste n'étant pas même nommés.

Sur le premier point, on a confondu l'indemnité avec les casuels de fief, quoique la différence soit entière. Un casuel de fief étant échu, se prescrit comme les arrérages des revenus certains, parce que cette prescription n'opère aucune diminution sur le fonds du droit féodal, qui subsiste toujours, indépendamment de la prescription. Par exemple, la prescription des rachats, ou des lods et ventes échus, n'altère en rien le fonds du droit, ni l'espérance de percevoir, dans la suite, des casuels de la même nature, et c'est par ce motif que la cou-

comme prenant en quelque manière le fait et cause du clergé de la province de Bretagne.

La question qu'on y traite a pour objet principal de montrer que l'indemnité due par les gens d'église qui acquièrent des fonds dans la mouvance ou dans la censive des seigneurs particuliers est prescriptible

tume, dans l'article 281, admet la prescription de ces droits lorsqu'ils sont échus.

Au contraire, si on admet la prescription de quarante ans contre l'indemnité, il en résultera nécessairement la perte totale du fonds des lods et ventes; droit, par sa nature, imprescriptible, comme tous les autres droits féodaux, suivant la maxime de la province. On n'a jamais pensé que l'article 281 de la coutume eût application à l'indemnité, et les réformateurs de 1580 n'ont point eu intention de la comprendre dans les premiers termes de cet article, car ils sont copiés mot à mot sur l'article 276 de l'ancienne; et il est certain que cet article ne comprenoit point l'indemnité, puisque, dans l'ancienne coutume, l'article 3.6 accordoit aux seigneurs une faculté perpétuelle de faire vider les mains; ce qui mettoit les gens de main-morte dans l'impossibilité d'alléguer la prescription de l'indemnité.

Cette observation établit une première raison contre la prescription qu'on veut induire des dispositions de la coutume; de plus, qu'on lise avec attention les articles qui concernent les prescriptions, on trouvera que la loi a voulu distinguer les droits féodaux et les autres biens.

Quand l'article 282 établit la prescription de quarante ans pour ceux qui ont joui sans titre, il est évident que cet article ne parle que de la propriété d'un bien ou d'un droit réel, quel qu'il soit, mais il n'y a aucune expression qui annonce que l'intention ait été d'établir par quarante ans l'exemption d'un droit féodal; au contraire, on trouve sur ces droits des dispositions particulières dans les articles 281, 289, 290 et 294; et ces articles étant réunis, il est facile de connoître que l'esprit de la coutume est d'exclure toute prescription contre le fonds des droits féodaux, et de ne l'admettre que pour les revenus ordinaires, certains ou casuels, dont le fonds ne reçoit ni diminution ni altération, par l'effet de la prescription.

D'ailleurs, ce n'est point dans le titre des prescriptions qu'on doit chercher les décisions sur le droit d'indemnité. C'est dans l'article 368, qui est mis sous le titre de fiefs, et qui, en admettant la prescription du droit de faire vider les mains, n'en établit aucune contre le droit d'indemnité.

Peut-on penser qu'en établissant la prescription contre le droit de vider les mains, et en bornant le seigneur à l'indem-

dans cette province, au moins par une possession de quarante années.

Mais cette question générale paroît avoir comme trois branches, ou pouvoir être subdivisée en trois articles.

1.º Quelle est véritablement la jurisprudence du

nité, les réformateurs n'eussent pas établi en même temps une prescription contre ce dernier droit, s'ils l'avoient regardé comme prescriptible; ils ne l'avoient point en vue dans les articles du titre des prescriptions? On vient de prouver cette vérité par l'observation qu'on a faite sur l'article 281.

Ils faisoient une loi nouvelle, par laquelle ils rendoient prescriptible un droit jusqu'alors imprescriptible; ainsi, il faudroit leur imputer, sur l'indemnité, une inattention inexcusable et contraire à toute vraisemblance, ou bien on doit admettre que leur intention a été de ne point assujettir l'indemnité à la prescription.

Peut-on balancer à prendre le dernier parti, si l'on considère qu'il eût été alors évidemment injuste d'assujettir l'indemnité à la prescription jusqu'au temps de la réformation de 1580? L'ancienne et la très-ancienne coutume donnoit, aux seigneurs, le droit imprescriptible de faire vider les mains. On limite ce droit par une prescription de trente ans, et l'on substitue l'indemnité à ce droit imprescriptible et aux fonds imprescriptibles de casuels féodaux. Dans cette circonstance, peut-on penser que les réformateurs aient voulu pousser l'injustice jusqu'à porter en même temps plusieurs coups sur toutes les seigneuries de la province? C'étoit un assez grand avantage pour les gens de main-morte, d'assurer leurs possessions, qui, jusqu'alors, étoient incertaines, et perpétuellement dépendantes de la volonté des seigneurs; et, si alors les ecclésiastiques avoient pensé à demander qu'outre la grâce qu'on leur faisoit, on eût déclaré sujette à la prescription l'indemnité, quoique substituée à la place de droits imprescriptibles, peut-on penser qu'une prétention si outrée eût réussi, supposant même que les réformateurs l'eussent adoptée? Les états de la province auroient eu droit de s'y opposer lors de la publication de la coutume réformée.

Ainsi, ce n'est point par inattention que les réformateurs n'ont pas rendu l'indemnité prescriptible dans l'article 368, c'est uniquement parce qu'ils ne pouvoient le faire sans une injustice évidente.

D'ailleurs, l'indemnité n'est pas nécessairement une somme une fois payée; elle consiste, à l'égard de la foi et du rachat, dans l'homme vivant et mourant; et il est de maxime non contestée qu'on peut perpétuellement l'exiger pour les biens mouvans du domaine royal ou d'un fief ecclésiastique. L'in-

parlement de Rennes dans cette matière ? Vous verrez dans le mémoire de MM. les agens du clergé, qu'ils ne conviennent pas que ce parlement ait vraiment décidé en faveur des seigneurs et contre le

demnité même, pour des lods et ventes, se paie par des rentes qui sont incontestablement féodales, et conséquemment imprescriptibles. Si ces deux manières de fournir l'indemnité ne sont point sujettes à la prescription, pourquoi veut-on qu'elles aient lieu contre le droit qu'a le seigneur d'exiger une somme fixe pour l'extinction du fonds imprescriptible des casuels ?

Après avoir établi le véritable esprit de la coutume, sur la question d'imprescriptibilité, il pourroit être superflu de discuter ces autorités. Cependant, outre celle de Sauvageau, Dargentré, cité dans le mémoire de MM. les agens du clergé, confirme tout ce qui a été dit jusqu'à présent. Il est vrai que cet auteur a dit, au titre des prescriptions, que *nihil est quod quadragenariam prescriptionem effugiat;* mais, sur l'article 346 de l'ancienne coutume, il rejette positivement la prescription des gens de main-morte à l'égard du seigneur, et il décide que les sentimens des auteurs français et les arrêts des autres parlemens qui ont établi la prescription en cette matière ne peuvent avoir d'application en Bretagne.

Cela confirme ce qu'on a dit sur la distinction en matière de prescription entre les droits ordinaires et les droits féodaux; que la coutume n'a point voulu envelopper dans les dispositions générales de l'article 282. L'on voit également que d'Argentré n'est pas d'avis qu'on doive recourir au titre des prescriptions, pour décider la question entre le seigneur et la main-morte; mais que l'article 368, substitué à l'article 346 de l'ancienne coutume, doit faire la règle.

Comme l'autorité de d'Argentré ne peut être balancée par les autres auteurs de la province, il seroit inutile de les discuter en détail, d'autant plus que quelques-uns de ces auteurs sont peu exacts, surtout dans les citations d'arrêts.

D'Argentré, à l'endroit qu'on vient de citer, ayant réfuté les conséquences qu'on tire des décisions étrangères à la province, on n'examinera point les citations de plusieurs auteurs français, auxquels on pourroit cependant en opposer plusieurs autres, tels que Boucheul, sur Poitou, article 52, n.º 62; Billecan, sur Châlons, article 298; Marais, M. Mainard, Albert, Dufresne, etc.

Quant aux inconvéniens, il est de maxime qu'ils ne peuvent prévaloir à la disposition ni à l'esprit de la loi. Il n'y a même aucune loi qui soit exempte d'inconvéniens. D'ailleurs, si l'on examinoit ceux qui peuvent se trouver de part et d'autre, il seroit facile de prouver qu'il y en a de plus grands à admettre

clergé, que l'indemnité étoit imprescriptible; ils soutiennent au contraire, que deux arrêts de 1736, par lesquels on a prétendu que la question avoit été jugée en termes généraux, n'ont été fondés que sur

la prescription de l'indemnité, qu'à confirmer la maxime sur l'imprescriptibilité.

Premièrement, l'inconvénient de favoriser les nouvelles acquisitions des gens de main-morte est sensible : ils ne vendent point; ils acquièrent chaque jour, de sorte que les seigneurs perdent insensiblement les droits casuels de leurs mouvances, les charges de l'état refoulent sur le peuple à mesure que les ecclésiastiques accroissent leurs domaines.

Secondement, rien n'est plus commun que l'ignorance, la négligence ou l'infidélité des procureurs-fiscaux. Si la prescription de quarante ans, contre l'indemnité, étoit reçue, il seroit facile aux gens de main-morte d'énerver les fiefs, avant qu'un seigneur mal instruit, ou occupé au service du roi, pût découvrir les nouvelles possessions de la main-morte, et exiger l'indemnité. Il y a même des cas où il est impossible de connoître les nouvelles possessions; par exemple, les rentes foncières créées par fondations. Cet exemple est rapporté dans une des consultations communiquées par les agens du clergé.

Troisièmement, le domaine même du roi pourroit être énervé par rapport à l'indemnité, à la différence de l'amortissement, qui est un droit royal. L'indemnité, droit purement féodal, se prescrivoit contre le roi même, si elle se prescrivoit contre les seigneurs particuliers; car il est de maxime en Bretagne que les droits féodaux du domaine sont soumis aux mêmes règles que les fiefs des particuliers.

Quatrièmement, l'inconvénient qui résulte de la perte des titres pourroit être égal pour tous les droits féodaux ou de juridiction que possèdent les gens de main-morte, et dont la possession est inutile sans une inféodation vers le seigneur supérieur. Cependant, jamais un inconvénient de cette espèce n'a été suffisant pour les faire confirmer dans ces droits sans titres, et les édits qui autorisent leurs possessions n'ont d'application qu'aux domaines et aux simples droits réels, dont la jouissance de quarante ans sert de titre par la coutume, sans qu'on en ait jamais fait extension au préjudice des seigneurs contre lesquels la possession, quelque longue qu'elle soit, est inutile par la coutume.

Toutes ces observations prouvent que ce seroit faire grâce aux gens de main-morte, si l'on modifioit l'imprescriptibilité de l'indemnité, en l'assujettissant à la prescription de quarante ans, soit après l'exhibition du titre ou l'aveu rendu, soit après les trente ans donnés au seigneur pour faire vider les mains.

des circonstances particulières, et qu'ils ont prononcé sur le fait plutôt que sur le droit. Ainsi, ce que MM. les agens du clergé combattent par leur mémoire, est moins la jurisprudence du parlement de Bretagne que l'opinion qu'on s'est formée de cette jurisprudence, opinion qui a produit cependant un aussi mauvais effet que la réalité auroit pu le faire, parce que cette opinion a servi et sert tous les jours de prétextes et de vexations que plusieurs bénéficiers ont soufferts, ou souffrent actuellement de la part de quelques seigneurs.

2.º S'il étoit vrai cependant, que l'on tient pour maxime au parlement de Rennes, que l'indemnité est imprescriptible, et que les seigneurs aient eu raison d'interpréter en ce sens les deux arrêts de 1736; une seconde question consistera à savoir quels sont les fondemens de cette nouvelle maxime qu'on prétend être contraire à l'ancienne jurisprudence du même parlement, au sentiment des commentateurs les plus accrédités de la coutume de Bretagne, à celui du célèbre Hevin et autres auteurs de moindre nom, qui se sont tous déclarés hautement pour la prescriptibilité de l'indemnité par le laps de quarante années, si l'on en excepte Sauvageau, auquel le mémoire des agens oppose sa sollicitude, ses variations et la contradiction dans laquelle ils lui reprochent d'être tombé avec lui-même. Ils ajoutent que son opinion a fait si peu de fortune dans le barreau, que les avocats, non-seulement les plus célèbres du parlement de Rennes, mais presque tous persistent encore à présent dans l'ancienne maxime sur la prescriptibilité de l'indemnité, comme on peut le voir par les consultations que MM. les agens du clergé ont jointes à leur mémoire.

3.º Enfin, si l'on prétend qu'à la vérité le parlement n'a point changé de sentiment sur la question dont il s'agit, et qu'il regarde toujours l'indemnité comme prescriptible de droit, et que pour faire courir la prescription, il exige une des trois conditions marquées par un arrêt de l'année 1721, il ne sera plus question, en ce cas, que de savoir sur quoi ces trois conditions sont fondées, et si elles ne tendent pas à rendre la prescription presque impossible à établir, ou du moins à faire naître des procès sans nombre et très-onéreux au clergé.

C'est à ces trois points principaux que se réduisent tous les éclaircissemens que j'ai à vous demander sur une matière dont il est aisé de sentir l'importance. Vous pouvez en conférer avec ceux de MM. du parlement que vous jugerez à propos, et avec MM. les gens du roi, lorsque cette compagnie aura pris sa séance; et je suis persuadé qu'il ne me restera rien à désirer sur cette matière, lorsque j'aurai reçu votre réponse.

Du 18 février 1745.

On a repris depuis quelque temps le travail qui avoit été interrompu pendant l'abcense du roi, sur ce qui concerne les nouveaux établissemens de corps ou communautés, ou les acquisitions qu'ils peuvent avoir faites avant la déclaration du mois de juillet 1738, et c'est ce qui m'engage à vous donner les éclaircissemens que vous aviez désiré sur la forme dans laquelle il conviendra de procéder à l'enregistrement des différentes espèces de lettres-patentes qui seront expédiées à ce sujet.

Pour concilier, autant qu'il est possible, l'esprit de la déclaration de 1738 avec des vues d'équité, sur ce qui regarde le passé, il a paru qu'il falloit distinguer entre le cas où il s'agit d'établissemens qui demandent d'être autorisés par des lettres patentes, et les cas où il ne sera question que de permettre, à des établissemens déjà autorisés, de jouir des biens par eux acquis, ou de leur réunir différentes fondations.

Dans le premier cas, si Sa Majesté juge conve-

D'Aguesseau. Tome XIII. 7

nable de confirmer quelques-uns des établissemens qui se sont formés sans sa permission, elle déclarera sa volonté à cet égard par des lettres-patentes, et il faudra observer, pour l'enregistrement de ces lettres, toutes les formalités prescrites par la déclaration du mois de juillet 1738 ; mais dans le second cas, c'est-à-dire, lorsqu'il ne sera question que d'autoriser des acquisitions faites par des établissemens qui seront en règle, ou de réunir des fondations de pré-bendes à de pareils établissemens, il seroit fâcheux de les exposer aux frais et aux retardemens, qui seroient une suite des formes prescrites par la décla-ration. Quoique l'intention du roi soit de faire ob-server ces formalités sans distinction à l'avenir, elle croit devoir prendre, dans les cas dont il s'agit, une route plus abrégée ; ce sera de donner un arrêt de son conseil sur le vu des pièces qui ont été repré-sentées devant MM. les intendans, en conséquence des lettres-patentes qui les ont commis à cet effet et qui ont été enregistrées au parlement. Sur l'arrêt du conseil, on expédiera des lettres-patentes ; et, comme l'arrêt aura été ainsi rendu en connoissance de cause, il suffira que les lettres-patentes expédiées sur ces arrêts soient enregistrées sur vos conclusions, sans appeler d'autres parties et sans observer les autres formalités que la déclaration de 1738 exige ; s'il se trouvoit cependant quelque circonstance qui vous parût faire obstacle à l'enregistrement des lettres-patentes, vous pourrez, avant que de donner vos conclusions, m'en instruire, et j'entrerai avec plaisir dans les vues que vous me proposerez pour le bien public et celui de la province.

Ce que je viens de vous dire des intentions de Sa Majesté à cet égard, vous fait assez connoître que les lettres-patentes, qui ont été expédiées sur un arrêt du conseil pour réunir plusieurs fondations de pré-bendes à l'hôpital général établi par le roi dans Lille, doivent être enregistrées seulement sur vos conclusions sans autres formalités. Cette réunion n'a même été ordonnée qu'en grande connoissance de cause, et conformément aux vues qui ont été discutées avec vous ; ainsi, il paroît à propos de terminer au plutôt, par l'enregistrement des lettres-patentes expédiées sur cet arrêt, un ouvrage sans lequel il seroit difficile de soutenir un établissement aussi utile à la ville de Lille que celui de l'hôpital général.

Du 2 juillet 1748.

LA question que vous m'avez proposée par votre lettre du........ ne paroît pas susceptible d'une grande difficulté. Il n'est pas douteux que ni le roi, par sa déclaration de 1738, ni la reine d'Hongrie, par sa dépêche du 11 février 1741, n'ont entendu faire une loi nouvelle sur les biens des gens de main-morte ; ils n'ont fait que confirmer le droit établi par d'anciens placards ou ordonnances des Pays-Bas, et par conséquent on est ici dans le cas où les lois qui déclarent plutôt le droit qu'elles ne l'établissent, doivent avoir un effet rétroactif.

Ainsi, le véritable objet de la décision que vous avez suspendue consiste à savoir, si la prescription peut avoir lieu dans cette matière, attendu que la fondation qu'on attaque a été faite dès l'année 1663, qu'elle a été toujours exécutée depuis ce temps-là sans aucune contradiction jusqu'en l'année 1742, c'est-à-dire, pendant près de quatre-vingts ans, et que d'ailleurs on s'étoit relâché depuis long-temps de l'ancienne rigueur des règles dans le pays où cette fondation a été faite ; en sorte que la négligence des administrateurs peut avoir une excuse dans l'usage, sur la foi duquel ils avoient cru n'être pas obligés d'avoir recours à l'autorité du souverain pour faire confirmer cet établissement.

Il est vrai que de pareilles considérations n'ont pas empêché que, par l'article 9 de la déclaration donnée par le roi en 1738, tous les établissemens de la qualité de celui qui fait le sujet de votre consultation,

7*

n'aient été déclarés nuls, nonobstant toute prescription et tous consentemens exprès ou tacites des parties intéressées ; mais,

1.º On peut douter si cette déclaration doit avoir son effet de plein droit dans les pays nouvellement soumis à la domination du roi ; il seroit aisé de trouver des raisons presque également apparentes, pour soutenir les deux sentimens contraires sur ce point, et cette question est du nombre de celles qui ne peuvent être décidées que par le roi seul.

2.º La disposition de l'article 9 de la déclaration de 1738 parut si rigoureuse dans le temps même qu'elle a été faite, que Sa Majesté crut devoir l'adoucir en se réservant à la fin de cet article, *de pourvoir ainsi qu'il appartiendroit à l'égard des établissemens qui subsistoient paisiblement et sans aucune demande formée avant cette déclaration, après qu'elle se seroit fait rendre compte de l'objet et qualité desdits établissemens.*

Quoique la reine d'Hongrie ne paroisse pas avoir porté si loin sa prévoyance, et qu'elle ait même gardé le silence sur ce qui concerne la prescription, il seroit néanmoins bien dur de supposer qu'elle a voulu l'exclure par la seule généralité de ses expressions, et il est aussi équitable que naturel de penser que si elle s'étoit expliquée sur ce sujet, elle seroit entrée dans le même esprit d'équité qui a dicté au roi la réserve portée par la dernière partie de l'article 9 de la déclaration de 1738.

Enfin, si la ville de Tournay avoit fait partie des états du roi en l'année 1739, les administrateurs de la fondation dont il s'agit seroient, sans doute, en droit de profiter de la réserve dont je viens de parler, et il ne paroît pas supportable que des habitans d'un pays, qui ont le bonheur de rentrer sous l'obéissance de leur ancien maître, et qui n'a pas été l'objet de la déclaration de 1738, fussent traités plus durement que ceux des provinces pour lesquelles cette loi a été faite.

Toutes ces raisons me portent donc à croire, qu'il ne convient ni de détruire ni de confirmer dès-à-présent la fondation que l'on attaque au parlement de Douai, et que le seul parti que l'on puisse prendre pour ne blesser ni les règles de la justice, ni celles de l'équité, est de renvoyer les administrateurs pardevers le roi, pour y être pourvu par Sa Majesté, ainsi qu'il appartiendra, sur le compte qui lui sera rendu de l'objet et de la qualité de cette fondation.

Du 26 mars 1749.

La déclaration du 10 novembre dernier, donnée par le roi en interprétation de l'édit du mois de novembre 1691, concernant les insinuations ecclésiastiques, n'a été envoyée au parlement de Besançon que parce qu'on avoit ignoré, ou oublié, que cet édit avoit été révoqué à l'égard du comté de Bourgogne, par un édit du mois de janvier 1694, demandé, et, en quelque manière, acheté par le clergé de cette province. Il n'est pas possible en effet, tant que cette révocation subsistera, d'exiger qu'une déclaration qui le suppose et qui ne fait que l'expliquer, soit enregistrée dans un parlement qui ne peut en faire aucun usage. Vous n'avez donc qu'à me la renvoyer, sauf à examiner dans la suite, s'il ne seroit pas à propos d'établir quelqu'autre espèce de formalité propre à prévenir les fraudes qui peuvent se pratiquer dans votre province comme ailleurs, pour surprendre, d'un bénéficier mourant, une résignation ou une permutation contraire aux droits des collateurs.

Du 23 janvier 1750.

La grande fécondité de votre plume auroit pu s'exercer sur des objets plus dignes de vous, que l'édit du mois d'août 1749, et vous auriez pu d'ailleurs abréger les trois longs mémoires que vous m'avez envoyés sur cet édit, si vous en aviez retranché des matières aussi étrangères que le sont les grands chemins, les péages, le jugement des contestations sur les substitutions, la condamnation de l'hérésie des protestans sur le purgatoire.

Tout ce que vous observez sur la permission accordée à certaines communautés religieuses de recevoir des dots, n'a guère plus d'application à une loi qui n'en parle point, et qui statue seulement en général sur l'emploi des deniers qui appartiendront à des gens de main-morte, à quelque titre que ce soit.

J'aurois désiré encore plus de ne pas trouver dans ces mémoires des prétentions contraires à l'autorité du roi, aussi bien qu'à celle qu'il confie à ses officiers, pour l'exercer en son nom, et où l'on ne reconnoît pas, autant qu'il seroit à désirer, les maximes que le clergé de France a soutenues tant de fois, ni celles que vous avez reçues, sans doute, d'une famille aussi distinguée que la vôtre, dans un des principaux parlemens du royaume.

Si vous y aviez fait plus d'attention, les mouvemens de votre zèle ne vous auroient pas fait voir, dans une loi dont vous reconnoissez l'utilité en général, ce qui n'y étoit en aucune manière; vous auriez beaucoup mieux vu ce qui y étoit effectivement.

D'un côté, rien n'est plus éloigné des motifs de cette loi qu'un dessein secret de détruire les établissemens les plus favorables; les prélats les mieux instruits des véritables intérêts du clergé ont senti, au contraire, que le meilleur moyen de soutenir les anciens établissemens, d'y maintenir la bonne administration du bien qu'ils possèdent, et d'y conserver la plus grande régularité, étoit de mettre des bornes à la multiplication des communautés, et à l'accroissement excessif de leurs biens en fonds de terre, ou en rentes sur les particuliers.

D'un autre côté, avec un peu plus de réflexion

sur la même loi , vous y auriez aisément aperçu ce qu'elle contenoit en effet ; vous y auriez remarqué qu'elle laisse une ressource assurée à tout ce qui peut intéresser la piété et la charité des fidèles. Non-seulement elle leur conserve une entière liberté de faire des libéralités en argent aux communautés séculières ou régulières , par toutes sortes d'actes entre-vifs ou à cause de mort, elle permet encore à ces communautés de recevoir ou d'acquérir des rentes, pourvu qu'elles ne soient pas foncières ou constituées sur des particuliers , et vos observations même font voir que celles qui sont de cette espèce les exposent à des discussions très-onéreuses.

Enfin , le roi ne les exclut pas même absolument de la faculté d'acquérir des rentes de toute nature , ou des fonds de terre et des immeubles réels ; il exige seulement qu'elles aient recours, avant toutes choses, à son autorité pour en obtenir la permission ; et s'il déclare que dorénavant il n'accordera des lettres d'amortissement qu'en connoissance de cause, il ne fait que suivre en cela les anciennes lois de son royaume.

Il ne s'est pas contenté de favoriser , par ces dispositions, les anciens établissemens et d'assurer leurs véritables intérêts ; sa religion et sa sagesse l'ont porté encore à se réserver d'en autoriser de nouveaux lorsqu'ils se trouveroient utiles au public, quoiqu'ils eussent été faits sans lettres-patentes du roi , dont l'autorité , suivant toutes les lois anciennes et nouvelles, peut seule donner l'être à un corps ou à une communauté ecclésiastique ou religieuse, et en faire véritablement un membre de clergé.

Je n'entrerai point, après cela , dans un plus long détail, et, connoissant, comme je le fais, toute la droiture de vos intentions, je suis persuadé que votre zèle, toujours louable dans ses motifs, mais tempéré par les réflexions plus profondes que cette lettre vous donnera lieu de faire, vous portera à reconnoître la grande utilité d'une loi dans laquelle le roi n'a eu en vue que le bon ordre de son royaume, le bien commun de ses sujets, et les intérêts même bien entendus du clergé qui tient le premier rang, non-seulement dans l'état, mais dans le cœur de Sa Majesté.

Du 4 février 1750.

Les observations de votre compagnie sur l'édit qui lui a été adressé au sujet des gens de main-morte, n'ont rapport qu'à quelques dispositions particulières de cet édit.

Telle est d'abord la proposition que l'on fait, d'excepter de la règle générale établie par l'article premier, les établissemens de nouvelles chapelles dans des châteaux ou maisons de campagne. Il n'est fait mention, dans cet article, que de celles qui seroient érigées en titre de bénéfices, à l'égard desquelles on ne peut douter que le concours de l'autorité du roi ne soit nécessaire. Il n'y a au surplus dans cette loi aucune disposition qui empêche des seigneurs, ou d'autres personnes, d'avoir, avec la permission de l'évêque, une chapelle domestique, et d'y faire dire la messe par un chapelain; mais, si l'on vouloit assurer à ce chapelain des fonds de terre ou des rentes perpétuelles, on retomberoit dans le cas de l'article 14, et l'on ne voit pas quel pourroit en être l'inconvénient. Les chapelles domestiques, qui ne peuvent être nécessaires que dans certains cas, ne sont devenues que trop communes, et elles ne servent qu'à détourner ceux qui en demandent la concession, de l'assistance au service divin dans leurs paroisses.

La disposition de l'article 3 est si conforme au bon ordre, et si honorable pour les parlemens, que j'ai été surpris de voir que celui de........ propose seul d'y faire une exception. Les fabriques sont, sans doute, comprises sous le nom général des gens de main-morte; et, en leur laissant une entière liberté de recevoir des libéralités, en argent ou en rentes, de la nature de celles qu'il est permis d'employer à l'exécution des fondations, il étoit très-convenable d'exiger que ces fondations fussent autorisées par le parlement, qui est en état de régler les droits du greffe sur le pied qu'il jugera convenable dans une pareille matière.

La réponse aux observations, qui ont rapport aux articles 9, 10, 11 et 27, se trouve dans ces observations mêmes. On y convient, que *le droit fournit des exemples où l'acheteur seul est puni dans les acquisitions faites contre la prohibition des lois.* Il étoit du bien public de suivre ces exemples dans une loi, dont le principal objet a été de suppléer à ce qui pouvoit manquer aux anciennes ordonnances, pour en mieux assurer l'entière exécution. Aucun moyen n'y étoit plus propre que celui d'ôter aux acheteurs, qui contreviendroient à la loi, l'espérance de se faire restituer le prix qu'ils auroient payé, ou paru payer, et c'étoit aussi la voie la plus sûre pour prévenir l'effet de la collusion entr'eux et les vendeurs.

On s'est servi d'une expression bien peu exacte dans les observations, lorsqu'on a dit que des biens acquis au préjudice de la prohibition expresse d'une loi *étoient devenus en quelque façon ecclésiastiques par leur destination.* Ces biens, au contraire, ont continué d'être purement séculiers ; une destination contraire à la loi ne sauroit en changer la nature, ni les faire sortir du commerce ordinaire. C'est pour les y faire demeurer, que le roi a permis, aux parens du vendeur et aux seigneurs, de réclamer ces biens mal aliénés. Ni les uns, ni les autres n'auroient jamais agi, en ce cas, contre des gens de main-morte, si leur demande n'avoit servi qu'à faire adjuger les biens vendus, ou leur valeur à des hôpitaux.

La crainte des frais ne sauroit détourner les seigneurs de profiter de la permission que le roi leur donne ; si les gens de main-morte leur abandonnent d'eux-mêmes les biens réclamés, il n'y aura point de frais, puisqu'il n'y aura pas de contestation. S'ils en forment, ils seront condamnés aux dépens; et, d'ailleurs, les seigneurs seront dédommagés des avances qu'ils pourroient avoir faites, par la jouissance des fruits qu'ils auront droit de retenir dans le cas même où ils seroient évincés par les héritiers, ou par des parens, dans le temps marqué par l'édit du roi.

Les principes du droit public répondent à l'observation de votre compagnie sur l'article 13, les gens de main-morte établis dans le cours de trente années antérieures à 1666, n'ont pu ignorer une loi aussi publique que celle qui fut donnée alors par le feu roi, et s'ils n'y ont pas satisfait, ils ne peuvent être reçus à alléguer aucune prescription. Toute association formée sans l'autorité du prince ne peut être regardée que comme nulle et illégitime. C'est donc par grâce que Sa Majesté a laissé, à ces établissemens, la ressource d'obtenir des lettres de confirmation, si elle juge qu'ils soient utiles.

Le parlement s'étend beaucoup plus dans ses observations, sur les défenses que le roi a faites aux gens de main-morte d'acquérir à l'avenir, sans sa permission, des rentes constituées sur des particuliers. Votre compagnie paroît avoir été touchée du besoin que plusieurs personnes de son ressort pouvoient avoir de faire des emprunts à des gens de main-morte; mais plus leurs emprunts seroient fréquens, plus il y auroit de fonds dans le Dauphiné sur lesquels ils auroient des droits réels; ce qui est contraire au bien commun de la province, et même à l'intérêt particulier des gens de main-morte, que ces sortes de créances engagent dans des procès ou dans des poursuites qui leur sont souvent onéreuses, et dont la fin est quelquefois la perte d'une partie de ce qui leur est dû.

Il ne tient, d'ailleurs, qu'à eux d'employer leur argent à l'amélioration des fonds qu'ils possèdent, ou à d'autres dépenses nécessaires, ou à acquérir des contrats sur les diocèses, sur le clergé général ou sur le roi, et l'on ne peut guère s'imaginer qu'ils prennent le parti de le faire passer hors du royaume, en risquant de le perdre, ou d'être troublés dans la jouissance des biens qu'ils acquerroient sous des dominations étrangères.

A l'égard des dots des religieuses, il n'y a que de certaines communautés à qui il soit permis d'en recevoir, suivant l'édit de 1693. Ces dots se paient ordinairement en argent, et si un père de famille n'a pas actuellement la somme qui aura été convenue pour la dot, il n'est point nécessaire, ni qu'il se dépouille d'un fonds ou d'une rente sur des particuliers, ni qu'il passe un contrat de constitution au profit du monastère, et qu'il fasse les frais des lettres-patentes qui seroient nécessaires dans tous ces cas. Il peut s'obliger à fournir, dans de certains termes, la somme qu'il devra pour la dot de sa fille, et à en payer cependant l'intérêt; convention dont ce genre de contrat est susceptible, à quoi il peut joindre telle délégation qu'il voudra, pour le paiement de ces intérêts.

Il ne me reste que de m'expliquer sur les observations qui regardent les articles 16, 19 et 22.

Il a toujours été nécessaire d'obtenir des lettres-patentes pour autoriser les échanges que l'on veut faire avec des bénéficiers ou d'autres gens de main-morte, qui ne peuvent faire des aliénations sans cette formalité; et il auroit été dangereux de mettre une exception dans ces articles, par rapport aux objets modiques, parce qu'on auroit donné occasion de faire une fraude à la loi, en faisant différens actes sur lesquels on partageroit un objet considérable en plusieurs, dont chacun paroîtroit de peu de conséquence. Ce sera donc dans l'exécution de la loi que l'on pourra chercher les moyens les plus convenables pour diminuer les frais, lorsqu'il s'agira d'objets qui seront véritablement modiques.

Après les éclaircissemens que je viens de vous donner sur ce qui avoit paru susceptible de quelques difficultés aux magistrats de votre compagnie, je ne doute pas qu'ils ne s'empressent d'enregistrer et de publier une loi que le roi n'a faite que pour le bien de ses sujets, et que toutes les autres cours de son royaume ont reçue avec la plus grande satisfaction.

Du 13 avril 1750.

La réponse que j'avois faite aux observations de votre compagnie auroit dû suffire pour dissiper ses doutes sur quelques dispositions de l'édit du mois d'août 1749, et pour la porter à enregistrer, sans délai, une loi que tous les autres parlemens du royaume ont publiée avec autant d'empressement que de satisfaction. Je ne saurois donc approuver le parti que votre compagnie a pris, de présenter des remontrances sur un édit qui n'a pour objet que l'intérêt public, et qui n'a été donné qu'après les plus longues et les plus solides réflexions. Comme l'intention de Sa Majesté est que les règles qu'elle y a prescrites soient observées d'une manière uniforme dans tous ses états, elle me charge de vous mander, qu'elle attend du zèle, du respect et de la soumission de son parlement de Grenoble, qu'il ne différera pas plus longtemps de procéder à l'enregistrement et à la publication de cette loi.

Mais, après vous avoir marqué la volonté du roi sur ce sujet, j'ajouterai, très-volontiers, aux éclaircissemens que je vous ai déjà donnés, quelques réflexions nouvelles sur les dispositions d'un édit, dont le véritable esprit a été de concilier, autant qu'il étoit possible, la faveur que méritent les établissemens de charité avec l'intérêt des familles.

Entre ces établissemens, les hôpitaux sont sans doute les plus favorables; mais les biens-fonds qu'ils acquièrent ne sont pas moins hors du commerce, que ceux qui sont acquis par d'autres gens de main-morte. Les administrateurs des hôpitaux n'ont pas plus de pouvoir d'aliéner ces fonds, que les bénéficiers et les communautés. Si on leur en a donné quelquefois la permission, on ne l'a fait que par des lettres-patentes du roi, dans des circonstances particulières; et c'est une exception qui confirme la règle, bien loin de la détruire.

Ce ne seroit pas en dérogeant à une loi générale qu'on pourroit venir au secours de l'hôpital général de Grenoble, dans l'état fâcheux où l'on expose qu'il se trouve, ce seroit en proposant au roi les moyens d'y apporter les remèdes convenables. L'espérance incertaine et éloignée de legs, qui consisteroient en fonds ou en contrats de constitution sur des particuliers, ne tireroit pas cet hôpital de la situation où l'on assure qu'il est actuellement.

Dans tout ce que le parlement dit sur l'intérêt des hôpitaux en général, il ne paroît pas avoir fait assez de réflexions sur ce qu'il n'y a point d'établissemens auxquels il convienne moins de posséder des biens-fonds ou des rentes constituées sur des particuliers.

Personne n'ignore que le revenu des biens-fonds est consommé en grande partie, et quelquefois absorbé entièrement par les réparations et les autres charges; à quoi il faut ajouter la difficulté de trouver à affermer ou à louer ces biens à leur juste valeur, l'insolvabilité des fermiers ou des locataires, les poursuites que l'on est obligé de faire contr'eux, les procès qu'il faut soutenir pour les droits dépendans de ces biens. Les meilleurs administrateurs ne sont pas toujours capables d'entrer dans les détails que ces sortes d'objets exigent nécessairement, ou ils ne sont pas en état d'y vaquer. L'expérience a fait voir que les biens-fonds des hôpitaux diminuent presque toujours de valeur, et la dépense journalière d'un hôpital demande un revenu qui soit plus facile à percevoir.

Quant aux rentes sur des particuliers, elles engagent très-souvent, comme je vous l'ai déjà fait remarquer dans des discussions fort onéreuses, et c'est toujours avec regret que l'on voit des administrateurs d'hôpitaux occupés à suivre, dans les tribunaux, des saisies-réelles, des décrets ou des subhastations, des ordres et d'autres procédures semblables; ce qui les détourne, au moins, de l'attention continuelle qu'exige l'administration intérieure d'un hôpital, et fait quelquefois consommer le bien des pauvres en frais de justice.

Les effets qui sont les plus utiles pour le soulagement des pauvres, sont d'abord l'argent comptant, les meubles, et les autres effets dont on peut tirer des secours présens, ou qui servent à payer ce qui est dû par l'hôpital; et ensuite, les rentes de la nature de celles qui ne demandent d'autres soins que d'en faire recevoir les arrérages à leur échéance, telles que sont les rentes constituées sur le roi ou sur les pays d'état, sur le clergé général ou sur des diocèses particuliers, sur des communautés ou autres corps.

Rien n'est donc plus sage, à cet égard, ni plus véritablement utile aux hôpitaux, que les dispositions de l'édit du roi.

D'un côté, il leur laisse une entière liberté d'acquérir, par toutes sortes de voies, les biens dont la possession leur est la plus avantageuse.

De l'autre, il ne les exclut pas même absolument de l'acquisition de tous biens-fonds, ou de toutes rentes dues par des particuliers. Il exige seulement qu'ils en obtiennent la permission de Sa Majesté, à laquelle seule il appartient de juger s'ils sont dans le cas d'obtenir une dispense de la règle générale; et c'est à quoi Sa Majesté se portera toujours beaucoup plus volontiers à l'égard des établissemens de charité, que par rapport aux autres gens de main-morte. Je vous ai même déjà mandé que, dans l'exécution de l'édit, le roi se propose de chercher les moyens les plus convenables pour diminuer les frais, lorsqu'il s'agira d'objets modiques.

Il est aisé de juger, après cela, si ceux qui ont rédigé les remontrances du parlement, ont eu raison d'avancer, que l'édit de 1749, *tendoit à interdire les legs pies en toute nature de biens.*

Vous venez de voir combien il y en a, dans cette loi même, qui sont laissés à la libre disposition des donateurs ou des testateurs ; et enfin, ceux qui par des motifs de charité, ou même de conscience, voudront faire des legs aux hôpitaux, peuvent prendre le parti de leur laisser telles sommes de deniers qu'ils jugeront à propos, à prendre sur tous leurs biens ; et tout ce qui est à désirer, dans cette matière, est que la charité des vivans ou des mourans, soit toujours proportionnée à la qualité ou à la valeur des biens, dont l'édit leur permet de disposer en faveur des pauvres, et pour des œuvres pies.

Ainsi, au lieu de se contenter d'exposer les besoins des hôpitaux ou des autres établissemens de charité, le parlement auroit dû faire une réflexion importante, qui résulte de l'observation même qu'il fait, sur la situation fâcheuse où les suites du malheur de la guerre ont réduit plusieurs particuliers. Seroit-ce un bon moyen d'y remédier, de multiplier, dans ces circonstances, les dispositions par lesquelles les biens-fonds et les contrats de constitution sur des particuliers sortiroient des familles pour passer à des hôpitaux, au préjudice de ceux qui doivent les recueillir ? Il n'est que trop ordinaire de voir des testateurs se porter à faire des charités aux dépens de leurs héritiers, en les privant des biens qui leur étoient destinés ; et les familles de Dauphiné ont-elles intérêt, dans l'état où est cette province, que l'on facilite les moyens de diminuer de plus en plus leur patrimoine ? Le parlement de Grenoble est trop éclairé pour ne pas sentir toute la sagesse de cette maxime, qu'il ne faut pas faire des pauvres pour en assister d'autres.

Les remontrances de votre compagnie ne se bornent pas à ce seul objet ; et, quoique vous me marquiez par votre lettre, que c'est à celui qui lui a donné lieu de faire de nouvelles représentations, elles en contiennent d'autres en faveur des gens de main-morte en général, et des communautés de filles en particulier.

Ce que je viens de vous dire sur les hôpitaux, peut s'appliquer à ces dernières ; et il est certain que l'administration des biens-fonds, et les discussions qu'entraînent les rentes constituées sur des particuliers, ne conviennent pas davantage à des religieuses qu'à des établissemens de charité.

A l'égard des gens de main-morte en général, comme les remontrances ne font que répéter ce qui étoit dans les premières observations, sur la liberté que l'on voudroit donner à tous les gens de main-morte, de constituer des rentes sur des particuliers, je ne peux que vous renvoyer à la réponse que je vous ai déjà faite; et la crainte peu fondée que les gens de main-morte ne fassent des prêts à des étrangers, ne doit pas, sans doute, être comparé à l'inconvénient de leur laisser acquérir, sans la permission du roi, des droits réels sur un grand nombre de fonds de la province de Dauphiné, au moyen de l'hypothèque des rentes qu'ils continueroient, à l'avenir, sur les possesseurs de ces fonds.

Je ne vois donc rien qui puisse arrêter davantage des magistrats si éclairés; et s'ils ont été frappés d'abord des plaintes des gens de main-morte, qui désirent d'acquérir au-delà de ce qu'ils possèdent, j'espère qu'ils seront encore plus touchés de l'intérêt de toutes les familles, qui craignent de perdre ce qui leur reste de biens-fonds, en voyant entre les mains des gens de main-morte, le patrimoine de leurs auteurs.

Je compte qu'aussitôt après que vous aurez communiqué cette lettre au parlement de Grenoble, vous m'informerez de la délibération dont elle aura été suivie, afin que je sois en état de rendre compte promptement au roi de la soumission avec laquelle cette compagnie se sera conformée à sa volonté.

Du 14 mai 1750.

Vous savez que, par l'article 13 de l'édit du mois d'août 1749, concernant les gens de main-morte, il

a plu au roi de déclarer nuls tous les nouveaux établissemens de la qualité marquée par l'article premier
du même édit, qui auroient été faits depuis l'époque
fixée par celui du mois de décembre 1666, et qui
n'auroient point été autorisés par des lettres-patentes
enregistrées dans les parlemens; Sa Majesté se réservant néanmoins de s'en faire rendre compte, pour y
pourvoir ainsi qu'il appartiendroit, soit en leur accordant des lettres-patentes, s'il y avoit lieu de le faire,
soit en réunissant les biens qui leur auroient été
donnés, à des hôpitaux ou autres établissemens déjà
autorisés, soit en ordonnant que ces biens seroient
vendus, et que le prix en seroit appliqué ainsi qu'il
étoit porté par l'article précédent.

Comme il est important que cette loi soit mieux
exécutée que l'édit du mois de décembre 1666 ne l'a
été, afin de mettre le roi en état de faire un juste
discernement entre les établissemens qui doivent être
détruits comme inutiles ou même onéreux au public,
et ceux qu'il est à propos de laisser subsister par les
secours et les avantages qu'ils peuvent procurer aux
sujets de Sa Majesté; je vous prie de m'envoyer un
dénombrement exact de tous les nouveaux établissemens qui subsistent actuellement dans votre ressort, sans avoir été autorisés par des lettres-patentes,
quoiqu'ils soient de la qualité marquée par l'article 1.er
de l'édit du mois d'août dernier, et qu'ils n'aient été
faits que postérieurement à l'édit du mois de décembre 1666, et aux trente années qui ont précédé
immédiatement cet édit, c'est-à-dire, depuis l'année
1636.

Vous aurez soin, en m'envoyant ce dénombrement
ou cet édit, d'y marquer, autant qu'il vous sera
possible, la quantité et le revenu des biens dont
chacun de ces établissemens est en possession.

Vous y joindrez, s'il vous plaît, vos observations
sur l'utilité ou l'inutilité de chaque établissement; et,
en cas qu'il vous paroisse être du nombre de ceux
qu'il convient de supprimer, vous me marquerez, en

même temps, à quel usage on pourroit appliquer les biens dont il a joui jusqu'à présent.

S'il y a quelques demandes formées, soit par les héritiers de fondateurs, ou par d'autres parties intéressées, pour répéter les biens qui peuvent avoir été donnés ou légués à quelqu'un des nouveaux établissemens, vous ne manquerez pas d'en faire une note dans les observations que vous m'enverrez.

§. XIII. — *Matières civiles diverses.*

Du 3 décembre 1727.

Le fait dont il s'agit, est du nombre de ceux qu'il faut laisser nécessairement *in religione judicum*. La note que le greffier fait sur son plumitif, du nom des juges qui assistent à chaque audience, n'a pas une autorité capable de balancer le témoignage des juges. Il faudroit pour cela, que la foi n'en dépendît pas du greffier seul, et que sa note fût visée et approuvée par le président à la fin de chaque audience, ce qui ne s'observe pas dans les compagnies. Ainsi, dès le moment que les deux conseillers dont il s'agit, en cette occasion, sont exempts de toute suspicion, et que la plus grande partie des autres juges atteste le même fait qu'eux, pendant qu'aucun ne le nie, y en ayant seulement quelques-uns qui ne s'en souviennent pas assez pour pouvoir rien affirmer, la grand'chambre a eu raison de ne pas recevoir la requête par laquelle le sieur...... a demandé qu'il lui fût permis de lever un extrait du plumitif, et rien ne seroit plus dangereux que de vouloir faire prévaloir le témoignage d'un greffier, qui peut être négligent ou gagné par une partie, à celui des juges mêmes. Prenez donc la peine de faire savoir ce que je vous écris au sieur......, afin qu'il ne me donne plus de mémoire sur ce sujet.

Du 4 novembre 1728.

Je ne doute point de la droiture de vos intentions, et je suis persuadé que vous n'avez eu en vue que la justice et l'équité dans cette espèce de jugement sommaire, par lequel vous avez ordonné que les demoiselles...... paieroient au sieur......, avocat, la somme de deux cents livres, pour avoir dressé des lots de partage à leur prière; mais vous savez qu'il ne suffit pas que les décisions d'un magistrat soient justes dans le fond, et qu'il faut encore qu'elles soient revêtues de la forme prescrite par les lois, et qu'elles s'exécutent par les voies que ces mêmes lois autorisent; c'est sur ces deux points que roule toute la difficulté de l'affaire dont vous me rendez compte.

Je ne vois pas, premièrement, que vous ayez été en droit de régler seul cette affaire, à moins que les deux parties ne se soient soumises également à votre décision; ce qui ne paroît point, et que vous ne m'écrivez pas vous-même. Or, de ce seul cas, l'affaire étoit de la compétence des juges ordinaires, et vous ne pouviez que les y renvoyer, sauf l'appel au parlement, dont vous n'auriez pu non plus prendre seul connoissance, et qui aurait dû être porté à la grand'-chambre. Quelque prévention que j'aie pour ceux qui, par leurs charges, sont à la tête de cette compagnie, et pour vous en particulier, je ne puis cependant autoriser ces magistrats à s'établir juges des affaires qui ne sont pas encore de leur compétence, et à les décider seuls, au lieu qu'elles ne doivent être jugées qu'à la pluralité des voix.

Je fermerois volontiers les yeux sur ce premier défaut, s'il étoit le seul dont on se plaignît dans l'affaire présente; et les demoiselles...... me paroîtroient si peu favorables, lorsqu'elles réclament contre ce que vous avez cru devoir faire pour leur épargner un procès dans une affaire de la nature de celle dont

il s'agit, que je pourrois bien prendre le parti de
ne pas écouter leurs plaintes ; mais ce qui me frappe
le plus, et sur quoi tombe principalement la lettre
que je vous ai écrite, c'est le second point, je veux
dire la manière dont vous avez fait exécuter le jugement informe que vous avez rendu entr'elles et le
sieur......

Je voudrois pouvoir approuver les raisons que vous
m'expliquez, pour excuser cette exécution; mais quelqu'envie que j'en puisse avoir, par la considération
que j'ai pour vous, il m'est impossible, dans la place
où j'ai l'honneur d'être, de tolérer une pareille
exécution.

Je sais qu'en l'absence du gouverneur et de M. le
premier président, vous avez le commandement des
armes, mais cette prérogative ne vous autorise point
à faire exécuter des condamnations purement civiles
par une voie de fait et de garnison militaire, qui
ne doit avoir lieu que dans les choses qui intéressent
directement la sûreté et la tranquillité publique, et
auxquelles les juges ordinaires ne sont pas en état
de pourvoir suffisamment. Le commandement des
armes ne vous donne pas plus de droit qu'en auroit
le gouverneur s'il étoit présent. Or, si un gouverneur, à qui il est plus permis de ne pas savoir les
formes de la justice, avoit entrepris de faire ce
que vous avez fait, vous vous seriez récrié vous-
même, aussi bien que le parlement, contre sa conduite, et vous vous seriez plaint de deux entreprises,
qu'il auroit faites en même temps sur la justice ordinaire: l'une, en s'établissant juge d'une affaire qui ne
le regardoit point ; l'autre, en faisant exécuter mili-
tairement sa décision. Vous pouvez avoir plus d'ex-
cuses qu'il n'en auroit sur le premier point ; mais en
récompense vous en avez moins sur le second, parce
que les voies de contrainte militaire conviennent infiniment moins à un magistrat qu'à un gouverneur de
province.

Ce que vous me dites de la nature de l'affaire dont
il s'agit, que vous voulez faire passer pour une affaire

de point d'honneur, reçoit encore la même réponse; et je ne puis mieux faire sur ce sujet, que de vous renvoyer encore à ce que vous diriez comme tout le parlement, si un gouverneur s'avisoit de prétendre qu'une demande, où il ne s'agit que de l'honoraire d'un avocat, dont il veut se faire payer par deux filles], doit être regardée comme une question de point d'honneur. Une prétention si peu soutenable, ne mérite pas que je m'arrête à la réfuter; et j'ai trop bonne opinion de vous, pour ne pas croire que vous serez le premier à abandonner cette idée, lorsque vous y aurez fait de plus sérieuses réflexions.

Je persiste donc entièrement, et avec encore plus de connoissance dans ce que je vous ai écrit par ma première lettre, par rapport à la levée de la garnison que vous auriez dû faire ôter aussitôt que vous avez reçu ma lettre; mais si je veux bien excuser la confiance trop grande que vous avez eue dans les raisons que vous avez cru pouvoir m'expliquer, je ne puis m'empêcher de vous avertir que si vous ne déférez promptement à ce que je vous écris pour la seconde fois, sur le même sujet, et que je n'apprenne pas, deux jours après la date de cette lettre, par votre réponse, que vous avez fait ôter la garnison qui étoit chez les demoiselles......; je serai obligé de recevoir les ordres du roi sur ce sujet, qui seront bien plus désagréables pour vous, que de déférer, comme vous le devez, à ce que je vous prescris d'une manière qui vous laissera tout le mérite d'avoir réparé de vous-même le mal d'une garnison établie avec plus de bonne intention que de régularité. Au surplus, ne croyez point que votre honneur soit ici compromis en quelque manière que ce puisse être. Le véritable honneur d'un magistrat est de faire son devoir, et il ne doit être jaloux de son autorité que lorsqu'il s'agit de remplir les véritables fonctions de son ministère. Vous ne devez pas craindre non plus que ce qui s'est passé en cette occasion, laisse dans mon esprit aucune impression fâcheuse contre vous ; vous n'avez voulu, dans le fond, que rendre justice; et s'il y a eu

quelqu'irrégularité dans la manière de la rendre, elle
sera pleinement réparée dans mon esprit, par la révocation que vous aurez faite d'un ordre que je n'ai pu
approuver.

Du 17 novembre 1728.

JE vois avec plaisir, par votre lettre du 9 novembre,
que dès le 25 du mois dernier, vous avez fait ôter la
garnison qui avoit été mise par votre ordre chez les
demoiselles......; vous auriez bien fait de me l'écrire
d'abord, au lieu que votre première lettre ne dit rien
qui puisse même le faire entendre ; et au contraire,
les représentations qui y sont contenues m'avoient
donné un juste sujet de croire que vous attendiez quel
en seroit l'effet, avant que de faire sortir la garnison
qui étoit chez ces demoiselles.

Au surplus, la question que vous me proposez sur le
paiement des frais de la garnison n'est pas difficile à
décider. Cette garnison ayant été mise sans aucun fondement légitime, suivant les règles que je vous ai
expliquées par ma dernière lettre, il n'est pas douteux
que les demoiselles........ ne sauroient être con-
damnées à en payer les frais ; ainsi, ils ne peuvent tomber que sur celui qui vous a demandé l'établissement
de cette garnison, c'est-à-dire, sur le sieur........
Il ne suffit pas à un créancier d'avoir un droit légitime,
il faut encore qu'il l'exerce par des voies qui ne le
soient pas moins, et qui s'accordent avec les règles de la
justice. Il s'en faut bien d'ailleurs que le procédé de cet
avocat me paroisse aussi favorable qu'il vous l'a paru ;
il auroit peu convenu à la noblesse de sa profession,
de former une demande pour le paiement de ses honoraires ; il lui convenoit encore moins d'avoir recours
à des voies de fait, et plus militaires que civiles, pour
y parvenir. Un avocat au parlement de Paris, seroit
déshonoré parmi ses confrères, s'il avoit fait une poursuite, quoique régulière dans la forme, pour obliger

une partie à récompenser son travail, et je suis surpris que vous n'en ayez pas jugé de la même manière, étant élevé dans les principes d'un parlement qui n'accorde pas d'action aux procureurs même pour le paiement de leurs frais.

A l'égard de la plainte du nommé......, l'affaire étoit si légère, et...... paroît si peu favorable par ce que vous m'en écrivez, qu'il étoit tout naturel que vous cherchassiez à finir sommairement le différend qui étoit entre lui et sa partie, ne sachant point qu'il s'étoit pourvu par les voies ordinaires de la justice ; et dès le moment que vous l'avez renvoyé devant son juge, aussitôt que vous avez été instruit de la vérité du fait, je ne peux que blâmer la témérité des plaintes qu'il ma portées.

Du 28 février 1730.

M. le procureur-général, à qui j'ai écrit pour lui demander son avis sur ce qui regarde les dotalités et les avitinages, m'a fait réponse que le mémoire des états de Bearn ayant été communiqué, il y a déjà du temps, au parlement, on avoit nommé des commissaires pour l'examiner, et qu'ainsi il croit qu'il faudroit rassembler les mêmes commissaires pour former de concert avec eux un avis sur cette matière. Quoique vous ne me marquiez pas la même chose dans votre lettre du 17 de ce mois, je présume cependant, que M. le procureur-général ne m'a rien écrit à cet égard dont vous ne soyez d'accord. Ainsi, je lui ai marqué qu'il n'y avoit point d'inconvénient à conférer sur ce sujet avec les commissaires qui ont été nommés par le parlement. Au surplus, j'ai une si grande confiance dans vos lumières et dans votre zèle pour le bien public, que je suis sûr que vous démêlerez aisément, dans la discussion d'une matière si importante, tout ce qui peut n'être inspiré que par des intérêts particuliers, et tout ce qui tend véritablement à l'utilité commune de la province.

Du 3 novembre 1730.

J'ai différé de répondre à la lettre que vous m'avez écrite au sujet de l'assistance des recors dans les saisies-réelles qui se font pour la taille, parce que la difficulté dont il s'agit, ayant quelques rapports avec la finance, j'ai cru qu'il étoit bon de la communiquer à ceux qui en ont l'administration, et je vois que tous les sentimens se réunissent sur ce point.

La jurisprudence de votre compagnie n'étoit pas régulière, même avant les lettres-patentes du 5 octobre 1722, en vertu desquelles la déclaration du 21 mars 1671, a été enregistrée au parlement de Toulouse. Il est vrai que cette déclaration ne rappelle pas nommément l'édit de 1669; mais comme elle est postérieure, la dérogation tacite suffisoit au défaut de la dérogation expresse, suivant la règle de droit, *posteriora derogant prioribus*, pour vous obliger à suivre dans vos jugemens l'exception qui regarde les saisies-réelles. Il y a d'ailleurs une liaison et un enchaînement dans la suite des lois du feu roi sur cette matière, qui montroit que la dérogation tacite étoit ici plus que suffisante. L'ordonnance de 1667 avoit établi indéfiniment la nécessité de la présence de deux recors; l'édit de 1669 paroissoit y avoir dérogé d'une manière aussi indéfinie, en y substituant la formalité du contrôle; en cet état, survient une déclaration par laquelle on rétablit, en certains cas, la nécessité de la présence des recors. Qui peut douter qu'une telle loi, où l'on prend une espèce de milieu entre l'ordonnance de 1667 et l'édit de 1669, ne fixe la jurisprudence préférablement aux deux lois antérieures, et contraires l'une et l'autre, dont elle est comme la conciliation? Ainsi, quand la déclaration de 1671 n'auroit pas encore été portée au parlement de Toulouse, vous ne seriez pas moins obligés d'y tenir la main dans ce qui regarde les saisies-réelles pour le fait des tailles, puisque votre compagnie a enregistré cette loi.

Mais, comme elle a reçu une nouvelle force par les lettres-patentes du 3 octobre 1722, et que, par là, elle est devenue une règle commune pour toutes les saisies-réelles, je ne vois plus ici aucune matière de doute, et la question est si peu susceptible de difficulté, qu'il ne paroît pas nécessaire, ni même convenable, de donner un arrêt du conseil pour la décider.

L'inconvénient des frais est peu considérable, parce que l'on trouve des recors partout, et que ce qu'on leur donne est un trop petit objet pour s'y arrêter ; mais, d'ailleurs, la loi est écrite, et je ne doute pas que votre compagnie ne s'y conforme à l'avenir, avec son attention ordinaire, pour l'exécution des volontés du roi.

<hr />

Du 24 décembre 1730.

L'ARRÊT au sujet duquel on m'a donné le mémoire que je vous envoie, m'a paru singulier dans sa disposition, en ce qu'il semble avoir condamné à une espèce de prison, ou du moins de retraite perpétuelle, une dame d'une réputation entière, dont les juges ont trouvé la demande si juste, qu'ils l'ont séparée de corps et de biens d'avec son mari. Il se peut faire que leurs intentions aient été de donner un temps à madame......, pour faire ses réflexions et pour se réconcilier avec son mari, ou que sa qualité de mineure les ait portés à croire qu'il étoit convenable, qu'étant séparée de son mari elle demeurât dans un couvent ; mais, si tel a été l'esprit de l'arrêt, il semble que l'on auroit dû, ou mettre un terme au séjour que madame...... seroit tenue de faire dans une communauté religieuse, ou marquer expressément qu'elle n'y demeureroit que jusqu'à sa majorité. Comme il peut cependant y avoir eu des faits particuliers qui aient donné lieu à la disposition de l'arrêt dont il s'agit, et qu'il est possible aussi qu'il y ait une jurisprudence singulière dans votre compagnie à l'égard des femmes séparées de corps et de biens; j'ai cru devoir suspendre mon jugement sur ce sujet, jusqu'à ce que je fusse plus instruit de ce qui peut servir à justifier ou à soutenir cette disposition de l'arrêt. Vous êtes plus à portée que personne de le savoir exactement, et de me l'expliquer avec votre sincérité ordinaire. Si je m'adresse à vous pour cela, ce n'est pas seulement par la grande confiance que j'ai dans votre sagesse, c'est encore pour éviter le bruit que la chose pourroit faire; si l'on savoit que je me fusse adressé en cette occasion à ceux à qui j'ai accoutumé d'écrire pour être informé des motifs qui ont servi de fondement aux arrêts dont on me porte quelques plaintes; vous pouvez me répondre avec autant de confiance que je vous écris, sans craindre que je vous commette en aucune manière.

***

Du 30 avril 1731.

JE ne saurois vous rendre trop d'actions de grâces de la peine que vous avez prise, pour satisfaire la curiosité que j'avois d'avoir une idée générale de ce qu'il y a de plus important sur l'ordre public dans les registres du parlement de Provence; j'ai lu avec beaucoup de plaisir les extraits que vous m'en avez envoyés en forme de table par matières. Ils partent d'une main savante qui fait connoître par un seul trait, tout ce qu'il y a d'essentiel dans les matières qu'elle touche; ainsi, ce premier ouvrage m'inspire le désir d'avoir les pièces mêmes dont vous m'indiquez la substance, et vous me ferez beaucoup de plaisir, si vous voulez bien les faire copier en entier, par une main correcte, dans l'ordre que vous avez suivi ; mais je ne vous fais cette prière que sous une condition, sans laquelle j'y renonce absolument ; c'est que vous voudrez bien m'envoyer le mémoire de ce qu'il en coûtera pour faire ces copies, afin que j'en fasse payer le prix à celui que vous aurez chargé de ce travail : n'insistez point, s'il vous plaît, sur cette condition ; je regarderai l'acquiescement que vous y donnerez comme une seconde grâce, qui seule peut me mettre en état de profiter de la première.

J'ai autant d'envie que vous-même de faire plaisir à M. votre fils ; mais la permission qu'il demande est si singulière et si contraire aux usages de ce pays-ci, que j'ai besoin d'être instruit par des exemples du vôtre, de ce que l'on peut proposer au roi en votre considération. Prenez donc, s'il vous plaît, la peine de m'envoyer une copie des grâces pareilles à celles que vous demandez, qui aient été accordées, soit dans le parlement ou dans la cour des comptes de Provence, soit dans le parlement de Dauphiné, afin que je voie s'il me sera possible de mettre en œuvre la bonne volonté que j'aurai toujours, et pour vous, et pour M. votre fils.

Du 5 avril 1732 (1).

PREMIÈREMENT, la disposition de l'édit de 1673, qui défend expressément à tous juges de recevoir aucuns droits pour les baux judiciaires et pour les décrets, n'est pas douteuse, et les officiers des requêtes du palais de Dijon conviennent qu'ils sont obligés de s'y conformer.

(1) Cette décision a été donnée par M. le chancelier d'Aguesseau, au sujet des droits demandés au sieur..........., par les requêtes du palais du parlement de..........., pour la délivrance du décret volontaire d'une terre.

2.º Sur ce point il n'y a aucune distinction à faire entre les décrets forcés et les décrets volontaires, et c'est pour cela que monseigneur le chancelier a écarté entièrement cette distinction, par sa lettre du 2 novembre 1731.

3.º Le seul moyen dont on se sert pour justifier ce qui s'est fait en cette occasion, et la règle observée au parlement de Dijon, de faire l'ordre avant d'interposer le décret, et l'usage de faire faire cet ordre par un seul commissaire qui, au lieu des vacations qu'il auroit droit de prendre pour son procès-verbal, reçoit une pistole par sac de mille francs sur le prix de l'adjudication.

Mais il ne paroît point ici qu'il y ait eu aucun ordre de fait par le commissaire des requêtes du palais; le sieur...... a trouvé moyen d'avoir main-levée des oppositions, et celle de madame la princesse de..... n'a demandé aucun jugement, puisque l'adjudication a été faite à la charge de cette opposition.

On ne voit donc pas sur quel fondement l'on pourroit appliquer à l'espèce présente le seul motif que MM. des requêtes du palais allèguent, pour pouvoir justifier les droits que le greffier veut exiger.

La convention faite entre ce greffier et le procureur du sieur...... ne peut l'emporter sur la disposition d'un édit; de pareilles conventions ne sont pas regardées comme bien libres de la part des parties qui les font, elles paroissent encore moins décentes pour les juges; et, s'il s'en présentoit de semblables au parlement de Paris, le procureur-général n'attendroit pas que les parties s'en plaignissent pour les faire déclarer nulles.

Suivant la convention même dont il s'agit, il ne seroit dû que mille livres au commissaire, et le reste à proportion.

Ainsi, il sera beaucoup plus honnête à messieurs des requêtes du palais de Dijon, d'ordonner la délivrance du décret dont il s'agit, sans aucun droit pour ce commissaire, et en payant seulement les frais

de l'expédition au greffier, que d'obliger le sieur....
d'y faire pourvoir par l'autorité du roi.

Du 10 juillet 1732.

J'AI examiné, il y a déjà du temps, les mémoires
et les pièces qui m'avoient été présentés par le
sieur......, d'un côté, et de l'autre par·M......,
conseiller aux requêtes du palais du parlement de
Dijon, au sujet des plaintes que le premier m'avoit
portées, du refus que le greffier de cette chambre
fait, de lui délivrer le décret volontaire de la terre de
la Mothe-Saint-Jean, à moins qu'il ne paie auparavant des sommes considérables pour le commissaire de la chambre, et à proportion pour des officiers
inférieurs.

Par l'examen que j'ai fait de ces pièces et de ces
mémoires, je n'ai rien trouvé dans les raisons de
MM. les conseillers des requêtes du palais qui puisse
balancer la disposition formelle de l'édit de 1673,
que le parlement de Dijon a enregistré, et qui défend, en termes exprès, à tous juges de recevoir
aucuns droits pour les baux judiciaires et pour les
décrets. Je l'ai dit ainsi à M......, je lui ai donné
même par écrit, le 26 avril dernier, ce que j'avois
pensé sur ce sujet, et dont le résultat est qu'il sera
beaucoup plus honnête à MM. des requêtes du palais
de Dijon, d'ordonner la délivrance du décret dont il
s'agit, sans aucun droit pour le commissaire, et en
payant seulement les frais de l'expédition au greffier,
que d'obliger le sieur...... d'y faire pourvoir par
l'autorité du roi.

Je ne doute pas que M...... n'ait aussitôt fait·
savoir cette décision à sa compagnie, comme il s'en
est chargé en le recevant ; cependant le sieur......
se plaint toujours à moi, qu'il ne peut obtenir du
greffier la délivrance de ce décret, quoiqu'il offre
de lui payer les frais de l'expédition. Comme il ne

convient pas qu'une pareille difficulté subsiste encore
de la part de cette officier, vous lui ordonnerez, s'il
vous plaît, de satisfaire incessamment à ce que je
viens de vous marquer.

Du 11 août 1732.

AVANT que de faire réponse aux difficultés que
vous m'avez proposées par votre lettre du 30 janvier 1732, sur l'article 21 de la coutume d'Aire,
j'ai été bien aise d'être instruit exactement des usages
de votre province et de la jurisprudence du conseil
d'Artois sur la matière qui fait le sujet de ces difficultés, et c'est ce qui a retardé la réponse que je fais
aujourd'hui.

Après les éclaircissemens que j'ai reçus, ni l'une
ni l'autre des questions sur lesquelles vous m'avez
consulté ne m'ont paru susceptibles d'aucun doute.

A l'égard de la première, si l'on s'attache d'abord
à l'article 21 de la coutume d'Aire, la lettre de cet
article pourroit suffire pour faire voir que l'obligation
de donner caution ou sûreté d'héritages, ne tombe
que sur les baillistres, c'est-à-dire, sur le père ou sur
la mère des mineurs, et non sur ceux qui ne sont que
tuteurs.

Si l'on consulte, après cela, la coutume générale
d'Artois, on voit que les articles 156 et 160, qui
regardent la matière présente, n'assujettissent ni les
tuteurs, ni même les baillistres à la nécessité de
donner caution. D'où il est aisé de conclure que la
disposition de la coutume locale d'Aire n'étant qu'une
exception du droit commun de la province, elle ne
doit pas être étendue au-delà de ses termes, et qu'en
imposant aux seuls baillistres l'obligation de donner
caution, elle est censée en avoir affranchi les simples
tuteurs, suivant l'esprit de la coutume générale, à
laquelle elle ne déroge point en ce qui les regarde.

S'il étoit nécessaire, après cela, d'approfondir les

motifs de la coutume locale d'Aire, il seroit aisé de faire voir qu'elle est fondée uniquement sur la différence qui est entre la condition des tuteurs et celle des baillistres. L'administration des premiers est une véritable charge sans aucun émolument; et, comme elle est purement onéreuse, il ne seroit pas juste d'en augmenter le poids par une loi aussi dure que le seroit celle qui les obligeroit à donner caution: les baillistres, au contraire, gagnent les fruits et revenus du mineur, à condition de l'entretenir et de lui donner une éducation convenable, et de l'acquitter des dettes purement personnelles. Il n'est pas surprenant, après cela, qu'on ait exigé plus de celui qui avoit une administration lucrative, et que, comme il ne jouit des avantages qui y sont attachés qu'à condition de prendre le bénéfice avec les charges, la coutume l'ait obligé à donner une sûreté suffisante pour l'acquit de ses charges.

Enfin, on m'assure que l'usage, qui est le meilleur interprète des lois, est entièrement conforme à des principes si équitables.

A l'égard de la seconde question que vous m'avez proposée, elle tombe d'elle-même, puisqu'elle ne pourroit avoir lieu, qu'en supposant que la nécessité de donner caution tombe sur le tuteur aussi bien que sur le baillistre; ce qui n'est pas, comme je viens de vous le dire, en m'expliquant sur la première question.

Ainsi, vous ne devez faire aucune difficulté de n'assujettir que les baillistres à cette obligation, et d'en exempter les simples tuteurs, sans quoi il arriveroit très-souvent que les mineurs n'en pourroient point avoir, et que ce qu'on auroit voulu établir en leur faveur se tourneroit à leur préjudice.

Du 18 *octobre* 1732.

La lettre que vous m'avez écrite le 17 du mois dernier, au sujet du décret volontaire dont le sieur.....

demande depuis si long-temps la délivrance, m'a donné lieu de repasser, aussitôt que j'ai pu en trouver le temps, sur tout ce qui m'a été écrit ou expliqué sur cette affaire. Je vois que dès le 28 juin de l'année 1731, j'ai envoyé le premier mémoire du sieur..... à M. le procureur-général du parlement de Dijon, qui vous l'a remis et m'a depuis adressé votre réponse à ce mémoire. Le sieur...... y a fait une réplique, contre laquelle vous m'avez fait présenter par M....., votre confrère et votre député, un second mémoire avec plusieurs pièces; le sieur...... y a fait une réponse à laquelle vous avez opposé un troisième mémoire; j'ai entendu votre député; j'ai tout vu et examiné; et, sur cet examen, je me suis expliqué avec votre député, qui me demanda même de lui donner par écrit ce que je lui avois dit pour régler la difficulté.

Après une telle discussion, dans laquelle j'ai bien voulu entrer en votre faveur, il ne me conviendroit pas de recevoir de nouvelles représentations sur ce sujet, dans lesquelles vous ne faites d'ailleurs que répéter une partie de ce que vous avez dit dans votre mémoire, et j'aurois dû prendre le parti d'avoir l'honneur de rendre compte au roi de cette affaire, pour vous envoyer ensuite les ordres précis de Sa Majesté. Cependant, le fait de l'usage commun de la province de Bourgogne, que vous alléguez dans votre lettre, pouvant mériter de plus grands éclaircissemens et conduire à examiner s'il seroit nécessaire ou convenable que le roi expliquât ses intentions sur cette matière par une nouvelle loi, j'aurai soin de prendre, à cet égard, les instructions convenables, et vous pouvez m'envoyer de votre part, si vous le jugez à propos, de nouveaux mémoires sur le fond de cette matière. Mais, comme le cas du décret volontaire dont il s'agit ne peut souffrir aucune difficulté, quand même votre usage pourroit être autorisé en ce qui regarde les décrets forcés, vous ne devez pas différer davantage de faire délivrer au sieur...... l'expédition de ce decret, en payant seulement les frais ordinaires du greffe ; et c'est par un effet de ma considération pour vous que je veux bien vous le marquer de nouveau cette dernière fois ; mais s'il arrivoit encore quelque retardement, le roi y pourvoira par son autorité.

Du 25 octobre 1732.

LA question que vous avez traitée dans votre lettre du 5 septembre dernier, me paroît recevoir beaucoup de difficultés, non pas tant dans le point que les sieurs......et...... proposent dans leur mémoire, que sur la nouvelle vue que vous indiquez par la même lettre.

À l'égard du premier point, il n'y a pas lieu de douter, suivant l'ordonnance de 1667, que le sieur...., débiteur des deux banquiers de Lyon, étant domicilié à Genève, ne doive être assigné au domicile de M. le procureur-général ; et à l'égard des délais, la coutume du pays de Gex, qui les abrège extraordinairement dans la matière dont il s'agit, ne pouvant regarder en ce point que ceux qui demeurent dans le pays régi par cette coutume, il est sans difficulté que les juges peuvent prolonger ces délais, et se conformer à la disposition de l'ordonnance de 1667, qui, en fait de procédures, déroge à toutes coutumes et usages contraires.

Le second point que vous agitez dans votre lettre, consiste à savoir, si l'on peut procéder, par la voie ordinaire du décret, sur des biens situés dans le pays de Gex, ou s'il faut nécessairement suivre la forme des subhastations, qui a lieu dans ce pays, et c'est une question qui paroît avoir été clairement et expressément décidée par deux déclarations données par le feu roi, le 3 juillet et le 6 décembre 1702. —

Ces deux déclarations qui avoient été demandées par les états des pays de Bresse, Gex et Bugey, font défenses à tous créanciers de faire procéder à la vente des biens qui y sont situés, par saisies réelles, criées et décrets, ni autrement, que par la voie des subhastations, etc., par-devant les officiers et juges des lieux, sans que, sous prétexte de l'exécution des sentences ou arrêts, ni de lettres de *committimus* ou autres priviléges, elles puissent être portées aux requêtes de l'hôtel ou du palais, ou autres juridictions, ni aux cours de parlement.

Ainsi, la forme de faire procéder à la vente de biens situés dans ces trois petites provinces, étant déterminée par des lois expresses, il n'est permis à aucun créancier de prendre une voie différente, parce qu'il s'agit ici d'un statut réel, auquel tous ceux qui font des poursuites dans le lieu où ce statut est autorisé, sont obligés de s'y conformer.

Il n'y a rien en cela qui intéresse véritablement la juridiction de la conservation de Lyon, puisque ce sera toujours en exécution des sentences qui y ont été rendues, que les créanciers feront procéder à la subhastation des biens de leur débiteur. Il est vrai que les contestations incidentes, qui peuvent naître sur la forme de la poursuite, ne pourront être portées suivant les déclarations de 1702, que devant les juges des lieux; mais cela parut inévitable dans le temps que ces déclarations furent dressées, parce qu'il n'y a que les juges des lieux, qui soient suffisamment instruits des formes qui s'y observent, et que d'ailleurs, suivant ce que j'ai déjà dit, la subhastation a été considérée comme une matière réelle, dont le juge du territoire étoit seul capable de connoître; et puisque les parlemens mêmes sont assujettis à cette règle, quoiqu'il s'agisse de l'exécution de leurs arrêts, la conservation de Lyon ne peut se plaindre d'être traitée en ce point comme les cours supérieures.

A l'égard des arrêts du conseil dont vous m'avez envoyé la copie, ils sont antérieurs à ces déclarations de 1702, qui ont été données pour fixer la règle en cette matière, et pour empêcher que, sous quelque prétexte que ce pût être, on ne changeât la forme établie dans les pays de Bresse, Gex et Bugey, pour la vente des biens qui y sont situés. Il faut avouer d'ailleurs, que ces arrêts ne paroissent pas avoir été bien médités, et que l'exécution n'en seroit pas possible ; car, comment des juges ou des praticiens, qui ignorent l'usage des criées telles qu'elles se patiquent dans une grande partie du royaume, certifieront-ils qu'elles ont été bien et dûment faites, suivant une coutume qui n'en admet point, et qui établit une forme toute différente pour les ventes judiciaires qu'on y fait des biens d'un débiteur ?

Ainsi, les créanciers du sieur........n'ont point d'autre parti à prendre, que de suivre la forme des subhastations, pour la discussion des biens que leur débiteur a dans le pays de Gex, et de faire assigner ce débiteur au domicile de M. le procureur-général, sauf à demander de plus longs délais que ceux qui sont prescrits par la coutume ; ce qui étant favorable à la partie assignée, ne peut leur être refusé.

Du 14 avril 1733.

JE crois vous avoir parlé, pendant votre séjour à Paris, de la difficulté que MM. des requêtes du palais, font d'obliger leur greffier à délivrer au sieur....... une expédition d'un décret volontaire qu'il a poursuivi dans cette juridiction ; et il me semble que vous vous étiez chargé de voir avec ces messieurs, si l'on pourroit trouver les moyens de finir cette affaire par quelque tempéramment, sans y interposer directement l'autorité du roi. Comme vous ne m'avez point écrit depuis votre retour à Dijon, je vous prie de me faire savoir si vous y avez parlé de cette affaire ; et, en attendant votre réponse, je me contente d'écrire à MM. des requêtes du palais, que j'attends les mémoires qu'ils doivent m'envoyer après la Saint - Martin, et qui ne sont pas encore arrivés.

Du 14 avril 1733.

Vous m'écrivîtes le 2 septembre dernier, que si le parlement ne devoit pas se séparer le 7 du même mois, vous m'enverriez des mémoires plus amples sur l'affaire du sieur......, mais que vous le feriez après la Saint-Martin. Je n'en ai pas reçu aucun depuis ce temps-là ; il n'est pas décent qu'une affaire de cette nature dure encore par un effet du ménagement et de la considération que j'ai pour vous. Prenez donc, s'il vous plaît, la peine de m'envoyer ces mémoires que j'attends depuis si long-temps, ou de me marquer si vous ne pensez plus à m'en envoyer, afin que je puisse recevoir les ordres du roi sur cette affaire.

Du 31 mai 1733.

J'étois à ma campagne, où le roi a trouvé bon que je vinsse passer quelques jours, lorsque j'ai reçu la copie que vous m'avez envoyée, des nouvelles remontrances que vous avez cru pouvoir faire à Sa Majesté, sur la déclaration du mois de janvier dernier; et j'apprends, en revenant, que des raisons supérieures ont obligé le roi à prendre sur-le-champ la résolution de ne pas avoir égard à vos représentations, et de vous adresser de nouvelles lettres de jussion, qui étoient une suite des premières. Vous auriez pu donner plus de poids à vos représentations, si vous aviez commencé par vous soumettre à la volonté du roi, sans l'obliger à vous la faire savoir pour la troisième fois. Personne, au surplus, n'est avec plus de considération que moi.

Du 22 juin 1733.

Il est vrai que, pour le bien des parties, et pour ne pas retarder l'expédition des affaires, le roi a bien voulu que sa déclaration du 20 août 1732 ne pût servir de prétexte à ceux qui, après avoir procédé volontairement, soit dans les sénéchaussées, soit aux requêtes du palais ou au parlement, et y avoir instruit le fond de leurs contestations, s'aviseroient trop tard d'en demander le renvoi en d'autres tribunaux, sur le fondement des règles que cette nouvelle loi établit sur l'ordre des juridictions : c'est dans cet esprit qu'il a été ordonné par le dernier article de la déclaration, que les affaires qui se trouveroient dans le cas que je viens de vous marquer, seroient jugées ainsi qu'elles auroient pu ou dû l'être avant cette loi.

Mais, c'est par cette raison même que les procureurs sont mal fondés dans les représentations qu'ils vous ont faites sur une affaire, dans laquelle vous avez cru, qu'après le jugement sur l'incompétence, le fond en devoit être renvoyé devant les premiers juges. Il paroît par votre lettre (et le mémoire même qui vous a été donné par les procureurs en contient l'aveu), que vous aviez prévenu, par votre usage, la décision qui est contenue dans l'article 3 de la déclaration du 20 août dernier ; ainsi, l'intention du roi ayant été que les affaires pendantes au parlement y fussent jugées, ainsi qu'elles auroient pu ou dû l'être avant la déclaration, vous auriez pu et dû régler celle dont il s'agit, comme vous l'auriez fait indépendamment de cette loi, qui, bien loin de donner atteinte à la règle que vous aviez établie ou plutôt rétablie précédemment, n'a fait que la confirmer, et vous autoriser encore plus à la suivre ; en sorte que si la prétention des procureurs avoit lieu, il arriveroit, par un événement extraordinaire, que la déclaration auroit nui à la règle qui avoit lieu auparavant, comme si elle avoit voulu la détruire dans les tribunaux où elle étoit déjà observée par le passé, parce qu'elle l'a affermie dans les autres pour l'avenir.

Du 18 juillet 1733.

Toutes les réflexions que vous avez faites sur l'affaire des nommés......, mineurs, par votre lettre du premier avril dernier, se réduisent à deux points principaux :

Le premier est de savoir s'il est à propos d'ordonner que le délai pour se pourvoir en révision ne courra que du jour de la signification de l'arrêt ;

Le second consiste à examiner, s'il y a une distinction à faire en cette matière entre les mineurs et les majeurs.

Sur la première question, vous approuvez la pensée de ne faire courir le délai que du jour de la signification, et vous proposez avec raison, d'en faire la matière d'une déclaration donnée en interprétation de l'édit du mois d'avril 1688.

Mais convient-il en ce cas, de laisser subsister l'ancien délai de deux ans, ou de le réduire à un an au plus

Plusieurs raisons paroissent favoriser cette réduction, et entr'autres,

L'abréviation des procès ;

L'inutilité de donner un plus long terme, dès le moment que l'on rend la signification de l'arrêt nécessaire.

L'exemple de ce qui avoit été réglé par l'article 4 du chapitre 55 des chartres du Hainault, qui ne donnoit, pour la révision, que le délai d'une année du jour de la prononciation des arrêts.

Enfin celui de la requête civile, dont le délai n'est que de six mois, ou d'une année, selon la qualité des parties, à compter du jour de la signification ; aux termes de l'ordonnance de 1667, et du réglement fait en 1674, sur la voie de la requête civile, pour le conseil supérieur de Tournay, qui est aujourd'hui le parlement de Flandre.

A l'égard du second point, qui consiste à savoir si l'on doit mettre de la différence entre les mineurs et les majeurs, par rapport au temps dans lequel il est permis de se pourvoir contre les arrêts par la voie de la révision.

L'on peut être porté à faire cette distinction par des considérations importantes.

Premièrement, elle est conforme au droit commun, on le voit dans ce qui est réglé en matière de prescription par le droit civil et par les coutumes ; en matière de requête civile, par l'ordonnance de 1667, et par le réglement fait en 1674, pour le conseil supérieur de Tournay, représenté présentement par le parlement de Flandre ; et, en matière de cassation, par les réglemens du conseil. Toutes ces lois distinguent tellement les mineurs des majeurs, qu'elles ne font courir contre eux les différens délais qui y sont marqués, qu'après leur majorité.

Secondement, cette distinction est fondée en raison naturelle et en principe général de droit et d'équité, qui ne permettent pas de faire courir la prescription contre ceux que la foiblesse de leur âge met hors d'état d'agir ou de se défendre par eux-mêmes.

Troisièmement, il n'y a pas plus d'inconvéniens à faire cette distinction des majeurs et des mineurs pour la rescision, que pour la requête civile et pour la cassation. L'état de ceux qui ont un arrêt contre un mineur ne sera pas plus long-temps en suspens dans l'espèce de la révision, que dans celle de la requête civile et dans celle de la cassation ; et il paroît juste de favoriser également les mineurs dans ces trois espèces, puisque la raison y est égale, et que le mineur n'est pas plus capable de veiller à ses intérêts pendant sa minorité, par rapport au temps de se pourvoir en rescision, qu'à l'égard du temps accordé pour prendre la voie de la requête civile ou celle de la cassation.

Il y a une autre idée que l'on peut aussi examiner ; ce seroit de voir, si, en laissant les mineurs
assujettis comme les majeurs, au terme fatal qui est,
ou qui sera fixé pour les révisions, on ne pourroit
pas au moins leur laisser la liberté de se pourvoir par
requête civile après leur majorité, contre l'arrêt
rendu sur la révision, auquel cas il faudroit déroger en leur faveur à l'article du réglement de 1688,
qui défend de se pourvoir par requête civile contre
les arrêts intervenus sur les lettres de révision ; et
vous comprenez assez les raisons d'équité qui pourroient appuyer ce tempérament, sans qu'il soit nécessaire de vous l'expliquer.

Voilà, monsieur, le sujet des nouvelles réflexions
que je vous prie de faire sur la matière dont il
s'agit ; vous pouvez en conférer, si vous le jugez à
propos, avec les magistrats les plus éclairés de votre
compagnie, pour m'envoyer ensuite votre avis raisonné, avec un projet de la nouvelle déclaration
qui sera donnée en interprétation de l'édit du mois
d'avril 1688.

Du 19 *novembre* 1734.

Vous voilà donc entré tout de bon dans la carrière
avec le parlement de Bretagne, quoique celle des
états ne soit pas entièrement finie ; je ne doute pas
que M. de . . . . n'ait parlé avec éloquence sur
la nécessité d'étudier le droit public. Je suis un peu
plus en peine de savoir, s'il aura parlé efficacement ;
ce qui n'est pas douteux, c'est que vos commencemens, et au parlement et aux états, sont aussi favorables que vous pouvez le désirer, et je ne doute
point que les suites n'y répondent ; les sentimens du
parlement pour moi me feront toujours un véritable
plaisir, et je les mérite par ceux que j'ai pour cette
compagnie. Pour ce qui est de votre personne, je

crois que nous pouvons nous épargner les complimens
de part et d'autre.

J'aurai bientôt à vous écrire sur deux ou trois sujets différens; mais je veux vous laisser sortir auparavant de vos états, qui touchent à leur fin; suivant
toutes les apparences, ils ont si bien fait leur devoir
sur les points essentiels, qu'il faut leur faire grâce
de quelques mouvemens peu réguliers, qui sont
presque inévitables dans une assemblée si nombreuse.

Du 5 décembre 1734.

La question sur laquelle roule le placet dont je
vous envoie la copie m'a paru mériter l'attention
du roi, non-seulement à cause de la diversité de la
jurisprudence qui s'observe sur cette question au
parlement de Paris et au parlement de Bordeaux,
mais pour le bien de la justice, dont une des principales parties consiste à empêcher que l'on ne
consomme les biens des sujets du roi par des frais
également inutiles aux débiteurs et aux créanciers.
Il me paroît donc important que vous preniez la
peine d'examiner cette question avec ceux de MM. du
parlement qui ont déjà travaillé avec vous sur les
diversités de jurisprudence, et que vous m'envoyiez
leur avis avec le vôtre sur les points dont il
s'agit, afin que, sur le compte que j'aurai l'honneur
de rendre au roi, Sa Majesté puisse pourvoir ainsi
qu'elle le jugera à propos.

Du 22 février 1736.

Il y a déjà du temps que les états de la province de Bourgogne ont demandé au roi une déclaration portant que le tiers-acquéreur d'un fonds

spécialement hypothéqué seroit tenu de reconnoître
la dette, et de payer de même que si le vendeur
y étoit obligé; faute de quoi il seroit permis aux
créanciers de reprendre la propriété du fonds vendu,
ou de le faire vendre judiciairement, sans qu'il fût
nécessaire d'interposer un décret.

Cette demande, assez mal expliquée et susceptible de difficultés, fut communiquée à des commissaires que le roi nomma pour l'examiner; ils y tra-
vaillèrent plus d'une fois, et il y eut même un projet
de déclaration dressé sur ce sujet; mais on y trouva
encore tant de difficultés, lorsqu'il fut question de
l'approuver définitivement, que la décision demeura
suspendue après un assez long examen.

Ce fut ce qui donna lieu aux états de renouveler
la même demande par le cahier de 1731, et n'ayant
encore reçu qu'une réponse interlocutoire, ils ont
inséré une semblable demande dans l'article 11 des
cahiers qu'ils ont présentés au roi l'année dernière.

Sa Majesté a répondu en termes généraux, qu'elle
se feroit rendre compte des difficultés survenues
depuis l'avis donné par les commissaires de son
conseil sur ce sujet, pour y pourvoir ainsi qu'il appartiendroit.

Depuis cette réponse, j'ai voulu rassembler tout
ce qui s'étoit passé sur ce sujet, pendant que l'affaire étoit entre les mains des commissaires du conseil;
mais je n'en ai pu retrouver qu'une partie; et,
quoique je croie me souvenir que vous avez fait
quelques mémoires sur cette matière, il n'en reste
pourtant aucun vestige dans les papiers qui sont
demeurés entre les mains du rapporteur.

C'est pour y suppléer que je vous prie de rechercher de votre côté tout ce que vous pourrez en avoir
écrit, ou avoir recueilli, sur la proposition que les
états font depuis si long-temps; vous y pourrez joindre les nouvelles réflexions qui vous viendront dans
l'esprit sur le même sujet. Il me semble aussi qu'on
avoit mêlé une question dans cette affaire, qui avoit
pour objet la compétence des juges. Si cela est, je vous

prié de me rappeler ce qui peut regarder cet article, comme tout le reste, afin qu'après avoir reçu ces différens éclaircissemens je sois en état de voir, s'il est nécessaire de faire une loi nouvelle sur le point dont il s'agit, et quelle doit être cette loi.

<hr>

Du 25 mai 1736.

Il y a long-temps que les états du duché de Bourgogne ont formé une demande à peu près semblable à celle qui est l'objet d'un mémoire que MM. les élus de la province me remirent, il y a environ trois mois, excepté que leur demande paroît mieux rédigée dans ce dernier mémoire, qu'elle ne l'étoit dans les premiers. Le temps qui s'est écoulé depuis qu'il m'a été remis, a été consumé inutilement dans la recherche qu'on a faite des anciens mémoires des états, et de tout ce qu'on y avoit joint. Lorsque le roi eut nommé des commissaires pour les examiner, on n'en a trouvé que des textes fort imparfaits, et tout ce qui en résulte, est que la matière parut alors susceptible de plusieurs difficultés, et qu'on ne crut pas devoir faire une nouvelle loi sans de plus amples instructions. Il me semble même, par le compte qu'on m'en rendit à mon retour (car la question avoit été examinée en mon absence), qu'il se forma une difficulté sur la compétence des juges devant lesquels les ventes judiciaires seroient poursuivies, et que ce fut une des raisons qui empêchèrent qu'on ne prît une dernière résolution sur ce sujet.

Quoi qu'il en soit, la demande des états ayant été proposée bien plus régulièrement dans le dernier mémoire qui m'a été présenté, qu'elle ne l'avoit été dans les précédens, je vous envoie ce dernier mémoire afin que vous l'examiniez, ou avec MM. les commissaires qui travaillent sur les diversités de jurisprudence, ou avec d'autres qui seront nommés à cet effet, et que vous m'envoyiez leurs remarques et leur avis comme le vôtre, sur la loi qui est désirée depuis si long-temps par les états de votre province.

Du 27 mai 1736.

Il y a déjà quelque temps que j'ai occasion d'être informé de plusieurs usages de votre province, qu'il paroît important de ne pas laisser subsister, ou de rectifier.

Le premier regarde la publication des testamens, que la plupart des officiers des seigneurs hauts-justiciers veulent s'attribuer ; quoique l'on prétende que cette formalité ne doive être remplie, suivant les anciennes règles de la Franche-Comté, que dans les juridictions royales, à moins que les juges des seigneurs n'aient un titre qui les y autorise, ou une possession qui puisse tenir lieu de titre.

M. le procureur-général du parlement de Besançon avoit présenté une requête à cette compagnie dès l'année 1734, suivant ce qu'il m'en écrivit alors pour obliger les seigneurs qui prétendoient avoir droit de faire publier les testamens dans leur justice, à représenter leurs titres. Comme il seroit bon de savoir quel a été le sort et l'effet de cette requête, vous prendrez, s'il vous plaît, la peine de me l'expliquer, en joignant les réflexions que vous jugerez nécessaires sur le fond de la matière.

2.º On prétend que lorsqu'un héritier, à qui l'on a accordé un délai pour délibérer, ne répudie pas expressément l'hérédité dans ce délai, l'usage est qu'on le répute héritier à l'égard des créanciers, sans qu'il le soit néanmoins à l'égard de ses cohéritiers présomptifs, qui sont tenus de le faire assigner pour s'expliquer expressément.

Il m'est revenu que le parlement avoit rendu quelques arrêts, par lesquels il condamne cet usage ; mais on m'écrit que ces arrêts n'empêchent pas qu'on ne suive encore une si mauvaise maxime.

3.º Un troisième usage, qui ne paroît pas meilleur, est de permettre de saisir les biens propres d'un héritier présomptif avant qu'il ait accepté la succession, et l'on m'assure néanmoins que cela est fort ordinaire dans votre province.

4.º Les officiers des bailliages forcent les tuteurs des pupilles, ou les curateurs des mineurs, qui sont institués héritiers, à faire procéder par-devant eux à la confection de l'inventaire, au lieu de leur laisser la liberté de se servir du ministère d'un notaire, lorsqu'il n'y a rien de contentieux qui oblige à faire un inventaire en justice réglée.

5.º Les mêmes officiers vont faire des inventaires à grands frais chez les curés décédés, et il y a une contestation pendante sur ce sujet au parlement de Besançon, qui n'est pas encore jugée, quoiqu'elle y ait été portée depuis long-temps.

Tels sont les usages ou les abus qui sont venus depuis peu à ma connoissance, et sur lesquels je vous prie de me donner, le plus tôt qu'il vous sera possible, les instructions de fait et de droit que vous estimerez nécessaires, pour me mettre en état de juger du remède qu'il est à propos d'y apporter.

J'écris la même chose à M. le procureur-général, afin qu'il puisse en conférer avec vous; et si vous croyez qu'il soit bon d'y appeler des commissaires du parlement, je m'en rapporte sur cela à votre prudence.

Du 16 juin 1736.

J'AI reçu dans le temps les différens mémoires que vous m'avez envoyés sur les articles du cahier des états de Bourgogne, qui avoient besoin d'une plus ample instruction; et aussitôt que j'aurai reçu les remarques de MM. du parlement, à qui j'ai cru devoir faire part de ces mémoires, parce qu'il s'agit de faire des réglemens sur des matières qui les regardent, j'aurai l'honneur d'en rendre compte au roi, et de recevoir ses ordres sur ce sujet.

Du 26 juillet 1736.

LE sieur de......., avocat à Bordeaux, m'a écrit bien des fois, et m'a adressé plusieurs mémoires qui tendent à établir dans votre parlement une jurisprudence pareille à celle qui s'observe au parlement de Paris, lorsque les biens d'un débiteur commun, ne suffisant pas pour remplir le premier de ses créanciers, un créancier postérieur, à qui il ne peut rien en revenir, s'obstine cependant à vouloir les consommer en frais de saisie-réelle.

J'ai envoyé ces mémoires, et j'en ai écrit successivement à M. Duvigier, à feu M. le premier président de la Case, et à M. le président de Gascq, pour savoir leur sentiment et celui de votre compagnie. M. le président de Gascq répondit à ma lettre, qu'il alloit y travailler avec des commissaires du parlement, comme je le lui avois indiqué. Il me semble qu'il ne sortit de ce travail que des difficultés; et je crus alors que, pour prendre une dernière résolution sur ce sujet, il falloit attendre que le roi eût rempli la place de premier président de votre compagnie. Comme elle est très-dignement remplie à présent, et que le sieur de......... recommence à m'écrire pour demander une décision, je vous prie de rassembler tout ce que je peux avoir écrit ou envoyé, soit à M. Duvigier ou à M. le président de Gascq, sur ce sujet, et de revoir le tout avec MM. les commissaires qui ont déjà été consultés, pour m'envoyer ensuite votre avis commun sur cette matière, qui paroît demander que le roi y pourvoie par une déclaration en forme de réglement.

Du 9 octobre 1736.

Je n'ai pu trouver que depuis peu de jours le temps de lire avec attention la longue réponse que vous me fîtes au mois de juin dernier, sur quelques usages de votre province, dont je vous avois envoyé un mémoire ; et les réflexions que j'ai faites en lisant votre réponse s'accordent assez avec les vôtres.

Sur le premier point, qui regarde le droit de publier les testamens, je pense, comme vous, qu'il y auroit de l'inconvénient à émouvoir en même temps toute la noblesse de votre province, en obligeant tous les seigneurs, hauts-justiciers, à représenter les titres en vertu desquels ils prétendent que la publication des testamens peut être faite dans leur justice, ou à justifier de leur possession. La seule chose qu'il semble qu'on pourroit tenter avec moins d'inconvénient, ce seroit de donner un arrêt qui fixeroit un terme certain, après lequel la publication des testamens se feroit toujours par provision dans les bailliages royaux seulement, sauf aux seigneurs qui prétendroient avoir droit de les faire publier par leurs officiers, à le justifier par titres ou par une possession immémoriale.

Par là, sans entrer en procès avec tous les seigneurs, on les obligeroit à se constituer demandeurs, et à prouver l'exception qu'ils allégueroient en leur faveur.

Mais, quoique ce moyen paroisse beaucoup plus doux et plus convenable que le premier, cependant, comme il peut avoir aussi ses inconvéniens ou ses difficultés, je ne prends encore aucun parti sur ce sujet, et j'attendrai les réflexions que vous croirez devoir faire sur cette nouvelle pensée.

Le second point, qui regarde l'état de l'héritier dans le temps qu'il n'a pas encore accepté l'hérédité, ou fait acte d'héritier, ne mérite presque plus d'attention après les éclaircissemens que vous me donnez sur ce sujet.

L'opinion singulière d'un auteur ne règle pas la jurisprudence, et j'avois bien de la peine à croire que la distinction bizarre, que celui dont il s'agit a imaginée entre les créanciers et les cohéritiers, doive être adoptée dans aucun tribunal.

Vous m'assurez aussi que le sentiment de cet auteur n'est pas suivi au palais, et qu'il n'est jamais sorti du parlement de Besançon aucune décision qui puisse lui donner quelque crédit.

Je crois seulement que votre compagnie pourroit bien avoir été trop loin, quand elle a permis, à quelques occasions, à des créanciers, de faire saisir les biens propres de l'héritier présomptif, qui gardoit le silence après le temps que les lois accordent aux héritiers pour délibérer.

La règle, en pareil cas, est de fixer un dernier terme fatal à l'héritier, pour déclarer précisément s'il accepte ou s'il renonce; faute de quoi, et après ce temps passé, on peut permettre aux créanciers de saisir ses biens propres pour le forcer à s'expliquer, la plus grande rigueur étant de le réputer héritier par provision, après l'expiration de ce dernier terme.

Ce que je viens de dire sur le second point, vous marque assez ce que je pense sur le troisième.

Il n'y a point d'inconvénient à demander en même temps, et que l'héritier présomptif soit tenu de s'expliquer sur sa qualité, et, qu'en cas qu'il prenne celle d'héritier, les titres de créanciers soient déclarés exécutoires contre lui; et pourvu que le succès de la demande dépende toujours de son acceptation ou de sa renonciation, il n'y a rien à réformer à cet égard dans votre jurisprudence.

Le quatrième article demande une attention plus sérieuse que les précédens, parce qu'il paroît qu'il y a en effet dans les siéges inférieurs au parlement de Besançon, un abus qui mérite d'être réformé par rapport aux inventaires des pupilles et des mineurs;

mais, comme la règle n'est pas douteuse en cette matière, le parlement peut aisément réformer ces abus en rendant un arrêt sur la réquisition de M. le procureur-général, par lequel il sera défendu à tous les officiers des siéges de son ressort, de procéder à l'inventaire des biens des pupilles ou des mineurs, à moins qu'ils n'en soient requis expressément et par écrit de la part des héritiers ou des créanciers, sauf aux tuteurs des pupilles ou des mineurs à faire faire l'inventaire par-devant des notaires dont il seroit bon même de régler les droits.

Le cinquième point regarde un autre abus qui n'est pas moins à réformer que celui dont je viens de parler; mais, comme le parlement est dans l'intention d'y remédier, qu'il a même nommé des commissaires pour y travailler, et que les vues que vous m'indiquez sur ce sujet me paroissent fort convenables, je n'ai pas besoin de m'expliquer plus amplement à cet égard, et ne doute pas qu'après l'ouverture du parlement prochain vous ne remettiez cette affaire en mouvement, afin que le public jouisse bientôt de l'avantage que vous voulez lui procurer par un réglement dont l'effet soit de prévenir également, et la négligence qui cause la perte des titres des paroisses, et les frais qui en font acheter trop chèrement la conservation. Je crois seulement que les notaires conviendroient encore mieux que les greffiers pour les inventaires des effets des curés, parce que si les greffiers s'en mêlent, il sera bien difficile qu'ils ne trouvent le moyen d'y faire entrer les juges et les procureurs du roi, ou ceux des hauts-justiciers.

Du 29 novembre 1736.

LE seul éclaircissement qui me manque après tout ce que vous avez joint à votre lettre du 22 de ce mois, sur ce qui regarde le bailliage de Bourbonlancy, est de savoir quelle est l'étendue de ce bailliage, combien il y a de justices qui y sont ressortissantes, et si, parmi ces justices, il y en a de royales qui aient le titre de prévôté, ou de châtellenie, ou de mairie royale? Prenez, s'il vous plaît, la peine de m'envoyer ces nouvelles instructions, pour me mettre en état de m'expliquer ensuite d'une manière plus décisive sur la proposition du sieur.......

Du 8 décembre 1736.

Je vois par votre dernière lettre, que le bailliage de Bourbonlancy a une étendue proportionnée aux titres et aux fonctions de ces sortes de siéges : ainsi, en joignant ce nouvel éclaircissement aux raisons que vous m'avez expliquées par votre lettre précédente, je croirois faire trop d'honneur à l'inquiétude d'esprit du sieur......., si je m'arrêtois plus long-temps à l'idée qu'il a conçue, ou plutôt renouvelée, de l'union du bailliage de celui de Bourbon à celui d'Autun.

Du 20 avril 1737.

J'ai été informé de l'arrêt que le parlement de Bretagne vient de rendre sur une question d'état, et il me paroît fondé sur les mêmes principes qui en font rendre un semblable au parlement de Paris, à peu près dans le même temps.

Je n'entrerai point, après cela, dans l'examen du point particulier qui a produit des sentimens différens parmi les juges, et je n'en suis pas assez instruit pour en pouvoir dire mon sentiment; je me contenterai de vous dire en général, que le journal des audiences du parlement de Paris, où vous avez pris apparemment ce qu'il me fait dire de la cause........, n'est pas un garant bien sûr des maximes que l'auteur de ce journal y met dans la bouche des avocats-généraux. Les précis qu'il y rapporte de leurs plaidoyers, sont ordinairement assez mal faits, quoiqu'il rencontre quelquefois bien dans les maximes qu'il leur fait avancer; l'ouvrage n'en mérite pas pour cela plus de confiance, et il a ce caractère commun avec la plupart des recueils de cette espèce; qui ont souvent plus d'autorité de loin que de près.

Du 22 octobre 1737.

Vous n'avez pas oublié que, pendant le séjour que vous fîtes, il y a quelques années, en ce pays-ci; j'eus occasion de vous parler des registres du parlement d'Aix, et que vous me dites que vous aviez travaillé à y faire un choix de tout ce qui pouvoit regarder l'ordre et le droit public, vous me promîtes alors de m'envoyer, quand vous seriez retourné en Provence, un précis et comme un tableau de toutes les matières que vous avez fait entrer dans votre recueil; vous le fîtes en effet, peu de temps après votre retour; et, comme je fus charmé de l'ordre et de la méthode qui régnoient dans votre travail, je vous priai de vouloir bien m'en faire faire une copie, en y ajoutant, comme une condition essentielle, *et sine qua non*, que cette copie se feroit à mes frais. Il me parut alors, que vous vouliez bien vous prêter à ce que je désirois sur ce sujet; je n'en ai point entendu parler depuis, et je n'ai guère eu le temps d'y penser; mais l'idée m'en étant revenue, je vous prie de me faire savoir, si vous avez bien voulu vous en souvenir, en quel état est cet ouvrage, et si vous ne pourriez point commencer à m'en envoyer une partie, en attendant que le reste soit achevé: je le recevrai comme une marque de votre amitié pour moi, dont je connois tout le prix, et à laquelle je répondrai toujours par les sentimens avec lesquels je suis.

10*

Du 22 février 1738.

Je vous ai déjà écrit au mois de juillet 1736, pour vous demander votre sentiment et celui de votre compagnie, au sujet de plusieurs mémoires que le sieur de...... m'avoit adressés, tendans à établir dans votre parlement une jurisprudence pareille à celle qui s'observe au parlement de Paris, lorsque les biens d'un débiteur commun, ne suffisant pas pour remplir le premier de ses créanciers, un créancier postérieur, à qui il ne peut rien en revenir, s'obstine cependant à vouloir les consommer en frais de saisie-réelle.

Je n'ai point d'idée d'avoir reçu de vous aucune réponse à ce sujet; c'est pourquoi, comme la jurisprudence du parlement de Bordeaux, à cet égard, paroît également contraire à l'intérêt des créanciers du débiteur, et que la matière est assez importante pour que le roi y pourvoie par son autorité, je vous prie de m'envoyer, au plus tôt, votre avis tel que je vous l'ai demandé, afin de me mettre en état d'en rendre compte à Sa Majesté.

Du 3 octobre 1738.

Je vous envoie un mémoire qui m'a été adressé sur la manière dont on a payé les créanciers.

Je vous prie de me faire savoir, si le fait contenu dans le mémoire est véritable, et, supposé qu'il le soit, pourquoi on n'a pas observé dans le pays Nantais, les règles qui ont été prescrites par les déclarations du 24 juin 1721, et du 6 août 1729, au sujet des paiemens qui ont dû être faits, suivant ces déclarations, aux créanciers qui avoient droit de toucher les deniers déposés entre les mains des receveurs des consignations, que ces receveurs avoient été obligés de porter au trésor royal, pour être convertis en contrats de rentes sur la ville?

<hr>

Du 9 octobre 1738.

JE vous envoie, comme vous l'avez désiré, les lettres d'attache que le père......, religieux de la Merci, a obtenues en qualité de vicaire - général de son ordre, afin qu'il puisse en demander l'enregistrement après que vous les lui aurez remises; et je n'ai rien à ajouter, sur ce sujet, à la lettre que je vous ai écrite le 4 de ce mois.

<hr>

Du 4 décembre 1738 (1).

J'AI été informé que le zèle de M. l'évêque d'Oléron l'ayant porté à s'élever contre les prêts usuraires,

(1) RÉPONSE, du 6 janvier 1739.

L'USAGE des trois provinces qui sont dans le ressort de ce parlement et sa jurisprudence ont toujours concouru à favoriser la stipulation des intérêts dans le simple prêt.

L'édit de 1679, qui a prononcé la nullité des promesses portant intérêt, fit naître de grandes difficultés; elles donnèrent lieu à une déclaration du roi rendue en 1683, et elles furent enfin terminées, après un long et sérieux examen, par un arrêt du conseil du 8 septembre 1691.

Il paroît, par cet arrêt, que les principaux habitans de Béarn demandèrent à être maintenus dans l'usage où ils avoient toujours été de prêter à intérêt par obligation ou par promesse indifféremment, et que le conseil trouva à propos d'autoriser généralement les intérêts stipulés par acte public, et d'ordonner, pour ce qui concernoit les promesses, l'exécution de l'édit de 1679; c'est aussi la seule différence que le parlement a observée depuis lors dans ses jugemens à l'égard de la stipulation des intérêts.

L'édit du mois de mars 1720, qui avoit réduit les rentes

qui sont fort communs dans son diocèse, et à publier un mandement ou une instruction pastorale sur cette matière, plusieurs des curés, auxquels ce mandement a été adressé, avoient trouvé beaucoup de difficultés à s'y conformer, et qu'il y avoit eu même quelques mouvemens au sujet de ce mandement dans le parlement, plusieurs des magistrats de cette compagnie ayant cru y trouver des choses contraires aux usages et aux priviléges de la province de Béarn.

Comme une affaire si délicate pourroit avoir des suites au denier cinquante, causa de nouvelles alarmes; le parlement de Navarre fit des remontrances, et Sa Majesté donna, le 29 juin de l'année dernière, une déclaration particulière pour le Béarn, la Navarre et la Soule, qui a confirmé l'usage de stipuler les intérêts dans les simples obligations et dans les prêts qui sont faits pour le commerce ou pour l'emploi des dots et des légitimes. L'ancienneté de cet usage, les avantages qu'il procure en entretenant le commerce avec l'Espagne, et en facilitant le paiement des impositions; la médiocrité des fortunes et la modicité des dots et des légitimes, portées seulement à dix ou douze mille livres, même dans les maisons les plus distinguées, donnèrent lieu à cette dernière déclaration; mais ces raisons paroissent assez communes, peu exactes dans le fait; il semble qu'on auroit pu en trouver de plus justes et de plus essentielles dans les propres lois du pays.

Les biens de toutes les familles sont responsables, par la coutume, des dots de la mère et de l'aïeule; la jurisprudence du parlement a même étendu la disposition de cette loi jusqu'à la dot de la bisaïeule, lorsqu'elle a été judiciairement demandée par le débiteur après une saisie; de sorte qu'un fils a le droit de conserver ces trois dots, au préjudice des créanciers de son père. D'ailleurs, les légitimes des cadets, qui sont réversibles, sont affranchies, par leur nature, de toute hypothèque.

S'il y avoit une province dans le royaume où les familles de tout rang et de tout état fussent chargées de substitution, il n'y a pas d'apparence que l'on s'empressât beaucoup à leur donner de l'argent à constitution de rente. Celles du Béarn, de la Navarre et de la Soule sont, par l'effet de leur coutume, engagées dans des liens encore plus forts; car, si le débiteur a pris la précaution de se faire assigner les dots sur la généralité de ses biens aux formes ordinaires, le créancier qui trouveroit assez de ressource dans le prix des biens pour son paiement et pour celui des dots, ne pourroit pourtant faire valoir ses droits qu'après avoir remboursé la valeur des dots;

fâcheuses, si l'on ne prenoit les mesures nécessaires pour les prévenir avant qu'elle ait fait un plus grand éclat, je vous prie de m'expliquer, avec votre exactitude ordinaire, quel est l'usage qui a été observé jusqu'à présent, dans votre ressort, à l'égard des stipulations d'intérêt dans le simple prêt; quelle est la jurisprudence du parlement de Pau sur cette matière; ce que l'on a pensé dans cette compagnie sur le mandement de M. l'évêque d'Oléron, et s'il est vrai qu'on ait voulu exciter M. le procureur-général à en inter-

et elles montent souvent à une somme assez forte pour mettre le créancier hors d'état de la payer, et, par conséquent, dans la nécessité de perdre sa créance.

La liberté d'exiger après l'année, qui est le terme ordinaire, le sort principal avec les intérêts, rend la condition du créancier moins fâcheuse, parce que, si le débiteur ne paie point au terme échu, le créancier est reçu à prendre la possession de tous les biens, même de ceux qui sont dotaux ou responsables des dots, et il a le droit d'en jouir pendant la vie du débiteur jusqu'à l'entier paiement de ce qui lui est dû: il arrive pourtant assez souvent que le débiteur vient à mourir avant que le créancier ait eu le temps de se faire payer, par rapport à la longueur des procédures et au nombre des arrêts nécessaires dans ce dernier cas.

C'est sans doute la singularité de ces coutumes qui a rendu les contrats de constitution de rentes pour ainsi dire impraticables, et presque inconnus dans le ressort de ce parlement; et on croit que, pour pouvoir y introduire un autre usage sans inconvénient, il faudroit y établir d'autres lois, avec lesquelles il pût compâtir. Le parlement de Navarre a favorisé celui qu'on y observe aujourd'hui; les autres cours supérieures n'ont pas fait difficulté de s'y conformer dans les procès de renvoi; le prince a trouvé à propos de l'autoriser dans ces trois provinces. Toutes ces raisons y font regarder cette matière comme dépendante de la police de l'état; et l'on pense ici que ce n'est que par l'abus qu'un pareil usage peut dégénérer en prêt usuraire.

C'est apparemment contre les prêts de cette espèce que M. l'évêque d'Oléron s'est élevé dans le mandement qu'il a fait publier, et je présume trop de la sagesse de ce prélat pour croire qu'il ait passé les bornes d'un véritable zèle.

Au surplus, je n'ai point entendu parler de ce mandement dans ma compagnie, et je doute qu'on ait excité M. le procureur-général à en interjeter appel comme d'abus; quoi qu'il en soit, s'il arrivoit quelque chose de nouveau sur ce sujet, j'aurois l'honneur de vous en rendre compte.

jeter appel, comme d'abus ? Il n'est pas nécessaire et il ne convient pas même que vous fassiez encore part à personne de ce que je vous écris, à moins que vous n'en eussiez absolument besoin pour empêcher quelque délibération prématurée que l'on voudroit faire sur ce sujet.

Du 22 septembre 1740.

J'avois prévu, dans la lettre même que je vous ai écrite, en vous envoyant le projet d'arrondissement proposé entre les trois parlemens de Bordeaux, Toulouse et de Pau, qu'il seroit impossible de discuter ce projet pendant le temps des vacations; et vous êtes entré pleinement dans mon esprit, lorsque vous avez cru qu'il suffisoit, quant à présent, de nommer des commissaires pour l'examiner et pour en rendre compte à votre compagnie après la saint Martin.

Au surplus, il me paroît qu'on a pris trop promptement l'alarme sur ce projet. Il est vrai que ceux qui en sont les auteurs proposent de diminuer une partie du ressort du parlement de Bordeaux, pour augmenter celui du parlement de Pau; mais ils ont cru que le dédommagement qui seroit accordé au premier de ces deux parlemens, en suivant le même projet, l'indemniseroit pleinement de la perte qu'il feroit d'ailleurs; ce dédommagement sera-t-il complet, et la compensation de ce que vous perdrez et de ce que vous gagnerez sera-t-elle parfaite ? C'est ce qui est à examiner, et sur quoi je recevrai volontiers toutes les observations que le parlement de Bordeaux jugera à propos de faire; je suspends jusque-là mon jugement, et je serois bien fâché de rien proposer au roi sur ce sujet qu'avec une entière connoissance de cause.

Du 22 septembre 1740.

JE ne pourrois que vous répéter, en répondant à votre lettre du 12 de ce mois, ce que j'ai écrit à M. le premier président de votre compagnie, et à M. le procureur-général, au sujet du projet d'arrondissement proposé entre les parlemens de Bordeaux, de Toulouse et de Pau. Je ne doute pas qu'ils ne vous en fassent part si vous le désirez, et vous y verrez, qu'on a grand tort d'attribuer au parlement de Pau le mémoire qui contient ce projet ; mais les esprits sont aisés à émouvoir dans votre pays, et cependant rien n'est plus nécessaire que le sang-froid pour bien discuter un expédient, qui doit sa naissance à la difficulté presque insurmontable qu'on trouve au conseil du roi, à régler par un jugement de rigueur les contestations qui y sont pendantes entre les trois parlemens dont il s'agit. Au surplus, il n'y a encore rien de résolu sur cet expédient, parce qu'on n'a pas voulu se fixer à aucun parti sur une matière si importante, sans avoir consulté auparavant les trois compagnies qui y sont intéressées.

Du 23 septembre 1740.

JE n'ai envoyé à M. le premier président de Bordeaux aucun mémoire du parlement de Pau ; celui que je lui ai adressé n'est point l'ouvrage des parlemens, et je ne le lui ai envoyé, au contraire, de même qu'aux parlemens de Bordeaux et de Toulouse, que pour y faire ses observations. Il aura peut-être autant de peine de sa part à perdre la plus grande partie de son ressort, comme chambre des comptes, que MM. du parlement de Bordeaux paroissent en avoir à consentir au démembrement proposé, malgré la compensation que ceux qui ont travaillé à ce mémoire ont cru qu'il trouveroit dans la nouvelle attribution qui lui seroit faite. Quoi qu'il en soit, il n'y a encore rien de résolu sur ce sujet, le mémoire que j'ai envoyé n'est qu'un projet et une première idée, sur laquelle chacun peut travailler, ainsi qu'il le jugera à propos, et il n'y a pas de quoi s'émouvoir à la vue d'une pareille proposition.

Du 13 octobre 1740 (1).

JE vous envoie une requête que les syndics des états de Béarn m'ont fait présenter, afin que vous preniez la peine de me rendre compte de ce qu'ils y

(1) RÉPONSE.

LES frais des procès étant presque tous arbitraires dans cette province, la taxe des dépens donnoit lieu quelquefois à des discussions plus longues et plus ruineuses que celles qui regardoient le fond de la contestation. Le parlement a cru qu'il ne devoit pas laisser les choses dans cette situation; il a donné divers arrêts pour faire connoître au public les droits qui pouvoient être légitimement dus, conformément à l'article 13 du titre 31 de l'ordonnance de 1667, qui, étant le droit commun du royaume, doit être observée ici dans les cas que le style de cette province n'a point prévus. L'arrêt qui a fixé les salaires des huissiers, et dont les syndics des états demandent la cassation, a seulement constaté l'usage de même que les autres; et si le parlement s'en est écarté dans quelques cas, il ne l'a fait que pour réprimer l'avidité des huissiers, et pour éviter des longueurs aux parties.

Je suis convaincu de la justice de cet arrêt sur tous les points, ayant été médité pendant plus de deux ans. Cependant, s'il contenoit quelque article qui méritât d'être changé, les syndics pourroient encore aujourd'hui fournir au parlement les instructions qu'ils croiroient nécessaires pour le bien de la province; et il se portera volontiers à réformer ce qu'il a fait, s'il peut mieux faire.

Je ne dois pourtant pas vous laisser ignorer, monseigneur, que le parlement n'a qu'un petit nombre d'huissiers; qu'il y a des charges vacantes depuis long-temps, que personne ne

exposent, et de me faire savoir les motifs de l'arrêt qui a été rendu par le parlement de Pau, et dont les états se plaignent.

Du 31 octobre 1740.

J'ai reçu le mémoire que vous m'avez envoyé au sujet de la distraction prétendue de la sénéchaussée des Lannes; et je ne peux que vous assurer encore, à cette occasion, que, quoiqu'en puissent dire les Béarnais, dont je ne crois pas que M. le président soit le plus fin, il n'y a rien de résolu sur le projet d'arrondissement des trois parlemens de Toulouse, de Bordeaux et de Pau : je suis toujours également éloigné de vouloir rien proposer au roi sur cette matière, sans avoir reçu tous les éclaircissemens nécessaires. Le parlement de Bordeaux sera bientôt en état de travailler à ceux qu'il doit m'envoyer; je compte que ceux de Toulouse et de Pau en useront de la même manière; et ce sera alors qu'il faudra peser exactement tous les inconvéniens et tous les avantages d'un projet qui ne doit être regardé que comme une simple proposition susceptible de toutes sortes de réflexions, sans lesquelles il seroit impossible de prendre un bon parti dans une matière si importante.

---

veut acheter, à cause de la modicité de leurs droits, leurs gages ne suffisant pas pour payer le dixième, la capitation et l'annuel.

Je prends la liberté de joindre, à cette lettre, un mémoire qui contient les raisons des syndics, et les motifs de l'arrêt qu'ils attaquent.

Du 25 novembre 1740.

J'ai reçu les mémoires que le lieutenant-général de l'amirauté de Bayonne, et le sénéchal d'Acqs vous ont envoyés, au sujet de l'arrondissement proposé entre les parlemens de Bordeaux, de Toulouse et de Pau ; mais je ferai beaucoup plus de cas de ceux qui me viendront de la part de votre compagnie : vous y travaillerez, sans doute, incessamment, et aussitôt que ceux de MM. du parlement, en qui vous avez le plus de confiance, seront revenus de leur campagne.

Il ne paroît nullement nécessaire que vous fassiez un voyage en ce pays-ci à cette occasion ; la lecture de vos mémoires n'a pas besoin d'être appuyée de votre présence ; c'est une matière qui peut se traiter très-aisément par écrit ; vous n'auriez point à combattre une première impression, puisque je n'en ai reçu encore aucune sur ce sujet : je n'ai regardé le projet dont il s'agit, et je vous l'ai déjà écrit plus d'une fois, que comme une simple proposition, sur laquelle on ne pouvoit former aucun jugement, sans avoir entendu ceux qu'elles peuvent regarder ; contentez-vous donc de m'envoyer les observations du parlement, aussitôt qu'elles auront été rédigées par écrit, et soyez persuadé de la grande attention que j'y donnerai.

Du 19 décembre 1740.

Le mémoire que vous avez joint à votre lettre du 26 du mois dernier, est prématuré ; et je ne sais pas même pourquoi vous avez entendu parler de ce qui a été proposé pour terminer une longue et difficile contestation qui est pendante au conseil entre les parlemens de Toulouse, de Bordeaux et de Pau. Ce n'est qu'une première idée qui a été communiquée à ces trois parlemens pour en connoître plus exactement la possibilité et les inconvéniens ; vous pouviez donc, et vous deviez même vous reposer sur le parlement de Bordeaux, du soin de faire ses représentations s'il le juge à propos, au sujet du mémoire qui lui a été envoyé. Soyez persuadé, au surplus, que ce qui regarde le bien du commerce ne sera pas oublié, lorsqu'il sera question d'examiner les réponses des trois parlemens, et qu'on le regardera au contraire comme un des principaux objets que l'on doive envisager dans l'affaire dont il s'agit.

Du 7 juillet 1741.

Vous savez qu'il y a déjà long-temps que je vous ai envoyé un projet d'arrondissement qu'on avoit imaginé pour terminer les contestations qui sont pendantes au conseil entre les parlemens de Bordeaux, de Toulouse et de Pau, sur les limites de leur ressort. Quoique j'aie toujours pensé, ce que je pense encore, que ce projet est susceptible d'une grande difficulté, je serois bien aise cependant d'en être instruit plus en détail, afin de voir si l'on ne pourroit pas trouver quelque chose de plus facile à exécuter ; et comme je ne doute pas que MM. du parlement de Bordeaux qui me paroissent si alarmés de ce projet, n'aient rassemblé toutes les raisons qui peuvent en montrer les inconvéniens, je vous prie de faire rédiger leurs observations par écrit, si cela n'est pas encore fait, et de me les envoyer le plus promptement qu'il vous sera possible.

Du 11 décembre 1741.

M. le président de......, à qui j'avois écrit pour savoir les motifs du jugement provisoire qui a été rendu le 12 août dernier en la troisième chambre du parlement de Flandre, au profit de la nommée....., contre les héritiers du sieur de......, son prétendu mari, m'a envoyé, il y a déjà quelque temps, un mémoire où il m'explique les moyens de fait ou de droit, qui ont servi de fondement à cet arrêt. Il y a plusieurs de ces raisons qui sont spécieuses, et principalement celles qui se tirent ou des coutumes du pays, ou des usages particuliers de votre parlement; c'est ce qui fait que je prends le parti de vous communiquer ce mémoire, afin qu'après l'avoir examiné, vous m'envoyiez les remarques que vous croirez devoir y faire, pour me mettre plus en état de mieux juger de la solidité des motifs qui paroissent avoir déterminé les juges de l'affaire dont il s'agit. Vous me ferez plaisir surtout de m'expliquer exactement ce que c'est que ces lettres de requête civile, qu'on dit qu'il est d'usage d'obtenir incidemment à un appel, et au moyen desquelles on prétend que les parties sont remises au même état où elles étoient avant la sentence des premiers juges. Il n'est plus question d'examiner si cette sentence a été bien ou mal rendue; cela paroît fort extraordinaire, et ce seroit peut-être un abus à réformer dans le style de votre compagnie. Je suspends cependant mon jugement jusqu'à ce que j'aie reçu votre réponse.

Du 22 janvier 1742.

JE ne peux qu'approuver entièrement le désir que vous avez de parvenir à terminer, par voie de conciliation, les différends qui se sont élevés depuis long-temps entre le chapitre de Saint-Pierre de Douai et le sieur....., curé de la même église, et dont il y a lieu de croire, par votre lettre, que le public n'a pas été édifié; mais, quand même vous pourriez parvenir à faire tomber par ce moyen la question incidente qui s'est formée pour savoir si la voie de la révision pourroit avoir lieu contre les arrêts dans lesquels le procureur-général avoit été partie, je serai toujours bien aise, qu'à votre loisir et lorsque vous aurez accommodé l'affaire dont il s'agit, vous m'envoyiez les instructions les plus exactes sur cette espèce de fin de non-recevoir que M. votre prédécesseur avoit voulu opposer au chapitre de Saint-Pierre de Douai, afin que l'on puisse établir une règle fixe sur ce sujet dans votre compagnie.

Je compte de recevoir incessamment, comme vous me le mandez, les deux livres dont je vous avois prié de faire l'acquisition pour moi; mais je n'attends pas que je les aie reçus pour vous faire les remerciemens que je vous dois des peines que vous avez prises pour me les envoyer si promptement. Vous achevez de rendre complète l'obligation que je vous en ai, en me marquant le prix que ces livres ont coûté; prenez, s'il vous plaît, la peine de me faire savoir si vous voulez que je vous le fasse envoyer directement, ou que je le remette entre les mains des personnes que vous m'indiquerez en ce pays-ci. Soyez toujours persuadé de l'estime avec laquelle je suis.

Du 19 *mai* 1742.

J'AI reçu la lettre par laquelle vous me rendez compte de l'état actuel des contestations qui sont pendantes au siége du Mont-de-Marsan, entre le sieur........, conseiller en ce siége, et la dame de......, sa femme; et je pense entièrement comme vous, que, puisqu'il s'agit d'un décret poursuivi dans cette juridiction, les demandes de la dame de...., qui est opposante au décret, ne sont pas susceptibles d'évocation, quand même il pourroit y avoir des raisons plus solides pour la demander que celles qui sont alléguées par cette partie ; c'est à elle à être plus diligente qu'elle ne l'a été jusqu'à présent, pour faire créer un curateur à la mineure qui a succédé à la poursuivante, et il y a lieu de présumer que c'est à elle qu'elle doit imputer le retardement dont elle se plaint : c'est ce que vous prendrez, s'il vous plaît, la peine de lui faire savoir ; afin qu'elle ne m'écrive plus sur ce sujet.

Du 22 août 1742 (1).

On prétend que, suivant une jurisprudence établie au parlement de Bretagne, l'héritier par bénéfice

(1) *RÉPONSE* (*).

Quoique je n'aie ici qu'une partie des auteurs de notre province, j'en ai assez pour pouvoir vous répondre avec certitude sur la question que vous me faites l'honneur de me proposer.

Notre jurisprudence, constante, fondée sur l'article 571 de la coutume, est fort rigoureuse contre les héritiers sous bénéfice d'inventaire. Cet article ne donne qu'un délai de quarante jours à ceux qui sont au duché, et de trois mois à ceux qui sont hors du duché, pour se porter héritiers sous bénéfice d'inventaire ; après quoi l'héritier est déchu de ce privilége. L'ordonnance de 1667 n'a point apporté d'autre changement à cette disposition, que la prolongation des délais qui, suivant cette loi, sont de trois mois quarante jours pour faire inventaire et délibérer. Ce délai ne peut être prolongé que lorsqu'il y a des motifs légitimes et bien prouvés, tels que l'absence ou les obstacles à la confection de l'inventaire. Au premier cas, le délai ne peut courir que du jour que l'absent peut avoir eu connoissance et a été en état d'agir ; au second cas, quand l'inventaire a été commencé dans les trois mois, le délai de quarante jours, pour délibérer, ne peut courir que du jour de la conclusion de l'inventaire. Le dernier cas ne se

_____

(*) Cette lettre a été écrite, le 28 août 1742, par M. Poullain Duparc, auteur des *Principes du Droit français, suivant les maximes de Bretagne.*

d'inventaire qui n'a pas fait entériner ses lettres de bénéfice d'inventaire, dans le délai prescrit par la

présente que rarement, parce que depuis que, par des motifs bursaux, on a introduit, contre la disposition de la coutume, la nécessité de prendre des lettres de bénéfice d'inventaire, au lieu de la simple déclaration que la coutume exigeoit, on commence par prendre des lettres de bénéfice, on fait les solennités en conséquence, et l'inventaire se fait après la conclusion des solennités. Cette forme de procéder a pour motif la nécessité établie par la coutume, de faire l'inventaire contradictoirement avec l'ancien procureur des créanciers; ce qui ne se peut faire qu'après la consommation de toutes les solennités requises par la coutume, pour appeler les créanciers par bannies publiques, suivant l'article 573.

Par cette forme de procéder, l'héritier se trouve presque toujours dispensé de faire, et même de commencer l'inventaire dans trois mois et quarante jours, et l'on autorise même l'acceptation bénéficiaire, pourvu que les lettres soient prises dans les trois mois quarante jours, quand même il n'y auroit point de solennités ni d'inventaire commencé dans ce délai.

Cet adoucissement est le seul qu'on apporte à la rigueur de la loi, et il est même de maxime que l'héritier majeur qui n'a point pris la qualité d'héritier bénéficiaire dans les trois mois quarante jours, n'a plus d'autre faculté que de renoncer ou de se porter héritier pur et simple, parce que la coutume, dans l'article 571, établit un délai péremptoire, après lequel on ne peut être reçu au bénéfice d'inventaire, qui, étant un privilége, doit être restreint dans ses bornes. Cette maxime est attestée par la coutume de Nantes, ouvrage qui a véritablement peu d'autorité, mais dont la décision se trouve conforme à un acte de notoriété du 10 janvier 1736; c'est le cinquante-cinquième à la fin des questions féodales d'Hevin. Voici les termes de cet acte :

« L'héritier a trois mois quarante jours pour faire faire
» l'inventaire et délibérer; mais, aussitôt après la mort, ou
» que l'héritier en a connoissance, il doit faire apposer le
» scellé, etc. Si aussi l'héritier majeur manque de faire sa
» déclaration dans le temps qui lui est accordé, il n'a plus que
» la faculté d'accepter la succession purement et simplement,
» ou d'y renoncer ».

Voilà, monsieur, une décision bien claire sur la maxime du délai péremptoire de trois mois quarante jours, après lequel on n'est pas reçu à profiter du privilége du bénéfice d'inventaire.

Au mois d'avril 1740 ou 1741, il fut rendu, au rapport de M......, un arrêt dont voici l'espèce : J'écrivois pour la demoiselle......, qui gagna son procès.

coutumé, n'est plus en état de s'en servir, et qu'il est obligé, malgré lui, de prendre la qualité d'héritier

Le sieur....... étant mort, ses deux fils mineurs firent apposer le scellé et faire inventaire, et acceptèrent la succession purement et simplement. Guillaume......., aîné, ne réclama point contre cette acceptation. Louis......., cadet, ayant atteint sa majorité, ne prit des lettres de restitution et de bénéfice que quelques années après, et sa qualité d'héritier bénéficiaire fut reconnue par son aîné dans son partage et dans quelques autres actes. Douze ou quinze ans après, ... cadet voulut, comme créancier, faire valoir sa qualité d'héritier bénéficiaire contre la demoiselle......., veuve de son frère aîné. Elle prit, en tant que de besoin, des lettres de restitution contre les reconnoissances erronées de la qualité d'héritier bénéficiaire, et elle soutint en point de droit que le délai étoit péremptoire, et que, faute d'avoir pris des lettres dans les quarante jours, depuis la majorité, ... étoit déchu. Il soutenoit, au contraire, que la consistance des biens étant assurée par le scellé et par l'inventaire, un mineur avoit dix ans, depuis sa majorité, pour se porter héritier bénéficiaire, et qu'il étoit dans le délai, ayant pris ses lettres plusieurs années avant que d'avoir acquis l'âge de trente-cinq ans.

Tous ceux de mes confrères que je consultai sur cette question la trouvèrent, sans difficulté, à l'avantage de la demoiselle......., et il fut ainsi jugé par arrêt.

Cet arrêt décide bien clairement que le délai est péremptoire; car, s'il ne l'avoit pas été, il n'est pas douteux que le mineur, devenu majeur, auroit eu dix ans pour se faire restituer et pour accepter la succession sous bénéfice d'inventaire; au lieu que l'arrêt ne lui laissoit que la ressource d'y renoncer.

Il est certain que si, malgré l'ordonnance, on s'étoit tenu au délai établi par la coutume, le raisonnement fait dans la lettre de monseigneur le chancelier auroit une parfaite application, et la jurisprudence ne vaudroit rien, comme étant directement contraire à l'ordonnance; mais cette jurisprudence a adopté le délai fixé par l'ordonnance, et c'est tout ce qu'on pouvoit exiger, l'ordonnance n'ayant point eu intention de détruire la qualité péremptoire des délais établis par les coutumes; c'est aussi ce qui s'observe à l'égard du délai donné aux femmes, pour renoncer à la communauté, qui est péremptoire en Bretagne, suivant les arrêts que j'ai rapportés au second tome de mon journal, chapitre 54. J'écris aujourd'hui chez moi, monsieur, pour qu'on vous porte les factums que je fis pour la demoiselle.......

pur et simple. Cette jurisprudence a donné lieu au sieur..... de demander au roi d'être relevé du laps

Cependant je ne doute pas que le roi puisse accorder à M. le vicomte...... des lettres de relief de laps de temps, les choses étant entières par l'apposition du sceau, quoique son fils soit mort, à ma connoissance, il y a environ quinze mois; mais je crois qu'il seroit de son intérêt que dans les lettres qui lui seront accordées, la maxime de Bretagne ne soit point traitée comme douteuse, car il y auroit lieu en ce cas de craindre qu'elles fussent attaquées comme obreptices, n'y ayant point de maxime plus certaine en Bretagne que celle du délai péremptoire de trois mois quarante jours.

Si vous avez besoin, monsieur, de quelques autres éclaircissemens pour lesquels ma présence fût utile, je me rendrai à Rennes avec un très-sensible plaisir.

MÉMOIRE joint à cette lettre.

« FEU monseigneur le chancelier........... ayant obtenu une déclaration pour établir la nécessité de prendre au sceau des lettres de bénéfice d'inventaire, renonça à s'en servir en Bretagne, où ce bénéfice en est un de la loi, et non une grâce du prince.

» Ce n'est pas que, depuis l'arrêt du conseil privé du roi du 15 juin 1705, qui fut adressé par lettres de commission du même jour à M........, commissaire départi dans la province de Bretagne, qui, aux fins de son ordonnance du 27 août 1705, le fit, publier, et qui depuis a été exactement suivi, un héritier bénéficiaire ne soit obligé de prendre des lettres à la chancellerie; les lettres prises, il faut que l'héritier les fasse insinuer, et qu'il fasse appeler tous prétendans droits, etc.

» Il est donc maintenant d'un usage certain en Bretagne, qu'il faut prendre au sceau des lettres de bénéfice d'inventaire, et j'ai vu entre les mains de quelques officiers de la chancellerie, près le parlement de Bretagne, un recueil d'arrêts du conseil qu'avoit obtenus cette compagnie, qui condamnoient des héritiers, se disant bénéficiaires, à des amendes, faute à eux d'avoir pris des lettres au sceau.

» Le parlement s'est conformé à cette loi, et je n'ai point idée qu'aucun héritier bénéficiaire ait été maintenu dans cette qualité, sans avoir pris des lettres au sceau, au moins *avant arrêt*: je dis *avant arrêt*, et je m'explique.

» Un héritier a fait à la mort de celui auquel il succède, tout ce qu'exige la coutume pour solenniser un bénéfice d'inven-

de temps, pour faire entériner les lettres qu'il a obtenues en la chancellerie près le parlement de Bretagne, pour accepter, par bénéfice d'inventaire, la succession du sieur....., son fils. Sa demande paroît souffrir d'autant moins de difficultés, qu'il soutient que les choses sont absolument entières, les scellés

faire. On n'a autre chose à lui reprocher, sinon qu'il n'a pas pris de lettres au sceau. Des créanciers s'avisant de ce défaut, prétendent que cet héritier est héritier pur et simple : cet héritier, quoique hors les délais, se pourvoit à la chancellerie, prend des lettres.

» Les créanciers soutiennent que ces lettres, prises après coup, ne peuvent lui profiter. Je me souviens d'avoir vu au parlement deux procès de cette espèce, et d'y avoir vu juger que ces lettres, quoique tardives, suffisoient pour conserver à cet héritier la qualité d'héritier bénéficiaire.

Le dernier arrêt rendu à ma connoissance dans de telles circonstances, le fut le 22 août 1741, au rapport de M.......En voici l'espèce.

» Le nommé Bellot, créancier dans la succession d'Anne Dazuet, prétendoit faire déclarer héritiers purs et simples Marie-Anne Bertin et les enfans de François, frères de Marie-Anne (elle et son frère, enfans du premier fils de la Dazuet).

» Ces Bertin avoient fait juger dans la première juridiction, que les solennités du bénéfice d'inventaire sous lequel ils avoient accepté la succession de la Dazuet, leur mère, étoient bien faites, quoiqu'au lieu de prendre en leur nom des lettres à la chancellerie, ils se fussent contentés d'adhérer à des lettres de bénéfice d'inventaire, prises par leurs consorts, enfans du second lit de la Dazuet, dans lesquelles ces Bertin n'étoient point dénommés.

» Les Bertin, sous l'appel, craignant l'événement du procès, prirent des lettres de bénéfice d'inventaire en leur nom; et comme Bellot, créancier, leur objectoit que ces lettres étoient prises hors le délai, les Bertin se pourvurent de nouveau à la chancellerie, et y obtinrent, en tant que de besoin, des lettres de restitution contre cette omission de lettres de bénéfice d'inventaire, prises dans le délai.

» Ce fut dans cet état qu'intervint l'arrêt que je viens de dater, par lequel,

» La cour, faisant droit dans les lettres de restitution, et icelles entérinant, et ayant égard aux lettres de bénéfice d'inventaire, prises par les Bertin, les maintint dans la qualité d'héritiers bénéficiaires, et les condamna néanmoins aux deux tiers des dépens des causes d'appel, faits avant la notification desdites lettres de bénéfice, l'autre tiers et ceux faits depuis ladite notification compensés.

apposés après le décès de son fils n'étant pas encore levés, en sorte que l'inventaire n'a pu être commencé.

Il n'y a pas d'apparence qu'on suive au parlement de Rennes, une maxime aussi étrange que celle qui feroit courir le délai nécessaire pour prendre qualité, avant que l'inventaire eût été fait. D'ailleurs, l'ordonnance de 1667, qui établit avec raison une règle directement contraire à cette prétendue maxime,

» Le motif du parlement, dans ces occasions, a toujours été que l'obligation de prendre des lettres de bénéfice d'inventaire au sceau, dérive d'une loi bursale faite en faveur du sceau ; d'où on a conclu que, pourvu que le sceau fût indemnisé avant le jugement en dernier ressort, l'héritier qui avoit par ailleurs rempli toutes les formalités prescrites par la coutume, devoit être maintenu dans sa qualité d'héritier bénéficiaire, quoiqu'il ne se fût pourvu au sceau que long-temps après l'expirement des délais.

» On voit par cet exemple que la chancellerie ne fit pas de difficulté de donner des lettres de bénéfice, et même des lettres de restitution contre l'omission d'avoir pris dans les délais des lettres de bénéfice : ces lettres de restitution peuvent fort bien être qualifiées de lettres de relief de laps de temps.

» On pourra être étonné hors la Bretagne, d'entendre parler des délais au-delà desquels un habile à succéder n'est pas recevable à accepter une succession sous bénéfice d'inventaire, et n'a plus que l'option, ou de se porter héritier pur et simple, ou de s'abstenir, ou de renoncer.

» Mais il faut faire attention que dans cette province les délais sont péremptoires.

» En Bretagne, nul n'est héritier qui ne veut ; et pourvu qu'on n'eût point porté les mains à la succession, on ne peut jamais y être déclaré héritier pur et simple. Mais celui qui se veut porter héritier sous bénéfice d'inventaire, doit aux termes de la coutume le déclarer dans quarante jours, s'il est au duché et s'il est dehors, et s'il en est dehors dans trois mois.

» Il est vrai que depuis l'ordonnance de 1667, les délais ont été prolongés ; mais en se conformant à cette loi, on n'a point cessé de regarder comme péremptoires ces délais prolongés.

» Tel est l'usage constant de la province ; il mérite d'autant plus d'être conservé, qu'outre qu'il est conforme à la lettre et à l'esprit de la loi municipale, c'est que la conduite de la plupart des héritiers bénéficiaires n'est pas digne de beaucoup de faveurs ».

ayant dérogé à toutes les coutumes, il est encore moins vraisemblable que le parlement de Rennes veuille faire prévaloir la disposition mal dirigée de la coutume de Bretagne, à celle d'une ordonnance aussi autorisée que celle de 1667; et quand il le prétendroit ainsi, il ne feroit que commettre l'autorité de ses arrêts, qui seroient infailliblement cassés au conseil. Cependant, comme je ne suis pas assez exactement instruit de la véritable jurisprudence de ce parlement pour en pouvoir bien juger, je prends le parti le plus sûr, en vous priant de m'en informer le plus promptement qu'il vous sera possible.

Du 7 novembre 1742.

J'ai reçu les exemplaires imprimés que vous m'avez envoyés de l'édit du mois de septembre dernier, qui concerne les mariages, *et de la déclaration donnée par le roi le 25 du même mois, sur les peines qu'on doit imposer aux commis ou employés dans les postes, qui prévariquent dans l'exercice de leurs fonctions*, avec l'enregistrement qui a été fait de ces deux lois au parlement de Flandre.

Il n'est pas difficile de répondre à l'observation que vous faites, sur ce que l'édit ne contient pas une dérogation formelle et expresse à toutes les lois, déclarations, ou usages contraires.

Premièrement, il ne s'agit point ici d'une loi nouvelle et ce n'est à proprement parler, qu'un recueil de plusieurs lois précédentes dont le roi ordonne l'exécution, telle qu'elle auroit lieu si toutes ces lois avoient été adressées au parlement de Flandre; et comme elles contiennent chacune une clause dérogatoire à toutes dispositions contraires, cette clause est comprise sans difficulté dans l'autorisation que le roi donne aux mêmes lois pour toute l'étendue de votre ressort.

Secondement, la dérogation que l'on a accoutumé

d'ajouter à la fin des ordonnances, édits ou déclarations du roi est de style plutôt que de nécessité, parce qu'il est certain que toute loi postérieure déroge de plein droit à toute loi précédente, lorsqu'elle contient des dispositions qui y sont contraires.

Enfin, par les deux dernières dispositions de l'édit, le roi déclare qu'en ce qui concerne les peines portées par les différentes lois dont il ordonne l'exécution en Flandre, cet édit n'aura point d'effet rétroactif dans les cas où ces lois seroient contraires aux lois, coutumes, statuts ou usages, qui étoient ci-devant observés dans le même pays, et c'est une règle générale que le roi applique ensuite à la disposition de l'article 2 de la déclaration du 26 novembre 1759. On ne peut donc considérer cet endroit de l'édit que comme une exception qui confirme la règle, puisqu'il est évident que, si les lois renfermées dans le dernier édit ne doivent point avoir un effet rétroactif dans les cas que l'exception contient, cet édit doit être pleinement exécuté dans tout le reste, comme le roi le marque expressément, ensuite, dans les derniers termes de l'édit qui portent, comme je l'ai déjà remarqué, que les lois, confirmées par Sa Majesté, seront exécutées en Flandre, de même que si chacune d'elles avoit été adressée au parlement de Douai.

Ce seroit sans aucun fondement qu'on voudroit prétendre pouvoir suivre à l'avenir d'autres règles que celles qui sont établies par cet édit, et je ne dois pas présumer qu'il y ait des juges capables d'avoir une telle pensée.

Du 10 mai 1743.

JE vous envoie un placet que le nommé.......
m'a adressé, afin que vous preniez, s'il vous plaît, la peine de me rendre compte de ce qu'il y expose, et

de me faire savoir s'il est d'usage d'ordonner les contraintes par corps dont il s'agit pour le paiement des vacations.

Du 28 mai 1743.

LES syndics des états de Navarre demandent au parlement, suivant l'usage, l'homologation des délibérations prises dans leur dernière assemblée. L'article 4 du cahier porte, que les enfans nés des seconds mariages et autres subséquens n'auront pour eux tous, en quelque nombre qu'ils soient, sur la succession du père ou de la mère qui aura convolé, qu'une seule légitime égale à celle d'un cadet du premier lit.

On prétend que les motifs de cette délibération peuvent être contestés, qu'elle est contraire au droit commun, et à l'article 52 de l'ordonnance du mois d'août 1755.

Quoique je sois persuadé que le parlement donnera à une affaire aussi importante toute l'attention qu'elle mérite, j'ai cru que, s'agissant de régler l'ordre public des successions dans une province, je devois en renvoyer la décision à la fin du mois prochain, pour avoir le temps de vous en rendre compte et de savoir vos intentions, si vous trouvez à propos de me les faire connoître dans cette occasion.

Du 6 juin 1743.

J'AI reçu la lettre que vous m'avez écrite au sujet du prétendu réglement que les états de Navarre ont voulu faire sur la légitime des enfans nés d'un second ou d'un troisième mariage, et dont ils demandent l'homologation au parlement de Pau, et j'ai vu les termes de ce réglement dans la copie que vous m'en avez envoyée.

S'il s'agissoit d'entrer à présent, dans l'examen du fond de ce réglement, pour en peser la justice et la convenance, j'aurois besoin d'être instruit plus exactement, soit des anciens usages de la province de Navarre et de la jurisprudence de votre compagnie, soit de la possession où elle paroît être d'autoriser des réglemens de cette nature ; et il faudroit surtout être bien informé de ce qu'il y a dans celui dont il s'agit, qui soit conforme aux règles anciennement observées dans la matière qui en est l'objet ; et de ce que l'on veut changer dans ces anciennes règles, en introduisant un droit nouveau ; mais il y a une question supérieure, qui a été apparemment le motif de la consultation que vous m'avez faite, et qui consiste à savoir, si le parlement a le pouvoir nécessaire pour approuver le réglement proposé par les états ; et c'est, en effet, la première difficulté qui se présente naturellement à l'esprit sur ce sujet. Or, à n'envisager cette question que dans les vues générales de l'ordre public, il ne paroît pas au premier coup-d'œil, que ni les états, ni le parlement même, aient une autorité suffisante pour faire une espèce de loi nouvelle qui serve de règle dans les jugemens, et pour abroger celles qu'on y a observées jusqu'à présent.

Ainsi, il semble que tout se réduise à examiner, si le réglement dont il s'agit tend à établir, en effet, un droit nouveau, et à abolir celui qui étoit établi auparavant.

Il y a lieu même de croire, sans entrer dans une discussion plus profonde, que tel a été l'esprit de ceux qui présentent ce réglement à votre compagnie ; ils le font assez entendre par l'exposition des motifs de leur avis, et encore plus, par les termes mêmes de ce réglement qui tendent à détruire la disposition d'un réglement précédent de l'année 1691, où l'on avoit apparemment décidé le contraire de ce qu'ils veulent faire ordonner aujourd'hui.

Ainsi, dans ces circonstances, je suis fort porté à croire que le seul parti régulier qui puisse être pris par le parlement, sur la requête des syndics des états, est d'ordonner qu'ils se retireront pardevers le roi, pour en obtenir une déclaration, s'il plaît à Sa Majesté de leur en accorder, pour statuer, ainsi qu'elle jugera à propos de le faire, sur la proposition des états.

Si néanmoins vous prévoyez que cette pensée puisse souffrir de la difficulté dans votre compagnie, soit parce que l'on y doutera peut-être que la règle proposée par les états doive être regardée comme une nouveauté, soit parce que le parlement, qui paroît avoir déjà autorisé de pareils réglemens, pourra être jaloux de se conserver dans son ancienne possession, soit par d'autres considérations que des intérêts particuliers font quelquefois naître dans de semblables matières, il sera nécessaire en ce cas que vous m'instruisiez plus à fond, et de la justice ou de l'injustice du réglement désiré par les états, et des exemples de réglement de la même nature, que l'on se soit contenté de faire approuver par le parlement.

Lorsque je serai plus informé par là de la convenance ou des inconvéniens du réglement en question, et de l'usage où le parlement est de connoître de ces sortes de réglemens, je serai en état de vous faire une réponse plus décisive, et de vous expliquer même les intentions du roi, si Sa Majesté juge à propos que je vous parle en son nom à cette occasion.

On m'assure que M......., l'ancien avocat-général, a pris des conclusions pour faire rejeter le réglement projeté dans les états; si cela est, je dois présumer qu'il n'a pris ce parti qu'en grande connoissance de cause, et après avoir fait toutes les réflexions que l'importance de la matière peut mériter; et je ne serois pas fâché que vous lui proposassiez de m'envoyer un mémoire qui contienne les motifs de ses conclusions; si vous aimez mieux cependant que je les lui demande directement, je ne ferai sur cela que ce qui vous paroîtra le plus convenable.

Du 1.er juillet 1743 (1).

JE n'ai pu trouver plus tôt le temps d'examiner, et les remarques que les syndics de la province de Béarn ont faites sur l'arrêt par lequel le parlement de Pau a réglé les droits ou les salaires des huissiers, et les notes que vous avez faites sur ces remarques. J'ai fait faire, aussitôt que j'en ai eu le loisir, une nouvelle copie des unes et des autres, et j'ai mis au bas de chaque article les réflexions que j'ai cru devoir faire sur le tout. Vous y verrez qu'il y a plusieurs points dans lesquels je crois qu'il est à propos de changer ou de perfectionner les dispositions de l'arrêt de réglement ; mais j'en jugerai encore mieux, lorsqu'après avoir examiné ce que je vous envoie, vous y aurez fait les observations que vous jugerez nécessaires par la connoissance plus exacte que vous avez du local. Vous pouvez donc vous expliquer librement, sur ce qui m'est venu dans l'esprit en lisant la critique de votre arrêt et la réponse que vous y avez

_____

(1) RÉPONSE, du 22 juillet 1743.

Pour me conformer à vos ordres, j'ai placé quelques remarques au bas des réflexions que vous avez faites sur l'arrêt du parlement qui a réglé les salaires des huissiers. Comme vous trouvez, Monseigneur, que les syndics de la province ne sont pas fondés dans leur premier moyen de cassation pris de l'incompétence du parlement, il me semble qu'il seroit nécessaire qu'ils en fussent informés, parce qu'étant une fois désabusés de cette prétention, dont ils ont fait un préalable, ils pourront prendre la voie de l'opposition contre cet arrêt de réglement, qui a été fait sans qu'ils aient été entendus, ou, pour mieux dire, sans qu'ils aient voulu l'être ; sous prétexte de cette incompétence ; et il n'est pas douteux que le parlement, de son côté, en faisant droit sur leur opposition, ne fasse, à cet arrêt, tous les changemens que vous jugerez convenables.

faite; je recevrai toujours avec plaisir les éclaircissemens qui viendront de votre part.

Je n'ai point parlé dans mes réflexions de la prétendue incompétence du parlement, dont les syndics
de la province auroient voulu se faire un premier
moyen pour attaquer l'arrêt de votre compagnie;
mais ce qu'ils ont dit sur ce sujet m'a paru si foible
et si bien réfuté par votre remarque, que je n'ai pas
cru devoir y donner une plus grande attention.

Du 29 juillet 1743.

LE parlement a refusé d'homologuer le réglement
fait l'année dernière par les états de Navarre sur
la légitime des enfans nés d'un second ou d'un troisième mariage, et a, au contraire, ordonné à cet
égard l'exécution de la coutume. La délibération que
cette compagnie a prise dans cette occasion, m'a fait
juger qu'il seroit bien inutile de vous rendre compte
de quelques éclaircissemens qu'il auroit été nécessaire
de vous donner, si j'avois vu le parlement disposé à
prendre un autre parti, c'est-à-dire, à faire une loi
nouvelle, qui ne pouvoit être établie que par l'autorité de Sa Majesté. J'ai cru, monsieur, qu'il étoit de
mon devoir de vous informer comment cette affaire
a été terminée, et je le remplis avec d'autant plus
d'empressement, qu'il me met à portée de vous renouveler les assurances du profond respect.

Du 11 mai 1744.

J'AI examiné avec beaucoup d'attention les motifs
que vous m'avez envoyés pour justifier les deux arrêts
rendus par votre compagnie, sur les plaintes que les
officiers de la régence de Saverne m'en ont portées;

et les réponses qu'on y a faites, ne m'ont pas paru suffisantes pour effacer entièrement la première impression que ces plaintes avoient faite sur mon esprit.

À l'égard du premier de ces arrêts, par lequel les officiers de la régence de Saverne ont été condamnés, en leurs noms, *aux dépens des causes principales et d'appel* envers toutes les parties, sa disposition me paroît *toujours fort extraordinaire. On ne doit condamner personne sans l'entendre*; et cette règle, qui est de *droit naturel* à l'égard de tous les plaideurs, est encore *plus inviolable, lorsqu'il s'agit de condamner des juges : il faut commencer par les rendre parties, et les mettre par là en état de proposer leurs défenses.* C'est ce qui ne peut se faire que sur la requête des parties intéressées, quand elles demandent la permission d'intimer ceux qui ont été leurs juges en leurs propres et privés noms, et cette permission même ne doit être accordée qu'en connoissance de cause. Le ministère public peut y suppléer, à la vérité, en requérant que les juges, qui paroissent répréhensibles dans leur conduite, soient tenus d'en venir rendre compte à leur supérieur; mais *il est inouï*, que, sans aucune demande formée par les parties ordinaires, sans réquisition faite par la partie publique, on prononce *une condamnation de dépens contre un juge absent et indéfendu*; ainsi, quand on ne considéreroit ici que la forme, on ne pourroit s'empêcher de dire, que la condamnation prononcée de cette manière par le conseil de Colmar *pèche visiblement contre les premiers principes de l'équité naturelle.* Au fond, les *prétextes* dont on se sert pour sauver *l'irrégularité de la forme*, sont *bien légers, et ne méritent en effet que ce nom.* 1.º La faute qu'on reproche aux officiers de la régence de Saverne, et qui est d'avoir cumulé le pétitoire avec le possessoire, n'est nullement du nombre des fautes assez graves pour mériter qu'on les rende responsables, en leurs propres et privés noms, de leur jugement, en les condamnant aux dépens, non-seulement de la cause d'appel, mais de la cause principale, ce qui est encore plus singulier et plus insoutenable; une simple injonction étoit plus que suffisante dans un cas semblable. 2.° Cette faute, médiocre par sa nature, n'étoit pas même certaine; et il y a beaucoup de bons juges qui auroient cru pouvoir faire très-légitimement, ce que la régence de Saverne avoit fait dans l'affaire dont il s'agit.

Il n'en est pas du possessoire, en matière de fonctions attachées à des officiers, comme lorsqu'il s'agit de la jouissance d'un bien corporel, qui produit des fruits naturels et civils, ainsi qu'une terre ou une maison; ce n'est point précisément par la possession que les fonctions des officiers doivent être réglées: Comme elles font partie du droit public, et que, suivant les auteurs les plus éclairés, le possessoire est en quelque manière déplacé dans les contestations qui naissent à cet égard, c'est toujours aux règles de ce droit public qu'il faut revenir dans le jugement des contestations qui se forment entre des officiers; et il n'y a point de cas auxquels on puisse appliquer plus justement ce principe du droit romain, que *c'est sur les lois, non sur les exemples, que les juges doivent fonder leurs décisions.* La possession contraire aux lois ne peut former qu'un usage obscur, contre lequel le titre réclame toujours, et par conséquent n'empêche pas, qu'en convenant même de la possession, un officier n'y oppose les lois ou les titres qui lui sont favorables.

Telle avoit été la conduite du prévôt de Soultz; il avoit combattu, par l'autorité des réglemens, la demande en complainte formée assez mal-à-propos par le bailli. La régence de Saverne auroit pu, à la vérité, rendre un premier jugement par lequel il auroit été ordonné que, sans s'arrêter à cette demande, les parties contesteroient sur le fond; mais, comme l'affaire n'étoit pas de nature à être décidée par la possession, et que le fond étoit suffisamment instruit, la régence a cru pouvoir épargner aux parties les frais d'un jugement inutile, et, à la vue des titres, qu'elle a regardés comme décisifs en faveur du prévôt, terminer la contestation par une sentence définitive. S'est-elle trompée dans cette manière de penser ? C'est ce qu'il seroit bien difficile de prononcer, et je vous ai déjà marqué, que les juges les plus éclairés auroient pu être du même sentiment, suivant les règles supérieures du droit public. Mais, quand la question ne seroit regardée que comme douteuse, ce seroit assez *pour blâmer la rigueur excessive de la condamnation prononcée contre des juges*, dont la faute, appréciée suivant sa juste valeur, se réduiroit tout au plus à n'avoir pas pris le parti le plus sûr dans une matière problématique. Le reste des reproches qu'on leur a fait ne mérite pas la peine d'être examiné.

Tel est celui d'avoir jugé le procès, avant que d'avoir joint l'appointement à mettre à l'appointement en droit, qu'ils avoient donné depuis ; le dernier appointement emportoit de droit la jonction et la conversion de l'appointement à mettre ; et il ne peut y avoir, à cet égard, qu'un simple défaut dans l'expression ou dans la rédaction de l'appointement.

Tel est encore le reproche très-mal fondé d'avoir jugé le procès par forclusion.

Le bailli de Soultz avoit écrit et produit ; le prévôt y avoit répondu ; tout étoit entre les mains du rapporteur ; c'est au greffe et non au rapporteur, que doivent être déposées les productions, et la remise en doit être signifiée au procureur de la partie adverse.

C'est aussi au greffe, et non de la main des parties, que le rapporteur doit prendre les productions, et l'on m'assure que jamais le bailli de Soultz n'avoit voulu se soumettre à cette règle, quoiqu'il ait été sommé huit fois de remettre sa production au greffe. Ainsi, d'un côté, si la sentence a été rendue par forclusion, c'est à lui seul qu'il doit l'imputer ; et de l'autre, il n'y a rien perdu, puisque ce qu'il avoit écrit et produit étoit entre les mains du rapporteur.

Je ne vois donc rien dans la conduite des officiers

de la régence de Saverne, qui ait pu leur attirer une mortification d'autant plus sensible, qu'elle leur a été donnée d'office et sans aucune demande formée par celui qui étoit appelant de leur jugement.

Je sais que les juges supérieurs peuvent en user ainsi, lorsqu'ils reconnoissent que les premiers juges ont passé les bornes de la modération dans la taxe des épices, et qu'ils peuvent les réduire à une juste mesure ; mais comme les épices se règlent d'office, l'ordre naturel demande aussi, qu'elles puissent être modérées d'office par le tribunal supérieur, et la modération qu'il en fait, n'est, à proprement parler, qu'un acte de discipline qui se passe, pour ainsi dire, de juges à juges, entre le siége inférieur et le siége supérieur, qui est chargé de veiller à empêcher que les premiers juges n'abusent du pouvoir qu'ils ont de se taxer des épices à leur gré, comme il seroit à craindre qu'ils ne le fissent, si ce pouvoir étoit entièrement arbitraire et indépendant de toute autorité.

Il n'en est pas de même d'une condamnation aux dépens, qui ne doit avoir lieu qu'entre ceux qui sont parties dans un procès ; et c'est sur quoi les ordonnances n'ont donné aucun pouvoir aux juges supérieurs, comme elles l'ont fait dans ce qui regarde la taxe des épices.

La règle générale subsiste donc par rapport à la condamnation aux dépens, c'est-à-dire, comme je l'ai déjà remarqué, que, pour pouvoir y condamner les juges, dont le jugement a été attaqué, il faut commencer par les rendre parties, ou à la requête de l'appelant, ou sur la réquisition de la partie publique ; c'est ce que l'ordonnance de 1667 a supposé, comme un principe du droit naturel, lorsqu'elle a décidé que les juges, qui auront rendu des jugemens contre la disposition de l'ordonnance, seront responsables des dommages-intérêts des parties. Elle ouvre, à la vérité, la voie de se pourvoir contr'eux ; mais elle ne donne pas le droit de les condamner sans les entendre, et surtout en faveur des parties qui n'ont jamais formé aucune demande contre eux.

Je vois cependant qu'il y a plusieurs exemples d'une semblable condamnation prononcée par le conseil de Colmar ; mais c'est une jurisprudence que vous devez réformer, et un usage qui mérite plutôt le nom d'abus, dont les suites sont très-dangereuses, parce que rien n'est plus propre à avilir le ministère des juges, et à les dégoûter de l'exercice d'une fonction pénible en elle-même, et si peu utile, que l'honneur en doit être, après le devoir, le principal et presque l'unique objet.

Le second arrêt, dont les officiers de la régence de Saverne se sont plaints, ne m'a pas paru plus régulier que le premier.

Non-seulement on n'a pas pu obliger ces officiers à juger une seconde fois ce qu'ils avoient déjà jugé par le mérite du fond, et sur les titres qui avoient été produits devant eux ; mais le premier arrêt de votre conseil les avoit rendus récusables de droit, en les rendant parties par la condamnation qui faisoit tomber sur eux l'obligation de payer les dépens à toutes les parties ; et ce qui les forçoit par là à entrer en procès avec elles, pour faire rétracter, par la voie naturelle de l'opposition, un arrêt rendu contre ces officiers sans les entendre.

On ne peut donc les blâmer d'avoir refusé la fonction de juges dans l'état où ils se trouvoient, et la contrainte qu'on a exercée contre le prévôt a quelque chose de si dur, qu'il est à présumer que, lorsque votre compagnie y aura fait plus de réflexion, elle aura regret d'y avoir donné lieu.

Après tout ce que je viens de vous dire, il vous est aisé de sentir que *si les officiers de la régence de Saverne avoient présenté une requête en forme pour demander la cassation des deux arrêts dont ils se plaignent, il auroit été bien difficile que le conseil du roi les laissât subsister* ; mais la modé-

D'Aguesseau. Tome XIII. 12

ration de M........; et les égards qu'il a pour votre
compagnie, l'ont porté à engager les officiers à ne pas
prendre cette voie, et à se contenter de m'exposer
seulement dans un mémoire les raisons qu'ils ont de
s'en plaindre; c'est à quoi ils se sont réduits en effet.
Une conduite si sage de leur part, et une si grande
preuve du respect qu'ils ont pour leurs supérieurs,
pourroient bien engager le conseil, qui les a condamnés
sans les entendre, à les décharger, après les avoir entendus, d'une condamnation qu'ils ne paroissent pas
avoir méritée, en les recevant opposans à ces deux
arrêts, pour faire ensuite tel réglement qu'il appartiendra entre les véritables parties, c'est-à-dire, le
bailli et le prévôt de Soultz (*).

Du 19 juin 1744 (1).

J'ai revu depuis peu les remarques que vous m'en-
voyâtes au mois de juillet dernier, sur les réflexions

(1) RÉPONSE, du 1.er août 1744.

Je n'ai pu me dispenser d'ajouter, à la suite des observations
jointes à la lettre dont vous m'avez honoré le 19 juin dernier,
au sujet de la taxe des droits des huissiers, quelques notes,
après avoir eu une conférence sur les usages de ce pays, avec
MM. de la chambre des vacations.

Pour former, sur cette matière, un plan bien juste, il me
semble qu'il est indispensable de s'en rapporter un peu à ceux
qui connoissent le local, l'étendue des lieues du pays, les
bornes dans lesquelles le ministère des huissiers est renfermé,
la modicité de leurs ressources et la forme observée pour
l'instruction des procès. Cependant le parlement ne manquera
pas de se conformer à vos intentions, dès que vous aurez eu
la bonté de me les faire connoître.

Comme la voie la plus naturelle, pour faire, à l'arrêt du
parlement, les changemens que vous jugerez convenables,

(*) Un arrêt du conseil supérieur de Colmar, du 17 juin 1741, a
annulé la sentence de la régence de Saverne.

que je vous avois adressées par rapport à l'arrêt de votre compagnie, qui a réglé les salaires des huissiers; et, après y avoir fait de nouvelles réflexions, j'ai cru devoir adopter les observations qu'un officier, qui a une grande expérience dans ces matières, m'a remises sur chacun des articles sur lesquels vous aviez fait vos remarques. Votre compagnie, à qui il sera plus convenable de se réformer elle-même que d'obliger le roi à le faire, ne sauroit prendre un meilleur parti que celui de se conformer à ses observations. Vous pouvez les communiquer aux officiers de votre compagnie que vous jugerez à propos; et s'ils croient, comme vous, qu'il puisse y avoir quelque changement à faire, par rapport aux usages de votre pays, vous pouvez me les indiquer dans un projet de nouveau réglement, que vous prendrez la peine de dresser et de m'envoyer, afin qu'après l'avoir reçu et examiné, je puisse vous faire savoir les dernières intentions du roi, sur l'affaire dont il s'agit.

Du 21 octobre 1746.

JE vous envoie trois lettres avec la copie d'un testament fait par le sieur......., et une consultation du sieur......., avocat au parlement d'Aix, qui me

est celle de l'opposition que les syndics de la province pourront y former, en qualité de parties non ouïes, il me semble, monseigneur, qu'il y a une question préliminaire à décider, qui est celle de la prétendue incompétence du parlement, dont ces syndics ont voulu se faire un premier moyen pour attaquer cet arrêt. Vous verrez, monseigneur, dans la lettre dont je joins ici une copie, que ce moyen vous a paru peu digne d'attention; ainsi, vous trouverez peut-être à propos de régler ce point par une lettre séparée, afin que je puisse en faire part aux syndics, et leur indiquer la route qu'ils devront tenir, pour mettre le parlement en état de statuer de nouveau sur cette matière avec une entière connoissance de cause.

12*

paroissent mériter que vous m'informiez exactement des usages de la Provence, et de la jurisprudence de ce parlement sur la matière qui en est l'objet.

Le consultant me paroît porter bien loin ses principes sur la prohibition de l'inventaire contenue dans un testament ; il y a même bien de l'équivoque dans les raisonnemens qu'il fait sur ce sujet, et dans les inductions qu'il tire, soit des ordonnances du royaume, soit des arrêts des parlemens, soit, enfin, des sentimens des auteurs qu'il cite pour garans de son opinion. Il confond pendant long-temps les inventaires qu'on peut appeler forcés, qui se font par le ministère du juge et dans les formes judiciaires, avec ceux qui se font volontairement et par l'organe des notaires. Il revient cependant à la fin à la discussion de ces deux espèces d'inventaires ; mais ce n'est que par une précaution qu'il regarde comme surabondante, et par un conseil de prudence, qu'il est d'avis que le tuteur du fils du sieur de.......
fasse procéder à un inventaire qu'il appelle domestique.

Il auroit peut-être raisonné plus juste, s'il avoit fait plus d'attention à la qualité des dispositions du testament dont il s'agit ; d'un côté, on y voit un excès de confiance dans la personne du tuteur nommé par le testateur, qu'il a porté si loin, que, non-seulement il prohibe toute confection d'inventaire, mais qu'il décharge même ce tuteur de rendre aucun compte, et que, pour mieux assurer l'exécution d'une volonté irrégulière, il lègue à ce tuteur le reliquat du compte de tutelle, en cas qu'on le force à le rendre ; d'un autre côté, le testament contient une substitution qui s'étend à un grand nombre de cas et de degrés ; et comment pourra-t-on jamais faire la composition du patrimoine du testateur, lorsque la substitution aura son effet, et régler la distraction des légitimes, s'il n'y a point d'inventaire qui assure dès à présent l'état de la succession ? Il semble donc que ce consultant, qui passe pour avoir beaucoup de mérite, auroit dû faire ces réflexions, et en conclure que c'étoit non-seulement par des raisons de prudence, mais par des motifs de justice, et pour sa propre sûreté, que le tuteur devoit faire procéder à un inventaire, malgré tous les témoignages de confiance que le testateur lui donnoit dans sa dernière disposition.

À la vérité, tout cela ne peut autoriser ni votre substitut, ni les officiers de Draguignan, à faire cet inventaire judiciairement, parce que, suivant les véritables règles, qui apparemment sont observées en Provence comme ailleurs, les procureurs du roi ne peuvent requérir, ni les juges ordonner de pareils inventaires, sans en être requis, ou par les héritiers ou par les créanciers du défunt; mais le tuteur n'en est pas moins obligé, pour sa décharge et pour l'intérêt de ceux qui sont l'objet plus ou moins éloigné de la disposition du testateur, de fixer l'état de la succession par un inventaire fidèle et fait par un notaire, en présence de ceux qui y sont intéressés.

Je suis entré dans le détail que je viens de faire, pour vous donner lieu de me rendre, comme je l'ai dit d'abord, un compte plus exact des formes qu'on observe dans votre province, et de la jurisprudence du parlement sur le point dont il s'agit. Je ne sais même s'il ne seroit pas du devoir de votre ministère d'y faire pourvoir par un arrêt de réglement général; mais j'en jugerai encore mieux par les éclaircissemens que vous croirez devoir me donner sur ce sujet, et cependant je ne doute pas que vous ne réprimiez le zèle trop ardent de votre substitut, ou des officiers de Draguignan, qui peuvent n'avoir eu que de bonnes intentions; mais, en pareil cas, le zèle des ministres de la justice est toujours suspect d'un mélange d'avidité et d'intérêt particulier.

Du 7 décembre 1746.

J'AI reçu la lettre par laquelle vous me rendez compte des difficultés de la demande formée par la demoiselle de......., pour obtenir la permission de vendre une métairie qui lui a été adjugée par arrêt du parlement, comme un bien avitin, et je ne vois que deux manières de les lever : l'une, en traitant cette affaire à l'amiable, et l'autre en la faisant régler par les voies de la justice.

La première consisteroit à engager, s'il est possible, les religieuses ursulines de la ville de Bayonne à se contenter du revenu que la métairie dont il s'agit produit à présent, jusqu'à ce que la demoiselle de....... ait pu rapporter le consentement de sa sœur; après quoi, et en satisfaisant aux formalités prescrites par la coutume du pays de Labour, la demoiselle de....... achèveroit de remplir entièrement l'engagement qu'elle a contracté avec ces religieuses.

Il y a lieu de croire que, dans une ville comme Bayonne, et dans une communauté où apparemment on ne fait pas grande chère, les ursulines ne seroient pas bien lésées en se chargeant pour la somme de 720 livres, pendant une année, ou deux tout au plus, de la nourriture d'une personne qui a plus de soixante ans. Il ne seroit donc question que de trouver quelqu'un à Bayonne qui pût faire entendre raison, sur cela, aux ursulines, et M. l'évêque de Bayonne en seroit plus capable qu'aucun autre, s'il vouloit avoir cette charité.

La seconde voie seroit de suivre la forme prescrite par la coutume du pays de Labour, et de faire dire à la demoiselle de......, qu'au lieu de s'adresser au parlement, comme elle l'a fait par un mauvais conseil, elle n'a qu'à présenter sa requête au juge du lieu pour demander à établir le fait de la nécessité

urgente où elle se trouve, par le témoignage de ses
parens; et comme le plus prochain héritier est absent, hors du royaume, ne pourroit-on pas ordonner
que la requête seroit communiquée au procureur du
roi, pour suppléer au défaut du consentement de cet
héritier, et défendre sa cause, s'il paroissoit au procureur du roi qu'il y eût des raisons suffisantes pour
empêcher la vente du bien dont il s'agit, malgré
l'extrême nécessité à laquelle la demoiselle de........
est réduite? C'est pourquoi vous pouvez vous faire
rendre compte plus particulièrement du pays, où il
est vraisemblable que le même cas s'est présenté plusieurs fois. J'ai eu occasion, il n'y a pas bien long-
temps, d'apprendre qu'il est d'usage, dans le Béarn
et dans la Navarre, lorsqu'il s'y présente des espèces
à peu près semblables, de créer un curateur à l'absent, et c'est encore une forme qu'on pourroit donner
à l'affaire de la demoiselle de.......

Du 28 décembre 1746.

J'ai reçu la lettre que vous m'avez écrite le 21
de ce mois, et j'ai trouvé beaucoup plus de prudence
que de nécessité dans la consultation que vous me
faites par cette lettre. M. le procureur-général peut
intervenir dans les affaires où il croit que le roi est
intéressé, et y former les demandes, ou y prendre
les conclusions qu'il juge nécessaires; mais son sentiment n'impose point au tribunal auquel il s'adresse
l'obligation de s'y conformer dans ses décisions, il
n'est que partie requérante, et, quoique ses réquisitions méritent d'être examinées avec encore plus
d'attention que celles des parties ordinaires, c'est à
ceux qui sont véritablement juges, de peser si elles
sont bien fondées; et il leur est permis de n'y
avoir pas égard, sans avoir, sur cela, d'autres guides
que leurs lumières, leur honneur et leur conscience.
La majesté des rois ne les empêche pas de se sou-

mettre à l'autorité de la justice ; et, puisqu'il arrive souvent au roi de se condamner lui-même dans son conseil, les magistrats qui prononcent en son nom peuvent, sans scrupule, suivre un si grand exemple, lorsque les demandes de son procureur-général ne leur paroissent pas suffisamment fondées ; ainsi, sans entrer dans l'examen des deux procès dont vous me donnez une idée dans la lettre que vous m'avez écrite, je ne peux que m'en rapporter absolument à votre justice et à votre religion, sur le parti que vous croyez devoir prendre en cette occasion.

Du 27 janvier 1747.

JE vous envoie un placet que le nommé...... m'a adressé, afin que vous preniez, s'il vous plaît, la peine de vous faire rendre compte de ce qu'il y expose, et que vous fassiez finir une contestation si légère, et qui dure depuis si long-temps.

Cette nouvelle plainte me rappelle le souvenir de ce que je vous ai dit pendant que vous étiez en ce pays-ci, sur l'abus de la multiplicité des rapports et des recours, qui a lieu en Provence, par une très-mauvaise jurisprudence; et j'espère que, lorsque vous serez délivré de toute inquiétude par la retraite des Autrichiens, vous n'oublierez point de prendre les mesures nécessaires pour parvenir à faire cesser cet abus, auquel on ne peut guère remédier que par l'autorité du roi, c'est-à-dire, par une déclaration envoyée au parlement et à la cour de Provence, où le même inconvénient a aussi lieu.

Du 23 mai 1748.

JE ne sais pourquoi le sieur....... s'est adressé à moi, il y a quelque temps, pour me représenter l'abus des contrats pignoratifs, et la nécessité d'en abolir l'usage par une loi. Je ne crois pas que ces sortes de contrats eussent lieu en Bretagne; et, par le compte que je me suis fait rendre de ce qui s'observe actuellement dans les quatre coutumes qui les ont autorisées, c'est-à-dire, dans le Maine, dans l'Anjou, dans la Touraine et dans le Loudunois, je crois qu'ils sont tombés en désuétude dans trois de ces pays, et qu'ils deviennent très-rares dans la Touraine, où il y en reste encore quelques exemples. Le parlement de Paris en a réprouvé depuis long-temps l'usage; et, s'il étoit vrai qu'il se fût établi dans quelque partie de la Bretagne, je suis persuadé que celui de Rennes entreroit sans peine dans le même esprit; mais, avant toutes choses, il faudroit éclaircir plus exactement les faits qui ont donné lieu au sieur....... de m'écrire comme il l'a fait. Vous prendrez donc, s'il vous plaît, la peine de vous en faire rendre compte par lui, pour me marquer ensuite ce que vous pensez sur ce sujet.

Du 3 octobre 1748.

Je vous envoie l'extrait d'une lettre qui m'a été écrite par le receveur des consignations de Sarre-Louis, et je vous prie de me faire savoir s'il est vrai que, dans la jurisprudence du parlement de Bordeaux, on regarde un appel aussi extraordinaire et aussi peu recevable que celui d'un adjudicataire qui veut revenir contre son propre fait, comme ayant un effet suspensif contre les poursuites d'un receveur des consignations; ce seroit une maxime si singulière, que je ne saurois croire qu'on la suive dans ce parlement.

Du 15 octobre 1748 (1).

J'ai reçu la lettre que vous m'avez écrite au sujet de l'abus des contrats pignoratifs dans la province

(1) *RÉPONSE, du........* (*).

Sur la lettre que M. le chancelier vous a écrite, concernant les contrats pignoratifs, j'ai l'honneur d'observer que je crois m'être suffisamment expliqué par la lettre que j'écrivis à M. le chancelier, il y a quelques mois.

Loin de regarder les contrats pignoratifs comme tolérés en Bretagne, je savois que la jurisprudence constante du parlement les a toujours réprouvés, dans le temps même qu'ils étoient tolérés dans les autres provinces.

Mais je sais, par un grand nombre d'affaires de toutes les parties de la province, que ces contrats sont si communs dans les campagnes, que, de cent contrats qui se passent pour argent prêté à des paysans, il n'y a pas la dixième partie qui soit à constitution de rente, et tous les autres sont des contrats pignoratifs.

Les arrêts que le parlement rend dans les affaires qui se présentent ne répriment ce genre d'usures que dans les espèces particulières; mais ils ne font pas cesser l'abus qui est général, et qui cause la ruine d'une infinité de pauvres familles.

Touché des malheurs que causent ces abus, j'ai cru qu'il pouvoit mériter une déclaration du roi, parce que la jurisprudence du parlement étant peu connue dans les campagnes, et les officiers de village étant même ordinairement ceux qui s'emparent à vil prix du bien des pauvres par cette voie odieuse, ils sont attentifs à cacher les maximes, en cas qu'ils ne les ignorent pas eux-mêmes. Il faut donc les intimider et les réprimer par une loi publique et générale.

J'ai proposé à M. le chancelier de donner une déclaration portant que tous contrats qui auront les caractères d'impignoration soient convertis de plein droit en contrats de constitution. Par là, le vice du contrat pignoratif sera absolument détruit, et les débiteurs seront soulagés, sans que le créancier perde le juste intérêt de son argent.

(*) Cette réponse est de M. Poullain Duparc.

de Bretagne, avec le mémoire qui y étoit joint. Comme la coutume de cette province ne parle de ces sortes de contrats que par rapport aux droits seigneuriaux, et qu'elle en suppose plutôt l'usage qu'elle ne l'autorise expressément. On pourroit dire que l'autorité du parlement seroit suffisante pour en faire cesser l'abus par un arrêt de réglement rendu sur la réquisition de M. le procureur-général ; mais, puisque vous pensez, comme plusieurs de MM. du parlement, qu'il sera encore mieux d'y pourvoir par l'autorité du roi, vous pouvez m'envoyer un projet de la déclaration que Sa Majesté pourroit donner sur ce sujet, et j'aurai l'honneur de lui en rendre compte, pour vous faire savoir ensuite ses intentions.

Du 5 juillet 1749.

Le roi n'a pas jugé à propos d'avoir égard aux représentations que vous lui avez faites, au sujet de l'édit par lequel il a plu à Sa Majesté d'établir la levée du vingtième dans votre province, comme dans le reste du royaume, et il étoit aisé de prévoir qu'une loi méditée avec tant de soin, enregistrée déjà au parlement de Paris et ailleurs, et dont le grand objet est de parvenir à la libération de l'état, ne paroîtroit pas susceptible de remontrances aux yeux de Sa Majesté. Elle connoît, d'ailleurs, tous les besoins de ses peuples, et elle n'a pas besoin d'être excitée à leur procurer les soulagemens qu'ils peuvent attendre de sa bonté. Je ne doute donc pas que vous ne lui donniez au plus tôt des preuves de votre soumission à sa volonté, en enregistrant son édit, sans qu'il soit nécessaire de vous la faire connoître par les voies que son autorité absolue met entre ses mains.

Je n'ai pas besoin de vous marquer que vous devez faire part de cette lettre à votre compagnie, et je ne vous l'adresse qu'afin qu'elle apprenne par vous les intentions du roi.

Du 18 juillet 1749.

J'ai reçu la lettre que vous avez pris la peine de m'écrire le 9 mai dernier, par laquelle vous m'avez fait part des difficultés que trouvoit votre compagnie à l'enregistrement de la déclaration du 3 mars dernier, interprétative de l'édit du mois d'août 1699, concernant les comptes à rendre par les gardes-jurés et autres chargés de l'administration des deniers et revenus des communautés d'arts et métiers. Dès qu'il est constant, monsieur, qu'il n'y a point de manufacture en Franche-Comté, et que les marchands qui y sont établis ne font point corps de communauté qui aient à leur tête des gardes-jurés, Sa Majesté, à qui j'en ai rendu compte, n'exige plus de votre compagnie qu'elle enregistre la déclaration dont il s'agit.

Du 19 juillet 1749.

Je n'avois pas douté que votre compagnie ne se portât à donner une nouvelle marque de son respect et de sa soumission pour les volontés du roi, en enregistrant l'édit qui établit l'imposition du vingtième, aussitôt qu'elle a su que Sa Majesté n'avoit pas jugé à propos d'avoir égard à ses remontrances; elles tomboient plutôt, en effet, sur la manière d'exécuter cet édit, que sur le fond de sa disposition, et c'est par cette raison que l'enregistrement auroit dû précéder au lieu de suivre les remontrances; au surplus, je vous ai déjà assuré que le roi donneroit toujours une grande attention aux besoins des peuples de la province de Franche-Comté.

Il y en a bien d'autres qui sont dans le même cas; et c'est à Sa Majesté seule qu'il appartient de tenir exactement la balance, entre les intérêts de chaque province et le bien commun de l'état.

Du 23 juillet 1749.

Le roi a fait examiner dans son conseil les représentations que votre compagnie a pris la liberté de lui faire au sujet de la déclaration du 4 mai dernier, qui assujettit les tabacs étrangers à un droit d'entrée de 30 sous, lorsqu'ils y viendront pour d'autres destinations que pour celle de la ferme du tabac; et Sa Majesté n'a pas trouvé que ces représentations fussent bien fondées, parce que la déclaration dont il s'agit n'intéresse, en aucune manière, le privilége dont la Franche-Comté est en possession, et qui consiste en ce que la culture du tabac y est permise, soit pour les consommer dans la province même, soit pour en faire le commerce avec l'étranger, sans être tenu du paiement d'aucuns droits. Ainsi, ce privilége subsistant toujours dans son entier, votre compagnie auroit pu s'épargner la peine de faire des représentations inutiles; et l'intention du roi est qu'elle procède, sans aucun retardement, à l'enregistrement de la déclaration dont il s'agit. Je ne doute pas qu'elle ne se conforme exactement à sa volonté.

Du 21 octobre 1749.

J'ai reçu la liste que vous m'avez envoyée des officiers dont chacune des chambres de votre parlement sera composée pendant le cours de la séance qu'elle vient de commencer; et je me rappelle, à cette occasion, qu'il y a plusieurs édits ou déclarations importantes qui vous ont été envoyées avant ou pendant les dernières vacations, et dont vous ne m'avez pas encore fait savoir l'enregistrement.

La première de ces lois est l'ordonnance générale qu'il a plu au roi de faire sur les substitutions fidéicommissaires. J'ai répondu, il y a long-temps, aux observations que votre compagnie avoit faites sur cette ordonnance, et je lui ai donné tous les éclaircissemens qu'elle pouvoit désirer à cet égard. Le roi a bien voulu même lui faire connoître ses intentions par une déclaration sur les points qui pouvoient le mériter; mais je crains que l'une et l'autre ne soient arrivées à Douai qu'après la séparation du parlement; et, si cela est, je ne doute pas qu'il ne procède incessamment à l'enregistrement et de l'ordonnance générale, et de cette déclaration particulière.

Je n'ai point d'idée que vous m'ayez rien écrit au sujet de la déclaration par laquelle le roi a fait cesser le mauvais usage que l'on faisoit, en Flandre, d'une déclaration de l'année 1730, qui avoit été donnée au sujet des mariages des mineurs. Je ne sais pas précisément dans quel temps vous l'avez reçue; et, supposé qu'elle ait eu le même sort que les lois dont je viens de parler, je compte que vous ferez promptement tout ce qui dépend de votre ministère pour l'enregistrement d'une déclaration si importante.

Vous devez avoir reçu aussi, depuis très-peu de temps, le grand réglement que Sa Majesté a jugé à propos de faire pour l'université de Douai. Il y a si long-temps qu'on y travaille, et il a été remanié tant de fois, qu'il n'y a pas d'apparence que son enregistrement puisse souffrir quelque difficulté. Je vous prie de m'en informer aussitôt qu'il aura été fait, en me renvoyant les remarques que vous aurez faites, avec M. le premier président, sur le projet d'édit de création d'une chaire de professeur en droit français, dont je vous ai fait part.

Au surplus, je consens très-volontiers au voyage que vous vous proposez de faire en ce pays-ci avec M. le président de......., suivant le désir du parlement. Vous y viendrez tous deux en bonne compagnie; mais je vous conseille de ne partir qu'après que le roi sera de retour de Versailles, et je ne saurois m'empêcher de vous avertir que j'ai toujours lieu de douter du succès de votre députation. J'en jugerois mieux, si vous m'envoyiez par avance un mémoire qui expliquât toutes les raisons sur lesquelles le parlement fonde sa prétention, avec la copie des titres dont il se sert pour l'appuyer.

A l'égard des autres objets qui peuvent intéresser votre ministère, j'entendrai toujours très-volontiers tout ce que vous voudrez m'expliquer sur ce sujet.

Du 24 octobre 1749.

M. le premier président de votre compagnie m'écrivit, le 28 août dernier, qu'elle avoit arrêté de faire de très-humbles remontrances au roi, sur la déclaration du 4 mai dernier, concernant l'imposition de 30 sous par livre sur le tabac étranger, et qu'elles ont été remises, le 18 du même mois, à votre substitut. Comme je n'en ai point entendu parler depuis ce temps-là, et qu'elles n'ont point été envoyées, suivant l'usage ordinaire, à M........, qui a la Flandre dans son département, je vous prie de me faire savoir quelle peut avoir été la cause d'un si grand retardement, et de le réparer au plus tôt, en m'envoyant la copie de ces remontrances, dont l'original doit être adressé à M........

Du 31 octobre 1749.

J'avois entièrement perdu de vue les remontrances que le parlement de Flandre a cru devoir faire au roi sur la déclaration du 4 mai dernier, concernant l'imposition de 30 sous par livre de tabac étranger entrant dans ce royaume, parce que cette déclaration ne regardant qu'une matière qui étoit de pure finance, j'envoyai ces remontrances, aussitôt que je les reçus, à M. le contrôleur-général. Il vient de me les remettre, et je vous ferai savoir incessamment les intentions du roi sur ce sujet.

Du 20 décembre 1749.

Je vous importune toujours par des questions : je n'ai pas osé répondre dernièrement à une consultation qui m'a été faite, pour savoir à qui appartient la succession mobiliaire d'un homme noble, domicilié et mort à Lille, qui laisse une nièce, fille de son frère aîné, un frère et une sœur? La nièce est-elle exclue par le frère et la sœur, ou doit-elle partager avec eux, ou avoir quelque avantage? Dans le pays dont le défunt étoit originaire, elle auroit représenté son père, qui auroit exclu son cadet et sa sœur; mais la coutume de Lille ne me paroît pas semblable, et j'ai recours à vous pour faire une réponse plus précise.

A l'égard de la question sur l'enregistrement des titres de propriété des biens possédés en bourgage, l'événement a été qu'on les y a assujettis, en regardant cet enregistrement comme tenant lieu des déclarations qui doivent être fournies au terrier du roi pour ces sortes de biens ; mais on a modéré ces droits et mis le passé à couvert par un arrêt rendu au rapport de M. le contrôleur-général pour la ville de Caen.

Je profite avec plaisir de toutes les occasions de vous rappeler les sentimens avec lesquels je suis.

Du 6 mai 1750.

Le principal objet de la déclaration du 4 mai 1749, sur laquelle le parlement de Flandre a cru devoir faire de nouvelles représentations, a été d'empêcher les abus qui se commettoient dans le commerce du tabac. Mais Sa Majesté s'est réservée d'écouter les propositions qui pourroient lui être faites pour concilier l'intérêt des provinces où la culture du tabac est permise, avec la nécessité de prévenir et de réprimer les fraudes. Ainsi, en cas que les états de Flandre aient quelque arrangement à proposer dans cette vue, Sa Majesté sera disposée à les écouter favorablement s'ils remplissent l'objet que je viens de vous marquer : c'est la seule et la meilleure réponse que je puisse faire, suivant les intentions du roi, aux dernières représentations de votre compagnie, à laquelle je compte que vous ferez part de cette lettre.

FIN DE LA CORRESPONDANCE OFFICIELLE.

MÉMOIRE

Fait en 1715, sur le projet d'établir un Conseil pour la Réformation de la Justice, composé de Membres du Conseil et du Parlement de Paris (1).

L'ARTICLE 8 de la déclaration du 15 septembre dernier, qui a établi plusieurs conseils pour la direction des affaires du royaume, porte *que pour ce qui concerne les réglemens généraux, qui pourront être à faire pour l'administration de la justice dans le royaume, il y sera procédé par M. le chancelier avec tels des chefs et présidens des premières compagnies, officiers du parquet, et autres magistrats que le roi jugera à propos de choisir, et auxquels Sa Majesté donnera les ordres nécessaires à cet effet.*

Comme l'on ne sauroit former ni trop promptement, ni avec trop de soin un établissement si nécessaire et si utile à la justice, après le dérangement que de longues guerres et un grand nombre d'édits de finance y ont causé, on a cru devoir proposer, par forme de questions, les différens points qui doivent entrer dans le réglement de cette espèce de conseil, qui aura pour objet la réformation de la justice.

1. La première difficulté à résoudre est de savoir de quels magistrats et en quel nombre ce conseil doit être composé, et pour entrer dans un plus grand détail, on demandera d'abord, par rapport au parlement, si, outre M. le premier président, on ne choisira pas encore deux de MM. les présidens au moins pour y assister.

Si l'on y joindra des conseillers de la grand'chambre des enquêtes et des requêtes, afin qu'il y en

(1) D'Aguesseau étoit alors procureur-général.

ait de toutes les chambres du parlement, auquel cas il paroîtroit convenable d'en prendre quatre de la grand'chambre, deux de toutes les enquêtes, et un des requêtes du palais.

Si l'on fera aussi l'honneur aux gens du roi de les appeler à ce conseil.

Pour ce qui est des autres compagnies de Paris, comme la plus grande partie des matières qui s'y traiteront, ne les regardent guère, il semble qu'il suffiroit de marquer qu'ils y seront appelés en tel nombre que M. le chancelier le jugera à propos, lorsqu'on y traitera des choses qui pourront avoir rapport avec les matières de leur compétence.

On pourroit aussi se réserver d'y admettre les premiers présidens ou autres députés des autres parlémens, lorsqu'ils seront à Paris et qu'on jugera à propos de leur demander leur avis.

À l'égard du conseil, il dépendra de la prudence de M. le chancelier de faire choix de ceux de MM. les conseillers d'état et maîtres des requêtes qu'il jugera à propos, et en tel nombre qu'il croira le plus convenable.

2. Le lieu où ce conseil se tiendra est la seconde chose qui se présente à régler, et, comme le lieu de la tenue des autres conseils a été marqué dans le Louvre, il semble qu'il seroit naturel que celui de la réformation de la justice s'y tînt aussi, dans la salle qu'il plairoit à monseigneur le duc d'Orléans de destiner à cet effet, en se conciliant avec les autres conseils, sur les jours et les heures des assemblées.

3. La troisième difficulté regarde l'ordre de la séance, et, comme on a sur cela l'exemple de ce qui se passa dans le temps des conférences qui furent tenues pour la rédaction des ordonnances de 1667 et de 1670, il semble qu'on ne puisse rien faire de mieux que de se conformer à cet exemple.

4. Il paroît nécessaire de déterminer, en quatrième lieu, quelles seront les matières qui seront traitées dans ce conseil, et l'idée la plus naturelle que l'on

13

en puisse donner, est d'y comprendre tout ce qui regarde l'ordre général de la justice par tout le royaume, dans les choses qui demandent nécessairement l'autorité du roi même, et auxquelles celle qui est attribuée à chaque parlement ne sauroit suffire.

Telles sont, par exemple :

La révision des ordonnances de 1667 et de 1670, sur la procédure civile et criminelle, dans lesquelles l'expérience a montré qu'il y avoit beaucoup de choses à retoucher.

Le réglement à faire sur les frais des procès criminels dont le domaine du roi est chargé.

Le réglement sur la compétence et les fonctions des prévôts des maréchaux, et les présidiaux en matière criminelle.

Les diversités de jurisprudence qui se trouvent entre les différens parlemens et cours de ce royaume, et qu'il seroit très-avantageux à la justice de faire cesser.

La forme des saisies réelles, des décrets et des ordres.

Les suppressions ou réductions de plusieurs offices, et droits établis pendant la guerre, et très-onéreux à la justice.

L'examen de tous les abus dans l'administration de la justice, qui mériteront d'être réformés par l'autorité du roi, et les nouveaux réglemens auxquels ces abus pourront donner lieu.

Il seroit facile d'augmenter cette liste de beaucoup d'autres matières importantes, mais celles qu'on vient de marquer suffisent pour faire voir, en général, quel peut être l'objet de ce conseil.

5. L'ordre dans lequel on discutera les matières qui y seront traitées, est l'article de tous qui mérite le plus d'attention, puisque c'est principalement de cet ordre que dépendra le fruit de ce nouvel établissement, et il semble que pour éviter la confusion ou la lenteur à laquelle le grand nombre de personnes

qu'on ne peut guère se dispenser d'y appeler pourroit donner lieu, il n'y auroit rien de plus convenable que d'établir différens bureaux de quatre ou cinq personnes chacun, entre lesquels on distribueroit les différentes matières, afin qu'elles y fussent d'abord discutées, et, après que les projets de réglement y auroient été dressés, on les porteroit à l'assemblée générale, où ils recevroient leur dernière perfection.

6. Enfin, si dans le nombre des matières qui seront portées à ce conseil, il s'en trouve de mixtes, comme cela arrivera souvent par rapport aux finances, ne seroit-il pas à propos d'inviter le conseil, que ces matières pourront aussi regarder, à envoyer des députés au conseil de la réformation de la justice, pour en conférer avec eux, et prendre de concert les résolutions convenables, comme cela se pratique déjà entre les autres conseils.

PROJET DE RÉGLEMENT

Pour une Assemblée qui devoit être tenue pour la Réformation de la Justice, en 1715.

1. LE conseil ou l'assemblée qui sera tenue pour la réformation de la justice, en exécution de l'art. 8 de la déclaration du 15 septembre dernier, portant établissement de plusieurs conseils, sera composé de M. le chancelier, avec cinq de MM. les conseillers d'état, et trois de MM. les maîtres des requêtes, de M. le premier président, du second et du troisième président au parlement, de quatre conseillers de la grand'chambre, deux présidens et deux conseillers des enquêtes, d'un président et d'un conseiller aux requêtes du palais, et des gens du roi ; et, en cas que les deux anciens présidens au parlement, ou l'un d'eux, ne puissent s'y trouver, par maladie ou autre empêchement semblable, leur place sera oc-

cupée par celui ou par ceux qui les suivent immédiatement.

2. Lorsqu'on traitera, dans ladite assemblée, des matières qui auront rapport aux affaires qui sont de
la compétence de la chambre des comptes ou de la
cour des aides, ou autres compagnies, M. le chancelier les leur communiquera pour avoir leur avis,
qui sera donné en la forme qu'il jugera la plus convenable, eu égard à la nature de la matière qu'il sera
question de régler.

3. L'assemblée se tiendra chez M. le chancelier, aux
jours et heures qui seront jugés les plus convenables,
et qui seront marqués dans la première assemblée qui
sera tenue pour commencer à travailler à la réformation de la justice.

4. L'on suivra, dans cette assemblée, le même ordre
de séance qui fut observé dans les conférences tenues
au sujet de la rédaction des ordonnances de 1667
et de 1670, et M. le chancelier se mettra d'un côté
de la table ou bureau, avec MM. les conseillers
d'état et les maîtres des requêtes qui seront de
l'assemblée; M. le premier président du parlement
vis-à-vis de M. le chancelier; de l'autre côté de la
table, avec MM. les présidens, les conseillers de
la grand'chambre des enquêtes et requêtes; et à
l'égard de MM. les présidens des enquêtes et requêtes, ils se placeront du même côté que M. le
chancelier, au-dessous des maîtres des requêtes,
et les gens du roi au bout de la table ou du bureau.

5. Les matières qui seront traitées dans cette assemblée, sont celles qui regarderont l'ordre général de
la justice par tout le royaume, dans les choses qui
demandent nécessairement l'autorité du roi même, et
auxquelles celle qui est attribuée à chaque parlement
ou cour supérieure, ne sauroit suffire.

6. Les matières qui seront d'une longue discussion
seront examinées dans l'un des quatre bureaux qui
seront établis à cet effet, et renvoyées par l'assemblée
générale à chaque bureau particulier, pour y être
discutées, même les projets de réglement, lorsqu'il

y aura lieu d'en faire, dressés et rédigés par écrit, pour être ensuite portés à l'assemblée générale, et y être revus et approuvés, s'il est ainsi jugé à propos dans ladite assemblée.

7. Le premier de ces bureaux se tiendra chez M. le premier président, et sera composé de mondit sieur le premier président, de deux des conseillers d'état du nombre de ceux qui assisteront à ladite assemblée; de deux conseillers de la grand'chambre, et d'un des gens du roi.

Le deuxième se tiendra chez le second président au parlement, et sera composé dudit second président, d'un maître des requêtes, de deux conseillers de la grand'chambre, d'un conseiller des enquêtes, et d'un des gens du roi.

Le troisième sera composé du troisième président au parlement, d'un maître des requêtes, de deux présidens des enquêtes, d'un conseiller aux enquêtes, et d'un des gens du roi.

Le quatrième sera composé du plus ancien conseiller d'état, de deux autres conseillers d'état, d'un président et d'un conseiller aux requêtes du palais, et d'un des gens du roi.

Et lesdits bureaux s'assembleront au moins une fois la semaine, aux jours et heures dont on conviendra.

8. Si dans le nombre des matières qui seront portées à l'assemblée de la réformation de la justice, il s'en trouve qui aient rapport à celles qui se traitent dans d'autres conseils, ils seront invités à nommer des députés desdits conseils, pour en conférer, ou à l'assemblée générale, ou dans les bureaux particuliers, pour être lesdites matières réglées de concert ainsi qu'il appartiendra.

9. Les résolutions générales qui auront été prises dans ladite assemblée, seront ensuite portées au conseil de régence, pour y être autorisées dans les formes ordinaires.

MÉMOIRE

Sur les Vues générales que l'on peut avoir pour la Réformation de la Justice (1).

JE ne sais si l'on peut jamais espérer, dans ce royaume, de parvenir à une réformation solide et sérieuse de la justice : mais, si les temps devenoient quelque jour favorables à l'exécution d'un si louable dessein, il semble que cette réformation devroit rouler sur trois points principaux :

Le premier, est le fond des matières mêmes qui sont l'objet de la jurisprudence ;

Le second, est la forme de la procédure, ou le style judiciaire ;

Le troisième, est la conduite et la discipline des officiers qui rendent la justice, et des ministres inférieurs qui en sont comme les instrumens nécessaires.

Par rapport au premier point, il s'agiroit de réformer les lois anciennes, d'en faire de nouvelles ; et de réunir les unes et les autres dans un seul corps de législation, afin que ceux qui veulent acquérir la science du droit, soit pour défendre les intérêts des plaideurs, soit pour en être les juges, eussent une espèce de code qui devînt le sujet fixe et certain de leur application, au lieu qu'à présent la multitude et la variété des lois qui sont en usage parmi nous sont si grandes, qu'il arrive souvent qu'on n'en étudie presque aucune, par la difficulté de les savoir toutes, ou qu'on ne les lit qu'à mesure qu'il se présente une occasion de les appliquer, et qu'il n'est rien de plus rare que de trouver un homme dont on puisse dire qu'il possède parfaitement toutes les parties de la jurisprudence française.

---

(1) Ce Mémoire a été rédigé à Fresnes, pendant que d'Aguesseau, chancelier, y étoit en exil.

Ce fut par de pareils motifs que l'empereur Justinien entreprit autrefois de rassembler dans un seul corps, d'un côté, les décisions les plus célèbres des jurisconsultes, dont la sagesse lui parut mériter qu'il en fît autant de lois, en les revêtissant de son autorité; et de l'autre, les édits, les réponses et les décrets des empereurs romains qui l'avoient précédé, dont il crut que l'on pouvoit tirer des règles générales dans les jugemens; et cet ouvrage, qui forme ce qu'on appelle aujourd'hui le droit romain, a plus contribué à immortaliser la gloire de cet empereur, que toutes ses conquêtes et les titres fastueux qu'elles lui ont donné lieu de prendre.

Un semblable dessein fut conçu en France, par rapport aux ordonnances de nos rois, sous le règne de Henri III; et le président Brisson, qui en avoit eu la pensée, l'exécuta, autant qu'il étoit en lui, dans le recueil qu'on connoît sous le nom de code Henri, et dans lequel il rangea, sous différens titres, toutes les ordonnances qui étoient alors en vigueur, imitant à peu près l'ordre du code de Justinien. Il y ajouta même de nouvelles décisions, sur les matières qu'il crut en avoir besoin, espérant que le roi Henri III donneroit son autorité à cet ouvrage pour en faire une loi universelle dans tout son royaume : mais la mort du président Brisson, et encore plus celle d'Henri III, fit que ce grand dessein, qu'un particulier avoit eu le courage d'entreprendre et d'exécuter, n'eut aucun succès, en sorte que les différentes éditions qui en ont été faites n'ont servi qu'à faire honneur à la mémoire de son auteur, sans être vraiment utiles au public.

Depuis ce temps-là, nos rois ont bien fait quelques ordonnances générales sur certaines matières, et le feu roi Louis XIV les a tous surpassés en ce point, comme dans beaucoup d'autres; mais l'utilité même qu'on a tirée de ces ordonnances, quoiqu'elles n'eussent que certaines matières pour objet, comme la procédure civile ou criminelle, les eaux et forêts, le commerce, la marine, etc., doit faire sentir combien il seroit avantageux à l'état qu'il y eut, comme je l'ai dit plus haut, un corps entier de législation qui comprît toutes les règles que les juges seroient obligés de suivre dans les jugemens, par rapport à toutes les matières qui sont portées devant eux.

Personne ne disconviendra de l'utilité de ce dessein ; mais il n'y aura peut-être aussi personne qui ne soit encore plus frappé de la difficulté de son exécution. L'entreprise est sans doute longue, vaste et pénible ; mais, tout ce qui a été fait dans un pays peut être fait dans un autre, et ce n'est pas seulement Justinien qui est venu à bout de former une compilation générale de toutes les règles de droit ; les rois d'Espagne ont eu la même pensée, et l'ont exécutée. L'ouvrage qui porte le titre des *Sept Parties* fut commencé et achevé par Alphonse IX, roi de Castille. Il y renferma, dans deux volumes, tout le droit civil et ecclésiatique, qui devoit être observé dans ses états ; et, dans ces derniers temps, les rois de Suède, de Danemarck et de Sardaigne ont suivi cet exemple, en faisant publier le recueil de toutes les lois qui devoient avoir lieu dans leurs pays.

Si la France n'a pas eu le bonheur de donner cet exemple aux autres nations, pourquoi n'auroit-elle pas au moins le courage de le suivre ? On ne trouve, dans aucun pays, de meilleures et de plus saintes lois. C'est une justice que les étrangers même lui ont toujours rendue. Il seroit à souhaiter qu'ils n'eussent pas eu autant de raisons de dire qu'il n'y avoit aussi aucun pays où elles fussent plus mal observées. Et une des principales raisons de leur peu d'exécution est qu'elles y sont peu connues, soit par leur multitude et leur variété, soit parce qu'il n'y a aucun recueil où l'on trouve rassemblées toutes celles qui doivent servir de règles dans les jugemens.

Quand on ne pourroit pas achever ce recueil aussi promptement qu'il seroit à désirer pour le bien public, ce seroit toujours beaucoup de le commencer. On pourroit le publier par parties. Le public jouiroit du travail qu'on auroit fini sur certaines matières ;

le grand bien qui en résulteroit exciteroit l'émulation
de ceux qui seroient chargés de travailler à cet ouvrage, et dans un certain nombre d'années, on pourroit le conduire à une perfection qui feroit la gloire
du roi et le bonheur de ses sujets.

Pour entrer à présent dans un plus grand détail,
sur la manière d'exécuter ce projet, et faire voir à
quoi se réduiroit le travail qu'il seroit à propos de
faire pour y parvenir, il faut distinguer ici deux
sortes de droit ou de jurisprudence : l'une est le
droit ecclésiastique, qui doit comprendre toutes les
lois que nos rois ont faites pour assurer l'exécution
des canons de l'église, pour maintenir l'honneur et
les priviléges de ses ministres, pour conserver leur
juridiction, et pour la défense de leurs droits et de
leurs biens.

Comme il y a déjà un grand nombre d'ordonnances sur ces différens points, il n'y auroit presque
qu'à les compiler et à les arranger dans un ordre
convenable.

On seroit seulement obligé d'y ajouter quelques
lois sur des matières qui sont la source d'un grand
nombre de contestations, et dans lesquelles on n'observe presque d'autres règles que celles qui se sont
formées peu à peu par la jurisprudence des arrêts ;
règles qui ont ce grand inconvénient, qu'elles ne
sont pas toujours les mêmes dans les parlemens et
dans le grand conseil, qui connoît d'une partie des
affaires ecclésiastiques ; ce qui est également contraire et aux principes d'une sage législation et à l'intérêt des sujets du roi ; par les efforts que les plaideurs font pour affecter certains tribunaux dont ils
savent que les maximes pourront leur être plus favorables.

Telles sont, par exemple, les questions qui s'agi-
tent sur le possessoire des bénéfices, sur les dîmes,
sur les gradués, sur les droits de patronage, sur les
honneurs qui se rendent à certaines personnes dans
les églises ; matières sur lesquelles on plaide tous les
jours, faute d'une règle certaine et uniforme dans

tout le royaume, qui prévienne ces sortes de contestations.

C'est à peu près à quoi se réduiroit tout ce qu'il y auroit à faire, pour renfermer dans un corps tout le droit ecclésiastique, qui est l'objet des ordonnances de nos rois ; et, en prenant les mesures nécessaires pour se concerter avec MM. du clergé sur ce sujet, on croit qu'une année de temps bien employée pourroit suffire pour mettre la dernière main à cette première partie de la jurisprudence.

Le droit civil ou séculier seroit d'une étendue beaucoup plus grande et plus difficile à embrasser toute entière.

On en peut distinguer d'abord de deux sortes : l'une, est le droit qu'on appelle public, et qui comprend les droits du roi et de la couronne, ceux qu'on nomme royaux ou régaliens, les règles qui s'observent à l'égard de son domaine, les impositions qu'il fait sur les peuples, les droits de ses fermes, les fonctions, les prérogatives ou les priviléges des officiers de la couronne et de ceux de la maison du roi, des gouverneurs et des lieutenans-généraux dans les provinces, les prérogatives des princes du sang royal, soit pour leurs personnes, soit pour leurs officiers, soit pour leurs biens, ce qui comprend aussi la matière des apanages. Le pouvoir et la juridiction des différens tribunaux établis pour rendre la justice dans le royaume, les règles qui regardent les charges de judicature, et la manière d'en disposer et d'y pourvoir. Enfin, ce qui concerne le commerce, la police, les différentes communautés séculières du royaume, etc.

Cette première partie du droit civil seroit encore assez facile à mettre en ordre, et le fond de l'ouvrage est déjà presque fait, puisque tout ce qui doit y entrer se trouve dans les ordonnances que nos rois ont rendues sur ces matières. Il s'agiroit seulement de les revoir exactement, d'y ajouter les explications ou les interprétations dont elles peuvent avoir besoin, ou qui leur ont déjà été données par différens arrêts.

Le *droit privé* est composé de deux sortes de lois : les unes sont les lois romaines, ou ce qu'on appelle le droit écrit, qui est regardé et observé comme une véritable loi dans plusieurs provinces du royaume, auxquelles nos rois ont permis de continuer de s'en servir, lorsque les peuples de ces provinces ont été réduits entiérement sous leur obéissance ;

Les autres sont des coutumes rédigées par l'autorité du roi, et confirmées par ses lettres-patentes, pour avoir lieu dans certaines provinces, qu'on nomme, pour cette raison, le pays coutumier, parce qu'il est régi par les coutumes ; coutumes qui, par leur diversité, et souvent par leur contrariété, forment des règles de justice, si peu semblables les unes aux autres, que ce qui est juste, en-deça d'un ruisseau, est injuste au-delà ; et cependant, pour rendre les juges entièrement capables de remplir exactement leurs devoirs, il faudroit qu'ils fussent pleinement instruits de ces différentes coutumes, et qu'ils en eussent bien compris le véritable esprit.

On doit joindre, à ces deux espèces de lois, c'est-à-dire, au droit écrit et au droit coutumier, plusieurs ordonnances, édits et déclarations qui ont été faites, en différens temps, pour décider des questions du droit romain, ou des questions du droit français, et qui mériteroient encore plus par leur autorité, d'entrer dans le code, que le roi feroit publier sur le fond des matières mêmes.

L'ouvrage seroit grand, par rapport au droit civil, si l'on vouloit en composer une loi générale pour les provinces qui y sont soumises. Ce droit n'est pas composé comme le sont les autres lois, de simples décisions qui marquent la règle qu'il faut suivre dans chaque matière. Il embrasse une infinité d'idées, de réflexions, de raisonnemens même sur les premiers principes de l'équité et de la justice naturelle, et c'est ce qui a fait que ce droit est regardé, presque dans toutes les nations policées, comme une espèce

de droit commun, parce qu'il renferme en effet ces
premières notions de justice, qui sont communes à
tous les hommes.

Il seroit bien difficile que tout ce qui est de ce
genre dans le droit romain, pût entrer dans une loi
générale, faites sur toutes les matières de la jurisprudence, parce que la loi n'enseigne pas ces premiers
principes, elle les suppose, elle est faite non pour
raisonner, mais pour commander. Cependant, si l'on
retranchoit, dans le nouveau code, cette partie du
droit romain, les esprits des peuples, et surtout des
ministres de la justice, qui sont élevés dans la véné-
ration de ce droit, croiroient qu'on leur enlèveroit
ce qu'il y a de meilleur et de plus sacré dans les
lois, en leur ôtant ce qui leur sert principalement à
les bien entendre eux-mêmes, à les faire entendre
aux autres, et à les appliquer avec un juste discernement.

Il est à craindre en effet que, si l'on séparoit du
droit romain toutes ces notions générales de raison,
de justice, d'équité, qui y sont répandues, pour les
réduire à ce qui est véritablement de décision, et
qui doit servir de loi, on n'étudiât plus, à l'avenir,
que ce qu'on auroit tiré de ce droit, pour le faire
entrer dans le code public par l'autorité royale,
et qu'on cessât de lire les textes des lois romaines,
qui sont cependant ce qu'il y a de plus propre à
former d'habiles magistrats, et à leur inspirer ces
grands principes de droit naturel qui sont communs
à toutes les nations, et qui s'appliquent presque à
toutes les matières.

Toutes ces raisons font croire qu'il faudroit renoncer au dessein de faire entrer le digeste et le code
dans la loi générale que l'on feroit pour le royaume;
et il faut avouer même que, s'il y a une partie de la
jurisprudence qu'il soit moins nécessaire d'y comprendre que les autres, c'est sans doute ce qu'on
appelle le droit écrit, parce que le principal objet
que l'on se proposeroit dans le projet de cette loi
générale, étant de renfermer dans un seul livre la

science de tout ce qu'il est nécessaire aux magistrats de savoir, on peut dire que la chose est déjà faite par rapport au droit écrit, puisque tout ce qu'il faut étudier à cet égard est renfermé dans un seul ouvrage qui est entre les mains de tout le monde. Ainsi, quand même on voudroit y travailler dans la suite, pour le faire entrer dans le nouveau code, il faudroit toujours regarder cet ouvrage comme le dernier qu'il y auroit à faire pour la perfection d'un si grand dessein.

Mais, en attendant, il y auroit toujours deux choses, même par rapport au droit romain, qu'il seroit nécessaire d'y comprendre :

La première, est un certain nombre d'ordonnances qui ont été faites pour décider des questions du droit romain, comme celles qui regardent les degrés des substitutions et leur publication, l'insinuation des donations, la succession des mères à leurs enfans, etc.;

La seconde, est la décision de plusieurs questions qui naissent aussi du même droit, et qui se jugent différemment dans les différentes cours du royaume. Mais, comme il y en a aussi plusieurs de cette espèce dans le droit coutumier, on traitera plus à fond cet article, lorsqu'on parlera de la même vue, par rapport à cette seconde espèce de droit, sur lequel il s'agit à présent d'expliquer ce que l'on pourroit faire si on vouloit le renfermer dans une loi générale et uniforme, pour tout le pays qui est régi par les coutumes.

Il paroît bien étrange, comme on l'a déjà remarqué, que, dans un même royaume, il y ait presque autant de lois différentes qu'il y a de villes ou de bailliages, et il y a long-temps que de grands magistrats avoient conçu le dessein de réduire toutes les coutumes à une seule, qui seroit la loi générale de toutes les provinces régies par ce qu'on appelle le droit français.

C'est un dessein qui peut effrayer d'abord, soit par sa longueur, soit par sa difficulté ; mais, pour ce qui est de la longueur, elle ne doit jamais servir d'obstacles à l'exécution des bons projets dans une monarchie qui durera autant que le monde. Qu'est-ce que dix ans de travail, comparés avec l'utilité que le public en retireroit pendant plusieurs siècles ? Si, au lieu de s'arrêter à la vue de la longueur de l'ouvrage, on avoit eu le courage de le commencer, il y a long-temps qu'il seroit fini. D'ailleurs, il n'est nullement nécessaire, comme on l'a dit plus haut à l'égard d'une autre espèce de droit, d'attendre que tout l'ouvrage soit achevé pour en faire goûter les fruits au public. On peut le distinguer par matières; et à mesure qu'il y en aura une d'épuisée, publier la loi dont elle sera l'objet. On jouira au moins, dans ce point, d'une partie de l'utilité de l'ouvrage entier. Le bien ne se peut faire que par degrés, et c'est toujours avoir beaucoup fait en pareille matière que d'avoir commencé.

A l'égard de la difficulté de l'ouvrage, elle mérite d'être expliquée dans un plus grand détail.

On peut distinguer, dans les coutumes, trois sortes de matières ou trois sortes de dispositions :

Les unes ont pour objet les droits de seigneurie, qui sont une espèce d'émanation de la puissance publique, tels que ceux de justice, de fief et de censive ;

Les autres établissent des règles sur les droits ordinaires des particuliers, soit par rapport aux divers engagemens qu'ils contractent entr'eux, soit par rapport à l'ordre des successions ;

Les dernières contiennent quelques règles sur certains points de l'ordre judiciaire, comme sur ce qui regarde les demandes en retrait lignager et les formalités des criées.

Il n'y a rien de moins uniforme que les dispositions des coutumes, sur ce qui regarde le premier article, c'est-à-dire, sur les droits de justice, de fief et de censive.

La haute justice a plus ou moins d'étendue, selon les différentes coutumes. Il y en a qui n'en connoissent qu'un seul degré ; d'autres en admettent plusieurs, selon les différens titres de simple seigneurie, de châtellenie, de baronnie, de comté ou duché, qui sont attachés aux terres. Il en est presque de même de la moyenne et de la basse justice, qui ont des prérogatives et des droits différens, dans les différentes coutumes. Il y a des pays de liberté, il y en a de servitude. La servitude même n'est pas uniforme, et la condition des serfs est plus dure dans des coutumes que dans d'autres.

On trouve la même incertitude dans le droit des fiefs. La plus grande partie des coutumes établit cette règle générale, qu'il n'y a point de terre sans seigneur, c'est-à-dire, qu'il n'y en a point qui soit présumée être exempte de vassalité ou de censive, si l'on ne prouve le contraire par des titres incontestables. Il y en a quelques-unes où la présomption est, au contraire, en faveur de la liberté des terres, et où il faut que celui qui prétend en être seigneur suzerain, ou les avoir dans sa censive, établisse son droit par des titres singuliers.

Outre cette première distinction générale, il y a une diversité infinie dans les dispositions des coutumes, sur la manière de rendre l'hommage, sur la forme de la saisie féodale, sur le droit de relief, sur les aveux et dénombremens, sur les droits qui sont dus au seigneur en cas de vente, ou d'aliénation des fiefs mouvans de lui, sur le démembrement du fief, en un mot, sur tout ce qui dépend de la seigneurie féodale.

On pourroit faire la même observation, sur ce qui regarde les censives dont la condition est fort différente dans les différentes coutumes, soit par rapport aux droits et aux engagemens du censitaire, soit par rapport aux lods et ventes qui sont dus en cas d'aliénation.

La diversité des maximes qui sont établies par les différentes coutumes sur cette matière, produit une différence considérable dans le patrimoine des hommes, par l'utilité plus ou moins grande de ces sortes de biens, selon les droits qui appartiennent à ceux qui les possèdent.

Il est évident par exemple, qu'il est plus avantageux de posséder une terre dans la coutume de Paris, qui donne au seigneur suzerain le cinquième du prix des fiefs qui sont vendus dans sa mouvance, que d'en posséder une en Normandie, où, dans le même cas, il n'est dû au seigneur que le treizième.

Il seroit donc non-seulement très-difficile, mais entièrement injuste de vouloir réduire toutes les coutumes à une seule, dans ce qui regarde ces sortes de droits. Les régler sur le pied le plus fort, ce seroit enrichir les seigneurs dans les lieux où leurs droits sont moins avantageux, et appauvrir, sans raison, leurs vassaux ou leurs censitaires. Suivre le pied le plus foible, ce seroit, au contraire, favoriser les vassaux ou les censitaires aux dépens de leurs seigneurs. Prendre le milieu entre les deux, ce seroit faire tort à peu près également aux uns et aux autres, et s'il falloit se déterminer entre ces trois partis, le dernier seroit sans doute le plus équitable, ou le moins inique.

Mais, il y auroit toujours de l'injustice à changer, sans nécessité, l'état de la fortune des hommes, en abrogeant d'anciens usages et même des lois publiques, sur la foi desquelles ils ont vécu, ils ont contracté, et ont disposé de leurs biens depuis plusieurs siècles. On exciteroit par là un murmure universel dans toute la noblesse; murmure qu'on peut craindre, lors même qu'il n'est pas bien fondé, mais qu'il ne sauroit être permis de négliger assez, pour y donner lieu par une véritable injustice. Enfin, il est d'autant moins nécessaire de toucher à cette partie de la jurisprudence, qu'on peut regarder presque tous les droits des seigneuries, comme une suite d'anciennes conventions qui ont été faites entre les seigneurs et les vassaux, dans le temps des premières inféodations, ou avec les censitaires, lors de la concession des héritages dont ils jouissent : ainsi, il n'y a pas plus d'inconvéniens à laisser subsister ces anciennes conventions, quoiqu'elles produisent des droits fort différens, qu'à laisser exécuter les contrats de toute nature, qui se passent tous les jours entre les hommes avec des clauses et des conditions différentes.

Tout ce que les coutumes y ajoutent de plus par rapport aux droits des seigneurs, c'est qu'elles sont regardées comme un titre public pour tous ceux qui n'en ont point de particulier. Mais ce titre lui-même a son origine dans les anciennes investitures des fiefs, ou dans les concessions des censives, telles qu'elles se pratiquoient originairement dans un certain pays : ainsi, il s'agit plutôt dans ces matières de l'exécution d'un contrat, que de l'observation d'une véritable loi.

Toutes ces raisons font voir que si l'on formoit le dessein de réduire toutes les coutumes à une seule, il ne faudroit point y comprendre toutes les dispositions des coutumes qui regardent ce premier article, c'est-à-dire, les droits de justice, de fief et de censive ; il suffiroit à cet égard d'ordonner seulement par un article général, que ces dispositions seroient exécutées à l'avenir comme elles l'ont été par le passé, en réservant même expressément les droits des seigneurs qui ont des titres différens de la coutume de leur pays, réserve qui se trouve dans presque tous les procès-verbaux de rédaction des coutumes, et qui confirment encore ce qu'on vient de dire, que, dans ces sortes de matières, la coutume n'est regardée que comme le titre commun de tous ceux qui n'en ont point de particulier, et non comme une loi qui déroge au droit de ceux qui en ont.

La seconde espèce de règle qu'on a distinguée dans les coutumes, et qui ne regarde que les droits ordinaires des particuliers dans leurs engagemens, dans leurs dispositions et dans leurs successions, est d'un caractère fort différent de la première. On peut y faire plusieurs changemens, sans changer en même temps l'état présent de la fortune des particuliers. Comme ces changemens n'auroient lieu que pour l'avenir, ils pourroient tout au plus tromper des vues

et des espérances incertaines , mais ils pourroient
aussi en faire naître d'autres , et d'ailleurs cet inconvénient , léger en lui-même , et inévitable dans toute
réformation de jurisprudence , ne sauroit balancer
l'avantage infini que tout le royaume trouveroit dans
la rédaction d'une loi générale et uniforme qui pré-
viendroit une grande partie des différends qu'on voit
naître tous les jours entre les hommes , et qui serviroit à décider ce qu'elle n'auroit pu prévenir.

Qu'on abolisse par exemple la distinction des héritiers qui ne succèdent qu'aux meubles et aux acquêts,
et de ceux qui succèdent aux propres , distinction qui
fait naître tous les jours tant de procès ; qu'on ne re-
connoisse qu'un seul genre d'héritier dans chaque ligne paternelle où maternelle; et qu'on leur attribue
une légitime moindre que celle des enfans , mais de
la même espèce et qui se prenne également sur tous
les biens de la succession , il y aura des cas où la condition des héritiers qui attendent une succession ,
pourra devenir moins avantageuse par cette loi. Il y
en a d'autres au contraire où elle deviendra meilleure ; mais, outre que par là il se fait une espèce de
compensation qui rend la chose juste en elle-même,
dans les vues générales que doit avoir un législateur ,
le public, qui est son premier objet, trouvera un si
grand avantage à voir tarir la source de toutes les
contestations qui naissent sur les propres ou sur les
différentes espèces d'héritiers , que cette considération doit l'emporter, sans doute, sur l'intérêt incertain
de quelques particuliers, qui n'est rien en comparaison du bien général de l'état.

Ce seroit donc principalement à tout ce qui est de
même genre, dans les différens titres de nos coutumes,
qui règlent les droits des particuliers , qu'il faudroit
appliquer le grand dessein de réduire toutes les coutumes à une seule. On le diviseroit par parties, comme
je l'ai déjà dit, et il seroit fort à propos de l'exécuter
d'abord sur celles qui sont les plus simples, comme
les prescriptions, le retrait lignager, les hypothèques,
les donations , le douaire, etc. , où l'on peut moins

craindre que le mélange des intérêts particuliers ne mette obstacle au bien public. On s'accoutumeroit par là insensiblement à la douceur et à l'utilité de cette entreprise ; et, après en avoir fait une heureuse expérience dans ces matières faciles à régler, on regarderoit comme ennemis du bien public, ceux qui voudroient s'opposer à la continuation de ce dessein, dans les matières les plus susceptibles de difficultés.

On peut faire, à plus forte raison, les mêmes réflexions sur la troisième espèce de dispositions comprises dans les coutumes, c'est à-dire, sur celles qui règlent les formalités de certaines procédures. Il n'y a rien qu'il soit plus aisé de réformer sans causer la moindre inquiétude dans les familles, et l'ouvrage est déjà fait pour la plus grande partie.

Toutes les dispositions de certaines coutumes, par rapport au style et à l'ordre judiciaire, ont entièrement cessé par la publication des ordonnances civiles et criminelles du feu roi, et il n'en reste plus de vestiges que dans deux matières, c'est-à-dire, dans le retrait lignager et dans les décrets.

On auroit déjà pourvu à celles qui regardent le retrait lignager, dans la loi qu'on auroit faite sur cette matière.

Il ne resteroit plus que celle des décrets, dont il est fort extraordinaire que les formes soient différentes dans les différentes coutumes, quoiqu'il y ait une ordonnance générale faite par Henri II sur cette matière. Cette diversité de forme a eu même cet inconvénient, qu'il a fallu établir des praticiens pour examiner les criées, et pour vérifier si elles avoient été faites suivant la coutume, ce qui a servi de prétexte à la finance pour créer des charges auxquelles on a attribué cette fonction. S'il n'y avoit qu'une loi générale sur cette matière, il ne se glisseroit plus tant de fautes dans les procédures qui se font à cet égard, et il suffiroit d'avoir lu trois ou quatre articles de l'ordonnance, pour être en état de vérifier si la forme des criées est régulière. Il seroit donc aussi facile qu'avantageux au public de comprendre cette matière dans la loi générale, et elle est si importante pour la fortune des familles, que ce seroit peut-être une des premières par lesquelles il faudroit commencer l'ouvrage.

On a remarqué plus haut, en parlant du droit écrit, qu'il y a plusieurs points de ce droit sur lesquels la jurisprudence n'est pas uniforme dans les différentes cours du royaume ; le même inconvénient se trouve aussi dans plusieurs questions du droit coutumier ; et ce seroit toujours rendre un très-grand service au public, que de faire cesser entièrement cette diversité de jurisprudence, qui est non-seulement indécente en elle-même, et contraire au bien de la justice, mais qui donne lieu à une infinité de procédures et de conflits de juridiction, dont un des principaux motifs est le désir d'éviter un tribunal qui suit des maximes contraires à la prétention d'une des parties, et d'aller dans un autre qu'elle espère d'y trouver plus favorable. Ainsi, quand on ne devroit point travailler au projet d'une ordonnance générale sur le fond des matières, tel qu'on vient d'en donner l'idée, il seroit toujours digne de la sagesse et de la justice du roi, d'établir une commission composée des principaux conseillers d'état, et même, si on le jugeoit à propos, de quelques-uns des membres du parlement, pour examiner tous les mémoires qu'on demanderoit aux parlemens sur les points qui donnent lieu à cette diversité de jurisprudence, afin que, sur leurs avis, on pût faire une loi qui la fixeroit, sur tous ces points, d'une manière uniforme dans tous les tribunaux. Les articles de cette loi entreroient ensuite dans le corps d'une loi générale, où ils seroient placés chacun dans la matière à laquelle ils auroient rapport.

Il faut passer à présent au second objet que l'on doit avoir dans la réformation de la justice, c'est-à-dire, à ce qui regarde la forme de la procédure.

Nous avons déjà des lois générales sur ce sujet, dans les deux ordonnances que le feu roi a faites, l'une en l'année 1667, pour régler l'ordre de la procédure civile, l'autre en l'année 1670, pour fixer la

forme des instructions qui se font en matière criminelle.

Quoiqu'on ne puisse trop louer le zèle et les bonnes
intentions de ceux qui inspirèrent au feu roi un dessein si utile, et qui furent chargés du soin de l'exécuter, il faut avouer néanmoins que leur ouvrage n'est
pas encore aussi parfait, et n'a pas eu autant de succès qu'il seroit à désirer pour le bien public. Leur
but principal dans l'ordonnance civile, étoit d'abréger la longueur des procédures, de rendre les instructions plus simples, et de diminuer les frais ; mais
l'effet n'a pas répondu à leur attente, on a vu au contraire, depuis l'ordonnance de 1667, les procédures se
multiplier tous les jours, les instructions n'en être que
plus chargées d'incidens et de difficultés, et les frais
des procès croître au lieu de diminuer.

Il est vrai qu'il ne seroit pas juste d'en accuser entièrement ceux qui ont travaillé à la rédaction de cette
ordonnance. La subtilité et la malice des hommes vont
presque toujours plus loin, en pareille matière, que la
prévoyance du législateur. A peine l'ordonnance est-
elle publiée, que l'industrie du plaideur, ou de ceux
qui lui prêtent leur ministère, a déjà trouvé le moyen
de l'éluder ; et c'est de ces sortes de lois, qu'on peut
dire, dans la plus exacte vérité, qu'elles ne servent
souvent qu'à faire des prévaricateurs.

D'un autre côté, le mélange de la finance à la justice, la création d'un grand nombre de nouveaux offices, la multiplication et l'augmentation de droits
dont les actes de la procédure et l'expédition des jugemens sont chargés, ont donné lieu aux ministres inférieurs de la justice, et quelquefois aux juges mêmes,
de se perfectionner dans l'art de grossir les procédures, pour se dédommager en partie des sommes qu'ils
avoient été obligés de financer au profit du roi ; et,
comme le nombre des procès est considérablement
diminué, par l'impuissance où plusieurs plaideurs
ont été réduits d'avancer les frais nécessaires pour l'instruction, les procureurs ont encore aiguisé la subtilité
de leur esprit, pour trouver les moyens de faire en

sorte qu'un seul procès leur fût aussi utile que dix l'étoient autrefois, cherchant à se dédommager, si l'on peut parler ainsi, sur le haut prix de la marchandise, de ce qu'ils perdoient sur la quantité. Un grand nombre de juges subalternes ont connivé à une industrie si dangereuse, au lieu de la réprimer, parce que leur intérêt se trouvoit joint à celui des officiers qui étoient soumis à leur inspection.

Il ne faut donc pas s'étonner après cela du progrès que la science de ce qu'on appelle la chicane, a fait depuis l'ordonnance de 1667, et qu'elle fera toujours, de plus en plus, tant que la même cause subsistera.

Mais si cela est, dira-t-on, que servira-t-il de faire de nouvelles lois sur cette matière, qui ne produiront que de nouvelles fraudes de la part de ceux qui seront chargés de les exécuter?

Il est vrai que ce mal est du nombre de ceux auxquels on ne doit pas espérer de remédier efficacement, par la seule autorité de la loi, quelque sage et quelque parfaite qu'elle puisse être. Tous les réglemens qui ont déjà été faits sur cette matière, et tous ceux qu'on pourra faire dans la suite, seront inutiles; ou du moins ils ne produiront qu'un effet très-médiocre, si l'on ne va pas à la source du mal, et si l'on ne joint pas à l'autorité de la loi, trois choses qui sont absolument nécessaires, pour faire, dans l'ordre de la procédure, une réforme solide et durable.

L'une, est de réduire le nombre excessif d'officiers de judicature, qui ont été créés successivement dans ce royaume; cette réduction va devenir plus facile que jamais, par le rétablissement de l'annuel, qui empêchera que l'on ne lève bien des charges qui seront vacantes aux parties casuelles, et qui ne manquera pas d'y en faire tomber plusieurs autres, qu'il sera par conséquent facile de supprimer sans charger le roi d'aucun remboursement. La justice ne profiteroit pas seule du retranchement d'un grand nombre d'officiers qui ne vivent qu'aux dépens du public; tout l'état s'en ressentiroit encore, parce que ceux qui ne pourroient trouver d'entrée dans les offices de judicature, seroient obligés de s'appliquer à la culture des terres, ou au commerce, ou à d'autres professions plus utiles pour eux-mêmes et pour leur patrie.

L'autre, est de supprimer une partie considérable des droits qui se prennent sur les plaideurs, pour l'expédition des actes de justice, et dont il faut, pour l'ordinaire, que les procureurs fassent l'avance, qu'ils obligent enfin leurs cliens à leur rendre avec usure. Ce que le roi y perdroit n'est pas un objet fort considérable, et la bonne administration de ses autres revenus, qui croissent à proportion qu'il y a plus de personnes dans le royaume en état d'en consommer les denrées, pourroit l'en dédommager suffisamment. Après tout, le premier devoir de la royauté est de rendre ou de faire rendre justice à ses sujets : c'est une dette que le roi paie, quand il les met en état de la recevoir gratuitement; et il ne s'en acquitte qu'imparfaitement, lorsqu'il leur vend, en quelque manière, ce qu'il est obligé de leur donner.

La dernière, est d'établir un si bon ordre, et une discipline si exacte, dans les compagnies et dans les tribunaux inférieurs, que les ministres de la justice aient toujours des inspecteurs qui veillent continuellement sur leur conduite, et qui répriment les abus dans lesquelles ils peuvent tomber. Mais cet article regarde le troisième point où l'on s'est proposé de parler de la conduite de ceux qui sont chargés de rendre la justice.

Tels sont donc les moyens par le secours desquels on peut espérer de parvenir à une véritable réforme de l'excès des procédures; mais, quoique, sans cela, on ne puisse pas se flatter d'y réussir entièrement, il y auroit néanmoins dans ce qui dépend de la seule perfection de la loi, des dispositions à ajouter aux anciennes, qui pourroient remédier au moins à une partie du mal, si elles ne suffisoient pas pour le guérir absolument; et, dans toutes les choses humaines, la diminution du mal doit être toujours considérée comme un véritable bien, et presque le seul que les hommes puissent procurer.

Premièrement, il y a plusieurs provinces du royaume où l'on ne suit pas encore exactement la forme des procé ures prescrites par l'ordonnance de 1667, et où l'on a laissé subsister une partie des anciens usages, avec le nouveau droit. C'est un abus facile à corriger, et qui ne demanderoit qu'un article dans l'ordonnance générale.

Second ment, il y a beaucoup d'articles dans l'ordonnance de 1667, qui n'ont pas été rédigés avec autant d'attention et d'exactitude qu'il auroit été à désirer. C'est ce qui leur a fait donner des interprétations différentes dans les différens tribunaux, et l'on voit tous les jours, au conseil, des demandes en cassation d'arrêts, qui ne sont fondées que sur ce qu'il paroît que les juges ont mal entendu la disposition de la loi. Il seroit donc absolument nécessaire de faire une révision exacte des articles de cette ordonnance, pour y répandre partout une égale clarté, et y ajouter les interprétations que l'usage des meilleurs tribunaux y a données.

En troisième lieu, outre certains défauts d'attention qui ont échappé dans la rédaction de cette loi, il y en a d'autres plus essentiels, qui consistent dans l'omission de plusieurs moyens efficaces pour parvenir au grand objet de cette ordonnance, qui est l'abréviation des procès, et le soulagement des plaideurs.

Il seroit facile d'en donner plusieurs exemples; mais on en choisira seulement trois, qui pourront servir à faire voir qu'on s'est peut-être trop arrêté dans cette loi, à régler des détails de formes, au lieu d'entrer dans le fond des moyens capables de remédier solidement à la longueur des procédures, et aux abus des ministres inférieurs de la justice.

Premièrement, on n'a point pensé, en faisant cette loi, à réduire, autant qu'il est possible, le nombre des degrés de juridiction. Il y a des provinces, et surtout en Bretagne, où les plaideurs sont obligés de passer par cinq ou six degrés de juridiction, pour arriver enfin à celle du parlement. Dans le reste même du royaume, il y a bien des siéges de prévôtés royales qui sont absolument inutiles, surtout celles qui sont établies dans les villes mêmes où il y a des bailliages ou des sénéchaussées. Ce seroit un grand bien que de supprimer une partie considérable de ces siéges ; et, sans être financier, on pourroit imaginer aisément des moyens de faire cette suppression, sans qu'il en coûtât presque rien au roi.

Secondement, comme l'intérêt des seigneurs seroit un grand obstacle, dans plusieurs cas, à la diminution du nombre des degrés de juridiction, tels que le bien public le demanderoit, on pourroit y suppléer, au moins en grande partie, par une loi qui défendroit à tous juges dont l'appel n'est pas porté directement au parlement, d'appointer aucunes affaires, et d'instruire les procès par écrit ; en sorte qu'il n'y auroit que les bailliages et les pairies, c'est-à-dire, les siéges qui ressortissent nûment au parlement, dans lesquels il seroit permis de prononcer des appointemens qui engagent les parties dans de grands frais, et dans de longues procédures.

Cette loi ne seroit point injuste, soit parce que la plupart des affaires sont simples et faciles à décider dans leur naissance, et que ce n'est que la multiplicité des incidens qu'on y joint dans le cours de la procédure, qui oblige souvent les juges à les appointer ; soit parce que les premiers juges, étant peu chargés d'affaires, ont tout le temps d'entendre assez les parties pour être en état de les juger à l'audience ; soit enfin, parce que s'il est nécessaire de voir les pièces à loisir, les juges peuvent ordonner qu'elles seront mises sur le bureau, avec les plaidoyers des avocats et les mémoires que les parties jugeront à propos d'y joindre ; ce qui donne la même instruction aux juges, qu'un appointement, et ne cause aucuns frais nouveaux aux parties.

Si cette loi est juste, elle est encore plus nécessaire ; lorsqu'un procès a été instruit par écrit dans une prévôté royale, ou dans une justice seigneuriale; l'appel en fait un second procès par écrit dans le bailliage supérieur, où les avocats et les procureurs de ce second siége comptent pour rien ce qui a été écrit dans le premier ; et, lorsqu'ensuite l'affaire est portée du bailliage au parlement, on recommence encore une troisième instruction, comme s'il n'y en avoit pas déjà eu deux précédentes.

Il seroit à souhaiter par cette raison, que l'on pût retrancher celle même qui se fait dans les bailliages, en leur défendant aussi d'appointer, ou du moins en restreignant la liberté qu'ils ont de le faire à un certain genre d'affaires plus importantes ou plus difficiles ; et encore une fois, on ne doit jamais oublier que l'on fait toujours beaucoup, en diminuant le mal, si l'on ne peut pas le faire cesser absolument.

Troisièmement, suivant nos ordonnances, on distingue les matières sommaires, de celles qui paroissent plus importantes, et il est défendu aux juges mêmes des parlemens et autres cours, de les appointer.

Les jugemens qui se rendent dans ces matières, ont le privilége d'être exécutés par provision, nonobstant l'appel indéfiniment dans de certains cas, et dans d'autres, jusqu'à concurrence d'une certaine somme. Mais cette somme a été réglée sur un pied si modique, par l'ordonnance de 1667, pour de certaines juridictions, que les sentences qui s'y rendent ne sont exécutoires par provision, que jusqu'à concurrence de soixante livres, quarante livres, et même de vingt cinq livres. Ce qui donne lieu à beaucoup d'appels frivoles, qu'on n'interjetteroit pas, si l'on avoit d'abord été obligé de payer la somme entière, que l'on pourroit fixer à 200 livres indistinctement pour tous les siéges inférieurs, en laissant subsister néanmoins, la distinction accordée par l'ordonnance, aux requêtes du palais, dont les sentences sont exécutées par provision en matière sommaire, jusqu'à concurrence de 300 livres.

Quatrièmement, la taxe des dépens, si elle étoit bien faite, seroit un des plus sûrs moyens pour ré-

duire les frais des procès à leur juste mesure , et empêcher les procureurs d'abuser autant qu'il le font de
leur ministère. Mais, quoique l'ordonnance de 1667
contienne plusieurs dispositions très-sages et très-
justes sur cette matière , elles sont à présent peu
utiles pour les plaideurs , par l'usage qui a rendu insensiblement les procureurs absolument maîtres de la
taxe des dépens , et l'ordonnance même semble
avoir donné lieu à cet usage, en ordonnant que les
déclarations de dépens, données par l'un des procureurs et contredites par l'autre , seroient réglées par
un troisième.

On a voulu , de temps en temps, remédier à cet
inconvénient dans les siéges inférieurs, en y créant
des officiers , sous le titre de commissaires examinateurs, auxquels entre autres fonctions , on a attribué
celle de taxer les dépens. Mais , outre que dans un
grand nombre de tribunaux ce sont les procureurs
qui ont acquis ces charges , et qui les ont réunies à
leurs corps , de tels officiers n'ont guère été plus
utiles à la justice et au soulagement des plaideurs ,
que les procureurs mêmes.

Il n'y auroit donc qu'un moyen solide de faire la
taxe des dépens, d'une manière capable de contenir
les procureurs dans leurs devoirs, et de faire observer
exactement les règles à cet égard ; ce seroit d'ordonner qu'elle seroit faite par un conseiller qui seroit
commis à cet effet par le président ou chef du siége ,
où l'affaire auroit été jugée ; et, s'il falloit attribuer au
commissaire un droit modique pour cette taxe, les
parties en seroient bien dédommagées , soit parce
qu'elles n'auroient plus de procureur tiers à payer ,
soit parce qu'elles ne seroient plus exposées au danger des complaisances mutuelles que les procureurs
ont les uns pour les autres sur ce sujet.

On pourroit avoir encore bien d'autres vues sur
cette matière , mais il suffit d'indiquer ici la nécessité
d'y travailler , d'une manière plus utile au bien de la
justice, qu'on ne l'a fait jusqu'à présent.

L'ordonnance de 1670, sur les matières criminelles,

est peut-être plus parfaite que celle de 1667 sur les matières civiles, parce que le plan en est meilleur, et qu'il ne paroît guère possible d'en trouver un plus convenable au bien de la justice; mais, outre plusieurs observations que l'on peut faire sur le détail des dispositions de cette loi, qui ne sont pas rédigées d'une manière assez claire pour l'entière instruction des juges, il y a trois points principaux sur lesquels il seroit très-important de la perfectionner :

Le premier, regarde la compétence des juges, qui n'y a pas été déterminée d'une manière assez précise et assez décisive, soit par rapport à la prévention des juges royaux sur les officiers des seigneurs; soit par rapport au nombre des cas royaux, auquel il seroit nécessaire d'en ajouter quelques-uns expressément; soit enfin, par rapport aux cas prévôtaux, matière qui a été traitée très-superficiellement par l'ordonnance de 1670. A la vérité, on y a suppléé, en partie, par des déclarations postérieures; mais elles ne suffisent pas encore pour prévenir les conflits qui naissent tous les jours sur ce point, entre les juges ordinaires et les prévôts des maréchaux, et qui sont l'obstacle le plus ordinaire à la punition des grands crimes.

Le second point est celui qui regarde l'instruction des accusations de faux. Le titre entier de l'ordonnance de 1670, sur ce sujet, a besoin d'être remanié d'un bout à l'autre; ce titre a été rédigé avec si peu d'attention et d'exactitude, que les meilleurs juges s'y trompent souvent. Il n'y a presque point d'instruction faite dans les provinces en cette matière, qui ne soit cassée au parlement, à cause des défauts et des nullités qui s'y trouvent. Il n'est question, pour y remédier, que de recueillir les dispositions des arrêts du conseil ou du parlement de Paris, qui ont marqué fort exactement ces défauts et ces nullités, dans les injonctions qu'ils ont faites aux juges. On leur donnera par là une plus grande confiance dans la solidité de leur ouvrage, au lieu qu'à présent ils tremblent, quand ils sont obligés d'instruire un procès de cette nature ; et la crainte même de faire des fautes, ne sert souvent qu'à leur en faire commettre.

Le troisième point, et peut-être le plus important de tous, est ce qui regarde les frais des procès criminels, dans lesquels il n'y a point d'autre partie que le procureur du roi.

Premièrement, il est très-indécent que, dans un même royaume et sous l'autorité des mêmes lois, la jurisprudence des parlemens soit aussi différente qu'elle l'est dans cette matière. Le parlement de Paris et quelques autres suivent exactement la disposition des anciennes et nouvelles ordonnances, ne condamnent jamais l'accusé aux dépens, ni même aux frais nécessaires pour l'instruction, lorsqu'il n'y a point de partie civile; mais il y en a beaucoup d'autres qui observent une règle contraire, et qui condamnent les accusés ou aux dépens en général, ou du moins aux frais de l'instruction, quoiqu'ils n'aient été poursuivis qu'à la requête de la partie publique.

Il est absolument nécessaire de faire cesser cette diversité de jurisprudence, non en établissant une loi uniforme, puisqu'elle est déjà faite, mais en la faisant exécuter d'une manière uniforme par tous les tribunaux du royaume.

Secondement, on a confié aux intendans le pouvoir d'examiner les exécutoires décernés par les juges, pour le paiement des frais qui tombent sur le domaine du roi; mais la diversité des règles que chaque intendant se forme en cette matière, la longueur des retardemens qu'ils apportent souvent au visa des exécutoires, et, enfin, le défaut de fonds dans plusieurs endroits où le domaine du roi est engagé, font naître tant de difficultés dans cette matière, et causent même souvent tant de frais et de voyages aux procureurs du roi, que la plupart tombent dans le découragement et dans l'inaction, par la peine qu'ils ont à entreprendre une poursuite dont il faut avancer les frais, sans être assurés d'en obtenir le remboursement, si ce n'est après bien du temps et des sollicitations fort désagréables.

Ce n'est pas ici le lieu de proposer les remèdes que l'on pourroit apporter à ces inconvéniens, c'est assez d'avoir indiqué le mal, pour faire voir combien il est important que le roi y mette la main, et assure, par ce moyen, la punition des crimes et la sûreté publique.

Il ne reste plus que de dire un mot sur le troisième et dernier point, qu'on doit avoir en vue en travaillant à une réformation sérieuse de la justice, c'est-à-dire, à la conduite et à la discipline des officiers qui sont chargés de la rendre.

C'est sans doute le point le plus difficile, et sur lequel on peut espérer le moins de succès par le grand nombre d'officiers qui sont établis dans ce royaume, et par la vénalité des charges qui ôtent non-seulement toute attention, mais tout moyen d'en avoir autant qu'il seroit nécessaire, sur le choix des sujets.

Il ne faut donc pas se flatter de pouvoir réussir à empêcher tous les abus en cette matière; mais, s'il est difficile et presque impossible d'assujettir une si grande multitude d'officiers aux lois de la discipline la plus exacte, on ne sauroit aimer la justice et le bien public, sans désirer d'en approcher au moins le plus qu'il est possible; et, entre les moyens généraux qui se présentent à l'esprit pour y parvenir, il y en a trois ou quatre qui paroissent mériter une grande attention.

PREMIER MOYEN.

S'il est impossible d'abolir la vénalité des charges, source de presque tous les désordres qui se glissent dans l'administration de la justice, on pourroit au moins l'abolir à l'égard d'un petit nombre d'officiers principaux, par le moyen desquels on pourroit réprimer et contenir tous ceux qui remplissent d'autres offices dans un tribunal.

Il y en a trois de cette nature dans chaque siége principal, c'est-à-dire, dans les bailliages et sénéchaussées : ce sont ceux des lieutenans-généraux, des lieutenans-criminels, et des procureurs du roi. On ne parle point ici de lieutenans-généraux de police, parce que ce qu'on pourroit faire de mieux, à l'égard de ceux qui ont été établis dans les provinces seulement, en l'année 1699, seroit de les supprimer entièrement, et cette suppression, faite successivement dans un certain nombre d'années, ne seroit presque pas onéreuse au roi.

Si les charges de lieutenant-général, de lieutenant-criminel et de procureur du roi n'étoient plus vénales, on pourroit les remplir de bons sujets qui trouveroient dans le produit de leurs charges, dès le moment qu'ils ne les auroient point achetées, de quoi les soutenir avec honneur et désintéressement ; et des officiers de ce caractère seroient bien plus en état de maintenir la règle et la discipline dans leur siége, et d'y acquérir une considération qui est absolument nécessaire pour le bien de la justice. Quand on devroit imposer, tous les ans, une somme modique sur les provinces pour parvenir au remboursement de ces charges, les peuples en seroient bien dédommagés par la promptitude de l'expédition qu'on pourroit même rendre gratuite dans certains cas où l'on a été obligé d'attribuer des droits utiles à ces officiers, en considération des finances considérables que le roi a exigées d'eux ; mais, si l'on suivoit cette idée, il faudroit prendre en même temps la résolution de ne jamais accorder de brevets de retenue sur ces charges, et le faire même déclarer par le roi dans la loi par laquelle il en aboliroit la vénalité.

SECOND MOYEN.

Il y a assez de bonnes lois en France, comme on l'a déjà dit, mais le public n'en est pas mieux servi que s'il n'y en avoit point, parce qu'elles ne sont pas exécutées ou qu'elles le sont mal. C'est une chose très-sagement pensée pour maintenir l'ordre dans les justices les plus inférieures, que l'obligation imposée par les ordonnances et par plusieurs coutumes, aux lieutenans-généraux des bailliages et sénéchaussées, de tenir au moins une fois l'année ce qu'on appelle des assises, c'est-à-dire, un tribunal où l'on appelle tous les officiers inférieurs, et où tous les sujets du roi peuvent se plaindre des vexations qu'ils ont souffertes dans les justices subalternes. Mais cet usage, si sagement établi, a dégénéré en une vaine cérémonie, qui se termine ordinairement dans un seul jour, et où celui qui y préside se contente d'expédier quelques causes légères, qui sont portées extraordinairement devant lui, parce que, dans le temps des assises, les juridictions inférieures sont suspendues, et le public au surplus n'en reçoit aucune utilité.

Si l'on vouloit appliquer ce remède plus sérieusement aux grands abus des justices subalternes, il faudroit :

1.º Partager le ressort de chaque bailliage en plusieurs départemens, dans chacun desquels il y auroit un certain nombre de justices qui répondroient à l'assise que l'on tiendroit dans un lieu qui seroit comme le centre commun de la justice, et en diminuant, par là, l'ouvrage de chaque assise, on mettroit les juges qui les tiendroient bien, plus en état d'entrer dans le détail, et de remédier plus efficacement aux abus dont on se plaint ; ils connoîtroient, par là, successivement la conduite de tous les officiers de leur ressort, et les différentes contraventions que ces officiers peuvent avoir commises.

2.º La durée des assises, dans chaque lieu, devroit être fixée au moins à trois jours ; et ce n'est pas trop pour les juges qui sauroient en faire un bon usage.

3.º Il faudroit défendre aux juges qui tiennent les assises, d'y rendre aucun jugement sur une affaire nouvelle, si ce n'est lorsqu'il y auroit des affaires qui requerroient une si prompte expédition, qu'il y auroit de l'inconvénient à les différer, afin que tout le temps des assises pût être employé uniquement à la réformation des abus, et à l'examen de la conduite des officiers inférieurs.

4.º On pourroit accorder aux lieutenans-généraux

des bailliages qui tiennent les assises, le pouvoir d'interdire, sur-le-champ, les officiers qu'ils trouveroient en faute, pour un temps court, comme pour quinze jours, ou pour un mois, que le parlement pourroit prolonger ensuite s'il le jugeoit à propos.

5.º Enfin, il faudroit les obliger à dresser des procès-verbaux exacts de tous les abus dont ils auroient reçu des plaintes; des remèdes qu'ils y auroient apportés, ou de ceux pour lesquels ils croiroient que l'autorité du parlement de leur ressort seroit nécessaire; et d'envoyer ces procès-verbaux, huit jours après chaque assise, au procureur-général, qui feroit ensuite au parlement les réquisitions qu'il estimeroit convenables sur la lecture de ces procès-verbaux, pour réprimer plus efficacement les abus généraux et particuliers dont il auroit été informé par cette voie.

TROISIÈME MOYEN.

Mais, comme il y a des désordres et des abus si grands, que les officiers des bailliages n'ont ni le courage ni l'autorité nécessaire pour les réformer, rien ne seroit plus utile, pour faire fleurir véritablement la justice dans ce royaume, que l'usage fréquent des grands jours dans les différentes provinces d'un même parlement. On a rendu ce remède presque inutile, en le rendant trop rare; et si l'on vouloit que le public en tirât toute l'utilité qu'il en peut attendre, il le faudroit convertir en une espèce de visite annuelle, qui seroit faite successivement, par rapport à la justice, par des commissaires tirés du parlement.

On pourroit, par exemple, diviser le parlement de Paris en cinq départemens différens, et envoyer, tous les ans, des commissaires tirés de la grand'chambre et des enquêtes, visiter un de ces cinq départemens, recevoir les plaintes et les mémoires qu'on voudroit leur donner contre les officiers de justice, prononcer contr'eux les peines convenables, ou leur faire leur procès lorsqu'ils l'auroient mérité, et, par

quelques. exemples bien placés, imprimer en tous
lieux la crainte de la justice et le respect des lois.

L'année d'après, les mêmes commissaires, ou
d'autres que l'on choisiroit à la place des premiers,
en sorte néanmoins qu'il en restât toujours quelques-
uns de ceux-ci, iroient visiter le second département
et ainsi de suite, jusqu'à ce que toutes les provinces,
qui sont dans l'étendue de ce parlement, eussent été
visitées de la même manière ; après quoi on recommenceroit, dans le même ordre, à procurer le même
secours aux sujets du roi.

On pourroit faire la même chose, à proportion,
dans les autres parlemens; et, comme ils sont beaucoup moins étendus, le tour de la visite y recommenceroit plus souvent, en chaque département.

On ne sauroit croire combien cet établissement
animeroit la vigilance des officiers inférieurs, et affermiroit l'ordre public; les officiers des parlemens en
profiteroient eux-mêmes, parce qu'ils seroient obligés
de s'instruire plus à fond des règles qu'ils voudroient
faire observer aux autres. Leur zèle pour la justice
deviendroit plus actif et plus vigilant, par la connoissance des désordres qu'ils auroient à corriger, et, souvent, la réformation ne seroit pas moins utile aux réformateurs, qu'à ceux qu'ils seroient chargés de réformer. Il semble donc que, pour procurer un si grand
bien, le roi ne devroit pas plaindre une dépense aussi
bien employée, que celle qui seroit nécessaire pour
payer les frais de ces sortes de commissions.

QUATRIÈME MOYEN.

Toutes les ordonnances sont pleines de dispositions
qui obligent les compagnies à tenir, tous les mois, des
assemblées qu'on nomme mercuriales, pour veiller à
leur discipline intérieure, et réformer les abus qui
peuvent s'y être glissés. Les mêmes ordonnances
veulent que les articles, qui sont arrêtés aux mercuriales, soient envoyés au chancelier de France, pour
en rendre compte au roi, afin que, s'il s'y trouve des

matières assez importantes pour mériter que le roi y interpose son autorité, il soit en état de le faire, pour affermir l'ordre et la règle dans ces compagnies.

Une règle si sagement établie est tombée presque en désuétude; ou, si l'on tient encore des mercuriales, une ou deux fois l'année, dans certains parlemens, elles y sont employées à des discours purement oratoires, qui ne sont d'aucune utilité, ni pour la réforme des magistrats, ni pour le bien de la justice.

Il ne s'agit donc, à cet égard, que de rétablir des lois déjà faites, et qui auroient dû être toujours inviolablement observées.

La seule chose que l'on pourroit y ajouter, ce seroit d'établir qu'il se tiendroit aussi des mercuriales dans les bailliages et sénéchaussées, dont on enverroit le résultat au greffe du parlement, dans le ressort duquel ils sont établis, afin qu'il pût pourvoir, avec une autorité supérieure, aux abus et aux difficultés qui se seroient formées dans ces siéges.

Il seroit facile d'ajouter encore beaucoup d'autres vues à celles qu'on a proposées, dans ce mémoire, sur les trois points qui en sont l'objet. Mais on a cru qu'il suffisoit, quant à présent, d'indiquer les principales qui en feroient naître beaucoup d'autres dans le détail, si le roi juge à propos d'y entrer et d'interposer son autorité pour une entreprise aussi digne de Sa Majesté, que la réformation des lois, de l'ordre judiciaire et des ministres de la justice.

MÉMOIRE

Envoyé, en 1728, aux premiers Présidens et Procureurs-Généraux des Parlemens, et Consuls supérieurs, pour parvenir à concilier les diversités de Jurisprudence, et autres objets auxquels M. le Chancelier a jugé devoir se fixer pour le présent.

EN attendant que l'on puisse embrasser le grand et vaste dessein de faire un corps entier de législation, dans lequel on recueilleroit, comme dans un seul code, toutes les lois qui doivent être la règle des jugemens ; il y a trois objets principaux auxquels le roi juge à propos qu'on s'attache présentement, pour parvenir par degrés à la réformation de la justice dans ce royaume :

Le premier, est de fixer la jurisprudence sur plusieurs points de droit ecclésiastique, de droit romain et de droit français, sur lesquels elle n'est pas uniforme dans les différentes cours supérieures.

Le second, est de revoir successivement les ordonnances générales qui ont été faites par le feu roi, sur plusieurs matières, comme celle de 1667, sur la procédure civile ; celle de 1669, sur les évocations et committimus ; celle de la même année, sur les eaux et forêts ; celles de 1670, sur la procédure criminelle ; de 1673, sur le commerce; de 1680, sur la marine, etc. ; en commençant par l'ordonnance de 1670, comme la plus importante, et peut-être la plus aisée à perfectionner.

Le troisième, est de travailler, autant qu'il sera possible, à réformer ce qui regarde l'administration ordinaire de la justice, soit par la réduction du nombre excessif des juges et des officiers inférieurs, soit par la diminution des frais dont la justice est surchargée, soit par le rétablissement d'une discipline plus exacte dans les tribunaux, principalement dans les siéges inférieurs, afin de retrancher, ou de diminuer au moins, la matière des plaintes qu'on reçoit tous les jours sur ce sujet.

PREMIER OBJET.

Fixer la Jurisprudence sur les points qui se jugent diversement dans les différentes Compagnies.

Le plan du travail qu'on se propose de faire à cet égard, se réduit aux points suivans :

1.º Dresser un état exact, suivant l'ordre des matières de toutes les questions qui se jugent différemment dans les différens tribunaux.

Il ne sera pourtant pas nécessaire que cet état soit entièrement complet ; comme l'ouvrage dont il s'agit, sera de longue haleine, il suffira d'avoir rassemblé tous les points qui seront à régler sur une matière, comme par exemple, sur *les donations*, sur les *douaires*, sur *les testamens*, sur *la légitime*, etc. ; pendant qu'on travaillera sur cette matière, on pourra faire la table des questions de la matière suivante ; et ainsi successivement, jusqu'à ce qu'on ait entièrement épuisé toutes les diversités de jurisprudence, que l'intention du roi est de ramener à l'uniformité.

2.º Ecrire à tous les parlemens, pour savoir exactement quelle est leur jurisprudence sur les questions dont l'état leur sera envoyé, et quelles sont les raisons sur lesquelles cette jurisprudence est fondée.

3.º Tous leurs mémoires, aussitôt qu'ils seront arrivés, seront remis entre les mains de MM. les gens du roi du parlement de Paris, pour les communiquer à l'un des trois avocats qui seront chargés de travailler à l'ouvrage dont il s'agit, selon que la matière regardera, ou le droit ecclésiastique, ou le droit écrit, ou le droit coutumier ; ces avocats feront le précis des mémoires qu'on leur communiquera, et y joindront leur avis, qu'on les invitera à rendre le plus court qu'il sera possible, sans s'étendre en de longues dissertations, et en se contentant de marquer la substance des raisons ou des autorités qui les détermineront, parce qu'ils parlent à des magistrats qui les entendront à demi-mot.

4.º Il sera aisé, après cela, à M. le premier président et à MM. les gens du roi, de prendre leur parti sur la question proposée, sans se détourner trop long-temps de leurs autres occupations, et les mémoires qu'ils feront sur ce sujet, pourront être fort abrégés, soit parce qu'ils seront précédés d'un avis plus étendu qui aura été dressé par un avocat, soit parce que s'il y a quelque point d'une plus grande discussion, et qui par lui-même sembleroit exiger de longs écrits, on pourra le traiter de vive voix dans une conférence qui sera tenue à cet effet chez M. le chancelier.

Au surplus, on ne peut que laisser à la prudence de M. le premier président et de MM. les gens du roi de consulter, lorsqu'ils le jugeront à propos, quelques-uns des principaux magistrats du parlement, sur les questions qui leur paroîtront les plus importantes ou les plus difficiles à résoudre.

5.° On prendra aussi l'avis de quelques-uns de MM. les conseillers d'état, qui seront choisis par M. le chancelier ; il nommera un certain nombre de maîtres des requêtes, auxquels il distribuera les questions qu'il s'agira de rapporter, d'abord à MM. les commissaires du conseil, et ensuite à M. le chancelier, afin que l'ouvrage aille plus vite, en le partageant ainsi entre plusieurs personnes.

6.° Lorsque toutes les questions d'une matière auront été ainsi entièrement épuisées, on priera MM. les gens du roi de dresser le projet de l'édit ou de la déclaration que le roi fera publier sur cette matière, afin que, sans attendre la fin de l'ouvrage entier sur toutes les diversités de jurisprudence, le public commence à profiter de ce qui aura été réglé sur chaque matière, et que le bien qui en résultera soit un nouveau motif pour engager à continuer un travail si nécessaire, et à le porter jusqu'à son entière perfection.

SECOND OBJET.

Révision des Ordonnances générales du feu roi Louis XIV.

La manière d'exécuter ce dessein, se réduit aux points qui suivent :

1.° Charger un des substituts de M. le procureur-général de travailler, sous sa direction, sur le différentes lois qu'il s'agira de revoir, en marquant les difficultés qui doivent être décidées, et en recueillant d'un côté, les anciennes ou nouvelles ordonnances qui y ont rapport, et de l'autre les arrêts de réglement ou de préjugé qui peuvent servir à rendre la nouvelle loi plus claire, plus juste ou plus complète, que celles qu'il sera question d'expliquer, de réformer, ou de perfectionner.

2.º Commencer, comme on l'a déja dit, par l'ordonnance de 1670, et y suivre moins l'ordre des titres que celui de l'importance des matières. Celles qui ont besoin d'une plus prompte interprétation, sont : *la compétence des juges, les procédures particulières aux prévôts des maréchaux, le faux principal et incident, les défauts et contumaces, les lettres de rémission*, et surtout les *lettres de révision*, matières dont les principes et les règles n'ont été bien expliquées par aucune loi.

3.º Consulter aussi les autres parlemens sur les difficultés qui auront été recueillies par rapport à chaque matière ou à chaque titre ; mais, afin que cette consultation soit plus utile et produise plus promptement son effet, on croit que le meilleur parti sera de dresser, d'abord, un projet de déclaration, que l'on communiquera ensuite aux principaux officiers des parlemens de provinces. On parviendra par là, à fixer plus facilement leurs idées, et à en recevoir des réponses qui conduiront plus sûrement et en moins de temps à une dernière décision.

4.º Observer, au surplus, à l'égard de ce second objet, ce qui a été marqué par rapport au premier, et qui n'est pas compris dans les trois articles précédens.

TROISIÈME OBJET.

Réformer ce qui regarde en général l'administration ordinaire et habituelle de la Justice.

On a distingué trois parties dans ce qui appartient à cet objet :

La réduction du nombre excessif des juges ou d'officiers inférieurs de la justice ;

La diminution des frais;
La discipline des tribunaux.

PREMIÈRE PARTIE.

Réduction du nombre des Juges, etc.

1.º Il y a long-temps qu'on a proposé de supprimer toutes les prévôtés royales qui sont dans les villes où le siége du bailliage ou de la sénéchaussée est établi, et dont on aura incessament un dénombrement exact; cette suppression, dont les raisons et l'utilité n'ont pas besoin d'être expliquées, est à présent plus facile que jamais, par le grand nombre de charges qui sont vacantes, aux parties casuelles; M. le contrôleur-général en paroît convaincu, et il espère qu'il n'en coûtera rien au roi, pour procurer un changement si avantageux au public.

Il seroit donc nécessaire pour profiter d'un heureux moment où la finance est d'accord avec la justice, que M. le premier président et MM. les gens du roi voulussent bien faire un mémoire sur les difficultés qu'on doit prévoir, en faisant la suppression proposée, afin que l'édit qui paroîtra sur ce sujet, ne puisse que faire du bien, sans être sujet à aucun inconvénient.

2.º Outre cette première vue, on peut encore diminuer le nombre des officiers de justice, en réunissant, aux prévôtés royales qu'on laissera subsister plusieurs châtellenies, mairies ou autres petites justices royales, qui manquent de juges, ou qui n'en ont que de mauvais; et qui d'ailleurs seront assez proches du lieu où un siége plus considérable de prévôté royale est établi, pour ne pas obliger les sujets du roi à aller chercher trop loin la justice qui leur est due.

M. le procureur-général peut se faire envoyer un mémoire de ces justices royales qui sont dans l'étendue du parlement de Paris; on prendra les mesures nécessaires pour avoir de pareils mémoires, sur ce qui est dans le ressort des autres parlemens.

3.º Dans les bailliages et sénéchaussées, il y a plusieurs genres d'officiers, non-seulement inutiles,
mais nuisibles, ou du moins onéreux à la justice,
qu'il ne seroit pas bien difficile de supprimer, soit
en éteignant les charges de cette espèce, qui sont
tombées aux parties casuelles, soit en les réunissant
aux corps ou à certaines charges principales de chaque compagnie.

Cette vue peut s'appliquer :

Aux charges de lieutenans-généraux de police, de
conseillers et de procureurs du roi, en cette juridiction ;

Aux charges de rapporteurs et vérificateurs des défauts dans les lieux où elles subsistent ;

A celles de commissaires-enquêteurs, examinateurs ;

A celles de certificateurs des criées, etc.

SECONDE PARTIE.

Diminution des frais de Justice.

Si cet article est un des plus importans de ceux
qu'on peut avoir en vue dans la réformation de la justice, il est aussi un des plus difficiles, et peut-être
le plus difficile de tous, depuis que les droits dont
la justice avoit été chargée sous le dernier règne,
suspendus ou diminués pendant un temps, ont été
non-seulement rétablis, mais compris dans les fermes
de Sa Majesté.

Tout ce que l'on pourroit tenter, quant à présent,
à cet égard, se réduit presque aux vues suivantes :

1.º Comme les frais des procédures criminelles et
surtout ceux qui se font dans la poursuite des grands
crimes, ont moins de rapport avec les droits excessifs
dont les autres procédures sont chargées, on peut
former, dès à présent, le projet d'un réglement sur
les frais de cette nature. La justice désire depuis
long-temps ce réglement, et la finance, bien loin d'y
être contraire, paroît disposée à y concourir, afin d'é-
tablir un meilleur ordre à cet égard, pour l'intérêt

du roi même : ainsi, cette matière est une des premières auxquelles le zèle de M. le premier président et de MM. les gens du roi peut s'attacher dès à présent, en attendant qu'on ait ramassé les matériaux nécessaires pour travailler sur les autres sujets qu'on a déjà indiqués.

2.° Par rapport aux affaires ou procédures civiles, on pourroit en détacher certains genres qui sont ceux où il se fait le plus de frais.

Tel est, par exemple, tout ce qui regarde les scellés, les inventaires, les ventes de meubles, les instances de préférence ou de contribution.

Telle est encore plus la forme des saisies réelles, des criées, des décrets et des ordres, sur quoi le public désire depuis si long-temps un réglement qui diminue la longueur et les frais de ces sortes de discussions ; ce qui empêche, par là, autant qu'il est possible, la ruine entière des débiteurs, et souvent celle des créanciers.

L'objet des réglemens de cette nature, est d'une si grande importance, et le public en est si convaincu, que, quand il y auroit quelque chose à perdre pour les droits du roi, dans l'ordre qu'on établiroit sur de pareilles matières, ceux qui sont chargés de l'administration des finances, seroient bien éloignés de s'y opposer ; ils croiroient même, et ils auroient raison de le croire, que le roi seroit bien dédommagé dans la suite, de ce qu'il sembleroit y perdre d'abord, soit parce que le commerce des terres ou des autres immeubles étant plus facile, la circulation de l'argent deviendroit aussi plus prompte et plus abondante ; soit parce que les fonds étant plus aisément portés par ce moyen à leur juste valeur, il y auroit une partie des fermes du roi qui y trouveroient aussi un bénéfice considérable.

3.° A l'égard de tous les autres frais, ce que l'on pourroit faire sur ce sujet, dès à présent, se réduit à trois points principaux :

Le premier, est d'examiner les abus qui se commettent dans la perception des droits, en les supposant tels qu'ils sont établis, et d'en faire un mémoire, afin de mettre au moins le public à couvert des exactions ou des malversations des fermiers ou de leurs commis, en attendant que l'on puisse le délivrer d'une partie des droits mêmes.

Le second, est de faire un état exact et bien détaillé de tout ce qu'il en coûte à présent, pour obtenir justice, depuis la première demande jusqu'à l'arrêt définitif. La vue d'un pareil état frapperoit tous ceux qui ont du zèle pour la justice, dont l'amour n'est pas incompatible avec le soin de ce qui regarde l'administration des finances, et ceux même qui s'occupent principalement de ce dernier objet, ont trop de lumières pour ne pas sentir qu'il en est des droits qui se prennent sur les procédures, comme de tous les autres droits du roi, dont on fait souvent croître le produit en les diminuant, parce qu'on augmente par ce moyen la consommation; c'est ce qu'on ne manqueroit pas sans doute de représenter dans ce mémoire qui expliqueroit en détail la suite des frais de justice dans l'instruction des affaires civiles, et il n'y a guère que cette voie par laquelle on puisse parvenir à obtenir au moins quelque modération des droits qui ferment à présent les portes de la justice, à tous ceux qui sont hors d'état d'en soutenir la pesanteur.

Enfin, comme le plus sûr moyen pour prévenir tous les abus qui se commettent en matière de frais de procédure, soit de la part des fermiers du roi et de leurs commis, soit de la part des procureurs et des autres ministres inférieurs de la justice, est de veiller à ce qui regarde la taxe des dépens, et d'y apporter, s'il se peut, un meilleur ordre que celui qu'on y a suivi jusqu'à présent, c'est une matière qui demande d'autant plus l'attention des premiers magistrats, que les règles qu'ils peuvent établir, ou demander au roi sur ce sujet, sont entièrement détachées de ce qui regarde la finance, et dépendent principalement de leur vigilance et de leur fermeté dans l'administration de la justice.

TROISIÈME PARTIE.

La Discipline des Tribunaux.

Les vues que l'on peut avoir sur ce dernier point, ont pour premier et principal objet ce qui regarde les siéges inférieurs, parce que, comme on l'a déjà dit, il est juste et convenable de laisser aux cours supérieures, le soin et l'honneur de se réformer elles-mêmes.

Il y a assez de lois et de réglemens en France, sur les devoirs et sur la conduite des juges ; et quand on les aura examinés de nouveau, l'on trouvera peu de choses à y ajouter. L'essentiel est :

1.º D'en rappeler le souvenir, et de les ranimer, pour ainsi dire, en les renouvelant par une loi qui renferme tout ce qui regarde cette matière, et qui soit comme l'abrégé de la morale des juges, dans tout ce qui regarde leurs actions extérieures.

2.º D'en assurer l'observation par des règles nouvelles et plus appliquées à la pratique que les anciennes, ce qui manque à la plus grande partie des meilleurs lois, étant les moyens de les faire bien exécuter.

La première proposition est aisée à mettre en œuvre ; il ne s'agit pour cela, que de faire une revue des lois précédentes qui regardent en général le devoir des juges. La compilation en est toute faite dans le code Henri, il faudra y joindre seulement ce que l'on trouve sur le même sujet dans les lois postérieures ; et le travail sera court à cet égard, parce qu'il semble que depuis long-temps on ait abandonné les juges dans le royaume, à leur propre conseil ; ce qui fait que les lois les plus respectables qui ont eu pour objet de régler leur conduite, sont ou ignorées à présent, ou presque tombées en désuétude. On trouvera aussi quelques dispositions dans les arrêts de réglement rendus par les parlemens, qu'il sera bon de faire entrer dans cet ouvrage, pour en former comme un corps entier, des règles générales que les magistrats doivent avoir toujours devant les yeux.

A l'égard de la seconde proposition, encore plus importante que la première, de tous les moyens qui peuvent se présenter à l'esprit, pour maintenir une discipline uniforme et salutaire dans tous les tribunaux subalternes ou inférieurs, il n'y en a point qui paroisse plus utile, que de perfectionner l'usage des assises que les lieutenans-généraux des bailliages et sénéchaussées sont obligés de tenir au moins une fois l'année, et de ramener cet usage à son véritable objet, c'est-à-dire, à la réformation des abus qui se glissent tous les jours dans l'administration de la justice

Pour parvenir à un si grand bien, on pourroit :

1.º Partager le ressort des grands bailliages et sénéchaussées, en plusieurs départemens, dans chacun desquels il y auroit un certain nombre de justices, qui répondroient à l'assise que l'on tiendroit dans un lieu qui en seroit comme le centre commun. En diminuant par là l'ouvrage de chaque assise, on mettroit, les juges qui les tiendroient, en état d'entrer dans un plus grand détail, et de remédier plus efficacement aux maux dont on leur porteroit des plaintes ; ils connoîtroient par là, successivement, la conduite de tous les officiers de leur ressort, et les différentes contraventions que ces officiers peuvent avoir commises contre les règles de l'ordre public ;

2.º Fixer la durée des assises dans chaque lieu, à trois jours ou à cinq, et ce ne seroit pas trop pour les officiers qui sauroient en faire un bon usage ;

3.º Défendre aux lieutenans - généraux d'y rendre aucun jugement sur les affaires contentieuses des particuliers, si ce n'est dans les cas où elles seroient entièrement connexes avec la réformation des juges subalternes, afin que cette réformation fût l'unique objet de la tenue des assises.

4.º Accorder à ceux qui les tiennent, le pouvoir d'interdire sur-le-champ les officiers qu'ils trouveroient en faute, et cela pour un temps fort court, comme de quinze jours ou d'un mois, afin que leur autorité fût plus respectée. On peut aussi examiner si, par cette raison, ou même pour procurer une plus prompte expédition, on n'associeroit pas aux lieutenans - généraux, deux conseillers de leurs siéges ; ce qui néanmoins peut avoir ses inconvéniens.

5.º Les obliger à dresser des procès - verbaux de tous les abus dont ils auroient reçu des plaintes, des remèdes qu'ils y auroient apportés, ou de ceux dont ils estiment devoir remettre la réformation à l'autorité du parlement ; les procès-verbaux seroient envoyés, huit jours après chaque assise, à MM. les procureursgénéraux qui feroient ensuite les réquisitions qu'ils jugeroient nécessaires ou convenables, pour réprimer plus efficacement les abus généraux ou particuliers, dont le parlement seroit instruit par cette voie.

Et comme les lieutenans-généraux des bailliages ou sénéchaussées, auroient besoin d'être conduits et bien dirigés, surtout dans les commencemens, pour employer utilement le temps des assises, il seroit fort important que MM. les procureurs - généraux leur envoyassent une instruction qui leur marqueroit en détail tout ce qu'ils auroient à faire, pour parvenir au bien que l'on se propose en perfectionnant cet établissement.

Mais, comme les réformateurs ont souvent besoin eux-mêmes d'être réformés, et qu'il n'y a guère moins d'abus dans les bailliages et sénéchaussées mêmes, que dans les justices subalternes, le moyen le plus général et le plus efficace, pour contenir tous les officiers inférieurs dans leur devoir, et pour faire fleurir la justice d'une manière durable dans toutes les parties du royaume, seroit l'usage fréquent et même continuel des grands jours, qu'on réduiroit à une espèce de visite annuelle, qui seroit faite, successivement, des provinces du ressort de chacun des parlemens, par des commissaires tirés de ses compagnies.

On pourroit, dans cette vue, diviser les parlemens en un certain nombre de départemens, et envoyer, tous les ans, un président à mortier et six ou sept conseillers tirés de la grand'chambre et des enquêtes, pour visiter un de ces départemens, recevoir les plaintes ou les mémoires qu'on voudroit leur donner contre les officiers de ce département, prononcer contre eux les peines convenables, ou leur faire leur procès lorsqu'ils l'auroient mérité, et, par des exemples bien placés, imprimer en tous lieux la crainte de la justice et le respect des lois.

L'année suivante, les mêmes commissaires, ou d'autres que l'on choisiroit en leur place, en sorte néanmoins qu'il en restât toujours quelques-uns des premiers, visiteroient le second département, et ainsi de suite, jusqu'à ce que toutes les provinces du ressort eussent été visitées; après quoi, l'on recommenceroit dans le même ordre à procurer le même secours aux sujets du roi.

Un tel établissement ranimeroit et soutiendroit l'attention des officiers inférieurs, et affermiroit ou rétabliroit l'ordre public dans les lieux mêmes où les grands jours ne se tiendroient pas encore. On ne craindra point de dire, que les officiers des parlemens en profiteroient eux-mêmes, soit parce qu'ils seroient obligés de s'instruire plus parfaitement des règles qu'ils voudroient faire observer aux autres, soit parce que leur zèle pour la justice deviendroit encore plus actif et plus vigilant par la connoissance des désordres qu'ils auroient à corriger; et il semble que, pour procurer un si grand bien, le roi ne devroit pas plaindre une dépense aussi bien employée que celle qui seroit nécessaire pour payer les frais de ces sortes de commissions. Enfin, quand même la conjoncture présente des affaires ne permettroit pas encore que l'on commençât à faire cet établissement, c'est une vue qu'il est toujours utile d'avoir, pour la placer dans les temps où les dépenses du roi étoient diminuées; d'ailleurs, Sa Majesté sera plus en état de répondre aux vœux des magistrats qui aiment véritablement la justice.

Enfin, on laisse à la prudence et à la sagesse des magistrats qui liront ce mémoire, d'examiner s'il seroit à propos de renouveler la disposition des anciennes ordonnances à l'égard des mercuriales qui ne servent presque plus à présent qu'à la décoration de la magistrature, et qui avoient été regardées par nos rois, comme le moyen le plus propre à rétablir ou à conserver le bon ordre et une discipline exacte dans les grandes compagnies, pourvu qu'on tînt fréquemment ces sortes d'assemblées, et qu'on s'y appliquât à ce qui en est le véritable objet.

On pourra aussi examiner, s'il conviendroit d'en établir de semblables dans les bailliages et sénéchaussées, dont les procès-verbaux ou les résultats seroient envoyés tous les mois, ou tous les trois mois au parlement.

FRAGMENT

Sur les Preuves en matière criminelle.

Parmi les règles qu'on est obligé de suivre dans les matières criminelles, surtout lorsqu'il s'agit de la vie et de l'honneur des hommes, la première et la plus essentielle, est qu'il ne peut jamais être permis de condamner des accusés sans preuves légitimes et portées jusqu'à la conviction.

Il est vrai que les présomptions sont admises, quand il s'agit d'établir la vérité des faits ; mais, selon les lois, elles n'acquièrent le degré de preuves suffisantes qu'autant qu'elles peuvent produire une certitude aussi parfaite que les preuves mêmes, et que les conséquences qui en résultent *sont aussi claires que le jour*, suivant l'expression de ces lois mêmes.

Mais, pour avoir ce caractère d'évidence (et c'est une règle aussi constante que la première), il faut qu'il y ait une liaison nécessaire entre le fait qui forme la présomption et le crime qu'il s'agit de prouver, en sorte que l'un étant certain, il soit impossible que l'autre ne soit point véritable. Telle est l'idée générale que les plus graves auteurs qui ont traité la matière des présomptions nous ont donnée de celles qui peuvent tenir lieu de preuve

dans les accusations capitales : toute autre espèce
d'indice ne forme qu'une conjecture, une probabilité, un soupçon plus ou moins vraisemblable. Mais
ce n'est pas par des probabilités (1) ou par des
vraisemblances que l'on doit juger de la vie des
hommes, si ce n'est dans les cas où la loi même a
établi des présomptions de droit, qu'elle oblige les
juges à recevoir comme de véritables preuves. C'est
alors la loi qui juge plutôt que l'homme : mais ces
sortes de présomptions sont en très-petit nombre.
L'accusation de duel et celle des femmes qui re-
cèlent leur grossesse, en fournissent des exemples

(1) Les bons jurisconsultes pensent unanimement que des
indices et des probabilités ne peuvent jamais, même lorsqu'on
les considère dans leur ensemble, conduire à la certitude et
opérer la conviction. Il n'existe aucune méthode sûre de les
apprécier avec assez de justesse pour pouvoir les convertir en
preuves réelles, surtout dans les matières où il s'agit d'ôter la
vie et l'honneur à un citoyen. « Un faisceau d'indices, ajou-
tent-ils, marquent qu'une chose a pu être faite, mais non pas
qu'elle a été infailliblement faite. Un indice ne peut prouver
qu'autant qu'il auroit une liaison intime et nécessaire avec le
fait principal. On connoît les causes par les effets ; mais, c'est
lorsque ces effets ne peuvent naître que de la cause à laquelle
on les attribue. Lors donc qu'il est possible que plusieurs
causes différentes aient produit un effet, n'est-il pas déraison-
nable alors d'affirmer, d'une manière positive, l'origine de cet
effet ?.... Un amas fatal de circonstances, qu'on diroit que
la fortune a rassemblées exprès pour faire périr un innocent,
une foule de témoins muets, et, par là, plus redoutables,
déposent contre lui. Le juge se prévient, son indignation s'allume, et son zèle le séduit. Moins juge qu'accusateur, il ne
voit que ce qui sert à condamner, et il sacrifie, aux raisonnemens humains, celui qu'il auroit sauvé, s'il n'avoit admis que
les preuves de la loi. Un événement imprévu fait quelquefois
éclater, dans la suite, l'innocence accablée sous le poids des
conjectures, et dément les indices trompeurs dont la fausse
lumière avoit ébloui l'esprit du magistrat. La vérité sort du
nuage de la vraisemblance, mais elle en sort trop tard. Le
sang de l'innocent demande vengeance contre la prévention de
son juge ; et le magistrat est réduit à pleurer toute sa vie un
malheur que son repentir ne peut réparer. » Les juges ne
doivent donc recevoir la vérité même, quelque éclatante
qu'elle paroisse, que des mains de la loi, et dans les formes
qu'elle a établies. *Voyez* le Plaidoyer, dans l'affaire du sieur
de la Pivardière, tome 5, pag. 1 et 102.

16 *

presque uniques ; et , à l'exception de ces cas, il ne peut y avoir d'indices équivalens à une preuve que ceux qui ont le caractère que je viens de marquer.

A l'égard des autres présomptions qui, quoique moins fortes , peuvent former un commencement de preuve , c'est aux juges de les peser au poids du sanctuaire, et de mettre dans la balance celles qui sont contraires à l'accusé avec celles qui peuvent lui être favorables.

Si les premières font plus d'impression sur leur esprit, ils peuvent bien chercher de plus grands éclaircissemens, et prendre toutes les voies que les règles de l'ordre public autorisent pour découvrir pleinement la vérité ; mais jamais un degré plus ou moins grand de probabilité (sur quoi même les meilleurs esprits se trouvent souvent partagés) ne peut servir de base à une condamnation, et surtout à une condamnation capitale.

La même règle doit avoir lieu , à plus forte raison, lorsque les présomptions du crime sont tellement balancées par celles de l'innocence, qu'il n'en résulte qu'un doute, et encore plus lorsque les conjectures qui tendent à la décharge de l'accusé sont plus fortes que celles qui peuvent former un soupçon fâcheux contre lui.

MAXIMES

Sur la Compétence des Juges en matière criminelle.

Maximes générales et communes à toutes sortes de Juges et de cas.

PREMIÈRE INSTANCE.

I. « NUL officier n'est compétent pour informer, s'il n'a le caractère ou le droit de faire la fonction de juge ou de commissaire-enquêteur ».

De là vient que par l'art. 5 du tit. 2 de l'ordonnance criminelle, il a été défendu aux prévôts des maréchaux, de donner des commissions pour informer à leurs archers, à des notaires, tabellions, ou aucunes autres personnes qu'à leurs assesseurs, à peine de nullité de la procédure, et d'interdiction contre le prévôt.

Cet article a été fait pour réformer l'usage, ou plutôt l'abus contraire qui s'étoit introduit.

Voyez, sur cette question, un plaidoyer de M. de Harlay, avocat-général, fait en 1695, dans une cause où il s'agissoit de la juridiction criminelle de l'ordre de Malte, sur ses chevaliers et autres membres, à l'occasion du *frère Gorillon*.

II. « Dans le droit commun, le juge du lieu du délit est seul compétent ».

On tenoit autrefois en France, que l'on devoit suivre en matière criminelle la même règle qu'on observe en matière civile, et renvoyer la connoissance des crimes par-devant le juge du domicile de l'accusé. Il est facile de concevoir la foule d'inconvéniens auxquels cette maxime donnoit lieu.

On a commencé à s'en éloigner dans l'ordonnance de Roussillon, art. 19, qui porte : « que le procès sera fait dans la juridiction où le délit aura été commis ; mais seulement *lorsque le délinquant aura été pris dans le lieu du délit, sans que le juge soit tenu le renvoyer en autre juridiction dont l'accusé se prétendra domicilié* ».

L'ordonnance de Moulins, art. 35, a retranché cette condition, et a fixé la jurisprudence telle que l'ordonnance de 1670 l'a suivie, non-seulement en n'obligeant point le juge du lieu du délit à renvoyer l'accusé, quoique pris hors de son territoire, par-devant le juge du domicile, mais en obligeant, au contraire, le juge du domicile à renvoyer le prisonnier par-devant le juge du lieu du délit, s'il en est requis.

Dans le temps de la rédaction de l'ordonnance de 1670, M. le premier président de Lamoignon remontra que cette maxime, observée à la lettre et à la rigueur, étoit sujette à deux inconvéniens.

Le premier, qu'elle engage souvent à confier l'instruction d'un procès criminel à un juge ignorant, corrompu, suspect ou foible, et qu'elle prive par là les supérieurs de choisir le tribunal le plus digne.

Cette réflexion méritoit peu l'honneur qu'elle a reçu d'avoir été mise dans la bouche d'un si grand magistrat, puisque, si on l'écoutoit, la compétence des juges seroit arbitraire en matière criminelle, et il n'y auroit point de tribunal qu'on ne pût dépouiller.

Le second, qu'il y a des crimes continus ou successifs, comme, par exemple, le vol, le rapt. Ces crimes ne se commettent pas seulement dans le lieu où le vol a été fait, et où la personne ravie a été enlevée; ils durent, ou plutôt ils se renouvellent à chaque moment, tant que la chose volée ou la personne ravie est dans la possession du voleur ou du ravisseur.

En ces cas, sera-t-il juste de préférer le juge du lieu où le crime a commencé, au juge qui a fait arrêter le criminel?

M. Pussort répondit à cette difficulté, que les deux juges, dans cette espèce de crimes, étoient juges du lieu du délit, et qu'ainsi, le parlement pourroit choisir entre les deux, celui auquel il jugeroit à propos de renvoyer le procès.

Suivant ce principe, il semble que, régulièrement dans ces cas, le juge qui a fait faire la capture mériteroit la préférence.

III. « Cette règle, qui veut que le lieu du délit décide de la compétence du juge, souffre quatre exceptions :

» Les trois premières sont fondées sur des fins de non-recevoir résultantes de la conduite ou du silence des parties intéressées à demander le renvoi.

» La dernière dépend de la qualité du crime ou de celle des personnes.

» La première exception est fondée sur ce principe qu'en matière criminelle, les juges qui se trouvent saisis de la personne d'un accusé, ne sont point obligés de le renvoyer d'eux-mêmes, s'il n'est pas de leur compétence, excepté dans les cas où l'ordonnance le leur enjoint expressément ».

Ainsi, la règle de l'incompétence de tout autre juge que celui du lieu du délit, cesse, lorsque ni l'accusé, ni la partie publique, ni aucune autre partie ne demandent le renvoi; en sorte que, si, en cause d'appel, le procès étant jugé, on proposoit ce moyen, on n'y auroit aucun égard.

Aussi l'art. 1.er de l'ordonnance criminelle dit bien que l'accusé sera renvoyé devant le juge du lieu du délit : mais elle ajoute ces mots, *si le renvoi est requis.*

La seconde exception est établie dans l'art. 2 du titre 1 de l'ordonnance criminelle, qui porte « que la partie qui aura rendu plainte devant un juge, ne pourra demander le renvoi devant un autre, encore qu'il soit le juge du lieu du délit ».

La crainte des longueurs et des vexations auxquelles le changement de tribunal pourroit exposer un accusé, a été le motif de cet article.

La troisième exception est aussi marquée dans l'ordonnance, tit. 1, art. 3.

Cet article établit une fin de non-recevoir très-dure contre l'accusé qui n'aura pas demandé son renvoi avant que d'entendre la lecture du premier témoin à la confrontation.

Dura sed justa lex, en faveur du secret et de l'expédition.

La quatrième exception, fondée sur la qualité du crime, ou sur celle de la personne, est que toutes les fois que le cas, ou la personne, est, par une attribution particulière, de la compétence d'un certain juge, comme des juges royaux ou des prévôts, ou des eaux et forêts, etc., en ce cas, la règle du lieu du délit cesse absolument, avec la limitation néanmoins qui sera expliquée dans la suite.

IV. « Tout juge est compétent pour informer ».

Cette règle paroît d'abord absolument contraire à la précédente.

Cependant, il faut remarquer d'abord qu'il ne s'agit, dans celle-ci, que d'informer; au lieu que dans l'autre, il s'agit de toute l'instruction et du jugement.

Mais, pour entendre plus parfaitement le véritable sens de cet axiome vulgaire de procédure criminelle, on peut dire que cette règle s'entend premièrement des cas auxquels il n'y a point encore de renvoi requis; alors, tout juge est compétent, pourvu néanmoins que la vraisemblance y soit observée, et qu'il ne paroisse pas qu'il y ait eu de l'affectation dans le choix du juge.

2.° Cette règle suppose encore qu'il y ait du doute et de l'obscurité dans la question de la compétence; alors, on veut récompenser la diligence des juges; et, pour ne leur en pas faire perdre le fruit, ou plutôt pour empêcher que la justice ne le perde, on sauve, autant qu'il est possible, cette première partie de l'instruction.

3.° Le cas principal où cette maxime doit avoir lieu, est lorsque le juge qui a informé est le juge du territoire, quoiqu'il ne le fût pas par la qualité du cas, ou par celle de la personne dont la connoissance est réservée à un autre juge; comme, par exemple, si le juge du territoire est le juge d'un seigneur, et que le cas soit royal ou que ce soit un prévôt royal qui soit le juge du lieu, et que le cas soit prévôtal.

Alors, il est permis au juge ordinaire d'informer, même de décréter contre les accusés, à la charge d'en avertir les baillis et sénéchaux, ou leurs lieutenans-criminels, par acte signifié à leur greffe, lesquels doivent envoyer chercher ensuite le procès et les accusés, suivant l'art. 16 de l'ordonnance criminelle.

Elle y ajoute une condition importante, qui est que le juge informe *en flagrant délit.*

Cela ne s'observe pas toujours à la rigueur, et

l'on profite souvent de l'information faite par le juge du territoire, quoiqu'elle ne soit pas faite en flagrant délit, pourvu qu'elle soit antérieure à celle du juge privilégié.

La raison de cette maxime est fondée sur l'importance d'assurer promptement les preuves dans la chaleur de l'action ; elles s'échappent souvent lorsqu'on leur donne le temps de se refroidir.

Il résulte de tout ce qui vient d'être observé, que le vrai cas de la maxime, qui veut que tout juge soit compétent pour informer, est celui du *flagrant délit*.

V. « *Tous juges, à la réserve des juges et consuls des marchands, et des moyens et bas justiciers, pourront connaître des inscriptions de faux, incidentes aux affaires pendantes par-devant eux, et des rebellions commises à l'exécution de leurs jugemens* ». Ordonnance criminelle, tit. 1, art. 20.

Cette maxime est une des règles les plus générales qu'il y ait en cette matière ; elle ne souffre aucune restriction, si ce n'est peut-être par rapport à certaines personnes que leur qualité ne soumet qu'à la juridiction du parlement, comme les conseillers, les pairs ; il en seroit encore de même à l'égard des ecclésiastiques, s'il étoit question de leur instruire le procès pour une rébellion faite à l'exécution d'un jugement prononcé par un juge de seigneur.

VI. « Tous juges, même ceux des seigneurs, sont compétens pour ordonner la publication de Monitoires, dans les cas où faire se doit ». *Ord. crim., tit. des Monit., art.* 1.

La prévention peut être considérée en trois cas différens : car, comme il y a deux sortes de juges en général, savoir, les juges royaux et ceux des seigneurs, il est évident que, par une combinaison exacte, on peut en trouver trois espèces qu'il est important de distinguer.

Car, ou le juge royal prévient le juge royal, ou le juge de seigneur prévient le juge de seigneur, ou enfin le juge royal prévient le juge de seigneur ; c'est cette distinction qui donne lieu aux trois maximes suivantes.

« Il n'y a point de prévention entre les juges royaux ». *Ord. crim.*, *tit.* 2, *art.* 7.

Par l'ordonnance d'Orléans, art. 72, « les juges royaux ordinaires avoient la prévention sur les prévôts des maréchaux ».

Par l'art. 46 de l'ordonnance de Moulins, et par l'art. 20 de celle de Blois, « les présidiaux ont, par concurrence et prévention, la connoissance des cas attribués aux prévôts des maréchaux ».

M. Pussort prétendoit que ces deux dernières ordonnances avoient tacitement dérogé à celle d'Orléans, et réduit la prévention entre juges royaux, au seul cas des juges présidiaux, à l'égard des prévôts des maréchaux.

Sans examiner si cette conjecture étoit juste, il est certain que l'ordonnance de 1670 a véritablement dérogé à celle d'Orléans, et qu'ainsi les juges ordinaires n'ont plus la prévention sur les prévôts des maréchaux.

Cette règle souffre deux exceptions :

La première n'a lieu que dans les cas prévôtaux, dans lesquels, suivant l'art. 15 du premier titre de l'ordonnance criminelle, les présidiaux ont la préférence sur les prévôts des maréchaux, lieutenans-criminels de robe courte, etc., s'ils ont décrété avant eux ou le même jour, *sans déroger néanmoins aux priviléges du lieutenant-criminel de robe courte du Châtelet de Paris*, ainsi qu'il est dit dans la fin du dernier article du titre second de l'ordonnance criminelle.

Ce privilége, en cette matière, consiste en ce que le lieutenant-criminel et le lieutenant-criminel de robe courte, ont réciproquement entre eux la concurrence et la prévention.

La seconde a lieu dans toutes sortes de cas ; mais elle suppose la négligence de l'inférieur, plutôt que la diligence du supérieur. Cette exception a été ajoutée à l'ordonnance sur l'avis de M. Talon, et elle est conçue en ces termes : « *Au cas néanmoins que trois jours après le crime commis, nos juges ordinaires n'aient informé et décrété, les juges supérieurs pourront en connoître* ». *Art.* 7 *de l'ord. crim., tit.* 1.

Il est visible qu'en ce cas, il s'agit plutôt d'un droit de dévolution, que d'un droit de prévention.

On trouve un exemple de cette espèce de droit de dévolution dans l'édit de 1554, touchant la juridiction des lieutenans-criminels. *Art.* 6.

Cet article porte « que les lieutenans-criminels peuvent prendre connoissance des crimes commis dans les justices de leur ressort; *en cas de négligence, d'en faire punition par nos juges des lieux, dedans un mois après que les cas seront commis, pourvu qu'il n'y ait eu informations faites et commission décrétée et exécutée, et en soient procès pendans par-devant eux* ».

VII. « Il n'y a pas de prévention non plus entre les juges des seigneurs, encore que celui qui a prévenu soit le supérieur de l'autre ». *Art.* 8 *du même titre.*

Cet article est contraire à la disposition de quelques coutumes, comme M. de Lamoignon le remarqua lors des conférences tenues au sujet de la rédaction de l'ordonnance; néanmoins il ajouta que l'article lui paroissoit bon.

Le motif de cet article, comme du précédent, est d'éviter les conflits, trop favorables aux criminels.

VIII. « Le juge royal n'a pas non plus droit de prévention sur les juges des seigneurs; mais simplement droit de dévolution, si les juges des seigneurs n'ont pas informé et décrété dans les vingt-quatre heures après le crime commis; et, en ce cas même, il n'appartient qu'aux baillis et sénéchaux de prévenir, ou plutôt de suppléer la négligence des inférieurs ». *Art.* 9 *du tit.* 1 *de l'ordonnance criminelle* (1).

Cet article souffre deux exceptions qui sont marquées dans l'article même :

L'une regarde les coutumes qui ont une disposition contraire ; mais comme elles peuvent être de deux sortes, c'est-à-dire, ou pour la prévention absolue, ou pour la prévention conditionnelle, il reste à savoir si l'on suivra ce que dit M. Talon, que l'usage avait égalé ces deux espèces de prévention, et que les juges royaux ne renvoient jamais les affaires criminelles dont ils sont une fois saisis.

Je crois cette opinion assez sûre, soit parce qu'il est indécent que des officiers royaux n'aient travaillé que pour des juges de seigneur, soit par les inconvéniens qui peuvent arriver de ces renvois et des conflits qu'ils font naître.

L'autre exception regarde le châtelet de Paris, qui, par une loi tacite et par une coutume non écrite, étoit en possession de prévenir toutes les justices qui étoient autrefois dans Paris. *Ibid.*

IX. « Mais ce droit de dévolution établi en faveur des juges royaux supérieurs sur les inférieurs, et en faveur des baillis et sénéchaux sur les juges des seigneurs, fait naître une question importante par

---

(1) Avant l'ordonnance, on suivoit, en ce point, la disposition des coutumes et la possession.

Les coutumes établissoient deux sortes de préventions :

Dans les unes, comme dans celle de Vermandois, et dans quelques-unes de Picardie, la prévention étoit absolue, c'est-à-dire, que le juge royal demeuroit saisi de l'affaire, malgré la revendication du seigneur ;

Dans les autres, la prévention n'étoit que conditionnelle, et à la charge du renvoi, s'il étoit requis par le seigneur, comme dans les coutumes du Maine, de l'Anjou, du Poitou.

Mais M. Talon observe, dans le procès-verbal, etc., que l'usage avoit non-seulement réformé ces coutumes, en sorte que la prévention conditionnelle étoit entièrement abolie, mais que, dans les lieux même où les coutumes ne donnent pas la prévention aux juges royaux, les lieutenans-criminels s'en étoient presque tous mis en possession.

rapport à la qualité des crimes qu'il s'agit de poursuivre et de punir ».

Il y en a qui sont publics et notoires; il y en a qui sont occultes et secrets; il y en a qui se consomment par une seule action; il y en a, au contraire, qui consistent dans une suite et une continuité d'actions, et dans lesquels la justice punit moins l'acte que l'habitude du crime, comme l'usure, les exactions illicites, les concussions, etc.

Etendra-t-on à tous ces crimes indistinctement la règle établie par l'ordonnance, et le droit donné aux supérieurs de connoître des délits, dont les inférieurs ou les juges des seigneurs n'auront pas connu dans les trois jours ou dans les vingt-quatre heures?

Si les supérieurs ou les juges royaux connoissent en ce cas des crimes commis dans les justices subalternes, par droit et à titre de prévention, il n'y auroit certainement aucune distinction à faire, parce que le droit résideroit alors dans la personne des supérieurs, et il seroit absolument indépendant de la conduite des inférieurs.

Mais ce droit, comme on ne sauroit trop l'observer, est beaucoup plus un droit de dévolution, qu'un droit de prévention; et, puisqu'il n'est pas tant fondé sur l'autorité du supérieur que sur la négligence de l'inférieur, il semble qu'il doive cesser toutes les fois qu'on ne peut lui reprocher aucun retardement; et c'est ce qui arrive dans les crimes occultes, et dans ceux qui ont une espèce de progrès insensible et secret. Sera-t-il juste que le prévôt soit privé de la connoissance d'un crime caché, parce que le hasard l'aura découvert plutôt au bailli qu'à lui?

D'un autre côté, comme on ne peut trop exciter la vigilance des juges, on ne sauroit trop aussi la récompenser; et, comme il en faut plus pour découvrir et pour poursuivre un crime occulte, que pour prendre connoissance d'un crime public, il semble, que c'est au contraire, parce que le crime étoit occulte, qu'on doit être porté à récompenser la vigilance et la pénétration de celui qui l'a découvert, en lui confiant le soin de le punir.

On a cherché des tempéramens pour concilier ces deux opinions.

Quelques officiers de province ont prétendu que lorsqu'il n'y avoit point de partie civile ni de dénonciateur, et que c'étoit la partie publique qui, d'elle-même, demandoit à faire informer d'un crime secret, alors la prévention ou plutôt le droit de dévolution devoit avoir lieu, parce que si celui qui fait la fonction de partie publique dans les siéges inférieurs, avoit eu la même application que le procureur du roi du siége supérieur, il auroit eu le bonheur de faire la même démarche; et qu'ainsi, il y a lieu de favoriser la vigilance de l'un, et de punir la négligence de l'autre. Mais, lorsqu'il y a une partie civile ou un dénonciateur, comme ce ne peut être que le hasard et souvent l'ignorance de la partie civile ou du dénonciateur, qui l'adressent à un procureur du roi plutôt qu'à l'autre, il ne seroit pas juste que cette ignorance ou ce hasard pût dépouiller la juridiction naturelle, pour porter un procès dans un tribunal extraordinaire, dont l'autorité cesse toutes les fois qu'on ne peut imputer aucune négligence aux premiers juges.

Cette distinction, qui ne paroît point avoir été approuvée par aucun arrêt de réglement, a plus de couleur que de solidité, parce que c'est souvent le ministère public qui cherche et qui trouve une partie civile ou un dénonciateur, et qu'ainsi, il n'est pas moins juste, dans ce cas, de récompenser la diligence du procureur du roi, que lorsqu'il est seule partie.

Le tempérament le plus approuvé, et qui a été autorisé par un arrêt servant de réglement entre les officiers du bailliage et de la prévôté de Montdidier, rendu sur l'avis de M. Talon, est de ne compter les trois jours de l'ordonnance à l'égard des crimes occultes, ou dont le progrès est insensible, que du jour qu'ils sont devenus publics; et il dépend, après cela, de la prudence des juges de décider, suivant les circonstances des affaires, du degré de notoriété qui est suffisant pour mettre les premiers juges en demeure.

S'il falloit se déterminer absolument sur cette question, on ne pourroit prendre que trois partis :

Ou de n'appliquer la disposition de l'ordonnance qu'aux crimes notoires et publics, que tout juge attentif peut et doit connoître; et à l'égard des autres crimes, de conserver l'ordre de juridictions, quand même le supérieur auroit prévenu;

Ou, au contraire, de s'attacher à la lettre de l'ordonnance, et de rejeter toute distinction, parce que la loi ne distingue point; en sorte que la prévention ait lieu indirectement après les trois jours ou les vingt-quatre heures, soit que le crime soit public, soit qu'il soit secret et caché;

Ou enfin, d'entrer dans la question de la notoriété, suivant le tempérament de M. Talon, et de ne compter les trois jours, à l'égard des crimes occultes, que depuis que le crime est devenu public.

De ces trois partis, le premier est le plus mauvais, parce qu'il favorise la paresse et la négligence des officiers, et ne leur laisse aucun aiguillon pour les exciter à faire leur devoir.

Le second est certainement le meilleur de tous pour le palais, parce qu'il est plus propre à attirer une pratique nombreuse par la multitude des conflits auxquels il peut donner lieu, et que d'ailleurs il rend le pouvoir des juges souverains absolument arbitraire, puisque rien ne peut l'être davantage, que de décider de ce que l'on appelle *notoriété;* ce qui seroit cependant le seul principe de décision, si l'on prenoit ce parti.

On peut dire même, que si l'on devoit décider de l'ordre des juridictions comme du bien des particuliers, il n'y auroit rien de plus équitable que ce tempérament, puisqu'il conserveroit aux premiers juges tout ce qui leur appartient, jusqu'à ce que, par une négligence criminelle, ils eussent mérité de le perdre, en ne poursuivant point un crime devenu notoire et public.

Mais comme les lois ne doivent pas être faites pour les juges, et que l'ordre des juridictions, étant une portion considérable du droit public, doit être aussi uniquement réglé par rapport au bien public; il semble que le parti le plus simple, et par conséquent le plus avantageux, seroit de suivre l'ordonnance à la rigueur, et de rejeter absolument la distinction des crimes occultes et des crimes publics.

1.º Parce que cette distinction n'est écrite dans aucune loi; cependant il y a eu de tout temps des crimes occultes et des crimes notoires. Ce n'est point ici une distinction subtile qui n'existe que dans l'imagination du jurisconsulte : elle est dans la nature; pourquoi donc n'est-elle pas dans la loi? si ce n'est parce que la loi l'a rejetée avec réflexion, par la crainte des inconvéniens auxquels elle pourroit donner lieu.

2.º Parce qu'elle peut donner lieu à un grand nombre de conflits, dont la décision seroit toujours trop arbitraire, puisque, comme on l'a déjà dit, elle se réduiroit uniquement à déterminer le degré de notoriété, qui seroit suffisant pour accuser les premiers juges de négligence; ce qu'il est souvent très-difficile de découvrir, pour ne pas dire impossible.

3.º Parce qu'en ne distinguant point ces deux espèces de crimes, on oblige les officiers inférieurs à avoir une attention égale sur tous les crimes, de quelque nature qu'ils puissent être, dans la crainte d'être prévenus par les supérieurs; et c'est cette attention que les anciennes et les nouvelles ordonnances ont voulu exciter, par l'émulation louable qu'inspire aux officiers la crainte de la prévention.

Ainsi, par toutes ces raisons, et surtout par celle de la simplicité, qui doit régner encore plus dans les ordonnances criminelles que dans les autres, s'il s'agissoit de décider cette question par une loi générale, je croirois qu'il seroit avantageux au public de confirmer, par une disposition expresse, la maxime que le silence des lois précédentes semble avoir suffisamment établie.

APPELLATIONS.

I. « L'appel comme de juge incompétent et récusé, ne suspend point l'instruction ; et si les accusés refusent de répondre, le procès leur sera fait comme à des muets volontaires. La raison de cette maxime est évidente par elle-même ; elle est écrite dans *l'art. 2 du tit. 25 de l'ordonnance de 1670* ».

Autrefois on a tenu le contraire, et l'ordonnance de Roussillon, art. 18, distinguoit entre l'exécution du décret, qui ne pouvoit être suspendue par l'appel comme de juge incompétent, et l'instruction qui demeuroit en suspens, si l'appel étoit fondé sur l'incompétence ou sur la récusation des juges.

La nouvelle ordonnance a très-sagement dérogé à cette disposition, quoiqu'elle eût des partisans, et entr'autres M. le premier président de Lamoignon : il est aisé de concevoir ici la raison de douter et celle de décider.

M. Talon avoit proposé de prendre un tempérament, en suivant l'ordonnance de Roussillon, qui étoit d'obliger l'accusé à coter un procureur, sans quoi l'appel, comme de juge incompétent, ne seroit pas suspensif.

II. « Les procédures faites avec les accusés, volontairement et sans protestation depuis leurs oppositions, ne pourront leur être opposées comme fins de non-recevoir ». *Art. 3 du tit. 25 de l'ordonnance.*

Cette maxime est une suite de la précédente ; comme l'appel n'arrête point l'instruction, aussi l'instruction ne préjudicie point à l'appel.

III. « Il n'y a que deux degrés de juridiction en matière criminelle, dans les cas qui méritent peine afflictive ; et les appellations de toutes sentences préparatoires, interlocutoires ou définitives, doivent être directement portées au parlement.

D'Aguesseau. Tome XIII. 17

« Dans les autres cas, les accusés ont l'option de porter l'appel, ou par-devant les baillis et sénéchaux, ou en la cour. *Tit.* 25 *de l'ordonnance de* 1670, *article* 1.

Par la disposition de l'édit de Cremieu, *art.* 22, lorsqu'il s'agissoit de sentences portant condamnation à peine afflictive, si l'accusé appeloit à la cour, son appel devoit y être porté, *omisso medio;* que s'il appeloit purement et simplement, sans dire par-devant quels juges, l'appel devoit être jugé par les baillis et sénéchaux, et ensuite être porté en la cour.

Lorsqu'il n'étoit question que de moindres peines, on suivoit l'ordre des juridictions, quand même les accusés déclaroient formellement qu'ils appeloient au parlement.

L'esprit de cette jurisprudence étoit de ne donner l'option aux accusés de relever leur appel en la cour, ou par-devant les baillis et sénéchaux, que dans le cas où il échoit peine afflictive, et de suivre dans les autres l'ordre naturel des juridictions.

L'ordonnance de 1539, art. 163, plus simple, mais dans un esprit entièrement opposé à celle de Cremieu, voulut que toutes les appellations, en matière criminelle, fussent portées indistinctement ès cours de parlement.

Mais le roi François I.er dérogea lui-même, deux ans après, à cette ordonnance, par la déclaration du 20 novembre 1541; et, prenant toujours une route contraire à l'édit de Cremieu, il ordonna que lorsque la sentence contiendroit une condamnation à peine afflictive, l'appel en seroit toujours porté au parlement, et que, dans les autres cas, les parties se pourvoiroient par-devant les juges du ressort.

Le parlement, en enregistrant cette déclaration, la modifia, en ordonnant qu'il seroit en l'option et élection des pauvres prisonniers appelans de l'emprisonnement et longue détention de leurs personnes, ou du refus et déni de droit, d'appeler *nûment en ladite cour, des torts et griefs prétendus à eux faits par lesdits juges.*

Par les édits et déclarations concernant la création et juridiction des lieutenans-criminels, on a confirmé, ou tacitement ou expressément, la règle établie par la déclaration ou l'édit de 1541.

A toutes ces lois a succédé la dernière ordonnance, dans la rédaction de laquelle il semble qu'on avoit d'abord voulu renouveler la disposition de l'art. 163 de l'ordonnance de 1539; ce qui donna lieu à M. de Lamoignon de s'élever contre cette loi, et de proposer l'exécution de la déclaration de 1541.

M. Talon approuvoit la disposition de l'article tel qu'il avoit été projeté pour les jugemens définitifs, et pour ceux qui sont à peine afflictive; mais il prétendoit que dans les affaires légères, ou lorsqu'il ne s'agissoit que d'une simple instruction, on devoit laisser aux parties la liberté de se pourvoir par-devant les lieutenans-criminels, pour prévenir les longueurs de la prison auxquelles un accusé innocent pourroit souvent se trouver exposé, lorsqu'il auroit un accusateur puissant et accrédité dans la province, s'il falloit nécessairement recourir au parlement.

Cette opinion n'étoit pas soutenable, pour ce qui regarde l'appel du décret et de l'instruction; car, dès le moment que l'on convient que l'appel du jugement définitif doit être porté au parlement, il seroit absurde de porter ailleurs l'appel des jugemens préparatoires, qui souvent influent considérablement sur le jugement définitif; et d'ailleurs, si, lorsque l'appel des jugemens définitifs est porté au parlement, le parlement trouve que les jugemens préparatoires ont été mal confirmés par les baillis ou sénéchaux, et qu'il faille les infirmer, en quelles longueurs, et dans quels inconvéniens, la nouvelle instruction qu'il faudra faire ne jettera-t-elle pas les accusés et les parties civiles, et la justice même?

Mais l'avis de M. Talon, pour les affaires légères, étoit conforme à l'esprit du parlement dans l'arrêt d'enregistrement de la déclaration de 1541; et c'est en effet ce que l'on a suivi, en l'expliquant encore plus clairement que le parlement ne l'avoit fait, et en donnant la liberté aux accusés, dans les affaires peu importantes, de se pourvoir ou au parlement ou par-devant le juge du ressort.

Ainsi, l'ordonnance de 1670 est diamétralement opposée à celle de Cremieu.

L'esprit de l'une étoit de ne donner l'option aux accusés, que dans les cas qui méritoient peine afflictive, et elle s'étoit tellement attachée à suivre l'ordre du ressort, que, lorsque l'accusé s'étoit contenté d'appeler purement et simplement, sans ajouter qu'il appeloit au parlement, alors le procès devoit être jugé d'abord par les baillis et sénéchaux, et ensuite par le parlement.

L'esprit de l'autre est, au contraire, de ne donner l'option aux accusés que dans les affaires légères, et de donner au parlement la connoissance de toutes les appellations de sentences qui vont à peine afflictive, soit que les accusés le veuillent, ou qu'ils ne le veuillent pas.

L'édit de Cremieu rendoit les baillis et sénéchaux juges nécessaires des jugemens rendus dans les cas qui ne méritent point de peine afflictive, quand même les accusés voudroient aller au parlement.

L'ordonnance de 1670 leur donne le choix d'aller à l'un ou à l'autre tribunal.

Ainsi, l'esprit de cette nouvelle loi est de retrancher, autant qu'il est possible, les degrés de juridiction en matière criminelle; et cet esprit paroît beaucoup plus conforme au bien de la justice, que celui de l'ordonnance de Cremieu.

J'ai vu agiter, sur cet article, deux questions importantes.

L'une générale, qui consiste à savoir si, lorsque le juge du ressort est un juge de seigneur, comme cela arrive souvent dans les pairies qui reçoivent les appellations des justices inférieures, on peut lui appliquer ce qui a été établi par l'ordonnance en faveur des baillis et sénéchaux, en sorte que les accusés aient le choix de porter leur appel devant ce juge, ou au parlement.

D'un côté, on dit que l'ordonnance n'a point eu en vue de donner une attribution spéciale aux baillis et sénéchaux, mais simplement de marquer que, dans les affaires légères, il seroit libre aux accusés de suivre l'ordre naturel des juridictions; elle s'est servie de l'exemple des baillis et sénéchaux, parce que c'est le cas le plus commun, *demonstrandi, non limitandi animo*.

Les mêmes raisons qui ont fait donner ce choix aux accusés, à l'égard des appellations qui se relèvent par-devant les baillis et sénéchaux, doivent leur faire accorder la même liberté, par rapport aux appellations qui se portent devant les juges des seigneurs; la facilité, la promptitude de l'expédition ne sont ni moins nécessaires, ni moins favorables dans un cas que dans l'autre; et, si l'on en jugeoit autrement, il s'ensuivroit que les sujets du roi qui ont été accusés dans une justice seigneuriale, seroient de pire condition que ceux qui sont poursuivis dans l'étendue d'une justice royale, puisque les uns pourroient se pourvoir devant le juge du ressort, au lieu que les autres seroient toujours forcés, pour les affaires les plus légères, d'avoir recours à l'autorité du parlement.

De l'autre côté, on répond qu'il faut s'attacher à la lettre de l'ordonnance, et qu'elle a exclu tous autres juges, en ne nommant que les baillis et sénéchaux; que c'est ce qui paroît encore plus clairement par la tradition des articles d'ordonnances qui ont décidé diversement cette question, mais qui s'accordent tous à ne faire mention que des baillis ou sénéchaux; en un mot, des juges royaux du ressort. *Voyez* Cremieu, *art.* 22, *et déclaration sur l'art.* 163 *de* 1539, *et l'ordonnance de* 1670, *tit.* 26, *art.* 1.

On ajoute que, quelque légères que paroissent certaines affaires criminelles, le public y est presque toujours intéressé; et qu'ainsi, l'esprit et le vœu des plus sages ordonnances seroient qu'elles fussent toutes portées directement, *et omisso medio*, par appel au parlement; que ce n'est que par des motifs d'équité qu'on a bien voulu se relâcher de cette règle en certains cas, en faveur des accusés, mais qu'on ne l'a fait qu'en leur donnant des juges, dans les lumières et dans l'expérience desquels la loi peut prendre plus de confiance que dans les officiers des seigneurs; que c'est pour cela que l'on a renvoyé ces appellations par-devant les baillis et sénéchaux, qui ne sont point employés dans l'ordonnance comme simples juges du ressort, ni comme un exemple et par forme de démonstration, mais qui y sont marqués taxativement, et d'une manière limitative qui exclut tous autres juges.

Si l'on n'avoit pas eu cette intention, l'on se seroit servi simplement du terme *de juge du ressort*, qui convenoit également aux juges royaux et à ceux des seigneurs; mais on a évité cette expression, et on s'est attaché à celle de baillis et sénéchaux, pour marquer qu'en ce cas le droit de ressort n'a lieu qu'en leur faveur, et qu'il cesse à l'égard de tous les autres juges.

Pour décider cette question, on peut prendre trois partis:

Ou d'égaler en ce point les juges des pairies, et autres qui connoissent des appellations des justices inférieures aux baillis et sénéchaux;

Ou de leur refuser ce droit, et de tenir pour maxime que le parlement est le seul juge de l'appel des jugemens rendus en matière légère, lorsque le juge du ressort est un juge de seigneur;

Ou, enfin, de décider qu'en ce cas l'appel seroit porté, non devant le juge ordinaire du ressort, mais devant les baillis et sénéchaux qui connoissent des cas royaux dans l'étendue de la justice où l'appel se relève ordinairement; ce que l'on ne pourroit faire qu'en regardant le droit de recevoir ces sortes d'appellations, comme une espèce de cas royal dont l'attribution est faite aux baillis et sénéchaux.

Si l'on faisoit une loi nouvelle sur cette matière,

ce dernier parti paroîtroit le meilleur, et le plus équitable.

Mais, jusqu'à ce qu'il y ait une loi, l'usage semble avoir établi qu'en ce cas les parties se pourvoient immédiatement au parlement, et cela par le principe qui vient d'être expliqué, que l'esprit des ordonnances est d'abolir les degrés de juridiction en matière criminelle, et de suivre en ce point la disposition de l'ordonnance de 1539, ou, si l'on s'en écarte, de ne le faire que lorsque l'appel peut être par-devant les baillis et sénéchaux : or, c'est ce qui ne se peut faire jusqu'à ce qu'il y ait une loi qui l'ordonne, lorsque le juge du ressort est un juge du seigneur, parce qu'alors, le bailli est absolument incompétent pour recevoir l'appel; il ne reste donc plus que la seule voie de se pourvoir au parlement, et c'est celle que l'on suit.

La seconde question que j'ai vu agiter sur cet article, et qui a été solennellement décidée après avoir su les intentions du roi, par arrêt rendu sur mes conclusions dans le mois d'avril 1700, en la chambre de la tournelle, les deux chambres assemblées, consistoit à savoir si le Barois devoit être excepté de la disposition générale de cet article ; et si, dans les cas même où il échoit de prononcer peine afflictive, l'appel des sentences rendues par les juges inférieurs au bailli de Bar, devroit être porté par-devant ce juge, avant que d'être relevé en la cour.

On l'a ainsi décidé, suivant les termes précis des concordats passés entre nos rois et les ducs de Lorraine.

Il y avoit un arrêt contraire, rendu sur les conclusions de M. Talon, en 1670, auquel M. le duc de Lorraine fut reçu opposant par l'arrêt rendu sur mes conclusions.

IV. « Les procès criminels pendans par-devant les juges des lieux, ne peuvent être évoqués par le parlement, si ce n'est qu'après avoir vu les charges, on connoisse que la matière est légère et ne mérite pas une plus ample instruction; auquel cas le parlement peut évoquer, à la charge de juger sur-le-champ à l'audience, et de faire mention dans l'arrêt de la lecture des charges et informations; le tout *à peine de nullité. Article 5 du titre 26 de l'ordonnance de 1670.*

Les anciennes ordonnances et l'usage donnoient aux parlemens la liberté d'évoquer certains procès criminels, dont l'importance étoit assez grande pour mériter que l'instruction s'en fît au parlement.

(Voyez l'ordonnance de Charles VII, en 1453, article 34; et de François I.er, en 1525).

Aujourd'hui ce pouvoir ne s'exerce plus que par rapport aux duels arrivés dans l'enceinte des villes où les parlemens sont établis, ou bien plus loin, entre des personnes de telle qualité et importance que les cours jugent y devoir interposer leur autorité, suivant la déclaration du 14 *décembre* 1679.

Cet article souffre une exception, par rapport aux appointemens sur le rôle de la tournelle, dans les jugemens desquels on évoque le principal comme si l'on jugeoit à l'audience.

Cet usage a été établi par un réglement antérieur à l'ordonnance de 1667, dont il est fait mention dans le procès-verbal des conférences tenues au sujet de la rédaction de l'ordonnance de 1661, sur l'art. 2 du titre 5 de cette ordonnance.

M. le premier président de Lamoignon, M. le président le Coigneux, et M. Talon, soutinrent l'utilité de ce réglement contre l'article 5 du titre 26 de l'ordonnance criminelle.

M. Pussort dit qu'il en falloit parler au roi. Cependant l'article demeura conçu en termes prohibitifs; mais l'usage a prévalu sur l'autorité de la loi, et on suit le réglement du parlement, au préjudice de l'ordonnance qui le condamne.

On a demandé, sur cet article, si les baillis et sénéchaux pouvoient aussi évoquer le principal, ou s'ils étoient restreints à juger seulement *an benè vel malè.*

J'ai vu cette question fort agitée à l'égard du lieutenant-criminel du Mans, qui expliqua lui-même sa prétention au parquet.

Il soutint que, dès le moment que l'appel, en matière légère, pouvoit être porté devant les baillis et sénéchaux, il devoit leur être permis de statuer sur cet appel en toutes les matières possibles, soit en confirmant, soit en infirmant, ou en interloquant, soit enfin en évoquant le principal, pour le juger sur-le-champ et à l'audience; parce qu'en un mot, suivant les principes du droit, *mandatâ jurisdictione, ea omnia mandata intelliguntur, sine quibus jurisdictio exerceri non potest.*

Que sans cela les ordonnances n'auroient donné aux baillis et sénéchaux qu'un pouvoir imparfait, plus onéreux qu'avantageux aux parties, puisque tout ce qu'ils pourroient faire, si on leur ôtoit le droit d'évoquer le principal, se réduiroit à confirmer ou à infirmer la permission d'informer, ou le décret, et renvoyer ensuite les parties par-devant le premier juge, ou pour recommencer un procès civil, si l'on juge que l'action n'a pas dû être poursuivie extraordinairement; ou pour essuyer les longueurs et les frais d'une procédure criminelle, si l'on juge que l'affaire, quoique légère, ait pu mériter une information.

Que si cette maxime avoit lieu, on n'auroit donné qu'un pouvoir illusoire aux lieutenans-criminels, en permettant aux accusés de se pourvoir par-devant eux dans les affaires peu importantes, puisque, s'il est vrai que les baillis et sénéchaux ne puissent évoquer le principal, jamais aucun accusé ne sera assez mal conseillé pour se pourvoir sur l'appel d'un décret par-devant un bailli, dont il ne pourroit attendre un jugement définitif, dans le temps qu'il lui seroit aisé de sortir d'affaire par un seul jugement en s'adressant au parlement.

Que l'ordonnance criminelle doit être interprétée par l'ordonnance civile; et que, puisqu'en matière civile, il est permis non-seulement aux cours souveraines, mais à toutes sortes de juges d'évoquer le

principal pour le juger à l'audience, suivant l'art. 2
du titre 5 de l'ordonnance de 1667, la même règle
devroit être observée, à plus forte raison, en matière criminelle, où l'expédition doit être plus grande,
et où il est presque toujours plus facile d'entendre
et de juger le principal.

Qu'enfin, on ne doit point opposer aux baillis et
sénéchaux que l'ordonnance, en parlant de l'évocation du principal en matière criminelle, s'est servie
du terme de *nos cours*, parce que l'ordonnance est
conçue en termes prohibitifs; et pour marquer à quel
point l'évocation du principal, hors des cas de droit,
étoit prohibée, on a choisi ce qu'il y avoit de plus émi-
nent parmi les juges; afin d'apprendre aux inférieurs
que ce qui n'étoit pas permis à leurs supérieurs, leur
étoit encore plus interdit. Mais, comme il ne s'agissoit
point, dans cet article, de décider si tous les juges
d'appel avoient le droit d'évoquer pour juger sur-le-
champ, mais de régler simplement qu'aucuns juges
ne l'avoient que sous cette condition, il étoit inutile d'y
faire mention des baillis et sénéchaux, dont le pouvoir étoit suffisamment établi par le premier article
du même titre, où il est dit qu'en matière légère,
l'appel peut être porté par-devant eux : par là, on
leur a donné implicitement le droit d'évoquer le
principal. Il faudroit après cela montrer un article
de l'ordonnance qui leur eût ôté ce droit; et c'est
ce qu'il est impossible de faire voir.

L'ordonnance s'est servie du même terme de *nos
cours*, dans un autre article du même titre; c'est
dans l'art. 4, où il est prohibé de donner des défenses
sans voir les charges. Doit-on conclure de là que les
cours seules peuvent accorder des défenses? Nullement; mais on en peut et on en doit conclure que,
puisqu'il est défendu aux cours mêmes de surseoir
l'instruction sans avoir vu les informations, la même
chose est encore plus défendue aux juges inférieurs;
et en effet, les baillis et sénéchaux donnent tous les
jours des défenses d'exécuter les décrets décernés par
leurs subalternes.

J'ai vu pourtant des criminalistes éclairés, et entr'autres M. le président de Novion, soutenir que le parlement seul avoit droit de donner des défenses, et que toutes les fois que les juges subalternes en avoient accordé, il étoit de style au parlement de surseoir l'exécution de leur jugement. Je crois cela vrai en matière grave, parce que tout autre juge que le parlement est incompétent. Il n'en est pas de même si c'est en matière légère ; et, en effet, jamais il n'y a eu d'arrêts qui aient condamné cet usage.

Ceux qui soutinrent le parti contraire, ne purent alléguer en leur faveur que la lettre de l'ordonnance, et une raison d'utilité publique qui semble s'opposer au grand pouvoir que peut donner aux baillis et sénéchaux la permission d'évoquer le principal en matière criminelle, puisque, par là, ils peuvent souvent éteindre et étouffer la poursuite d'un crime considérable. Il est vrai que la partie civile a la ressource de l'appel au parlement ; mais ce remède est souvent ou trop onéreux, ou même entièrement inutile, parce que le secret des informations est révélé, et que l'accusé a le temps pour lui, et l'on sait qu'en matière criminelle, c'est presque avoir tout.

C'est un inconvénient, à la vérité, mais un inconvénient qui ne peut arriver que par la faute particulière d'un juge, et qui, par conséquent, ne doit pas faire dépouiller tous les autres d'un droit qui leur appartient légitimement.

Nous fûmes tous d'avis au parquet que le lieutenant-criminel avoit raison ; mais l'affaire ne fut point décidée dans la question générale, à cause de quelques circonstances particulières qui firent prendre le parti des tempéramens, plutôt que celui d'une décision exacte et de rigueur.

V. « *Nul juge subalterne n'est en droit de juger en dernier ressort qu'après avoir fait statuer sur sa compétence, dans les formes prescrites par les ordonnances* ». Voyez l'article 17 du titre 1 de l'ordonnance criminelle, et l'article 15 du titre 2.

L'équité de cette maxime est évidente ; il n'est pas

juste d'ôter à un accusé, sans examen et sans connoissance de cause, sur la seule opinion d'un prévôt des maréchaux, ou d'un autre juge qui doute rarement de son pouvoir, le droit que les ordonnances lui donnent d'être jugé successivement en deux tribunaux différens.

Quelque juste que soit cette règle, elle n'a pas toujours été établie.

Par la déclaration de 1536, qui donne droit aux prévôts des maréchaux de connoître des crimes commis par les gens de guerre ; par l'édit de création des prévôts de Meaux, Soissons, Reims, etc., de 1540 ; et par la déclaration du 5 octobre 1544, il étoit simplement enjoint à ces officiers d'appeler *quatre notables personnages, nos officiers, ou autres gens de conseil bien famés, des lieux prochains, pour rendre avec eux les jugemens en dernier ressort.*

Par la déclaration du 5 février 1549, qui attribue aux prévôts des maréchaux et aux présidiaux, le droit de juger sans appel, les voleurs de grand chemin, sacrilèges, faux-monoyeurs, ce nombre est augmenté jusqu'à sept, sans les obliger ni les uns ni les autres à faire juger leur compétence.

Mais, parce que l'on pouvoit se plaindre qu'ils entreprenoient de connoître des crimes dout la connoissance ne leur appartenoit pas, on ordonna, par la même déclaration, « que les parties qui en voudroient porter leurs plaintes, se retireroient pardevers le roi, ou pardevers le chancelier, pour leur être pourvu, sans que pour ce, ils pussent s'adresser aux cours de parlement ». *Art. 4 de ladite déclaration.*

La même règle fut encore établie par un réglement fait par le roi en son conseil, le 14 octobre 1565. Il est dit par le dernier article de ce réglement, « que la cour ne recevra aucun appel des prévôts des maréchaux, en cas à eux attribués ; mais, en cas d'appel, se pourvoiront les parties pardevers le roi, ou son chancelier, suivant l'édit de 1549, encore qu'il y ait appel d'eux comme de juges incompétens ; et néanmoins audit cas-d'appel d'incompétence, ne passeront outre à sentence définitive ou de question, jusqu'à ce que ledit seigneur-roi y ait pourvu ».

Par l'édit de 1564, portant réglement général pour la juridiction des prévôts, on a dérogé à cette dernière partie du réglement de 1563, qui obligeoit les prévôts de déférer à l'appel comme de juges incompétens ; mais on a confirmé le surplus, en ajoutant :

« Que l'incompétence, *prétendue par le prisonnier* (1), seroit jugée au nombre de sept conseillers ou fameux avocats du siége présidial, ou autre *siége royal* plus prochain ; et ce n'est qu'à cette condition, et après que les prévôts auront été déclarés compétens, qu'on leur permet de passer outre, nonobstant tout appel comme de juges incompétens ».

Cet édit n'avoit établi cette forme de faire juger la compétence, qu'en cas que le prisonnier demandât son renvoi.

L'ordonnance de Moulins, article 42, n'a fait presque que copier les termes de l'édit de 1564, et suppose toujours, que *la compétence des prévôts soit en dispute.*

L'édit d'Amboise de 1572, art. 13, contient encore la même disposition, *au cas que la compétence soit en dispute.*

La déclaration du 22 avril 1636, art. 5, porte « que les accusés seront conduits, dans les trois jours au plus tard du jour de leur capture, aux prisons du plus prochain *présidial, pour être fait droit sur la compétence ou incompétence* ».

Cette déclaration ne suppose pas, comme les autres, qu'elle soit alléguée par l'accusé.

L'ordonnance de 1670 a suivi l'esprit de cette déclaration, et elle a assujetti « les *prévôts des maréchaux à faire juger leur compétence, encore que*

_____

(1) Premier édit qui a établi la forme de faire juger la compétence.

l'accusé n'ait point proposé de déclinatoire ». Art. 15, du tit. 2.

Ainsi, cette jurisprudence a eu trois âges différens :

D'abord, nulle nécessité de faire juger la compétence ;

Ensuite, nécessité de la faire juger, pourvu que l'accusé demandât son renvoi ;

Enfin, nécessité de la faire juger, quand même l'accusé ne le demanderoit pas.

Il est important d'ajouter à toutes ces observations, qu'avant l'ordonnance de 1670, il n'y avoit que les prévôts des maréchaux qui fussent obligés de faire juger leur compétence; on n'y assujettissoit point les lieutenans-criminels, quoiqu'ils eussent droit, comme les prévôts des maréchaux, de juger en dernier ressort avec les présidiaux.

L'ordonnance a réformé cet abus dans le 17.e *article du titre* 1. Le terme de compétence n'explique pas pleinement ce que l'on veut dire à l'égard des lieutenans-criminels; car, comme M. Talon l'a remarqué sur cet article, le lieutenant-criminel peut être compétent, quoiqu'il ne soit pas juge en dernier ressort; il falloit donc ajouter, au terme *de compétence*, ceux qui suivent, *pour juger en dernier ressort.*

Il est aisé de concevoir combien cette dernière jurisprudence est plus sage et plus équitable que les deux autres. On s'est écarté néanmoins quelquefois de cette règle si pleine de justice et d'humanité.

Premier exemple. Déclarations des 22 janvier 1655 et 25 juin 1665, registrées au parlement le 12 août suivant, qui portent « que les pages et laquais qui seront trouvés portant des armes ou bâtons ferrés, ou non ferrés, dans toutes les villes et bourgs fermés du royaume, seront condamnés, par dernier jugement, par les juges des lieux, à la mort, sur le procès-verbal de capture ».

Loi si dure et si contraire aux anciennes, qu'elle n'a eu aucune exécution.

Doublement injuste dans la forme, sans parler de l'excès de la peine, soit parce qu'elle rend toutes sortes de juges, juges en dernier ressort, soit parce qu'elle ne les assujettit point à faire juger leur compétence.

Second exemple. La déclaration de 1666, touchant la police de Paris, permet aux officiers de police, de juger les vagabonds en dernier ressort, sans les assujettir à faire juger leur compétence, ni même à juger au nombre de sept.

Troisième exemple. Toutes les déclarations concernant les Bohèmes et les Bohémiennes.

Quatrième exemple. La dernière déclaration rend les lieutenans de police juges en dernier ressort des mandians, sans faire juger la compétence.

Cinquième exemple. Il en est de même à l'égard de tous les vagabonds en général, par rapport au lieutenant-général de police de Paris, suivant la déclaration du mois d'*août* 1701.

On s'est déterminé apparemment à prendre ce parti, parce qu'il a paru bizarre et nouveau d'obliger un lieutenant de police à faire juger sa compétence; mais on devoit considérer qu'il l'étoit encore plus de le rendre juge en dernier ressort, et que, dès le moment qu'on lui donnoit cette autorité, il falloit nécessairement l'assujettir à la même formalité à laquelle tous les juges subalternes qui jugent en dernier ressort sont soumis.

Le nom de police qui renferme en soi une connoissance sommaire, et *de plano*, a encore pu induire dans cette erreur. Mais on devoit prendre garde que, s'il ne s'agissoit que de peines légères, comme une amende ou autres choses semblables, on auroit pu, sans inconvénient, exempter les lieutenans de police de la formalité du jugement de compétence ; mais, dès le moment qu'ils peuvent et qu'ils doivent imposer des peines graves, comme le fouet, le bannissement, les galères, l'humanité ni l'équité ne souffrent pas qu'on les rende juges dans leur propre cause, et qu'on ne les oblige pas au moins à se faire déclarer compétens par d'autres juges, avant que de condamner en dernier ressort à des peines si rigoureuses.

MAXIMES

Tirées des Ordonnances, suivant l'ordre
du Code HENRI.

Des Ordonnances, Édits et Coutumes.

LES ordonnances doivent être observées du jour de leur publication.

Les parlemens et les autres cours souveraines ont droit de faire des remontrances.

Mais il y en a de deux sortes :

Les unes se font avant la publication des ordonnances ; et il est sans difficulté qu'elles en suspendent l'exécution, suivant la première maxime que l'on a posée pour principe, que les ordonnances ne doivent être exécutées que du jour de leur publication ; mais il n'est permis de faire ces sortes de remontrances qu'une fois avant la publication des lois nouvelles ;

Les autres se font après la publication des ordonnances, ou en vertu de la réserve qui en a été faite en les enregistrant, ou pour demander l'interprétation, l'extension ou la correction de quelques articles dont l'expérience a fait sentir les inconvéniens ou les défauts ; et ces dernières remontrances n'empêchent pas l'exécution des ordonnances.

Aujourd'hui cette différence cesse, depuis que le roi a ordonné que les remontrances ne pourroient être faites qu'après la publication des édits (1).

_____

(1) L'ouvrage ci-dessus a été fait long-temps avant la déclaration du 15 septembre 1715, donnée au commencement du règne de Sa Majesté, M. le chancelier d'Aguesseau étant encore procureur-général. On sait que Sa Majesté a rendu au parlement, par cette déclaration, l'ancienne liberté de lui faire des représentations avant l'enregistrement des ordonnances, édits, déclarations, etc.

Les ordonnances doivent être lues et publiées, tous les six mois, dans les cours souveraines, et, tous les trois mois dans les siéges inférieurs.

Les procureurs du roi et autres officiers des siéges inférieurs sont obligés d'envoyer, tous les ans, au procureur-général, un recueil des ordonnances mal observées en leur siége, avec un mémoire des causes de cette inobservation, pour y être pourvu par le roi, ou par les cours.

Toutes les coutumes et usages doivent être rédigés par écrit : défenses d'en alléguer d'autres.

Cette maxime n'est exactement observée que depuis que la dernière ordonnance a abrogé les *enquêtes par turbes* (1).

Les cours souveraines sont obligées d'interrompre toutes autres affaires, pour procéder à la vérification des édits et déclarations.

De l'Autorité et Juridiction des Cours de Parlement.

Le parlement de Paris connoît en première instance :

Des causes du domaine de la couronne et droits du roi, pourvu qu'il soit question de 25 livres tournois de rente, et de 100 sous de censive au moins ;

Des bénéfices qui vaquent en régale ;

Des causes où le procureur-général est principale partie ;

Des causes des pairs de France, touchant leurs terres tenues en pairie, et autres en apanage, et des droits d'icelles ;

(De là vient que Henri II, par un édit de 1551, a ordonné que les comtes d'Eu, pairs de France, leurs hommes sujets et vassaux, ressortiroient, tant en demandant que défendant, au parlement de Paris, comme à la cour naturelle des pairs de France.)

Des causes des prélats, chapitres, comtes, barons, villes, communautés et autres, qui, par priviléges ou

(1) Moulins, art. 2.

anciennes coutumes, ont accoutumé d'être traitées en ladite cour ;

Par une ancienne ordonnance du roi Jean, de 1363. *Fontanon, tom.* 1, *pag.* 552. (Il paroît qu'autrefois le chapitre de Paris et l'abbaye de Saint-Denis jouissoient de ce privilége.)

Des causes concernant les droits, priviléges, libertés et franchises des prévôts des marchands et échevins de Paris ;

Des procès et différends pour le fait de la navigation de la rivière *de Loire* et fleuves descendans en icelle, et des priviléges octroyés aux marchands fréquentant lesdites rivières.

Le parlement est tenu de renvoyer par-devant les juges ordinaires, les causes dont ils doivent connoître en première instance, ou par appel, *sinon que pour grande et évidente cause, notredite cour trouve bon d'en retenir la connoissance,* dont la conscience des juges est chargée : il en est de même pour retenir un appel porté au parlement, *omisso medio.*

La même règle, établie en termes généraux par l'ordonnance de Philippe-le-Bel, de 1302. *Art.* 19. *Fontanon, tom.* 1, *pag.* 552.

L'ordonnance du roi Jean, qui est au même endroit, demande, pour cela, des lettres du roi, *nisi justa causa in litteris super hoc impetrandis inserta nos ad introducendum in eádem curiá nostrá causam moveat.* Mais les ordonnances postérieures n'ont point exigé cette formalité.

Le parlement de Provence, par une attribution particulière, connoît en première instance des causes des évêques, prélats, barons et communautés dudit pays de Provence, tant en matière civile que criminelle, ensemble des causes des pupilles, veuves, et misérables personnes.

De la Forme de nommer et pourvoir aux Offices des Cours de Parlement.

L'ordonnance de Charles VIII, de 1493, art. 88, avoit réglé que, « quand il vaqueroit *office en la cour de parlement, les avocats du roi et le procureur-*

général avertissent ladite cour des bons et notables personnages du royaume, capables et suffisans pour être pourvus desdits offices, afin que le parlement y eût égard en faisant l'élection ».

Par les ordonnances de Philippe de Valois, de Charles VI, de Charles VII, de Charles VIII, de Louis XII, de Charles IX à Orléans et à Moulins, et de Henri III à Blois, il est dit :

« Qu'aussitôt après la vacation des offices de conseillers aux parlemens et cours souveraines, il sera procédé le plutôt que faire se pourra, toutes les chambres assemblées, à la nomination de vive voix d'une ou deux, ou trois personnes de l'âge, qualité et capacité requis, versées en la jurisprudence et expérience des jugemens de ceux que les cours verront être plus idoines et suffisans à exercer l'office vaquant, et ce fait en avertissant le roi, afin de pourvoir audit office ainsi qu'il verra être à faire ».

L'ordonnance de Charles VI, en 1406, et celle de Charles VII, en 1446, article 1.er, portoient « que les élections se feroient par scrutin ». Louis XII, art. 32 de son ordonnance, a changé cet usage, et a ordonné qu'*elles se feroient publiquement, de vive voix, et non par ballottes*.

Cette élection devoit se faire en présence du chancelier, s'il vouloit et pouvoit y être. *Ordonnance de Charles VII, 1446, art. 1.er; Fontanon, tom. 1, pág. 9.*

La même ordonnance veut que le parlement marque au roi quel est celui des élus qui paroît plus propre à exercer ledit office.

Entre les trois qui seront présentés, il ne pourra y en avoir qu'un natif de la ville où les cours sont établies.

Aucuns de ceux qui ont frère, père ou oncle dans les cours, ne doivent être présentés.

Entre les trois présentés, il en sera nommé un de l'état de la noblesse, s'il s'en trouve de la qualité et suffisance requise.

Charondas remarque, en cet endroit, que la noblesse même, au premier degré, est un des anciens priviléges du parlement; jugé par arrêt du 7 septembre 1595.

Ceux qui assisteront auxdites élections, feront entre

les mains de celui qui présidera, *serment de pure et sincère élection, etc.*

Les présidens et conseillers des requêtes du palais à Paris, ne seront choisis qu'entre les plus anciens conseillers au parlement, et à cette fin en sera nommé trois, au roi, pour en pourvoir un d'iceux.

En cas qu'aucune résignation soit admise des officiers du parlement, ou autres états de judicature, délai d'un mois sera donné aux procureurs-généraux pour s'enquérir de la capacité et prud'homie des pourvus, *et de la façon de la résignation*, et le procureur-général pourra requérir que tant le résignant que le résignataire soient ouïs par le serment.

Nul office ne pourra être vendu à prix d'argent, ou chose équipollente, à peine de privation de l'office. Charles VII, *art. 84 de l'ord. de 1458.*

« Défenses à tous officiers et conseillers, et à tous autres, de recevoir aucune promesse, ni don d'aucune chose, pour faire avoir aucun office du roi, à peine contre lesdits officiers et conseillers de payer le quadruple de ce qui leur aura été promis ou donné, d'encourir l'indignation du roi, et d'être grièvement punis; et contre ceux qui auront acheté leur protection, de perdre l'office par eux obtenu, de payer pareillement le quadruple, et d'être à jamais privés de tous offices royaux ».

Charles VIII, 1493, art. 68, voulut que tous les officiers prêtassent serment, avant que d'être reçus, qu'ils n'avoient rien donné pour parvenir à l'état et aux offices dont ils étoient pourvus.

Les ordonnances des rois suivans ont toujours établi ou confirmé la même maxime (1), jusqu'à l'ordonnance de Blois inclusivement.

De l'âge et autres qualités requises en la personne de ceux qui sont pourvus d'Offices ès Cours de Parlement.

L'ordonnance d'Orléans a fixé l'âge des conseillers

(1) Voyez Fontanon, tom. 1, pag. 9, 10, 11.

à 25 ans complets; celle de Blois a établi la même règle.

A l'égard des présidens, soit du parlement, soit des enquêtes, grand conseil et cour des aides, l'âge a été fixé à 40 ans au moins par l'ordonnance de Blois.

Le service est la seconde condition marquée par la même ordonnance, pour remplir lesdits offices de président :

Dix ans dans une cour souveraine;

Ou pareil temps de service dans la fonction de lieutenant-général aux bailliages et sénéchaussées;

Ou avoir fréquenté les barreaux des cours souveraines, et exercé la charge d'avocat si longuement, et avec telle réputation, que le pourvu soit estimé digne et capable desdits états.

L'usage a déterminé à 20 ans, ce temps qui étoit arbitraire.

L'âge sera vérifié par l'extrait-baptistaire, et par l'affirmation des plus proches parens, lesquels seront mandés à cette fin, et ouïs d'office.

Parenté entre Officiers d'une même Compagnie.

Ne seront reçus dans le même siége, soit supérieur ou inférieur, le père et le fils, les deux frères, l'oncle et le neveu.

Toutes dispenses déclarées nulles.

Et si aucuns de cette qualité ont été reçus, seront distribués et séparés en chambres diverses.

Qualité de Clerc ou de Laïc.

Les offices de conseillers-clercs ne seront donnés qu'à des clercs.

Toutes dispenses déclarées nulles, et n'y soit aucunement obéi par la cour.

Qualités purement personnelles.

La nécessité de l'information des vies et mœurs des présidens et maîtres des requêtes, conseillers en la

cour, a été établie par l'ordonnance de François I.er;
en 1546, article 3.

L'ordonnance de Blois a marqué plus exactement
la forme de ces informations.

Elles doivent être faites par les juges des lieux
auxquels les pourvus auront résidé pour les cinq
années précédentes.

Ne seront ouïs que témoins de qualité, dignes
de foi, et hors de tout soupçon, lesquels seront nommés par les procureurs-généraux ou leurs substituts.

Défenses auxdits officiers, sur peine de privation
de leurs états, de recevoir les noms desdits témoins,
de la part de ceux qui auront été pourvus.

Des examens des Officiers des Cours de Parlement.

La matière de cet examen, est le droit romain;
les dernières ordonnances l'ont ainsi fixée.

Celle de Louis XII (1), 1499, art. 51, n'en prescrivoit aucune, et chargeoit seulement les parlemens
d'examiner si le sujet qui se présentoit étoit suffisant
et *idoine*.

Charles IX, dans l'ordonnance de Moulins, a
décidé nettement que l'examen se feroit sur le droit
romain.

L'ordonnance de Blois a ajouté *la pratique, le
temps pour s'y préparer.*

Il ne devoit point y en avoir, suivant la même ordonnance, pour les officiers de cour souveraine, qui
devoient répondre à l'ouverture des *livres de droit,
sans leur bailler loi ou thème particulier.*

Mais, par l'ordonnance de Blois, le délai doit être
de trois jours, pour se préparer à répondre sur la
loi qui sera baillée.

Et pour-suivre en quelque manière la disposition
de l'ordonnance de Moulins, les pourvus doivent
répondre aussi, suivant celle de Blois, *sur la for-
tuite ouverture de chacun livre, qui sera en trois*

_____
(1) Fontanon, tom. 1, pag. 13.

endroits pour le moins, sans que l'on puisse donner aucun délai d'étude à ceux qui ne seront pas trouvés capables.

Le nombre de ceux qui doivent assister à cet examen.

Autrefois, tous les présidens devoient y assister avec tel nombre de conseillers que bon leur sembloit. *Ordonnance de Louis XII*, 1499, *art.* 31.

Depuis, il a été établi que toute la compagnie y assiste.

Les avocats et procureurs-généraux en sont exclus.

Choix de ceux qui doivent argumenter.

Seront commis deux conseillers de chacune chambre des enquêtes, pour, avec les présidens d'icelles, examiner ceux qui se présenteront auxdits états.

Seront exclus de ce nombre, ceux qui toucheront les pourvus de quelque degré de parenté, proche alliance ou grande amitié, ou qui auront poursuivi ou usé de recommandation pour les pourvus, et ne pourront opiner auxdits examens, tenus sur ce de se purger par serment, avant que d'y assister.

Donc cela s'étend à l'infini pour la parenté.

Nombre des suffrages qui doivent concourir pour la réception desdits Officiers.

Nul ne sera reçu, s'il n'est approuvé par les deux tiers de la compagnie qui auront assisté à l'examen.

En cas de refus, le parlement doit en avertir le roi, pour par lui pourvoir à l'office d'autre personnage habile et capable.

Celui qui a été une fois examiné et reçu en cour souveraine, ne peut plus être jamais sujet à l'examen, en quelque compagnie qu'il soit transféré.

Du serment des Officiers des Cours de Parlement.

Tous pourvus juroient autrefois qu'ils n'avoient point acheté leurs offices directement ni indirectement.

Ce serment a été aboli par l'usage devenu trop public et trop certain de la vénalité des offices.

Serment des Présidens.

De garder et entretenir les ordonnances, et les faire entretenir aux conseillers de nos cours, de point en point, et d'avertir le roi, s'il vient à leur connoissance, qu'aucuns des conseillers soient infracteurs d'icelles, en cas que ladite cour n'y ait pourvu, et de mettre toute diligence à eux possible, de s'enquérir des transgresseurs. *Fontanon, titre* I.er; *page* 14.

Serment des Présidens des Enquétes.

Semblable serment feront les présidens des enquêtes, par rapport à leurs chambres.

Serment des Conseillers.

Porter honneur et révérence à leurs présidens, et obéir à la cour, garder et entretenir les ordonnances.

Serment des Avocats et Procureurs-Généraux, Notaires, Greffiers, Huissiers.

Garder les ordonnances chacun à leur égard.

De la résidence, assiduité, réticence des délibérations et autres comportemens, enjoints aux Officiers des Cours de Parlement en l'exercice de leurs charges.

Tous présidens, conseillers, avocats, procureurs-généraux et greffiers des cours de parlement, doivent se trouver à l'ouverture qui s'en fait le lendemain de la Saint-Martin ; sera lu le tableau et fait registre des absens, dont les noms seront baillés le même jour aux payeurs des gages, auxquels défendons de payer les gages des absens, pour tout le mois de novembre, encore que lesdits officiers se trouvassent incontinent, après ledit jour, en nosdites cours, quelque excuse que les absens puissent alléguer, si ce n'est de maladie ou empêchement pour notre service, dont ils seront tenus de faire apparoir.

Et lesdits gages seront aumônés aux pauvres prisonniers des conciergeries.

Les officiers du parlement (1) doivent résidence continuelle et ne peuvent s'absenter durant la séance du parlement, sans congé exprès du roi, ou de sa cour de parlement, ni excéder le temps porté par le congé.

Heure pour entrer au Palais.

Depuis la Saint-Martin jusqu'à Pâque, les conseillers et présidens doivent être assemblés dans chaque chambre avant sept heures sonnées.

Charles VII, dans une ordonnance de 1446, marque six heures en tout temps, ou au moins dedans un quart-d'heure après six heures sonnées.

Depuis Pâque jusqu'à la fin du parlement, *tôt après six heures du matin, sans en partir jusqu'à la levée d'icelle cour,* si ce n'étoit par maladie, vieillesse, ou autre inconvénient.

Peine contre les coutumiers de faire le contraire, privation de leurs gages, suspension de leurs offices, ou telle autre que la cour ordonnera.

Avant la Pâque, la messe aussitôt après six heures.

Après Pâque, dite avant six heures.

Audiences.

Tous présidens, conseillers-clercs et laïcs, excepté

(1) Blois, art. 139.

ceux qui servent à la tournelle, doivent assister aux audiences, et faire résidence continuelle esdites plaidoiries, en si bon nombre, que l'honneur de notre dite cour y soit gardé.

Jours du Conseil.

Pareille assiduité, et ne s'en aille qu'un à la fois, quand ils voudront se lever pour quelque cause.

Prononciation générale des Arrêts.

Ceux de la grand'chambre et des enquêtes, qui seront ordonnés pour assister à la prononciation générale des arrêts, s'y trouveront en tel et si bon nombre qu'il est requis, pour l'honneur et dignité de la cour.

Dignité en général.

Tant à l'audience qu'autres actes, se comporteront avec gravité et honnêteté, en habits décens, et eux rendans attentifs à ouïr les plaidoyers, *et eux taisans quand le président parlera.*

Discipline de la Compagnie.

Voulons que les présidens de notre cour, auxquels principalement appartient la conduite et ordre d'icelle, aient singulièrement regard de laisser toutes autres occupations, et entendre à l'honneur et bonne conduite de notredite cour, et à bonne et briève expédition de justice.

Respect envers les Présidens.

Les conseillers porteront honneur et révérence aux présidens, tant en soi levant à la venue et entrée d'iceux, qu'en bénignement et patiemment écoutant, sans interruption ou empêchement, ce que lesdits présidens voudront ouvrir ou mettre en délibération.

Honneur des Juges en général.

Ordonnons que ceux qui tiendront nos parlemens (1) ne se souffrent vitupérer par outrageuses
paroles des avocats, procureurs ou parties, comme
représentant notre personne, en tenant notredit parlement.

Devoir des Juges par rapport aux parties.

S'abstenir de toute communication, dont pourront être causées vraisemblable présomption et suspicion de mal.

Ne boire ni manger avec elles, à leur compagnie,
ni avec leurs procureurs, avocats et autres qui les
convieront au pourchas aux dépens desdites parties,
et à l'occasion de leur procès.

Devoir des Juges par rapport aux procès de leurs parens et amis.

Ne point solliciter leur procès pendant ès cour,
où ils sont officiers (2), directement ni indirectement.

Peines.

Privation de l'entrée de la cour et de leurs gages
pendant un an, ou autre plus grande peine, s'ils y
retournent, dont nous voulons être avertis, et en
chargeons notre procureur-général sous les mêmes
peines.

Secrets des Délibérations.

Peine de suspension ou de privation des offices,
selon l'exigence des cas, contre ceux qui auront
révélé les secrets de la cour. Enjoint aux présidens
et conseillers de révéler les coupables de ce crime.

Post arrestorum prolationem, nullus, cujus opinionis fuerint

----

(1) Philippe de Valois, 1344. Fontanon, tom. 1, pag. 15.

(2) François I.er, 1539, art. 124. Blois, art. 120.

domini, *debet aliis revelare. Contrarium vero faciens*, *perjurii pœnam noverit se incurrisse.* Philippe de Valois, 1344. Fontanon, tom. 1, pag. 15.

Cette règle regarde les présidens, conseillers, avocats et procureurs-généraux; greffiers, notaires et secrétaires; huissiers, clercs du greffe, même les prélats ou autres qui ont entrée et séance dans les cours; et, à cet effet, les clercs feront serment à leurs maîtres, etc.

Charles VII n'avoit ordonné, en général, que la privation des gages pendant un an, et la privation de l'office seulement, si le cas le requiert. *Charles VII*, 1446. *Fontanon, tom. 1, pag.* 15 *et* 16. *Idem en* 1453.

La peine à l'égard des prélats, est d'être privés à toujours d'assister aux conseils de la cour, et condamnés en amende arbitraire, selon la gravité du cas.

La peine à l'égard des clercs est arbitraire.

Par l'ordonnance de Charles VII, 1446, 1458, pour les clercs des greffiers, c'est le bannissement de la prévôté, vicomté de Paris, à temps ou à toujours, selon l'exigence du cas.

Nota. Que, suivant les ordonnances, le bannissement perpétuel peut être d'un certain lieu.

Intégrité des Juges.

Pour ce que, singulièrement désirons que les officiers de nos cours de parlement, qui sur toutes les autres justices doivent être exaucés en bonne renommée, et sont et doivent être exemple et lumière des autres, aient devant les yeux et en continuelle mémoire, l'obligation qu'ils ont à Dieu et à nous, et à notre chose publique, de loyaument juger, et se garder de tous dons et promesses corrompables, et qui puissent ou doivent pervertir ou mouvoir le courage des jugeans, et de toute présomption ou suspicion de mal, ayant en grande horreur et détestation, que par dons ou promesses, justice soit ou puisse être pervertie et retardée, voulant obvier à l'indignation de Dieu, et aux grands esclandres et inconvéniens, qui pour telle iniquité et pervertissement de justice, *adviennent souvent ès choses des royaumes et seigneuries :* défendons à tous nos officiers de recevoir directement ni indirectement des parties plaidantes, qui ont affaire à eux, aucun don ou présent, de quelque chose que ce soit, sur peine de concussion.

L'ordonnance de Charles VII, 1446, art. 6, contient ces mots, sur la réception des présens : *autrement qu'il n'est permis de droit.*

L'ordonnance d'Orléans s'explique encore plus précisément en ces termes :

N'entendons toutefois y comprendre la venaison ou gibier pris ès forêts et terres des princes et seigneurs qui les donneront. Art. 43.

Outre cette peine prononcée contre les juges, les parties doivent être privées de leurs droits, et très-étroitement punies d'amende arbitraire, selon l'énormité et grandeur des cas, si ce n'est qu'elles vinssent le révéler à justice, avant que d'être accusées; auquel cas doivent être remunérées.

Les avocats, procureurs, solliciteurs, et autres qui auront servi de médiateurs ou de proxénètes à la corruption des juges, sont déclarés inhabiles à tous offices, mêmement de judicature, et punis de peines arbitraires, selon la qualité du cas et des personnes.

Taxes, Épices, Vacations.

S'il y a chose où il échoit quelque taxation, elle sera préalablement faite et ordonnée par nosdites cours, et la taxation mise au greffe, pour être baillée par les mains du greffier, à celui qu'il appartiendra.

Peine, privation des offices et autres plus grandes, *ad arbitrium Curiæ.*

Lieux où la Justice doit s'exercer.

Défenses de l'exercer dans les maisons des conseillers, mais en la salle de l'audience, issue du conseil, ou autre lieu convenable et honnête au palais.

Conduite du Juge par rapport à toutes sortes de personnes.

Défenses à tous officiers, tant de cour souveraine que subalterne, de prendre charge des affaires d'aucuns seigneurs, communautés, ou autres personnes laïques ou ecclésiastiques ;

Vicariats d'évêques ou prélats, pour le fait et disposition du temporel, spirituel et collations de bénéfices, de leurs évêchés, abbayes, etc.

Philippe-le-Bel, 1302, art. 11.
Nolumus quòd aliquis consiliarius de cætero recipiat vel habeat pensionem ab aliquá personá ecclesiasticá, villá vel communitate, et si aliqui habeant, volumus ut ex nunc dimittat. Fontanon, tom. 1, pag. 15.

Et en général, de s'entremettre aucunement des affaires d'autres personnes que de nous, des roynes nos mères et compagnes.

L'ordonnance d'Orléans, art. 44, fait défenses à tous officiers royaux de prendre gages ou pensions des seigneurs et dames de ce royaume, et de recevoir bénéfices de leur archevêque ou évêque, ou des abbés, prieurs et chapitres qui sont ès sénéchaussées, prévôtés et provinces où ils sont officiers, pour eux, leurs enfans, parens ou domestiques, à peine de privation de leurs états, nonobstant toutes dispenses.

Par une déclaration de 1561, Charles IX ajoute : *et de nos très-chers frères et sœurs, et nos très-chères et très-amées tantes les duchesses de Terrare et de Savoie, que nous avons voulu accepter pour la proximité du sang, qui nous attouchent;* mais par l'ordonnance de Blois, art. 112, *il faut prendre pour cela lettres de déclaration et de permission du roi.*

Peine, privation de leurs états, *ipso facto,* ou autre plus grande, s'il y échéoit.

Rang et séance des Officiers du Parlement.

Marcheront selon l'ordre de réception en leurs offices, excepté que les présidens des enquêtes précéderont tous les conseillers, qui du temps de leur

présidence se trouveront avoir été conseillers exerçant leurs offices aux enquêtes, nonobstant que lesdits
conseillers aient été plus anciennement reçus esdits
offices de conseillers que lesdits présidens, et soient
depuis montés par leur antiquité en la grand'chambre
de notre parlement.

Opinions, manière d'opiner.

*Opinantes in consilio tangere, vel repetere mo-
tivum in eorum præsentia prætactum, neque legem,
canonem, aut decretum, nisi petitum fuerit à presidente, vel in purâ juris materiâ fuerit, allegare de
bent.* Philippe de Valois, 1344. Fontanon, t. 1, p. 15.

Ordonnons que les présidens, tant de la grand'-
chambre que des enquêtes, aient bénignement les
opinions des conseillers desdites chambres, en faisant
le jugement des procès rapportés en icelles, et
ne disent chose pourquoi leur opinion puisse être
aperçue, jusqu'à ce que tous les conseillers aient dit
leur opinion; sauf toutefois, que si par les présidens,
rapporteur ou autre, étoit aperçu qu'aucun des opi-
nans errât en fait, il l'en pourroit avertir. *Charles VII,*
1446. *Fontanon, t. 1, p. 16 et 17.*

Il semble, par l'ordonnance du même, en 1453, que les
présidens puissent demander les opinions dans l'ordre que bon
leur semble :

*Et s'il semble, après le rapport, que la matière ait besoin
d'avoir ouverture plus ample, soient, par les présidens, demandées les opinions à ceux que l'on verra être plus expédiens
et convenables, selon la matière sujette.* Fontanon, pag. 19
et 20.

Rédaction des Arrêts.

*Inquæstarum Domini.... tenentur, sub eorum
juramentis, post arresti conclusionem, illud infrâ
sex dies in camerâ causâ corrigendi reportare. Quòd
si fieri non possit, super hoc congedium à præsidente
recipiet, sedentibusque dominis arrestum corrigen-
dum legi, et correctione factâ, rescribi, et rursus
legi debet.* Philippe de Valois, 1344. Fontanon,
tôm. 1, pag. 15.

Fontanon, 1453, a ajouté ces mots :

« Toutefois si nosdits présidens voyoient qu'aucuns en leurs délibérations ou opinions, réitérassent souvent les choses devant dites, ou non alléguées et contraires au procès, ou usassent de trop grande superfluité en langages impertinens, ils pourront avertir lesdits conseillers, et faire cesser lesdites superfluités et réitérations, etc. ».

Juges ne doivent point juger sur les connoissances qui peuvent leur être acquises extrajudiciairement.

Injungit rex omnibus tam magnæ cameræ quàm inquæstarum dominis, in vim sui juramenti, ne de causis in eâdem curiâ existentibus, informationem per verba privata, in eorum domibus, nec alibi recipiant a quocumque per litteras vel nuncios, nec aliàs quovis modò, sed solùm in parlamento, partibus in curiâ litigantibus, et eorum jura monstrantibus. Idem ibid.

« Prohibons et défendons à tous les présidens et conseillers, qu'en jugeant aucun procès ils ne disent, ne proposent aucuns faits, soit à louange ou vitupère des parties, ou de l'une d'icelles, ou de la matière de quoi l'on traite, ni autres faits que les faits proposés par les parties au procès ; car les parties savent ou doivent mieux savoir leurs faits qu'ils ont à proposer, que ne font les juges ; et, si aucun faisoit le contraire, en disant son opinion, ou autrement, ce sembleroit être plus d'affection que de raison. *Fontanon, tom.* 1, *pag.* 20. »

Commissions extraordinaires ne se devoient exécuter par les conseillers hors du lieu où est le parlement, pendant la tenue du parlement. *Idem ibid.*

Charles VII, 1453, a ordonné la même chose, quelques lettres missives que le roi écrive aux présidens ou conseillers, pour les faire demeurer après la Saint-Martin, ordonnant le parlement en commission, déclarant les enquêtes et exécutions d'arrêts nulles, etc. *Fontanon, tom.* 1, *pag.* 22.

Distribution du Temps au Palais.

La première heure, depuis six jusqu'à sept, devoit être employée *à expédier les requêtes et les menus appointemens des registres*, ensemble les difficultés du registre et des causes plaidoyées ès jours précédens; et, pour ce, le greffier étoit tenu de ramentevoir (1) le président, savoir : chaque jour de plaidoirie, des difficultés qui regardent les causes plaidées; et chaque jour de conseil, des difficultés qui concernent les procès vus aux conseils. *Charles VII*, 1446. *Fontanon, t. 1, p.* 16.

Nota ibi, dommages et intérêts contre les conseillers.

L'on plaidera depuis sept heures jusqu'à dix, excepté en carême, que l'on plaidera depuis huit jusqu'à onze. *Charles VII*, 1453. *Fontanon*, tom. 1, *pag.* 18.

Distribution des Procès.

Les présidens de la grand'chambre et ceux des enquêtes, avec deux des plus anciens conseillers, l'un clerc et l'autre laïc, feront un rôle des procès prêts à juger, suivant, autant qu'il se pourra, l'ordre des bailliages, etc., et ensuite seront lesdits procès baillés aux conseillers, *eu égard à la qualité du procès et du conseiller*, pour être expédiés, en gardant le même ordre autant qu'il sera possible, et suivant aussi celui des conseillers, tellement *que chacun desdits conseillers puisse être rapporteur en jugeant; sinon que pour grande et évidente cause, aucun procès dût raisonnablement être préféré en décision et expédition.* Idem ibid.

Le même en 1453, *Fontanon, pag.* 19, veut que les présidens voient diligemment tous les deux mois, quels procès ont été expédiés, et quels restoient à expédier, pour toujours donner ordre d'ancienneté au rapporteur, selon les cas plus piteux et nécessaires, sans faveur ou acception de personnes : les rapporteurs, en cas de faute ou négligence, blâmés et punis, ainsi que la cour le jugera à propos.

(1) C'est-à-dire, *faire ressouvenir.*

D'Aguesseau. Tome XIII. 19

EXTRAITS.

Défenses de rapporter aucuns Procès sans en avoir fait l'extrait. Idem ibid.

L'extrait sera écrit de la main du rapporteur, ou autres de nosdits conseillers ou greffiers, sans communiquer les secrets de notredite cour aux serviteurs de nosdits conseillers ou autre hors de notredite cour. *Idem* 1453. *Fontanon*, t. 1, *p.* 19.

Assemblée des Chambres pour juger les Procès.

Ne se doit faire à la réquisition ou sollicitation des parties; mais seulement du propre mouvement de la cour, si elle croit qu'aucun procès prêt à juger, *pour la grandeur de sa matière, ou des parties contendantes, ou pour cause évidente, se doit juger par lesdites deux chambres* (il n'y en avoit alors que deux, la grand'chambre et les enquêtes). *Idem ibid.* *Fontanon*, t. 1, *p.* 17.

Nombre des Conseillers qui devoient servir à la Grand'Chambre, aux Enquêtes et aux Requêtes du Palais.

Trente à la grand'chambre, quinze clercs et quinze laïcs, outre les présidens.

Quarante à la chambre des enquêtes, vingt-quatre clercs et seize laïcs.

Huit aux requêtes du palais, cinq clercs et trois laïcs, y compris le président.

Nota. Le nombre des clercs, plus grand alors que celui des laïcs. *Idem ibid.*

Enquêtes.

La chambre des enquêtes, divisée en deux parties, en chacune desquelles il devoit y avoir au moins quinze ou seize personnes, pour la plus grande expédition des procès. *Charles VII*, 1453. *Fontanon*, *ibid.*

Tournelle criminelle.

La tournelle criminelle ne pouvoit autrefois condamner à peine capitale, et lorsqu'il s'agissoit de juger définitivement un procès, où il échéoit de prononcer telle peine, le jugement devoit être rendu en la grand'chambre.

Mais, pendant que l'on voyoit ce procès, un des présidens devoit s'en aller avec les conseillers clercs dans une autre chambre travailler aux autres procès du parlement. *Idem ibid.*

Séances de l'Après-midi pour le jugement des Procès.

Permis de s'assembler les après-dîners, tant à la grand'chambre qu'aux enquêtes, pour juger les petits procès et les affaires d'instruction, et *ce pendant un ou deux ans, ou jusqu'à ce qu'on voie que notredite cour soit expédiée de la grande multitude des procès étant en icelle.* Idem ibid. Fontanon, p. 17 et 18.

Audiences de l'Après-midi.

L'usage, qui étoit ancien en 1453, avoit établi les audiences de relevée des mardis et des vendredis, depuis la pentecôte jusqu'à la fin du parlement.

Charles VII, en 1453, ordonne que ces audiences commenceront aussitôt après Pâque, depuis quatre heures jusqu'à six. *Idem ibid.*

Nombre des Juges pour rendre Arrêt.

Nulle cause, grande ou petite, ne sera jugée ni déterminée par arrêt de notredite cour, sinon qu'ils soient dix conseillers assemblés, et un des présidens de notredite cour ou des enquêtes présent.

Défenses de commettre un conseiller de la cour pour ouïr les parties, ordonner et juger, ou rapporter par-devant la cour, si ce n'est que ce fût petite cause, laquelle puisse être commise par-devant les maîtres des requêtes de notre palais à Paris.

Appointemens au Conseil.

Nota. Qu'anciennement appointer se prenoit souvent pour juger.

C'est ce qui paroît par ces termes de l'ordonnance de Charles VII. *Ibid.*

« Voulons et enjoignons aux présidens, que diligemment ils entendent aux plaidoiries, qui seront faites devant eux, pour, incontinent après lesdites plaidoiries, appointer (c'est-à-dire, juger) les matières qui se peuvent appointer, en pleine chambre; *et au regard des appointemens qui seront remis au conseil* (c'est-à-dire, des jugemens remis au conseil), notent bien les difficultés d'icelles, et se fassent, si besoin est, avertir par le greffier, afin qu'au premier jour de conseil , avant quelque autre expédition d'autre matière, le registre des plaidoiries prochaines soit dépêché et appointé (c'est-à-dire, jugé) tant que les conseillers ont présente et fraîche mémoire des plaidoiries; et enjoignons et commandons audit greffier, que le prochain jour du conseil, après lesdites plaidoiries, il rapporte son registre desdites plaidoiries, afin que brève expédition soit donnée , sans confusion d'autre matière, comme dessus est dit ». *Idem ibid.*

Rapporteurs.

Les parties ne doivent savoir le nom du rapporteur; si elles le découvrent, le procès sera distribué à un autre. *Idem ibid. Fontanon , p.* 19.

Registres et anciens Usages.

Enjoignons aux conseillers......... qu'ils soient curieux de voir et visiter les arrêts anciens de notredite cour, et les styles et observances d'icelle......; et si aucuns étoient de tout point incurieux de ce, que nos présidens les admonestent et induisent à ce faire, ou si besoin est, nous en advertissent pour y donner provision, telle qu'il appartiendra par raison. *Idem ibid.*

Inventaires de Production.

Seront lus entièrement, et par autre que le rapporteur. *Idem ibid. Fontanon, p.* 20.

Rapport des Procès.

Deux procès de longue récitation ne doivent être mis l'un sur l'autre; mais il faut attendre, pour commencer le second, que le premier soit expédié. *Idem ibid. Fontanon, p.* 21.

Remontrances.

Si par importunité des requérans, inadvertance ou autrement, nous écrivions ci-après aucunes lettres à notredite cour, et qu'il lui sembla, en la matière dont cesdites lettres seroient fait mention, y eût quelque difficulté raisonnable, ils nous en avertissent, ou fassent avertir, afin d'y donner ou faire donner telle provision qu'au cas appartiendra. *Idem ibid.*

Offices.

Tous offices royaux de judicature, sont incompatibles avec ceux des seigneurs. *Blois,* 112, 113.

DES ASSEMBLÉES DES COURS DE PARLEMENT, DITES *MERCURIALES.*

Temps de les tenir.

Autrefois, suivant les ordonnances de Charles VIII, de Louis XII et de François I.er, tous les quinze jours, ou du moins une fois le mois, le mercredi après dîner.

Par les dernières ordonnances, elles doivent être tenues seulement de six mois en six mois, à Pâque et à la Saint-Martin; et au parlement de Bretagne, le premier mercredi après l'ouverture de chaque semestre. *Ordonnances de* 1539, *art.* 130; *de Moulins,* 1566; *de Blois,* 1579, *art.* 144.

Ceux qui doivent y assister.

Lorsqu'elles étoient plus fréquentes, elles étoient moins nombreuses, pour ne pas détourner trop souvent les conseillers de leur service ordinaire.

Elles devoient alors être composées des présidens au parlement, des présidens des enquêtes, et de deux conseillers de chaque chambre au moins.

Qui les doit promouvoir, et faire exécuter les Délibérations qu'on y prend ?

Enjoignons à nos avocats et procureurs-généraux, sur peine de privation de leurs charges, de promouvoir lesdites mercuriales et en poursuivre le jugement, et de nous avertir promptement de leur retardation ou empêchement d'icelles; faire aussi les diligences que lesdites mercuriales nous soient, et à notre chancelier, incontinent envoyées, *Blois,* 144.

Matières qui doivent être traitées.

L'exécution des ordonnances.

Si les conseillers sont irrévérens ou désobéissans à nous, à ladite cour ou au président d'icelle.

S'ils sont négligens ou nonchalans de venir en ladite cour aux jours et heures qu'il est requis, et faire la résidence due et ordonnée.

S'ils font leur devoir de rapporter et extraire les procès, et matières dont ils sont chargés.

En général, s'ils ne font point choses répréhensibles ou dérogeantes à nosdites ordonnances, et à l'honneur et gravité de notredite cour et des présidens d'icelle.

Fruits, effet ou exécution des Mercuriales.

1.° Remontrances à ceux qui se trouvent coupables des fautes et irrévérences et négligences susdites.

2.° En avertir le roi, et pour cela en faire registre à part, afin que le roi puisse mander un ou plusieurs des présidens, et y pourvoir ainsi qu'il appartiendra.

3.° Punir sévèrement les contrevenans, par suspension ou privation d'office, ou autre peine, suivant l'exigence des cas.

4.° Faire des réglemens pour la discipline de la compagnie, lesquels doivent être envoyés au roi et au chancelier.

Règle générale et commune à toutes ces Peines.

Y vaquer promptement et toutes affaires cessantes, sans intermission ni discontinuation, tant ès jours d'audience qu'autres.

Défenses à nosdites cours de vaquer à l'expédition d'autres affaires que lesdites mercuriales n'ayent été jugées, déclarant les jugemens qui auront été auparavant donnés, nuls et de nulle valeur et effet.

Dans quelles Compagnies les Mercuriales doivent être tenues.

Dans toutes, soit inférieures, soit supérieures, même dans le grand-conseil et dans la chambre des comptes, à l'ouverture de chaque semestre. *Blois,* art. 144.

DES AUDIENCES PUBLIQUES, EXPÉDITIONS DES APPELLATIONS VERBALES, ET RÔLES D'ICELLES.

Heures des Plaidoiries.

Matinées. Depuis sept jusqu'à dix, excepté en carême, où les plaidoiries doivent durer depuis huit jusqu'à onze. *Charles VII*, 1453. *Fontanon, t.* 1, *pag.* 18.

Après-midi. Les audiences d'après-midi des mardis et vendredis , d'abord établies depuis la Pentecôte jusqu'à la fin du parlement. *Charles VII*, 1446. *Fontanon, p.* 18.

Le même roi voulut, en 1453 (*ibid.*), qu'elles commençassent le lendemain de Pâque.

Depuis, elles ont été établies depuis le mois de décembre jusqu'au dernier jour de mai.

Ordre de l'expédition des affaires d'Audience.

Toutes causes doivent être expédiées, ou par rôle ou par placet.

Rôles ordinaires, de quoi composés ?

Doivent être composés des appellations verbales interjetées des jugemens rendus dans tous les bailliages et sénéchaussées du ressort.

Par qui la confection devoit en être faite.

Par le greffier des présentations.

Comment et dans quel ordre ?

1.º Celle où le procureur du roi est seule partie ;

2.º Toutes les autres, à mesure qu'elles sont présentées au greffier, sans préférer, par faveur ou gratification, l'une à l'autre. Car nos cours sont pour faire droit aussitôt aux pauvres comme aux riches ; aussi a le pauvre mieux besoin de briève expédition que le riche ; et voulons que par l'huissier soient lesdites causes appelées, selon ledit ordre, sans quelque faveur ou fraude, *sur peine de privation de son office.*

Cet ordre sera observé, à la charge, néanmoins, que le greffier ne pourra mettre sur aucun feuillet, que deux ou trois causes de chacun procureur, lesquelles encore ne seront mises l'une suivant l'autre ;

mais distinctes et séparées l'une de l'autre. *Tiré des ordonnances de Charles VII, 1433; François I.er, 1535; Henri III, 1586.*

Si ces Rôles peuvent être interrompus ?

Enjoignons à nos présidens de les expédier, *sans les interrompre par plaidoiries extraordinaires, si ce n'est pour grande et urgente cause.*

Et néanmoins les appellations interjetées des exécutions des arrêts, seront premièrement expédiées et jugées, nonobstant l'ordre du rôle.

Qui sont ceux qui doivent assister à la Plaidoirie des Causes sur les Rôles ordinaires ?

Les lieutenans des baillis et sénéchaux, et les procureurs du roi se doivent trouver ès jours ordinaires que les causes de leurs bailliages et sénéchaussées se plaident.

Et c'est une des raisons pour lesquelles il est expressément enjoint, par toutes les anciennes ordonnances, de juger promptement les causes des rôles ordinaires.

Ce que deviennent les Causes qui n'ont pu être expédiées sur les Rôles ordinaires.

Le premier huissier autrefois, étoit tenu de rayer les causes qui avoient été expédiées, et de faire signer par le président le lieu où l'on étoit demeuré.

Après quoi les rôles devoient être remis entre les mains du greffier des présentations, pour, au parlement suivant, reprendre lesdits vieux rôles au lieu où ils avoient été laissés.

Aujourd'hui ce qui reste sur le rôle, demeure appointé de plein droit, excepté certaines natures d'affaires, etc.

Rôles extraordinaires.

Pour l'expédition des causes privilégiées, et des parties présentes et autres que les présidens aviseront , seront faits rôles extraordinaires , dont on plaidera les matinées du jeudi , et ès après-dîners des mardis et vendredis.

Placets.

Voulons toutes les causes des appellations verbales , être appelées à tour de rôle , et expédiées selon l'ordre d'icelui , sinon que pour l'expédition des pauvres et misérables personnes , ou choses urgentes et très-nécessaires , ou autres considérations pour le bien de la justice , soit nécessité de bailler audience sans garder l'ordre desdits rôles , dont nous chargeons l'honneur et la conscience desdits présidens.

Il résulte de tout ce qui vient d'être remarqué ,

Que les causes que nos ordonnances réputent privilégiées , sont :

Celles où le roi est partie ;

Celles où il s'agit d'appellations interjetées des exécutions d'arrêts ;

Celles des parties présentes ;

Celles des pauvres et misérables personnes ;

Celles où il s'agit de choses très-urgentes et très-nécessaires.

Ce que l'on doit faire des Causes qui ne peuvent être jugées à l'Audience.

Ou les appointer au conseil , ou ordonner qu'il en sera délibéré sur le registre , ou que les pièces seront mises pardevers la cour.

Il faut pour cela , ou plutôt il falloit, suivant les ordonnances de Charles VII, 1453, François I.er , 1535 , Moulins et Blois , que le tiers des conseillers assistans estimât lesdites causes sujettes à en délibérer plus amplement.

Moulins, art. 60, dit : *Aucuns de nos conseillers assistans.*

L'appointement au conseil ne différoit pas alors du délibéré sur le registre.

Appointer vouloit dire juger, et appointement au conseil ne signifioit autre chose, si ce n'est, jugement remis à la délibération du conseil.

C'est ce qui paroît par la disposition suivante :

« Et où par nosdites cours sera ordonné qu'on en délibérera au conseil, ou bien selon les propres termes de l'ordonnance de Charles VII ; *au regard des appointemens remis au conseil*, enjoignons auxdits présidens qu'ils notent et remarquent bien les points et difficultés desdites causes, et, si besoin est, s'en fassent avertir par le greffier, afin que le premier jour de conseil ensuivant, avant toute expédition d'autre matière, il en soit délibéré pendant que nosdits présidens et conseillers auront récente mémoire desdites plaidoiries ; le registre desquels sera, pour cet effet, représenté par ledit greffier audit jour de conseil ».

Les arrêts qui interviendront èsdites causes, seront prononcés à la prochaine audience, si la cour voit que faire se doive pour l'exemple.

En procédant au jugement, seront les avocats et procureurs, par la faute desquels la cause n'aura pu sur-le-champ être vidée, condamnés en telles amendes qu'il sera advisé par nosdites cours.

Discipline des Audiences.

Tous présidens, conseillers-clercs ou laïcs, excepté ceux qui servent à la tournelle, doivent s'y trouver en si bon nombre, que l'honneur de la cour y soit gardé. *Tit.* 8, *num.* 7.

Sera procédé à rigoureuse punition des avocats qui se trouveront avoir allégué en plaidant, aucuns faits faux et calomnieux, ou dénié la vérité du contenu ès pièces à eux communiquées, et par ce moyen, empêché ou retardé la prompte expédition des causes.

DES PROCÈS PAR ÉCRIT, ET CONCLUSION D'ICEUX.

Griefs.

Les griefs sont dits griefs hors le procès (1), parce qu'ils ne doivent contenir aucuns griefs qui soient dans le procès, et en cas que les avocats eussent contrevenu à cette loi, ils devoient être mandés et blâmés pour la première fois; et s'ils sont récidifs ou coutumiers, condamnés en l'amende à la discrétion de la cour.

Les griefs doivent être signés par les avocats (2), et les greffiers ne doivent les recevoir sans cela.

Productions nouvelles.

Autrefois il falloit des lettres de chancellerie pour produire de nouveau, comme pour articuler faits nouveaux (3).

Depuis, il a été permis de le faire sans lettres, suivant la réserve qu'on avoit accoutumé de faire, par la conclusion des procès, *à la charge de bailler par parties adverses contredits aux dépens du produisant.*

On ne pouvoit aussi faire qu'une production nouvelle dans tout un procès.

Et il falloit qu'elle fût faite avant que le procès fût mis sur le bureau, autrement elle ne pouvoit être reçue, si ce n'est que pour bonne et juste cause, à ce mouvant la cour, elle avisât de la recevoir.

Ordre de l'Expédition des Procès; doivent être jugés à tour de Rôle. François I.er, 1539, art. 122.

« Nous voulons que les présidens et conseillers ès chambres des enquêtes de nos cours souveraines,

(1) Avocats.

(2) *Idem.*

(3) Ordonnance de Louis XII, 1512, article 30. Fontanon, tom. 1, pag. 566.

jugent les procès par écrit, dont le jugement est poursuivi, selon l'ordre du temps de leur réception, dont il sera fait rôle, qui sera publié et attaché au greffe, de trois mois en trois mois, auquel seront rayés par le greffier, ceux qui seront jugés incontinent après jugement conclu et arrêté ».

Charles IX (*à Orléans*, 1560, 42,) ordonne la même chose, et veut que les rôles soient faits par les présidens des chambres, appelés avec eux quatre conseillers d'icelles.

Charles VII, 1453 (*Font.*, *pag.* 19), veut que les présidens voient diligemment tous les deux mois, quels procès ont été expédiés, et quels restent à expédier, pour toujours donner ordre d'ancienneté au rapporteur, selon les cas plus piteux ou plus nécessaires, sans faveur ou acception de personnes.

Les rapporteurs, en cas de faute ou de négligence, blâmés ou punis, ainsi que la cour le jugera à propos.

Peine des Juges d'appel, qui se devoit prononcer en jugeant le Procès.

Louis XII, 1499, art. 59 (*Fontanon, t.* 1, *l.* 3, *p.* 565), veut « que, si en jugeant le procès, l'on trouvoit par la visitation d'icelui, que les juges ressortissant sans moyens au parlement, eussent erré manifestement en fait ou en droit, en ce cas, ils soient mulctés et punis en amendes arbitraires, à la discrétion des cours ».

Peines contre les Seigneurs.

Autrefois (dit l'ordonnance de Charles IX, en 1564, art 17) les hauts-justiciers, ressortissant nûment aux parlemens, devoient être condamnés, suivant l'ancienne ordonnance, en 60 livres parisis, pour le mal-jugé de leurs juges.

DE LA DISTRIBUTION DES PROCÈS.

Qui doit faire la Distribution ?

L'ordonnance de Charles VII , 1446 , art. 12 (*Fontanon, t.* 1, *p.* 16), porte, que la distribution sera faite par les présidens de chaque chambre, avec deux des plus anciens conseillers d'icelle ;

Que pour la faire , ils feront d'abord un rôle des procès prêts à juger , en gardant le plus que l'on pourra , l'ordre des bailliages , prévôtés et sénéchaussées ;

Qu'ensuite les procès seront par eux baillés et distribués aux conseillers , eu égard à la qualité du procès et du conseiller.

Défenses aux conseillers de remettre entre les mains de leurs confrères les procès qui leur sont distribués, ains les remettent au greffe pour être redistribués.

Peine.

Pour la première fois , suspension pour trois mois; pour la seconde , privation desdits offices.

L'ordonnance de Charles VIII de 1493 , article 12 (*Fontanon, t.* 1, *p.* 571) porte que la distribution sera faite par les présidens de chaque chambre.

Quand doit être faite la distribution ?

A l'égard des procès par écrit, lorsqu'ils sont conclus et reçus pour juger.

A l'égard des appointemens ou instances , lorsque les productions ont été mises au greffe. *Charles VIII,* 1493 , *art.* 121; *Fontanon , ibid; code Henri,* 1. 6.

A qui doit être faite la Distribution ?

Ne point distribuer les procès à ceux qui auront pourchassé et prié pour les avoir;

Ni à ceux que les parties affectent, ou qui auront grande connoissance avec elles, ou à ceux qui seront suspects, et *pour cela prenant garde aux pays dont seront les procès.*

Aient regard principalement à la qualité des matières, et mérite des conseillers.

Faire en sorte, autant qu'il se peut, que chaque conseiller ait un procès, afin qu'il puisse être, suivant l'esprit et la disposition des anciennes ordonnances, et rapporteur et jugeant.

En cas qu'il y ait plus de procès en la grand'-chambre, qu'elle ne peut en expédier à cause des audiences, et autres grands empêchemens, èsquels elle est occupée pour notre service, seront renvoyés ès chambres des enquêtes, selon qu'il sera avisé par nos présidens et conseillers d'icelle grand'chambre, dont nous chargeons leur honneur et conscience. (*Blois* 141.)

DU RAPPORT DES PROCÈS, RECUEIL ET CONCLUSION DES OPINIONS.

Ce qui précède le rapport.

Extraits. Nécessité de faire Extrait.

Nul procès ne sera rapporté sans en avoir fait l'extrait, quelque petit qu'il soit.

De quelle main il doit être ?

L'extrait sera écrit de la main du rapporteur, ou d'un autre conseiller, ou du greffier, sans communiquer les secrets des procès aux clercs des conseillers ou autres.

Ce qu'il doit contenir.

Seront tenus lesdits conseillers mettre en leurs extraits la substance des principaux faits des enquêtes, sans les mettre par relation au procès, afin que s'il est question, en opinant, de retourner auxdits faits, il suffise de recourir à l'extrait vérifiée, sans retourner à toute l'enquête.

Le Rapport consiste dans trois choses.

Le récit du fait et des moyens ; ce qui regarde la fonction du rapporteur, dont le devoir est tant pour le bien de la justice que pour leur honneur, d'être soigneux de toucher et ouvrir les points et difficultés de leur procès, sans rien omettre à leur pouvoir, et sans superfluité ou redite.

La lecture de l'inventaire, qui doit être faite en entier, et par un autre que le rapporteur.

La lecture des pièces et productions, et pour laquelle aucuns des conseillers assisteront le rapporteur.

Devoir des Conseillers pendant le Rapport.

Tous seront attentifs au rapport ; défenses de s'occuper pendant qu'il se fait, à la lecture des requêtes, pièces, registres, écriture de lettres, dictum ou autres actes qui puissent les distraire.

Devoir du Président pendant le Rapport.

Enjoignons à nos présidens, que quand nosdits conseillers rapporteront et opineront, ils les oient bénignement, patiemment et sans interruption aucune.

Opinions.

Devoirs communs à tous ceux qui opinent. (Philippe de Valois, 1344. Fontanon, t. 1, p. 15.) *Opinantes in consilio tangere vel repetere motivum in eorum præsentiâ prætactum, neque legem, canonem, aut decretum, nisi petitum fuerit a presidente, vel in purâ juris materiâ fuerit, allegare debent.*

Tout cela se réduit à ne point user de répétitions ni de citations superflues.

Si par les présidens, rapporteur ou autre, il est aperçu qu'aucun des opinians erre en fait, il pourra l'en avertir.

Ne proposer aucuns faits, soit à louange ou vitupère des parties; ou de l'une d'icelles, ou de la matière de quoi l'on traite.

Ne dire que les faits proposés par les parties au procès. Car les parties savent ou doivent mieux savoir les faits qu'ils ont à proposer, que ne font les juges; et si aucun faisoit le contraire, en disant son opinion ou autrement, sembleroit être plus d'affection que de raison.

Philippe de Valois, 1344. (Fontanon, tom. 1, pag. 15.)

Injungit rex omnibus tam magnæ Cameræ quam Inquæstarum dominis, in vim sui juramenti, ne de causis in eâdem curiâ existentibus, informationem per verba privata, in eorum domibus, nec alibi recipiant à quocumque per litteras vel nuncios, aut aliàs quovis modò, sed solum in parlamento, partibus in curiâ litigantibus, et eorum jura monstrantibus.

Devoirs propres et particuliers aux Présidens.

Faire cesser les répétitions et les superfluités de langage impertinent, lesquelles sont contre l'honneur des délibérans et de la cour, et donnant retardation et empêchement à l'expédition des matières.

Enjoignons à nos présidens, que quand nosdits conseillers rapporteront et opineront, ils les oient bénignement, patiemment et sans interruption aucune.

Ne dire aucune chose par quoi leur opinion puisse être aperçue, jusqu'à ce que tous les conseillers présens au jugement aient leur opinion.

Demander les opinions dans l'ordre qu'ils estimeront plus convenable au bien de la justice.

C'est ce que l'on peut recueillir de ces termes de l'ordonnance de Charles VII, 1553. *Fontanon, p.* 19 *et* 20.

Et s'il semble après le rapport, que la matière ait besoin d'ouverture plus grande, soient par les présidens demandées les opinions à ceux que l'on verra être plus expédiens et convenables selon la matière sujette.

D'Aguesseau. Tome XIII.   20

Conclusions des Opinions, ou Formation du Jugement.

Les jugemens ne sont censés conclus et arrêtés, que lorsqu'ils passeront de deux voix au moins, autrement il y aura partage.

François I.er, par l'ordonnance de 1539, art. 125, 126, voulut bannir absolument les partages des cours souveraines.

Et, à cette fin, il ordonna que quand il passeroit d'une seule voix, le jugement et l'arrêt seroient conclus et arrêtés.

Mais Henri II abrogea cette ordonnance, et rétablit l'ancien usage par une déclaration de 1549. *Fontanon, pag. 574, tom. 1.*

Autrefois, en cas de partage, suivant l'ordonnance de Charles VII, 1453, art. 177 (*Fontanon, tom. 1, pag. 574*), on devoit envoyer le rapporteur, et deux des conseillers des opinions différentes aux autres chambres du parlement, pour rapporter leur conclusion et opinion, suivant lesquelles le partage étoit vidé.

Par l'ordonnance de Blois, article 126, on ne doit plus envoyer que le rapporteur et le compartiteur, et on ne l'envoie que dans une des chambres, laquelle seule vide le partage.

Et à cette fin, enjoignons aux présidens des chambres, *chacun en leur regard*, de donner promptement audience au rapporteur et au compartiteur sans aucune remise, afin que le même jour qu'ils se seront présentés, le procès soit mis sur le bureau pour être déparli et jugé incontinent.

Ces termes de l'ordonnance de Blois marquent qu'il n'y a plus qu'une seule chambre qui vide le partage.

La chambre où le partage est porté, ne peut prendre qu'un des deux avis qui forment le partage.

Jugé par un ancien arrêt de 1508, qui tient lieu de réglement en cette matière, *quia semel decisum, non debet amplius decidi.* Or, l'arrêt de partage est un véritable jugement, qui décide qu'il n'y a qu'une des deux opinions qui doive être suivie. *Fontanon, ubi supra.*

Quid, si le partage arrive dans l'assemblée des chambres?

Charondas, sur le nombre 13, dit « que la forme commune de procéder, est de se pourvoir en autre parlement; mais qu'il approuve davantage l'expédient qu'il a lu ès mémoires de M. Chartelier, qui est d'assembler toutes les chambres pour *vider le partage* ».

Cela ne s'entend pas trop bien, si ce n'est qu'il veuille dire qu'il faut appeler tous les conseillers généralement, tant ceux qui ont été présens à la première délibération, que ceux qui n'y ont pas assisté.

Il ne peut jamais y avoir trois opinions lors du jugement, mais il faut que la moindre revienne à l'une des grandes. *Louis XII*, 1510, *art.* 32. *François I.er, à Ys-sur-Thille, en* 1535, *art.* 87.

DES ASSEMBLÉES A HEURES EXTRAORDINAIRES, ET PAR COMMISSAIRES.

Ancienneté de la Forme de juger par Commissaires.

Il en est fait mention dans l'ordonnance de Charles VIII de 1493, art. 11 (*Fontanon, t.* 1, *p.* 572), comme d'une chose déjà usitée.

Défendons de juger aucuns procès par commissaires, si ce n'est qu'ils soient tels qu'ils doivent être expédiés, etc.

Les commissaires jugeoient alors, comme il paroît par ces termes, et par ceux qui suivent dans le même article : *et ne nommera le rapporteur, les commissaires qui seront à juger tel procès, mais les nommera le président, etc.*

A qui appartient le choix des Commissaires, et quels ils doivent être?

Autrefois le président avoit droit de les nommer. *Ordonnance de Charles VIII, ibid.*

Depuis, il a été établi que l'on suivroit l'ordre du tableau et l'antiquité de la réception.

Le code Henri établit cette règle, comme étant un article d'ordonnance, mais je n'ai pu encore la trouver dans toutes celles que cite l'auteur de cette compilation.

Peut-être a-t-il ajouté cet article sur le seul fondement de l'usage qui étoit déjà certain de son temps.

Distinction des grands et des petits Commissaires.

On ne la trouve point dans l'ordonnance de Charles VIII.

Elle est clairement marquée dans l'ordonnance de 1563, et dans celle de Moulins, si l'on joint l'article 30 de l'une, avec l'article 68 de l'autre.

Dans le premier, il s'agit des petits commissaires, et dans le second des grands.

La fonction des petits commissaires est expliquée par ces termes de l'ordonnance de 1563, faite en Roussillon.

Permettons néanmoins à nos cours souveraines et non autres, de commettre aucuns d'entr'eux jusqu'au nombre au plus de quatre avec le président, pour, aux jours et heures extraordinaires et aux dépens des parties, faire les calculs, arrêter les dates des titres, et autres points et articles de fait seulement, ès-procès, etc. Lesquels présidens et conseillers députés, en feront rapport à nosdites cours......, pour, leur rapport ouï, être procédé aux heures ordinaires au jugement desdites instances, ainsi que de raison. *Fontanon, tom.* 1, *pag.* 573.

Il paroît que cette ordonnance avoit abrogé absolument l'usage des grands commissaires, et avoit tout réduit aux petits.

L'article 30 commence par ces termes : *voulons et ordonnons que tous procès soient dorénavant jugés à l'ordinaire, tant dans nos cours, etc..... Leur défendons d'en juger aucun extraordinairement par commissaires..... Permettons néanmoins, etc.*

La fonction des grands commissaires est marquée par ces termes de l'article 68 de l'ordonnance de

Moulins, où, après avoir marqué la nature des procès qui seront jugés de grands commissaires, le roi ajoute :

Lesquelles instances seulement, avons permis *et permettons d'être jugées par* commissaires, au nombre de dix, etc.

Ainsi, ce qui distingue les uns d'avec les autres, est que les premiers ne sont commis que pour l'examen, la visite et le rapport du procès, au lieu que les derniers sont établis pour juger.

Nombre des Commissaires.

A l'égard des petits, quatre au plus, outre le président.

A l'égard des grands, dix au parlement de Paris, et sept pour les autres, parce qu'on y juge à sept, y compris les présidens ou autre moindre nombre, et tel que celui auquel ils ont accoutumé de juger. (*Moulins, art.* 68.)

L'ordonnance de Blois, art. 163, permet néanmoins *aux cours où l'on est accoutumé de juger à dix, de s'assembler jusqu'au nombre de douze, y compris les présidens, si les parties le demandent, et selon que l'importance et longue visitation des procès le requerront, dont nous chargeons l'honneur et conscience desdits présidens et conseillers.*

L'article 16 de la première déclaration faite sur l'ordonnance de Moulins, porte « que les deux présidens de la chambre où le procès sera jugé, seront du nombre des grands commissaires, pourvu que le nombre de dix ne soit augmenté pour cela ».

Quelles sont les matières qui doivent être vues ou jugées par Commissaires ?

A l'égard de celles qui doivent être simplement vues par les petits commissaires,

L'ordonnance de Roussillon, art. 30, les désigne en ces termes :

Faire les calculs, arrêter les dates des titres et

autres points et articles de fait seulement, ès-procès et matières de liquidation de fruits, dépens, dommages et intérêts, comptes et criées, et non autres.

Les matières qui peuvent être jugées de grands commissaires sont les mêmes.

Par l'ordonnance de Charles VIII, *matières de fruits, criées, intérêts.*

Par celle de Moulins, *dommages et intérêts, criées, reddition de comptes, liquidation de fruits, taxe de dépens excédant trois articles.* Le tout avec cette restriction portée par l'article 68 de Moulins.

Et néanmoins où il seroit question de peu de chose, au cas susdit, voulons lesdits procès être jugés à l'ordinaire.

A qui il appartient de décider si un Procès sera vu de petits Commissaires.

L'ordonnance de Charles VIII porte *qu'aucun procès ne sera jugé de commissaires, que le cas n'ait été mis par le rapporteur en pleine cour, et par icelle ainsi délibéré de faire.*

Cela s'observe aux enquêtes pour le petit commissaire, non pour le grand ; mais il dépend du rapporteur de le faire observer.

Salaire des Commissaires (Ordonnance de Roussillon, art. 30.)

Ne prendront les présidens des enquêtes de nos parlemens plus grand salaire que les conseillers, suivant la forme ancienne, et ce nonobstant quelconques lettres de permission au contraire, lesquelles avons révoquées.

Cet article ne s'observe point ; les présidens ont le double.

Heure de travailler des Commissaires.

Défenses d'y vaquer, les jours de dimanche et fête de l'église, ni aux heures de dix à onze, ou *de cinq*

à six , et autres heures extraordinaires. Moulins,
art. 69.

Très-sagement ordonné, et très-peu observé.

Lieux où ne doivent travailler les Commissaires.

Défenses de travailler dans les maisons particulières
des présidens ou conseillers.

Si l'on peut faire double bureau de Commissaires?

La même ordonnance le défend ;
*Et aussi de ne faire double bureau de commissai-
res en un après-diner.*

Observé aux enquêtes, non à la grand'chambre,
où il y a toujours double bureau des grands commissaires, et forment deux de petits.

DU JUGEMENT DES PROCÈS PAR ÉCRIT, ET AUTRES.

Nombre des Juges nécessaires pour faire arrêt.

Dix au parlement de Paris.

Chaque chambre est seule juge des procès qui y
sont distribués, sans que l'on puisse, sur réquisition
des parties, ou en vertu de lettres du roi, appeler
d'autres conseillers pour juger.

Mais la cour peut de son propre mouvement,
pour la grandeur de la matière, ou des parties
contendantes, ou pour autre juste et raisonnable
cause,

Ou appeler quelque nombre des conseillers des
autres chambres ;

Ou envoyer le rapporteur et un des conseillers
d'opinion différente, dans les autres chambres, pour
leur proposer et communiquer les difficultés, lesquels
doivent en ce cas être bénignement ouïs, et à l'instant
et sans remise, dépêchés, afin qu'ils rapportent les
conclusion et opinion des autres chambres.

Ordre de l'expédition des Procès. Ut suprà, *titre
des Procès par écrit.*

Ajouter que les rôles des procès par écrit doivent
être remis entre les mains de l'huissier des chambres
des enquêtes, à ce que par les mains d'icelui, les parties puissent en avoir communication.

Formule des Dispositifs.

La forme de mettre l'appellation au néant, convient proprement lorsque la sentence étoit mauvaise
dans le temps qu'elle a été rendue, en sorte que si
l'on n'avoit point produit de nouvelles pièces, il eût
fallu l'infirmer ; mais, parce que l'intimé a produit
de meilleurs titres en cause d'appel, on confirme indirectement la sentence par les nouvelles raisons qui
sont survenues en mettant l'appellation au néant,
pour éviter l'embarras dans lequel on tomberoit,
s'il falloit prononcer *an benè, vel malè.*

On exceptoit autrefois de cette règle les sentences
rendues par forclusion, à l'égard desquelles on pro-
nonçoit toujours par *an benè, vel malè ;* et ce en
haine de la contumace, et afin que l'appelant qui
gagnoit son procès en cause d'appel payât toujours
les dépens de la cause principale.

A qui appartient l'Exécution des Jugemens, et la connoissance des suites qu'elle peut avoir ?

La cour ne peut retenir l'exécution de ses arrêts
et jugemens, sinon pour ce qui concerne l'interprétation d'iceux.

Mais leur enjoignons, s'il a été dit bien jugé,
renvoyer la connoissance aux juges d'appel.

Si la sentence est infirmée, à celui qui tient le
siége immédiatement après le juge qui a rendu la
sentence.

Cette disposition n'est pas praticable, car c'est tout le siége
qui est censé avoir rendu la sentence.

Aussi cela ne s'observe point ; et, en ce cas, ou la cour
retient ou elle renvoie dans un autre siége.

Fors et cas *èsquels par les ordonnances il leur est permis d'user de rétention.* Blois, 179.

Punition des Juges inférieurs qui auront erré manifestement en fait ou en droit. Suprà, *titre des Procès par écrit.*

Règles à observer dans la rédaction des *Arrêts.*

1.º Ils doivent être conçus si clairement qu'il n'y ait et n'y puisse avoir aucune ambiguïté ou incertitude, ni lieu à en demander l'interprétation, 1539, art. 110.

2.º Les arrêts seront écrits de la main du rapporteur, ou d'un de ses compagnons (1535, *art.* 76), et le nom des présidens et conseillers qui auront assisté au jugement écrit à côté du dictum, de la main du rapporteur, ou du greffier. *Moulins, art.* 66.

3.º Les rapporteurs tenus d'apporter les arrêts donnés à leur rapport, aux présidens, dans six jours après que les jugemens auront été conclus et arrêtés, si le président ne leur donne un plus long terme. *Peine,* privation des épices du procès et de leurs gages pour chaque jour de retardement. *Ibid.* 1535, *art.* 76, après Philippe de Valois et Louis XII.

4.º Suivant la même ordonnance de Philippe de Valois, en 1344 (*Fontanon, t.* 1, *p.* 15), les arrêts doivent être corrigés et relus en pleine chambre.

5.º L'arrêt ne peut être reçu ni prononcé sans être signé du rapporteur et du président, ou du conseiller qui aura présidé, et dont sera fait registre. *Moulins,* 65.

ÉPICES.

Dans quels cas ne doivent avoir lieu?

1.º Pour tous les arrêts sur requête présentée par une des parties seulement, tant en matière civile que criminelle. *Roussillon,* 33.

Excepté lorsqu'il y aura vacation du rapporteur, pour avoir vu les informations et procédures, et que le rapport en aura été fait, dont nous chargeons leur honneur et conscience. *Blois*, 131.

2.º Dans tous les procès où il n'y a que les procureurs-généraux ou leurs substituts parties.

Excepté néanmoins pour le regard des gros procès domaniaux, pour lesquels leur sera pourvu particulièrement. Blois 129.

Qui doit les taxer?

Les présidens seuls dans les cours souveraines, sans les faire passer par l'opinion de la compagnie, ni en demander d'avis d'autres que de ceux qui y ont intérêt.

Comment on les doit taxer?

Sur les frais des rapporteurs qu'ils auront faits eux-mêmes. Enjoignons à nosdits présidens d'user de telle modération en la taxe desdites épices, que par ce moyen il pourvoient à la plainte que l'on fait de l'augmentation d'icelles, dont nous chargeons leur honneur et conscience. *Blois*, 127.

A qui elles appartiennent, et comment se partagent?

Ès grand'chambres, aux rapporteurs seuls, suivant l'usage du parlement de Paris.

Ès enquêtes, la moitié *pour le moins* au rapporteur. *Henri IV, édit de 1597, qui n'a été enregistré qu'au parlement de Rennes.*

De la Chambre criminelle, dite la Tournelle.

Ceux qui servent à la tournelle, vaqueront diligemment à l'expédition des prisonniers et jugement des procès criminels, sans se distraire à d'autres affaires de nos cours, en expédiant premièrement les prisonniers enfermés, et ayant égard aux cas qui, pour le bien de la justice, requerront expédition prompte.

Le tour du rôle a lieu à la tournelle comme à la grand'chambre.

Autrefois s'il étoit question de cléricature, il falloit appeler à la tournelle quelques-uns des conseillers-clercs, *hodiè secus*.

Partage des Juridictions entre la Grand'Chambre et la Tournelle.

La grand'chambre connoît les personnes qu'on peut appeler privilégiées, savoir : gens d'église, nobles, officiers. *Ordonnance de Moulins, art.* 38.

Mais avec cette distinction que, ou il s'agit de procès instruits en première instance au parlement, et alors l'instruction se fait en la grand'chambre, si ce n'est qu'elle juge à propos de la renvoyer à la tournelle ;

Ou il s'agit de procès instruits en première instance devant les juges subalternes ; et en ce cas,

L'appel des sentences d'instruction sera porté à la tournelle,

L'appel des jugemens définitifs à la grand'chambre. Deux règles communes à l'un et à l'autre cas :

La première, que le droit d'être jugé en la grand'chambre, est un privilége qui doit être allégué, et qu'ainsi il faut que les accusés demandent la grand'chambre, sans quoi la tournelle est compétente.

Il y a une déclaration de................ qui permet aux procureurs-généraux de demander la grand'chambre.

La seconde, que, quoique le procès soit jugé en la grand'chambre, les présidens et les conseillers de la grand'chambre qui sont de service à la tournelle, doivent assister au jugement.

SÉANCES AUX PRISONS.

Temps.

Quatre fois l'année, *avant les fêtes de Noël, Pâque, Pentecôte et Toussaints.*

Dans quel lieu ?

Dans toutes les prisons, mais avec cette différence, que l'on va en corps aux prisons de la conciergerie, et au châtelet.

Au lieu qu'on ne doit envoyer que deux conseillers en chacune des autres prisons, qui vont aussi dans celles du palais et du châtelet.

Ce que l'on y doit faire.

En général ouïr les plaintes et requêtes des prisonniers.

Le devoir particulier des conseillers qui vont faire la visite avant la séance, est de faire venir devant eux tous les prisonniers étant èsdits lieux, les interroger du temps et des causes pourquoi ils sont prisonniers, et autres choses que lesdits conseillers verront être à faire, et mettront par écrit la réponse faite par iceux, pour en faire rapport à notredite cour, le jour qu'elle se transportera èsdites prisons. Henri II, à Fontainebleau, en mars 1549, art. 4. Henri III, 1586.

Les conseillers des enquêtes doivent remettre au greffe tous les procès criminels dont ils auront été chargés, dans trois jours au plus tard après la fin de leur service, à peine de privation de leurs gages de chaque jour de retardement.

Et, quant aux conseillers de la grand'chambre, les présidens leur pourront laisser *tels desdits* procès qu'ils aviseront......; comme nous en chargeons leur conscience, et dont sera fait registre. *Blois,* art. 140.

A présent les conseillers de la grand'chambre demeurent chargés, sans aucune connoissance de cause, de tous les procès qui leur ont été distribués pendant le temps de leur service.

Tous conseillers, avant que de partir pour aller en commission ou faire voyage, doivent remettre au greffe toutes les informations dont ils sont chargés.

DES COMMISSIONS DE LA COUR, TANT POUR ENQUÊTES QU'EXÉCUTION D'ARRÊTS.

Qui doit en être chargé dans le ressort.

Les juges des lieux, non les présidens ou conseillers.

Ni si les parties le requièrent ; ou l'une veut faire les frais, sans répétition, sinon en cas qu'il fût question de 5oo livres de rente, ou 10,000 livres une fois payées ;

Ou que les présidens et conseillers fussent trouvés sur les lieux, auquel cas ne prendront rien, ni pour l'aller, ni pour le retour ;

Ou qu'il s'agit d'exécution d'arrêts préparatifs, faits d'office en matières criminelles importantes.

Hors du ressort. Idem.

Sinon qu'il soit question de baronnie, châtellenie, ou autre matière de la valeur de 5oo livres de rente, ou d'évêché, abbaye, bénéfice de 200 livres de revenu ; auquel cas, il faut encore que la partie le requière, et que la cour l'ait ainsi arrêté après délibération.

Ou en matière criminelle d'office, ou de limites qui bonnement ne se pourroient autrement avouer ou vider.

Les présidens ne peuvent exécuter aucune commission, sinon qu'il soit question de duché, comté, baronnie, ou autre seigneurie de la valeur de mille livres de rente, ou d'évêché, abbaye, ou autre bénéfice valant 2,000 livres de revenu ; auquel cas, il faut encore que la partie le requière.

Qui doit distribuer les commissions ?

Les mêmes que ceux qui distribuent les procès.

Dans quel ordre ?

Chacun des rapporteurs peut choisir une commission de son rapport, telle que bon lui semblera.

Le reste des commissions d'exécution d'arrêt, selon l'ordre et antiquité des conseillers, ou autrement, ainsi que lesdits présidens verront être à faire pour le mieux.

Dans quel temps doivent être exécutées ?

Non pendant la séance du parlement, si ce n'est pour cause urgente et nécessaire ; auquel cas, deux au plus de chaque chambre, à Paris, ni ailleurs, pourront partir dès la mi-août pour revenir à la Saint-Martin, sans permission expresse.

Aux dépens de qui ?

Des parties, qui, néanmoins, ne les doivent défrayer.

De la Chambre des Vacations.

Sa convocation doit se faire par lettres du roi.

La plus ancienne ordonnance qui soit imprimée sur la chambre des vacations est de Louis XII, art. 72. *Fontanon*, *tom.* 1, *pag.* 91.

Nombre de ceux qui la composent.

Treize conseillers, dont cinq doivent être clercs à Paris, avec un président ; huit ailleurs, dont trois clercs avec un président.

S'il s'en trouve un plus grand nombre qui veuille en être, faire le pourront.

Manière de les choisir.

Volontiers, on saura des conseillers ceux qui voudront demeurer, et ceux qui auront consenti, seront enregistrés.

Gages ou Salaires de ceux qui en sont.

On leur paie leurs gages comme si le parlement étoit assemblé.

Et on ne le paie qu'aux treize plus anciens ; s'il y en a de surnuméraires, *propriis stipandiis militant.*

Si quelques-uns des treize s'absentent, le président pourra subroger les plus anciens après eux ; et, en ce cas, seront payés de leurs gages.

Compétence de la Chambre des Vacations.

Doit vaquer principalement aux affaires criminelles, pour lesquelles autrefois son pouvoir n'étoit point limité.

En matière civile, jusqu'à cent liv. parisis de rente, et 1,000 liv. parisis une fois payées, et des bénéfices jusqu'à 200 liv. parisis.

Depuis, par l'édit de 1669, cette matière a été beaucoup plus exactement traitée.

L'ancienne forme de nommer les commissaires de la chambre des vacations s'est conservée, quoique par l'édit on dût suivre, d'année en année, l'ordre du tableau.

Le parlement fait enregistrer ceux qui veulent en être. On envoie leurs noms au roi, et le roi leur fait expédier des lettres-patentes qui leur servent de titres.

Le nombre est aussi le même, onze laïcs, deux clercs.

Il n'est point parlé, dans l'édit, de l'honoraire des conseillers qui servent en cette chambre.

On a ajouté, aux anciennes ordonnances :

1.º L'obligation de résider, et défenses de s'absenter sans ordre du roi par écrit ;

2.º En cas de légitime empêchement, défenses de subroger ;

3.º Le nombre des juges nécessaire pour faire arrêt. Huit seulement, tant au criminel qu'au civil.

La compétence est beaucoup mieux marquée dans cette loi que dans les anciennes.

Par rapport au criminel.

Toutes sortes de causes, même celles du rôle, et de procès dont la connoissance appartient à la tournelle.

D'où il s'ensuit que les procès criminels qui s'instruisent à la grand'chambre, ou aux deux chambres, sont suspendus pendant la chambre des vacations, si ce n'est qu'il y ait arrêt de la grand'chambre, ou des deux chambres, portant que l'instruction pourra être continuée pendant les vacations.

On excepte, du nombre des affaires criminelles qui sont de la compétence de la chambre des vacations :

Les crimes de rapt ;

Ce qui concerne l'état des personnes ;

Les appellations comme d'abus ;

Les requêtes civiles, tant principales qu'incidentes.

Pour le civil, ou définitivement, ou par provision définitivement, elle connoît :

1.º De toutes les matières sommaires expliquées aux cinq premiers articles de l'ordonnance de 1667, titre des matières sommaires.

A l'exception des instances ou procès appointés ou conclus avant le 7 septembre, en quelque chambre que ce soit, encore qu'il fût question de matière sommaire, et que le rapporteur fût de la chambre des vacations.

Comme aussi à l'exception de ses propres appointemens, qui seront renvoyés et distribués aux enquêtes.

2.º Outre les matières sommaires, la chambre des vacations peut connoître des oppositions à l'exécution des arrêts par défaut, faute de comparoir, de défendre ou de plaider, mais seulement pour empêcher la fin de non-recevoir, résultante du laps de temps ; ainsi, elle ne connoît, de ces oppositions, que quant à la forme, et pour remettre les parties, à la Saint-

Martin, sur le principal, si ce n'est que la matière au fond fût de sa compétence.

Par Provision.

Des mêmes matières dont elle peut connoître définitivement, et non d'autres.

A l'exception des requêtes à fin de défenses ou de surséances à l'exécution des sentences et jugemens, dont ladite chambre peut connoître, quoiqu'il soit question de choses excédant son pouvoir.

Sans néanmoins que l'exécution puisse être sursise aux matières sommaires, ni aux sentences de provision, en donnant caution, à quelques sommes qu'elles puissent monter, s'il y a contrats, obligations, promesses reconnues, ou condamnations précédentes par sentences, dont il n'y a point d'appel, ou qu'elles soient exécutoires nonobstant l'appel, ni aux complaintes, réintégrantes, séquestres, possessions ou récréance de bénéfice.

Tout ce que dessus, à peine de nullité, et 100 liv. d'amende contre le procureur.

DES GRANDS JOURS.

La fin et but des grands Jours.

La punition des crimes, l'entretènement des ordonnances, animadversion sur les juges (1).

Réformer toutes corruptelles, usages, styles, procédures abusives, mauvaises pratiques et formulaires de praticiens, ou autres choses qu'ils trouveront être déraisonnables, ou contre le bien et expédition de justice. *Com. de* 1567, *Fontanon, t.* 1, *p.* 93.

Temps et Lieux où se doivent tenir.

Tous les ans, suivant le département qui en sera

(1) Moulins, art. 8.

fait par le roi (1), et pour tel espace de temps qu'il sera par lui ordonné.

Cela est ainsi réglé pour le parlement de Paris; mais, pour ceux de Toulouse et de Bordeaux, tous les deux ans seulement, ès lieux qu'ils verront à faire le mieux.

De quel nombre de Juges et d'Officiers seront composés ?

Un président, un maître des requêtes, un président ès enquêtes, treize conseillers, trois clercs, dix laïcs, huit de la grand'chambre, cinq des enquêtes, *selon leur ordre et ancienneté* (2).

Commencement des grands jours de 1557. *Fontanon, tom.* 1, *pag.* 92, ajoute : « Un de nos avocats, un substitut de notre procureur-général, un greffier civil des présentations et criminel, deux des quatre notaires de la cour ».

Compétence des grands Jours.

1.° Indéfinie en matière criminelle, et telle que celle du parlement même.

2.° En matière civile,

Toutes matières sommaires, comme la chambre des vacations (3) ;

Toute autre matière non excédant la valeur de 600 livres de rente, ou de 10,000 livres pour une fois ;

Mais, à la charge de vaquer principalement à l'expédition des affaires criminelles.

3.° En matière de réglemens généraux, pouvoir semblable à celui du parlement.

Ordonnons que les arrêts et réglemens qui seront donnés ès matières susdites (c'est-à-dire, matières de réformation), par les présidens et conseillers tenant

_____

(1) Louis XII, tom. 1, pag. 73 ; Fontanon, tom. 1, pag. 41, et François I.er, 1519, art. 7. *Ibid.* Blois, art. 206. *Ibid.*

(2) *Ibid.*

(3) Cém. de 1567. Fontanon, tom. 1, pag. 93.

lesdits grands jours, soient de tels effet, vertu et exécution, comme les arrêts donnés et prononcés en nos cours de parlement.

Exécution des Arrêts des grands Jours.

Et principalement recommandée à tous les officiers.

Seront tenus, les gouverneurs ou lieutenans-généraux de nos provinces, avec les baillis et sénéchaux, vices-sénéchaux, prévôts des maréchaux, assister en personnes auxdits grands jours, pour tenir main-forte à la justice, et exécution des arrêts.

DES AVOCATS ET PROCUREURS-GÉNÉRAUX DU ROI ÈS COURS DE PARLEMENT.

Devoirs qui leur sont communs avec les autres Magistrats.

Ne point s'absenter sans congé et licence expresse de la cour, et pour les affaires du roi ou desdites cours.

Peine.

La première fois, privation des gages, trois mois; seconde fois, suspension d'office; troisième fois, privation.

Venir bien matin au palais, à ce que prompte expédition puisse se faire des matières dont ils auront charges et pièces, et qu'ils soient prêts quand ils seront mandés en nos cours.

Devoirs qui leur sont propres.

Parole, ou dans les affaires purement publiques.

Ne doivent faire leurs remontrances durant que la cour est sur la visitation, ou sur les opinions d'aucuns procès, sinon qu'il y eût quelque urgente affaire, pour laquelle il fût promptement nécessaire de dire et remontrer quelque chose à notredite cour.

21 *

Ou dans les causes particulières.

Récitent bien au long les charges, informations et confessions des accusés, et prennent conclusions pertinentes, à ce que les délinquans puissent connoître leurs fautes, et que ce soit exemple à tous autres. Leur défendons néanmoins, poser en plaidoyer aucuns délits ou crimes dont n'opérera pas les charges et informations.

Plume.

Les accords faits sur procès pendans en nos cours, ne pourront être homologués en icelles, s'ils ne sont au préalable communiqués à nos avocats et procureurs-généraux.

Et, par un autre article d'ordonnance, il est dit que si les parties appointent ensemble, il faut que *les gens du roi voient l'accord pour y garder notre droit et celui de justice.*

Si l'on porte l'appointement aux avocats-généraux, ils le paraphent; si on le porte au procureur-général, il le signe.

Régulièrement, on ne doit le porter aux avocats-généraux que lorsque ce sont les avocats qui le signent, parce qu'alors l'appointement suit la nature des causes d'audience.

Le procureur-général signe seul les appointemens sur procès par écrit.

Règles communes à l'une et à l'autre Fonction.

1.º De quoi ils doivent s'abstenir?

De conseiller les parties contre le roi;

De postuler ou conseiller pour elles dans leurs siéges, pour quelque cause que ce soit, encore que le roi n'y ait aucun intérêt;

A la différence des avocats et procureurs du roi dans les tribunaux inférieurs, qui peuvent plaider, écrire et consulter dans les affaires où le roi n'a point d'intérêt.

De rien prendre des parties, pour quelque fonction que ce puisse être;

D'avoir des clercs qui soient procureurs et solliciteurs des parties qui plaident, ou qui soient capables de communiquer aux parties les informations, pièces et procès.

2.º Ce qu'ils doivent faire :

Ne faire aucune adjonction (c'est-à-dire, ne se point porter partie) que premièrement la matière ne soit délibérée entr'eux, et qu'ils ne connoissent que nous y avons droit et intérêt, dont nous chargeons leur honneur et conscience.

Faire registre de toutes les matières de cette nature, en poursuivre l'expédition, lesquelles matières enjoignons à nosdites cours d'expédier avant toutes autres, et à notre procureur-général, d'envoyer au roi, en son conseil privé, une fois l'an, ledit registre, avec liste des procès qui auront été vidés.

Et d'envoyer, à nos procureurs de nos juridictions inférieures, les arrêts qui ont été donnés èsdites matières, afin de les faire enregistrer ès greffes de leurs siéges.

C'est le procureur-général qui est chargé de ce soin par l'édit de François I.er, en 1525, art. 17, et par celui de Fontainebleau, en décembre 1540, art. 5.

Tenir la main à ce que, de tous les prisonniers, soit fait registre ès greffes. L'ordonnance de Charles VIII, 1493, art. 58, *Fontanon*, *t.* 1, *p.* 32, veut qu'ils fassent appeler, au jour de l'élargissement, toutes les deux parties, si métier est, afin de savoir et connoître ce que lesdites parties auront fait ; et, si elles ont appointé ensemble, *voir l'accord pour y garder notre droit et celui de justice.*

Faire exécuter les décrets et arrêts de la cour, en telle sorte qu'elle en soit certifiée dans le temps qu'elle aura préfini ; et, à cette fin, les greffiers feront registre des expéditions délivrées au procureur-général.

DES GREFFIERS DES COURS DE PARLEMENT.

Différentes espèces de Greffiers, et temps de leur création.

Depuis le temps de l'établissement du parlement, il y a eu un greffier civil et un greffier criminel en titre d'office, dont l'origine et la fonction sont aussi anciennes que celles du parlement même.

Dans la suite, on a créé d'autres greffiers pour quelques fonctions particulières, dont on a jugé à propos d'embarrasser la justice.

Le greffier des présentations a été créé d'abord pour le parlement de Paris et pour celui de Toulouse. (L'année ne m'est pas connue.) Et ensuite par édit du mois d'août 1573, pour toutes les cours et juridictions royales.

La fonction de ce greffier consiste, suivant l'édit de création, à recevoir les présentations, tant des demandes ou des appelans, que des défendeurs ou des intimés (car alors la loi étoit égale pour les uns et pour les autres), à les enregistrer, à en faire un rôle certifié de lui, où seront inscrits les défauts et congés, ensemble les autres causes qui doivent être appelées dans cet ordre au moins ès siéges inférieurs; ce que le parlement n'a pas voulu approuver. Voyez l'arrêt de modification, *Fontanon, tom.* I, *pag.* 45 *et* 46.

Le greffier des affirmations a été établi en 1593.

Sa fonction, suivant l'édit de création, est de recevoir les affirmations de voyage faites par les parties comparantes en personnes, de leur en délivrer un acte; et, quand elles voudront s'en retourner, seront tenues de rapporter audit greffier l'acte susdit, et de coter au bas le jour de leur départ, dont le greffier chargera son registre en marge de l'acte de comparution, en sorte que les frais des voyages soient seulement taxés sur ces actes. *Fontanon, tom.* I, *p.* 47.

Les clercs des greffes ont été créés à titre d'office, par édit du mois de décembre 1577, qui ne fut en-

registré *que du très-exprès commandement du roi,
par plusieurs fois réitéré. Fontanon, tom. 1, p. 51.*

A cet édit fut joint un tarif des taxes et salaires
que lesdits clercs ou commis, créés en titre d'office,
pourroient prendre à l'avenir.

La fonction de ces nouveaux officiers est de faire,
comme ils faisoient auparavant, tout ce que les greffiers en chef ont droit de faire sous les ordres du
greffier.

Les greffiers de la geôle sont plus anciens ; je n'ai
pu encore trouver la date de leur établissement.

Qualités nécessaires pour remplir la place de Greffier en chef, civil ou criminel.

Aucun ne le peut être sans être secrétaire du roi ;
ceux qui le sont ne pourront signer les arrêts scellés,
ni les commissions, etc. *Ibid.*

La qualité de procureur est incompatible avec celle de
clerc du greffe, et, à plus forte raison, avec celle de greffier.
Voyez l'arrêt de réglement de 1595, dans Fontanon, tom. 1,
pag. 57.

Sermens desdits Greffiers.

De bien et dûment exercer leurs offices, tenir se-
*crètes les ordonnances et délibérations des cours ;
ne bailler procès, commission ni information aux
conseillers qu'ils ne soient distribués ; n'expédier ni
dépécher requête que selon la délibération desdits
conseillers ; et que, bien et dûment, ils feront les
registres des expéditions qui se feront esdites cours ;
garderont et observeront nos ordonnances.*

Les devoirs des greffiers sont presque tous renfer-
més dans ce serment.

La résidence et l'assiduité, la défense de faire aucun *dictum* pendant que la cour travaille, et l'obligation *d'entendre diligemment aux expéditions* qui
se feront, afin qu'ils en puissent rapporter la vérité,
sont comprises dans ces premiers termes du serment :
bien et dûment exercer leurs offices. Il en est de
même du secret qu'ils doivent à la cour.

C'est une suite de ce secret, que ce qui est porté dans l'ordonnance de Charles VIII, 1490, art. 10. *Fontanon, tom.* 1, *pag.* 41, que les greffiers ne doivent *avoir clercs, qui, à leur conscience,* ne soient pour garder les ordonnances, et tenir secret ce qui sera fait en notredite cour; et, pour ce faire, leur ordonnons qu'ils reçoivent d'eux le serment.

Aujourd'hui les clercs ayant été créés en titres d'office, ils prêtent le serment à la cour.

Les anciennes ordonnances, qui défendent aux greffiers de bailler aucuns procès ou commissions à un conseiller, sinon par distribution, et de répondre les requêtes, si elles n'ont été rapportées en pleine cour, et délibérées ainsi que faire se doit, sont encore rappelées dans les termes du même serment.

La confection des registres est aussi référée dans ce serment, sur laquelle il faut observer:

1.º Ce que les registres doivent contenir;

2.º Tous les arrêts donnés, tant à l'audience qu'au conseil;

Autrefois on inséroit les plaidoyers des avocats dans les arrêts d'audience, et, pour cela, il étoit enjoint aux greffiers de faire mettre au net, le plus diligemment que faire se pourroit, les registres des plaidoiries, afin que les avocats pussent aller corriger, si besoin étoit, leurs plaidoyers, dans le temps à eux préfix, pour laquelle correction lesdits greffiers devoient leur consigner leurs registres, sans pour ce prendre aucuns droits;

3.º Toutes lettres-patentes ou closes qui seront envoyées à la cour, présentation et réception d'icelles, ensemble de la délibération et réponse qui sera faite sur ce;

4.º Dans quels temps ils doivent être faits.

Par un réglement du parlement, fait avant 1577, La date n'en est point autrement marquée dans *Fontanon, tom.* 1, *pag.* 43.

Les registres doivent être faits de mois en mois,

pour le moins, et le registre entier parfait à la fin de l'année, ou, pour le plus, un mois après.

Le reste des devoirs généraux des greffiers, non compris au moins expressément dans le serment, regarde principalement leur qualité de *dépositaires* des procès, des arrêts et autres actes.

Pour faire une division exacte qui comprît tous les devoirs des greffiers, il faudroit les considérer en trois qualités différentes, c'est-à-dire, comme greffiers qui rédigent les arrêts et les délibérations de la cour, comme dépositaires des arrêts et des procès, et, enfin, comme notaires qui délivrent des expéditions.

C'est par rapport à cette qualité qu'il leur est enjoint :

1.º De donner les procès à ceux auxquels ils sont distribués, dans trois jours après la distribution ; et les productions nouvelles, le lendemain du jour qu'elles auront été produites ;

2.º De faire registre des sacs à mesure qu'ils sont apportés, et de faire mention, sur ce registre, du nom du porteur et du jour de l'apport.

Ce registre doit être communiqué gratuitement aux procureurs et aux parties.

Il doit y avoir un commis spécialement chargé de ce soin, lequel seul aura la charge de répondre les requêtes portées par les messagers, pour avoir taxe de leur salaire.

On peut néanmoins rapporter à la qualité de greffier les points qui suivent :

Le premier, est l'obligation de faire collationner les expéditions par un autre clerc que celui qui les a faites ;

Le deuxième, de tenir bon et loyal registre des amendes adjugées au roi, sur peine de privation de leurs offices, afin que le receveur des amendes puisse en faire le recouvrement sur ce registre ;

Le troisième, de faire délivrer tous actes et expéditions requises par les parties, dans trois jours après au plus tard ;

Le quatrième, de délivrer en papiers toutes les

expéditions de justice, comme enquêtes, procès-verbaux, etc., à la réserve des arrêts, *raisonnablement écrits, en raison de vingt-cinq lignes en chacune page, et de quinze syllabes par ligne.* Orléans, art. 80 ;

Le cinquième, de marquer au bas des arrêts la *taxe des épices et leur salaire.* Roussillon, art. 33.

Il reste deux points qui sont communs à toutes les fonctions des greffiers :

Le premier regarde les règles générales qu'on doit suivre, touchant le salaire qui leur est dû ;

Le second est le partage de leurs fonctions.

Salaire des Greffiers.

Ne doivent rien prendre :

1.º Pour les consignations qui se font entre leurs mains ;

2.º Pour les expéditions concernant les affaires du roi, et où il n'y a point d'autre partie que le procureur-général ;

3.º Des jugemens qui se font ès chambres des enquêtes ;

4.º Des écritures baillées et grossoyées pour y mettre le *concordat.*

Le partage de leurs fonctions consiste en très-peu de règles : il n'est question ici que des différends qui peuvent naître sur ce point, entre le greffier criminel et le greffier civil.

Première Instance.

Tout ce qui est instruit directement en la cour, comme crime principal, et non incident, doit être porté au greffe criminel.

Il faut en excepter : 1.º ce qui s'instruit par ordonnance de la grand'chambre seule ;

2.º Les procédures faites contre les ecclésiastiques pour cas privilégiés, lesquelles doivent toutes être portées au greffe civil.

Mais, *quid juris*, s'il y a des laïcs impliqués dans la même accusation ?

Alors, si l'on peut procéder séparément contre les uns et contre les autres, les procédures demeurent au greffe civil.

Secus, s'il faut instruire conjointement.

Au contraire, tout ce qui est criminel, incident à un procès civil, ou à l'exécution d'un arrêt rendu en matière civile, se porte au greffe civil.

Cette règle souffre exception :

1.º Lorsque, dans les rébellions incidentes ès matières civiles, il y a eu force publique, port d'armes, meurtres et autres grands excès ; auquel cas, les informations doivent être renvoyées au greffe criminel ;

2.º Si, après l'instance civile et l'incident de faux jugé à fins civiles, la cour trouve que le crime de faux mérite d'être poursuivi et puni extraordinairement, et, pour cette cause, renvoie le procès en la tournelle, ou en la grand'chambre, par-devant les conseillers laïcs pour y être jugé ; en ce cas, le procès appartient au greffe criminel.

Comme aussi réciproquement, les procès criminels civilisés doivent être portés au greffe civil.

Par Appel.

Ou la sentence est rendue sur procès extraordinaire ou sur procès converti en procès ordinaire.

1.º *Casu* : si la sentence porte condamnation à peine afflictive, le procès sera porté au greffe criminel.

Si elle ne porte que condamnation pécuniaire, alors, ou le procureur-général y est appelant ou intimé, et en ce cas, le procès appartient au greffe criminel ;

Ou il n'y a que la partie civile qui soit appelante ou intimée, et en ce cas, le greffier civil a le procès.

2.° *Casu* : le procès doit être porté au greffe civil.

Au surplus, défenses aux porteurs de procès, aux procureurs, aux greffiers, de contrevenir ; enjoint aux derniers de rendre promptement ce qui ne leur appartient pas.

Autrefois il y avoit un dernier point à ajouter à toutes ces règles, qui étoit que les greffiers d'exécution étoient responsables civilement de leurs clercs ; mais cette règle cesse depuis que les clercs sont titulaires. *Orléans, art.* 78.

DES HUISSIERS DES COURS DE PARLEMENT.

Qualités.

Savoir lire et écrire lisiblement, et être expert et suffisant dans tout ce qui dépend de son office.

Réception, Examen nécessaire, et Serment.

Devoirs et fonctions :

1.° Garder assidûment l'entrée des chambres, et ne la vendre, au nombre de six au moins pour la grand'chambre ;

2.° Garder le parquet ; n'y laisser entrer que les avocats et procureurs, gentilshommes et gens qualifiés, et les parties quand elles auront audience ;

N'y laisser porter aucunes épées, dagues, couteaux ou ferremens ;

3.° Empêcher le bruit, mener en prison ceux qui exciteront noise ou tumulte ;

4.° Appeler les causes suivant l'ordre du rôle, sans rien exiger des parties pour cela ;

5.° Ne point entrer en la chambre du conseil, mais parler de loin et de l'huis de la chambre, et si venir leur convenoit en ladite chambre du conseil, que ce soit le moins qu'ils pourront, tant pour garder l'honneur que pour éviter suspicion, qu'on pourroit avoir contr'eux, de révéler le conseil.

Prérogatives des Huissiers du Parlement.

N'ont besoin de recors pour tout ce qui se fait dans la salle du palais, mais au-dehors en ont besoin comme les autres.

DES AVOCATS PLAIDANT POUR LES PARTIES ÈS COURS DE PARLEMENT, ET DE CE QU'ILS DOIVENT OBSERVER EN PLAIDANT.

Ce qui constitue et fait l'Avocat.

Qualités préalables à la réception : licencié en droit civil ou canonique, réception, nécessité du serment.

- Par l'ordonnance d'Orléans, art. 58, les fonctions d'avocat et de procureurs sont compatibles, et cela se pratique ainsi dans l'Anjou, dans le Maine et ailleurs ; *secus,* en la cour et dans les autres parlemens.

Autrefois cela ne suffisoit pas pour être avocat au parlement. Il paroît, par un ancien réglement touchant les avocats, inséré par Fontanon, tome 1, page 64, et qu'il a tiré des registres du parlement, ou du style,

Que l'on choisissoit les avocats avec cet examen, et qu'on rejetoit ceux que l'on ne trouvoit pas capables,

Primo ponuntur in scriptis nomina advocatorum, deindè rejectis imperitis, eliguntur ad hoc officium idonei et sufficientes.

Acte de la Réception.

Il ne consiste que dans la matricule.

Par un article de l'ancien serment ou réglement qui a été cité,

Il est dit que *nullus advocatus ad patrocinandum recipietur, nisi sit in rotulo nominum advocatorum scriptus ;* dès ce temps-là, tableau des avocats.

Fonctions au devoir de l'Avocat, par rapport aux Juges.

1.º Exactitude dans les faits, pour laquelle la communication des pièces est absolument nécessaire. Aussi les avocats y sont-ils obligés, suivant les ordonnances, à peine de 40 sous d'amende.

L'avocat de l'appelant doit aller, pour cela, vers l'avocat de l'intimé.

2.º Briéveté et précision, tant dans les plaidoyers que dans les écritures.

Il y a jusqu'à sept ordonnances qui enjoignent aux avocats d'être courts, même selon quelques-unes, à peine d'amende. *Voyez* Fontanon, *t.* 1, *p.* 64.

3.º Diligence à se trouver au palais à l'heure de l'audience, à peine de 20 sous parisis d'amende, et sauf le recours de la partie contre l'avocat paresseux, qui ne sera plus reçu à faire rappeler la cause, si ce n'est que, pour bonne et juste cause, il se fût trouvé excusable.

4.º Avoir soin de porter avec eux les pièces dont on peut avoir besoin pour le jugement de leurs causes, et de les marquer aux endroits importans pour la facilité de l'expédition.

5.º Ne point traiter de question de droit quand il ne s'agit que d'un fait. *Fontanon, tom.* 1, *p.* 62. *Ordonnance de Charles VII*, 1455, *art.* 51.

6.º Ne proposer styles, ni coutumes, ni faits qu'ils sauront être non véritables. *Ordonnance de Charles VII*, 1455, *art.* 62.

Envers les Parties qu'il défend.

L'expédition, article du serment. *Fontanon, t.* 1, *pag.* 64.

Conseil fidèle. *Ibid.*

Ne point prendre cession de leurs droits. *Ibid.*

Ne point excéder les bornes d'une juste modération dans le salaire qu'il reçoit.

Par ce même serment, il leur est défendu de recevoir plus de 10 livres tournois pour la plus grande
cause.

L'ordonnance de Blois , article 161 , enjoint aux
avocats et aux procureurs indistinctement, d'écrire
au-dessous de leur seing, et de parapher sur leurs
écritures ce qu'ils ont reçu pour leur salaire. L'exécution trop sévère de cet article a causé de grandes
émotions dans le palais au commencement du dernier siècle.

Envers les Parties qu'ils attaquent.

Modestie et sagesse.

Ne point user de paroles injurieuses ni contumé-
lieuses à l'encontre de leurs parties adverses , leurs
avocats ou procureurs ; et qu'ils ne disent, allèguent
et proposent aucune chose en opprobre d'autrui, et
qui ne soit nécessaire et ne serve à la cause qu'ils
plaident. *Peine, privation de postuler, et amende
arbitraire.*

Envers leurs Confrères.

Modération , *ibid.*
Communication sûre et facile. *V. suprà.*
Déférence , honneur, respect pour les anciens.
Juram. Advocat. V. suprà.

Envers eux-mêmes.

*Quod ab initio vel ex postfacto , cùm viderint
causam esse injustam , statim dimittent.*
Ex juram. advocat. V. suprà.

Ne point prendre de cession de droits litigieux ,
nec pacisci de quoto litis. Ibid.

Envers le Roi.

*Quod in causis quas fovebunt , si viderint tangi
jus regium, ipsi de hoc curiam admonebunt.*
Pour exciter les avocats à remplir tous ces devoirs,

on a institué les secours de l'ouverture des audiences, dans lesquelles *on doit leur enjoindre, sur le serment par eux prêté, qu'il seront diligens et briefs, véritables et modestes en leurs plaidoiries, et leur seront remontrées en général les fautes ou les contraventions à nos ordonnances qu'on connoîtra être ordinairement commises par eux.*

DES PROCUREURS ÈS COURS DE PARLEMENT.

Ce qui constitue le Procureur.

Autrefois le parlement en limitoit le nombre; depuis il a été fixé par le roi.

Qualités nécessaires et préalables à la Réception.

Avoir servi les procureurs l'espace de dix ans; et, en ces dix années, avoir exercé trois ans entiers la charge de maître clerc.

Avoir un certificat de l'expérience, et savoir au fait de la pratique, prudhomie et loyauté, signé de douze bons et notables procureurs.

Il n'y en a que six dans le réglement de 1537. *Fontanon, tom. 1, pag. 78.*

Être examiné en pleine cour et grand'chambre d'icelle.

Prérogatives ou priviléges des Procureurs.

Pouvoir seuls postuler, avec défenses à tous autres de faire quelque acte que ce puisse être de postulation, à peine de faux, et d'être déclarés inhabiles à jamais de l'état de procureur.

Être déchargés, après cinq ans, de toutes pièces et procédures; lesquels cinq ans doivent commencer du jour et date des récépissés, dont, à cet effet, les procureurs sont tenus de charger leur registre. *Henri IV, 1597.*

Mais, en vérifiant cette ordonnance, le parlement a fait une distinction solide entre les procès jugés,

SUIVANT L'ORDRE DU CODE HENRI. 337

et ceux qui ne le sont pas. À l'égard des premiers, il a arrêté que l'ordonnance s'exécuteroit à l'égard des autres, il a doublé le temps de la prescription, et l'a prorogé jusqu'à dix ans.

Devoirs ou fonctions des procureurs dans lesquels l'ordre public est mêlé.

Par rapport aux Parties.

Les procureurs conjoints en proximité de lignage ou affinité, comme père et fils, frère, oncle et neveu, ou qui demeurent ensemble en une commune maison et habitation, ne peuvent recevoir les procurations des deux parties en une même cause.

Chaque procureur est tenu d'avoir deux substituts qui soient connus, et, à cette fin, de mettre les substitutions au greffe.

Être diligens de bailler les sacs et pièces des parties aux avocats, sans retenir ni recéler leur salaire.

Servir diligemment et ponctuellement ses parties, dont il y a plusieurs exemples qui ne méritent pas d'être extraits, parce qu'ils appartiennent presque toûs à l'ancienne procédure.

Et si les procureurs se laissent poursuivre par requête à faire ce qu'ils doivent, seront condamnés en 40 sous parisis d'amende qui seront levés sans déport, et aux dépens, et en leur nom (1).

Ne point former d'inscription en faux, ni alléguer d'exoine sans procuration spéciale.

Faire registre de ce qu'il aura reçu de ses parties, qu'il sera tenu de communiquer, et bailler état, tant de ce qu'il aura reçu que de ce qu'il aura frayé, en prenant quittance de tout ce qui excède la somme de 20 sous parisis.

Ne retenir les pièces et titres des parties, sous couleur des salaires qui leur sont dus.

Ne point faire demande de leurs salaires ou déboursés après deux ans au plus, sans grande ou évidente cause.

(1) Voyez le réglement de 1537. Fontanon, tom. 1, pag. 84.

D'Aguesseau. Tome XIII. 22

Ne pouvoir prendre ni recevoir les dépens adjugés à leurs parties, si ce n'est qu'elles y consentent, ou par licence et autorité de la cour.

Garder fidèlement et inviolablement les secrets de leurs parties.

Par rapport aux Juges.

Ne point interrompre les avocats pendant qu'ils plaident, ni autrement; mais, si aucunes choses vouloient dire à leurs avocats, le diront bas à l'oreille, et ne soient si hardis de contredire ou contester à ladite cour en l'audience, à peine d'être envoyés en prison, et d'amende telle que le cas requerra.

Par rapport au Public et au bien de la Partie.

Tenus d'occuper, quoique révoqués, jusqu'à ce que la partie ait constitué un autre procureur.

Tenus d'occuper ès instances d'exécution d'arrêts, sans nouvelle procuration.

Ne passer aucuns appointemens en cas sujet à l'amende, ou autrement, en chose qui touche l'intérêt du roi, sans montrer l'appointement à notre procureur-général : peine, 40 sous d'amende.

Faire porter les procès aux greffes où ils doivent être déposés : peine, 100 sous d'amende.

Ne point tenir hôtellerie ou train de marchandise, par eux ni par autres; ne faire aucun acte dérogeant à l'état et office de procureurs en cour souveraine (1).

N'avoir directement ni indirectement intelligence, convention ou communication de profit avec les procureurs des siéges et solliciteurs qui leur adresseront causes (2).

Ne point aller au-devant des messagers, prendre les paquets et lettres qui s'adressent à autres qu'eux,

(1) Voyez le réglement de 1537.

(2) *Idem.*

à peine de privation de leur état ; et contre les clercs, à peine d'être chassés du palais, et déclarés perpétuellement inhabiles à exercer l'état et office de procureurs, et autres peines arbitraires ; enjoint à eux de rendre les lettres qui, par méprise, pourroient être tombées entre leurs mains, à peine de faux (1).

Il y est aussi fait mention de ce que l'on appeloit encore *corbineries*, c'est-à-dire, aller au-devant des pauvres parties, les circonvenir, prendre leur argent, ce qui est défendu, sur peine contre les laïcs, *de la hart*, et contre les clercs, *de bannissement perpétuel*.

Ne point proposer aucunes lettres d'état ou d'évocation sans les avoir en main, à peine d'amende arbitraire.

Voir le serment des procureurs dans *Fontanon*, *tom.* 1, *pag.* 77.

Il contient presque les mêmes choses que celui des avocats.

Quod causarum injustarum onus scienter non recipient, et si ex post facto causam viderint injustam, eam dimittent.

Fidélité dans les faits et dans l'allégation des coutumes.

Expédition prompte, *et delitationes et subterfugia malitiosè non quærent.*

Quod per favorem, preces, pecuniam aut alias indebitè, non quærent advocatos ad modum proxenetæ vel mediatoris.

Non paciscentur de quoto litis, etc.

Leur salaire alors, comme celui des avocats, ne devoit point excéder 10 livres tournois.

Les procureurs ont été crées en titre d'office par édit du mois de juillet 1572.

(1) Voyez le réglement de 1537. Fontanon, tom. 1, pag. 79.

22 *

CONSIDÉRATIONS

SUR LES MONNOIES.

POUR donner quelque ordre à une matière aussi étendue que difficile, on la divisera en cinq parties.

On établira dans la première les principes généraux du commerce ou de la matière des monnoies, qu'il est nécessaire non-seulement de supposer, mais d'entendre parfaitement pour être en état de juger des effets de l'affoiblissement des monnoies.

On entrera ensuite dans la matière de l'affoiblissement, et dans la seconde partie on s'attachera d'abord à le considérer en lui-même, pour savoir en quoi il consiste, et combien il y en a d'espèces.

Après l'avoir envisagé en lui-même, on l'envisagera dans ses effets ; et la troisième partie sera employée à examiner l'effet direct de la loi, qui ordonne l'affoiblissement et l'impression réelle qu'elle fait sur la monnoie.

On expliquera, dans la quatrième, les effets indirects, ou les conséquences de l'affoiblissement, considéré par rapport à la société civile, et principalement par rapport au commerce, ou aux différentes natures des biens qui font toutes les richesses des hommes.

Enfin la dernière, qui sera comme le fruit et la conclusion des quatre autres, sera destinée à examiner dans un même endroit tout ce que l'on peut dire en faveur de l'affoiblissement des monnoies, et à examiner s'il peut être ou justifié en soi par les principes mêmes de cette matière, ou excusé du moins, et autorisé par la nécessité.

PREMIÈRE PARTIE.

Principes généraux du Commerce, ou de la Matière des Monnoies, dont il faut être pleinement instruit pour juger des effets de l'Affoiblissement.

Les principes que l'on doit établir dans cette première partie roulent sur quatre points essentiels, qui doivent servir de base ou de fondement à tout ce que l'on dira dans la suite. Car, pour bien raisonner sur cette matière, il faut savoir :

1.° Quels sont la raison et le principe général de la valeur de toutes les choses qui entrent dans le commerce ;

2.° Quels ont été l'origine et le progrès de la monnoie, depuis sa première institution jusqu'à l'état où nous la voyons aujourd'hui ;

3.° En quoi consiste sa véritable valeur ;

4.° Quelles sont les différentes espèces de comptes qui ont été reçues entre les hommes par rapport à la valeur de la monnoie.

SECTION PREMIÈRE.

Quels sont la raison et le principe général de la valeur de toutes les choses qui entrent dans le Commerce ?

Valeur, prix, estimation, sont des termes synonymes, si on les considére dans le fond de la chose même, quoique l'usage qu'on a fait de ces noms dans la matière de la monnoie, y ait peut-être mis quelque différence, comme on le dira dans la suite. Mais par rapport à l'objet présent, c'est-à-dire, au principe général de la valeur des choses qui entrent dans le commerce, toutes ces expressions ne signifient qu'un certain degré de bonté ou d'utilité attachée à chaque chose, qui la fait rechercher par ceux auxquels elle peut être utile ou nécessaire.

Ainsi la valeur, le prix, l'estimation de tout ce qui entre dans le commerce, dépendent des usages ou des utilités qu'on en peut tirer, et ce qui n'est d'aucun usage, n'est aussi d'aucune valeur.

Il est vrai que ce n'est pas toujours la nature ou les idées justes et véritables des choses qui décident de ces usages ou de ces utilités. L'opinion et l'imagination des hommes y ont souvent autant de part que la vérité. Ainsi, ce qui ne sert qu'à l'ornement ou au spectacle, passe pour aussi utile, dans cette notion générale de la valeur des choses, que ce qui sert à remplir de véritables besoins; et c'est par cette raison qu'un diamant, qui n'a qu'un éclat stérile et infructueux, vaut quelquefois plus qu'une ferme qui peut nourrir cent personnes. Quand on parle donc d'usage ou d'utilité en cette matière, on entend par là tout ce qui peut remplir les besoins naturels ou imaginaires des hommes : voilà le fondement de toute valeur, et ce qu'on appelle le principe de la valeur absolue de toutes choses.

Tout ce qui a des qualités propres à remplir nos besoins, de quelque nature qu'ils soient, a toujours un prix, quel qu'il puisse être, c'est-à-dire, que, comme celui qui possède un effet de cette nature, a aussi des besoins qui ne peuvent être remplis que par un autre effet qui lui manque, il ne donnera l'effet qu'il possède qu'à celui qui lui fournira l'effet qui lui manque.

Mais quelle sera la proportion de ces effets échangés l'un contre l'autre? seront-ils au pair, ou y aura-t-il du retour par la plus value d'un des effets? c'est ce qui conduit à chercher le principe de la valeur comparée ou relative, c'est-à-dire, de la règle qui décidera du prix plus ou moins grand des choses que l'on met dans le commerce.

Il est évident, et c'est une suite de ce que l'on a dit sur la valeur absolue, que comme c'est le besoin réel ou imaginaire qui donne une valeur générale à tout ce qui peut satisfaire à ce besoin, c'est aussi le degré ou la mesure de ce besoin réel ou ima-

ginaire qui décidera de la valeur comparée ou relative, c'est-à-dire, qui donnera un prix plus ou moins
grand à chaque chose.

Ainsi, d'un côté, la bonté et la rareté de la chose ;
de l'autre, la nécessité, la curiosité de celui qui veut
l'avoir, augmentant le besoin réel ou imaginaire, et
les qualités ou les situations contraires le diminuant,
doivent nécessairement varier le prix des choses,
ou en général, ou par rapport à chaque homme en
particulier ; et plus les effets sont d'une nature sujette
à ces différentes variations, plus leur valeur et leur
prix, ou leur estimation, reçoivent aussi de changemens et de vicissitudes.

Une seule idée aussi féconde que simple renferme
donc le principe général et uniforme de la valeur de
toutes choses par rapport au commerce.

Ce principe est, que la valeur relative des choses
dépend de la proportion qui se trouve entre leur
quantité et le besoin qu'on en a ; ou, ce qui est la
même chose, entre la quantité et la demande. Il
n'y a qu'à combiner ces deux termes l'un avec l'autre,
et l'on y trouvera toutes les causes possibles des
variations du prix qui arrivent dans le commerce.

1.º Il peut arriver que l'un de ces deux termes
varie, l'autre demeurant toujours dans le même état,
et alors :

Si c'est la quantité qui diminue, la demande ou
le besoin demeurant dans le même degré, le possesseur de la marchandise devenue plus rare, la vendra
plus cher, parce qu'il sera moins pressé de vendre,
et que les autres seront plus pressés d'acheter ;

Si c'est la demande qui augmente, parce que le
nombre des hommes est augmenté, ou parce que
le même nombre d'hommes veut consommer davantage, la quantité, demeurant la même, deviendra
aussi plus précieuse, par la raison que l'on vient
d'expliquer.

2.º Il peut arriver que ces deux termes varient
en même temps, et cela en deux manières, c'est-
à-dire,

Ou en telle sorte que la proportion demeure toujours la même, comme si la quantité diminue d'un quart et la demande d'un quart, alors le prix demeurera le même, parce que la proportion n'est pas changée;

Ou en telle sorte que la proportion soit altérée, comme si la quantité diminue d'une moitié, et que la demande augmente d'une moitié, alors le prix haussera du double environ; ce qui arrivera à proportion dans tous les autres cas semblables.

Ainsi, ce principe simple, que la valeur des choses dépend de la proportion qui est entre la quantité et la demande, renferme la cause de toutes les variations possibles sur le prix, et dispense même d'y joindre les circonstances de bonté, de beauté, de rareté, etc., qui influent sur la valeur des choses, parce que toutes ces circonstances se terminent toujours, ou à laisser subsister, ou à changer la proportion de la quantité à la demande.

Il est hors de la matière présente d'examiner si c'est l'amour-propre et la cupidité des hommes qui ont formé ce principe, ou s'il ne renferme rien de contraire à la justice naturelle, et même à la charité. On dira seulement, en un mot, qu'il paroît d'abord contraire à l'une et à l'autre de vendre une marchandise plus cher parce qu'on en a moins, ou parce qu'il y a un plus grand nombre de personnes qui en ont besoin; mais, dans ce premier cas, lorsque la quantité est diminuée, il est évident que le possesseur de la marchandise en tireroit souvent moins qu'il ne lui est peut-être nécessaire pour vivre et pour se soutenir, s'il ne se dédommageoit par l'augmentation du prix. Un laboureur ou un fermier qui recueilloit cent muids de blé qu'il vendoit dix mille livres, et qui n'en recueille que cinquante, ne seroit pas en état de payer son maître et de faire vivre sa famille s'il ne les vendoit le double. Dans ce second cas, quoique la même raison n'y soit pas, il y a toujours un principe de justice à augmenter le prix d'une marchandise qui devient plus recherchée, parce que le marchand qui fait ce gain est aussi exposé à perdre dans le cas contraire, et qu'ainsi il se fait une compensation qui rend la chose non-seulement permise suivant les lois du commerce, mais exactement juste, suivant celles de l'équité naturelle.

Rien ne sauroit donc ébranler ces deux principes, qu'on a expliqués par rapport à cette première notion préliminaire :

L'un, que la valeur des choses en général dépend de leurs usages ou de leurs utilités, par rapport aux besoins réels ou imaginaires des hommes ;

L'autre, que la valeur comparée ou relative, c'est-à-dire, la plus haute ou la plus basse valeur, dépend de la proportion qui est entre la quantité et la demande.

SECTION DEUXIÈME.

De l'Origine et du Progrès de la Monnoie.

Les idées les plus communes suffisent pour expliquer l'origine de la monnoie.

La nature, ou plutôt la providence, a voulu lier les hommes par leurs besoins mutuels et par les secours qu'ils se donnent réciproquement ; ainsi, en partageant inégalement ses présens, et donnant à l'un ce qu'elle refuse à l'autre, elle a établi entr'eux une espèce d'égalité, dont le commerce est comme la balance qui y entretient l'équilibre, et qui, suppléant à l'indigence d'une nation par l'abondance d'un autre pays, corrige l'inégalité du partage, et rend les richesses des différens climats communes à toutes les nations, par une espèce de société qui remplit parfaitement le vœu de la nature ; en sorte que, par le commerce nous voyons presque ce que les poëtes ont dit de l'âge d'or :

Omnis fert omnia tellus.

Le commerce a eu son enfance comme toutes les choses humaines. Il se faisoit autrefois par ce qu'on appelle échange, permutation, troc; et il ne se fait encore à présent que de cette manière entre plusieurs nations barbares, qui ne connoissent point les avantages et les commodités de la monnoie.

Trois grandes difficultés rendoient cette espèce de commerce pénible et embarassante :

1.º La nécessité de voiturer toutes les marchandises qui se permutoient réciproquement, souvent avec péril, et toujours avec de grands frais;

2.º L'incertitude de la valeur ou de l'estimation des choses échangées, soit par rapport à leur bonté actuelle et présente, soit par rapport à la valeur courante de chaque espèce de marchandise, qui recevoit de grandes variations, selon les temps et les lieux, d'où il naissoit tous les jours de nouvelles difficultés pour arbitrer le supplément ou la soute que l'un des copermutans devoit à l'autre ;

3.º L'embarras d'être souvent obligé à garder long-temps une quantité considérable de marchandises sujettes à dépérir, exposées à divers accidens, et dont l'estimation pouvoit diminuer même sans aucun accident, par le seul cours du commerce.

Il falloit pour remédier à tous ces inconvéniens, et pour porter le commerce à une plus grande perfection, trouver une espèce de matière ou de marchandise qui, étant utile par elle-même, eût, outre cela, l'avantage par sa nature singulière, et par les caractères qui la distinguent des autres marchandises, d'être plus facile à transporter, plus fixe et moins variable dans sa valeur, enfin plus aisée à conserver; en sorte que, par toutes ces prérogatives, elle pût devenir comme la mesure commune de toutes les autres marchandises, et la régle uniforme de leur valeur.

On se servit d'abord dans cette vue du fer ou du cuivre, à cause de la grande rareté de l'or et de l'argent; mais il s'en falloit beaucoup que ces deux premiers métaux pussent remédier à tous les inconvéniens du commerce qui se faisoit par troc, ou par permutation. Le transport de ces matières

n'étoit guère plus aisé que celui des autres marchandises, parce qu'elles ont peu de valeur à proportion de leur volume, et la garde n'en étoit guère
moins commode. Ainsi, leur usage ne remédioit presque qu'au second inconvénient, parce que la valeur
ou l'estimation de ces deux métaux, dont la quantité
demeuroit plus long-temps dans la même proportion
avec la demande, ou avec les besoins des hommes,
n'étoit pas sujette à des variations de prix aussi fréquentes que les autres marchandises.

– Mais le commerce s'étendant toujours de plus en
plus, et ayant fait enfin passer une partie de l'or
et de l'argent des Indes dans l'Europe, on connut
bientôt combien ces deux métaux avoient d'avantages sur toutes les autres marchandises, soit par leur
pureté, soit par leur dureté, soit par leur divisibi-
lité en plusieurs parties d'une assez grande valeur
pour le détail du commerce ; soit par leur rareté, qui
fait qu'ils ont un très-grand prix dans un petit volume : avantages qui firent sentir aisément que c'étoit
dans ces deux métaux qu'il falloit chercher la mesure commune, et l'équivalent de toutes les marchandises.

Par là, on remédia également aux trois inconvéniens de l'échange.

1.° A en juger par l'état présent des choses, une livre
pesant d'argent, paie ordinairement parmi nous neuf
cent soixante livres de poids en blé ; et une livre
pesant d'or, en paie onze mille quatre cent trente ; il
est aisé par là de comparer la facilité du transport de
l'or et de l'argent, avec la difficulté de la voiture des
autres marchandises ; et cette comparaison étoit encore
plus avantageuse à l'or et à l'argent, dans le temps
qu'ils étoient plus rares.

2.° La nature ne produit pas aussi aisément l'or
et l'argent que les denrées plus communes ; et la
quantité n'en varie pas aussi souvent, aussi rapide-
ment, et aussi inégalement que celle des autres marchandises. Ainsi, la quantité et la demande de ces
deux métaux demeurent beaucoup plus constamment

dans la même proportion ; leur valeur est bien plus fixe et moins sujette au changement, soit par rapport aux lieux, soit par rapport aux temps ; ce qui arrive d'une année, et souvent d'une saison à l'autre, pour les autres marchandises, demande quelquefois la durée d'un siècle par rapport à l'or et à l'argent. Ainsi, ils ont une disposition infiniment plus grande à devenir la mesure commune du prix des autres marchandises.

3.º La garde en est beaucoup plus facile, soit parce que leur pureté et leur dureté les mettent à couvert des accidens qui altèrent la valeur des autres marchandises, soit parce que leur prix, étant beaucoup plus grand par rapport à leur masse, il faut beaucoup moins de lieu pour les conserver : outre que le débit, l'échange, ou le prêt de cette espèce de marchandise se trouvent en tout temps, en sorte que l'on peut s'en défaire à chaque instant, sans aucune perte, ni diminution de valeur.

Tous ces avantages ayant donc rendu ces deux métaux la mesure commune du prix de toutes les marchandises, et comme les arbitres du commerce, on les donna d'abord par poids et en simple matière, comme beaucoup d'autres marchandises : et cet usage s'est conservé long-temps, même dans les nations policées, puisque l'on voit qu'il avoit encore lieu en France (et bien avant), sous la troisième race.

Mais quelqu'utilité que l'on trouvât dans cette espèce d'échange de l'or et de l'argent contre d'autres marchandises, il manquoit encore quelque chose à la perfection de ce commerce, qui ne pouvoit y être ajouté que par l'autorité du prince, ou de la puissance publique.

Car, pour donner à l'or et à l'argent cette stabilité simple et uniforme qui les rend d'un usage si prompt et si facile dans le commerce, il falloit que le public pût être également assuré de deux choses : l'une, est le degré de la pureté de la matière ; l'autre, est son véritable poids ; sans quoi, malgré les avantages qu'elle a au-dessus des autres matières, le

commerce auroit toujours été retardé ou embarrassé
par la nécessité de l'essai ou du poids des matières
d'or et d'argent.

La puissance publique fait cesser également ces
deux embarras, en donnant la forme de monnoie à
ces matières. Elle y imprime par là un caractère
public, qui a été établi pour rendre un témoignage
authentique du degré de pureté et du poids de
chaque partie de matière qui porte l'image ou le
signe de la puissance publique ; en sorte que l'état,
ou ceux qui gouvernent, sont garans par là envers
tous les particuliers de la valeur réelle et du véritable poids de chaque portion de matière convertie
en monnoie.

C'est ainsi que le commerce s'est perfectionné par
degrés. Il a commencé par la permutation ou l'échange.
On a cherché dans les métaux la mesure commune
qui y manquoit ; le fer et le cuivre ont paru insuffi-
sans : et l'or et l'argent, beaucoup plus propres par
eux-mêmes à fournir cette mesure commune, ont
enfin reçu leur dernière perfection pour les usages
du commerce, par l'autorité publique qui les a
convertis en monnoie, c'est-à-dire, pour donner
ici en un mot sa définition, en matière qui, revêtue
d'un caractère public, a un poids et un prix toujours certain, dont ce caractère est le gage et comme
le garant.

Mais quelque changement que l'usage de l'or et
de l'argent, considérés même comme monnoie, ait
apporté dans le commerce, il n'a point produit,
à proprement parler, une nouvelle forme de contracter entre les hommes. Le commerce ne se fait pas
moins par échange ou par permutation ainsi qu'il se
faisoit auparavant ; et si les jurisconsultes ont distingué la vente et l'échange comme deux espèces différentes de contrats, c'est parce que, n'ayant pas assez
médité sur la véritable nature de la monnoie, il leur
a plu de donner à l'or et à l'argent le nom de prix,
et de conserver l'ancien nom de marchandises aux
choses que l'on acquiert par le moyen de l'or et de

l'argent; au lieu que s'ils avoient été aussi instruits du commerce qu'ils l'étoient de la jurisprudence, ils auroient reconnu que, dans la vente comme dans ce qu'ils appellent permutation, il y a toujours deux marchandises échangées réellement l'une contre l'autre, de l'or ou de l'argent contre du blé, par exemple, contre du vin, contre une maison ou contre un fonds de terre; et que toute la différence qu'il y a entre l'or et l'argent, et les autres marchandises, est que l'usage de ces métaux étant beaucoup plus commode, plus sûr et plus facile, il arrive de là qu'on les échange aussi plus souvent que les autres.

SECTION TROISIÈME.

En quoi consiste la véritable valeur de la Monnoie?

La monnoie peut être considérée, ou par rapport à sa matière, c'est-à-dire, par rapport à l'or ou à l'argent dont elle est composée, ou par rapport à sa forme, c'est-à-dire, par rapport à l'impression de la puissance publique que ces métaux reçoivent lorsqu'ils sont convertis en monnoie.

Par rapport à la matière, l'or et l'argent sont de même nature et de même condition que toutes les autres marchandises, dont le prix augmente ou diminue toujours dans la proportion de la quantité et de la demande.

Cette proposition qui ne peut pas être contestée, lorsque l'or et l'argent sont encore en matière, c'est-à-dire, en barre ou en lingot, et qui ne l'est pas non plus lorsqu'ils sont employés aux divers ouvrages d'or ou d'argent, n'est pas plus douteuse quand ils sont réduits en monnoie.

Si néanmoins on en demande des preuves, que l'ignorance de presque tous ceux qui ont traité de la monnoie, a rendues en quelque sorte nécessaires, il est aisé de répondre :

1.º Qu'il seroit absurde de soutenir que, parce que le prince fait graver son image sur une pièce d'or ou d'argent, elle perdît aussitôt la valeur réelle et naturelle qu'elle avoit avant l'empreinte. Le caractère de l'autorité publique qu'elle reçoit, peut bien l'élever, l'anoblir, et même ; si l'on veut, en augmenter l'utilité ou la commodité, par les nouveaux usages qu'elle acquiert par là dans le commerce ; mais, vouloir que le prince l'anéantisse, en quelque manière ; en lui imprimant son image, qu'elle n'ait plus de valeur que par cette image, et qu'elle soit transformée, pour ainsi dire, en un être de raison qui n'existe que par la volonté du prince, et dont cette volonté puisse faire tout ce qu'il lui plaît, c'est avancer un paradoxe qui n'a pas besoin d'être réfuté.

2.º L'augmentation du prix de tout ce qui se paie avec la monnoie, depuis la moisson abondante d'or et d'argent que l'Europe a faite dans les Indes, démontre manifestement que la monnoie tire toujours sa véritable valeur de la matière. Elle fait voir que l'or et l'argent, lors même qu'ils sont réduits en monnoie, ne sont estimés que suivant la proportion qui est entre leur quantité et la demande que l'on en fait. La quantité de l'or et de l'argent étant augmentée, il en a fallu davantage pour payer la même quantité de marchandise ; de même que lorsque le blé est plus abondant, il en faut donner davantage en échange d'une marchandise dont la quantité est demeurée la même.

Ainsi, si le vin demeure dans le même état, et que la quantité du blé soit considérablement augmentée par une abondante récolte, il est évident que si, avant cette augmentation de quantité, on donnoit trois septiers de blé en échange d'un muid de vin, il en faudra donner quatre ou cinq, selon le degré de l'abondance qui est survenue dans le blé. C'est précisément ce qui arrive à l'égard de l'or et de l'argent, depuis que leur quantité s'est extraordinairement multipliée dans l'Europe. Si l'on donnoit, il y a deux cents ans, deux ouces d'argent pour avoir un muid de vin d'une certaine qualité, on en donne cent aujourd'hui.

Ce ne sont donc pas, à proprement parler, les autres effets qui ont crû en valeur; la quantité et la demande, ou le besoin de ces effets sont toujours demeurés à-peu-près dans la même proportion, qui n'a été quelquefois altérée que par des causes passagères. C'est donc la valeur de l'or et de l'argent qui est diminuée, puisqu'il faut donner cinquante aujourd'hui pour ce qui ne valoit qu'un il y a deux cents ans. Et comme ce changement n'a pas moins lieu pour les paiemens qui se font en monnoie, que pour ceux qui se font en matière d'or et d'argent, il est évident que la monnoie même suit le cours du commerce par rapport à sa matière, et par conséquent qu'elle doit être considérée à cet égard comme une véritable marchandise.

3.º On peut tirer la même induction du taux des rentes constituées, et de l'intérêt de l'argent qui est diminué successivement, à mesure que l'or et l'argent devenus moins précieux par leur abondance, ont perdu par degrés une partie considérable de leur ancienne valeur ou estimation.

4.º La même vérité paroît encore clairement par le changement de proportion qui est arrivé entre l'or et l'argent; proportion autrefois d'un dixième, et à présent d'un quinzième, tant entre les espèces monnoyées qu'entre les matières ou les ouvrages d'or et d'argent.

Si l'empreinte du souverain faisoit la véritable valeur de la monnoie, l'or et l'argent, également revêtus de cette empreinte, devroient conserver entr'eux une proportion invariable. Mais, parce que ce sont de véritables marchandises, leur valeur proportionnelle a éprouvé les mêmes variations que celle des autres marchandises. Les Indes nous ont fourni beaucoup plus d'argent à proportion que d'or; ainsi l'argent, devenu plus commun, a beaucoup plus perdu de son ancienne valeur, que l'or qui est demeuré plus rare.

C'est ainsi que le grand nombre de terres qui ont été défrichées en France, et mises en labour depuis plusieurs siècles, ayant rendu le blé plus commun, son prix est aussi beaucoup moindre, à proportion, que celui du vin. Ainsi la règle générale de la valeur proportionnelle des choses, s'appliquant aux monnoies comme aux autres marchandises, on ne peut pas douter qu'elles ne soient aussi du même genre.

5.º Si la marque de l'autorité publique faisoit toute la valeur de la monnoie, les divers affoiblissemens que les princes y font n'y feroient aucun changement, puisque, malgré ces affoiblissemens, elle conserve toujours ce caractère; mais l'expérience fait voir au contraire, qu'à mesure que le prince affoiblit la monnoie, le prix de toute chose augmente, et malgré l'estimation plus haute qu'il lui donne, il en faut davantage pour payer la même quantité de marchandise : preuve sensible que l'or et l'argent, quoique convertis en monnoie, suivent toujours le cours du commerce, où on les considère comme marchandises, et que la valeur réelle, naturelle ou intrinsèque, prévaut tôt ou tard à la valeur imaginaire, arbitraire ou extrinsèque que le prince veut leur donner.

6.º Enfin, le consentement de toutes les nations, qui ne prennent entr'elles l'argent monnoyé que sur le pied de la valeur réelle, fait voir que cette vérité est une espèce de droit des gens, fondée sur la notion commune et sur l'idée primitive et naturelle de tous les hommes, qui ne peuvent être assujettis à prendre l'ombre pour le corps, et la figure pour la vérité, c'est-à-dire, la valeur fantastique que le prince veut attacher à son image, pour la valeur véritable qui est inhérente à la matière.

Telle est donc la première et véritable valeur de la monnoie, considérée par rapport à sa matière. Il faut à présent l'examiner par rapport à ce que le prince y ajoute par son empreinte.

Pour éclaircir, autant qu'il est possible, ce second point, qui consiste à savoir si la valeur de la matière (1) augmente par la forme que le prince lui donne en y

_____

(1) Valeur de la monnoie par rapport à sa forme.

imprimant son caractère, il faut distinguer trois choses, qui servent de fondement ou de prétexte à cette augmentation de valeur :

Le premier prétexte peut être tiré des avantages que la monnoie acquiert pour la facilité et pour la sûreté du commerce, en recevant l'impression de la puissance publique ;

Le second, est fondé sur le droit de seigneuriage : droit qui peut avoir son origine dans l'ancienne opinion que les mines d'or ou d'argent appartiennent au roi ; ce qui a peut-être donné lieu de croire qu'il pouvoit retenir une certaine portion de la matière, comme une espèce de préciput, sur toutes les matières d'or et d'argent qui passoient par les monnoies, ou, plutôt, que c'est une espèce de reconnoissance du droit qui appartient au souverain seul de faire battre monnoie ; en sorte qu'on peut dire que le droit de seigneuriage se donne, *in signum et recognitionem supremi dominii.* Quoi qu'il en soit, ce droit est ancien, puisqu'il y a lieu de présumer que Pepin, chef de la seconde race de nos rois, le trouva établi par les rois de la première race. Les seigneurs mêmes en ont joui par une suite de l'usurpation du droit de battre monnoie ;

Enfin, le troisième prétexte est les dépenses ou les frais nécessaires pour la fabrication de la monnoie, qui sont le fondement du droit que les monétaires appellent le droit de *brassage.*

La première raison qui se tire des avantages que le prince ajoute aux matières d'or et d'argent, en les convertissant en monnoie, a quelque chose de spécieux, parce qu'elle paroît une suite des principes qu'on a établis sur la valeur de toutes choses en général, et sur la valeur même de la monnoie en particulier.

En effet, on a observé que le caractère public qui s'imprime sur la monnoie par l'autorité du prince, lui donne deux grands avantages dans le commerce, au-dessus des matières non fabriquées, parce qu'elle retranche, d'un côté, la nécessité d'essayer, et de l'autre, celle de peser l'or et l'argent à chaque changement de main.

Or, comme ces avantages peuvent être appréciés, puisque la valeur de toutes choses ne se tire que de l'utilité ou de la commodité de leurs usages ; et qu'en effet la facilité et la sûreté sont d'un très-grand prix dans le commerce, on peut dire que le prince à qui on apporte des matières d'or et d'argent pour les convertir en monnoie, rend plus qu'il ne reçoit ; parce que la matière qui passe par les monnoies, y devient plus précieuse, en acquérant des qualités qu'elle n'avoit pas auparavant.

Ainsi, quand le roi retient quelque portion de la matière qu'il convertit en monnoie, et que cependant il y attache une aussi grande valeur que si elle n'avoit point été affoiblie, on peut dire qu'il se fait une espèce de compensation de la perte que l'on souffre, par la diminution de la matière, avec l'avantage qu'on acquiert par rapport à ses usages. Ainsi, dira-t-on, pourvu que la proportion soit exactement gardée, c'est-à-dire, que l'affoiblissement n'aille pas plus loin que la plus value, si l'on peut parler ainsi, de la monnoie au-dessus de la simple matière, par rapport à la sûreté et à la facilité du commerce, les choses demeurent égales entre le roi et celui qui lui apporte des matières. S'il ne les affoiblissoit point en les faisant servir à l'usage de la monnoie, il rendroit plus qu'il n'auroit reçu ; et il rend autant, lorsqu'il affoiblit seulement sa monnoie à proportion de la nouvelle utilité qu'il y attache par la fabrication.

Quelque spécieuses que paroissent ces raisons, on peut néanmoins y répondre d'une manière plus solide, par quatre réflexions qui paroissent également décisives :

1.º Il est vrai, comme on l'a dit plusieurs fois, que la matière devenue monnoie a des avantages que la simple matière n'a point. Mais de quelle nature sont ces avantages ? Sont-ils une suite et une dépendance des qualités de la matière même, ou lui sont-ils ajoutés par une espèce de grâce et de bienfait du souverain ? Et pour réduire la difficulté à des termes encore plus simples : la faculté de convertir l'or et l'argent en monnoie, vient-elle tellement de la volonté du prince qu'il puisse la refuser ou l'accorder à son gré, et y mettre un prix en l'accordant ? Ou cette faculté fait-elle partie du droit qui appartient au maître de la matière ? C'est une question qui ne paroît pas difficile à résoudre.

La propriété des matières n'appartient pas moins librement ni moins pleinement que celle de tous les autres biens à ceux qui en sont propriétaires, et cette propriété consiste dans le droit et la liberté d'employer les biens qu'on possède, à tous les usages dont ils sont susceptibles : liberté qui ne peut être restreinte justement par la puissance publique, que dans les choses qui peuvent être contraires au bien général de l'état, ou dont il est de l'intérêt commun que l'état se serve préférablement au propriétaire même. Mais, bien loin qu'il soit contraire au bien de l'état, que les matières d'or et d'argent soient converties en monnoie, c'est au contraire le meilleur usage qu'on en puisse faire pour l'intérêt du prince même, autant que pour celui de ses sujets. Toutes les lois des nations les mieux policées ont toujours excité les hommes à en faire cet usage, parce que l'abondance et la multiplication des espèces d'or et d'argent sont également avantageuses et au général et aux particuliers. De là vient, entr'autres choses, qu'il est permis de convertir toutes les matières et tous les ouvrages d'or et d'argent en monnoie; au lieu qu'au contraire il y a plusieurs pays où il est défendu, sous des peines très-rigoureuses, de convertir les espèces d'or et d'argent en matières ou en ouvrages. La conversion de l'or et de l'argent en monnoie, est donc non-seulement un usage permis, mais un usage de préférence dans l'esprit des législateurs qui ont cru devoir y inviter tous les citoyens.

Le prince peut bien, à la vérité, se réserver à lui seul le droit de battre monnoie, soit parce que ce droit fait partie de la souveraineté ou de la puissance publique, soit parce qu'il n'y a que lui qui puisse y imprimer ce caractère authentique qui est le garant du poids et de la pureté ; soit enfin parce que lui seul a le pouvoir de rendre l'usage de la monnoie forcé, ensorte qu'à la différence des autres marchandises qu'on peut prendre ou ne pas prendre en échange, personne ne puisse se dispenser de recevoir la monnoie du prince sur le pied qu'il lui a plu de fixer.

Voilà ce qui appartient légitimement au souverain ; mais vouloir non-seulement qu'il soit seul en droit de faire battre monnoie, mais qu'il soit encore le maître de refuser d'employer à cet usage les matières qu'on lui apporte, ce seroit l'autoriser à priver ses sujets d'un usage juste et légitime des biens qui leur appartiennent, et cela non-seulement sans intérêt pour l'état, mais contre l'intérêt de l'état. Ce seroit blesser également les règles du droit privé et celles du droit public. En un mot, ce seroit avancer le même paradoxe, que si quelqu'un s'avisoit de soutenir, que, parce que le roi est seul en droit de rendre ou de faire rendre la justice à ses sujets, il est aussi le maître de la leur refuser, ou *de la leur faire* refuser quand il lui plaît.

Les particuliers sont donc, en quelque sorte, débiteurs de leurs matières d'or et d'argent envers le souverain, lorsqu'ils veulent les convertir en monnoie, c'est-à-dire, qu'en ce cas ils ne peuvent les porter ailleurs que dans les lieux où la monnoie se fabrique par les ordres du souverain. Mais le souverain devient à son tour débiteur de la forme qu'il ne peut refuser de donner à la matière. C'est un engagement qu'il est censé avoir contracté avec eux, lorsqu'il s'est réservé le droit de battre monnoie, comme un apanage de sa souveraineté ; autrement il les réduiroit à l'impossible s'il pouvoit leur fermer la porte des hôtels des monnoies, quand il lui plaît, sans aucune raison d'intérêt public ; ou il les obligeroit à porter leurs matières en pays étrangers, et par conséquent il pécheroit toujours ou contre les règles de la justice, ou contre celles de la politique.

Si donc la faculté de convertir les matières d'or et d'argent en monnoie est une suite de la propriété; si c'est un des moyens naturels et légitimes d'en faire usage, dont le prince ne puisse sans injustice priver le propriétaire, la matière n'acquiert rien qui lui soit étranger et adventif, si l'on peut parler ainsi, quand elle est convertie en monnoie : elle ne fait que jouir de ses usages et de ses dispositions naturelles, de la même manière que lorsqu'on l'emploie à d'autres ouvrages.

On ne doute pas, par exemple, que des lingots d'or ou d'argent convertis en un vase, ou en une statue, ne soient d'un plus grand prix que lorsqu'ils n'étoient encore qu'une masse informe et grossière. Or, à qui appartient cette augmentation de valeur ? n'est-ce pas au propriétaire, en payant le travail ou l'art de l'ouvrier ? cet ouvrier pourroit-il affoiblir la matière qu'on remet entre ses mains, et en rendre un moindre poids, sous prétexte qu'il en a augmenté équivalemment le prix par la forme qu'il lui a donnée. Ne lui diroit-on pas, s'il avoit une telle prétention, faites-vous payer de vos façons, cela est juste, et les juges y condamneront le maître de la matière ? mais n'affoiblissez pas une matière qui ne vous appartient point, et ne vous payez point par vos mains, en retenant une partie du bien d'autrui.

Ainsi, pour appliquer cette comparaison à la monnoie, que le roi se fasse payer la forme qu'il lui donne, ou les frais de fabrication, il n'y aura rien d'injuste en cela ; et les ouvriers que le roi emploie, doivent sans doute être payés comme les autres, par celui qui fournit la matière qu'ils mettent en œuvre. Mais, dès le moment qu'il aura satisfait à cette obligation, il doit profiter pleinement d'un bien qui lui appartient ; et, si la valeur de ce bien augmente, il est seul en droit d'en recevoir le bénéfice, parce que ce bénéfice naît de la chose même, et n'en est que la suite et l'accessoire.

Ainsi, à parler correctement, la valeur de la forme

fait partie de la valeur de la matière, parce que la valeur de la matière s'étend à tous les usages qu'on en peut faire.

2.º Outre cette première réponse qui est prise du fond de la chose même, et qui remonte jusqu'au premier principe, on peut ajouter que, quoique les matières d'or et d'argent mises en œuvre de monnoie, aient des avantages au-dessus des matières non œuvrées, pour parler en terme de monnoie, il n'est pas vrai cependant, dans l'usage et dans le cours du commerce, qu'elles aient une plus grande estimation. Ainsi, dans les pays où le droit de seigneuriage est inconnu, et où la monnoie se fabrique aux dépens du prince et du public, un lingot d'or ou d'argent se paie en monnoie, poids pour poids, sans que la forme ajoute quelque chose au prix de la matière. Et cela n'est pas contraire au principe général que la valeur des choses dépend de leurs usages ; car, quoique les usages de l'or et de l'argent soient augmentés lorsqu'on les convertit en monnoie, il ne seroit pas juste néanmoins de donner un plus haut prix à la monnoie qu'à l'or en barre de même titre ; parce que celui qui le vend ayant la liberté de le faire convertir en monnoie, il pouvoit en tirer les usages que la monnoie a au-dessus de la matière informe ; et, comme il se prive de cette faculté en vendant ses matières, et qu'il la céde à l'acheteur, elle entre dans l'estimation de la chose, et produit une parfaite égalité entre la matière non œuvrée qui est la marchandise, et la matière œuvrée qui est le prix ; ce qui confirme toujours la vérité de ce principe, que tous les usages qu'on peut faire de chaque chose entrent dans l'estimation de sa valeur.

3.º Le prétexte que l'on tire des avantages que la monnoie a au-dessus de la simple matière, paroît d'autant plus insoutenable, que la fausse valeur qu'on veut donner sous ce prétexte à la monnoie, ne tombe pas seulement sur celui qui fournit la matière, et qui feroit cette espèce de profit par le changement de la forme, s'il est vrai qu'il y en eût, elle tombe sur la nation entière, qui est obligée de se servir d'une monnoie affoiblie, pour procurer au prince un gain illégitime.

A la vérité, si elle ne faisoit aucun commerce avec ses voisins, on pourroit dire que cette perte ne seroit pas sensible, la valeur extrinsèque pouvant tenir lieu de la valeur réelle dans l'intérieur d'un état qu'on supposeroit isolé de tous côtés, et comme en prison au milieu de l'univers ; encore faudroit-il pour cela, d'un côté, qu'il fût défendu dans ce pays, de fondre les espèces d'or et d'argent, et, de l'autre, que le prince ne décriât jamais les espèces auxquelles il auroit donné une fausse valeur, ou qu'il les reçut en cas de réforme ou de refonte, sur le pied de cette valeur. Car, si l'une de ces conditions manquoit, la cessation de tout commerce extérieur n'empêcheroit pas que la perte de la fausse valeur ne tombât sur les peuples d'un tel état.

Mais, pour ne pas s'arrêter plus long-temps à raisonner sur une supposition chimérique, si un royaume est en commerce avec ses voisins, comme le sont toutes les nations policées, il est certain que, par une espèce de règle du droit des gens, les étrangers ne considèrent dans la monnoie que sa valeur réelle, par rapport au titre et au poids de sa matière ; ainsi, toutes les fois qu'un français, par exemple, aura une négociation à faire avec un anglais ou un hollandais, la valeur extrinsèque sera comptée pour rien, et regardée comme une fausse valeur. Le français aura beau vouloir augmenter le prix de sa marchandise, pour se dédommager de cette perte, l'étranger, dont les besoins ne croissent pas, quand il plaît au prince d'augmenter la valeur de sa monnoie, ou n'en donnera pas davantage, ou achetera beaucoup moins de nous, et portera son commerce ailleurs. D'un autre côté, nos besoins ne diminuant pas non plus par cette augmentation de valeur, le prix des marchandises étrangères ne baissera point. Ainsi, lorsque nous acheterons, il faudra donner davantage, eu égard à la valeur extrinsèque de nos monnoies, et, lorsqu'il s'agit de vendre aux étrangers, ou nous recevrons

moins, ou nous trouverons beaucoup moins d'acheteurs ; et , de quelque manière que la chose se passe,
nous porterons toujours la perte de la valeur ajoutée
par le prince , à celle de la matière , sous prétexte
des usages de la monnoie, et, par conséquent, ce n'est
qu'une fausse valeur qui diminue la valeur réelle, bien
loin de l'augmenter.

4.º Enfin , s'il y a plus d'utilité pour le commerce
dans les espèces monnoyées que dans les matières
d'or ou d'argent, le prince partage cet utilité avec
tous les particuliers de son royaume , et il y a même
une plus grande part, parce qu'il dépense beaucoup
plus qu'eux. Or, s'il ne perd rien par la conversion
de ces deux métaux en monnoie, s'il gagne même
par cette conversion , la valeur qu'il y ajoute sous ce
prétexte ne porte-t-elle pas évidemment à faux ?

Le second prétexte pour augmenter la valeur de la
monnoie, qui se tire du droit de seigneuriage, n'a
pas besoin d'être réfuté en cet endroit.

Nous ne cherchons ici que les principes naturels
de la valeur des monnoies ; et il est évident que , parce
qu'il plaît au souverain de prendre un droit sur toutes
les espèces qu'il fait fabriquer, droit purement positif
et arbitraire , qui n'a point sa source dans la nature
et qui n'est fondé que sur l'autorité ; la quantité ne
diminue point par là, le besoin ne croît pas non plus,
et cela n'augmente ni les usages de la matière, ni
ceux de la monnoie. Toute valeur étant fondée sur les
usages de la chose, et sur la proportion de la quantité
avec la demande ; c'est une conséquence nécessaire
de ce principe, que l'augmentation du prix de la
monnoie, par rapport au droit de seigneuriage, ne
peut jamais produire qu'une fausse valeur. Il est inutile d'en dire davantage en cet endroit ; on aura occasion d'en parler plus à fond dans la suite de ces considérations.

Le dernier prétexte qui se tire des frais que le
prince est obligé de faire pour la fabrication de la
monnoie, a plutôt un fondement de justice qu'il ne
renferme un véritable principe de valeur.

Il n'y a point d'ouvrage qui n'ait son prix ; et, quand la forme n'ajouteroit rien à la valeur de la matière, celui qui la lui fait donner pour sa commodité, ou pour d'autre vues, n'est pas moins obligé de payer le travail de celui qui la lui donne. Si dans les autres dispositions qui se font sur la monnoie, le prince agit en souverain, soit qu'il en abaisse ou qu'il en rehausse la valeur, soit qu'il se fasse donner un droit de seigneuriage en reconnoissance de sa souveraineté, on peut dire qu'à l'égard de la fabrication, le prince n'agit que comme tout ouvrier qui demande son salaire.

Le droit de *Brassage* qui se prend pour la fabrication, a donc un principe de justice ; mais renferme-t-il aussi un principe de valeur ; c'est-à-dire, peut-il donner lieu à une augmentation de valeur ? c'est ce qu'on ne sauroit conclure de la justice, de ce droit considéré en soi, que par une conséquence plus étendue que le principe même.

En effet, le principe bien entendu ne prouve autre chose, si ce n'est qu'il est juste que celui qui fournit la matière, paie les frais de la forme que le prince lui fait donner ; mais il ne s'ensuit pas de là que la monnoie acquière sous ce prétexte, une plus grande valeur qu'elle n'en avoit comme matière.

Un exemple mettra cette vérité dans un plus grand jour.

Supposons que l'écu pèse exactement une once d'argent d'un certain titre. Un particulier porte à la monnoie mille onces d'argent du même titre, on peut exiger de lui le droit de *Brassage*, ou les frais de fabrication en deux manières différentes :

Ou en lui donnant des espèces qui soient véritablement du poids d'une once, et en retenant, par exemple, un centième de ces espèces pour le droit de *Brassage* ; en sorte qu'au lieu de lui rendre mille écus, on ne lui en rende que neuf cent quatre-vingt-dix ;

Ou en lui rendant mille écus en espèces, dont le poids sera affoibli d'un centième, mais dont la valeur sera réciproquement augmentée d'un centième par l'autorité du prince.

Le droit de *Brassage* sera toujours également payé par l'une ou par l'autre de ces deux voies.

Mais, par la première, il n'y aura aucun changement réel dans la valeur de la monnoie, et cependant on aura exactement satisfait à la justice de ce droit.

Par la seconde, au contraire, le prince suit véritablement les règles de la justice, en se faisant payer d'un droit juste; mais il change la valeur de la monnoie, en diminuant sa matière, et en augmentant son prix.

Si cette voie étoit unique, elle pourroit servir de fondement à une nouvelle valeur, qui seroit, à la vérité, hors de la chose, mais qui cependant naîtroit en quelque manière de la chose même, puisqu'elle ne pourroit recevoir sa forme sans cela, et le droit de *Brassage* seroit regardé comme une espèce de charge inhérente à la chose, qu'il faudroit aussi prendre sur la chose, de la même manière que les frais du travail des mines sont entrés sans doute dans la première estimation que l'on a donnée à l'or et à l'argent.

Mais, dès le moment que le droit de *Brassage* peut se prendre d'une autre manière, et qu'il est très-aisé de le faire supporter au propriétaire de la matière seule, ce droit doit être regardé comme une charge personnelle pour les particuliers qui portent des matières à la monnoie, et non comme une charge réelle, qui soit tellement inhérente à la matière, qu'on ne puisse la convertir en monnoie, sans lui faire supporter cette charge, c'est-à-dire, sans l'affoiblir à proportion des frais de fabrication.

Il ne résulte donc de ces frais, aucun principe véritable d'une valeur ajoutée à celle de la matière; parce que, pour revenir toujours à la notion fondamentale de la valeur des choses, la fabrication ne diminue point la quantité de la monnoie, elle l'augmente au contraire; la fabrication n'augmente point la demande, elle la diminueroit plutôt par l'augmentation de la quantité; et par conséquent la fabrication ne renferme aucun nouveau principe, aucun germe de valeur. Donc, celle que le prince y ajoute sous ce prétexte, dans le temps qu'il diminue la matière, ne peut être qu'une fausse estimation, parce qu'elle ne vient point de la chose même, qu'elle n'est point nécessaire pour mettre la chose en valeur, qu'en un mot elle n'est point une charge de la chose, et que le prince, en donnant cette fausse valeur à la monnoie, fait dégénérer une charge personnelle en une charge réelle, c'est-à-dire, en une charge qui, se prenant sur la chose, se résout toujours en une perte réelle dans le commerce avec l'étranger.

On dira peut-être que le prince pourroit se dédommager des frais de fabrication par une imposition générale sur les peuples, et qu'il y auroit même de la justice en cela, parce que tous les peuples profitant autant des usages de la monnoie que celui qui en fournit la matière, il est naturel qu'ils contribuent tous à sa fabrication; et l'on conclura de cette observation, que l'affoiblissement qui se fait sur la monnoie pouvant être regardé comme une véritable imposition, la chose revient au même que si elle se faisoit effectivement par la voie des subsides ordinaires.

Mais cette objection tombe sur la justice du droit, et non pas sur la valeur de la monnoie. C'est ce qu'on pourra discuter plus exactement, lorsqu'il sera question d'examiner si l'augmentation de la valeur des monnoies peut être juste ou en soi, ou par rapport au bien public; mais quand on la supposeroit juste, tout ce qu'on en pourroit conclure, est que la valeur ajoutée à la monnoie, sous prétexte des frais de fabrication, peut être fondée en justice, mais non pas qu'elle donne une véritable valeur, puisqu'elle ne change en aucune manière la proportion de la quantité avec la demande.

On ne sauroit donc distinguer trop exactement ces deux faces sous lesquelles la valeur arbitraire et extrinsèque de la monnoie peut être envisagée : idée de justice, idée de valeur; et ces deux notions n'ont aucun pouvoir l'une sur l'autre. La justice ne sera pas blessée, si l'on veut, mais la véritable valeur ne sera point changée ; il n'y a donc nulle conséquence à tirer de l'une à l'autre, parce que la véritable valeur est quelque chose de réel, qui se tire de la chose même, et c'est ce qu'on s'est uniquement proposé de traiter dans ces préliminaires : au lieu que la justice peut être plus personnelle que réelle, c'est-à-dire, qu'elle est souvent fondée sur des motifs qui sont hors de la chose même, et qui se tirent des circonstances du temps, des lieux, des personnes, qui forcent le législateur à s'écarter des principes tirés du fond de la chose, et qui produisent cette espèce de compensation dont on a déjà parlé, entre le préjudice que l'on souffre par l'infraction des règles propres à chaque matière, et le bien que le public et l'état peuvent en recevoir par occasion. Mais tout cela se fait sans qu'il arrive aucun changement dans la véritable valeur, sur laquelle le prince n'a nul pouvoir, comme le commerce, qui est la véritable pierre de touche de la monnoie, le lui fait bientôt sentir.

On insistera peut-être encore contre tout ce qui vient d'être dit, pour prouver que la véritable valeur de la monnoie ne peut être augmentée sous prétexte des frais de fabrication ; et l'on dira, que de quelque manière que, l'on raisonne, il faut toujours convenir que dans toutes sortes d'ouvrages, la forme ajoute un nouveau prix à la matière ; et que cette augmentation est naturelle, puisqu'elle est fondée sur cette maxime, que l'art et la peine des ouvriers ayant leur prix, il est juste que la matière mise en œuvre vaille plus que la matière brute et informe. On ne trouve point étrange qu'un orfèvre vende plus une assiette d'argent de trois marcs que trois marcs ne valent, parce qu'il y ajoute ses façons. Pourquoi seroit-il extraordinaire que le roi vendît plus trois marcs d'argent convertis en monnoie, que trois marcs d'argent ne valent en lingot ?

Mais, pour répondre à cette objection, il faut observer :

1.º Que la maxime qui leur sert de fondement, et qui est véritable en elle-même, ne prouve, comme on l'a déjà remarqué, que contre celui qui fait faire l'ouvrage, et non contre ceux qui l'achètent successivement dans la suite; ainsi, pour se servir du même exemple, il ne s'ensuit point de ce qu'un particulier aura payé à un orfèvre, pour de la vaisselle d'argent, dix francs par marc, par exemple, au-delà du prix de la matière, que l'ouvrage soit aussi augmenté de la même valeur à l'égard de ceux qui l'achètent dans la suite. On voit tous les jours, au contraire, que souvent ils ne le prennent que sur le pied du poids ou de la valeur réelle. Dans la monnoie, au contraire, on oblige tous ceux qui la reçoivent, et qui, à dire le vrai, l'achètent successivement, à la prendre sur le même pied que celui qui l'a fait faire. Ainsi, on étend la maxime générale bien au-delà de ses bornes, et par conséquent, elle ne prouve rien par rapport à ce que nous cherchons ici, qui est un principe de valeur réelle et uniforme.

2.° Si tous les peuples qui nous environnent, et avec qui nous faisons le commerce, prenoient aussi les frais de fabrication sur la chose même, c'est-à-dire, sur la matière de la monnoie, alors les choses seroient parfaitement égales, et la maxime dont on se sert dans l'objection, pourroit avoir son application à la monnoie, comme aux autres ouvrages; mais, dès le moment qu'ils en usent d'une autre manière, leur monnoie se trouvant plus forte que la nôtre, l'affaiblissement que notre monnoie souffre par le droit de *Brassage* produit, tôt ou tard, une perte réelle pour nous dans le commerce. Ainsi, la valeur fondée sur le prix que la forme ajoute à la matière, se trouve à la fin une valeur fausse, et cela suffit par rapport à notre objet présent, qui est d'examiner quels sont les principes de la valeur véritable de la monnoie.

On peut donc conclure de tout ce que l'on a traité sur ce point :

1.° Qu'à ne considérer la monnoie que par rapport à sa matière, sa valeur dépend de ses usages et de la proportion qui est entre la quantité et la demande ;

2.° Que si on la considère par rapport à la forme

que le souverain donne à la monnoie, les trois prétextes dont on peut se servir pour prétendre qu'il y
ajoute une véritable valeur, sont également mal fondés, et l'autorité du souverain ne peut jamais donner
qu'une valeur fausse et idéale à la monnoie, quand
il la porte au-delà de celle de sa matière.

Ainsi, on doit regarder, comme un axiôme et comme
un premier principe en matière de monnoie, que sa
véritable valeur n'est autre chose que celle de sa
matière; qu'il n'y a que celle-là qui soit véritablement
du droit des gens, auquel tout ce qui regarde les
monnoies appartient.

SECTION QUATRIÈME.

*Quelles sont les différentes espèces de Comptes qui
ont été reçus entre les hommes, par rapport à la
valeur de la Monnoie?*

On a vu dans la section précédente que la véritable,
ou plutôt la seule valeur de la monnoie, consistoit
dans la bonté et dans le poids de sa matière.

Ainsi, la plus ancienne et la meilleure manière de
compter qui ait été observée parmi les hommes, depuis que la monnoie a servi au paiement comme à l'estimation du prix de toutes les autres marchandises,
avoit été établie uniquement par rapport au poids.

Le terme de livre dont nous nous servons encore
aujourd'hui, n'étoit pas autrefois, comme il l'est à
présent, un nom vide de sens, ni une chose arbitraire
et sujette à une perpétuelle variation, suivant la volonté des souverains; la livre étoit réellement ce que
son nom signifie, c'est-à-dire, une livre de poids,
dont le sou étoit la vingtième partie, ensorte que vingt
sous d'or ou d'argent pesoient exactement une livre;
ce qui avoit été confirmé en France par une ordonnance de Charlemagne.

On comptoit donc alors dans ce royaume, et l'on
faisoit les stipulations ou les paiemens en trois ma-

nières différentes, qui reviennent cependant au même
point :

1.º Par marcs d'or ou d'argent non monnoyé, ce
qui se pratiquoit dans les paiemens considérables ;

2.º Par livres et par sous; mais comme la livre pesoit exactement ce que son nom signifie, et que le sou
pesoit aussi exactement la vingtième partie d'une livre,
cette manière de stipuler ou de payer revenoit précisément à la première, excepté qu'elle avoit lieu dans
les paiemens qui se faisoient en argent monnoyé ;

3.º Par espèces qui avoient cours dans le royaume;
mais ces espèces étant aussi d'un poids qui répondoit
exactement à celui de la livre, dont elles étoient des
divisions réelles, et des parties véritablement aliquotes,
il n'y avoit point de différence entre stipuler par
marcs ou par livres, et stipuler par espèces ; les espèces n'étant pas alors des représentations arbitraires,
et souvent fausses de la livre, mais des parties inté-
grantes, dont le poids répété un certain nombre de
fois, faisoit exactement le poids d'une livre.

Telle fut donc la première et la plus ancienne manière de compter la valeur de la monnoie ; compte
qu'on peut appeler réel, effectif, absolu, qui n'étoit
que la simple et fidelle expression de la chose même,
et cette façon de compter paroît avoir subsisté jusqu'au règne de Philippe-le-Bel.

Alors, la nécessité des temps et les grandes guerres
qu'il eut à soutenir, le firent devenir le premier auteur en France des affoiblissemens de monnoie : obligé
d'en diminuer la valeur réelle et véritable, il y subs-
titua une valeur fausse et imaginaire. Il fallut pour
cela que l'espèce affoiblie ou diminuée d'un tiers ou
de la moitié, et quelquefois de plus, valût néanmoins
autant en apparence que l'espèce forte valoit auparavant ; et le nom de livre devint le voile ou le masque
dont on se servit pour imposer à la crédulité des
peuples. On ordonna donc que la monnoie foible vaudroit autant de livres que la monnoie forte en valoit
avant l'affoiblissement; ainsi un sou qui ne pesoit plus
que le tiers de ce qu'il pesoit autrefois, fut donné

néanmoins dans le public pour la vingtième partie
d'une livre, et la livre, composée de sous affoiblis des
deux tiers, figuroit, au moins dans l'intention du
prince, comme une livre de poids, quoiqu'elle n'en
pesât plus que le tiers.

C'est-là le vrai principe et la première époque de
l'abus du compte par livres, mais par livres fausses
ou imaginaires, dont les princes se sont joué, et se
joueront encore long-temps, suivant les apparences,
à l'exemple de Philippe-le-Bel.

Il n'est pas nécessaire de parler ici de tous les
désordres, et des émotions populaires que cette introduction nouvelle causa sous le règne de ce prince
même, et des rois qui l'ont suivi; il suffit de remarquer que depuis ce temps-là on a commencé à distinguer deux sortes de monnoies différentes :

L'une, est la monnoie réelle ou effective, qui est
relative à la livre véritable, c'est-à-dire, à la livre de
poids;

L'autre, est la monnoie imaginaire ou de compte,
monnoie de nombre et non pas de poids, qui ne sert
que pour le calcul, et qui, n'ayant point de réalité, ne
peut être mieux définie qu'en l'appelant une division arbitraire des parties de l'espèce, à la valeur
imaginaire de laquelle elle se rapporte; au lieu qu'autrefois elle se rapportoit à un poids réel et certain.

Ainsi, le sou est la vingtième partie de la livre;
mais comme ce sou n'a point de poids fixe et déterminé, la racine du nombre, ou l'unité, qui est le
sou, n'ayant rien de réel, le produit ne l'est pas
davantage; et par conséquent le sou et la livre n'ayant
plus qu'une valeur numéraire, ont produit aussi
cette espèce de compte qu'on appelle numéraire, et
qui a pris la place de l'ancien compte réel et effectif,
formé sur la livre de poids.

Or, il y a cette différence entre l'une et l'autre, que
tant que le compte par poids subsiste, il est très-difficile au prince de tirer aucun avantage de l'affoiblissement de la monnoie, parce que les peuples accoutumés à traiter entr'eux, suivant le poids des espèces,

ne prendront point aisément les trois quarts, ou les deux tiers, pour l'espèce entière; au lieu que l'habitude que l'on prend insensiblement de stipuler par sous et par livres purement numéraires, accoutume peu à peu les hommes à une idée de richesses imaginaires, qui les rend plus disposés à croire qu'ils sont aussi riches qu'ils l'étoient avant l'affoiblissement, quand ils ont le même nombre de livres, sans prendre garde que ces livres sont diminuées de leur valeur, et que l'affoiblissement étant d'un quart, ils n'ont plus réellement que les trois quarts de ce qu'ils avoient auparavant en or et en argent.

Ce fut sans doute dans cette vue, que Philippe de Valois défendit absolument les stipulations par écus, et qu'il voulut qu'elles fussent toutes faites par livres, quoique l'on ait prétendu qu'il avoit eu d'autres vues en faisant cette loi. Ses successeurs ont marché sur ses traces; et, si l'on excepte le seul règne d'Henri troisième, sous lequel on établit, en 1577, les stipulations par espèces de poids, qui ne durèrent que jusqu'en l'année 1602, tous les autres rois, sans exception, ont regardé les stipulations par livres imaginaires, comme le secret de l'empire, *Arcanum imperii*, dont ils ont tous été également jaloux.

Mais, après tout, ce secret de l'empire a été aisément révélé, et il y a long-temps que l'intérêt des hommes est devenu supérieur en ce point, comme il l'est presque dans tout le reste, à l'autorité de la loi.

1.º A l'égard des étrangers qui ne sont point assujettis à la valeur imaginaire qu'il plaît au prince de donner au sou (racine et germe de la livre), le compte numéraire est inutile, comme on l'a déjà dit, et le compte par poids, qui est le plus ancien et le seul légitime, est demeuré à leur profit le compte du droit des gens, auquel ils nous forcent de revenir, malgré la fausse valeur de notre monnoie.

2.º Par rapport même à l'intérieur du royaume, l'augmentation du prix de toutes choses est une voie par laquelle tous les vendeurs s'efforcent toujours de ramener le compte par poids.

Un marchand, par exemple, qui vendoit une pièce de vin cent francs, avant l'affoiblissement qu'on supposera ici être d'un quart, la vend un quart de plus, s'il le peut, après l'affoiblissement ; et par là il se fait donner, non la même quantité de livres de compte ou imaginaires, mais le même poids qu'il recevoit auparavant ; tant il est vrai que l'intérêt a gravé si fortement l'idée de la véritable valeur de la monnoie dans l'esprit de tous les hommes, qu'ils y reviennent toujours, ou du moins qu'ils tendent toujours à y revenir.

Ce n'est pas ici le lieu d'examiner les conséquences que l'on peut tirer de cette observation, ou pour, ou contre l'affoiblissement des monnoies. Il suffit, quant à présent, d'avoir donné l'idée de ces deux espèces de valeurs ou de comptes ; l'une réelle et effective, qui a toujours relation au poids ; l'autre vaine et imaginaire, qui n'a rapport qu'au nombre, et qui ne sert qu'à exprimer celui des parties dans lesquelles l'espèce est divisée par la volonté du prince.

Affoiblir, ou, pour parler le langage des monétaires, empirer la monnoie, c'est diminuer le fin ou le poids, ou la valeur réelle de la monnoie, ou, ce qui revient au même, augmenter sa valeur extrinsèque au-delà des bornes de sa valeur réelle ; ensorte que c'est ici la même chose, ou de diminuer la valeur intrinsèque, ou d'augmenter la valeur extrinsèque.

Il s'ensuit de cette définition :

1.º Que le caractère essentiel de tout affoiblissement, est une fausse valeur qu'il produit directement ou indirectement, et à laquelle il se termine toujours ; ainsi, ce qu'on appelle augmentation dans cette matière, est une augmentation apparente, est une véritable diminution : en sorte que l'opération d'un ministre, qui s'imagine qu'il augmente la valeur de la monnoie, est semblable à celle d'un calculateur malhabile, qui croiroit augmenter une fraction en augmentant le dénominateur ; et qui, parce que huit est un plus grand nombre que quatre, croiroit avoir plus avec un huitième qu'avec un quart. C'est à peu près ce qui arrive dans l'augmentation apparente des monnoies. Que l'écu soit affoibli réellement d'un quart, et qu'on augmente sa valeur extrinsèque d'un quart, on croit avoir un quart de plus, et l'on a un quart de moins. Le compte numéraire, qui n'est qu'un compte idéal, croît; mais le compte réel décroît; on a plus en chiffres, pour ainsi dire, mais on a moins en matière.

2.° Il s'ensuit de la même définition, qu'il y a plusieurs espèces d'affoiblissemens, qui conviennent tous, en ce qu'ils donnent une fausse valeur à la monnoie, et qui diffèrent seulement dans les moyens de parvenir à la même fin.

On peut renfermer toutes ces espèces différentes d'affoiblissemens ou d'empirence, dans une seule division générale.

Trois choses comprennent tout ce qui regarde la monnoie:

La matière de l'espèce;

La quantité de l'espèce;

La valeur de l'espèce.

Ainsi, tous les changemens qui s'y peuvent faire par affoiblissement ou par empirence, doivent tomber sur l'une de ces trois choses, ou sur deux des trois en même temps, ou sur toutes les trois.

Lorsque le changement ne regarde que l'une des trois, l'affoiblissement peut être appelé simple; lorsqu'il tombe sur plusieurs, il peut être appelé mixte, ou composé; double, s'il tombe sur deux de ces trois choses; triple, s'il tombe sur toutes les trois. Et comme ces trois choses ont aussi des subdivisions ou des branches, le mélange ou la complication des affoiblissemens peut encore aller plus loin.

Cela supposé, il faut examiner d'abord les affoiblissemens simples qui regardent la matière de l'espèce.

On distingue deux choses dans la matière, son poids et son titre; et par conséquent l'empirence ou l'affoiblissement peut avoir lieu aussi:

1.° Par rapport au poids que le prince diminue,

soit à cause de ce qu'on appelle *traite*, c'est-à-dire, ce que le prince retient pour les droits de seigneuriage ou brassage, et pour les remèdes de poids et de loi; soit parce que des vues étrangères de finance ou de politique portent le souverain à affoiblir le poids de sa monnoie.

2.° Par rapport au titre, et à la bonté intérieure de l'espèce qui est altérée. Ainsi, si au lieu que la matière des louis d'or doit être à 22 karats, ou du moins à 21 karats $\frac{24}{32}$, en déduisant un remède de loi de $\frac{8}{32}$, le prince réduit le titre des louis d'or à 21 karats, et le titre des écus d'argent à 10 deniers et demi; il y a affoiblissement ou empirence dans le titre, et cette empirence produit toujours un affoiblissement de poids, au moins dans le fin, c'est-à-dire, dans l'or ou dans l'argent, puisqu'il est visible que 21 karats pèsent moins que 21 karats $\frac{3}{4}$, et que 10 deniers $\frac{1}{2}$ pèsent moins que 11 deniers. On ne remplit ce vide ou ce défaut de poids, qu'en augmentant le cuivre ou l'alliage à proportion. Ainsi, la pièce de monnoie pèse autant; mais le fin, c'est-à-dire, l'or et l'argent qui y entrent, et qui font la véritable richesse, pèsent moins qu'avant l'affoiblissement, et, par conséquent, toute altération qui se fait sur le titre, est aussi une diminution sur le poids.

La seconde chose que l'on considère dans la monnoie, est la quantité de l'espèce.

Il y a à cet égard une proportion nécessaire à suivre entre les quantités des espèces de différentes matières, comme entre l'or et l'argent, ou entre l'or et l'argent et les monnoies de billon : sans quoi l'une des espèces dévore l'autre, et la plus foible chasse la plus haute, suivant l'observation qu'une longue expérience a confirmée.

Ainsi, l'affoiblissement qui peut se faire en cette matière, consiste à altérer la juste proportion de quantité qui doit être entre les monnoies de différentes matières.

Cet inconvénient n'est presque pas à craindre entre l'or et l'argent, parce que la multiplication de la quantité de ces deux espèces de monnoies ne dépend pas de la seule volonté du prince. Si cependant il étoit maître d'un pays si abondant en argent; par exemple, qu'il en fit faire une quantité excessive de monnoie, il tomberoit dans l'inconvénient de l'*affoiblissement sur la quantité*, c'est-à-dire, que l'argent diminuant considérablement de prix, le surhaussement de l'or seroit inévitable, parce que les citoyens le resserreroient autant qu'ils pourroient, et que les étrangers l'attireroient chez eux; en sorte que l'argent valant moins réellement qu'il ne valoit autrefois, l'or vaudroit plus qu'il ne vaut en effet. Et il ne serviroit de rien au prince d'en augmenter la valeur par une loi, parce que les étrangers ne le prendroient que sur l'ancien pied, l'argent n'étant pas multiplié chez eux dans la même proportion. Ainsi, soit qu'il le laissât courir sur l'ancien pied, soit qu'il voulût lui donner une plus grande valeur, le surhaussement auroit toujours lieu, dans le premier cas, par le cours du commerce, et dans le second, par la loi du prince.

Mais, encore une fois, cet inconvénient ne mérite presque pas d'être examiné, parce qu'il n'y a pas d'apparence qu'on le voie arriver.

Le véritable objet de cette espèce d'affoiblissement qui naît de la quantité excessive d'une des espèces de monnoie est donc la monnoie de billon, dont le prince peut augmenter la quantité quand il lui plaît; et s'il le fait avec excès, comme on ne voit presque plus que de la monnoie de billon dans un royaume, et que les étrangers, qu'on ne sauroit forcer à la recevoir, attirent continuellement nos bonnes espèces, pendant qu'ils nous paient en monnoie de billon, qu'il leur est même très-aisé de contrefaire, et de répandre en plus grande quantité dans le royaume, il arrive infailliblement que les espèces d'or et d'argent, devenant plus rares, deviennent aussi plus chères; ce qui produit successivement un surhaussement ou un affoiblissement accidentel, non par l'autorité du prince, mais par l'effet d'une mauvaise administration. C'est une des raisons que la cour des monnoies allégua, en 1577, du surhaussement extrordinaire des espèces d'or et d'argent, qui donna lieu au célèbre édit de cette année pour la réformation des monnoies.

Enfin, la troisième chose que l'on considère dans la monnoie, est la valeur de l'espèce qui est encore plus sujette aux affoiblissemens que les deux premières, parce que les princes qui aiment à se jouer des monnoies, trouvent quelque chose de moins odieux à augmenter seulement la valeur de l'espèce qu'à en diminuer le poids ou le titre, ou à multiplier excessivement la monnoie de billon.

L'affoiblissement sur la valeur ou sur le cours de l'espèce se fait en deux manières, parce qu'on peut distinguer deux manières différentes d'estimer la monnoie, indépendamment de la distinction commune de la valeur intrinsèque, et de la valeur extrinsèque.

L'une, peut être appelée une estimation absolue de chaque espèce de monnoie, comme de la monnoie d'or et de la monnoie d'argent, prises séparément et de la même manière que s'il n'y avoit que cette seule espèce de monnoie.

L'autre, est une estimation relative, ou une estimation de la valeur de deux différentes espèces de monnoies, comparées l'une avec l'autre.

Le prince affoiblit sa monnoie par rapport à la première espèce d'estimation, lorsque, sans toucher au poids ni au titre, et changer la proportion qui est entre l'or et l'argent, il augmente dans la même proportion la valeur des espèces de l'un et de l'autre métal au-delà de leur valeur réelle.

Le prince affoiblit la monnoie, par rapport à la seconde espèce d'estimation, lorsqu'il change la proportion de valeur qui est entre l'or et l'argent, et que, par là, il augmente celle de l'or, sans qu'il augmente l'estimation de l'argent; et que, par là, il diminue celle de l'or, pendant que ses voisins continuent d'observer toujours la même proportion entre ces deux métaux.

Alors, il arrive la même chose que l'on a déjà remarquée sur la proportion de quantité : ce sont les vaches maigres de Pharaon qui dévorent les grasses; on ne

voit plus paroître que l'espèce la plus foible, le citoyen
cache la plus forte, l'étranger l'attire; elle acquiert
par là une valeur extraordinaire, et pour ainsi dire,
forcée; en sorte que le surhaussement ou l'affoiblissement, ce qui n'est en effet que la même chose, en
sont une suite inévitable; et ce que l'on vient de dire à
l'égard de l'or, peut arriver aussi à l'égard de la monnoie de billon, comparée avec les monnoies plus
hautes, si l'on en altéroit trop notablement la proportion.

Ainsi, pour reprendre en peu de mots tout ce que
l'on vient de dire sur les différentes espèces d'affoiblissemens, on peut en distinguer jusqu'à cinq :

Deux, par rapport à la matière de l'espèce :

1.º Affoiblissement sur le poids ;

2.º Affoiblissement sur le titre.

Un, par rapport à la quantité de l'espèce :

3.º Affoiblissement sur la proportion de quantité
entre les monnoies de matières différentes.

Deux, par rapport à la valeur de l'espèce :

4.º Affoiblissement proportionnel sur le cours ou
sur la valeur extrinsèque des monnoies ;

5.º Affoiblissement sur la proportion de valeur
entre les monnoies de matières différentes.

Enfin, outre ces affoiblissemens simples, il peut y
en avoir de mixtes, comme on l'a déjà dit : ce qui
arrive lorsque deux ou trois espèces d'affoiblissemens
concourent ensemble dans l'opération que le prince
fait sur la monnoie.

Ainsi, s'il en diminue le poids pendant qu'il en
augmente la valeur, il y a en même temps affoiblissement sur le poids, et affoiblissement sur le cours ; et
s'il change aussi la proportion naturelle de l'or et de
l'argent, il y aura encore une troisième espèce d'affoiblissement, c'est-à-dire, un affoiblissement sur la
proportion.

Il ne reste, pour achever ce qui regarde ce dernier
point préliminaire, que de donner ici une idée grossière de l'effet général des différentes espèces d'affoi-

blissemens de monnoie, effet qu'elles produisent toutes jusqu'à un certain point.

La monnoie n'étant elle-même qu'une marchandise qui a son prix, comme toutes les autres, elle est en équilibre avec le reste des marchandises, tant qu'elle demeure dans sa valeur naturelle; mais l'affoiblissement diminuant cette valeur, augmente et hausse nécessairement celle des autres marchandises, parce qu'il faut une plus grande quantité d'espèces d'or ou d'argent pour les payer; la quantité devant augmenter dans la même proportion que la valeur diminue, afin que la balance soit toujours égale entre le vendeur et l'acheteur, ou, pour parler même plus correctement, entre celui qui fournit la marchandise d'or et d'argent, et celui qui donne en échange une autre espèce de marchandise.

Ainsi, en supposant que le prince affoiblît la monnoie d'un cinquième, il faudra que l'acheteur, ou celui qui met de l'argent dans un des bassins de la balance, donne un cinquième de plus en quantité, parce qu'il donne un cinquième de moins en matière; sans cela l'équilibre ne s'y trouveroit plus: celui qui fournit des marchandises mettroit le total dans l'autre bassin de la balance, c'est-à-dire, cinq cinquièmes, pendant que celui qui donne de l'argent ne mettroit de son côté que les quatre cinquièmes. La condition seroit injuste, et il y auroit une lésion d'un cinquième, que l'égalité et la liberté de commerce n'admettent point.

En vain le prince voudroit forcer ce principe, et, pour ainsi dire, faire violence à la nature même. L'autorité n'a pas le pouvoir de subjuguer pleinement la raison, et d'asservir le sens commun. Il en seroit de même que si le prince faisoit diminuer d'un quart tous les poids et toutes les mesures de son royaume, et qu'il ordonnât en même temps que l'on paieroit autant les trois quarts de toutes les choses qui s'estiment par poids et par mesures, que l'on payoit auparavant le tout ou les quatre quarts. Une telle loi pourroit être faite, car il n'y a rien qu'on ne puisse attendre d'un pouvoir absolu; mais elle ne seroit jamais exécutée, et il n'y auroit point d'autorité qui pût obliger tous les hommes à ne pas diminuer le prix qu'ils donneroient de chaque chose, à proportion de la diminution du poids ou de la mesure. Quelque grand que soit le pouvoir de celui qui gouverne, il faut remarquer néanmoins qu'il échoue toujours dans les choses de détail, qu'il faudroit faire observer en même temps à tous les hommes, contre leurs lumières, contre leur sentiment, contre leur intérêt. Il n'y a ni vigilance assez active, ni force assez grande pour venir à bout de surmonter un tel obstacle; c'est un torrent qui rompt à la fois toutes les digues, et qui entraîne ceux même qui avoient voulu l'arrêter. Toute l'autorité d'un empereur romain ne put jamais obtenir d'une nation qui avoit passé de l'excès de la liberté à l'excès de l'esclavage, qu'elle voulût recevoir trois lettres nouvelles dans l'alphabet, quoiqu'elle n'eût aucun intérêt à s'y opposer, et que ces nouveaux caractères eussent leur commodité, parce qu'il s'agissoit de changer une longue habitude, et de la changer à l'égard de tous les hommes.

C'est encore par la même raison qu'on n'a jamais pu parvenir à fixer le prix des grains dans des temps de disette, ou que si on l'a voulu tenter, on l'a fait sans succès, si ce n'est dans les lieux où l'on avoit des magasins publics, qu'on pouvoit ouvrir pour vaincre l'avidité et la tyrannie du marchand, non par des coups de pure autorité, mais par des voies naturelles, c'est-à-dire, par la concurrence d'un autre marchand qui engageoit les plus durs à baisser la main, et à se contenter d'un moindre profit, de peur d'être exposé à une véritable perte.

On ne force donc point la nature, encore une fois; on ne domine point le sens commun des hommes. La nature chassée, comme dit un poëte, à coups de fourche, revient tôt ou tard, et reprend enfin le dessus. La raison commune et l'intérêt général des hommes plus clairvoyans et plus subtils que la prudence du législateur, trouvent toujours les moyens de la tromper, de la surprendre, de l'éluder ; et c'est précisément ce qui arrive dans tous les affoiblissemens de la monnoie.

Ils regardent deux sortes de personnes qui en peuvent souffrir : l'étranger et le citoyen.

L'étranger, qui n'est pas assujetti aux lois civiles et positives d'un autre état, ne se met point en peine de l'augmentation qu'on y fait de la valeur des monnoies. On l'a déjà dit plus d'une fois, il n'y envisage que le prix de la matière ; il ne traite que sur le pied de la valeur réelle ; et, si nous en donnons une fausse à nos espèces, ou il en exigera de nous une plus grande quantité, ou il nous vendra plus cher ses denrées et ses marchandises, ou il achetera les nôtres moins cher, ou il regagnera sur-le-champ ce qu'il paroîtra perdre sur l'affoiblissement de notre monnoie, ou, enfin, il portera son commerce ailleurs, et, par là, il rendra la loi du prince ou inutile à son égard, ou dangereuse pour le prince même ou pour ses sujets, pouvu qu'il reçoive toujours, en fait de compte, le même poids et la même valeur réelle.

Le citoyen, à la vérité, sera obligé de se soumettre à l'autorité de son souverain. Il recevra les monnoies sur le pied de la valeur, quoique fausse, qu'il aura plu au souverain de leur donner ; mais il n'en sentira pas moins qu'on lui fait perdre un quart ou un cinquième sur ce qu'on l'oblige à prendre en paiement, et il cherchera en même temps à s'en dédommager.

Pour développer cette pensée, il faut remarquer qu'un état est composé de trois sortes de personnes, par rapport aux trois différentes espèces de revenus ou de fruits, qui sont les sources ou les canaux d'où les hommes tirent leur subsistance.

Fruits des biens naturels, qui proviennent de la culture des terres.

Fruits de l'industrie qui s'exerce sur ces mêmes biens, par le travail du corps ou de l'esprit, par les arts, par le commerce.

Fruits des biens fictifs, c'est-à-dire, les profits que les hommes tirent par un droit purement positif de l'or et de l'argent, soit par les intérêts ou par les rentes ; profits qui sont en quelque manière contre la nature, parce que l'argent en lui-même est un fonds stérile.

On ne suit pas, dans cette division, les idées du droit romain, parce qu'elles n'embrassent pas toutes les espèces de revenus, ou qu'elles en subdivisent trop quelques-unes, et qu'ainsi la distinction proposée a paru plus convenable.

Tous les citoyens d'un état subsistent par l'une de ces trois espèces de revenus, ou par plusieurs de ces mêmes espèces jointes ensemble ; et au-dessus d'eux est le Souverain, par qui l'autorité fait la même chose que l'industrie pour les particuliers, les tributs et les impôts étant pour ainsi dire l'industrie de la royauté. Si le prince a d'ailleurs des domaines ou des rentes, il rentre par là dans les deux autres classes qu'on a distinguées.

Cela supposé, tous ceux qui sont compris dans les deux premières classes, s'efforcent à l'envi de se dédommager de la perte qu'ils font sur les monnoies. Le propriétaire de fonds de terre, le fermier ou le laboureur, en un mot, tous ceux qui vivent des fruits de la nature, augmentent à proportion le prix de ces fruits. Il en est de même des fruits de l'industrie : le marchand vend plus cher sa marchandise ; le manufacturier ou l'artisan, ses ouvrages ; le journalier, ses journées ; et tous ceux qui vivent par leur travail, ou de corps ou d'esprit, leurs salaires ou leurs honoraires.

Ainsi, le prix de toutes choses croît, ou plutôt celui de la monnoie diminue. La fiction imite en quelque manière la vérité, et la fausse augmentation de valeur produit, pendant qu'elle dure, à peu près le même effet qu'une véritable multiplication d'espèces d'or ou d'argent, qui, comme on l'a dit dans les préliminaires, fait plutôt baisser le prix de ces deux métaux, qu'elle n'augmente réellement le prix des autres marchandises. Ainsi, comme dans ce cas, c'est-à-dire, lorsque l'or et l'argent deviennent plus communs, il faut donner une plus grande quantité de monnoie forte pour avoir la même marchandise qu'on avoit auparavant pour une moindre quantité; de même dans le premier cas, lorsqu'il se fait une fausse multiplication dans la monnoie, il faut donner une plus grande quantité de monnoie foible, pour n'avoir en marchandise qu'autant qu'on avoit avant l'affoiblissement.

C'est par là que les citoyens qui sont dans les deux premières classes, luttent, pour ainsi dire, au moins indirectement, contre l'autorité de la loi qui affoiblit la monnoie. Le prince la leur fait prendre plus foible ; ils augmentent à proportion le prix des frais de la matière et de ceux de l'industrie; ils se dédommagent d'un côté de ce qu'ils perdent de l'autre.

La troisième classe, qui est celle des citoyens qui ne vivent que des fruits de biens fictifs, c'est-à-dire, de ceux qui ne consistent qu'en intérêts ou en rentes, est la seule qui soit entièrement malheureuse, et qui souffre le mal de l'affoiblissement des monnoies, sans aucun dédommagement. Elle achète tout et ne vend rien; ainsi son revenu ne croît point, et sa dépense augmente; souvent même son revenu diminue à peu près autant que le fonds qui les produit diminue en véritable valeur, car la fiction suit encore ici les traces de la nature. Une véritable multiplication d'espèces fait baisser le taux des intérêts et des rentes; et c'est par cette raison que depuis la découverte des Indes Occidentales, l'intérêt de l'argent a diminué de la moitié. Il en est presque de même d'une fausse multiplication d'espèces : pendant qu'elle dure, l'argent, étant à plus bas prix, produit aussi des intérêts plus médiocres. Ainsi, les possesseurs des biens fictifs, c'est-à-dire, de ceux qui ne produissent des fruits que par l'autorité de la loi, voient croître leur dépense, diminuer leur revenu, et souvent même leur fonds s'altérer par les remboursemens qu'ils sont obligés de recevoir en monnoie foible.

Mais en récompense, la condition qui est opposée à celle des créanciers, c'est-à-dire, celle des débiteurs, devient plus avantageuse par l'affoiblissement des monnoies, et ils gagnent ce que les autres perdent.

Au reste, ce qu'on vient de dire de la condition de ceux qui n'ont que des biens fictifs, peut aussi s'appliquer à une partie de ceux qui sont dans la classe de l'industrie, et qui ne subsistent que par les gages ou les appointemens attachés aux charges dont ils sont revêtus; ils souffrent le préjudice de l'affoiblissement des monnoies, puisque leur dépense augmente; et ils n'en reçoivent aucun dédommagement, parce que leur recette ou leur revenu demeure toujours dans le même état.

Il ne reste plus qu'à dire un mot du souverain, pour achever ce qui regarde cette notion simple et générale, qu'on a cru devoir donner d'abord de l'impression directe que l'affoiblissement des monnoies fait sur les différentes espèces de citoyens, dont un état est composé.

Le prince peut se trouver dans toutes les classes qu'on a distinguées, en regardant, encore une fois, son autorité comme une espèce d'industrie; mais, comme en France il ne possède presque plus de domaines, il ne faut le considérer que dans la classe de ceux qui vivent des fruits de l'industrie; mais avec cette différence, que l'autorité n'est pas féconde comme l'industrie, c'est-à-dire, qu'elle ne produit aucun ouvrage dont le prix puisse croître avec celui des monnoies. Les revenus du prince demeurent les mêmes, s'il ne fait que donner une nouvelle valeur à l'or et à l'argent; et la dépense augmente, parce que, semblable aux possesseurs des biens fictifs, il ne vend rien et il achète tout.

Et, comme le prince dépense plus qu'aucun de ses sujets, et presqu'autant que tous ses sujets ensemble, il porte lui seul près de la moitié du préjudice que l'état souffre par l'affoiblissement des monnoies, et il la porte sans aucun dédommagement, si ce n'est le profit qu'il fait une seule fois, par la refonte ou la réformation de la monnoie. Car, pour ce qui est de l'augmentation du prix des denrées, elle ne peut jamais être que contre lui, à ne considérer que ce qui se passe dans l'affoiblissement des monnoies, détaché de tout le reste, dont on parlera dans la suite de ce mémoire.

Ainsi, pour résumer en un mot ce qu'on a cru devoir dire ici par avance, sur le principe général de toutes les suites que l'affoiblissement des monnoies peut avoir :

Ou on le considère par rapport à l'étranger, ou on l'envisage par rapport au citoyen.

L'étranger n'en souffre point, et il en fait toujours retomber la perte sur l'état qui affoiblit sa monnoie.

Le citoyen en souffre ; mais des trois classes sous lesquelles on peut ranger tous les habitans d'un état, deux, qui sont sans comparaison les plus nombreuses, s'en dédommagent en partie. La troisième en souffre tout le préjudice, et le roi est celui qui y perd le plus.

Après avoir éclairci les quatre notions préliminaires que l'on s'étoit proposé de développer, c'est-à-dire, le principe général de la valeur de toutes choses, l'origine et le progrès de la monnoie, sa nature et sa véritable valeur ; ce que c'est que l'affoiblissement des monnoies, combien il y en a d'espéces, et quel en est le contre-coup général par rapport à la valeur des choses, il est temps d'examiner les deux questions générales qui doivent faire le partage de ce traité, et d'examiner d'abord si l'affoiblissement des monnoies peut être juste, à ne considérer que les principes de cette matière indépendamment des vues de l'autorité publique.

SECONDE PARTIE.

Si l'Affoiblissement des Monnoies peut être juste en soi, suivant les Principes qui sont propres en cette Matière.

La justice du souverain a trois objets principaux : ses sujets considérés en détail ; ces mêmes sujets envisagés en corps, ce qui forme ce qu'on appelle l'état ; lui-même enfin, comme exerçant le ministère suprême du gouvernement. Il doit la justice aux membres de l'état, il la doit au corps de l'état, il la doit à lui-même comme chef de l'état. C'est donc par rapport à ces trois idées qu'il faut examiner, si l'affoiblissement de la monnoie peut être juste, suivant les principes de cette matière.

Mais l'affoiblissement de la monnoie peut être envisagé, ou dans son opération même, ou dans les suites de cette opération ; et ces suites peuvent être considérées, ou par rapport au temps de la durée de l'affoiblissement, ou par rapport au temps dans lequel il finit. Ainsi, cette première section doit comprendre trois choses :

1.º Ce qui se passe dans l'opération même de l'affoiblissement ;

2.º Ses effets pendant qu'il subsiste ;

3.º Ses suites lorsqu'il finit.

SECTION PREMIÈRE.

Ce qui se passe dans l'opération même de l'affoi-blissement.

Le prince peut affoiblir la monnoie en deux manières différentes :

1.º En réformant ou en refondant toute la monnoie de son royaume ;

2.º Sans toucher à la substance de la monnoie, par la seule opération d'une loi qui augmente, par exemple, d'un quart ou d'un cinquième la valeur des monnoies telles qu'elles se trouvent entre les mains des citoyens.

Dans le premier cas, il seroit inutile de discuter ce qui peut regarder l'intérêt de l'état entier, qui, ayant la même quantité de matière d'or et d'argent, de quelque manière qu'elle soit répandue en différentes espèces plus ou moins fortes, n'est ni plus riche lorsqu'on fortifie la monnoie, ni plus pauvre quand on l'affoiblit. Il seroit encore moins à propos de s'arrêter à discuter l'intérêt du roi, parce que le profit qu'il fait dans l'opération même, par laquelle il affoiblit la monnoie, est évident. Ainsi, la seule chose qui mérite d'être traitée dans cette première section est ce qui regarde l'intérêt des particuliers.

Or, à leur égard, l'injustice de l'affoiblissement des monnoies paroît évidente, à ne consulter que les régles ordinaires de l'équité.

J'ai cent onces d'argent, ou en lingot, ou en ouvrages, ou en espèces monnoyées; je suis obligé de les porter à la monnoie pour y être refondues ou réformées; on me retient un cinquième de la matière que je fournis; et, pour ce cinquième, on ne me rend qu'une valeur imaginaire, qui porte à faux et qui n'est appuyée que sur l'autorité absolue du souverain; il est donc vrai que le roi s'approprie le cinquième d'un bien qui m'appartient en entier; ainsi, à n'examiner que les règles ordinaires de la justice, c'est une iniquité évidente, c'est une espèce de vol qui se fait à l'ombre de l'autorité publique.

On dira peut-être que, suivant ce qui a été observé par rapport à l'effet direct et principal de tout affoiblissement de monnoie, j'en serai dédommagé, parce que la fausse valeur me tiendra lieu de la véritable, tous les citoyens étant assujettis à recevoir de moi les espèces de la monnoie sur le même pied que le prince me les donne.

Mais, cette objection a été détruite par avance, lorsqu'on a fait voir que le prince n'avoit aucun pouvoir sur la véritable valeur de la monnoie, et que, soit par rapport à l'étranger, soit par rapport au citoyen, on ne regarde la monnoie foible que sur le pied de sa valeur intrinsèque, sans faire attention à la valeur extrinsèque. Cela n'est pas douteux à l'égard de l'étranger; et, si le citoyen paroît d'abord plus assujetti à la loi positive du souverain, il ne manque pas, comme on l'a remarqué, de s'en dédommager, en augmentant le prix des denrées et de toutes choses en général.

Il n'est donc pas vrai qu'au moyen de la fausse valeur que le prince substitue à la matière qu'il me fait perdre, je sois dans le même état avec quatre-vingts onces d'argent en monnoie, où j'étois avec cent avant la conversion ; ce que j'aurois eu avec ces cent onces valant quatre cents livres, par exemple, m'en coûtera cinq cents ; et si l'on dit que j'en serai dédommagé parce que je vendrai moi-même plus cher mes denrées et mes marchandises, c'est une objection qu'on discutera dans le second article, en examinant l'effet de l'affoiblissement par rapport aux ventes et aux achats. Mais, en attendant, il est toujours certain que je donne cinq cents livres pour ce qui ne valoit autrefois que quatre cents livres.

Dans le second cas, où il n'y a non plus à examiner que ce qui regarde l'intérêt des particuliers, lorsque, sans diminuer le poids de l'or ou de l'argent, le prince augmente seulement leur valeur extrinsèque ; on ne trouve pas, à la vérité, dans ce genre d'affoiblissement la même espèce d'injustice que dans le premier, parce que le prince ne prend rien sur la substance même de la monnoie ; elle demeure dans le même degré de bonté et de poids qu'elle avoit auparavant, et ce n'est, à proprement parler, qu'un changement dans l'estimation ; mais quel est l'effet de ce changement.

Ou le prix des denrées et des marchandises, en un mot, de tout ce qui est dans le commerce ne sera point augmenté ; et en ce cas, le vendeur sera lésé, puisque, pour la même quantité ou pour la même valeur en marchandises, on lui donnera une moindre quantité, et par conséquent une moindre valeur en argent. Si, par exemple, la valeur de la monnoie est augmentée d'un cinquième, j'aurai autant de blé ou de vin avec les quatre cinquièmes, que j'en avois auparavant avec le total ; avec quatre-vingts écus, par exemple, que j'en avois avec cent écus.

Ou, au contraire, on supposera que le prix de toutes choses sera augmenté dans la même proportion que l'argent ; en sorte que ce qui se vendoit quatre

cents livres, par exemple, se vende cinq cents livres ;
alors dans le premier moment il pourra arriver, que
ni le vendeur ni l'acheteur ne seront lésés. Le vendeur, à la vérité, tirera un cinquième de plus, et
il retirera cinq cents livres de ce qui ne lui produisoit
auparavant que quatre cents livres ; et, comme l'acheteur, supposé qu'il eût son argent au moment de
l'augmentation, y aura gagné cent livres, il ne sentira
pas encore, dans le premier instant, la charge de
l'augmentation des denrées ou des marchandises.

Mais, s'il n'a pas profité de l'augmentation, il y
perdra dès le premier moment, puisque les cinq cents
livres qu'il paiera lui auront été données sur le même
pied de cinq cents livres ; ainsi, il lui en coûtera un
cinquième de plus pour avoir la même marchandise qui ne lui coûtoit auparavant que quatre cents
livres.

A plus forte raison dans la suite, lorsque le profit
que chacun aura pu faire sur les espèces qu'il avoit,
sera entièrement consommé, tous ses revenus et tout
ce que ses débiteurs lui doivent, lui étant payés
en monnoie foible, sa dépense sera nécessairement
augmentée d'un cinquième, pendant que sa recette,
qui se fait par livres, demeurera dans le même
état.

Il y a donc toujours une injustice inséparable de
cette seconde espèce d'affoiblissement, comme de la
première, et si l'on veut la justifier par les mêmes
raisons qu'on a expliquées pour soutenir la première,
il faudra aussi y faire les mêmes réponses.

Mais il faut remarquer ici, qu'il seroit assez inutile
de discuter cette seconde manière d'affoiblir la monnoie, parce que le prince n'y faisant aucun profit, et
y perdant au contraire plus que ses sujets par l'augmentation de sa dépense, il n'est pas à craindre qu'il
veuille leur nuire par un affoiblissement qui lui seroit
encore plus préjudiciable qu'à eux.

Des Effets de l'Affoiblissement pendant qu'il subsiste.

Il faut reprendre ici la distinction des trois sortes de personnes qui peuvent souffrir un préjudice véritable par l'affoiblissement des monnoies :

Les particuliers ;

L'état entier ;

Le roi même.

Ainsi, dans chacune des questions qui seront traitées dans cet article, on examinera : 1.º l'intérêt des particuliers ; 2.º l'intérêt de l'état ; 3.º l'intérêt du roi.

Cette première distinction supposée, on en doit faire une autre entre les six principales espèces d'engagemens ou de contrats, dans lesquels l'affoiblissement des monnoies peut apporter quelque changement ; et l'on prendra cette seconde distinction dans l'ordonnance de Charles VI, du 15 décembre 1421, qui est la loi la plus parfaite que nous ayons sur cette matière.

Cette ordonnance distingue donc :

1.º Les aliénations perpétuelles qui ont été faites, à la charge d'une prestation annuelle en argent, sans faculté de rachat ;

2.º Les fermes des terres, et les loyers des maisons;

3.º Les marchés ou entreprises ;

4.º Les ventes sans condition de rachat ;

5.º Les ventes à faculté de rachat, ce qui comprend aussi les rentes constituées ;

6.º Le simple prêt, et tout ce qui peut y être comparé.

Une première distinction générale qu'il faut faire sur ces six espèces d'engagemens, est qu'ils peuvent être ou antérieurs à l'affoiblissement des monnoies, ou postérieurs à l'affoiblissement, dont il faut par conséquent examiner l'effet dans ces deux vues, en commençant par ce qui regarde les engagemens antérieurs.

ARTICLE PREMIER.

De l'Effet de l'Affoiblissement, par rapport aux Engagemens antérieurs.

§. I.er — *Où l'on examine ce qui regarde l'Intérêt des Particuliers.*

On peut passer légèrement sur ce qui concerne la première espèce d'engagement, c'est-à-dire, les aliénations perpétuelles chargées d'une prestation annuelle en argent, sans faculté de rachat.

. La perte ne peut tomber que sur cette prestation, qui diminue réellement quand on la paie en monnoie foible; mais, comme c'est un revenu qui se consomme par la dépense journalière; que, d'ailleurs, il peut y avoir des temps où ceux qui ont fait ces sortes d'engagemens perpétuels gagnent sur la monnoie forte, autant qu'ils perdent dans d'autres par la monnoie foible; et qu'enfin ils ont dû prévoir ces sortes de vicissitudes dans le temps du contrat, et y proportionner la prestation annuelle qu'ils se sont réservée, un intérêt si médiocre peut être compté pour rien dans une loi générale; et c'est aussi la règle qui a été établie par l'ordonnance de Charles VI.

Les fermes des terres et les loyers des maisons ne forment pas non plus un objet fort considérable dans cette matière.

1.° Pour ce qui regarde les fermes des terres, si les revenus affermés consistent en droits qui se paient en argent, comme les amendes, les péages, les droits de travers et autres de même nature, le fermier reçoit moins en valeur réelle, après l'affoiblissement de la monnoie, mais il paie moins aussi au propriétaire en valeur réelle; ainsi, les choses demeurent parfaitement égales; et c'est pour cela que l'ordonnance de Charles VI veut que ces sortes de fermes se paient sur le pied de la monnoie courante.

Si, au contraire, les revenus affermés sont des fruits naturels qui croissent et décroissent en estimation, selon la foiblesse ou la force de la monnoie, c'est le fermier qui gagne, et le propriétaire qui perd; en sorte que si la valeur de la monnoie est affoiblie de la moitié, et que le prix des denrées soit augmenté de la moitié, le fermier paie sa ferme en entier avec la moitié de la valeur réelle qu'il donnoit avant l'affoiblissement.

Exemple : J'ai une terre affermée 3,000 liv., mon fermier vend 6,000 liv. les fruits qu'il vendoit auparavant 3,000 liv., il ne lui en faut donc que la moitié pour me payer le total de sa ferme, c'est-à-dire, 3,000 livres : donc, il gagne la moitié sur moi, eu égard à la valeur présente des fruits.

On dira peut-être, pour sauver cette grande inégalité qui se trouve entre les deux contractans, par le changement arrivé dans la monnoie :

1.º Que, comme on l'a déjà dit sur la première espèce d'engagement, la perte ne tombe que sur un revenu qui, se consommant sur-le-champ par la dépense journalière, me vaut autant que 3,000 liv. me valoient en monnoie forte; et qu'ainsi la perte que je fais n'est pas sensible. Mais il est aisé de répondre à cette objection, que la perte du propriétaire est toujours fort grande, parce que le prix des denrées étant augmenté de la moitié, comme on le suppose, 3,000 liv. ne lui valent pas plus que 1,500 liv. lui valoient autrefois.

2.º On ajoutera que, comme ceux qui prennent des fermes à la campagne sont exposés à de fréquens accidens, comme de mauvaises récoltes ou la vilité du prix des denrées, il semble que, par une espèce de compensation, il y a lieu de faire tomber sur le propriétaire la perte de l'affoiblissement des monnoies. Mais, si cela peut être juste entre le propriétaire et le fermier, il n'en est pas de même entre le prince et le propriétaire, à qui il est toujours vrai de dire que l'on fait injustice en diminuant sa recette, et en augmentant sa dépense.

Enfin, on pourra dire encore, qu'il seroit aisé de remédier à ces inconvéniens, en ordonnant que les fermiers, dont les baux sont antérieurs à l'affoiblissement, seroient tenus de payer les fermages en monnoie forte, si mieux ils n'aimoient refondre le bail; auquel cas la justice seroit exactement conservée.

Mais, outre que par là toutes les fermes d'un royaume se trouveroient vacantes en même temps, ce qui tourneroit ordinairement au désavantage des propriétaires, auxquels les fermiers donneroient la loi, il y auroit toujours de l'injustice dans ce remède, puisqu'une ferme qui seroit avantageuse au fermier ou au propriétaire, se trouveroit résolue sans leur fait, et comme par une force majeure.

3.º Pour ce qui regarde les loyers des maisons, il est encore plus difficile d'accuser d'injustice la loi qui affoiblit les monnoies; la perte est certaine pour le propriétaire, qui reçoit moins en valeur réelle, pendant qu'il est obligé de dépenser davantage par l'augmentation du prix des denrées; et l'on ne peut pas dire qu'il y ait de l'équité à lui faire supporter cette perte, parce que dans les loyers des maisons, tous les hasards regardent le propriétaire.

On ne peut donc alléguer ici que la modicité de l'objet, par rapport à tous les autres biens de l'état; mais une injustice, quoique médiocre dans son objet, est toujours une injustice: ce qui n'a pas empêché néanmoins l'ordonnance de Charles VI de décider que les loyers seroient payés en monnoie courante, quoique le bail fût antérieur à l'affoiblissement.

Dans la troisième espèce d'engagement, c'est-à-dire, les marchés ou les entreprises, la condition de l'entrepreneur devient plus mauvaise, si on l'oblige à l'exécuter pour le même prix, mais payé en monnoie foible, parce que les matériaux et la main-d'œuvre lui coûtent davantage après l'affoiblissement de la monnoie. Aussi, l'ordonnance de Charles VI y a pourvu très-sagement, en lui permettant de renoncer à son entreprise. Mais, en ce cas, celui qui faisoit faire l'ouvrage en souffre, puisqu'il faut qu'il fasse un nouveau marché à plus haut prix ; et par conséquent la loi qui le force à résoudre, malgré lui, un traité avantageux, et en faire un nouveau à des conditions plus pesantes, ne peut être excusée d'injustice dans les règles du droit privé.

La quatrième espèce de contrats, c'est-à-dire, les ventes sans faculté de rachat, a été traitée d'une manière si confuse, et même si peu juste dans l'ordonnance de Charles VI, qu'on est obligé de prendre une autre route ; et, pour abréger, de la joindre à ce qui regarde le prêt, parce qu'on ne voit pas de différence essentielle par rapport à l'objet présent, entre ces deux cas, c'est-à-dire, payer après l'affoiblissement le prix d'une marchandise vendue avant l'affoiblissement, et rendre aussi après l'affoiblissement une somme de deniers empruntée auparavant.

Les ventes avec faculté de rachat, et les rentes constituées, qui sont en effet des ventes de cette espèce, forment la cinquième classe des divers engagemens qu'on a distingués d'abord ; mais elles ont été égalées par l'ordonnance de Charles VI, au véritable prêt ; dont elles ne diffèrent que parce que le créancier ne peut obliger le débiteur à payer le principal. Mais, dès le moment qu'il veut bien le payer, la chose retombe dans les termes d'un prêt ordinaire ; ainsi, on joindra cet article, comme le précédent, au dernier, qui est celui du prêt, et de tout ce que l'on peut y comparer.

Pour éclaircir ce dernier point, qui est le plus important de tous, puisqu'il comprend trois sortes d'engagemens : les ventes pures et simples, les ventes à faculté de rachat ou les rentes constituées, et le pur prêt. Il est nécessaire d'examiner, avant toutes choses, s'il est possible de faire une loi en cette matière, qui, en supposant l'affoiblissement de la monnoie, évite néanmoins toute injustice, ou contre le créancier, ou contre le débiteur.

La loi ne peut être faite qu'en deux manières ; car, où elle réglera la chose par rapport au temps du

contrat antérieur à l'affoiblissement ; ou elle n'envisagera que le temps du paiement, postérieur à
l'affoiblissement.

Dans la première supposition, le vendeur ou le
créancier ne pourront se plaindre, puisqu'ils recevront, sur le pied de la monnoie forte, ce qu'ils ont
vendu ou prêté en monnoie forte. Mais l'acheteur
ou le débiteur ne souffriront-ils point d'injustice ?

Dans la seconde supposition, l'acheteur ou le débiteur seront contens de la loi ; mais le vendeur ou
le créancier ne seront-ils pas en droit de se plaindre?
Il faut donc prendre parti entre le vendeur ou le
créancier, et l'acheteur ou le débiteur, et pour cela
examiner les raisons de l'un et de l'autre ; après
quoi, l'on tâchera de se fixer à quelque chose de certain sur une question si délicate.

Mais, avant toutes choses, il est nécessaire de
faire ici quelques réflexions sur ce qui regarde le
commerce avec l'étranger ; qu'il est difficile d'assujettir sur ce point aux mêmes règles que le commerce
intérieur du royaume.

La règle que le droit des gens a établie en cette
matière, est que l'étranger, soit qu'il doive le prix
des marchandises qui lui ont été fournies, ou qu'il
paie une autre espèce de dette, s'acquitte valablement, pourvu qu'il fasse son paiement en monnoie
qui ait cours dans le pays de son créancier, si ce
n'est qu'il y ait une convention particulière entr'eux
pour faire le paiement en certaines espèces, auquel
cas il faut suivre la loi particulière de l'engagement ;
mais, à la réserve de ce cas, qui n'est pas ordinaire,
le compte par livre est reçu entre le citoyen et l'é-
tranger ; en sorte que, pourvu qu'il donne le nombre
de livres qu'il doit sur le pied de la valeur courante de la monnoie, il se libère pleinement.

De cette règle qui s'observe également des deux
côtés, il s'ensuit que tout affoiblissement de monnoie rend la condition du citoyen bien différente de
celle de l'étranger, et met entr'eux une grande
inégalité.

Ainsi, supposant, par exemple, que l'écu de France valoit autrefois cinquante sous, de même que celui de Hollande, et que la France porte le prix de son écu de même poids et de même titre jusqu'au double, c'est-à-dire, jusqu'à cent sous: voici ce qui arrivera par rapport aux engagemens contractés de part et d'autre avant l'affoiblissement.

A., marchand de Paris, doit mille écus à B., marchand d'Amsterdam; et B., de son côté, doit la même somme à A. pour marchandises fournies réciproquement avant le changement arrivé dans la monnoie.

Suivant les règles ordinaires, la compensation devroit les libérer également, parce que les dettes sont égales; et, en effet, si la France n'avoit pas touché à sa monnoie, le Français seroit quitte envers le Hollandais, comme le Hollandais le seroit à l'égard du Français.

Mais, parce que la monnoie de France a été affoiblie de la moitié, pendant que celle de Hollande est demeurée dans le même état, le Français obligé de payer le Hollandais en monnoie de Hollande, donnera le double, eu égard à la valeur de la monnoie de France, pour avoir le simple en Hollande; il lui en coûtera par conséquent deux mille écus, pour en payer mille. Au contraire, le Hollandais qui peut payer sa dette en monnoie de France, aura mille écus pour cinq cents écus; ainsi, il gagnera la moitié, pendant que le Français la perdra; et, par conséquent, il n'y aura plus de compensation entre eux, parce que l'un ne devra fournir que mille écus en monnoie de France, et que l'autre sera obligé d'en donner deux mille en même monnoie.

On expliquera dans la suite le dédommagement que le marchand français peut trouver en ce cas, par le change. Mais on n'envisage ici que ce qui regarde la monnoie, sur laquelle, dans l'hypothèse qu'on a faite, il est certain qu'il y a une perte de la moitié pour le Français.

Ce principe supposé, on demande si le prince pourroit empêcher cette perte, et, par conséquent, cette injustice que le Français souffre par l'affoiblissement des monnoies, en faisant une loi qui régleroit la nature des paiemens, par rapport au cours que la monnoie avoit au temps du contrat, et non par rapport à sa valeur au temps du paiement.

La question est aisée à résoudre. Le prince est le maître de son état ; il peut, sans difficulté, y établir cette règle entre ses sujets, et c'est ce que Charles VI avoit fait par son ordonnance du 15 décembre 1421. Mais il ne peut pas forcer les étrangers à se soumettre à cette règle, ni changer l'usage établi avec une nation qui ne reconnoît pas son autorité ; c'est, au moins, ce qui n'a point encore été fait jusqu'à présent, quoiqu'il y eût peut-être de bonnes raisons pour le faire ; et il n'est pas inutile de s'arrêter ici un moment à les considérer.

1.° Quand le roi assujettiroit les étrangers à cette règle, il ne feroit que suivre exactement ce principe du droit des gens, que la monnoie est une marchandise comme toutes les autres, et qu'elle n'a point d'autre valeur que sa valeur réelle et intrinsèque. Or, suivant ce principe, l'étranger doit rendre poids pour poids, et valeur pour valeur. La marchandise qu'on lui a fournie valoit mille écus en forte monnoie, il n'en paie donc que la moitié, lorsqu'il paie mille écus en foible monnoie. En un mot, le prince, en faisant cette loi, ne feroit que ramener les hommes à l'ancien état du commerce, lorsqu'on échangeoit l'or et l'argent non monnoyés, contre d'autres marchandises ; et il seroit bien fondé à dire aux étrangers, que l'impression et le caractère de la monnoie n'étant que pour ses sujets, et ces deux métaux n'ayant de valeur pour les étrangers que par rapport à leur matière, il est juste que ce soit sur le pied de leur valeur qu'ils fassent leurs paiemens.

2.° Les étrangers ne pourroient pas se plaindre d'une telle loi, puisqu'elle ne leur feroit aucun préjudice ; ils ne rendroient jamais que la véritable valeur de ce qu'ils ont reçu. Ils ne perdroient donc

rien, ils manqueroient seulement de gagner, et la loi
ne feroit que maintenir les choses dans une parfaite
égalité, entre l'étranger et le citoyen.

S'ils vouloient combattre cette règle, en disant que
s'il arrivoit un affoiblissement de monnoie dans leur
pays, le Français prétendroit en profiter, et ne les
payer que dans la monnoie foible qui auroit cours
après l'affoiblissement ; il seroit aisé de leur fermer la
bouche, en déclarant que l'on consent que la règle
soit réciproque, supposé qu'ils viennent dans la suite
à affoiblir leur monnoie.

3.º Si les étrangers disoient qu'ils ont contracté sur
le pied du compte par livres, et qu'ainsi, pourvu
qu'ils paient autant de livres qu'ils en doivent, on ne
peut leur en demander davantage, ce raisonnement
ne seroit pas juste :

1.º Parce qu'entre les nations qui ne regardent
l'argent entr'elles, et de nation à nation, que comme
une marchandise, la valeur des livres doit toujours
se rapporter à celle de la matière ;

2.º Parce qu'il est bien vrai qu'ils rendent le même
nombre de livres qu'ils ont reçu, mais ils ne rendent
pas les mêmes livres, ou des livres d'une égale valeur. Ainsi, en supposant que les écus de France et
de Hollande soient de trois livres, que dans cet état
un marchand Français vend à un Hollandais des
marchandises pour trois mille livres, chacune de ces
livres valoit alors vingt sous. Mais si la France porte
la valeur de l'écu jusqu'à six livres, alors la livre de
France ne vaut plus réellement que dix sous ; ainsi,
quand le Hollandais paie trois mille livres en foible
monnoie, il rend bien le même nombre de livres
qu'il a reçu, ou dont il a reçu la valeur ; mais il ne
rend pas les mêmes livres, puisque celles qu'il rend ne
valent que la moitié de celles qu'il a reçues. Il y a
donc une injustice évidente et une lésion manifeste
dans ce paiement pour le Français, que le prince est
en droit d'empêcher.

3.º Non-seulement il en a le droit, mais il en a
aussi le pouvoir ; car, comme les marchandises qui

sont le sujet de la contestation, sont sorties de France, c'est aux juges de France qu'il appartient d'en connoître, et il n'est pas douteux qu'ils ne suivent sur ce point la loi qu'il plaira au prince de faire, et par conséquent qu'ils n'obligent l'étranger à s'y conformer.

Mais, quoiqu'il y eût de très-grandes raisons pour établir cette règle, on ne l'a pas encore établie jusqu'à présent; ainsi, quand même le prince régleroit les paiemens sur le pied de la monnoie forte, eu égard au temps du contrat antérieur à l'affoiblissement, cette loi n'étant que pour ses sujets, dans le commerce qu'ils font entr'eux, n'empêcheroit pas qu'ils ne fissent une perte certaine sur les engagemens antérieurs contractés avec l'étranger.

Il faut entrer maintenant dans ce qui regarde le commerce intérieur, et peser exactement les raisons du débiteur et celles du créancier.

On dira donc d'abord pour le débiteur :

1.º Qu'il est contraire aux règles de la justice, que le risque d'un événement incertain tombe en entier sur l'un des contractans, en telle sorte qu'il ne puisse que perdre sans jamais y gagner. Il a contracté pendant que la monnoie forte avoit cours, il ne pouvoit pas espérer qu'on la rendît encore plus forte, puisqu'on suppose qu'elle étoit au point de sa perfection. Le changement ne pouvoit donc être que contre lui ; ce changement n'ayant été prévu ni par l'un, ni par l'autre des contractans, est-il juste d'en faire supporter tout le préjudice à l'un, pendant que l'autre y trouve un avantage, eu égard à la valeur courante de la monnoie ?

2.º Lorsque le débiteur s'acquitte en monnoie foible, il se fait (c'est le raisonnement de Dumolin) une espèce de compensation outre la diminution de la matière, et l'augmentation de la valeur. Le vendeur, ou le créancier, pourroit exiger de l'acheteur ou du débiteur, qu'il lui fît raison de la diminution de la matière. Mais réciproquement l'acheteur, ou le débiteur, pourroit demander qu'on lui tint compte de l'augmentation de la valeur, que le vendeur ou le créancier ne peut s'approprier légitimement, l'un se compense avec l'autre. Le débiteur donne moins en matière, à la vérité, mais il donne plus en valeur; ainsi, la loi devient égale, et la justice est exactement rendue; au lieu que si le paiement se fait en monnoie forte, le vendeur ou le créancier, profite en entier de l'augmentation de la valeur, en sorte que si elle est augmentée du double, mille écus lui en valent deux mille : ce qui répugne à la justice et à l'équité.

3.° Quoique le débiteur ne rende précisément que ce qu'il a reçu quand il s'acquitte sur le pied de la monnoie forte, il est pourtant vrai de dire que la même quantité de matière lui tient lieu du double de sa valeur, si l'on suppose que la valeur extrinsèque soit augmentée de la moitié; s'il l'a reçue de ses fermiers, ou si elle provient de son négoce ou de son industrie; enfin, s'il l'a empruntée, elle lui a été donnée sur le pied de sa valeur présente. Il n'y a que deux cas où cette réflexion ne seroit pas juste : l'un, si l'on suppose que la somme qu'il paie lui étoit due à lui-même, en vertu d'un engagement antérieur à l'affoiblissement, auquel cas ce seroit sur son débiteur que la perte tomberoit; l'autre, s'il a gagné le double sur la vente de ses denrées ou de ses marchandises. Mais, hors ces deux cas, dont on ne peut pas faire une règle générale, il est vrai de dire qu'il lui en coûte le double pour payer le simple, ce qui paroît être d'une grande dureté.

4.° Est-il juste de faire tomber la perte sur le débiteur, dans le temps qu'il est facile au créancier de l'éviter ? Il n'a qu'à payer lui-même ses dettes sur le même pied qu'il reçoit le paiement de ce qui lui est dû. Il peut faire un autre emploi de son argent, qu'on sera toujours obligé de prendre de lui sur le même pied qu'il l'a reçu. La perte dont il se plaint n'est donc qu'une perte imaginaire, qu'il ne tient qu'à lui de ne pas souffrir, pendant qu'il veut faire tomber une perte réelle et inévitable sur son débiteur.

5.º S'il y a un cas dans lequel le créancier peut supporter quelque préjudice, en recevant son paiement sur le pied de la valeur courante de la monnoie, il y en a un réciproquement où la perte tombe sur le débiteur. Le créancier est exposé à perdre, si l'on veut, quand on passe de la monnoie forte à la monnoie foible ; mais réciproquement le débiteur perd, quand on revient de la monnoie foible à la monnoie forte. Il se fait donc une compensation d'événemens, de pertes et d'avantages, qui rend la chose parfaitement juste, parce que la loi est égale des deux côtés.

6.º Enfin, on dira que c'étoit au créancier, ou au vendeur, de prévoir le cas de l'affoiblissement de la monnoie ; et que, ne l'ayant pas fait dans le doute, la balance de la justice doit pencher du côté du débiteur, par la faveur de la libération, suivant la maxime commune du droit, *proniores esse debemus ad solvendum, quam ad adstringendum.* C'est au créancier ou au vendeur, de s'imputer d'avoir stipulé son paiement en livres, au lieu de le stipuler en espèces d'un certain poids ; mais dès le moment qu'il a suivi le compte par livres, le débiteur s'acquitte valablement quand il lui rend le même nombre de livres qu'il en a reçu.

On peut répondre, au contraire, en faveur du créancier :

1.º Qu'il n'y a rien de plus juste que d'obliger un débiteur à rendre précisément autant qu'il a reçu. Si l'or et l'argent sont de véritables marchandises ; s'ils n'ont point d'autre valeur réelle que celle qu'ils tirent de leur fonds et de leur substance même ; si le prince a si peu de pouvoir sur cette valeur naturelle, qu'il la diminue en voulant l'augmenter, puisqu'après l'augmentation imaginaire qu'il donne à la monnoie, il en faut davantage pour payer les autres marchandises. En un mot, si tous les principes que l'on a établis dans les préliminaires sont véritables, il ne paroît pas qu'on puisse faire aucune injustice quand on n'oblige le débiteur qu'à rendre ce qu'il a reçu. Cette obligation ne peut passer pour un événement imprévu, dont on puisse prétendre que le risque ne devoit pas tomber sur un seul des contractans ; et par conséquent la première raison du parti contraire ne paroît pas solide et suffisante.

2.° Le raisonnement de Dumolin n'est qu'une pétition de principe, qui suppose ce qui est en question, qui est de savoir si la valeur de l'or et de l'argent est augmentée véritablement, comme il faudroit qu'elle le fût pour obliger le créancier à tenir compte au débiteur de cette augmentation.

Or, Dumolin reconnoît lui-même que l'augmentation apparente du prix des monnoies est une diminution véritable, puisque le prix de toutes les autres marchandises croît à peu-près dans la même mesure. Il n'est donc pas vrai que le créancier qui se fait payer sur le pied de la forte monnoie reçoive un bénéfice par cette augmentation prétendue, qu'il ne puisse s'approprier légitimement ; au contraire, il est tellement vrai qu'il ne reçoit précisément que ce qu'il a donné, qu'avec ce qu'il vend sur ce pied il n'aura pas plus qu'avec ce qu'il avoit prêté, ou avec la valeur de ce qu'il a vendu. Il a vendu, par exemple, dix pièces de vin cent écus pièce : la monnoie est affoiblie de la moitié entre la vente et le paiement, et en même temps la valeur du vin est aussi augmentée de la moitié ; avec les mille écus qu'on lui rend en forte monnoie, ou avec deux mille écus en monnoie foible, il n'aura pareillement que dix pièces de vin de même qualité. Ainsi, dans l'exacte vérité, il ne reçoit rien de plus que ce qu'il a donné, et recevroit la moitié moins si on l'obligeoit à se contenter de mille écus en monnoie foible.

3.° Il ne sert à rien d'examiner si dans certains cas il en coûte le double au débiteur pour rendre en monnoie forte ce qu'il a reçu en monnoie foible.

1.° Il suffit qu'il puisse y avoir des cas contraires où il ne lui en coûte rien de plus pour s'acquitter de cette manière ; et les défenseurs de l'autre partie conviennent qu'il y en a.

2.° Quand il lui en coûteroit quelque chose de plus,

le prêt ou la vente ne sont pas une société où les pertes doivent se partager entre les contractans. Le créancier ni le vendeur ne pourroient pas entrer en partage des profits que l'acheteur ou le débiteur ont pu faire avec la marchandise ou avec l'argent qui leur ont été fournis; ainsi, la perte ne doit tomber que sur celui à qui seul appartient aussi le profit.

3.° Cette perte a ses dédommagemens par la facilité avec laquelle le débiteur trouve de l'argent après l'affoiblissement des espèces, et par la modicité des intérêts ou du taux de la rente qu'il en paie.

4.° La faveur de la libération peut être alléguée avec justice, quand il s'agit de l'interprétation d'une clause douteuse et obscure; mais non quand, sous ce prétexte, on veut toucher à l'essence même d'un contrat, dont la loi claire et certaine est de rendre autant que l'on a reçu.

5.° Que si l'on dit que le créancier peut éviter la perte qu'il fait sur la foible mounoie, soit en payant ses dettes, soit en faisant un autre emploi, c'est un raisonnement qui n'est pas toujours véritable, mais qui, réduit à sa juste valeur, ne prouve autre chose, si ce n'est que l'injustice se multiplie, qu'elle passe de degrés en degrés, et que l'argent devient comme un hôte importun, dont chacun se défait le plus promptement qu'il peut, pour le donner à son voisin; mais enfin la perte tombe sur quelqu'un, qui, ne devant rien, est obligé de placer son argent avec perte, soit qu'il l'emploie en acquisition de fonds ou de marchandises, ou qu'il le mette en rente, parce que celui qui le reçoit profite de l'impatience qu'il a de s'en défaire, et c'est par là qu'il arrive que les affoiblissemens des monnoies produisent toujours une augmentation dans le prix de toutes choses, et une diminution dans le taux des rentes; ainsi, il arrive toujours que la loi qui règle les paiemens sur le pied de la monnoie courante, est favorable aux débiteurs, et nuisible aux créanciers.

6.° Bien loin que la réciprocité des événemens, c'est-à-dire, du passage de la monnoie forte à la monnoie foible, et du retour de la monnoie foible à la monnoie forte, soit une raison favorable au débiteur, elle est, au contraire, entièrement pour le créancier.

1.º Cette raison ne tend qu'à excuser une injustice par une autre. On a fait injustice au créancier, quand on l'a obligé à recevoir en monnoie foible ce qu'il a donné en monnoie forte; et on fait injustice au débiteur, à son tour, quand on l'oblige à payer en monnoie forte ce qu'il a reçu en monnoie foible. Et, parce que l'on fait alternativement injustice à l'un et à l'autre des contractans, on veut que ces deux injustices se compensent mutuellement; et que, parce qu'elles se font également des deux côtés, il en résulte une justice, comme si la loi ne pouvoit pas les éviter également, en établissant pour règle commune la valeur de l'argent au temps du contrat.

2.º Pour sentir toute la conséquence de ce raisonnement, supposons que j'aie prêté à B...... mille écus en espèces, sans expression de livres, dans le temps que la monnoie foible avoit cours, et qu'il m'ait promis de me rendre aussi mille écus en espèces dans un certain temps. Avant l'expiration du terme, le prince rétablit l'usage de la monnoie forte; seroit-il juste, en ce cas, d'obliger mon débiteur à me rendre mille écus en espèces fortes? Faut-il donc que le compte par livres nous fascine tellement les yeux, qu'il nous fasse oublier la véritable valeur des choses? La justice n'exige-t-elle pas qu'on y revienne toujours; et, par conséquent, le débiteur ne doit-il pas être déchargé de payer réellement plus qu'il n'avoit reçu, comme il le feroit, s'il rendoit en monnoie forte ce qu'il a reçu en monnoie foible?

Ainsi, tout ce qui résulte du principe de la réciprocité, est qu'il faut certainement que la loi soit égale entre le débiteur et le créancier, de quelque manière que la chose soit décidée, c'est-à-dire, que si, dans le passage de la monnoie forte à la monnoie foible, le débiteur peut s'acquitter en monnoie foible, il faut aussi que, dans le retour de la monnoie

foible à la monnoie forte, il paie en monnoie forte
ce qu'il a reçu en monnoie foible ; et réciproquement,
que si, dans le premier cas, le débiteur est obligé de
payer en monnoie forte, il lui soit permis, dans le
second, de payer en monnoie foible. En un mot, la
loi doit être égale de part et d'autre dans les deux
cas. Mais, est-ce assez qu'elle soit égale, et ne faut-il
pas encore qu'elle soit juste ? Or, elle ne peut être
juste, si elle oblige, ou le créancier dans un cas à
recevoir moins qu'il n'a donné, ou le débiteur, dans
le cas contraire, à rendre plus qu'il n'a reçu ; donc,
en la faisant juste d'abord, on doit ensuite la rendre
égale ; et c'est là le seul principe d'une compensation
légitime, lorsque les deux décisions, étant également
justes, produisent, à une égalité d'avantages, une
égalité de pertes entre le débiteur et le créancier.

7.º En effet, il faut nécessairement que la perte,
s'il y en a, tombe ou sur le débiteur seul, ou sur le
créancier seul, car on n'a pas encore imaginé de
partager le différend par la moitié ; et ce jugement
rustique n'auroit aucun principe. Mais il y a cette
grande différence entre le débiteur et le créancier,
que, quand c'est le premier qui souffre quelque préjudice, la justice est exactement gardée, il ne rend
que ce qu'il a reçu ; et il est traité, à l'égard de l'or
et de l'argent, comme il le seroit à l'égard de toute
autre marchandise, dont le prix seroit augmenté
depuis qu'on la lui auroit prêtée. Il n'en est pas de
même du créancier, quand on lui fait supporter la
perte de l'affoiblissement. La justice est violée à son
égard ; il reçoit réellement moins qu'il n'a donné. Si
le débiteur souffre, c'est un inconvénient qui arrive
en suivant la règle ; et il n'y a point de règle parmi
les hommes qui en soit exempte. Mais si le créancier
souffre, c'est un inconvénient qui naît du violement
de la règle ; et, par conséquent, c'est le seul auquel
la justice doive faire attention.

8.º Enfin, toutes les difficultés qu'on peut proposer en faveur des acheteurs ou des débiteurs, s'éva-
nouiroient, si la loi étoit une fois faite. Tous ceux

qui achèteroient ou qui emprunteroient, auroient dû prévenir la suite de leurs engagemens, en cas qu'il survînt un affoiblissement de monnoie; ainsi, ils s'y seroient exposés.

Telles sont les principales raisons que l'on peut alléguer de part et d'autre sur cette question; et les dernières paroissent tellement supérieures aux autres, qu'il seroit aisé de se déterminer sur ce point, si l'on ne pesoit la chose que dans la balance de la justice. En effet, l'ordonnance de Charles VI, du 15 décembre 1421, qui, comme on l'a déjà dit, est la loi la plus parfaite que nous ayons sur cette matière, a établi, pour règle générale, que les paiemens, fondés sur des emprunts antérieurs à l'affoiblissement des monnoies, se feroient sur le pied de la valeur qu'elle avoit au temps du contrat. Il est vrai qu'elle a embrouillé cette décision par beaucoup de distinctions à l'égard des ventes, plus propres à obscurcir la matière qu'à l'éclaircir; mais, comme on ne voit pas de véritable raison de différence entre ces deux espèces de contrats, au moins à cet égard le principe qu'elle a établi sur le prêt doit avoir lieu aussi à l'égard de la vente.

Cette question, ainsi résolue, il reste d'en faire l'application à l'objet principal de la première partie de ce mémoire, c'est-à-dire, à la justice ou à l'injustice de l'affoiblissement de la monnoie.

Or, la conséquence unique qui résulte de toute cette discussion, est qu'il est bien difficile de l'excuser d'injustice par rapport aux engagemens antérieurs, quelque parti que le prince prenne sur la question que l'on vient d'agiter.

Ou il la décidera en faveur du débiteur; et, en ce cas, il sera obligé d'observer la même règle en faveur du créancier, dans le retour de la monnoie foible à la monnoie forte. Il fera deux injustices : la première, contre le créancier; la seconde contre le débiteur. Et, encore une fois, la compensation de deux injustices ne sera jamais une justice; ce qui est d'autant plus vrai, que cette compensation ne se passe pas entre les mêmes personnes. Le créancier, qui perd en recevant son paiement en foible monnoie, ne sera pas celui qui gagnera quelque jour, en recevant en monnoie forte ce qu'il a prêté en monnoie foible ; ce sera, au contraire, un nouveau créancier qui aura prêté depuis l'affoiblissement des monnoies. Ainsi, la prétendue compensation dont il s'agit n'est qu'une chimère et une illusion ; on pourroit la nommer plus justement une accumulation d'injustices qui s'exercent successivement sur les créanciers et sur les débiteurs.

Ou, au contraire, il suivra le principe qui paroît le plus juste, et réglera les paiemens par rapport à la valeur de la monnoie au temps du contrat ; et, en ce cas, il rendra alternativement une justice exacte aux créanciers et aux débiteurs ; mais il ne sauroit empêcher qu'il n'y ait bien des cas où le débiteur ne souffre dans le passage de la monnoie forte à la monnoie foible, et où, réciproquement, le créancier ne souffre dans le retour de la monnoie foible à la monnoie forte ; et, quoique ce préjudice puisse être regardé comme fondé sur un principe de justice, lorsqu'on envisage la chose entre le débiteur et le créancier, elle change de face lorsqu'on la considère entre les débiteurs et les créanciers d'un côté, et le prince de l'autre. Il pouvoit se dispenser d'affoiblir les monnoies, et, par conséquent, il pouvoit ne faire rien perdre, ni aux uns ni aux autres ; mais, en affoiblissant la monnoie, il se met dans une situation où il lui est presque impossible de ne pas faire souffrir ou les débiteurs ou les créanciers, et où, comme on l'a déjà dit, ne pouvant rendre une exacte justice, il n'a que le triste choix de ceux de ses sujets sur lesquels il voudra la faire tomber.

Ainsi, quelque loi que le prince fasse sur ce sujet, elle ne sera jamais exempte d'injustice. Il y a plus encore : car, pour l'ordinaire, le parti qu'il sera comme forcé de préférer, par les mêmes raisons qui le portent à affoiblir les monnoies, sera celui qui renfermera la plus grande injustice, c'est-à-dire, celle qui tombe alternativement sur le créancier et sur le débiteur ; sur l'un, dans le temps du passage de la monnoie forte à la monnoie foible ; sur l'autre, dans le temps du retour de la monnoie foible à la monnoie forte, c'est-à-dire, qu'il favorisera les débiteurs dans le temps de l'affoiblissement, sans se mettre en peine de la conséquence qu'on en tirera contr'eux, lorsqu'il reviendra à la monnoie forte.

La raison en est évidente. Le prince ne se porte jamais à affoiblir les monnoies, que lorsque ses affaires sont en mauvais état. Or, en ce cas, il doit toujours beaucoup ; et, comme on peut le regarder comme le plus grand débiteur de son royaume, il faut, ou qu'il ne fasse point d'affoiblissement dans la monnoie, ou que, s'il en fait, il favorise les débiteurs, sans quoi il en souffriroit plus que personne ; et il consommeroit, en grande partie, le bénéfice qu'il retire de l'affoiblissement, par ce qu'il seroit obligé de donner de plus à ses créanciers, s'il établissoit pour règle que tout créancier antérieur à l'affoiblissement seroit payé sur le pied de la monnoie forte.

C'est sur ce principe que les débiteurs ont gagné leur cause contre les créanciers, par un usage qui tient lieu de loi ; et qu'il y a long-temps qu'on n'observe plus en France la disposition de l'ordonnance de Charles VI, qui étoit favorable aux créanciers.

Cette loi est peut-être la seule où l'on ait suivi un principe si juste ; car, et dans les temps qui l'ont précédée, et dans ceux qui l'ont suivie, on trouve, au contraire, plusieurs ordonnances de nos rois, qui défendent les stipulations en espèces ou par écus, qui étoient tous d'or, jusqu'à Louis XIII, et qui assujettissent les sujets du roi au compte par livres, à la faveur duquel la cause du débiteur devient la plus forte.

On voulut, à la vérité, ramener les choses au premier principe et à la loi naturelle, lorsque, par la célèbre ordonnance 1577, Henri III, sur les sages remontrances de la cour des monnoies, ordonna que toutes les stipulations se feroient dorénavant par écus, et non par livres. Jamais loi, quoique d'abord contredite, ne fut reçue avec plus d'applaudissement, et exécutée avec plus de docilité. Mais elle ne dura que vingt-cinq ans; Henri IV la révoqua par son édit de l'année 1602 : et le compte par livres a tellement pris le dessus, qu'il est bien à craindre qu'on ne revienne jamais, dans ce royaume, aux stipulations par espèces, ni à la règle qui, en laissant subsister le compte par livres, obligeroit néanmoins à faire toujours les paiemens sur le pied de la monnoie qui avoit cours dans le temps du contrat.

Il résulte donc de cette dernière réflexion, que l'injustice de l'affoiblissement des monnoies, par rapport aux engagemens antérieurs, est évidente, à l'égard du créancier, dans le temps qu'il se fait, comme elle le sera aussi à l'égard du débiteur, lorsque l'affoiblissement cessera, et que l'on reviendra à la forte monnoie.

§. II. — Où l'on examine ce qui concerne l'Intérêt de l'État entier.

L'état entier peut être considéré, ou en lui-même et au dedans, ou au dehors et par rapport aux nations avec lesquelles il est en commerce.

Dans la première vue, il est évident que l'affoiblissement de la monnoie n'apporte aucun changement par rapport aux engagemens antérieurs, qui puisse intéresser la fortune de l'état.

La richesse d'un état (j'entends parler de celle qui consiste en argent), n'est point changée, lorsque la même quantité de matière d'or et d'argent y demeure toujours, de quelque manière que la division en soit faite, soit par rapport aux espèces de monnoie, soit par rapport à ceux qui les possèdent.

1.º Pour ce qui regarde la division des espèces; il en est de même, lorsqu'on les multiplie en les affoiblissant, que si le prince diminuoit la mesure du drap, ou celle du blé : le royaume entier n'en auroit pour cela ni moins de drap, ni moins de blé; il y auroit plus de mesures de l'un ou de l'autre, plus d'aunes de drap, par exemple, plus de septiers de blé ; mais il n'y auroit pour cela ni plus, ni moins de drap ou de blé. C'est précisément ce qui arrive quand le prince affoiblit la monnoie. Chaque espèce vaut moins réellement qu'elle ne valoit avant l'affoiblissement, comme l'aune ou le septier, dans l'exemple dont on s'est servi, vaudroit moins réellement qu'avant la diminution de la mesure. Mais, en récompense, il y a un plus grand nombre d'espèces, comme dans le même exemple il y auroit un plus grand nombre de mesures. Qu'il y ait dans un état trois cents millions d'écus, pesant une once chacun, ou qu'il y en ait quatre cents millions, pesant chacun les trois quarts d'une once, c'est précisément la même chose, parce que c'est toujours le même poids et la même quantité de matière.

Les particuliers perdent dans l'affoiblissement des monnoies, parce qu'ils ne regagnent pas sur la quantité, et qu'ils perdent sur la qualité. Mais l'état considéré comme un tout, qui retrouve dans une main ce qu'il perd dans l'autre, doit être considéré comme un seul homme qui auroit toutes les espèces monnoyées d'un royaume ; il ne souffriroit rien dans l'affoiblissement des espèces ; il les auroit seulement partagées en un plus grand nombre de parties; et il seroit précisément comme ceux qui changent l'or contre de l'argent, il auroit plus de pièces, il n'auroit ni plus ni moins de valeur.

2.° Pour ce qui regarde le partage des espèces de monnoie entre les différens membres de l'état, c'est encore un point qui ne l'intéresse nullement, quand on le considère en entier. Que les créanciers perdent et que les débiteurs gagnent, ou que le contraire arrive, la fortune des particuliers peut souffrir quelque altération, mais celle de l'état demeure la même. Que les denrées soient à plus bas ou à plus haut prix; que ce soient les vendeurs ou les acheteurs, en un mot, un citoyen ou un autre, qui profitent aux changemens de la monnoie, tout cela est encore très-indiffé-

rent, par rapport à l'intérêt général de l'état, parce
qu'il est autant le vendeur que l'acheteur, et l'acheteur que le vendeur, et qu'il faut le considérer comme
un homme qui vendroit précisément autant qu'il ache-
teroit, et qui, par conséquent, ne gagneroit ni ne perdroit par l'augmentation des denrées, suite ordinaire
de l'affoiblissement des monnoies.

Ainsi, sans entrer dans une plus longue discussion
de toutes les espèces d'engagemens qu'on a distinguées
par rapport aux particuliers, il est clair que l'état
entier ne souffre aucune diminution dans ses richesses,
pour ce qui regarde son commerce intérieur, par l'affoiblissement des monnoies.

Il est seulement nécessaire d'avertir ici, que quand
on parle de l'état entier, on y comprend le roi même,
sans quoi il seroit bien certain que le reste de l'état,
comparé avec le roi, feroit une perte sensible dans
l'affoiblissement des monnoies, puisqu'il perdroit tout
ce que le roi en applique à son profit.

Mais si l'état, pris dans ce sens, ne souffre aucun
préjudice par rapport aux engagemens antérieurs du
dedans du royaume, en est-il de même par rapport
aux engagemens antérieurs qu'il a avec l'étranger?
C'est la seconde vue dans laquelle la question doit
être examinée.

La question se décide, en un mot, par la différence des règles qui peuvent avoir lieu dans un état
pour le paiement des dettes contractées avant l'affoiblissement de la monnoie.

Si l'on y suit pour maxime, comme on a fait voir,
que le prince seroit en droit de le faire, que ce qui a
été reçu sur le pied de la monnoie forte, doit être
rendu sur le même pied, l'état n'a encore aucun
intérêt dans l'affoiblissement de la monnoie, par
rapport à l'étranger, pour ce qui regarde les engagemens antérieurs, les dettes réciproques continueront
d'être payées de part et d'autre en monnoie forte;
ainsi, la proportion demeurera toujours la même, et
la balance du commerce ne sera point altérée par l'affoiblissement de la monnoie.

Si, au contraire, l'étranger peut s'acquitter en monnoie foible, pendant que le citoyen est obligé de le payer en monnoie forte, il est certain que l'équilibre n'y sera plus, et par conséquent il y aura une soulte à payer du côté de la France, qui en fera sortir plus de matière d'or et d'argent qu'il n'y en entrera pour acquitter les dettes antérieures à l'affoiblissement, ou qui fera augmenter le change au profit de l'étranger, et au désavantage de ce royaume ; en sorte que, dans ce cas, il est impossible que le général de l'état ne souffre pas un véritable préjudice par l'affoiblissement de la monnoie, et par conséquent c'est aussi une véritable injustice que le prince fait en ce cas au corps de l'état.

§. III. — *Où l'on examine ce qui concerne l'Intérêt du Roi.*

Quand on parle du roi en cet endroit, on ne le considère pas comme représentant tout le corps de l'état, on ne l'envisage que par rapport à son intérêt particulier, en tant qu'on le peut distinguer de l'intérêt public et général, de la même manière que les romains opposoient le terme de *fiscus* à celui d'*Ærarium publicum*.

Or, pour décider si le roi se fait tort à lui-même par rapport à ses engagemens antérieurs, en affoiblissant la monnoie, il faut convenir d'abord, que, par rapport à l'étranger, il fait la même perte que les particuliers, et il la fait même plus grande qu'eux ; car s'ils sont débiteurs de l'étranger, ils sont aussi ses créanciers, et une partie de la dette se compense toujours.

D'ailleurs, il y en a plusieurs qui peuvent trouver un dédommagement dans l'augmentation du prix de leurs marchandises ou de leurs denrées. Mais le roi n'étant presque jamais que débiteur de l'étranger, et n'ayant point de denrées ni de marchandises à vendre, ne peut avoir ni compensation ni dédommagement qui éteigne ou qui diminue sa dette ; ainsi, l'affoiblissement des monnoies lui fait éprouver le même genre de perte qu'à ses sujets ; mais il la fait encore plus grande et plus entière.

A l'égard du dedans du royaume, il faut revenir à la même distinction qui a déjà été proposée.

Si le roi établit pour règle, que ce qui a été reçu en monnoie forte sera rendu en monnoie forte ; le roi, comme on l'a déjà dit, étant le plus grand débiteur de son état, et n'affoiblissant même les monnoies que par cette raison, il souffriroit encore plus que le reste de ses sujets si cette règle étoit observée ; et c'est par cette raison, comme on l'a dit aussi, qu'il n'y a pas d'apparence qu'il la fasse observer, parce qu'elle consommeroit une grande partie du bénéfice qu'il retire de l'affoiblissement de la monnoie.

Si, au contraire, le roi se favorise lui - même en favorisant les débiteurs, et en leur permettant de s'acquitter en monnoie foible, bien loin de souffrir une injustice ou une perte, c'est lui qui la fait souffrir aux autres.

On peut donc conclure de tout ce que l'on a dit sur l'affoiblissement des monnoies, par rapport aux engagemens antérieurs :

Que, si l'on envisage l'intérêt des particuliers, des six espèces d'engagemens auxquels l'affoiblissement des monnoies peut donner quelque atteinte, il y en a une qui ne mérite aucune attention, c'est-à-dire, les aliénations perpétuelles, à la charge d'une prestation annuelle : deux qui en méritent peu, parce que le préjudice que l'affoiblissement y peut causer est léger ; et ce sont les fermes ou les loyers, et les marchés ou les entreprises : trois, qui en méritent beaucoup, parce que le préjudice y est considérable, et ce sont les ventes sous condition de rachat, ou les rentes constituées, les ventes pures et le prêt ; à l'égard desquels on a vu,

1.° Qu'à l'égard de l'étranger, le préjudice est inévitable pour les sujets du roi, tant qu'on n'obligera pas l'étranger à rendre en monnoie forte ce qu'il a reçu en monnoie forte ;

2.º Que pour le dedans du royaume, de quelque manière que le prince se détermine entre le débiteur et le créancier, il ne peut jamais éviter toute injustice ; qu'il la fait plus grande, s'il se détermine en faveur du débiteur, et que c'est cependant le parti que l'on peut presque assurer qu'il prendra toujours ;

Que si l'on considère l'intérêt général de l'état, il ne souffre qu'avec l'étranger, parce qu'il sort plus d'espèces, ou le change est plus altéré à son désavantage, quand l'étranger le paie en monnoie foible, et qu'il paie l'étranger en monnoie forte ; mais que, pour ce qui regarde le commerce intérieur, l'affoiblissement des monnoies ne fait aucun préjudice au corps de l'état ;

Qu'enfin, si l'on envisage l'intérêt du roi, il perd avec l'étranger, et il gagne avec ses sujets.

Il est temps maintenant de passer à l'examen de ce qui est arrivé à l'égard des engagemens postérieurs à l'affoiblissement, ou qui se contractent pendant sa durée.

On les envisagera comme les engagemens antérieurs, par rapport à trois sortes de personnes, les particuliers, l'état, le roi.

ARTICLE II.

De l'Effet de l'affoiblissement des Monnoies, par rapport aux Engagemens qui se contractent pendant sa durée.

§. I.er — *De ce qui regarde l'Intérêt des Particuliers.*

On retranchera d'abord ici la première espèce d'engagemens, c'est-à-dire, les aliénations perpétuelles, à la charge d'une prestation annuelle, soit parce qu'elles sont assez rares, soit parce qu'étant faites dans la vue de l'éternité, pour ainsi dire, la considération de la valeur actuelle de la monnoie dans le temps qu'ils se font, n'influe presque point sur les stipulations de cette nature.

La seconde espèce d'engagemens, c'est-à-dire, les fermes des terres et les loyers des maisons, ne demande pas non plus une longue discussion.

A l'égard des fermes dont le produit consiste en fruits naturels, et non pas dans une simple perception de droits qui se paient en argent, c'est de tous les engagemens celui qui souffre le moins par l'affoiblissement des monnoies; au contraire même, on y trouve une espèce d'avantage, dont les princes ne manquent pas de flatter les propriétaires des fonds de terre quand ils affoiblissent la monnoie, et ils ont raison jusqu'à un certain point.

Toutes les fois que le prix des denrées augmente, la condition des fermiers qui les vendent devient meilleure; ainsi, on en trouve plus aisément, et, profitant plus sur le produit des terres, il est naturel qu'ils augmentent aussi la redevance qu'ils en paient au propriétaire.

C'est par cette raison que la multiplication réelle des espèces d'or et d'argent, qui est arrivée dans l'Europe depuis la découverte des Indes occidentales, ayant fait augmenter le prix de toutes choses, par la vilité ou la moindre valeur de l'or et de l'argent, on a vu hausser considérablement le revenu des terres; en sorte que tel fonds qui ne produisoit autrefois que mille livres de rente, en produit dix mille aujourd'hui.

Mais la multiplication apparente des richesses, par l'augmentation d'une valeur imaginaire, fait - elle le même effet que leur multiplication réelle et véritable, et est-il bien sûr,

1.º Que le prix des fermes croisse quand le prince augmente la valeur extrinsèque de la monnoie ;

2.º Que, quand même les fermes seroient portées à un plus haut prix, la condition des propriétaires en fût plus avantageuse? C'est à ces deux points que se réduira toute la difficulté.

A l'égard du premier, il est certain en premier lieu, que ce profit ne peut regarder que ceux qui afferment leurs terres pendant que l'affoiblissement subsiste, car, comme on l'a déjà dit plus haut, ceux dont les terres étoient affermées auparavant, ne sauroient que perdre par l'affoiblissement.

En second lieu, le bénéfice n'est pas même certain pour ceux qui afferment les fonds de terre pendant la durée de l'affoiblissement.

A la vérité, si l'affoiblissement devoit durer toujours, et que les hommes ne craignissent point une prompte révolution qui ramène l'usage de la monnoie forte, il semble que les terres devroient se louer sur un pied plus haut, et qu'une fausse multiplication d'espèces pourroit avoir, en ce cas, à peu près le même effet qu'une multiplication réelle et véritable.

Mais, comme le fermier qui prend une terre pour un certain nombre d'années, prévoit qu'il pourra arriver peut-être dès la première ou dès la seconde que le prince revienne à la monnoie forte, et qu'alors il faudra qu'il paie sa redevance sur le pied de cette monnoie, la crainte de cet événement l'empêche donc de pousser plus loin le prix d'une ferme, parce qu'il compare le bénéfice de la foible monnoie avec l'inconvénient de la forte par rapport à lui; en compensant ainsi l'avantage avec la perte, il mesure son offre sur cette espèce d'évaluation, dans laquelle le fort porte le foible.

Cependant, comme le présent fait toujours une grande impression sur l'esprit des Français, il est assez vraisemblable que l'augmentation des monnoies fera, non-seulement trouver plus aisément des fermiers, mais augmenter de quelque chose le prix des fermes, sans néanmoins qu'il croisse à beaucoup près dans la proportion de la valeur extrinsèque des monnoies.

Il résulte au moins de là que l'affoiblissement de la monnoie ne peut faire aucun tort aux propriétaires des fonds de terre, par rapport aux baux qu'ils en font.

Le second point est de savoir si, en supposant

même que les terres s'afferment à un plus haut prix, la condition des propriétaires en deviendroit plus avantageuse.

On étoit bien éloigné de le croire du temps de Charles VI, puisque l'on voit dans l'abrégé de son histoire, qui est la suite de Juvénal des Ursins, que l'on soutenoit alors que l'augmentation des monnoies *étoit fort au préjudice des seigneurs, car les censiers qui leur devoient argent, vendoient un septier de blé dix ou douze francs, et pouvoient ainsi payer une grande cense par la vente de huit ou dix septiers de blé seulement, de quoi plusieurs seigneurs et pauvres gentilshommes reçurent de grands dommages et pertes.*

Il est aisé de concevoir en quoi consiste ce dommage. Un gentilhomme, par exemple, avoit besoin de vingt septiers par an, pour nourrir sa famille, ainsi, avec une ferme de cent livres de rente, il avoit aisément vingt septiers pour soixante livres, quand le septier ne se vendoit que trois livres, et il lui restoit encore quarante livres du produit de sa ferme; mais la valeur du septier ayant monté jusqu'à dix livres, il n'en avoit plus que dix pour le prix de sa ferme, et par conséquent il falloit qu'il empruntât ou qu'il vendît son fonds pour avoir les dix septiers qui lui manquoient pour sa subsistance.

C'est par la même raison que Villani, parlant des divers affoiblissemens de monnoies que Philippe de Valois fit pendant son règne, dit que, par ces fréquens changemens, il épuisa les biens de ses *barons.*

Enfin, ce fut sur le même fondement que les prélats du royaume, en l'année 1303, offrirent à Philippe-le-Bel de lui donner le dixième du revenu annuel de leurs bénéfices, à la charge *qu'à l'avenir ni lui ni ses successeurs n'affoibliroient point la monnoie.*

On pourroit, à la vérité, prétendre que la perte des gentilshommes et des propriétaires des fonds de terre ne tombe que sur les fermes antérieures à l'affoiblissement, et qu'au contraire, ils gagnent sur le prix des baux qu'ils font pendant sa durée.

Mais cette distinction ne résout pas la difficulté.

On supposera, si l'on veut, que les fermes sont portées à un plus haut prix dans le temps de l'affoiblissement ; mais, on l'a déjà dit, le fermier qui compte sur ce prompt changement par le retour de la monnoie forte, et qui sent d'ailleurs qu'il sera obligé d'acheter plus cher tout ce qui lui sera nécessaire pour la culture des terres, comme les chevaux, les bestiaux, etc., augmente de bien peu le prix ordinaire de la ferme ; et ce sera beaucoup si le propriétaire en retire un dixième de plus.

Mais, le prix des denrées augmente dans une proportion beaucoup plus forte, et qui suit presque celle de la valeur ancienne et nouvelle des monnoies.

Ainsi, si cette valeur est augmentée d'un quart, la dépense du propriétaire, dont la terre est affermée, augmentera d'un quart, pendant que sa ferme sera peut-être tout au plus augmentée d'un dixième.

Ainsi, supposant qu'il n'eût qu'une terre pour vivre et qu'elle fût anciennement affermée quatre mille livres, il ne l'augmentera que de quatre cents livres, et cependant sa dépense, qui alloit aussi à quatre mille livres, sera augmentée de mille livres, c'est-à-dire, d'un quart ; et par conséquent il s'en faudra six cents francs qu'il n'ait de quoi vivre.

C'est ce que le roi Philippe-le-Long exprime en ces termes, dans son ordonnance du 23 juin 1317, où il parle des mauvais effets de l'affoiblissement des monnoies : *Le peuple est si dommagié, déçu et appauvri, que tels qui souloient estre riches sont amenuisiés de leur richesse, et tels y a qui n'ont de quoi vivre, les denrées étant enchéries.*

On doit donc regarder l'augmentation, telle que celle que l'affoiblissement des monnoies peut causer dans le prix des fermes, comme un avantage trompeur, qui produit tout au plus une légère augmentation de recette ; mais comme cette augmentation est absorbée et au - delà , par l'augmentation de la dépense , le propriétaire de fonds de terre, devenu plus riche en apparence , est le plus pauvre en effet.

Ainsi, l'affoiblissement des monnoies est toujours accompagné d'injustice , même par rapport à ceux dont le revenu consiste en terres affermées.

Les loyers des maisons , qui sont le second objet de cet article, ne peuvent pas être considérés absolument comme les fermages des terres.

Les maisons sont des fonds stériles qui ne produisent point de fruits naturels, et qui ne sont estimés que par la commodité du logement; ainsi, le locataire n'y peut trouver l'avantage que le fermier trouve dans le haut prix des denrées , qui est une suite de l'affoiblissement des monnoies.

Mais, comme l'argent devient ordinairement plus commun et moins recherché dans le temps que la monnoie foible est en usage , et que cependant la quantité des maisons n'augmente pas , la proportion n'est pas absolument la même qu'elle étoit avant l'affoiblissement, entre les maisons et l'argent. Ainsi, il est naturel que le loyer augmente de quelque chose, mais sans proportion avec la valeur des denrées , parce que les locataires ne prévoient pas moins que les fermiers le cas du retour à la monnoie forte , et que , d'ailleurs , ils sentent beaucoup plus qu'eux l'effet de l'augmentation du prix des denrées.

On ne voit donc pas que l'affoiblissement des monnoies puisse produire un bénéfice considérable aux propriétaires des maisons ; et ce bénéfice , tel qu'il soit , est beaucoup plus que consommé par l'augmentation, ou le haut prix des denrées.

Ainsi, par des raisons différentes, mais qui produisent un effet semblable , on doit appliquer aux loyers des maisons ce que l'on vient de dire par rapport aux fermages des terres.

On sera encore plus court sur ce qui regarde la troisième espèce d'engagement que l'on peut contracter pendant la durée de l'affoiblissement des monnoies, c'est-à-dire, les marchés et les entreprises.

Il n'est pas douteux qu'elles ne deviennent plus chères, soit parce que les matériaux de toutes sortes d'ouvrages enchérissent, soit parce que la cherté plus grande des denrées rend aussi les journées des ouvriers plus chères.

L'entrepreneur ne gagne donc pas davantage, mais celui qui le met en œuvre dépense plus : et c'est en quoi consiste l'injustice que l'affoiblissement des monnoies cause à cet égard.

Il est vrai cependant qu'assez souvent les gens riches n'en font souvent que plus d'entreprises, et que, par exemple, on ne bâtit jamais plus que dans les temps de foiblesse dans la monnoie. La possession de l'argent et l'incertitude des emplois portent une partie des personnes aisées à convertir leur argent en pierres; parce qu'après tout, c'est un fonds qui ne sauroit leur échapper; mais c'est une résolution de désespoir qui leur fait faire une première perte sur le prix de l'ouvrage qui est plus cher, sans être assurées de s'en dédommager sur la valeur de la chose, qui est exposée à diminuer plutôt qu'à augmenter, par le retour de la monnoie foible à la monnoie forte.

Ils perdent donc, par la crainte de perdre encore plus en gardant ou en plaçant leur argent, et par conséquent l'affoiblissement des monnoies, étant la cause de cette perte, ne peut s'accorder avec les règles exactes de la justice ordinaire.

Les ventes à faculté de rachat ou les rentes constituées, quatrième espèce d'engagement, qui peuvent se contracter pendant la durée de l'affoiblissement, en reçoivent une double atteinte.

La première, qui ne regarde presque que les contrats de constitution, par la diminution du taux des rentes.

La seconde, qui convient également à ces deux espèces de contrats, par la crainte du rachat ou du remboursement futur.

Ces deux points méritent d'être examinés séparément.

Par rapport au premier point :

Il n'est pas douteux que la diminution du taux des rentes ne soit une suite très-ordinaire de l'affoiblissement des monnoies ; trois raisons concourent à produire cet effet :

1.º La fiction imite la nature ; et, comme une véritable multiplication de l'or et de l'argent, les rendant moins précieux, est suivie tôt ou tard d'une diminution dans le taux des rentes ; la même chose arrive presque toujours par la multiplication feinte ou apparente de l'or et de l'argent, fondée sur l'augmentation de leur valeur extrinsèque.

2.º Les hommes ne sont pas tellement les dupes de l'apparence, qu'ils ne reviennent aussi à la vérité, surtout quand il s'agit de leur intérêt ; et, comme ils sentent bien que, malgré la loi du prince, l'argent est affoibli dans sa valeur réelle, ils ne peuvent se résoudre à en payer la rente sur un pied aussi fort que s'il avoit toute sa valeur, d'autant plus qu'ils prévoient que, si malheureusement ils ne peuvent pas se libérer avant le retour de la monnoie foible à la monnoie forte, il faudra que, si l'affoiblissement a été d'un cinquième, ils rendent un cinquième de plus qu'ils n'ont reçu.

En vain, leur diroit-on que, pour les dédommager de ce qu'ils perdent sur la monnoie foible qu'on leur prête, il n'est point nécessaire de diminuer le taux de la rente, au paiement de laquelle ils s'engagent ; que le dédommagement se trouvera dans la chose même avec une exacte proportion, et que, si, par exemple, ils ne reçoivent réellement que les quatre cinquièmes du principal qu'on leur prête, la monnoie étant affoiblie d'un cinquième, ils ne paieront aussi réellement que les quatre cinquièmes de la rente qu'ils en feront. Que par là, la condition du prêteur devient parfaitement égale à celle de l'emprunteur, et que vouloir porter plus loin le dédommagement, c'est faire souffrir une double perte au

27 *

prêteur : l'une, sur le taux de la rente ; l'autre, sur la monnoie dans laquelle il en doit recevoir les arrérages.

Ils répondroient à cette objection :

Premièrement, que s'ils veulent employer l'argent qu'on leur prête, en acquisition de terres, de maisons ou de charges, ils les acheteront au-delà de leur valeur ordinaire, et qu'ainsi il est juste que la diminution du taux de la rente dont ils se chargent les dédommage en quelque manière de cette augmentation de prix.

Secondement, que quelqu'emploi qu'ils en fassent, il viendra bientôt un temps où, le prince décriant la monnoie foible, ils seront obligés à payer les arrérages de cette rente en monnoie forte; et que, comme ils perdront alors cette espèce de dédommagement qu'ils pouvoient trouver en payant ces arrérages en monnoie foible, il est juste de leur assurer un dédommagement plus solide et plus durable par la diminution du taux de la rente.

Troisièmement, enfin, la dernière cause de la diminution du taux des rentes par l'affoiblissement des monnoies, est la prompte et rapide circulation qu'il donne au mouvement de l'argent, dont chacun se hâte de se défaire, comme d'un bien dangereux qui peut dépérir dans le moment que l'on s'y attend le moins. Il importe peu que cette circulation redoublée ait une cause naturelle ou une cause violente et accidentelle ; l'effet en est le même, excepté qu'il est durable dans un cas, et passager dans l'autre. Mais, pendant que ce mouvement extraordinaire subsiste, l'argent, devenant plus commun, perd aussi une partie de sa valeur, parce que la quantité augmente et la demande n'augmente pas, du moins dans la même proportion que la quantité : car il faut convenir que la demande peut aussi augmenter, le prix de toutes choses devenant plus considérable.

Ainsi, au lieu que d'ordinaire l'emprunteur est plus pressé d'emprunter que le prêteur ne l'est de prêter, et reçoit par conséquent la loi de celui qui

lui prête, dans ce cas, au contraire, le prêteur a plus
d'impatience de se défaire de son argent, que l'emprunteur n'en a de le prendre, et subit, par conséquent, les conditions qu'il plaît à l'emprunteur de
lui imposer, de la même manière que quand il y
a une quantité extraordinaire de blé au marché,
c'est l'acheteur qui devient le maître du vendeur.

Les contrats de constitution sont donc une des
espèces d'engagemens qui souffrent une plus grande
atteinte par l'affoiblissement de la monnoie ; et l'on
peut dire, que c'est un des points où l'injustice de
la foible monnoie paroît davantage, parce qu'il arrive
que, pendant que la dépense augmente, le revenu
des possesseurs de ces sortes de biens diminue.

Leur situation sera encore mieux connue, si, après
avoir envisagé le premier coup que l'affoiblissement
des monnoies porte à ces contrats, par la diminution
du taux des rentes, on passe à la seconde secousse
qu'ils souffrent par la crainte du remboursement
futur.

On a déjà dit un mot de cette crainte, par rapport à la diminution du taux des arrérages de la
rente ; mais il faut l'envisager ici par rapport à l'effet
qu'elle produit à l'égard du capital.

Si ce remboursement se fait long-temps avant le
décri des monnoies, celui qui le reçoit ayant tout
le loisir d'en faire l'usage qui lui convient, ne doit
pas être considéré, à l'égard du second emploi,
autrement qu'il l'a été à l'égard du premier : ainsi,
cela retombe dans la question que l'on a déjà traitée.

Si ce remboursement se fait après le décri des
monnoies : ou il se fait sur le pied de la monnoie
foible, sur lequel le contrat a été passé, et en ce cas
le débiteur de la rente est bien traité ; et quoiqu'à la
rigueur le créancier ne puisse se plaindre, parce qu'il
reçoit précisément ce qu'il a donné ; cependant,
comme ce qu'il avoit donné lui tenoit lieu d'une plus
grande somme, eu égard au compte par livres, il peut
souffrir un préjudice.

Ainsi, par exemple, la monnoie étant affoiblie

d'un cinquième, ou d'un quart en sus, il avoit donné dix mille livres, qu'il avoit été lui-même obligé de recevoir sur ce pied, quoiqu'elles n'en valussent réellement que huit mille, eu égard à la valeur intrinsèque ;

Si on a égard à cette même valeur dans le remboursement qu'on lui fait, il ne recevra que huit mille livres, parce que les livres seront augmentées d'un quart en sus, ou d'un cinquième ; ainsi, il perdra aussi un cinquième par rapport au compte par livres sur le pied duquel il a traité.

Pour rendre cette vérité encore plus sensible, supposons que l'écu vaille réellement quatre livres, eu égard à sa bonté intérieure,

Le prince l'a augmenté jusqu'à cinq livres ; ainsi, lorsqu'il a prêté dix mille livres, il a donné deux mille écus.

Si on le paie sur le pied de la valeur réelle, on ne lui rendra que deux mille écus ; mais les écus ne valent plus que quatre livres dans le temps qu'on les lui rend, parce que l'on est revenu à la monnoie forte.

Donc, il perd le cinquième ou deux mille livres, eu égard à la valeur extrinsèque, qui pouvoit être à son égard une véritable valeur dans le temps du contrat, parce qu'il avoit été obligé de recevoir sur le pied de cinq livres les écus qu'il avoit prêtés.

Si, au contraire, on lui rembourse ses dix mille livres sur le pied de la forte monnoie qui a lieu dans le temps du remboursement, on lui donnera deux mille cinq cents écus, pour faire la somme de dix mille livres ; et alors il ne gagnera rien en comptant par livres, mais il gagnera en comptant par espèces sur le pied de la valeur réelle.

Et, comme c'est la règle qui a lieu dans l'usage, comme on l'a déjà dit en traitant une question presque semblable, il est évident que le cas du remboursement, après le retour de la monnoie foible à la monnoie forte, est favorable au créancier de la rente constituée, et qu'ainsi ce n'est pas là le cas qu'il peut craindre.

Enfin, si le remboursement se fait avant le décri de la monnoie foible, mais immédiatement avant ce décri, ou dans le temps qu'il se fait successivement ; c'est alors que le créancier est exposé à l'un de ces deux inconvéniens, ou de perdre sur la monnoie foible dans laquelle il reçoit son argent, s'il juge à propos de le garder ; ou de perdre considérablement sur la rente qu'il en acquerra, ou sur le haut prix des effets qu'il en achetera, s'il prend le parti de l'employer.

Or, c'est précisément cette crainte ou cette pré-voyance de deux événemens, dont l'un des deux est inévitable pour lui, qui empoisonne la possession de ces sortes de biens, c'est-à-dire, des rentes consti-tuées ; parce qu'il arrive souvent à ceux qui placent leur argent à constitution dans le temps que la mon-noie foible a cours, de perdre une première fois sur le taux de la rente qu'ils acquièrent, et de faire une seconde perte, lorsqu'ils reçoivent le remboursement dans le temps du décri, sur la nouvelle rente qu'ils sont obligés d'acquérir, ou sur la plus value des autres effets à l'acquisition desquels ils emploient leur argent.

Ainsi, de quelque côté qu'on envisage les contrats de constitution postérieurs à l'affoiblissement, soit, dans le temps qu'ils se passent, soit lorsqu'on les résout par le remboursement placé dans le temps du décri, le préjudice de ceux qui font ces contrats est sensible et par conséquent l'injustice qu'ils souffrent par l'affoi-blissement de la monnoie.

Il n'est pas nécessaire d'observer ici que tout ce que l'on vient de dire sur le remboursement des rentes constituées, doit aussi s'appliquer au rachat des héri-tages vendus à faculté de réméré ; et il est clair que, dans cette dernière espèce de contrat, l'acquéreur est exposé précisément aux mêmes inconvéniens que le créancier dans les contrats de constitution, qui n'étoient dans leur origine que de véritables acquisitions où le vendeur avoit la faculté perpétuelle du rachat.

La cinquième espèce d'engagement, et la plus importante de toutes celles qui se contractent pendant la durée de l'affoiblissement des monnoies, ce sont les ventes et les achats ordinaires de meuble, ou d'un meuble, de denrées ou de marchandises; et les principes qu'on doit établir sur ce point ont un si grand rapport à la dernière espèce d'engagement, qui est le simple prêt, qu'on aura presque traité ce dernier point lorsqu'on aura épuisé ce qui regarde le cinquième, c'est-à-dire, les ventes ou les achats.

Quelqu'étendue que soit cette matière, on peut néanmoins la renfermer dans une seule distinction, qui comprendra tous les effets que l'affoiblissement des monnoies peut causer à cet égard.

Ou le prix de tout ce qui est dans le commerce ne croît point avec l'augmentation arbitraire de la valeur des espèces de monnoies;

Ou il croît, à la vérité, mais dans une proportion inférieure à celle de l'augmentation des monnoies;

Ou enfin, il croît dans cette proportion, et même au-delà, si l'on veut.

Il est évident que ces trois cas renferment tous les différens événemens auxquels l'augmentation de la valeur arbitraire des monnoies peut donner lieu.

Il faut donc les examiner dans les deux vues différentes qu'on trouve presque toujours dans cette matière, c'est-à-dire, ou par rapport à ce qui regarde le dedans et le commerce intérieur du royaume, ou par rapport à ce qui arrive au dehors et dans le commerce extérieur.

Si l'on examine d'abord ce qui se passe au-dedans de l'état, suivant la distinction des trois cas que l'on vient de marquer:

1.º Dans le premier cas, c'est-à-dire, si le prix des marchandises ne croît point, quoique la valeur des monnoies soit affoiblie, on ne peut envisager que le vendeur ou l'acheteur.

Le vendeur, dans ce cas, perd toute la fausse valeur que le prince a donnée à la monnoie.

Supposons que cette fausse valeur aille à un cinquième, il faudra que, pour les quatre cinquièmes de valeur réelle, il vende les mêmes marchandises, ou les mêmes denrées qu'il vendoit auparavant un cinquième de plus.

L'aune de drap, par exemple, valoit vingt livres avant l'affoiblissement des monnoies ; ainsi, quand il en vendoit cent cinquante aunes, il recevoit mille écus, qui pesoient, si l'on veut, une once d'argent.

Il vend après l'affoiblissement cent cinquante aunes de même qualité, pour le même prix, sur le pied du compte par livres, c'est-à-dire, pour vingt livres.

Il reçoit mille écus, à la vérité, qui valent aussi trois mille livres, mais en livres affoiblies d'un cinquième, ou si l'on veut compter d'une autre manière, qui ne pèse plus que les quatre cinquièmes d'une once.

Il ne reçoit donc réellement que deux mille quatre cents livres, eu égard à ce que la livre valoit autrefois ; ou, pour compter d'une autre manière, il ne reçoit que huit cents onces d'argent, pour la même marchandise pour laquelle il en recevoit mille auparavant ; et par conséquent il est vrai de dire, qu'il perd véritablement le cinquième, c'est-à-dire, toute la fausse valeur qu'il a plu au prince de donner à la monnoie.

Mais, quoique tout cela soit vrai, à parler correctement, suivant les principes, cependant, comme les trois mille livres qu'on lui donne lui tiennent lieu effectivement de trois mille livres au dedans du royaume, qui est notre objet présent, et qu'on suppose ici que le prix de toutes choses n'est pas augmenté, il ne lui en coûte pas plus cher qu'auparavant pour acheter les choses qui sont l'aliment de son commerce, ou pour payer les journées des ouvriers qu'il fait travailler ; on peut dire qu'il perd, à la vérité, mais que sa perte n'est pas sensible.

De même, à parler toujours dans la dernière exactitude, l'acheteur gagne ce que le vendeur perd ; mais par la même raison, ce gain ne lui est souvent pas sensible, parce que, quoiqu'il donne une valeur réelle, la fausse valeur lui a presque toujours autant coûté que s'il payoit sur le pied de la véritable.

. Ainsi, dans ce premier cas, il y a bien une injustice réelle, qui est, pour ainsi dire, dans le fond de la chose même, mais il n'y a point de préjudice sensible, parce que la fausse valeur fait au dedans du royaume la même figure que la véritable, et pour le vendeur et pour l'acheteur.

2.° Dans le second cas, où nous avons supposé que le prix des marchandises augmente après l'affoiblissement, mais dans une moindre proportion que l'augmentation des monnoies, il semble d'abord que l'acheteur gagne aussi, et que le vendeur perde.

L'aune de drap valoit dix-huit livres, ou six écus, pendant que les écus étoient à trois livres, le prince double la valeur de l'écu de même poids et la porte jusqu'à six livres, le prix de la marchandise ne croît que de la moité en sus ou du tiers : ainsi, l'aune de drap se vend vingt-sept livres; mais, pour payer ces vingt-sept livres, l'acheteur ne donne que quatre écus et demi, au lieu qu'il en donnoit six auparavant; donc, l'acheteur gagne, et le vendeur perd un quart.

Ce calcul est évident, et la conséquence est juste, quand on ne considère que la valeur extérieure de la monnoie.

Mais il faut considérer :

D'un côté, que l'acheteur, pour l'ordinaire, a reçu ces quatre écus et demi sur le même pied qu'il les donne; ainsi, il n'y gagne rien.

De l'autre, le vendeur les donnera aussi sur le même pied qu'il les reçoit; ainsi, il n'y perd rien, à ne considérer encore une fois, que ce qui se passe au-dedans du royaume.

Donc les choses semblent demeurer dans l'égalité, si l'acheteur ne gagne rien, et si le vendeur ne perd rien.

Voyons cependant si cette conséquence est bien juste.

Premièrement, à l'égard de l'acheteur, nous venons de dire qu'il ne gagne rien, parce que les mêmes quatre écus et demi, qu'il donne pour vingt-sept livres, il a été obligé de les recevoir lui-même pour vingt-sept livres ; mais, c'est de cela même qu'on doit conclure qu'il perd.

Ses revenus ne sont pas augmentés, on les lui paie seulement avec moins d'espèces d'or ou d'argent qu'on ne faisoit auparavant ; or, il achète plus cher d'un tiers, ou de la moitié en sus, puisqu'il donne vingt-sept livres, pour ce qu'il avoit auparavant avec dix-huit ; donc il perd un tiers ou la moitié en sus.

Secondement, à l'égard du vendeur :

Ou il vend plus qu'il n'achète ;

Ou il achète plus qu'il ne vend ;

Ou, enfin, il vend autant qu'il achète.

S'il vend plus qu'il n'achète, il gagne, sans difficulté, par rapport au commerce intérieur, où la fausse valeur des monnoies tient lieu de la véritable, et où cependant il gagne la moitié en sus sur ce qu'il vend ; ainsi, il ne perd rien du côté de la valeur des monnoies, et il gagne du côté de la valeur des marchandises.

Ainsi, supposé qu'il vende la moitié plus qu'il n'achète, son gain sera du quart, et ainsi à proportion.

S'il achète plus qu'il ne vend, sa perte, au contraire, sera certaine, et dans la proportion de l'un avec l'autre.

Enfin, s'il vend autant qu'il achète, il ne gagnera, ni ne perdra.

Et comme il y a peu de marchands qui ne vendent au moins autant qu'ils achètent, il résulte de ce parallèle de l'acheteur et du vendeur, que, dans le second cas, l'acheteur qui ne vend rien, perd, et que le vendeur ou gagne quelque chose, ou du moins ne perd rien.

Mais il suffit que l'un des deux perde, pour regarder l'affoiblissement des monnoies comme une occasion d'injustice par rapport aux ventes et aux achats.

Enfin, dans le troisième cas, si la proportion du prix des denrées et des marchandises suit exactement celle du prix des monnoies, on trouvera encore dans cette hypothèse la même opposition que l'on a déjà remarquée, entre la rigueur des principes sur la véritable valeur des monnoies, et le changement que l'usage y apporte, eu égard à la valeur positive et arbitraire.

Reprenons le même exemple dont nous venons de nous servir.

Six écus de trois livres, ou dix-huit livres, payoient une aune de drap avant l'affoiblissement de la monnoie :

Le prince double la valeur de l'écu de même poids, qui commence à valoir six livres, et en même temps le prix du drap est aussi porté jusqu'au double de son ancienne valeur ;

Je paie donc l'aune de drap trente-six livres ; mais, parce que l'écu vaut six livres au lieu de trois livres, je ne donne que six écus, comme je n'en donnois que six avant l'affoiblissement :

Je ne fais donc que payer la véritable valeur de la chose, et le marchand ne fait que la recevoir.

Ainsi, suivant la rigueur des principes, et l'exactitude du raisonnement, je ne perds rien, et le vendeur ne gagne rien.

Mais, malgré la rigueur des principes et l'exactitude du raisonnement, la fausse valeur prend encore ici la place de la véritable, et, par un raisonnement semblable à celui qu'on vient de faire ; il est évident que je perds, puisque mes revenus n'étant pas augmentés, je paie le double de ce que j'avois pour le simple ; et le vendeur de son côté peut gagner, s'il vend plus qu'il n'achète, et il ne perd rien, s'il n'achète pas plus qu'il ne vend.

Il en est de même, à plus forte raison, si l'on suppose que l'augmentation du prix des marchandises se fasse dans une proportion plus haute que celle de l'augmentation des espèces.

Mais il n'est pas vrai, dira-t-on, que mes revenus ne soient pas augmentés ; car si le prix de toutes choses est doublé, il faut bien que je vende plus mes denrées ;

et qu'importe que j'achète plus cher, si en même-
temps j'ai aussi l'avantage de vendre plus cher.

La même chose arriveroit, si les matières d'or et
d'argent étoient réellement multipliées d'un cinquième,
et je ne m'en estimerois, ni moins riche, ni plus malheureux. Ainsi, ou il n'y a point d'injustice à cet égard
dans l'augmentation de la valeur des monnoies, ou
du moins, c'est une injustice qui se répare d'elle-même,
puisque si ma dépense augmente, ma recette croît
dans la même proportion.

On peut répondre à cette objection en plusieurs
manières :

1.º Le dédommagement, tel qu'il puisse être, ne
regarde qu'une partie des citoyens, c'est-à-dire, ceux
qui vivent des fruits de leurs terres, ou de ceux de
l'industrie et du commerce. Mais il reste toujours un
troisième genre d'hommes dans l'état, composé de
ceux qui ne jouissent que des biens fictifs, comme les
rentes et les charges, sur lesquelles l'affoiblissement
des monnoies tombe en pure perte. Or, quoique cette
classe, la moins nombreuse de toutes, et peut-être en
un sens la moins favorable, parce qu'elle supporte
moins les charges de l'état et qu'elle travaille moins
à l'enrichir, cependant une justice exacte ne permet
pas qu'on lui fasse un préjudice sensible, sous prétexte qu'il y a deux autres classes de citoyens qui
peuvent être dédommagés de la perte que cause l'affoiblissement des monnoies. C'est faire porter à un
seul genre d'hommes toute la charge qu'on met par là
sur l'état ; ce qui est injuste, quand même l'on regarderoit l'affoiblissement des monnoies comme une
espèce d'imposition.

2.º Ceux qui peuvent profiter de cette espèce de dédommagement, ne le reçoivent pas toujours, comme
on l'a déjà dit, dans la proportion de l'augmentation du
prix de la monnoie ; mais quand la proportion seroit la
même, comme on l'a supposé dans ce troisième cas,
il y auroit toujours, parmi les citoyens qui peuvent
participer au dédommagement, un grand nombre de
personnes qui n'en ressentiroient aucune utilité.

- Tels sont, par exemple, comme on dira bientôt, tous les possesseurs de fonds de terre, qui les ont affermés avant l'augmentation des monnoies; il faut qu'ils attendent un renouvellement de bail, pour pouvoir jouir du bénéfice de l'augmentation du prix des denrées, et peut-être le décri des monnoies arrivera-t-il auparavant; en sorte qu'ils n'auront senti que le préjudice de la cherté des denrées, sans en avoir reçu aucun dédommagement, outre que, comme on l'a déjà dit, le nouveau fermier, qui prévoit le décri de la monnoie foible, n'augmentera peut-être pas le prix de la ferme, ou du moins il ne l'augmentera pas dans la proportion qui seroit nécessaire, pour faire jouir le propriétaire du bénéfice de l'augmentation des monnoies, autant qu'il en sent le préjudice dans le prix des choses qu'il est obligé d'acheter.

3.º Quand on prétend que l'augmentation du prix des denrées dédommage les habitans d'un pays, de ce qu'ils perdent par l'affoiblissement des monnoies, on raisonne comme s'il n'y avoit que des vendeurs dans un état, et que les vendeurs mêmes ne fussent pas souvent obligés d'être acheteurs : or, il n'y a personne qui ne sente combien cette supposition est absurde. Au contraire, dans un état il y a toujours plus d'acheteurs que de vendeurs, et parmi les vendeurs mêmes, il y en a un grand nombre qui commencent par acheter eux-mêmes tout ce qu'ils vendent dans la suite, soit en matière, soit en ouvrages fabriqués avec les matières qu'ils ont achetées. Mais pour développer encore plus cette pensée, il faut distinguer plusieurs classes dans le nombre des vendeurs.

Les uns vendent les fonds de terre même à la campagne, ou les maisons dans les villes, et, comme l'acheteur prévoit la diminution future de la monnoie, il est vrai qu'il augmente de beaucoup le prix des fonds qu'il achète, si ce n'est dans certaines conjonctures pressantes où le décri des monnoies le met dans une situation violente; mais comme cela n'est qu'accidentel, et que d'ailleurs cette première espèce de vendeurs ne forme pas un genre d'hommes, et une

profession dans un état, elle mérite peu d'attention.

Les autres vendent les fruits que la nature leur
donne, et comme ils n'achètent point ce qu'ils vendent, ce sont ceux qui ont le plus de part au dédommagement que l'on peut trouver dans l'augmentation du prix des denrées, pendant la durée
de l'affoiblissement. Mais cependant, il faut considérer :

D'un côté, qu'une partie de ce dédommagement se
consomme par l'augmentation du prix des journées de
ceux qu'ils emploient à travailler ou à façonner la
terre, et par la cherté plus grande des bestiaux dont
ils se servent pour l'engraisser, et des bœufs ou des
chevaux qu'ils emploient à la cultiver ;

De l'autre, que, comme il n'y a presque point
d'homme à qui la nature ne fournisse tous ses besoins,
en sorte qu'il ne soit que vendeur sans être acheteur,
il perd, sur ce qu'il achète, une partie du profit qu'il
fait sur ce qu'il vend.

D'autres vendent des denrées étrangères, et, comme
ils les achètent plus cher, ils peuvent ne rien perdre, à la vérité, parce que la perte retombe sur
les acheteurs ; mais ils n'y gagnent rien, pendant
qu'ils perdent sur toutes les choses qu'ils sont
obligés d'acheter pour les consommer, et non pour
les revendre.

Une quatrième espèce de vendeurs peut être composée de ceux qui vendent des marchandises qu'ils
ont eux-même achetées, et ils sont précisément dans
le même cas que les précédens ; ils ne gagnent rien
de plus par rapport à leur commerce, et ils perdent
par rapport à leur consommation et à leur dépense
personnelle.

On peut encore ajouter une cinquième espèce de
vendeurs, ce sont ceux qui vendent leurs propres
ouvrages, comme les manufacturiers et tous les ouvriers de quelque genre qu'il soient. Ils sont à peu
près dans la même situation que les deux classes précédentes, ils gagnent plus sur leurs ouvrages, mais

aussi il leur en coûte plus pour les faire; les matières sur lesquelles ils travaillent deviennent plus chères; le prix des journées des ouvriers et de la main d'œuvre augmente; leur dépense personnelle est plus grande; et ils s'estiment bien heureux, s'ils gagnent autant qu'ils faisoient avant l'affoiblissement des monnoies.

Pour réduire à présent ces différentes classes de vendeurs à une espèce de mesure ou de proportion commune et générale, on distinguera, comme on l'a déjà fait ailleurs, trois sortes de cas différens, dans l'un desquels il faut que tous ceux qui sont compris dans quelqu'une de ces classes se trouvent nécessairement:

En effet, ou ils vendent moins qu'ils n'achètent, ou ils vendent autant, ou ils vendent plus;

S'ils vendent moins, ils perdent;

S'ils vendent autant, ils ne perdent ni ne gagnent;

S'ils vendent plus, ils gagnent, mais uniquement sur ce qui excède ce qu'ils achètent.

Or, en parcourant toutes les conditions différentes dont un état est composé, on trouvera, premièrement, qu'il y en a beaucoup qui ne vendent rien et qui achètent tout; secondement, que le plus grand nombre, sans comparaison, est celui des hommes qui achètent plus qu'ils ne vendent, et par conséquent, il résulte de toute cette induction, que, malgré le prétendu dédommagement qu'on se flatte de donner au public, par l'augmentation du prix de toutes choses, l'affoiblissement des monnoies cause beaucoup plus de perte que de profit dans un état, par rapport aux ventes et aux achats qui s'y font, ou du moins, que la perte s'étend à un nombre beaucoup plus grand de personnes, que le profit.

Enfin, il y a une dernière observation à faire à cet égard, qui est la plus importante de toutes, parce qu'elle influe sur toutes les différentes espèces de vendeurs qu'on a distinguées. C'est que plus la consommation est chère dans un état, moins on y consomme. Ainsi, à mesure que le prix des choses que

l'on vend, croît et s'augmente, le nombre des acheteurs et des achats diminue. Par là , il arrive que
la demande n'étant plus dans la même proportion
avec la quantité, il faut nécessairement que le prix
des denrées et des marchandises diminue, ou du
moins qu'il n'augmente pas autant qu'il le feroit si
la consommation demeuroit dans le même état, et
cette raison est quelquefois assez forte pour balancer l'effet de l'augmentation de la valeur des monnoies, par rapport au prix des denrées et des marchandises; en sorte qu'elles n'enchérissent point, ou
presque point, et que le seul effet de la haute valeur des monnoies est de soutenir le prix des marchandises, et d'empêcher qu'il ne tombe autant qu'il
l'auroit fait, si la consommation étoit seulement
diminuée, sans que la valeur des monnoies eût été
augmentée.

L'expérience a fait voir la vérité de cette observation dans le temps de la dernière réforme des monnoies, qui fut faite à la fin de l'année 1715, il ne
fit point hausser le prix du blé, du vin, ni des
autres choses nécessaires à la vie, parce que la misère générale diminuoit la consommation. On dira
peut-être que c'étoit parce qu'il y avoit une trop grande
abondance dans le royaume ; mais cette dernière
raison, qui peut encore balancer l'effet de l'affoiblissement des monnoies, achève de faire voir que
l'augmentation du prix des denrées, à l'occasion de cet
affoiblissement, est une chose casuelle, qui dépend
du concours et de la combinaison de plusieurs autres
circonstances, et qu'ainsi cette espèce de dédommagement n'est ni universelle, ni proportionnée à la
perte, ni même absolument certaine.

Voilà ce qui regarde le dedans du royaume, par
rapport aux ventes et aux achats ; voyons à présent
ce qui se passe au dehors, ou plutôt entre le dedans
et le dehors du royaume.

Il est nécessaire, pour l'expliquer, d'établir d'abord
un principe général sur le commerce étranger, qui

dépend de la combinaison du change avec la valeur des monnoies.

L'échange pris dans sa signification la plus étendue, pour en donner une notion légère, mais capable de faire entendre ce que l'on en doit dire ici, est ou un changement de débiteurs et d'espèces, ou un changement de débiteurs, d'espèces et de monnoies en même temps.

Première Espèce.

A., marchand de Paris, doit mille écus à B., marchand de Lyon ; mais C., marchand de la même ville, doit mille écus à A. ; A. tire une lettre de change sur C., payable à l'ordre de B., ainsi il cesse d'être son débiteur direct, et c'est C. qui le devient.

La personne du débiteur est donc changée, et il y a aussi un changement dans les espèces, qui en évite le transport ; car, sans l'expédient de la lettre de change, A. auroit été obligé de faire voiturer des espèces à Lyon pour payer B. Les espèces de C., débiteur d'A., prennent donc la place des espèces qu'A. auroit dû fournir ; et, par conséquent, il y a un changement dans la personne du débiteur et dans les espèces destinées au paiement.

Seconde Espèce.

A., marchand de Paris, doit à B., marchand d'Amsterdam, la somme de mille écus.

Il lui donne une lettre de change de pareille somme à prendre sur C., aussi marchand d'Amsterdam.

1.º Le débiteur est changé, c'est C. qui doit, au lieu d'A.

2º. Ce ne seront point les espèces d'A., qui seront transportées à Amsterdam ; ce seront celles de C., qui serviront au paiement.

3.º Ce ne sera pas en monnoie de France, mais en monnoie de Hollande que le paiement sera fait.

Or, dans cette seconde espèce de change, qui est le

change étranger, et où la monnoie d'un pays est substituée à celle d'une autre nation, il peut arriver deux cas différens :

1.° Que la monnoie d'un des deux pays soit de la même bonté intérieure que celle de l'autre ;

2.° Que l'une des deux monnoies soit plus foible et l'autre plus forte.

Dans le premier cas, il ne peut être dû aucun dédommagement, ni d'un côté, ni d'un autre, et le change est dit alors être au pair, s'il n'y a point d'autre cause qui l'altère, comme on le dira dans un moment.

Dans le second cas, il faut que le marchand du pays où la monnoie est plus foible, donne un supplément au marchand étranger, ou qu'il achète plus cher une lettre tirée sur cet autre pays, de la même manière que si, avec la monnoie de son pays, il vouloit acheter la monnoie étrangère plus forte dont il a besoin ; et c'est alors que l'on dit, que le change est avantageux à la nation qui se sert de la monnoie forte, ou, pour parler plus correctement, onéreux à celle qui se sert de la monnoie foible : en sorte que si par exemple, la monnoie de France est affoiblie d'un cinquième, il en coûtera un cinquième de plus, pour le change, qui sera dit alors être à vingt pour cent contre la France, avec les nations qui conservent la monnoie forte.

Mais, outre cette première cause d'altération dans le change, qui vient de la foiblesse de notre monnoie, il y en a une seconde qu'il faut aussi toucher ici, en un mot, parce qu'elle produit des effets différens, selon qu'elle se combine différemment avec la première.

Cette cause naît de la comparaison des sommes totales de ce que deux nations se doivent réciproquement, qui est ce que l'on appelle la balance, ou le bilan du commerce.

Si la France tire de la Hollande, tous les ans, pour dix millions de marchandises, et que la Hollande en tire aussi pour dix millions de la France, la ba-

28*

lance est égale, et le commerce est au pair, en sorte qu'il se fait une compensation parfaite qui éteint la dette des deux états; et alors le change, qui est la pierre de touche du commerce, est aussi au pair, c'est-à-dire, que les lettres tirées réciproquement d'un état sur l'autre, ne perdent ni ne gagnent. Comment cela arrive-t-il dans le détail, et quelle est la mécanique d'une opération si juste? ce n'est pas le lieu de l'expliquer ici; mais le fait est certain, et c'est un premier principe en matière de commerce.

Si, au contraire, la France tire plus de la Hollande qu'elle ne lui fournit, comme par exemple, si nous tirons pour douze millions de marchandises de la Hollande, pendant que nous n'y en envoyons que pour dix, alors la balance du commerce se trouve à l'avantage de la Hollande, parce qu'il lui sera dû deux millions de joûte tous les ans, et ces deux millions affecteront tout le change; en sorte que sur le change direct de la France à la Hollande, il y aura à perdre pour l'une et à gagner pour l'autre; c'est-à-dire, que les lettres de change de France sur la Hollande, étant plus rares que celles de la Hollande sur la France, seront négociées sur un pied plus haut; et par conséquent il m'en coûtera davantage, si je veux faire remettre de l'argent en Hollande; et réciproquement les lettres de change sur la France étant plus communes, ceux qui en ont n'étant point recherchés, seront obligés de les négocier avec perte. Or, la proportion du gain qui se fait d'un côté, et de la perte qui se fait de l'autre, est à peu près celle du commerce total; et, comme nous avons supposé qu'il y avoit un cinquième de différence en faveur de la Hollande, le change montera aussi d'un cinquième au profit de la Hollande, et baissera d'un cinquième au désavantage de la France. Ainsi, le hollandais fera remettre douze mille livres en France, et moyennant dix mille livres; au contraire, il en coûtera douze mille livres au français pour faire remettre dix mille livres en Hollande.

Il résulte donc de ces légères notions du change, qu'il peut être altéré par deux causes différentes, qui, le faisant sortir de l'égalité, le rendent avantageux à l'une des deux nations, et onéreux à l'autre : 1.º par l'inégalité des monnoies; 2.º par l'inégalité des dettes d'une nation à l'autre.

Mais ces deux causes peuvent être différemment combinées :

Car, ou elles concourent toutes deux en faveur de la même nation, qui a également l'avantage dans la balance de la valeur des monnoies, et dans la balance du commerce ;

Ou, au contraire, ces deux causes de l'altération du change sont partagées entre les deux nations; en sorte que si l'une a l'avantage dans la balance de la valeur des monnoies, l'autre réciproquement a l'avantage dans la balance du commerce.

Dans le premier cas, tout est d'un côté et rien de l'autre, ainsi la partie souffrante perd doublement sur le change.

Dans le second cas, il peut se trouver une compensation parfaite ou imparfaite; parfaite, si l'excédant de la monnoie de Hollande, au-dessus de celle de la France, se trouve en proportion égale à l'excédant des créances de la France, au-dessus de celle de la Hollande ; imparfaite, si l'excédant de l'une des deux balances est plus grand que l'excédant de l'autre balance ; en sorte, par exemple, que si l'excédant de la balance de la monnoie produit un avantage de vingt pour cent, sur le change en faveur de la Hollande, l'excédant des créances de la France ne puisse produire qu'une différence de dix pour cent à son avantage : auquel cas, toute compensation faite, il resteroit dix pour cent de bénéfice à la Hollande.

Ces principes supposés, il ne reste plus que d'en tirer les conséquences nécessaires, pour juger de l'effet que l'affoiblissement des monnoies produit par rapport aux ventes et aux achats qui se font avec l'étranger.

Une hypothèse les rendra encore plus sensibles.

L'écu de France valoit cinquante sous.

L'écu de Hollande valoit pareillement cinquante sous.

Le roi augmenta la valeur de l'écu jusqu'à cent sous, sans rien ajouter à sa valeur réelle.

L'écu de Hollande demeure toujours à cinquante sous.

En cet état, il peut arriver trois choses, comme on l'a déjà dit, par rapport au commerce intérieur:

1.º Que la valeur des marchandises de France n'augmente point, et demeure sur le même pied où elle étoit avant l'affoiblissement;

2.º Qu'elle augmente dans la même proportion que la valeur de la monnoie; en sorte que les marchandises se vendent le double de ce qu'elles valoient avant l'affoiblissement;

3.º Qu'elle augmente à la vérité, mais dans une proportion moins forte, par exemple, de la moitié en sus; en sorte que ce qui se vendoit avant l'affoiblissement cent écus, se vende cinquante après l'affoiblissement.

Il faut envisager chacun de ces cas; premièrement, par rapport à la balance de la monnoie, considérée séparément; et en second lieu, par rapport à la combinaison de cette balance avec celle du commerce, ou des dettes réciproques des deux nations.

Dans ce premier cas, par rapport à la balance de la monnoie, ou il s'agit des marchandises que la Hollande tire de la France, ou il s'agit des marchandises que la France tire de la Hollande.

S'il s'agit de marchandises de France, la Hollande gagnera la moitié avec la France, puisque pour deux cents écus de Hollande, valant cinq cents livres, elle aura ce qu'elle payoit quatre cents écus, valant mille livres avant l'affoiblissement.

La démonstration de cette proportion dépend de ces trois vérités : l'une, que le prix des marchandises de France n'est point augmenté, ce qui est dans la supposition même du cas présent; l'autre, que cinq cents livres de Hollande ont autant de valeur réelle que mille livres de France, ce qui est encore dans la supposition; la troisième, que la valeur réelle est la seule qui soit considérée dans le commerce avec l'étranger; ce qui, comme on est obligé de le répéter souvent, est un principe incontestable dans le commerce.

S'il s'agit de marchandises de Hollande, la France perd la moitié, non pas, à la vérité, eu égard à la valeur réelle, parce qu'elle ne donne pas plus de matière qu'elle en donnoit avant l'affoiblissement pour avoir une certaine quantité de marchandises, mais eu égard à la valeur extrinsèque; en sorte que pour avoir une marchandise qui coûtoit cinq cents livres en Hollande avant l'affoiblissement, il faut que le négociant français donne mille livres en monnoie de France, où l'on suppose que la monnoie est affoiblie de la moitié.

On dira, peut-être, qu'il paiera en monnoie de Hollande, et qu'ainsi il ne lui en coûtera pas davantage; mais pour avoir cette monnoie, il lui en coûtera le double; ainsi, soit qu'il paie directement en monnoie de France, soit qu'il achète de la monnoie de Hollande, pour payer en cette monnoie, la chose revient au même, et il perd toujours la moitié, parce que, quoique les mille livres qu'il donne ne vaillent réellement que cinq cents livres, ils lui tiennent lieu cependant de mille livres, ayant été obligé de les recevoir lui-même sur ce pied, sans dédommagement, puisqu'encore une fois, l'on suppose dans ce premier cas, que la valeur des marchandises n'est point augmentée.

Voilà donc ce qui arrive dans ce premier cas, si l'on ne regarde que la balance de la monnoie; perte de la moitié pour le français, dans le commerce avec l'étranger, soit qu'il vende ou qu'il achète, et par conséquent le change sera à cinquante pour cent de perte pour la France.

Que si l'on veut combiner dans ce même cas la

balance de la monnoie avec celle du commerce, il faudra distinguer deux suppositions différentes :

La première, que la balance du commerce soit aussi pour la Hollande, comme celle de la monnoie; auquel cas, il est évident que le gain redouble d'un côté, et la perte de l'autre;

La seconde, que la balance du commerce soit favorable à la France, auquel cas il se fera une compensation entre les deux balances, jusqu'à concurrence de l'avantage que la France aura dans celle du commerce.

Ainsi, supposant, par exemple, que dans le temps que l'affoiblissement des monnoies est arrivé, il y eût trente pour cent de bénéfice sur le change en faveur de la France, alors la Hollande sera obligée de donner six cent cinquante livres pour avoir mille livres en France, ou des marchandises de la valeur de mille livres, parce que trente pour cent sur cinq cents livres, font cent cinquante livres; ainsi, la Hollande qui auroit gagné cinq cents livres avec la France, si le change eût été au pair, ne gagnera que trois cent cinquante; et si le change étoit à cinquante pour cent en faveur de la France, il est évident que la Hollande ne gagneroit plus rien, puisqu'il lui en coûteroit mille livres pour avoir mille livres; et il y auroit alors une parfaite compensation entre l'excédant de la balance de la monnoie qui seroit en faveur de la Hollande, et l'excédant de la balance du commerce qui seroit en faveur de la France. Il pourroit même arriver que la France gagnât, si le bénéfice qu'elle trouveroit dans le change étoit plus grand que la perte qu'elle fait par rapport à la monnoie.

Il est inutile d'observer que la même chose auroit lieu réciproquement, s'il s'agissoit de payer des marchandises que la France tireroit de la Hollande.

On a supposé, en second lieu, que la valeur des marchandises croisse après l'affoiblissement dans la même proportion que la valeur extrinsèque de la monnoie, en sorte que les marchandises se vendent alors le double de ce qu'elles se vendoient auparavant ; et c'est le second cas qu'il s'agit à présent d'examiner dans le même ordre que le premier.

Si on le considère d'abord par rapport à la balance de la monnoie, les choses demeurent dans la même situation entre la Hollande et la France ; l'une ne gagne rien, et l'autre ne perd rien.

Supposons que dix pièces de vin qui se vendoient cent livres chacune en monnoie forte, se vendent deux cents livres en monnoie foible, en sorte que les dix pièces qui valoient autrefois mille livres, en valent deux mille à présent.

La Hollande donnoit alors mille livres en monnoie forte pour avoir ces dix pièces ; elle en donnera autant aujourd'hui, avec cette seule différence que ces mille livres en vaudront deux mille en France, ou, ce qui revient au même, que le négociant hollandais, avec mille livres de sa monnoie forte, aura deux mille de notre monnoie foible ; mais, comme il lui en coûtera toujours autant qu'il lui en coûtoit autrefois pour avoir la même quantité de marchandises de même qualité, il est évident qu'il ne gagnera rien.

La France ne perdra rien non plus, quoique le contraire paroisse d'abord. On dira peut-être que si le français veut faire venir des marchandises de Hollande, il faudra toujours, comme dans le premier cas, qu'il donne le double, ou ce qui lui en tient lieu, pour avoir le simple, c'est-à-dire, qu'une marchandise qu'il avoit pour mille livres en monnoie forte, lui coûtera deux mille livres en monnoie foible.

Cela seroit vrai s'il donnoit de l'argent pour des marchandises ; mais c'est ce qu'il se gardera bien de faire. Le commerce se fera donc par permutation d'espèces ou de marchandises ; et, comme les marchandises qu'il donnera en échange de celles de Hollande, seront enchéries de la moitié, c'est-à-dire, qu'elles se vendront le double de ce qu'elles se vendoient auparavant, il regagnera d'un côté ce qu'il perdra de l'autre, et par conséquent il ne perdra rien.

Ainsi, par exemple, il donnera dix pièces de vin qui valoient mille livres en monnoie forte, et il recevra en échange dix pièces de toile qui étoient de la même valeur en monnoie forte.

Pour ses dix pièces de vin, si le hollandais le payoit en argent, il lui donneroit deux mille livres en monnoie foible, qui ne coûteroient néanmoins que mille livres à l'hollandais; et si le marchand français payoit aussi le hollandais en argent, il lui donneroit, pour ses dix pièces de toile, deux mille livres en monnoie foible, qui ne vaudroient pareillement à l'hollandais que mille livres en monnoie forte.

Ainsi, il recevroit autant qu'il donneroit; et par conséquent il ne perdroit rien de son côté, comme le hollandais ne gagneroit rien du sien.

Voilà ce qui se passeroit si l'on ne faisoit attention qu'à la balance de la monnoie : mais il faut à présent y joindre la considération de celle du commerce, pour voir ce qui résultera de la combinaison de ces deux espèces de balances :

Et 1.º il est évident, comme on vient de le dire, que si l'on suppose que le commerce est au pair, les choses demeureront parfaitement égales de part et d'autre.

2.º Si la balance du commerce est favorable à la Hollande, comme il y aura une soute qu'il faudra payer en argent de la part de la France, il est clair que, comme pour ce qui regarde cette soute elle ne pourra se dédommager sur la plus value de ses marchandises, il faudra nécessairement qu'elle perde la moitié dans le paiement qu'elle fera à la Hollande, dont la monnoie est le double en valeur réelle de celle de France. La chose se réduit donc alors au même état que si tout le commerce des deux nations consistoit dans la somme à laquelle cette soute monte, en sorte que la France tirât seulement de la Hollande des marchandises jusqu'à concurrence de cette somme, sans lui rien fournir; car le surplus des dettes respectives s'éteignant par une compensation mutuelle, il doit être compté pour rien.

Or, si la France est débitrice de la Hollande, il est impossible que le change ne soit altéré au désavantage de la France : d'où l'on peut conclure que dans ce second cas même, c'est-à-dire, lorsque le prix des marchandises augmente dans la même proportion que la valeur arbitraire de la monnoie, la France perdra sur le change, si la balance du commerce lui est contraire.

On dira peut-être qu'elle feroit la même perte, quand la monnoie ne seroit pas affoiblie, parce que, malgré l'égalité des monnoies des deux nations, celle qui doit perd toujours sur le change.

Le principe est véritable, et il faut convenir qu'il y auroit toujours de la perte pour la France, quand on n'auroit point touché à la monnoie. Mais elle ne perdroit qu'une fois en ce cas, et le change ne seroit altéré que par une seule cause, qui seroit l'excédant des dettes de la France au-dessus de celles de la Hollande : au lieu que par l'affoiblissement, la France fait une double perte, et le change est doublement altéré ; premièrement, parce qu'il y a une soute à payer du côté de la France, et, secondement, parce que cette soute coûte le double à la France de ce qu'elle lui auroit coûté si la monnoie n'avoit point été affoiblie.

Ainsi, si la France tire cinq millions de Hollande en marchandises, et qu'elle ne lui en fournisse que pour quatre, elle perdra un cinquième sur le change, et cela, soit que la monnoie soit foible ou qu'elle soit forte. Mais si sa monnoie est foible, il faudra qu'elle donne deux millions pour en acquitter un, et par conséquent il y aura deux cinquièmes de perte sur le change, au lieu d'un cinquième ; et les choses seront dans la même situation que si la France ne fournissoit que pour trois millions de marchandises à la Hollande, et qu'elle en tirât pour cinq.

3.º Si la balance du commerce est favorable à la France, c'est-à-dire, que la Hollande lui doive plus qu'elle ne doit à la Hollande ; ensorte, par exemple, que le change soit à trente pour cent de bénéfice pour la France, ses marchandises étant portées au double de leur ancienne valeur, elle gagnera de même ces trente pour cent sur les marchandises qu'elle enverra en Hollande. La démonstration en est facile.

Par ce qui a été dit au commencement de cet article sur le second cas qui peut arriver dans l'augmentation des monnoies, il est clair que quand les marchandises haussent en valeur dans la même proportion que la monnoie, la Hollande ne gagne rien, la France ne perd rien; et, par conséquent, que les choses demeurent dans le même état qu'avant l'augmentation des espèces, qui doit être regardée en ce cas comme si elle n'avoit point été faite.

Or, avant cette augmentation, la France gagnoit trente pour cent sur le change : donc, après cette augmentation, qui, encore une fois, doit être comptée pour rien, puisqu'elle ne produit aucun changement, la France doit gagner pareillement trente pour cent sur le change avec la Hollande; et quand ce bénéfice n'auroit pas eu lieu avant le changement de la monnoie, il seroit encore de même, pourvu qu'en augmentant la valeur de la monnoie, on trouve le moyen d'augmenter aussi le commerce du côté de la France, et de faire en sorte qu'elle vendît plus à la Hollande, qu'elle n'achète de la Hollande.

Car, supposé que par là on porte le change à trente pour cent en faveur de la France, la Hollande sera obligée de donner treize cents au lieu de mille livres, sans avoir plus de marchandises qu'elle n'en avoit auparavant pour mille livres; et la France, par conséquent, gagnera cinq cents livres sur la Hollande.

Il est vrai que la dernière paroît gagner en un sens, parce qu'avec treize cents livres elle a des marchandises qui sont estimées en France deux mille livres depuis l'affoiblissement de la monnoie; mais ce gain est imaginaire pour la Hollande, parce que les treize cents livres qu'elle donne, valent réellement plus que les deux mille livres de France; et, comme elles ont le double de valeur réelle, c'est comme si elle donnoit deux mille six cents livres en monnoie de France : en sorte qu'elle perd, ou six cents livres sur deux mille livres en monnoie foible, ou trois cents livres sur mille livres en monnoie forte, ce qui revient précisément à la même chose.

Que si c'est la France qui tire des marchandises de la Hollande en échange de celles qu'elle y envoie, elle fera toujours le même gain de trente pour cent, parce que, comme on l'a déjà fait voir, la plus value des marchandises de France se compensant exactement avec la plus value des monnoies de Hollande, il n'a pu y avoir davantage de part ou d'autre, que par rapport à la différence qui se trouve dans la balance des dettes réciproques. Or, l'on suppose ici que cette balance est favorable à la France de trente pour cent : donc, la France gagne autant sur ce qu'elle tire de Hollande, que la Hollande perd sur ce qu'elle tire de France.

Enfin, le troisième cas qu'il reste à examiner, est celui dans lequel la valeur des marchandises de France augmente, à la vérité, par l'affoiblissement des monnoies, mais non pas dans la même proportion que la valeur des monnoies de France.

Supposons, comme nous l'avons déjà fait, que l'écu de cinquante sous vaille cent sous, et que le prix des marchandises augmente seulement de la moitié en sus, en sorte que ce qui se vendoit mille livres avant l'affoiblissement, se vende quinze cents livres après l'affoiblissement.

Si l'on n'envisage que la balance de la monnoie, la Hollande gagnera le quart avec la France, parce que pour sept cent cinquante livres, elle aura ce qui lui coûtoit auparavant mille livres ; ce qui aura lieu réciproquement pour les marchandises que la France tirera de la Hollande, et qui lui coûteront un quart de plus en foible monnoie.

Si l'on considère les deux balances en même temps, il faut reprendre la même distinction :

Ou la balance du commerce sera dans une parfaite égalité, en sorte que les dettes réciproques des deux nations se compensent exactement; et alors cette balance devant être comptée pour rien, le bénéfice du quart sur la balance de la monnoie demeurera en entier à la Hollande;

Ou la balance du commerce est aussi favorable à la Hollande que celle de la monnoie, et alors la Hollande gagnant un quart sur chacune, gagne la moitié sur l'une et l'autre jointes ensemble;

Ou, enfin, la balance du commerce est avantageuse à la France, et en ce cas:

Ou l'avantage réciproque est égal, en sorte que la France gagne le quart sur la balance du commerce, comme elle perd un quart sur la balance de la monnoie, et alors la compensation met le change au pair, sans aucun bénéfice de part ou d'autre;

Ou l'avantage est plus grand sur la balance de la monnoie pour la Hollande, qu'il ne l'est pour la France, sur la balance du commerce, et en ce cas, l'excédant tourne au profit de la Hollande;

Ou le contraire arrive, et alors la France profite de l'excédant.

Ainsi, en supposant que le bénéfice de la France sur le change, par rapport à la balance du commerce, soit de trente pour cent, pendant que le bénéfice de la Hollande, par rapport à la balance de la monnoie, n'est plus que de vingt-cinq pour cent, à cause de l'augmentation du prix des marchandises,

La Hollande, pour avoir les marchandises qu'elle payoit mille livres avant l'affoiblissement, et qui en valent quinze cents en France après l'affoiblissement, paiera d'abord sept cent cinquante livres, parce que le prix des marchandises est augmenté de la moitié en sus; mais, comme il faudra qu'elle paie encore trente pour cent, à cause de la différence du change, elle donnera deux cent vingt-cinq livres de plus, à quoi monte le change de trente pour cent sur sept cent cinquante; elle donnera neuf cent soixante-quinze livres, au lieu de mille livres qu'elle payoit avant l'affoiblissement, et par conséquent elle ne gagnera plus que vingt-cinq livres sur mille livres.

Il est aisé de résoudre par ce principe le problême que l'on peut proposer, pour savoir jusqu'à quel point il faut que, d'un côté, le prix des marchandises, et de l'autre, le bénéfice du change, montent en faveur de la France, afin qu'elle ne perde ni ne gagne dans le commerce qu'elle fait avec la Hollande, ou avec toute autre nation voisine.

Ce point doit se trouver, sans doute, dans le cas où ces deux bénéfices, c'est-à-dire, l'avantage du change et la plus value des marchandises se réunissant en faveur de la France, consomment tout le profit que la Hollande peut faire sur la différence de la monnoie.

Ainsi, si l'on suppose que la plus value des marchandises est de la moitié en sus, et que le change est à trente-trois un tiers pour cent de bénéfice pour la France, tout le bénéfice de la Hollande sur la monnoie, se trouvera consommé.

Ce bénéfice est fondé sur ce que la monnoie de Hollande vaut réellement le double de la monnoie de France, cinq cents livres de l'une payant mille livres de l'autre, et par conséquent, le gain est de cinq cents livres sur mille.

Or, la plus value des marchandises étant de la moitié en sus, c'est déjà deux cent cinquante livres qu'il faut ajouter à cinq cents livres, ce qui fait sept cent cinquante livres.

Mais le bénéfice de trente-trois un tiers pour cent sur le change, qu'il faut prendre sur les sept cent cinquante livres que la Hollande doit, monte aussi précisément à deux cent cinquante.

Donc le total monte à cinq cents livres, et par conséquent le bénéfice de la Hollande se compensant exactement avec les deux bénéfices de la France, le commerce est au pair entre les deux nations; et il en sera de même dans toutes les suppositions que l'on peut faire sur les différens degrés du change et de la plus value des marchandises : il se trouvera toujours un point fixe auquel la compensation sera parfaite, et le bénéfice de la Hollande consommé. D'où il résulte, que s'il étoit toujours possible dans un état d'attraper ce point fixe en portant la valeur des marchandises jusqu'à un certain degré, et en soutenant aussi le change jusqu'à un certain point, l'affoiblissement des monnoies seroit entièrement innocent par rapport au commerce avec l'étranger.

Ainsi, après avoir discuté les trois événemens différens qui peuvent arriver par rapport à ce commerce, lorsque le prince affoiblit la monnoie, il ne reste plus que d'examiner :

1.º Quel est le plus ordinaire et le plus commun de ces trois événemens ;

2.º Si le prince peut être aisément le maître de tempérer tellement une balance par l'autre, qu'il gagne par la supériorité de son commerce, autant et peut-être plus qu'il ne perd par l'infériorité de sa monnoie.

A l'égard du premier point ; des trois cas qui peuvent arriver quand on affoiblit la monnoie : l'un, que le prix des marchandises n'augmente point ; l'autre, qu'il augmente dans la même proportion que la monnoie ; le dernier, qu'il augmente dans une proportion inférieure : le premier est le plus rare de tous, et il faut qu'un état soit réduit à une grande misère, ou qu'il y ait une complication d'événemens extraordinaires (comme nous l'avons vu en 1715 et 1716), lorsque l'augmentation de la valeur des monnoies n'est point suivie d'une augmentation dans le prix des denrées et des marchandises. Le second cas peut arriver, et il est même très - naturel qu'il arrive, parce que tout vendeur sentant la perte qu'il fera sur la monnoie foible qu'on lui doit donner, cherche, sans doute à s'en dédommager, en donnant à sa marchandise un prix proportionné à cette perte : c'est, en effet, ce qui se passe assez souvent dans le temps de l'affoiblissement de monnoie ; mais il faut remarquer que, comme c'est le prince, et non pas

le particulier, qui profite ordinairement de l'augmentation du prix des monnoies, et que le revenu
des sujets du roi n'augmente pas dans la même proportion, la cherté des marchandises diminue infailliblement la consommation. Le marchand est donc
obligé de baisser la main, et de ne pas exiger un
prix entièrement proportionné à l'augmentation de
la monnoie, sans quoi, pour vouloir vendre trop
cher, il court risque de vendre peu. Ainsi, le troisième cas dans lequel on suppose que le prix des
marchandises croît avec celui des monnoies, mais
dans une proportion inférieure, est le plus vraisemblable de tous les événemens sur lesquels on peut
compter, quand on prend la résolution d'affoiblir la
monnoie.

C'est donc à ce troisième cas qu'il faut principalement s'attacher pour traiter le second point, qui
consiste à savoir, comme on l'a dit, si le prince
peut être aisément le maître de tempérer tellement
une balance par l'autre, qu'il gagne par la supériorité
de son commerce, autant et peut-être plus qu'il ne
perd par l'infériorité de sa monnoie.

Cette question ne regarde point le premier moment de l'affoiblissement des monnoies, dans lequel
il se peut faire que la France se trouve dans une
situation avantageuse par rapport à la balance du
commerce, et qu'elle gagne sur le change. C'est
certainement une conjoncture favorable pour l'affoiblissement, parce que pendant quelque temps au
moins, la perte qu'il cause trouve une compensation
ou un dédommagement dans le bénéfice du change.

Mais la question que l'on doit traiter ici est de
savoir, s'il est possible ou facile, soit de conserver
ce bénéfice dans la durée de l'affoiblissement, soit
de se le procurer en cas que la France ne l'eût pas
encore dans le temps qu'elle a affoibli sa monnoie.

Deux choses doivent concourir pour produire un
effet si désirable :

L'une, est l'augmentation du prix des marchandises ;

L'autre, est la supériorité du commerce avec l'étranger, qui consiste dans le grand débit de nos marchandises et de nos denrées ; en sorte que l'étranger tire plus de nous que nous ne tirons de lui, et que la balance des entrées et des sorties soit à l'avantage de la France, autant que la différence des monnoies lui est contraire, ou du moins assez pour qu'en joignant le bénéfice du change à celui de la plus value de nos marchandises, les choses demeurent au moins égales entre nous et l'étranger.

Dans ces deux choses, l'une se fait d'elle-même, c'est l'augmentation du prix des marchandises ; et le prince n'a besoin, pour cela, d'aucune habileté.

Mais l'autre dépend des étrangers beaucoup plus que de nous. Nous ne pouvons les forcer à venir chercher nos marchandises ; nous pouvons seulement les y inviter, les y attirer par leur intérêt : et il s'agit d'examiner si l'avantage que nous trouvons dans le bénéfice du change et dans la plus value de nos marchandises, n'y est pas contraire.

Pour développer ce point important, il faut remarquer :

1.° Qu'à la vérité, si une nation se trouvoit tellement favorisée des dons de la nature, que ses voisins ne pussent trouver que chez elle tout ce qui leur est nécessaire, soit pour la vie, soit pour les arts ou pour le commerce, elle ne pourroit vendre ses marchandises sur un pied trop haut, ni trop soutenir le change à son avantage, parce qu'une nécessité supérieure à tout forceroit toujours ses voisins à avoir recours à elle pour remplir leurs besoins. Mais, comme ce pays ne se trouve point dans l'univers, et que, quoi qu'il y en ait de plus féconds et de plus abondans les uns que les autres, cependant leurs voisins peuvent trouver ailleurs les choses qui leur manquent, il arrive toujours que lorsqu'une nation veut, ou vendre trop cher ses denrées, ou trop gagner sur le change, ses voisins portent leur commerce ailleurs ; ils supputent ce qu'il leur en coûte de plus pour la longueur et les hasards des voyages; ils estiment aussi la différence qui peut se trouver dans la qualité ou dans la bonté des denrées ou des marchandises; et, lorsque, toute compensation faite, ils reconnoissent qu'il y a peu d'avantage ou moins de perte pour eux à porter leur commerce dans un pays plus éloigné, ils ne manquent point de prendre ce parti : ainsi, la nation qui croit gagner en soutenant sur un haut pied, et le prix de ses marchandises, et le bénéfice du change, est comme un marchand qui ne vend rien, parce qu'il veut vendre trop cher. Elle profite considérablement, à la vérité, sur le peu qu'elle vend, mais la modicité de son commerce fait qu'elle gagne beaucoup moins que si elle vendoit à meilleur marché.

Ainsi, supposant que la France ne fasse qu'un commerce de trois millions, et qu'elle y gagne trente pour cent, son gain, à la vérité, sera fort considérable par proportion à la totalité de son commerce, puisqu'il sera de neuf cent mille livres; mais, si l'on suppose qu'elle fasse un commerce de trente millions, et que son gain ne soit que de dix pour cent, elle gagnera trois millions qui en produiront plus du double pour le dedans du royaume, par la fréquente circulation des marchandises et des espèces.

En un mot, pour tirer un principe et une règle générale de cette observation, quand le prix qu'elle donnera à ses marchandises, et le pied sur lequel le change sera soutenu, n'excèdent point l'avantage que ses voisins trouvent à traiter plutôt avec elle qu'avec des peuples plus éloignés, elle gagnera beaucoup plus par l'étendue de son commerce, qu'elle ne pourroit gagner en le mettant à plus haut prix.

2.º Il faut encore observer qu'il y a trois choses qui peuvent produire un bénéfice sur le change au profit d'une nation :

L'une est la nature, la situation du pays, l'in-

29*

dustrie de ses habitans ; l'autre est le hasard des conjonctures, la dernière est l'habileté de ceux qui gouvernent.

La seule cause naturelle de l'avantage qu'une nation peut avoir sur une autre, est le grand débit de ses denrées et de ses marchandises, par lequel elle fournit plus à ses voisins qu'elle ne tire d'eux. Le prince ne sauroit trop s'appliquer à augmenter cette cause ; non en augmentant le prix des denrées ou des marchandises de son état, mais en augmentant leur quantité ou leur bonté, en un mot, en étendant et en amplifiant son commerce : et, comme cette cause a sa source dans la nature et dans la proportion qu'elle a mise entre les différens climats, il n'est pas à craindre qu'elle devienne jamais à charge aux nations voisines, parce que, le prix des denrées et des marchandises diminuant à mesure que leur quantité croît elles y trouvent leur compte, pendant que la nation qui leur fournit un grand nombre de marchandises y trouve aussi le sien, par l'étendue de son commerce qui lui profite également et au dedans et au dehors. Deux maximes communes et qui sont presque devenues des proverbes, renferment tout l'esprit du commerce : cherté foisonne, c'est la première, qui a rapport aux marchandises ; vendre à bon marché enrichit, c'est la seconde, qui a rapport à l'argent. Ainsi, quand on veut que les marchandises affluent dans un état où elles sont devenues rares, il faut souffrir qu'elles s'y vendent fort cher, et le remède se trouve dans le mal même, parce que l'appas du gain fait qu'on y en apporte de tous côtés. Réciproquement, quand on veut que l'argent se multiplie, il faut vendre à bon marché : la cherté des marchandises multiplie les vendeurs, et la médiocrité du prix multiplie les acheteurs ; l'un fait entrer les marchandises, l'autre fait entrer l'argent ; et, ce qui revient au même, elle rend les étrangers nos débiteurs, et, par là, soutient le change à notre avantage, par une voie aussi sûre que naturelle.

L'autre voie est purement accidentelle et passagère ; elle dépend des conjectures.

Ainsi, nous avons vu, il n'y a pas long-temps, que, parce que l'on avoit permis aux négocians de faire passer des espèces dans les pays étrangers, et de solder leurs comptes avec les états voisins ; parce que, d'un autre côté, nos négocians s'étant fournis de marchandises pour plusieurs années, et les ayant payées comptant pour éviter de perdre sur le décri des espèces, ils ne tiroient presque plus rien des étrangers, qui cependant, attirés par la bonté de nos denrées et par la proximité du pays, continuoient de tirer plusieurs marchandises de la France ; le change a été à notre avantage, mais par accident, encore une fois, et par une cause passagère, plutôt que par le cours naturel et ordinaire du commerce.

Aussi, l'a-t-on vu diminuer en même temps, et nos avantages se sont tournés contre nous, les étrangers ayant porté leur commerce ailleurs, et ayant préféré les denrées des autres pays, comme les blés du nord, les sels et les vins de Portugal, à celles que la France produit, quoique supérieures en qualité, et dans une distance plus commode, parce qu'ils vouloient éviter la perte qu'ils faisoient sur le change. Mais, comme l'on pourroit prétendre que la véritable raison de ce dérangement du commerce a été le discrédit universel dans lequel l'inondation des papiers royaux, et l'instabilité de la fortune des négocians, causée par le grand nombre de banqueroutes qui sont arrivées, avoient fait tomber la France, il faut passer à la troisième voie de soutenir le change, c'est-à-dire, l'habileté du gouvernement, pour finir ce qui regarde ce point par un raisonnement simple et dégagé de toutes les circonstances accidentelles.

Il est donc vrai que l'habileté de ceux qui président au gouvernement, peut soutenir le change sur un pied avantageux.

On sait, par exemple, qu'un prince attentif peut,

par le moyen d'une banque ou par le canal de banquiers riches et accrédités , soutenir la balance prête à baisser à son préjudice , en achetant les lettres de change qui sont sur les places étrangères lorsqu'il y en a un trop grand nombre : comme un marchand qui seroit assez riche pour acheter la plus grande partie du blé qu'on exposeroit dans un marché, seroit sûr d'en soutenir le prix.

On sait aussi que l'on peut se servir de la voie des changes indirectes , en tirant par un pays sur l'autre ; en sorte qu'on ne négocie par là , que sur le compte réciproque de ces deux pays , et que le compte de la France avec l'un des deux , et le change par conséquent, demeurent toujours sur le même pied.

- Il se peut faire qu'il y ait encore bien d'autres voies indirectes de soutenir le change : c'est aux banquiers et aux négocians de les savoir et de les expliquer.

Mais quelles que soient ces différentes voies, il faut convenir néanmoins :

1.º Qu'elles sont passagères. On ne trouve pas toujours des conjonctures assez favorables pour pouvoir s'en servir. Les étrangers peuvent les employer contre nous, comme nous contr'eux ; et , si elles ne sont pas soutenues par une vraie et durable supériorité de commerce, qui seule en peut être le fondement solide, il faut qu'elles cessent enfin , et que la nature et la vérité l'emportent , tôt ou tard , sur l'apparence et sur une opinion de richesses , qui devient elle – même une des causes de notre pauvreté.

2.º Qu'elles ont leurs bornes. Quelque puissant que soit un prince , il est bien difficile qu'il puisse se rendre maître long-temps de tout le commerce par industrie ; et il est rare même qu'il soit assez bien servi par des agens assez fidèles, pour pouvoir y réussir , quand il faut forcer la nature et être supérieur par fiction à ceux qui le sont dans la vérité.

3.° Qu'enfin, on ne peut jamais passer un certain point, au-delà duquel plus on veut dominer sur le commerce, plus on sent que le commerce échappe et prend une autre route, dans laquelle l'étranger trouve plus d'avantage, ou moins de perte.

Il résulte de toutes ces réflexions, qu'il n'y a qu'une seule voie sûre, naturelle, durable, de soutenir le change à notre avantage : c'est de mettre de notre côté la supériorité du commerce, par l'abondance, la bonté et le bon marché de nos marchandises, sans quoi tous les autres moyens ne sont que des ressorts forcés qui s'usent bientôt, ou qui se tournent contre nous.

On peut donc résoudre aisément la question qui a donné lieu à cette longue digression, et qui consiste à savoir si, pendant la durée de l'affoiblissement des monnoies, un prince peut se procurer, ou même conserver le bénéfice du change, par lequel, joint à l'augmentation du prix des marchandises de son pays, il répare le vice et remplit le vide de la foible monnoie.

Il n'y a, pour décider cette question, qu'à considérer si l'augmentation du prix de nos marchandises, et la charge du change contraire aux étrangers, sont propres à les attirer en ce pays en assez grand nombre, pour nous donner toujours la supériorité dans le commerce.

Or, c'est ce qui y paroît directement contraire, parce que, généralement parlant, plus la marchandise est chère, moins il y a d'acheteurs, la demande diminue, et par conséquent le commerce; en sorte qu'il faut, ou que la marchandise baisse de prix, si l'on veut faire revivre la demande; ou que le commerce s'écarte, et passe dans un autre pays, si l'on ne se soucie pas d'attirer la demande.

Cependant, comme il y a des degrés dans tout cela, il faut détailler davantage cette idée générale, pour tâcher de la réduire à quelque chose de précis.

Toute augmentation de prix dans la marchandise n'en détruit pas le commerce, parce que, malgré cette augmentation, il se peut faire que, supputant exactement les avantages de la proximité et de la bonté des marchandises qui compensent l'augmentation du prix, le négociant étranger y trouve encore un bénéfice qui suffit pour l'attirer dans le pays où il a accoutumé de faire son commerce.

Il faut donc en revenir toujours à ce principe simple et décisif, qui convient également et à l'augmentation du change causée par le hasard des conjonctures, et à l'augmentation du change fondée sur l'habileté de ceux qui gouvernent.

Si, malgré le prix de nos marchandises et la hauteur du change, l'étranger trouve encore du bénéfice à venir chez nous, ou si du moins il n'y trouve point de perte, il y a lieu de se flatter qu'il continuera toujours d'y faire ses achats.

Si, au contraire, les choses sont portées si loin qu'il commence à y faire quelque perte en comparaison du commerce qu'il pourroit faire ailleurs, toutes choses compensées, alors le commerce, semblable à l'eau, prendra son cours vers le lieu le plus bas ; et, se mettant au niveau du meilleur marché, sortira de la France pour l'aller chercher ailleurs.

Tout consiste donc à atteindre à cette proportion exacte, qui balance le prix plus haut des marchandises avec la moindre valeur de la monnoie, pour que l'affoiblissement n'apporte aucun préjudice à un royaume, par rapport au commerce étranger.

Mais, on l'a dit d'abord, ce sont deux choses différentes : l'une de conserver le bénéfice du change dans un degré convenable, lorsqu'on l'avoit de son côté avant l'affoiblissement ; l'autre, de se le procurer lorsqu'on ne l'avoit pas.

Le premier paroît plus facile, parce que ni l'affoiblissement de la monnoie, ni la plus value de nos marchandises, ne détournent point l'étranger de négocier avec nous, pourvu que la perte qu'il fait sur le change n'y mette pas un obstacle invincible.

Or, comme il est aisé de laisser tomber le change jusqu'au point où il peut nous convenir, sans être trop à charge aux étrangers, on peut dire, que quand le bénéfice du change a précédé l'affoiblissement des monnoies, il n'est pas difficile au gouvernement de tempérer les choses de telle manière que le commerce se soutienne sans diminution dans son étendue, et sans perte pour nous avec l'étranger.

Le second reçoit plus de difficultés, et je ne sais même si l'on doit le regarder comme possible. Car, si le change étoit contre nous avant l'affoiblissement, c'est une preuve certaine que notre commerce souffroit, que nous tirions plus de l'étranger qu'il ne tiroit de nous. Le change ne peut être altéré à notre désavantage que par deux causes, ou l'inégalité de la monnoie, ou celle du commerce. Ce n'étoit pas la première, puisque la monnoie étoit alors dans toute sa force : c'étoit donc nécessairement la dernière, mais cette cause n'admet point d'autre remède que l'abondance ou la supériorité du commerce. Or, comment reviendra-t-on à cette abondance dans un temps où il arrive toujours que le prix des marchandises augmente, et que par conséquent les étrangers sont moins tentés de venir les acheter ? Il est certain d'ailleurs, que l'affoiblissement des monnoies est une nouvelle raison de hausser le change à notre préjudice. Ainsi, le change qui souffroit déjà de notre côté quand nous n'avions qu'une des causes de son altération à combattre, pourra-t-il se relever quand les deux causes concourront également contre nous, c'est-à-dire, quand l'inégalité de la monnoie se joint à l'inégalité du commerce ?

Il est donc visible que toute la sagesse du gouvernement ne sauroit remédier à ce mal, au moins promptement, et dans le temps qu'il arrive; car il n'est peut-être pas impossible qu'à la longue, le remède ne se trouve dans le mal même, comme on l'a déjà dit, en expliquant les principes généraux de cette matière, et qu'en faisant d'abord gagner les étrangers, nous les attirions en si grand nombre, qu'à la fin notre commerce devienne supérieur au leur, par une révolution qui paroît assez naturelle.

En effet, supposons que le prince affoiblisse sa monnoie de la moitié, ensorte que mille écus ne valent plus réellement que cinq cents écus; supposons qu'en même temps le prix de nos marchandises augmente du double, et que ce qui se vendoit cinq cents écus se vende mille écus; supposons, enfin, que le change soit à trente pour cent de bénéfice pour l'étranger, il est certain qu'il trouvera toujours son compte à venir acheter nos marchandises, puisqu'il gagnera environ un tiers; il n'est pas moins certain que ceux qui ont des denrées, et les marchands, s'empresseront de vendre, puisqu'ils y gagneront une fois autant qu'ils faisoient avant l'affoiblissement, et que, par là, le travail des manufactures et des artisans doit plutôt augmenter que diminuer. Ainsi, l'étranger étant pressé d'acheter, et le citoyen de vendre, il peut arriver que le débit de nos denrées et de nos marchandises augmente si considérablement, qu'à la fin nous fournissions plus aux étrangers qu'ils ne nous fournissent; d'autant plus que, comme nous ne pouvons tirer d'eux qu'avec perte, les sorties doivent diminuer et les entrées augmenter : ce qui peut aller si loin, qu'à la fin notre commerce devienne supérieur, et que le change baissant par degrés, il vienne enfin au pair, ou même à notre avantage.

On peut néanmoins combattre la partie de ce raisonnement, qui regarde les négocians français, soit parce qu'on dira que ce qui leur en coûte de plus pour tirer les matières premières des pays étrangers, ou pour payer les journées des ouvriers, ou pour vivre, absorbe le bénéfice qu'il trouve dans le haut prix de ses marchandises, soit parce que la consommation du citoyen étant diminuée par la cherté des denrées et des marchandises, il perd peut-être plus par rapport au commerce intérieur, qu'il ne gagne par rapport au commerce extérieur.

Mais, quand cette partie du raisonnement que l'on vient de faire en seroit retranchée, il seroit toujours

vrai de dire, et que l'étranger gagneroit considérablement à traiter avec nous, et que ceux qui ont des
denrées à vendre gagneroient aussi. Or, il n'en faut
pas davantage pour attirer le commerce extérieur de
notre côté, et pour faire en sorte que, comme on l'a
dit d'abord, le remède du mal se trouve dans le mal
même. Mais c'est ce qui est toujours casuel, incertain,
et qui ne peut se faire que dans une assez longue succession de temps, quand il se trouve une grande inégalité entre ce que nous fournissons à l'étranger, et
ce que l'étranger nous fournit.

Il est temps de conclure à présent ce qui regarde
l'article des ventes et des achats.

On y a distingué le commerce intérieur et le commerce extérieur.

On y a vu, par rapport à l'un, que l'affoiblissement des monnoies cause plus de perte que de profit
dans un état.

On y a vu, par rapport à l'autre, que si le commerce d'un état est supérieur à celui des étrangers, et
que l'on soutienne les choses sur un pied où ils ne
perdent point en traitant avec nous, par comparaison avec le commerce qu'ils peuvent faire dans un
autre pays, l'affoiblissement des monnoies peut ne
nous faire aucun préjudice à leur égard; et que si,
au contraire, nous avons du désavantage dans le commerce en général, nous ne pouvons éviter de perdre
d'abord, avec la seule espérance de revenir peut-être
quelque jour, par cette perte même, à la supériorité
ou du moins à l'égalité du commerce.

Il resteroit à traiter ici de la dernière espèce d'engagemens qui peuvent se contracter pendant la durée
de l'affoiblissement des monnoies, c'est le simple
prêt. Mais après les principes que l'on a expliqués
jusqu'à présent sur les autres points, on peut dire
que la discussion du dernier seroit inutile, et qu'il
suffit d'y faire l'application de ces principes :

Ou le prêt se passe entre les citoyens du même
état;

Ou il a lieu entre le citoyen et l'étranger.

Dans le premier cas, ou la règle est dans un état, que l'on puisse payer sur le pied de la monnoie foible ce que l'on a emprunté en monnoie foible, et alors le débiteur n'est pas exposé à souffrir un jour du retour de la monnoie foible à la monnoie forte, et il gagne dans le temps de l'emprunt, parce que la grande circulation de l'argent foible fait qu'il en trouve à de meilleures conditions ; ou l'on suit la règle contraire, et alors le débiteur peut être exposé à souffrir une perte réelle, s'il ne peut s'acquitter qu'après le décri de la foible monnoie. Or, comme le prince ne peut éviter de tomber dans l'une ou dans l'autre de ces deux extrémités, et qu'il faut nécessairement qu'il se détermine entre le débiteur et le créancier, il ne peut jamais observer à cet égard les règles d'une exacte justice, quand il affoiblit la monnoie.

Dans le second cas, comme il se fait très-peu de prêts purs et simples entre le citoyen et l'étranger, et que c'est toujours le commerce réciproque des marchandises qui est la source des créances et des dettes respectives de deux nations, la matière du prêt à cet égard est épuisée par tout ce que l'on a dit sur le sujet des ventes et des achats. Il reste seulement d'y ajouter, que s'il se trouvoit quelques prêts faits de l'étranger au citoyen, ou du citoyen à l'étranger, ils suivroient, sans difficulté, le cours de la balance de la monnoie et de celle du commerce, ou pour mieux dire, du change, qui est le résultat de l'une et de l'autre balance.

Il ne sera peut-être pas inutile, à cause des longues dissertations dans lesquelles on s'est engagé, pour traiter à fond cette matière, de faire ici une courte récapitulation de l'effet de l'affoiblissement des monnoies, par rapport aux engagemens qui se contractent pendant qu'il a lieu.

Il n'y en a que cinq qui méritent quelque attention :

Sur la première de ces cinq espèces d'engagemens,

qui sont les baux des terres et des maisons, on a fait
voir,

Par rapport aux baux des terres :

1.º Que l'augmentation du prix étoit très-incer-
taine ;

2.º Qu'elle ne pouvoit pas être proportionnée à
l'augmentation de dépense que la cherté des denrées
cause aux propriétaires, et qu'ainsi il y avoit toujours
de la perte pour eux.

Par rapport aux loyers des maisons, l'augmentation
encore plus incertaine, plus modique, et par conséquent plus aisément absorbée par l'augmentation de
la dépense, ne permet pas non plus de douter de la
perte des propriétaires des maisons dans le temps de
l'affoiblissement.

Sur la seconde espèce d'engagemens, qui sont les
marchés et les entreprises, on a remarqué pareillement
que le prix en augmentoit sans que l'ouvrage devienne
plus précieux, c'est-à-dire, sans qu'il puisse être d'une
plus grande valeur après le rétablissement de la
monnoie forte, et, par conséquent, sans dédommagement pour celui qui fait faire l'ouvrage ou l'entreprise.

Sur la troisième espèce, c'est-à-dire, sur les contrats de constitution, et les rentes à faculté de réméré,
on a vu que ces sortes d'engagemens exposoient le
créancier ou l'acheteur à deux pertes différentes, par
rapport à l'affoiblissement des monnoies :

L'une, sur le taux de la rente qui devient plus bas ;

L'autre, sur le capital même, par un remboursement offert la veille du décri, ou dans le temps qu'il
se fait successivement.

Sur la quatrième espèce d'engagemens, qui sont les
ventes et les achats, on a distingué le dedans et le
dehors de l'état.

Par rapport au dedans, on a montré que la perte
de l'affoiblissement des monnoies alloit plus loin que
le profit.

Par rapport au dehors, on a fait voir qu'excepté
dans le cas où notre commerce est supérieur à celui

de l'étranger, la perte que la foible monnoie nous fait faire est un mal certain et présent, dont le remède, qui ne peut se trouver que dans le mal même, est incertain et éloigné.

Enfin, l'on a à peu près de la même manière regardé la dernière espèce d'engagement, qui est le prêt, et l'on a dit:

Que si on l'envisageoit par rapport à l'intérieur du royaume, le prince ne pouvoit s'empêcher de faire souffrir ou le débiteur ou le créancier, et d'être injuste à l'égard de l'un ou à l'égard de l'autre.

Que si on le considéroit par rapport au commerce étranger, on pouvoit y appliquer ce qui avoit été dit sur les ventes et achats à cet égard.

Ainsi, l'induction générale que l'on doit tirer de cette discussion, que l'affoiblissement des monnoies, toujours onéreux à l'un des contractans dans les différens engagemens qui se passent entre les hommes, ne peut être regardé comme conforme aux principes d'une exacte justice, au moins pour ce qui regarde les différens membres d'un état; c'est la première vue dans laquelle on s'est proposé d'envisager les effets de l'affoiblissement, c'est-à-dire, par rapport aux particuliers qui sont dans l'état. Il faut maintenant les considérer par rapport à l'état même et à son intérêt général; c'est la seconde vue, qui ne demande presqu'aucune discussion.

§. II. — Où l'on examine ce qui regarde l'Intérêt général de l'État.

On ne peut presque que répéter ici ce qu'on a déjà dit, lorsque l'on a traité la même question par rapport aux engagemens antérieurs à l'affoiblissement.

Si l'on considére l'état en lui-même, par rapport au commerce intérieur, il est évident qu'il ne souffre aucun préjudice pendant la durée de l'affoiblissement des monnoies.

En effet, comme on l'a déjà dit par rapport aux engagemens antérieurs, que ce soit le propriétaire, ou le fermier, ou le locataire, qui profite, et dont la condition devienne plus avantageuse ; que ce soit le bourgeois, ou l'entrepreneur ou l'ouvrier, le prêteur ou l'emprunteur, le vendeur ou l'acheteur, qui gagnent par l'affoiblissement des espèces, tout cela est égal pour l'état entier, qui doit être considéré comme étant en même temps l'agent et le patient, le propriétaire et le fermier, le bourgeois et l'entrepreneur, le prêteur et l'emprunteur, le vendeur et l'acheteur ; en sorte que s'il perd d'un côté, il gagne précisément autant de l'autre, quand on n'envisage que ce qui se passe au-dedans du royaume.

Mais la chose change de face, lorsqu'on jette les yeux sur le commerce extérieur, et que l'on compare l'état entier avec les nations voisines qui sont en commerce avec lui.

Il est indifférent au corps de l'état que l'or et l'argent soient dans une main plutôt que dans l'autre, pourvu que l'une et l'autre mains soient également les mains de ses sujets.

Mais il ne lui est point indifférent :

1.º Que son argent passe dans les mains de l'étranger, au lieu de demeurer dans celles du citoyen ;

2.º Que l'étranger partage avec le souverain le profit qu'il fait sur la monnoie.

Si donc, l'affoiblissement des monnoies produit ces deux effets pendant qu'il dure, on ne peut douter du préjudice que le corps de l'état en souffre, et par conséquent de l'injustice que le roi lui fait lorsqu'il affoiblit les monnoies.

Or, de ces deux points, le premier est certain, par tout ce qui a été dit en discutant l'intérêt des particuliers.

On y a fait voir, qu'à moins que le prince, ou l'état, n'eût le bonheur d'avoir, de son côté, la supériorité du commerce, il falloit nécessairement que tous les négocians perdissent dans le commerce avec l'étranger.

Mais, quel est l'effet de cette perte par rapport à

l'intérêt général de l'état ? on l'expliquera en un seul mot :

Ou le prince laissera sortir librement les espèces de son royaume, pour acquitter ce que ses sujets doivent aux étrangers ;

Ou il défendra absolument le transport des espèces.

S'il les laisse sortir, comme il en sortira une plus grande quantité à cause de l'affoiblissement des monnoies qui produit une plus grande soute dans le compte du citoyen avec l'étranger, son royaume s'appauvrira insensiblement, il en sortira chaque année beaucoup plus d'espèces qu'il n'y en entrera; ainsi, ce ne seront plus seulement les particuliers qui souffriront de l'affoiblissement de la monnoie, ce sera l'état entier dont la richesse consiste dans l'abondance de l'or et de l'argent; et l'expérience ayant fait voir, depuis la découverte des Indes occidentales et le progrès du commerce, que la nation qui a la plus grande quantité d'espèces d'or et d'argent est aussi la plus puissante, et celle qui est le plus en état de donner la loi à ses voisins, le royaume ne s'appauvrira pas seulement, mais il s'affoiblira et sera menacé de tomber en décadence, si l'on n'arrête promptement la sortie des espèces, dont la privation est comme une déperdition d'esprit, qui fait tomber peu à peu le corps politique dans une espèce d'épuisement.

Que si l'on peut éviter cet inconvénient, et que le prince se détermine à empêcher le transport des espèces, la condition de l'état n'en sera pas plus heureuse, et il ne fera que remédier à un mal par un autre mal.

En effet, s'il réussit à empêcher que les espèces ne se transportent hors du royaume, donc les dettes de l'état ne seront point acquittées; donc elles s'augmenteront et elles s'accumuleront tous les jours; donc le change, qui est comme la balance des dettes réciproques de deux nations, sera tous les jours de plus en plus altéré au préjudice d'un état, qui ne paiera point ses anciennes dettes, et qui en contractera toujours de nouvelles.

Or, dans cette triste situation, il arrivera de deux choses l'une :

Ou que, malgré les défenses et la menace des peines les plus rigoureuses, les espèces d'or et d'argent seront transportées pour éviter une perte énorme sur le change ; car, par un contre-coup, qui semble d'abord un paradoxe, et qui cependant n'est que trop certain, il arrive, tôt ou tard, que la défense même de transporter les espèces hors du royaume, est précisément ce qui les fait transporter, de la même manière à peu près que les géomètres prouvent que la mer est d'une figure sphérique, en supposant d'abord qu'elle ne l'est pas. Pourquoi cela ? L'enchaînement et le tissu de causes qui produisent cet effet, malgré l'intention du prince, ne sont ni longs ni difficiles à pénétrer.

Le prince défend le transport des espèces : supposons qu'on lui obéisse, c'est-à-dire, qu'il défend à ses sujets de payer leurs dettes à l'étranger ; car, dès le moment que le commerce de l'étranger est supérieur, il faut qu'il reste toujours une soute qui ne peut se consommer en marchandises, puisque c'est ce qui reste dû, toute compensation faite du prix des marchandises de part et d'autre : les sujets ne paient donc point leurs dettes. Ils devoient, par exemple, un cinquième de plus à l'étranger, pour solder leur compte avec lui, de l'année précédente ; ils ne paient point ce cinquième cette année ; cependant ils continuent à tirer de lui un cinquième de plus qu'il ne tire d'eux : donc, à la fin de l'année ils lui devront deux cinquièmes, dont le change sera à deux cinquièmes de perte, c'est-à-dire, à quarante pour cent, et l'année prochaine il sera à soixante : donc, le négociant français voudra éviter une perte si énorme : or, il ne le peut faire que par le transport des espèces ; donc, il fera l'impossible pour les transporter ; et il n'y a point de hasards auxquels il ne s'expose pour cela ; donc, il les transportera en effet, car l'industrie d'un particulier, animé par la nécessité, est au-dessus de toute la vigilance des lois et de leurs ministres ;

donc, parce que le prince a défendu le transport des espèces, les espèces seront transportées : comme l'on démontre que la mer est sphérique, parce qu'on a supposé qu'elle ne l'étoit pas.

Voilà donc le premier événement qui arrivera si le prince défend le transport des espèces ; et qui se termine à en faire plus sortir que s'il l'avoit permis d'abord, parce que pendant que la défense sera observée, la masse des dettes sera augmentée.

Que si l'on suppose que la défense sera toujours religieusement et constamment exécutée, alors, quand même la chose seroit possible, il arrivera un autre événement non moins préjudiciable à l'état, c'est que le commerce y languira d'abord, et dans la suite s'y éteindra presqu'entièrement, tant du côté du citoyen, que du côté de l'étranger.

Du côté du citoyen, parce que la perte énorme qu'il fait dans le commerce, et l'épuisement où il se trouvera, l'empêcheront de le continuer.

Du côté de l'étranger, par ceque le commerce tombant dans le royaume qui est dans une telle situation, sa chute entraînera celle d'une infinité de négocians, qui seront obligés de faire banqueroute ; en sorte que la crainte d'un pareil événement, et le peu de crédit qui restera dans l'état, dégoûteront tous les étrangers d'y entretenir leur commerce, et d'y risquer la perte de leurs marchandises.

Ainsi, le prince qui affoiblit sa monnoie, lorsqu'il ne peut avoir de son côté la supériorité du commerce pour s'en dédommager, se place précisément entre ces extrémités ; dont l'une des deux est inévitable. Il faut, ou que son état soit appauvri, épuisé, affoibli par le transport des espèces, ou qu'il périsse par un autre genre de langueur, c'est-à-dire, par la diminution et l'anéantissement presque total du commerce.

On n'a encore parlé cependant que de l'impression que l'affoiblissement y fait par le cours même du commerce, sans aucune voie indirecte et extraordinaire.

Mais, comme on l'a dit d'abord, il y a un second

point aussi fatal que le premier, c'est la fraude que l'étranger, souvent d'accord avec le citoyen, met en œuvre pour usurper une partie du profit que le prince a sur la monnoie, par de fausses réformes qui font rentrer dans le royaume une partie de nos espèces, d'une manière presqu'aussi pernicieuse que si elles en sortoient pour toujours. L'expérience en dit plus sur cet article, que tous les discours qu'on en pourroit faire. En vain le législateur veut-il appésantir la main sur ceux qui s'enrichissent ainsi aux dépens de l'état, ses menaces sont vaines et impuissantes; à peine voit-on en quelqu'endroit un exemple de sévérité, pendant que partout ailleurs le crime demeure impuni. Il n'y a point de loi, il n'y a pas même de supplice, dont la crainte puisse l'emporter sur l'appât du gain aussi grand que certain, lorsque l'on a affaire avec une multitude d'hommes, citoyens et étrangers, qui sont également intéressés à éluder la loi qui ne peut être observée, à moins qu'on ne veille en même temps de tous côtés et que les frontières du royaume ne soient gardées aussi exactement qu'une place assiégée. Or, comme il n'est pas possible en ce point, que l'attention à empêcher le mal aille aussi loin que l'attention à le commettre, la vigilance de la loi et de ses ministres est toujours trompée. Ainsi, l'étranger fait un double profit, soit par la voie directe et légitime du commerce, soit par les voies obliques et frauduleuses des fausses réformes, dont le plus grand mal n'est pas tant en ce qu'elles font perdre au prince sur le bénéfice de l'affoiblissement des monnoies, qu'en ce qu'elles augmentent les dettes de l'état, que l'on paie dans la monnoie même que le prince a affoiblie, pendant que l'état ne peut s'acquitter qu'en forte monnoie de ce qu'il doit à l'étranger; ce qui produit à la fin une inégalité ou une disproportion infinie dans le commerce.

Ce n'est donc pas seulement sur les particuliers, c'est sur l'état entier que tombe l'injustice de l'affoiblissement des monnoies, pendant sa durée. Il ne reste plus que d'examiner quel effet il produit par rapport à l'intérêt du souverain même, distingué de celui de l'état.

§. III. — *Où l'on examine ce qui regarde l'Intérêt du Souverain, distingué de celui de l'État.*

Le prince, de même que les particuliers et l'état entier, peut être considéré, ou par rapport à l'intérieur de son royaume, ou par rapport à l'extérieur.

Par rapport au dedans : ou il sera regardé comme créancier, ou on l'envisagera comme débiteur.

Il est créancier par rapport aux impositions et aux levées qui se font sur ses sujets, pour le soutien de l'état.

Il est débiteur :

1.º Par rapport aux dettes dont il a chargé l'état, et qui s'acquittent sur ce qu'il en retire ;

2.º Par rapport à la solde, aux gages, aux appointemens et pensions qu'il paie à ceux qui servent l'état et sa personne.

On ne peut douter qu'il ne fasse un profit considérable dans l'une et dans l'autre de ces qualités, quand il affoiblit la monnoie.

1.º Il fait un gain réel, c'est-à-dire, qui se prend sur la chose, puisqu'il retient pour lui toute la partie dont il affoiblit la monnoie. Ainsi, s'il l'affoiblit d'un cinquième ou d'un quart, c'est un cinquième ou un quart qu'il doit gagner sur toutes les espèces de son royaume.

2.º Il fait un gain personnel qui consiste en trois choses, dont les deux premières regardent sa qualité de créancier, et la dernière celle de débiteur :

1.º Comme créancier, il reçoit plus facilement ce qui lui est dû, les recouvremens de toutes les impositions devenant beaucoup plus faciles et plus prompts par la fausse valeur qu'il donne aux monnoies ;

2.º Comme créancier encore, il peut même, si l'affoiblissement dure quelque temps, augmenter les impositions par une crue qui n'est pas sensible, à cause de l'augmentation des denrées qui peut mettre les contribuables en état de payer davantage, avec plus de facilité qu'ils ne payoient de moindres impositions ; à peu près de même que la véritable multiplication des espèces d'or et d'argent, causée par la découverte des Indes, a fait croître les impositions, sans que, jusqu'à un certain point, le peuple en ait été plus foulé ;

3.º Comme débiteur, et maître de faire la règle en sa faveur, non-seulement il a un plus grand fonds pour s'acquitter, mais il s'acquitte avec moins de valeur réelle ; et, d'ailleurs, la circulation de l'argent étant plus rapide, il en a une plus grande quantité pour fournir aux besoins de l'état, pendant que les charges fixes n'augmentent point, puisque, pour avoir affoibli la monnoie, il ne paie pas plus de solde à ses troupes, ni de gages à ses officiers, et qu'au contraire le taux des rentes qu'il doit peut diminuer par l'affoiblissement de la monnoie, comme celui des rentes dues par les particuliers.

Voilà tous les avantages que le prince trouve dans l'intérieur de son royaume. Mais pour les mieux discuter, il faut leur opposer maintenant les inconvéniens contraires, et voir de quel côté penchera la balance.

Premièrement, pour ce qui regarde le gain qu'on a appelé un gain réel, c'est-à-dire, le profit du quart ou du cinquième, ou de la portion en général dont le prince affoiblit la monnoie, quoique ce soit l'avantage qui paroisse le plus certain, il faut néanmoins remarquer que ce profit souffre une grande diminution :

1.º Par les fausses réformes qui causent une double perte, l'une, parce que le roi est privé d'une partie du bénéfice qu'il devoit avoir naturellement ; l'autre, parce que ce bénéfice passe aux étrangers pour la plus grande partie ;

2.º Par le resserrement des espèces qu'un grand nombre des sujets du roi aiment mieux garder, que d'y perdre en les portant à la monnoie.

De là vient, c'est-à-dire, de ces deux causes jointes

ensemble, qu'on n'a presque jamais vu toutes les espèces du royaume passer par les hôtels des monnoies dans aucune des réformes ou des refontes mêmes qui ont été faites sans nombre dans ce royaume; et si l'on pouvoit faire une estimation certaine à cet égard, il y auroit peut-être lieu de dire qu'on doit s'estimer heureux quand il y a les deux tiers des espèces qui sont réformées à la monnoie, et que le roi a par conséquent les deux tiers du profit.

Ce qu'il y a de certain, c'est que plus l'affoiblissement est considérable, et plus il y a de perte pour les sujets du roi; moins aussi il y a d'espèces réformées, et par conséquent moins de bénéfice pour le roi.

Supposons cependant ici, pour se fixer à quelque chose de certain, que ce bénéfice aille aux deux tiers, c'est déjà un tiers qu'il faut déduire sur ce premier avantage.

Secondement, pour ce qui regarde le gain qu'on a appelé personnel, on a dit que le roi avoit deux avantages, en qualité de créancier, et en qualité de débiteur.

La facilité et la promptitude des recouvremens est le premier; l'augmentation des impositions est le second. Mais, pour bien approfondir ces deux avantages, il faut supposer ici que toutes les impositions qui peuvent avoir lieu dans un état, sont ou réelles ou personnelles, c'est-à-dire, qu'elles se prennent sur les choses, ou sur les personnes.

Celles qui se prennent sur les choses, sont encore de deux sortes :

Car, ou elles se lèvent sur les fonds mêmes, ou elles se prennent sur le commerce, ou sur la consommation des fruits qui en proviennent.

Les impositions personnelles sont aussi de deux espèces au moins en France, par rapport aux différentes personnes qui y sont assujetties :

Ou elles ne se paient que par les roturiers, comme la taille personnelle;

Ou elles se paient par les nobles mêmes, et c'est la capitation.

Toutes ces différences étant supposées, il faut examiner à présent quel est l'effet que l'affoiblissement des monnoies produit par rapport à chacune de ces impositions.

IMPOSITIONS RÉELLES.

1.º Celles qui se lèvent sur les Fonds mêmes, comme la Taille réelle, le Dixième, etc.

Comme c'est sur le prix des denrées, qui sont les fruits de ces fonds, que cette espèce d'imposition se paie, on ne peut pas douter que les contribuables ne soient en état de l'acquitter plus facilement et plus promptement, parce que le prix des denrées croît à mesure que la monnoie devient plus foible, et que quand le débiteur s'enrichit, le créancier est toujours mieux payé.

Il seroit inutile d'examiner ici si le prix des denrées croît dans la même proportion que la fausse valeur de la monnoie, et jusqu'à quel point la cherté des vivres et des autres marchandises, peut se nuire à elle-même, en diminuant la consommation. Il suffit qu'elles deviennent plus chères, quand ce ne seroit que de peu, pour mettre le contribuable plus en état d'acquitter cette imposition.

Ainsi, l'avantage du prince à cet égard paroît entièrement certain ; la raison dicte que cela doit être, et l'expérience montre que cela est.

Il en peut résulter même un second avantage, et pour l'état et pour le roi, parce que la culture des terres s'étend sur la quantité, et devient plus parfaite par la qualité, quand le laboureur voit croître le prix des fruits qui en proviennent. Ainsi, l'état devient plus abondant, et le prince peut, par conséquent, en tirer plus, sans le charger davantage.

On peut donc conclure de ces réflexions, que la facilité du recouvrement des impositions est peut-être le seul bien pur et sans aucun mélange de mal, au moins en cette partie, dont le prince jouisse en affoiblissant la monnoie.

Le second avantage qu'on a dit que le prince pouvoit se procurer en qualité de créancier, par l'affoiblissement de la monnoie, est la liberté d'augmenter les impositions, sans néanmoins que le peuple en soit plus maltraité, parce que l'augmentation du prix des denrées le met en état de supporter avec moins de difficulté une plus grande charge qu'il n'en portoit une moindre, quand la monnoie étoit plus forte et les denrées à meilleur marché.

Cet avantage paroît encore une suite de l'affoiblissement des monnoies. Mais pour éclaircir encore plus cette matière, il faut faire trois remarques importantes :

La première, qu'afin que la conséquence réponde exactement au principe, l'augmentation des impositions ne devroit tomber, en ce cas, que sur ceux qui font valoir les fonds de terre, parce qu'eux seuls profitent de l'augmentation du prix des denrées. Mais si, sous prétexte de ce profit, on veut augmenter aussi les impositions à l'égard de ceux qui n'y ont pas de part, parce qu'ils n'ont aucun fonds de terre, ou que, s'ils en ont, ils ne les font pas valoir eux-mêmes et n'en recueillent pas les fruits, on s'expose à de grands inconvéniens, dont on parlera plus amplement à l'occasion des impositions personnelles.

La seconde, qu'afin que cette augmentation d'imposition soit juste, même sur ceux qui jouissent des fonds de terre, il faut qu'elle soit exactement proportionnée au bénéfice qu'ils ressentent par l'augmentation du prix des denrées. Ainsi, ce seroit se tromper soi-même, et agir directement contre le principe qui donne lieu à l'augmentation de l'imposition, que de vouloir augmenter la taille réelle d'un cinquième, par exemple, sous prétexte que les monnoies valent un cinquième de plus, à moins que le prix des denrées ne fût augmenté aussi d'un cinquième, encore faudroit-il, pour cela, que cette augmentation fût générale et uniforme dans tout le

royaume. La véritable règle qu'on peut donc suivre
en ce point, si l'on veut augmenter les impositions,
est de les augmenter seulement dans la proportion
de l'augmentation du prix commun des denrées,
et même un peu au-dessous, à cause de l'incertitude
de ce prix que bien des causes différentes peuvent
faire varier, et parce que la dépense du laboureur
est aussi augmentée de quelque chose par l'augmentation du prix des monnoies. Ainsi, par exemple, si
pendant qu'on affoiblit la monnoie d'un cinquième,
le prix des denrées n'est augmenté que d'un dixième,
un douzième ou un treizième d'augmentation sur la
taille pourroit se soutenir sans injustice, et les tail-
lables, en payant un douzième de plus, seroient
effectivement moins chargés que quand ils ne le
payoient pas, parce qu'il leur resteroit encore le
bénéfice de la différence qui est entre le douze et
le dix, c'est-à-dire, un sixième.

La dernière et la plus importante remarque que
l'on puisse faire à cet égard, est que, pour mettre
le prince en état d'augmenter les impositions, sous
prétexte de l'augmentation de la valeur des monnoies, il faudroit que cette augmentation de valeur
fût durable. Alors, le prix des denrées se soutenant,
ceux qui font valoir les fonds de terre seroient en
état de supporter aisément la surcharge des impositions. Mais si l'augmentation du prix des monnoies
n'est que passagère, et pour un petit nombre d'années, la prompte augmentation des impositions surprend et trouble la campagne, qui n'a pas encore eu le
loisir de sentir le bénéfice de l'augmentation du prix
des denrées, que bien des causes peuvent traverser
ou retarder ; et, comme en décriant la monnoie foible,
il faudra peu de temps après baisser les impositions,
ou violer toutes les règles de la justice et du bien
public, cela ne vaut guère la peine de faire un
changement peu utile au roi, et onéreux à l'état dans
sa nouveauté.

Il est inutile de pousser plus loin cette discussion,
on en a dit assez pour faire sentir le bénéfice que

le prince peut trouver légitimement à cet égard, pourvu qu'il y observe les trois conditions que l'on vient d'expliquer.

Il faut passer maintenant à la seconde espèce d'impositions qui se prennent encore sur la chose même, mais seulement sur les fruits, et par rapport à la consommation.

IMPOSITIONS RÉELLES.

2.° Celles qui se lèvent sur les Fruits.

Elles font naître deux questions par rapport aux deux avantages qu'on a supposé que le roi se procuroit en qualité de créancier, par l'affoiblissement de la monnoie :

1.° Est-il vrai que le recouvrement des droits qui se prennent sur la consommation en devienne plus prompt et plus facile ?

2.° Est-il vrai que l'affoiblissement de la monnoie mette le prince en état d'augmenter ces sortes de droits, sans que le peuple en souffre aucun préjudice ?

Sur la première question, il faut distinguer :

1.° Ceux qui vendent les denrées qu'ils ont eux-mêmes recueillies ;

2.° Ceux qui les achètent pour les revendre ;

3.° Ceux qui les consomment.

Si l'on ne considère que les premiers, il est certain que comme on a supposé que le prix des denrées croissoit toujours de quelque chose, quand on a affoibli la monnoie, ceux qui y profitent, c'est-à-dire, les laboureurs, les vignerons, etc., doivent payer plus aisément les impositions, parce qu'ils deviennent plus riches, eu égard, au moins, à la fausse valeur de la monnoie dans laquelle ils paient le roi.

Ceux de la seconde classe n'ont pas le même avantage ; ils vendent plus cher, à la vérité, mais comme ils ont aussi acheté plus cher, ils n'en deviennent pas plus riches ; au contraire, ils peuvent avoir plus de peine à faire les avances nécessaires pour leur commerce.

Enfin, ceux qui forment la dernière classe, et qui n'achètent que pour consommer, souffrent un préjudice sensible par l'augmentation de la valeur des monnoies.

Ainsi, des trois genres d'hommes que l'on a, le premier gagne, le troisième perd, et l'étage du milieu ne perd ni ne gagne, il peut seulement faire plus difficilement les avances. Dans cette proportion, si les recouvremens deviennent plus faciles pour le roi, ce n'est que par rapport à un seul genre de citoyens, et ils doivent devenir plus difficiles à l'égard des deux autres, surtout à l'égard du dernier. Or, le nombre de ceux qui consomment les denrées étant plus grand que le nombre de ceux qui les recueillent, il semble que toute compensation faite, le roi doive trouver moins d'avantage pour la facilité des recouvremens à l'égard de ces sortes de droits, après l'affoiblissement des monnoies, qu'il n'en trouvoit auparavant.

Cependant, pour en bien juger, il faudroit avoir exactement la balance de ce que les droits qui se paient par ceux qui vendent leurs propres denrées produisent au roi, avec ce qui se paie par ceux qui les achètent.

Si le premier produit est le plus fort, la facilité des recouvremens doit augmenter avec le prix des monnoies.

Au contraire, si le second produit est le plus fort, la facilité doit diminuer.

Enfin, si les deux produits sont presqu'égaux, les choses demeurent à peu près dans la même situation, à cet égard, qu'avant l'affoiblissement.

La seconde question, qui regarde l'augmentation de ces sortes d'impositions, se résout par les mêmes principes et par les mêmes distinctions.

Ceux qui vendent leurs propres denrées gagnant davantage, peuvent aussi être plus chargés, sous les conditions marquées par rapport aux impositions qui se lèvent sur les fonds mêmes.

Mais les deux autres classes, c'est-à-dire, ceux qui ne vendent que ce qu'ils achètent, et ceux qui n'achètent que pour leur consommation, ne faisant aucun profit, et dépensant même davantage à cause de la cherté des denrées, ne peuvent être chargés avec justice, ni même avec une véritable utilité pour le prince : il feroit tomber par là une double charge sur plus des deux tiers de son royaume; une première charge, par la cherté des denrées, qui est une suite de l'affoiblissement des monnoies ; une seconde charge, par l'augmentation des droits qui se prennent sur la consommation ; et, comme la consommation diminue à mesure qu'elle est plus chargée le roi perdroit plus par là qu'il ne gagneroit par l'augmentation des impositions.

Ainsi, tout bien considéré, si l'on veut suivre des proportions justes et naturelles, il paroît que le bénéfice ou l'avantage du prince par rapport à ces sortes de droits, soit pour la facilité du recouvrement, soit pour l'augmentation de l'imposition, se réduira à très-peu de chose.

Voilà ce qui regarde les impositions réelles; il reste d'expliquer, en un mot, ce qui regarde les impositions personnelles.

IMPOSITIONS PERSONNELLES.

1.° *Celles qui ne se prennent que sur les Roturiers, comme la Taille personnelle, etc.*

Quand on a retranché ceux qui paient la taille par rapport aux fonds qu'ils possèdent, et que l'on n'envisage plus cette imposition qu'autant qu'elle est personnelle, elle ne peut tomber que sur trois sortes de personnes :

Les uns sont les simples manouvriers, ou journaliers, qui n'ont d'autre ressource pour vivre que leurs bras et le travail de leur corps ;

Les autres subsistent par leur industrie, c'est-à-dire, par les arts ou par le commerce ;

Les derniers ont des biens réputés immeubles, et regardés comme des fonds, mais qui ne sont pas sujets à la taille. Tels sont les bourgeois qui vivent de leurs rentes sur le roi, sur les communautés, sur les particuliers.

Les premiers, à la vérité, gagnent ordinairement des journées un peu plus fortes dans le temps que la monnoie est foible ; mais ils n'en sont guère plus à leur aise pour cela, parce que les vivres sont aussi plus chers.

Ainsi, ce qu'ils gagnent de plus étant presque consommé par là, cela peut, tout au plus, rendre le recouvrement un peu plus facile ; mais ce seroit un fondement bien léger pour augmenter, à leur égard, l'imposition personnelle.

Il en est à peu près de même de ceux qui subsistent par les arts ou par le commerce. Ils augmentent, sans doute, le prix de leurs ouvrages ou de leurs marchandises ; mais comme, d'un côté, leur dépense augmente, soit par rapport à la cherté des vivres, soit parce qu'ils paient plus chèrement les journées des ouvriers, les matières premières de leurs ouvrages, les marchandises qu'ils achètent pour les revendre, et que, d'un autre côté, le commerce souffre presque toujours, comme on l'a vu ailleurs, par l'affoiblissement de la monnoie, la plupart de ceux qui sont dans cette classe ne sont pas en état de supporter une augmentation des impositions personnelles ; et, si le prince en fait une, il diminuera encore plus la consommation, et par conséquent les droits dont elle est chargée, en sorte qu'il perdra d'un côté ce qu'il croit gagner de l'autre.

La dernière classe, composée seulement des bourgeois qui vivent de leurs rentes sans posséder aucun fonds de terre, est celle qui souffre tout le préjudice de l'affoiblissement des monnoies sans en recevoir aucun dédommagement, puisqu'elle ne recueille rien et qu'elle achète tout ; ainsi, il n'y a pas même de prétexte à l'augmentation des impositions personnelles à l'égard de ce genre de citoyens, sur lesquels même le recouvrement des anciennes impositions peut devenir plus difficile.

L'affoiblissement de la monnoie n'apporte donc et ne doit apporter aucun changement dans ce qui regarde les impositions personnelles sur les roturiers; voyons si elle peut servir de prétexte pour augmenter le même genre d'impositions sur les nobles.

IMPOSITIONS PERSONNELLES.

2.° Sur les Nobles.

La capitation est le seul exemple que nous ayons en France de cette espèce d'imposition ; or, les nobles qui y sont sujets, comme les autres, sont de deux sortes :

Les uns, et c'est le plus grand nombre, ou du moins c'est le nombre le plus riche et plus puissant, afferment leurs terres, et ne les font pas valoir par leurs mains ;

Les autres, et c'est l'objet le moins considérable, les font valoir eux-mêmes.

On ne parle point ici de ceux qui n'ont aucun fonds de terre, parce que ce que l'on dira de ceux qui en ont, s'appliquera à plus forte raison à ceux qui n'en ont pas.

Pour revenir donc à la distinction que l'on vient de faire, la première espèce de nobles, qui ne font point valoir leurs terres par leurs mains, ne devient pas plus riche par l'augmentation de la valeur des monnoies.

Ou leurs terres étoient affermées avant cette augmentation, et alors il est évident que ce sont leurs fermiers seuls qui peuvent profiter de l'augmentation du prix des denrées ;

Ou leurs terres ne sont affermées que depuis l'usage de monnoie foible ; et, en ce cas, on a déjà fait voir qu'ils ne peuvent guère en augmenter les fer-

mages sur le fondement de la foiblesse des monnoies, parce que la durée de l'affoiblissement est
si incertaine et ordinairement si courte en France,
que le fermier, qui en prévoit la fin, ne se porte
guère à augmenter, dans cette vue, le prix d'une
ferme.

Non-seulement les nobles qui ne font pas valoir
leurs terres par leurs mains ne gagnent rien, ou
presque rien, par l'augmentation des monnoies ; mais
la plupart y perdent considérablement, parce que
leur dépense augmente par la cherté des denrées
et des marchandises, dans une proportion beaucoup
plus forte que celle de l'augmentation de leur revenu ; augmentation qui n'est même que pour ceux
qui afferment leurs terres après l'affoiblissement des
monnoies.

Ainsi, il n'y auroit aucune justice à augmenter la
capitation, sous ce prétexte, à l'égard de ceux qui
ne font point valoir leurs terres par leurs mains.

La seconde espèce de nobles, qui sont réduits à
les faire valoir eux-mêmes, peuvent faire le même
profit par le rehaussement du prix des denrées, que
les fermiers et les laboureurs ; mais ordinairement
cette espèce de nobles est si misérable, et a d'ailleurs tant de charges par l'obligation où ils sont
de vivre avec quelque distinction et de soutenir
leur famille, que le peu qu'ils gagnent par la cherté
des denrées ne peut être regardé comme un motif
suffisant pour augmenter leur capitation.

D'ailleurs, la capitation étant une imposition générale, il seroit bien difficile de l'augmenter à l'égard
des uns, sans l'augmenter à l'égard des autres ; et
ce qui seroit injuste en ce point à l'égard du plus
grand nombre, doit être regardé comme injuste à
l'égard de tous.

Ainsi, pour résumer tout ce qui regarde les impositions, on peut dire, en un mot, que par l'affoiblissement de la monnoie le recouvrement en devient
plus facile, et l'augmentation plus praticable dans
certaines proportions à l'égard des impositions qui

se prennent sur les fonds mêmes, qu'à l'égard de celles qui se prennent, ou sur les roturiers seuls, ou même sur les nobles; on ne peut trouver, après l'affoiblissement, qu'un peu plus de facilité pour le recouvrement, mais non pas un prétexte suffisant pour faire une augmentation.

La conséquence générale qu'on doit donc tirer de ce détail, est qu'à l'exception des impositions sur les fonds, l'augmentation n'a pas de fondement solide; et qu'ainsi sur les autres impositions, le prince qui veut suivre les règles de l'équité, n'y acquiert qu'une facilité plus grande pour le recouvrement, fondée, non pas tant sur des causes naturelles, que sur la crainte d'un décri dont le moment est incertain : ce qui fait que chacun se presse de se défaire d'un argent qui peut dépérir d'un moment à l'autre.

Après avoir épuisé, autant qu'on l'a pu, par des réflexions générales, ce qui regarde les avantages personnels du roi considéré comme créancier dans l'affoiblissement des monnoies, il ne reste plus que de l'envisager comme débiteur, et de voir ce qu'il gagne en cette qualité.

Le roi ne peut devoir qu'à deux sortes de personnes, ses sujets et les étrangers.

Par rapport à ce qu'il doit à ses sujets, il faut distinguer deux temps: celui de l'affoiblissement même, et de la réforme qui le produit; celui de la durée de cet affoiblissement.

Dans le premier moment, le gain du roi, considéré comme débiteur, n'est pas douteux, puisque, s'il affoiblit la monnoie d'un cinquième, par exemple, il trouve par là le moyen de payer le total avec les quatre cinquièmes.

Mais il n'en est pas de même pendant la durée de l'affoiblissement, lorsque le fonds de la réforme des monnoies est une fois épuisé; car alors, quoiqu'il ne paie réellement que les quatre cinquièmes à ceux à qui il payoit autrefois le total, cependant ces quatre cinquièmes qu'il donne lui tiennent lieu du total, parce qu'il les a reçus lui-même sur ce pied, dans le paiement qu'on lui a fait des impositions. Ainsi, en donnant réellement moins, il lui en coûte autant pour acquitter les dettes de l'état, et il cesse de gagner en qualité de débiteur, si ce n'est que les recouvremens étant plus faciles, il peut aussi s'acquitter plus promptement, et par là se procurer un plus grand crédit.

Il ne s'ensuit pas de là, néanmoins, que la durée de l'affoiblissement des monnoies n'apporte au roi aucun autre avantage dans sa qualité de débiteur, il y en a un dernier qui mérite d'être expliqué en cet endroit.

Le roi est chargé de beaucoup de rentes; or, comme l'on a vu qu'un des effets ordinaires de l'affoiblissement des monnoies étoit de diminuer le taux des rentes constituées sur des particuliers, le roi peut faire ce profit sur celles qu'il doit, et cela en deux manières, c'est-à-dire, ou directement ou indirectement :

Directement, lorsqu'il est en état d'offrir le remboursement des rentes qu'il doit ; offres qui produisent ordinairement une réduction de la rente, plutôt que son amortissement ;

Indirectement, lorsque le taux de toutes les rentes sur particuliers étant diminué au-dessous de celui des rentes dues par le roi, le roi en prend occasion de les mettre sur le même pied. Le peut-il faire justement, sans offrir le remboursement ? Les Financiers le croient ainsi, et les gens de bien en jugent autrement. Mais c'est toujours un des objets qu'on envisage, quand on se porte à affoiblir la monnoie.

Ainsi, l'on peut distinguer trois sortes d'avantages que le roi trouve dans cet affoiblissement, en qualité de débiteur de ses sujets:

Un premier, dans le temps qu'il s'opère par la réforme de la monnoie, parce que le roi paie le total avec les quatre cinquièmes ;

Un second, pendant tout le temps qu'il dure, par la facilité des recouvremens, et par l'augmentation telle quelle de son crédit ;

Un dernier, par la réduction du taux des rentes qu'il doit; réduction juste, quand le remboursement est offert de bonne foi; injuste, quand elle n'est fondée que sur la volonté et sur l'autorité du souverain.

Voilà ce qui se passe entre le roi et ses sujets.

Avec les étrangers, sa condition n'est pas si avantageuse, il faut le regarder dans cette vue, comme le reste de ses sujets, qui, pour l'ordinaire, perdent avec les étrangers, soit qu'il s'agisse d'acquitter des dettes contractées avant l'affoiblissement des monnoies, ou qu'il soit question de dettes contractées depuis l'affoiblissement. Mais le roi ne fait pas seulement la même perte que ses sujets, avec les étrangers auxquels il ne peut donner la loi, et qui la lui donnent au contraire quand il a besoin de leur argent. Il la fait encore plus grande, en un sens; ses sujets peuvent être dédommagés au moins en partie de leurs pertes, par la plus value des marchandises qu'ils fournissent aux étrangers, et le préjudice qu'ils souffrent ne tombe que sur la soute qu'ils leur doivent, quand ils tirent d'eux plus qu'ils ne leur fournissent. Mais le roi ne fournissant rien aux étrangers, et ne traitant avec eux que par la voie de l'emprunt, ou, ce qui revient au même, des remises et des avances qu'ils font, la perte du roi tombe sur la somme entière que les étrangers lui fournissent; et, si sa condition est meilleure au dedans de son royaume que celle de ses sujets pendant la foiblesse de la monnoie, elle est plus fâcheuse au dehors par rapport aux étrangers.

Après avoir ainsi examiné quel est l'effet de l'affoiblissement des monnoies, par rapport à l'intérêt du roi, distingué de celui de l'état, il ne reste plus que de comparer les avantages et les inconvéniens qu'il y peut trouver, et il est aisé de les recueillir de tout ce que l'on a dit sur cet article.

Le surhaussement de la monnoie offre au prince qui le fait, quatre avantages certains:

Le premier, qui n'est qu'un bien passager, et

dont les fausses réformes consomment une partie, est la part qu'il retient sur la monnoie même; et qui, comme on l'a déjà dit plus d'une fois, non-seulement lui fait gagner un cinquième, par exemple, sur les espèces réformées, mais lui donne le moyen de payer le total avec les quatre cinquièmes;

Le second, est la facilité des recouvremens, qui, le mettant en état de payer plus régulièrement, peut lui procurer une sorte de crédit;

Le troisième, est l'augmentation des impositions réelles sur les fonds mêmes;

Le dernier, est la réduction du taux des rentes qu'il doit.

Ces avantages considérables en apparence, sont balancés par des inconvéniens contraires:

Le premier, est la diminution de la consommation, suite inévitable de l'augmentation du prix des denrées, parce que ceux qui les consomment ne sont pas ceux qui profitent de la cherté;

Le second, est l'augmentation de la dépense du roi pour tout ce qu'il est obligé d'acheter, ce qui lui fait perdre souvent plus qu'il ne gagne par la foiblesse de la monnoie, si l'on excepte le premier gain qu'il fait sur la chose même dans le temps de la réforme;

Le troisième, est la cherté des remises qu'il est obligé de faire dans les pays étrangers;

Et le dernier, enfin, est la diminution du commerce, qui, appauvrissant le royaume, appauvrit tôt ou tard le roi même: un roi ne pouvant être riche, lorsque ses sujets sont pauvres.

Sans ce dernier article, les avantages paroîtroient l'emporter, à l'égard du roi, sur les inconvéniens; mais le dérangement du commerce est un si grand mal pour le royaume, et souvent si difficile à réparer, que cette seule considération peut balancer toutes les autres, et fait voir que le roi ne se fait guère moins de préjudice à lui-même qu'à ses sujets, quand il prend la résolution de faire un surhaussement de monnoie,

SECTION TROISIÈME.

De l'Effet de l'Affoiblissement des Monnoies dans sa fin, lorsque le Prince revient de la Monnoie foible à la Monnoie forte.

La discussion de ce troisième point est bien avancée par tout ce que l'on a dit sur les deux premiers, et il ne reste ici que d'en faire l'application à ce dernier article, où l'on trouvera, ce que l'on appelle en géométrie, la controverse des propositions qui ont été examinées dans les deux premiers points; c'est-à-dire, que par la règle des contraires, ceux qui avoient gagné dans le passage de la monnoie forte à la monnoie foible, perdront dans le retour de la monnoie foible à la monnoie forte, et que, réciproquement, ceux qui avoient perdu dans le premier changement, gagneront dans le second.

La distinction des engagemens antérieurs et postérieurs est ici entièrement inutile, parce qu'il est évident que dans ce dernier point il ne peut être question que des engagemens contractés avant le rétablissement de la monnoie forte, ceux qui se passent ensuite retombant dans les règles du droit commun.

Ainsi, la seule distinction dont on ait besoin sur ce point, est celle de l'intérêt des particuliers, de l'intérêt de l'état, et de celui du roi.

ARTICLE PREMIER,

Où l'on examine ce qui regarde l'Intérêt des Particuliers, dans le retour de la Monnoie foible à la Monnoie forte.

Le décri de la monnoie foible se peut faire en deux manières :

Ou en l'annonçant auparavant, et en le faisant successivement;

Ou sans l'annoncer, et en un seul moment.

Si on le fait de la première manière, il n'y a qu'à suivre ici la même induction des six espèces de contrats ou d'engagemens qu'on a discutés sur le second point, c'est-à-dire, sur le temps de la foible monnoie; et l'on comprendra aisément que dans le temps du décri :

1.º Les aliénations perpétuelles, à la charge d'une prestation annuelle en argent, ne méritent aucune attention, parce qu'elles n'y souffrent aucun préjudice;

2.º Qu'à l'égard des baux des terres et des métairies, ils doivent diminuer d'autant, qu'ils étoient peut-être augmentés pendant que la foible monnoie avoit cours ;

3.º Que le prix des marchés et les entreprises doivent éprouver à peu près aussi la même diminution ;

4.º Que les contrats de constitution, et les ventes à faculté de réméré, sont de tous les actes de la société civile ceux qui souffrent une secousse et une agitation plus violente dans le temps du décri successif où chacun se hâte de profiter des restes de la foible monnoie qui expire, pour payer ce qu'il doit, et qui, comme on l'a déjà dit par avance, produit un effet qui survit à la foible monnoie, par la réduction du taux de rentes, à laquelle le grand nombre de ceux qui cherchent en même temps à employer leur argent en rentes donne lieu infailliblement; ainsi, cet effet de l'affoiblissement des monnoies se fait principelement sentir dans le dernier période de la foible monnoie, et lorsqu'elle est sur le point de s'évanouir ;

5.º Que c'est aussi dans ce dernier moment que, si l'on considère les ventes et achats au dedans du royaume, le prix de toutes choses doit le plus augmenter, par le grand mouvement d'un argent qui périt si l'on ne l'emploie à quelque prix que ce soit.

Que si l'on jette les yeux sur ce qui se passe au dehors avec l'étranger, il arrive ordinairement :

1.º Que nos négocians, craignant de perdre sur

les espèces qu'ils ont entre leurs mains, se hâtent d'acquitter ce qu'ils doivent à l'étranger, quoiqu'avec un autre genre de perte, mais qui leur paroît moins fâcheuse que celle qu'ils feroient toujours sur la monnoie, sans s'acquitter à l'égard des étrangers.

2.° Que si, leurs dettes payées, ils se trouvent encore en fonds d'argent comptant, comme cela est assez naturel, parce que leurs débiteurs se hâtent aussi de leur payer ce qu'ils leur doivent, ils tirent beaucoup de marchandises des pays étrangers, soit parce qu'ils évitent par là de perdre au décri des espèces, soit parce qu'ils espèrent de se dédommager de la plus value de ces marchandises qu'ils achètent en monnoie foible, par le gain qu'ils y pourront faire dans la suite; et on a vu même qu'ils employoient, ainsi, non-seulement leurs propres déniers, mais ceux de leurs amis qui les leur confioient pour cet usage, par la crainte excessive de perdre sur le décri des monnoies.

Ces deux événemens peuvent avoir une espèce d'utilité, par rapport au change, parce que :

1.° Nous cessons par là d'être débiteurs de l'étranger, par rapport aux anciennes dettes.

2.° Nous n'en contractons point de nouvelles pour le prix des marchandises que nous en tirons de plus qu'à l'ordinaire dans le temps du décri, tous les paiemens se faisant alors en argent comptant.

Nous cessons donc d'être débiteurs, et les étrangers ayant toujours besoin de nos marchandises, peuvent devenir les nôtres. Ainsi, c'est un effet qui paroît devoir suivre assez naturellement le décri des monnoies, que le rétablissement du change dans l'égalité, ou même à notre avantage.

Aussi, a-t-on vu qu'après le dernier décri des monnoies, le change s'est soutenu sur un pied plus avantageux pour nous; ensorte que malgré le surhaussement des monnoies, qui a suivi de près ce décri, le change n'est pas tombé, comme il auroit dû le faire par ce surhaussement.

Il faut à présent tourner la médaille, et voir si cet avantage spécieux n'a pas un retour plus triste, qui nous mette dans un état plus fâcheux que celui où nous étions avant le décri.

L'expérience nous a encore instruits sur ce point.

Le décri se passe; les marchands se trouvent épuisés d'argent, et surchargés de marchandises; ou ils ne vendent point, ou ils sont forcés de vendre à vil prix, parce que, les besoins des hommes étant toujours à peu près les mêmes, il n'y a plus de proportion entre la quantité et la demande; cependant ceux qui leur ont confié leur argent avant le décri, les pressent de le leur rendre; ils périssent au milieu d'une abondance de marchandises qui les charge au lieu de les enrichir. De là naissent une infinité de banqueroutes, qui jettent une si grande défiance dans le commerce, qu'on ne sait plus avec qui traiter; et le discrédit devient si universel, que, d'un côté, le citoyen aime mieux resserrer son argent que de le prêter; et, de l'autre, que l'étranger craint de faire aucune négociation avec nous : ainsi, le commerce languit au dedans et au dehors; il ne subsiste au dedans que pour les choses nécessaires, ou par rapport aux personnes aisées qui font toujours le petit nombre : et, à l'égard du dehors, l'étranger s'accoutume à aller chercher ailleurs ce qu'il venoit prendre dans notre pays; et, malgré la bonté supérieure de nos denrées ou de nos marchandises, malgré l'avantage de la proximité, il préfère un commerce sûr, quoique d'ailleurs plus onéreux, à un commerce plus commode en soi, mais dans lequel il ne trouve pas la même sûreté.

C'est donc en vain qu'on se flatte alors de l'avantage trompeur que l'on trouve à soutenir le change dans l'égalité, ou même sur un pied favorable : on l'a déjà dit ailleurs, le gain peut paroître considérable, à proportion de la somme totale à laquelle monte le commerce; mais cette somme est si modique, qu'il vaudroit beaucoup mieux moins gagner sur le change, et faire un plus grand commerce.

Tels sont donc les effets que le décri successif

de la monnoie foible produit par rapport aux ventes et aux achats :

Au dedans, augmentation excessive du prix de toutes choses ;

Au dehors, un bénéfice accidentel sur le change ; mais une interruption, une défiance et une diminution sensible dans le commerce, qui prend souvent une autre route dont il n'est nullement facile de le ramener à son premier état ;

Enfin, pour ce qui regarde la dernière espèce d'engagemens, qui sont les prêts et les emprunts, ou on les examine dans le temps que le décri se fait successivement, ou on les considère lorsqu'il est fini.

Dans le temps qu'il se fait par degrés, le débiteur se hâte de payer, et le créancier se trouve souvent exposé à perdre ou à mal placer son argent, comme on l'a dit par rapport à ceux qui ont des rentes constituées.

Il se fait même de nouveaux prêts à l'occasion du décri, où l'on confie son argent, avec une grande facilité, à quiconque peut empêcher que l'on n'y perde ; et l'expérience du dernier décri a fait voir combien de gens y sont trompés.

Si l'on passe au temps où le décri est consommé, alors, comme l'on a vu que la condition du créancier qui avoit prêté avant l'affoiblissement des monnoies est devenue plus mauvaise, parce qu'il recevoit en monnoie foible ce qu'il avoit prêté en monnoie forte, réciproquement, celle du débiteur qui a emprunté en monnoie foible, et qui n'a pu se libérer dans le temps du décri successif, devient à son tour la plus mauvaise, puisqu'il faut qu'il rende en monnoie forte ce qu'il a reçu en monnoie foible.

On n'a parlé jusqu'ici que des effets du décri successif, par rapport aux particuliers.

Mais, s'il se fait tout d'un coup, et si la monnoie foible est anéantie en un moment comme par un coup de foudre, il n'est pas de l'objet de ces réflexions d'examiner si l'inconvénient en est ou plus ou moins grand que celui du décri successif : il suffit de remarquer ici que le préjudice en est toujours infiniment considérable pour ceux sur qui le coup porte; et, comme c'est un coup frappé à l'aveugle, il peut tomber sur les pauvres, ou du moins sur ceux qui n'ont qu'une fortune médiocre, aussi bien et quelque fois plus que sur les riches. Ainsi, c'est un événement capable d'ébranler ou de renverser même un grand nombre de fortunes, de causer une infinité de banqueroutes, et de répandre une confusion et une consternation générale dans tout l'état, dont il faut à présent envisager l'intérêt, après avoir parlé de celui des particuliers.

ARTICLE DEUXIÈME,

Où l'on examine ce qui regarde l'Intérêt de l'État dans le retour de la Monnoie foible à la Monnoie forte.

Il faut reprendre ici la même distinction dont on s'est servi dans l'article précédent :

Ou le décri se fait successivement et par degrés;

Ou il se fait tout d'un coup et en un moment.

S'il se fait successivement, ou l'on en examine l'effet par rapport au dedans du royaume, ou on l'examine par rapport au dehors.

Au dedans, le corps de l'état ne perd ni ne gagne. La même quantité d'or et d'argent y demeure, si le commerce étranger ne le fait point sortir; et tout ce qui se passe entre les particuliers, dont les uns gagnent et les autres perdent, n'intéressant point le général de l'état auquel il est indifférent que l'argent soit dans une main plutôt que dans l'autre, comme on l'a déjà dit ailleurs, il est visible que le passage de la monnoie forte à la monnoie foible ne lui a rien fait perdre : aussi, le retour de la monnoie foible à la monnoie forte, ne lui fait rien gagner.

Au dehors, il n'en est pas de même; et l'on en a déjà suffisamment expliqué les raisons, quand on a parlé de l'intérêt des particuliers.

1.º Il n'est nullement indifférent à l'état, que, pour éviter la perte du décri, il sorte une grande quantité d'espèces du royaume ; il en devient plus pauvre réellement, et il n'en est point dédommagé, parce que le change se rétablit, ou peut se rétablir alors par accident, c'est-à-dire, par des paiemens forcés en argent comptant, qui diminuent la masse de l'état.

2.º Il est encore moins indifférent au corps de l'état que le crédit se perde, que le commerce tombe, et qu'enfin il soit transporté dans un autre pays.

Ainsi, les particuliers ne sauroient souffrir dans ces deux points, qui sont, comme on l'a vu, les suites du décri successif des monnoies, sans que tout l'état n'en souffre avec eux, et ne tombe dans une espèce de langueur presque mortelle.

Que si le décri se fait en un instant, il semble d'abord que le corps de l'état n'en doive ressentir aucun préjudice, parce que la même quantité d'or et d'argent y reste toujours ; cette espèce de décri ayant cela de plus avantageux ou de moins préjudiciable que le premier, qu'il ne cause aucun transport d'espèces hors du royaume ; et qu'importe à l'état que la même quantité d'or et d'argent soit divisée en plus ou moins de parcelles : un homme n'en est pas moins riche pour avoir tout son bien en quarts d'écus, que pour l'avoir en écus. La même quantité de matière divisée en espèces foibles, vaut autant que si elle étoit divisée en espèces fortes ; et il est indifférent, comme on l'a dit ailleurs, d'avoir cinq écus qui ne valent réellement que seize livres, ou d'avoir quatre écus qui valent aussi réellement seize livres.

Cependant cette conséquence ne paroîtra pas juste, si l'on considère qu'à la vérité s'il y avoit un genre d'hommes dans l'état qui gagnât autant au décri soudain et imprévu des monnoies que les autres y perdent, la situation de l'état pourroit bien n'être nullement altérée par ce changement, parce qu'il resteroit toujours un crédit suffisant dans ceux qui gagneroient au décri, pour assurer en quelque manière la fortune publique.

Mais le décri qui s'opère en un moment a cela de singulier, que tout le monde y perd, et que personne n'y gagne dans le temps qu'il s'exécute. Or, l'ébranlement de toutes les fortunes à la fois, et le grand nombre de banqueroutes auxquelles il donne lieu en même temps, deviennent un malheur général, qui intéresse tout l'état, par le discrédit universel qu'il y répand, et qui, affectant le commerce en général, est une véritable perte pour le public aussi bien que pour les particuliers.

Si donc le décri de la foible monnoie n'est guère moins fatal au corps de l'état qu'aux membres qui le composent, il ne reste plus que d'examiner quel est l'effet qu'il produit par rapport au roi.

ARTICLE TROISIÈME,

Où l'on examine ce qui regarde l'Intérêt du Roi dans le retour de la Monnoie foible à la Monnoie forte.

Suivons toujours ici la même distinction.

Si le décri se fait successivement, et qu'on l'envisage d'abord par rapport au dedans du royaume, il s'exerce à l'égard du roi une espèce de justice et de compensation, par laquelle il arrive que, comme c'est le roi qui a le plus gagné, ou qui peut-être a seul gagné par l'affoiblissement des monnoies, c'est aussi lui qui souffre, non pas seul, à la vérité, mais au moins qui souffre davantage par le rétablissement de la monnoie forte.

En effet, d'un côté, les peuples qui doivent les impositions se hâtent tous de les payer en monnoie foible ; et de l'autre, ceux qui sont préposés pour les recevoir, se servent de leur ministère pour faire passer leur argent et celui de leurs parens, de leurs amis, de leurs connoissances, dans les caisses du roi, qui ne sont jamais si remplies que quand il décrie la monnoie foible. Il est vrai qu'à mesure qu'il reçoit, il s'acquitte le plus qu'il peut pour éviter la perte du décri. Mais, quelqu'attention qu'on y apporte, les caisses se remplissent à mesure qu'elles se vident ; et on ne sauroit empêcher que le roi ne perde toujours infiniment plus au décri des monnoies que les plus riches de ses sujets. C'est le premier effet du décri successif, par rapport à l'intérêt du roi, au dedans du royaume.

Le second regarde les impositions. Il est forcé de les diminuer autant qu'il les avoit augmentées à l'occasion de l'affoiblissement des monnoies ; autrement, non-seulement il fait une injustice sensible à ses peuples, mais il se met hors d'état de rien recevoir.

Ainsi, par un retour presqu'inévitable, le roi perd autant en décriant la monnoie foible, qu'il avoit gagné en lui donnant cours. Il avait fait tort à ses sujets plus qu'à lui, en affoiblissant la monnoie. Il leur fait tort, et il se le fait autant à lui-même en la fortifiant ; et rien ne fait mieux sentir la vérité de ce que l'on a fait sentir ailleurs, que le prince, qui affoiblit sa monnoie, se met dans la plus triste de toutes les situations, où il ne peut presque que faire du mal, ou à ses sujets, ou à lui-même, et souvent à tous les deux.

A l'égard du dehors du royaume, il est vrai qu'après le décri, si le prince a des remises à y faire, il trouvera peut-être de meilleures conditions, le change se rétablissant par le décri ; mais, d'un autre côté, le grand nombre d'espèces qui sont sorties du royaume, la rareté d'argent qui en est une suite, l'anéantissement du commerce et la perte du crédit se font sentir au roi comme à l'état dans tout ce qu'il a à traiter avec les étrangers.

Que s'il prend la résolution de décrier la monnoie foible en un instant ; et, pour parler comme Tacite : *Non jam per intervalla ac spiramenta temporum, sed velut uno ictu rempublicam exhaurire* ; alors, à la vérité, il évitera la perte que le décri successif lui fait supporter dans ses caisses ; il pourra même prendre le temps qu'elles sont moins remplies, pour y placer le décri, celui qui surprend les autres pouvant aisément éviter d'être surpris lui-même ; mais tout cela n'empêchera point qu'il ne sente, dans toutes ses affaires, le contre-coup du renversement d'une grande partie des fortunes de son royaume, et du discrédit général qui en est une suite inévitable.

Après avoir donc examiné ce qui se passe dans le décri de la monnoie foible, par rapport à l'intérêt des particuliers, à l'intérêt de l'état et enfin à celui du roi, que peut-on en conclure à présent ? sinon que telle est la nature de tout affoiblissement des monnoies, qu'il n'est guère moins nuisible dans sa fin que dans son commencement, ou dans sa durée, et qu'on en pourroit dire ce que Tacite a dit le premier en parlant de Séjan, et ce que d'autres ont répété bien des fois à l'égard des ministres ou des favoris du même caractère: *que leur naissance et leur mort avoient été également fatales à la république*, en sorte qu'ils ne devoient jamais naître, ou ne devoient jamais mourir.

C'est ce qui conduit naturellement l'esprit à examiner ce grand problème en matière de monnoie, si l'usage de la monnoie foible est absolument nuisible en soi ; indépendamment de sa courte ou de sa longue durée, ou s'il n'est véritablement nuisible que parce qu'il finit : problème que l'on doit traiter à présent, et qui sera comme le fruit et la conclusion générale que l'on doit tirer de toute cette longue discussion.

QUESTION GÉNÉRALE,

Ou Résultat de tout ce qui a été traité jusqu'ici, où l'on examine si l'Affoiblissement des Monnoies est absolument injuste et nuisible en lui-même, indépendamment de sa courte ou de sa longue durée ; ou s'il ne l'est que parce qu'il doit finir, et qu'il finit en effet.

Pour réduire la question aux véritables termes de sa difficulté, il faut en écarter d'abord tout ce qui n'en est pas susceptible, et, dans cette vue, reprendre en un mot les différentes espèces d'affoiblissement des monnoies qu'on a distinguées dans les préliminaires.

On en a marqué jusqu'à cinq :

1.º Affoiblissement sur le poids;

2.º Affoiblissement sur le titre;

3.º Affoiblissement sur la proportion de quantité entre les monnoies de différentes matières;

4.º Affoiblissement proportionnel sur le cours et sur la valeur extrinsèque des monnoies;

5.º Affoiblissement sur la proportion de valeur entre les monnoies des matières différentes.

De ces cinq espèces d'affoiblissement, il en faut retrancher trois sur lesquelles la question présente ne sauroit être agitée.

Ce sont :

1.º L'affoiblissement sur le titre qui ne peut être regardé que comme une espèce de fausseté, et comme un violement criminel de la foi publique, si l'on n'en avertit pas le citoyen et l'étranger, comme cela s'est fait quelquefois en France, principalement sous le roi Jean, et qui, lors même qu'on en avertit, fait sortir toutes les bonnes espèces du royaume, soit parce que l'étranger n'en veut point recevoir d'autres, soit pour avoir lieu d'y commettre la même altération et d'y faire le même profit que le roi;

2.º L'affoiblissement sur la proportion de quantité entre les monnoies de différentes matières, ce qui arrive lorsqu'on multiplie sans mesure les monnoies de billon; affoiblissement qui, comme le précédent, fait sortir à la fin toutes les bonnes espèces du royaume, et produit un échange pareil à celui de Diomède et de Glaucus, auquel Homère dit que Jupiter ôta la raison, lorsqu'il troqua ses armes d'or contre les armes de cuivre qu'avoit Diomède (1). On étoit

_____

(1) On peut remarquer, en passant, que ce passage d'Homère semble faire voir que la proportion du cuivre ou de l'airain avec l'or étoit alors comme neuf à cent, c'est-à-dire,

tombé dans ce grand inconvénient sous le règne de Henri III, comme on l'a déjà remarqué; et l'on a eu beaucoup d'attention à n'y pas retomber depuis ce temps-là ;

3.º L'affoiblissement sur la valeur entre les monnoies de matières différentes, comme entre l'or et l'argent, ou entre l'un et l'autre, et la monnoie de billon. On s'y est aussi trompé en France plus d'une fois ; et l'inconvénient en est sensible, parce que, comme on l'a déjà dit, la foible espèce dévore la forte, c'est-à-dire, qu'elle la fait disparoître et passer dans les pays étrangers par les mêmes raisons que l'on vient de marquer sur le défaut de proportion de quantité.

Ces trois sortes d'affoiblissemens sont si évidemment mauvais, ils ont quelque chose de si inique, de si odieux, et de si contraire au bien public, qu'il faudroit être ennemi de sa patrie pour les proposer avec connoissance, et la matière de la monnoie est trop connue à présent pour donner lieu de craindre qu'on ne le fasse par ignorance.

Ainsi, le problème qu'on doit agiter ici ne peut point rouler sur des affoiblissemens de cette nature, qui portent trop grossièrement le caractère d'iniquité évidente.

Il faut donc se réduire uniquement à ces deux espèces d'affoiblissemens, qui ne sont point si odieuses, et qui consistent, ou dans la diminution du poids, ou dans l'augmentation de la valeur extrinsèque, ou dans l'une et l'autre en même temps.

Les princes s'y portent plus aisément, soit parce qu'ils se persuadent, comme bien des monétaires l'ont cru, que la monnoie n'a effectivement aucune autre valeur que celle qu'il plaît au souverain de lui donner, soit parce que remplaçant la valeur intérieure qu'ils retranchent, par la valeur extrinsèque

---

un peu plus qu'onzième ; ce qui marque que le cuivre étoit alors plus précieux, en comparaison de l'or, que l'argent ne l'est aujourd'hui.

qu'ils ajoutent, ils croient accorder un dédommagement au public qui éloigne toute idée d'injustice.

Il s'agit donc de savoir si ces deux espèces d'affoiblissemens sont absolument mauvaises en elles-mêmes, ou si elles ne le sont que parce qu'elles ne sont pas durables; en sorte que le mal ou le vice de l'affoiblissement consiste, non pas en ce qu'il commence, mais en ce qu'il finit.

Pour soutenir cette dernière opinion, on peut dire qu'il n'y a qu'à parcourir les différens degrés par lesquels on a passé dans la dissertation précédente, et dont on a conclu que l'usage de la foible monnoie étoit injuste et vicieux; il n'y a, dis-je, qu'à faire encore une fois le même chemin, pour reconnoître à chaque pas que tout le mal de l'affoiblissement des monnoies consiste en ce qu'il doit finir, au lieu que s'il duroit toujours, le remède se trouveroit dans le mal même.

Ainsi, si l'on s'attache d'abord au commencement de l'affoiblissement, il est vrai que le roi paroît s'y approprier le bien d'autrui, en retenant une partie des matières que l'on porte à la monnoie; mais si celui qui a apporté les matières reçoit moins en poids, il reçoit plus en valeur, et en valeur effective, puisque personne ne peut refuser de recevoir la monnoie qu'on lui rend sur le même pied qu'on l'a reçue du souverain.

On répondra :

1.º Qu'il pourra y perdre un jour; mais pourquoi cela? Parce que l'affoiblissement cessera; car s'il duroit toujours, jamais cette perte n'auroit lieu;

2.º Qu'il y perd, même dans le temps que l'affoiblissement subsiste, parce qu'il est obligé d'acheter plus cher les denrées et toutes les choses qui lui sont nécessaires.

Mais il souffriroit le même préjudice si l'or et l'argent s'étoient réellement multipliés dans son pays, ce qui ne se fait jamais sans que le prix de toutes choses croisse et s'augmente; cependant, diroit-on que sa condition en seroit plus mauvaise? On dira, sans doute, que par là ses propres biens deviendroient aussi d'une plus grande valeur, et qu'étant plus riche, il ne lui en coûteroit pas davantage pour faire une plus grande dépense, la proportion demeurant toujours la même entre ses revenus et le prix des choses dont il auroit besoin. Mais, pourquoi cela n'arrive-t-il pas dans la multiplication apparente des richesses, qui se fait par le surhaussement des monnoies? C'est parce qu'on prévoit que le surhaussement doit finir; ou parce qu'il ne dure pas assez long-temps pour produire la même augmentation dans les revenus qu'il produit dans le prix des denrées et des marchandises. Qu'on le laisse subsister assez long-temps pour cela, la valeur extrinsèque augmentée produira le même effet que la valeur réelle multipliée; et la recette et la dépense se mettront insensiblement au niveau l'une de l'autre. C'est ce qui paroîtra encore plus par les différentes espèces d'engagemens, qu'on a distinguées dans le second temps, c'est-à-dire, celui de la durée de l'affoiblissement auquel il faut passer à présent.

Ou ces engagemens, dont il faut toujours retrancher la première espèce comme peu importante dans la matière présente, sont antérieurs à l'affoiblissement, ou ils sont postérieurs; c'est la distinction qu'on a faite.

Que l'on parcoure les cinq espèces d'engagemens antérieurs qui restent, quand on a retranché la première, on trouvera partout que le mal vient de ce que l'affoiblissement ne dure pas toujours.

Le propriétaire ne reçoit le prix de son bail qu'en foible monnoie, et il faut cependant qu'il achète plus cher toutes les choses dont il a besoin. Laissez durer l'affoiblissement, il n'en souffrira bientôt plus.

Le bourgeois qui a fait un marché avant l'affoiblissement des monnoies pour un bâtiment, ou pour tout autre ouvrage, le paiera aussi cher, ou il ne pourra obliger l'ouvrier ou l'entrepreneur à le faire sur le même pied; mais ses revenus augmenteront si l'affoiblissement dure toujours, et il sera en état de supporter cette augmentation de dépense.

Le même raisonnement s'appliquera aux propriétaires des rentes constituées, qui sont exposés à recevoir les remboursemens en monnoie foible; aux vendeurs et à tous les créanciers, de quelque genre qu'ils
soient, qui recevront en un sens moins qu'ils n'ont
donné : mais, si ce moins en matière, qui est autant en
valeur, ne les dédommage pas d'abord de ce qu'il
leur en coûte de plus par le haut prix des denrées et
des marchandises, ils en seront dédommagés un jour,
si l'affoiblissement subsiste, par l'augmentation de
leurs revenus; et ce n'est que parce qu'il finit qu'ils
souffrent une véritable perte sans aucun dédommagement proportionné.

La même induction se fera à plus forte raison sur
les engagemens qui se contractent pendant la durée
de l'affoiblissement; car, à l'égard des engagemens
antérieurs, il pourra y avoir toujours quelque préjudice dans le commencement, quoiqu'il soit réparé
dans la suite. Mais, pour ce qui regarde les contrats
passés sur le pied de la monnoie foible, il ne peut
jamais y avoir de mal qui ne trouve presqu'aussitôt
son remède.

1.° Ce qui empêche que le prix des baux des terres
et des maisons n'augmente autant qu'il le faudroit pour
l'indemnité du propriétaire, c'est la crainte du retour
de la monnoie forte, que le fermier et le locataire
prévoient; ôtez cette crainte par l'assurance de la durée
de l'affoiblissement, le prix des baux croîtra dans la
même proportion que celui des denrées, et par conséquent le propriétaire sera pleinement dédommagé.

Les ouvrages enchérissent, et les entrepreneurs
demandent un plus grand prix; mais aussi les richesses
du bourgeois augmentent, et la proportion demeure
la même si l'affoiblissement ne doit point cesser.

Le taux des rentes constituées diminue, il diminueroit de même si les matières d'or et d'argent devenoient
plus communes : que l'affoiblissement continue, et le
propriétaire de la rente constituée voyant croître ses
revenus, y retrouvera ce qu'il perd sur les arrérages
de ses rentes.

La crainte d'un remboursement mal placé ne l'alarmera plus, s'il est vrai qu'il n'y ait point de décri à appréhender.

Si l'on passe à ce qui regarde les ventes et les achats, on trouvera :

Que si la condition des acheteurs paroît devenir plus mauvaise au dedans du royaume, par la cherté des denrées et des marchandises, cela ne vient que de ce que la courte durée de la foible monnoie ne leur donne pas le temps de s'enrichir à proportion ; au lieu que si elle subsistoit toujours, le commerce, excité par cette cherté même, fleuriroit dans le royaume ; et le commerce florissant répandroit enfin les richesses et l'abondance dans toutes les parties de l'état, ensorte que l'augmentation du prix de toutes choses ne seroit plus sensible.

Que si la perte que l'on souffre au dehors, par la différence qui est entre notre monnoie et les monnoies étrangères, fait d'abord une grande impression, il faut avouer que c'est le mal le plus considérable qui résulte de l'affoiblissement des monnoies : mais ce mal pouvant trouver son remède dans la supériorité du commerce qui nous fait regagner sur le change ce que nous perdons sur l'inégalité des monnoies, rien n'est plus propre à donner la supériorité à notre commerce, que de laisser durer l'usage de la foible monnoie.

Par elle, si elle est durable, tout le royaume s'enrichira, les terres seront mieux cultivées, les manufactures plus abondantes et plus parfaites, la quantité des denrées augmentera comme celle des marchandises. Ainsi, le commerce intérieur croissant tous les jours, il sera impossible qu'il ne se répande au dehors, et quand on y devroit perdre d'abord quelque chose pour ne pas écarter les étrangers, on gagnera avec usure, dans la suite, par l'abondance et la supériorité de commerce, ce que l'on aura perdu dans le commencement.

Enfin, pour ce qui regarde le simple prêt, considéré dans l'intérieur du royaume, ce n'est que le peu de durée de l'affoiblissement qui expose le débiteur à payer en monnoie forte, ce qu'il a reçu en monnoie foible; ou si l'on faisoit la loi en faveur du débiteur, ce ne seroit aussi que le peu de durée de l'affoiblissement qui exposeroit le créancier à recevoir son paiement en monnoie foible dans le temps que la monnoie forte seroit rétablie : mais si l'affoiblissement duroient toujours, ni l'un ni l'autre n'y perdroient jamais rien.

Et si l'on envisage le prêt, par rapport au commerce extérieur, comme il est susceptible des mêmes réflexions que les achats et les ventes, il trouveroit aussi les remèdes dans la durée de l'affoiblissement.

Il n'est pas nécessaire de continuer cette induction, par rapport à l'intérêt de l'état, et à l'intérêt du roi ; car, comme ni l'un ni l'autre ne peuvent souffrir aucun préjudice en cette matière, que par le contre-coup de la perte que font les particuliers, si l'on peut remédier à cette perte, il est évident que ni l'état ni le roi ne seront plus exposés à aucun préjudice.

Il seroit encore plus inutile de continuer la même induction, par rapport à ce qui se passe dans le dernier temps, c'est-à-dire, lorsque l'affoiblissement finit; parce qu'on ne peut pas douter que les inconvéniens qui arrivent dans le retour à la monnoie forte, n'arriveroient point si on n'y revenoit pas.

On prétendra donc tirer cette conséquence générale de tout ce qui regarde les différens effets de l'affoiblissement, que les maux qui en naissent, ne sont principalement fondés que sur ce qu'il doit finir, puisque ces mêmes maux trouveroient leurs remèdes, si l'affoiblissement duroit toujours.

Ceux qui prétendent que ces raisonnemens ne sont que de purs sophismes, se servent d'un argument général qu'il est bon d'examiner ici, parce que si on l'approfondit exactement, il pourra nous conduire à la découverte de la vérité que nous cherchons.

Ils réduisent d'abord les défenseurs de l'opinion contraire à une absurdité qui paroît évidente et capable de renverser seule tous leurs raisonnemens.

S'il est vrai, disent-ils, que l'affoiblissement des monnoies soit une chose indifférente en soi, et qu'il ne soit nuisible que parce qu'on en prévoit la fin, et qu'elle finit en effet ; il s'ensuit de là, que comme l'on surhausse la monnoie d'un quart, on pourroit la faire valoir la moitié plus, en doubler, en tripler la valeur ; en sorte que le même écu qui valoit trois livres, valût neuf livres : et comme il ne paroît pas de point fixe où l'on puisse s'arrêter, s'il est vrai que le surhaussement de la monnoie soit un mal qui porte toujours avec soi un remède proportionné ; on pourra, de la même manière, faire croître à l'infini le prix de la monnoie, et donner à un écu la valeur de dix, de vingt, de cent écus même. Pourquoi les princes se priveroient-ils d'un si grand avantage, s'ils pouvoient en jouir sans faire aucun tort à leurs sujets, qui trouveroient toujours un dédommagement dans la durée du surhaussement ? Ainsi, ce qui seroit utile au prince, et qui ne seroit point nuisible aux peuples, ne pourroit être poussé trop loin.

Mais, comme il n'y a personne qui ne sente l'absurdité de cette conséquence, et que les partisans même de l'opinion contraire n'oseroient l'avouer ; il faut en même temps qu'ils abandonnent un principe qui ne sauroit être véritable, dès le moment qu'il produit une conséquence si absurde.

Telle est la démonstration courte et abrégée que l'on oppose aux défenseurs de la monnoie foible, sans entrer dans une discussion suivie et détaillée de tout ce que l'on pourroit opposer à leur raisonnement.

Mais, pour examiner si cette démonstration est solide, ou jusqu'à quel point elle peut l'être, il faut remarquer que la possibilité de l'affoiblissement à l'infini, qu'on prétend être une absurdité évidente, peut se soutenir en deux manières :

Ou en prétendant que le prince peut tout d'un coup porter la monnoie à telle valeur qu'il lui plaît ; en sorte, par exemple, que l'écu qui ne valoit hier que trois livres, vaille trente livres aujourd'hui ;

Ou en exécutant par degrés ce projet, d'augmenter arbitrairement la valeur de la monnoie; en sorte que l'écu de trois livres vaille d'abord quatre livres; qu'après l'avoir soutenu sur ce pied pendant un certain nombre d'années, on le porte à six livres; et qu'ainsi, successivement, on fasse croître sa valeur de dix ans en dix ans, par exemple, jusqu'à ce qu'elle soit portée à trente livres et au-delà.

La première manière paroît absolument impossible, et par conséquent, la proposition en est absurde. Il est aisé de le démontrer.

L'unique ressource de ceux qui soutiennent que l'affoiblissement des monnoies est innocent, pourvu qu'il soit durable, est l'augmentation du prix de toutes choses dans la même proportion que la valeur de la monnoie. Il arrive par là, selon eux, que, la recette augmentant dans la même mesure que la dépense, le niveau s'y trouve toujours.

Mais, pour vendre et recevoir par la vente le bénéfice ou le dédommagement prétendu dont on se flatte, il faut trouver des acheteurs, et il faut que les acheteurs puissent trouver eux-mêmes de quoi payer ce qu'ils achètent.

Voyons donc ce qui se passe à leur égard, et quelle est leur situation après l'affoiblissement de la monnoie.

Je veux acheter un muid de vin, que je payois cent livres avant l'affoiblissement, que je suppose n'être que d'un cinquième; je payois ces cent livres avec vingt-cinq écus, qui valoient alors quatre livres chacun. Après l'affoiblissement, je voudrois les payer avec vingt écus, que le prince a fait valoir cinq livres la pièce. Soit que ces vingt écus me viennent immédiatement de la monnoie où j'ai été obligé de porter mes anciennes espèces, soit que mes fermiers ou mes débiteurs me les aient donnés, j'ai été forcé de les prendre sur le pied de cinq livres, et ils me tiennent lieu de cette somme.

Mais, quand je veux donner à mon marchand de vin ces vingt écus, pour lui payer le muid que

j'achète, il me dit, ou qu'il ne peut me donner pour
le prix de vingt écus ce qui lui en produisoit vingt-
cinq auparavant; ou que les cent livres que je veux
lui donner, ne sont plus les mêmes livres que je lui
payois autrefois; qu'elles sont diminuées d'un cinquième; qu'elles ne valent que seize sous; et, par conséquent, qu'en croyant lui en donner cent, je ne lui
en donne réellement que quatre-vingts, sans que le
prix de sa marchandise soit diminué. Voilà le principe de l'augmentation du prix. Je n'ai qu'une voie
de le satisfaire, qui se peut énoncer, comme sa difficulté, en deux manières différentes : il faut, ou que je
lui donne le même poids que je lui donnois auparavant, et ce même poids se trouvera précisément
dans vingt-cinq écus, au lieu de vingt; ou que je lui
donne une plus grande quantité de livres pour le dédommager de la diminution de chaque livre; et, comme
chaque livre est affoiblie d'un cinquième, je suis
obligé de lui donner un cinquième de plus en nombre de livres, c'est-à-dire, cent vingt-cinq livres, au
lieu de cent livres : en un mot, cinq écus de plus,
ou, ce qui est la même chose, vingt-cinq livres de
plus, ôteront l'inégalité ou l'injustice du marché, et
remettront l'argent au niveau du vin que je veux
acheter.

Mais où prendrai-je de quoi suppléer à ce défaut
qui se trouve dans mon argent affoibli, il faudra nécessairement que ce soit dans mes autres revenus.
Si je n'avois que cent livres pour toutes choses, je ne
pourrois acheter le muid de vin dont j'ai besoin,
et je n'en pourrois avoir que les quatre cinquièmes;
en sorte que le vin se trouveroit aussi affoibli pour
moi que l'argent avec lequel je le veux payer.

Supposons que la même chose arrive, comme elle
arrivera en effet, suivant la supposition des défenseurs
de la monnoie foible, sur toutes les choses nécessaires à la vie.

Ou je n'avois, avant l'affoiblissement, que ce qu'il
me falloit précisément pour les payer; et, en ce cas,
il s'en faudra un cinquième que je n'aie de quoi vivre;

Ou j'avois quelque chose au-delà du nécessaire ; et, en ce cas, ce sera sur cet excédant que je serai obligé de prendre le supplément que je donnerai pour avoir les choses nécessaires à la vie.

Il n'y a qu'un seul cas à excepter de cette règle générale : c'est lorsque l'argent avec lequel je voudrai payer ce que j'achète, provient, non de mes fermiers ou de mes débiteurs, mais d'une vente que j'aurai faite moi-même de quelque effet ; car, alors, j'aurai reçu, comme vendeur, le supplément que je donnerai, comme acheteur, et, par conséquent, je ne souffrirai aucun préjudice.

Mais, comme il est évidemment impossible que, dans les premiers temps de l'affoiblissement, tous les hommes vendent autant qu'ils sont obligés d'acheter, et cela pour toutes les choses nécessaires à la vie, ce cas doit être regardé comme singulier, et n'empêche pas qu'il ne soit vrai de dire qu'à l'égard du plus grand nombre, sans aucune comparaison, les acheteurs perdront d'abord ce qu'il faudra qu'ils prennent dans leur superflu, ou dans ce qu'ils ont au-delà du nécessaire, de quoi fournir le suplément que tout vendeur exige d'eux.

Il est aisé de comprendre à présent en quoi consisteroit l'illusion de ceux qui voudroient soutenir que le prince peut en un moment porter la monnoie à telle valeur qu'il lui plaît.

Quand l'affoiblissement est médiocre, comme il y a peu de personnes qui soient réduites à n'avoir précisément que le pur nécessaire pris dans la dernière rigueur ; le plus grand nombre peut encore trouver dans l'excédant de ce nécessaire, de quoi donner le supplément qu'on lui demande, pour mettre son argent au niveau de la marchandise. Alors, si l'affoiblissement est d'un cinquième, sa dépense n'en augmente que d'un cinquième ; et, si sa recette alloit à un cinquième de plus que sa dépense, il trouvera dans ce cinquième de quoi dépenser un cinquième de plus ; ou bien, si sa dépense étoit égale à sa recette en telle sorte qu'elle pût néanmoins être retranchée,

il la diminuera d'un cinquième, et, par là, il se trouvera encore dans l'égalité. Il n'y aura qu'un certain
nombre de citoyens qui seront sans aucune ressource,
parce que leur revenu égaloit leur dépense, et que
leur dépense étoit si modique qu'ils ne peuvent y rien
retrancher : et ceux-là seront obligés de prendre sur
leur fonds, ou de demander leur pain; mais, encore
une fois, ce ne sera pas le plus grand nombre,
quand l'affoiblissement sera médiocre.

Mais, si l'affoiblissement est beaucoup plus fort;
si, par exemple, l'écu de trois livres est porté tout
d'un coup à trente livres, alors le supplément que
l'acheteur sera obligé de donner croîtra dans la même
proportion, et s'il veut payer avec dix écus une marchandise qui valoit auparavant trente livres, on exigera de lui quatre-vingt-dix écus, ou deux cents
soixante-dix livres de supplément; et, afin qu'il fût
en état de trouver ce supplément dans ses autres
biens, il faudroit que sa recette ordinaire excédât sa
dépense ordinaire de neuf dixièmes, ou qu'il pût
retrancher neuf dixièmes de sa dépense ordinaire.
Or, comme il n'y a souvent personne dans tout un
royaume qui soit dans une telle situation, il est
visible qu'alors, ou il ne se trouveroit plus d'acheteurs, ou il faudroit que la perte passât entière du
côté des vendeurs, ou enfin qu'elle se partageât entre
les vendeurs et les acheteurs, et, de quelque manière
qu'on en fit le partage, la perte seroit toujours si
énorme pour les uns et pour les autres, que le premier état de l'affoiblissement seroit qu'il ne se trouveroit plus ni acheteur ni vendeur.

Il ne serviroit à rien de dire, que cela n'arrivera
que dans le premier moment, mais que, dans la suite,
tous les revenus et le prix de toutes choses augmentant dans la même proportion, les acheteurs se trouveroient en état d'acheter, et par conséquent les vendeurs de vendre. Car,

1.° C'est ce premier moment qui décide de la possibilité de la chose, puisque, si elle manque dans le

premier moment, si le commerce cesse , si l'on ne peut plus ni vendre ; ni acheter , il faut que tous ceux qui n'ont pas de denrées qu'ils puissent consommer, périssent, ou qu'ils se révoltent contre le gouvernement ; et, par conséquent, si l'entreprise d'un affoiblissement excessif échoue dans le premier moment, elle est échouée pour toujours.

2.° Ce premier moment n'est pas un point indivisible, c'est un point qui a une longue étendue, et qui peut durer plusieurs années. Il faut plus de temps qu'on ne se l'imagine pour changer ainsi la face de toutes les richesses d'un royaume, et pour les faire monter par degrés jusqu'au point où chacun se trouve aussi riche avec dix écus, qu'il l'étoit auparavant avec cent. Mais cette seconde réponse est inutile, parce qu'encore une fois , le premier moment est ici un moment critique et fatal, tous les hommes se trouvant tout d'un coup réduits à l'impuissance de vivre et de subsister par la disproportion d'un affoiblissement démesuré.

La seconde manière d'exécuter l'idée d'augmenter arbitrairement la valeur de la monnoie est, comme on l'a dit, de le faire par degrés et par intervalles, à peu près comme elle se fait naturellement par la multiplication véritable de l'or et de l'argent, qu'une source abondante répand successivement dans l'Europe, et qui en diminue continuellement la valeur.

C'est cette seconde manière qu'il s'agit à présent d'examiner, pour voir si elle est aussi absurde que la première.

Supposons donc qu'un prince affoiblisse la monnoie d'abord d'un cinquième, et laisse durer cet affoiblissement pendant un certain nombre d'années, comme pendant neuf ans ; qu'alors il fasse encore un nouvel affoiblissement d'un cinquième, qui, se prenant sur une monnoie déjà affoiblie d'un premier cinquième, fera le cinquième des quatre cinquièmes ; en sorte que cet affoiblissement, joint au premier, sera de trente-six pour cent ; qu'il le laisse encore durer pendant neuf ans , après quoi il affoiblira encore cette monnoie, déjà deux fois affoiblie, d'un nouveau cinquième, qui, joint aux deux précédens affoiblissemens, sera de quarante-huit pour cent, ou de quelque chose de plus; et, comme le prince peut ne pas suivre toujours exactement la même proportion, surtout quand la différence est très-légère, supposons, pour faire un compte rond, que le troisième affoiblissement soit précisément de cinquante pour cent, il est inutile de pousser plus loin ce progrès, parce que les réflexions qu'on peut faire sur ces trois premiers degrés, auront à plus forte raison leur application aux degrés ultérieurs.

Cette espèce étant ainsi supposée, il faut rappeler encore ici, avant que de voir ce qui arriveroit dans une telle supposition, une vérité que l'on croit avoir suffisamment prouvée ailleurs; c'est que l'augmentation du prix de toutes choses se fait ordinairement dans une proportion inférieure à celle de la valeur des monnoies anciennes et nouvelles.

Les défenseurs de l'affoiblissement ne manqueront pas de dire, que c'est parce qu'il ne dure pas assez long-temps, mais que s'il étoit plus durable, à la fin la balance deviendroit entièrement égale, et la compensation parfaite.

Il faut donc examiner ce qui se passera dans ces affoiblissemens successifs, par rapport à deux temps différens :

1.º Pendant que l'augmentation du prix des marchandises demeure dans une proportion inférieure à celle de l'augmentation de la valeur des monnoies ;

2.º Dans le temps où l'on suppose que l'une et l'autre sont exactement proportionnelles.

Dans le premier temps, ou l'on examinera la chose par rapport au dedans du royaume, ou on l'examinera par rapport au commerce du dehors.

Par rapport au dedans du royaume, il faut faire encore deux distinctions :

1.º Par rapport aux différens biens et aux différentes manières de subsister.

Et premièrement, il est évident que ceux qui ne possèdent que des biens fictifs, comme les rentes constituées et les charges, perdront toujours; ces sortes de biens ne pouvant croître, parce qu'ils consistent en argent, et pouvant diminuer, au moins pour ce qui regarde les rentes constituées, par la réduction du taux; ainsi, il y a déjà un genre de citoyens qui perdent certainement.

A l'égard des biens naturels, ou de l'industrie du travail, il faut faire une seconde distinction entre les vendeurs et les acheteurs.

Il est vrai que par rapport aux acheteurs, il n'est pas nécessaire que le prix des choses soit augmenté, autant et dans la même proportion que la monnoie; pour qu'ils ne perdent rien en achetant, il suffit que leur revenu soit augmenté, d'autant que le prix de ce qu'ils achètent l'est, parce qu'alors ils se trouvent dans l'égalité. Ainsi, si le prix des choses n'est augmenté que d'un dixième, et que les revenus soient aussi augmentés d'un dixième, les possesseurs des biens naturels ne perdront rien, quand ils achèteront; mais, en ce cas, les vendeurs perdront.

2.º Par rapport au commerce du dehors. Si l'on pouvoit séparer absolument le dedans du dehors, on pourroit appliquer au commerce intérieur d'un état, considéré comme un objet entièrement distinct du commerce extérieur, tout ce que l'on pourroit dire d'un royaume isolé de toutes parts et dénué de tout commerce au dehors; et, en effet, si cette séparation étoit possible, on n'y trouveroit aucune raison de différence.

Mais c'est encore une supposition chimérique, que celle de la distinction et de l'indépendance de ces deux genres de commerce.

Ce sont non-seulement les mêmes hommes qui font très-souvent l'un et l'autre, c'est le même état en qui tous les deux se réunissent; mais c'est le commerce du dehors qui donne en grande partie le branle et le mouvement au commerce du dedans, comme réciproquement le commerce du dedans fournit la matière et l'aliment du commerce du dehors; ainsi, ce sont deux parties d'un même tout, et comme ces deux vaisseaux du corps humain, dont l'un porte le sang du cœur jusqu'aux extrémités, et l'autre, le reporte des extrémités jusqu'au cœur; tous deux également nécessaires, et se prêtant un secours mutuel pour la vie et la santé de l'animal entier.

Il ne faut donc point séparer ici deux choses inséparables, et le système des défenseurs de la monnoie foible doit être examiné par rapport à ces deux objets réunis, et ne formant qu'un tout, c'est-à-dire, le commerce entier, tant au dedans qu'au dehors.

On peut seulement leur passer, que, pourvu que le commerce du dehors ne leur fasse pas perdre le fruit de l'avantage, ou du moins du dédommagement qu'ils comptent trouver dans le commerce intérieur, leur opinion peut avoir une grande apparence de vérité.

C'est donc principalement au commerce extérieur qu'il faut s'attacher, puisque c'est celui qui fait toute la différence d'un royaume isolé de toutes parts et inaccessible, et d'un royaume qui fournit à ses voisins, et à qui ses voisins fournissent.

Or, par rapport au commerce extérieur, il ne faut pas confondre les deux balances qu'on a distinguées avec soin, lorsqu'on a traité de l'effet de l'affoiblissement des monnoies, par rapport aux ventes et aux achats qui se font avec l'étranger, je veux dire, la balance de la monnoie et la balance des dettes réciproques, qu'on a appelée la balance du commerce.

Si donc l'on examine séparément ce qui se passe dans l'affoiblissement des monnoies, qu'on suppose durable dans la question présente, par rapport à la balance de la monnoie, voici à quoi la chose paroît se réduire exactement :

Ou le prix de nos marchandises, qui certainement augmentera si l'affoiblissement dure long-temps, ne croîtra que dans une proportion inférieure à celle de l'augmentation des monnoies; en sorte, par exemple, que si l'affoiblissement est d'un tiers en dedans, le prix des marchandises ne croisse que d'un sixième en dedans ;

Ou il croîtra précisément dans la même proportion d'un tiers, par exemple, si le surhaussement est d'un tiers;

Ou il montera plus haut et ira, par exemple, jusqu'au double de plus, pendant que le surhaussement ne sera que de la moitié en sus.

Dans quelqu'un de ces trois cas que ce soit, faisons encore trois suppositions, qui leur sont communes :

1.º Que l'affoiblissement des monnoies soit d'un tiers;

2.º Que pendant que le prix des marchandises de France devient plus grand, celui des marchandises étrangères demeure le même;

3.º Pour simplifier encore plus les idées, supposons en dernier lieu, que l'un des pays tire de l'autre autant qu'il lui fournit, et que la balance des dettes respectives soit parfaitement égale.

Tout cela étant supposé, il faut examiner dans chacun des trois cas que l'on vient de distinguer, ce qui arrivera à l'égard des marchandises qui seront fournies réciproquement.

Dans le premier cas, prenons la Hollande pour exemple.

Un marchand hollandais fournit cent aunes de drap à un marchand français, le prix en est de vingt-quatre livres chacune, comme avant l'affoiblissement, parce que la monnoie de Hollande est demeurée sur le même pied : c'est donc deux mille quatre cents livres qu'il faut que le marchand français donne au marchand hollandais.

D'un autre côté, le négociant français fournit au négociant hollandais cent pièces de vin, qui valoient vingt-quatre livres avant l'affoiblissement que nous supposons être d'un tiers en dedans, comme nous supposons aussi dans ce premier cas que le prix des marchandises est augmenté en France d'un sixième en dedans, la pièce de vin vaudra vingt-huit livres, et les cent pièces deux mille huit cents livres. Or, le hollandais payant ces deux mille huit cents livres en monnoie forte, ou achetant de la monnoie foible pour les payer, ne donnera réellement que les deux tiers de deux mille huit cents livres, c'est-à-dire, dix-huit cent soixante-six livres treize sous quatre deniers.

Ainsi, le français donnera en poids et en valeur réelle deux mille quatre cents livres, et le hollandais ne donnera en poids et en valeur réelle que dix-huit cent soixante-six livres treize sous quatre deniers.

Donc le français fournira de plus, en poids et en valeur réelle, cinqcent trente trois-livres six sous huit deniers.

Mais, pour fournir cet excédant, il lui en coûtera un tiers de plus, c'est-à-dire, cent soixante-dix-sept livres quinze sous six deniers, qui, joints aux cinq cent trente-trois livres six sous huit deniers, font huit cent onze livres deux sous deux deniers, et qui font un peu plus du tiers de la somme totale de deux mille quatre cents livres.

La perte est donc d'un peu plus du tiers pour le français dans cette négociation. Or, la même chose arrivera sur toute la masse du commerce des deux nations : donc, à la fin de l'année, la France se trouvera redevable de plus d'un tiers de la totalité du commerce, et par conséquent le change sera altéré d'un tiers à son préjudice, et ce préjudice croîtra à mesure que l'affoiblissement durera, bien loin que la durée de l'affoiblissement puisse y être un remède.

Le bénéfice que les négocians trouveront dans le commerce intérieur, doit être compté pour rien ; parce que ce prétendu bénéfice n'est ni un gain ni un profit, mais un simple dédommagement, dont tout l'effet consiste en ce que la foiblesse de la monnoie est compensée par la plus value des marchandises ; en sorte que le négociant n'y gagne rien, il évite seulement d'y perdre.

Dans le second cas, c'est-à-dire, lorsque le prix des marchandises augmente précisément dans la même proportion que la valeur des monnoies, les choses demeurent dans l'égalité ; c'est-à-dire, que le hollandais ne gagne point, et que le français ne perd rien.

Le hollandais fournit cent aunes de drap pour deux mille quatre cents livres.

Le français fournit cent pièces de vin qui valent trois mille deux cents livres, parce que leur prix qui étoit de vingt-quatre livres est augmenté d'un tiers en dedans.

Mais, pour fournir ces trois mille deux cents livres, il n'en coûtera que deux mille quatre cents livres à l'hollandais, comme il les donnoit avant le surhaussement des monnoies : il ne gagne donc rien.

Le français ne perd rien non plus, parce qu'il a toujours le poids de deux mille quatre cents livres.

Donc, si la fourniture réciproque des deux états est égale, il n'y aura point de soute de part ni d'autre, et par conséquent, le change ne sera point altéré.

Enfin, dans le troisième cas, si le prix des marchandises montoit plus haut que la valeur de la monnoie, en sorte que, pendant que la monnoie ne seroit augmentée que d'un tiers en dedans, le prix des marchandises fût augmenté de la moitié en dedans, alors la perte seroit du côté de la Hollande.

Reprenons la même espèce :

Le négociant hollandais fournit vingt-quatre pièces de drap pour deux mille quatre cents livres ;

Mais le prix des pièces de vin qui étoit de vingt-quatre livres chacune, étant augmenté jusqu'à trente-six livres, le marchand français vendra les cent pièces trois mille six cents livres :

Or, pour payer cette somme, deux mille quatre cents livres de forte monnoie ne suffisent plus, parce qu'elles ne valent que trois mille deux cents livres, sur le pied du surhaussement du tiers en dedans ; donc, il faudra que le hollandais fournisse quatre cents livres de plus en monnoie foible, qui lui coûteront deux cent soixante-six livres treize sous quatre deniers en monnoie forte ;

Donc il faudra que le hollandais donne deux mille six cent soixante-six livres treize sous quatre deniers, pour les mêmes cent pièces de vin qu'il payoit auparavant avec deux mille quatre cents livres.

Or, les étrangers ne voudront point s'assujettir à une loi si inique, et ainsi, ou ils cesseront de faire le commerce avec nous, ou ils nous forceront à baisser le prix de nos marchandises, jusqu'à ce qu'ils ne perdent rien au moins avec nous, et que les choses reviennent au pair.

Mais le contre-coup de cette opération porte nécessairement sur le commerce intérieur; car un marchand français n'achetera pas d'un autre marchand ou d'un laboureur, ou d'un vigneron français, une marchandise sur un pied plus fort que celui sur lequel il pourra la vendre à l'étranger.

Donc il est évident que le progrès de la plus value des marchandises, par la foiblesse de la monnoie, ne peut jamais aller plus loin que le point, où l'augmentation du prix des marchandises est dans une proportion égale à l'augmentation de la valeur des monnoies.

C'est donc une supposition chimérique, ou du moins purement métaphysique, que l'augmentation du prix des marchandises vaille au-delà de la proportion de l'augmentation des monnoies. L'effet ne peut pas avoir plus d'étendue que la cause; et, comme l'augmentation du prix des marchandises n'est causée que par l'augmentation de la monnoie, il n'est pas possible que la première croisse dans une proportion plus forte que la seconde.

Ce troisième cas doit donc être absolument retranché.

MÉMOIRE

Sur le Commerce des Actions de la Compagnie des Indes.

J'ENTENDS agiter si souvent le célèbre problème de la justice ou de l'injustice du commerce des actions de la compagnie des Indes, que je succombe enfin à la tentation de l'approfondir autant qu'il m'est possible. Le partage des casuistes et la variation même de ceux qui, après avoir commencé par approuver ce commerce comme innocent, ont fini par le condamner comme criminel, fait assez sentir combien la question est délicate, soit par la nouveauté et la subtilité de la matière, ou peut-être encore plus parce qu'elle est du nombre de celles où le cœur fournit des sophismes à l'esprit.

On peut l'examiner dans trois vues différentes, par rapport aux trois principaux devoirs de l'homme en général : je veux dire la religion, la prudence et la justice. Je laisse la première vue aux théologiens et aux casuistes ; c'est à eux de juger si le commerce des actions est contraire aux lois de la charité, à la perfection du chrétien, et à cet éloignement que la religion inspire de tous les objets capables d'irriter la cupidité. J'abandonne aussi la seconde vue à l'examen des sages du siècle, des politiques ; c'est à eux de prononcer sur ce qui appartient à la prudence, et de décider si elle est favorable ou contraire à l'acquisition ou au commerce de ce nouveau genre de bien. Je me borne uniquement à la dernière vue ; et je ne veux qu'examiner, en jurisconsulte et en magistrat, quelles peuvent être les règles de la justice sur une matière si singulière et si peu connue jusqu'à présent ; c'est ce qui m'a obligé de remonter jusqu'aux premiers principes de la société civile et des engagemens que la nécessité du commerce forme entre les hommes. La méditation de ces principes m'a conduit, comme pas à pas, sans savoir précisément où j'allois, à une solution que je devinois d'abord comme par un secret instinct de droiture et de bonne foi, mais dont je ne pouvois me rendre raison à moi-même d'une manière qui me satisfît entièrement. L'ouvrage s'est trouvé plus long que je ne le croyois. On ne sauroit être court quand on veut ne rien supposer, développer toutes ses idées, pousser ses preuves aussi loin qu'elles peuvent aller, parler même d'abondance de cœur, et répandre sur le papier les sentimens dont on est pénétré. En tout cas, quand j'aurois abusé, en ce point, du repos dont je jouis à présent, ce ne seroit pas un grand malheur, si mon ouvrage avoit le sort des corbeilles qui occupoient le loisir des solitaires de la Thébaïde, et qu'ils jetoient souvent au feu à la fin de la semaine, lorsqu'ils ne trouvoient pas à en faire usage.

Je divise cette espèce de dissertation en quatre parties, suivant l'ordre naturel qui y est traité :

La première ne comprend que la définition des termes dont je me sers dans la suite de l'ouvrage ;

La seconde renferme les principes généraux de la justice naturelle sur le commerce, ou du moins sur les ventes et achats qui en font la principale partie ;

La troisième est destinée à expliquer les principes particuliers qu'on peut établir sur le commerce du papier, et principalement sur ce qu'on appelle *agiotage ;*

La dernière, qui est comme le fruit et la conclusion des trois autres, contient la solution des différens problêmes que l'on peut agiter sur la justice, soit de l'acquisition et de la possession, soit de la vente ou du commerce des actions.

Je n'ai point été tenté, jusqu'à présent, de chercher à réparer les ruines de ma fortune par une telle voie. La politique ou l'intérêt auroit pu m'inspirer cette tentation ; mais, une gloire bien ou mal placée, a fait taire l'une ; la bienséance, peut-être plus que la vertu, m'a mis à couvert de l'autre ; et je veux que, si je venois jamais à me laisser affoiblir sur ce point, mon écrit s'élève contre moi, et soit le premier juge qui me condamne ; ou, si je persévère dans l'éloignement naturel que j'ai pour cette espèce de richesses, je saurai au moins pourquoi je résiste à l'exemple de tant de personnes qui, d'ailleurs, valent beaucoup mieux que moi. Je respecte leurs lumières ; mais, c'est une grande consolation pour un homme qui cherche à être bien avec lui-même, de sentir qu'il n'a point de part à une fortune au moins équivoque. Et, si je suis dans l'erreur, j'aime toujours mieux me tromper par un excès de délicatesse que de m'aveugler par un excès de cupidité.

ARTICLE PREMIER.

Définitions.

I. Ce que les jurisconsultes appellent *causes*, dans les différens engagemens de la société civile, est l'intérêt, ou l'avantage, qui est le motif et comme la raison de l'engagement. De là vient qu'il y a des jurisconsultes qui définissent la véritable donation, c'est-à-dire, celle qui est purement gratuite, une aliénation sans *cause*; parce que le donateur ne se propose, pour objet, aucune utilité propre, aucun avantage personnel, et sa disposition n'a point de *cause*, si ce n'est une volonté libérale et désintéressée : *Est pro ratione voluntas.*

II. Une cause peut être réelle ou imaginaire, véritable ou fausse, juste ou injuste, conforme ou contraire aux bonnes mœurs, et, par là, honnête ou honteuse, enfin, suivie ou non suivie de son effet. Tous ces termes sont si clairs, qu'ils n'ont pas besoin d'être définis (1). On observera seulement, sur celui de *cause honteuse ou contraire aux bonnes mœurs*, que les jurisconsultes romains entendent, par là, tout ce qui répugne à la bonne foi, à la piété, à la pudeur, à l'honnêteté publique ou particulière, et à l'opinion que les hommes y ont attachée.

III. Une cause peut être appelée honteuse par deux raisons; ou parce qu'elle est vicieuse et criminelle en elle-même, comme la récompense promise à un voleur ou à un assassin; ou parce que telle est au moins sa nature, qu'elle produit infailliblement, et par une espèce de nécessité morale, des effets contraires aux bonnes mœurs. Ainsi, les nudités, dans

(1) *Ea facta quæ lædunt pietatem, existimationem, verecundiam nostram, et ut generaliter dixerim, contrà bonos mores fiunt.*

les tableaux, peuvent n'être point essentiellement mauvaises, parce qu'absolument parlant, il n'y a point de mal à peindre la nature dans toute sa vérité, comme la nudité réelle de nos premiers parens n'étoit point un mal avant leur chute; mais, l'imagination des hommes corrompus par le péché originel étant tellement frappée par ces sortes de représentations, qu'il est moralement impossible qu'elles n'excitent des passions ou des mouvemens déréglés, on peut les mettre au nombre des *causes* de gain qui sont honteuses et contraires aux bonnes mœurs, au moins par leurs effets. C'est par le même principe qu'une morale exacte place dans le même rang le bal et les spectacles.

IV. La valeur ou le prix de tout ce qui est dans le commerce peut être défini ou en général ou suivant les différentes idées que le droit naturel, ou le droit des gens, ou le droit civil nous en donnent.

En général, la valeur de chaque chose n'est que l'estimation de son utilité, comparée avec celle des choses que l'on donne en échange à proportion des usages qu'elles produisent et du besoin qu'on en a.

Suivant le droit naturel, qui laisse à chacun la liberté de disposer de son bien selon qu'il convient à son propre intérêt, sans aucun égard aux avantages de la société, ce qui donne le prix à chaque marchandise n'est autre chose que le concours ou la combinaison du besoin ou du désir que le vendeur a de vendre, avec le besoin ou le désir que l'acheteur a d'acheter; en sorte que le marché est conclu, quand l'un et l'autre sont venus au point où le vendeur n'estime pas plus sa marchandise que l'acheteur n'estime son argent. C'est donc le rapport ou concert de ces deux estimations réduites à l'équilibre par la volonté réciproque des contractans, qui forme le véritable prix, suivant le droit naturel; et, par conséquent, il ne reconnoît qu'une règle de fait plutôt que de droit en cette matière, puisqu'il ne détermine la valeur des choses que par le seul fait de la convention.

Selon le droit des gens, qui n'est autre chose que

le droit naturel, tempéré par une raison attentive aux besoins communs de la société, on a considéré que, si la valeur des choses dépend du besoin des hommes, qui peut varier à l'infini, il est vrai néanmoins que le besoin de tous les vendeurs, ou du plus grand nombre, considérés dans le même temps, dans le même lieu et dans les mêmes circonstances, est à peu près le même; que, réciproquement, le besoin de tous les acheteurs, ou du plus grand nombre, considérés dans le même point de vue, est aussi à peu près le même; et c'est de cette espèce de conformité de besoins que se forme, comme par l'opinion publique, une espèce de prix commun ou courant, qui donne aux marchandises une valeur à peu près certaine, tant que les mêmes circonstances subsistent, sans quoi la cupidité de chaque vendeur, et la nécessité de chaque acheteur, seroient la seule balance du commerce.

Ainsi, suivant le droit naturel, la valeur des choses n'est que ce que le vendeur en peut tirer, eu égard à ses besoins particuliers et à ceux de l'acheteur; mais, selon le droit des gens, leur valeur est le prix qu'une opinion commune y attache sur le pied d'un besoin que l'on peut aussi appeler un besoin commun.

Enfin, tout ce que le droit civil ajoute au droit des gens, en cette matière, n'est que la fixation d'un prix invariable que l'ordonnance du prince peut donner à certaines marchandises; auquel cas une telle ordonnance devient la règle de leur véritable valeur.

V. Le *besoin* dont on a parlé dans le nombre précédent, est un terme si important dans la matière que l'on doit traiter, qu'il est bon de l'expliquer encore plus exactement : il faut, pour cela, marquer non-seulement ce qu'il est, mais encore ce qu'il n'est pas.

Ce terme, appliqué à la personne du vendeur, ne signifie autre chose, si ce n'est le besoin ordinaire que tout vendeur a de vendre pour avoir un argent

qui lui convient mieux que sa marchandise, soit parce
qu'il y gagne quelque chose, soit parce que l'argent
est plus propre aux différentes vues qu'il se propose
pour sa fortune ou pour son commerce.

Il suit, de cette idée, que le vœu commun et naturel de tout vendeur est de vendre cher, et non de
faire baisser le prix de la marchandise qu'il vend.

De même, quand on parle du *besoin* par rapport
à l'acheteur, on n'entend autre chose, si ce n'est le
besoin que tout acheteur a d'acheter pour avoir une
marchandise qui lui convient mieux que son argent,
soit parce qu'elle lui est nécessaire pour son usage,
soit parce qu'il espère de gagner en la revendant,
et de rendre, par là, sa situation plus avantageuse,
plus commode ou plus agréable.

Il suit, de cette idée, que le vœu commun et naturel de tout acheteur est d'acheter à bon marché,
et non d'augmenter le prix de la marchandise qu'il
veut acheter.

Il résulte de ces deux idées, réunies ensemble et
envisagées conjointement, que le vœu commun ou
naturel des vendeurs, et le vœu commun ou naturel
des acheteurs sont des vœux directement contraires :
l'un veut vendre cher, l'autre veut acheter à bon
marché ; et c'est ce qui fait que, l'un souténant,
pour ainsi dire, les intérêts de la marchandise, et
l'autre souténant les intérêts de l'argent, il se forme
une espèce d'équilibre entre l'argent et la marchandise, qui fait que le prix ne monte pas trop haut,
et qu'il ne descend pas trop bas; en sorte que la loi
soit presque égale entre le vendeur et l'acheteur.

On n'appelle pas *besoin*, en cette matière, l'envie
qu'un négociant peut avoir de s'enrichir, en réunissant dans sa personne les intérêts et les vœux contraires du vendeur et de l'acheteur, de telle manière
qu'il n'agisse, en l'une et en l'autre qualité, que pour
changer à son gré le prix courant d'une marchandise, et pour le faire baisser ou hausser, selon qu'il
lui plaît de faire le personnage de vendeur ou le
personnage d'acheteur. Celui qui est animé de cet

esprit n'agit point par le besoin naturel du vendeur, puisque, s'il vend, ce n'est point précisément pour avoir le juste prix de sa marchandise : au contraire, il la donne à meilleur marché que les autres, parce qu'il veut faire tomber ce juste prix. Il n'agit pas non plus par le besoin naturel de l'acheteur, puisque, s'il achète, ce n'est point pour avoir la marchandise au prix courant ; au contraire, il en donne plus que les autres, parce qu'il veut faire monter ce juste prix. Quel est donc son objet ? Ce n'est point de satisfaire le besoin où le vœu naturel du vendeur, par rapport au haut prix ; ce n'est point de satisfaire le besoin ou le vœu naturel de l'acheteur par un bas prix ; c'est de s'enrichir en faisant en sorte, ou que la marchandise baisse s'il veut en acheter beaucoup, ou qu'elle monte s'il en a beaucoup à vendre. Le motif qui le fait agir n'est donc pas ce genre de besoin qui est le lien et le nœud du commerce des vendeurs et des acheteurs ; c'est un intérêt à part, également contraire à l'intérêt commun des vendeurs et à l'intérêt commun des acheteurs, qui sort, pour parler ainsi, de la route et du cours ordinaire du commerce. On verra, dans la suite, s'il mérite le nom de cupidité injuste ou d'intérêt légitime.

On peut conclure, de cette observation, que le caractère qui distingue essentiellement l'intérêt commun ou naturel en cette matière, de cet intérêt particulier et extraordinaire, est que celui qui agit par le premier motif veut vendre cher quand il est vendeur, et acheter à bon marché quand il est acheteur ; au lieu que celui qui agit par le second veut vendre à bon marché, quoiqu'il soit vendeur, et acheter cher, quoiqu'il soit acheteur, parce qu'il ne vend que pour gagner en achetant, et qu'il n'achète que pour gagner en vendant. Ainsi, quand il vend il a l'esprit d'un acheteur, et quand il achète il a l'esprit d'un vendeur.

On ne sauroit méditer trop attentivement cette différence.

VI. Une action, dans une compagnie de commerce, est la même chose qu'une part dans une société qui donne le droit de partager, à proportion du fonds qu'on y met, les profits certains ou incertains de la compagnie, à condition de supporter aussi, dans la même proportion, les dépenses et les pertes qu'elle peut faire.

Si la compagnie a un revenu fixe et assuré, l'action qui donne droit de partager ce revenu est aussi un bien réel et certain. Si les profits de la compagnie sont casuels et incertains, l'action est plutôt une espérance qu'un bien réel.

VII. *Agio*, dans sa véritable signification, est ce qui se donne à un courtier ou à un agent de commerce, ou à un banquier, ou pour le change, ou pour sa peine et son industrie, ou pour l'escompte d'une lettre de change qu'il se charge de négocier.

VIII. *Agiotage*, pouvoit bien n'être autre chose dans sa signification originaire, que la manière de gagner par l'*agio*. Mais, dans le sens qu'on y attache aujourd'hui, il signifie cette espèce de commerce du papier, qui ne consiste que dans l'industrie et dans le savoir faire de celui qui l'exerce, par le moyen duquel il trouve le secret de faire tellement baisser ou hausser le prix du papier, soit en vendant ou en achetant lui-même, qu'il puisse acheter à bon marché et revendre cher.

ARTICLE DEUXIÈME.

Principes généraux sur le Commerce, principalement sur ce qui regarde les Ventes et les Achats de toutes les Marchandises en général.

I. (1) Tout engagement qui n'a point de cause, ou qui n'a qu'une cause imaginaire, ou fausse, ou

(1) *Sive ab initio sine causâ promissum est, sive causâ fuit promittendi quæ finita est, vel secuta non est, vel res redit ad non justam causam, vel ob turpem causam datum est, dicendum est conditioni locum fore. Hæc enim conditio ex æquo et*

injuste, ou contraire aux bonnes mœurs, ou qui n'est point suivie de son effet, est une ngagement ou une obligation nulle en soi-même, qui ne donne aucun droit, et qui laisse à l'un des contractans la faculté de répéter justement ce qu'il a donné sur la foi d'un tel engagement.

Le principe est si évident, qu'il n'a pas besoin de preuves, et on les trouvera même dans les lois citées au bas de la page d'où il est tiré.

II. La misère et la nécessité de l'un des contractans n'est point une cause de gain et de profit pour l'autre. Le besoin, qui est le fondement de toutes les conventions, est le besoin commun et ordinaire des hommes, non la nécessité singulière à laquelle un particulier peut être réduit. C'est en cela que le droit des gens a tempéré la dureté, et comme la barbarie du droit naturel (art. 1, n. 4). Ainsi, les théologiens et les jurisconsultes les plus relâchés, qui croient que l'usure en elle-même n'est pas un mal, la regardent comme un péché, et comme une injustice à l'égard du pauvre, et il n'y a personne qui ne convienne qu'il seroit défendu d'exiger des intérêts plus forts d'un pauvre que d'un riche, quand même la stipulation d'intérêts pourroit être permise en général. Il n'est point d'homme raisonnable qui, rentrant en soi-même, n'y trouve ce principe gravé par la main de la nature, que Cicéron a si bien expliqué dans ses Offices : *S'enrichir par le préjudice qu'un homme cause à un autre homme, est quelque chose de plus contraire à la nature que la pauvreté, que la douleur, que la mort. Hominem hominis incommodo suum augere commodum, magis est contra naturam, quam mors, quam paupertas, quam dolor* (1). La folie des hommes, ou un désir aveugle

---

bono introducta, quod alterius apud alterum sine causâ deprehenditur revocare consuevit. Nam hoc naturâ æquum est, neminem cum alterius detrimento fieri locupletiorem. L. 1, ff. de conditione sine causâ, ob turp. caus. L. 66, de cond. indebiti. L. 14, ff. eod. tit.

(1) Cicer. *de Off.* lib. 3, p. 119, Ed. *R. Steph.*, in-8.ᵒ

et insensé de s'enrichir n'est pas non plus une cause qui puisse être le fondement d'un engagement légitime. *Errantis*, disent les lois, *nulla voluntas, nullus consensus est.* Suivant la première définition (art. I, n. I), ce qu'on appelle *cause*, sans quoi il n'y a point d'engagement véritable, est l'avantage ou l'utilité que l'on se propose en le contractant; mais, on ne peut entendre, par là, que l'avantage qu'un homme raisonnable, et faisant usage de sa raison, peut trouver dans un contrat par des moyens qui aient une convenance et une proportion naturelle avec la fin qu'il se propose. Autrement, ce principe de l'engagement n'est qu'une illusion, et une espèce de folie passagère, qui ne donne pas moins d'atteinte à un tel engagement, qu'une folie durable en donneroit à tous ceux qu'un homme auroit contracté en cet état.

III. C'est par cette raison que les gains excessifs du jeu sont illicites, parce qu'ils sont sans aucune cause proportionnée à un tel effet, ou que, s'ils en ont une, ce n'est que l'imprudence, l'aveuglement ou la folie des hommes.

Le jeu n'est pas une donation ; aucun des joueurs n'a l'intention de donner, et n'agit par un principe d'affection ou de bienveillance pour les autres joueurs. Il joue par avarice, c'est-à-dire, par la passion la plus opposée à la libéralité, qui est le caractère d'un donateur.

Le jeu est donc un commerce ; donc, on ne peut imaginer que deux causes : le délassement de l'esprit, la cupidité du gain.

La première peut être une cause suffisante jusqu'à un certain point, mais elle ne sauroit s'étendre au-delà de ce qui suffit raisonnablement pour recréer et pour amuser l'esprit pendant un temps médiocre. Tout ce qui passe ces bornes est injuste, parce qu'il n'a plus de cause, si ce n'est la corruption du cœur et l'égarement de l'esprit, qui ne peuvent être le principe d'un gain légitime. Ce n'est point la raison qui le règle, puisque les moyens qu'on emploie pour y parvenir n'ont aucune proportion naturelle et raisonnable avec leur fin. Ce n'est donc que la passion, ou, comme on vient de le dire, une folie passagère et limitée à un seul objet. Or, jamais la folie de deux hommes ne peut être une cause légitime pour appauvrir l'un et pour enrichir l'autre. Tacite est étonné, non sans beaucoup de raison, de ce que les Germains pouvoient jouer aux jeux de hasard sans être ivres ; et, en se faisant, du jeu, une occupation sérieuse : *Aleam quod sobrii inter seria exercent.* Le jeu n'est donc pas mauvais, parce que la loi le condamne ; mais la loi le condamne parce qu'il est mauvais et contraire aux premiers élémens de la justice naturelle ; d'où l'on doit conclure que tout ce qui est semblable au jeu, et qui n'a pas plus de cause ou de fondement réel, ne sauroit être légitime, par ce principe général que la folie humaine ne peut être un moyen juste de s'enrichir.

IV. Quoiqu'un acte ou un engagement ait une cause, si cependant l'effet qu'on lui donne est plus étendu que la cause ; tout ce qui excède, cette proportion prise, comme on le dira bientôt, dans une certaine latitude morale, est vicieux, parce qu'il est véritablement sans cause. Si je prête cent pistoles à un homme, à condition qu'il m'en rendra deux cents, l'acte a bien une cause, c'est-à-dire, les cent pistoles que je prête ; mais, cette cause n'agit que jusqu'à concurrence de sa valeur, et tout ce qui est au-delà est nul, parce qu'il n'a plus de cause. C'est ce que l'on a déjà vu dans l'exemple du jeu, et c'est aussi par la même raison que plusieurs jurisconsultes ont cru que l'usure étoit contraire au droit naturel. Ainsi, un acte de commerce est nul en entier, quand il n'a point de cause, et il est nul en partie, quand il est visible que l'effet qu'on veut donner à la cause n'a point de proportion avec cette cause.

V. Dans tous les cas où un engagement se trouve avoir été contracté sans cause, ou au-delà des forces, et, pour ainsi dire, de la portée naturelle de la cause celui qui a payé est en droit de répéter ce qu'il a donné, et celui qui a reçu doit restituer ;

quand même on ne lui en feroit pas la demande,
parce qu'il n'est pas permis de retenir un gain illégitime. C'est une suite nécessaire des principes qui
ont été établis.

VI. Cette règle souffre néanmoins une exception,
par rapport aux obligations qui ont une cause honteuse ou contraire aux bonnes mœurs ; ou plutôt
elle ne doit s'entendre qu'avec la distinction suivante :

Ou la turpitude n'est que du côté de celui qui
donne, et, en ce cas, comme on n'écoute pas celui
qui ne peut alléguer que sa propre honte, il n'a
point de répétition, l'acte ayant sa cause de la part
de celui qui a rendu un service dont il ignoroit le
mauvais motif ;

Ou la turpitude n'est, au contraire, que de la part
de celui qui reçoit, et alors c'est le vrai cas de la
répétition, parce qu'il a reçu sans cause ;

Ou, enfin, la turpitude est également des deux
côtés, et, en ce cas, la cause du possesseur est la
meilleure, suivant les règles de la justice humaine,
c'est-à-dire, que, si celui qui a promis une somme
pour une cause honteuse, n'a encore rien donné, on
ne peut rien exiger de lui, et que, s'il a déjà donné
quelque chose, il n'a point de répétition. Mais, si
les lois de la justice humaine le regardent comme
indigne de répéter ce qu'il a donné, les lois de la
conscience déclarent l'autre contractant indigne de
retenir ce qu'il a reçu : le premier l'a perdu sans
retour ; mais le second ne l'a pas gagné. Il ne peut
donc le conserver légitimement, et c'est aux pauvres
que doit être remis un bien qui ne doit être ni
rendu à celui qui l'a donné, ni conservé par celui
qui l'a reçu.

VII. La distinction que l'on vient de faire dans le
nombre précédent, et qui ne s'applique qu'aux *causes*
que le droit appelle honteuses ou contraires aux
bonnes mœurs, n'est pas la seule qu'il faille faire sur
ce genre de *causes* en particulier. On en a déjà
ébauché un autre (*art.* 1, *n.* 3), où l'on a remarqué

qu'une cause pouvoit être appelée honteuse par deux raisons, c'est-à-dire, ou parce qu'elle étoit véritablement honteuse en elle-même ; ou parce qu'elle produisoit infailliblement des effets honteux ou contraires aux bonnes mœurs. Il s'agit à présent d'expliquer les principes qui résultent de cette distinction, et d'en fixer les véritables bornes. On peut les réduire aux deux maximes suivantes :

1.º Une cause, honteuse en elle-même, rend toujours nul et illicite l'engagement dont elle est le motif et le lien ;

2.º Lorsque la cause n'est pas honteuse en elle-même, et qu'il en naît seulement des effets honteux ou contraires aux bonnes mœurs, pour savoir si, par cette raison, elle doit être mise au nombre des causes honteuses, il faut distinguer :

Ou les effets contraires aux bonnes mœurs sont seulement des suites accidentelles de la cause, et naissent plutôt de la conduite personnelle de ceux qui en abusent, que de la substance et du fond de la chose même ; ou ces effets sont, au contraire, des suites infaillibles de la cause, et dérivent de sa propre nature, en sorte qu'il est moralement impossible qu'elle n'ait pas de telles suites, à moins que Dieu ne fasse un miracle pour changer le cours naturel des choses, ou pour réformer le cœur de la plupart des hommes.

Dans le premier cas, ce n'est pas la chose qu'il faut accuser de ces suites, ce sont les personnes ; et, par conséquent, la cause étant innocente en elle-même, ceux qui en usent innocemment ne sont pas coupables, et peuvent faire un gain légitime sur le fondement de cette cause.

Ainsi, un jeu modéré, et renfermé dans les bornes qu'on a marquées au nombre III de cet article, peut être regardé comme le principe d'un gain légitime, et fondé sur une cause qui n'a rien en soi de contraire aux bonnes mœurs, quoiqu'il puisse se trouver des personnes d'un caractère assez violent pour s'emporter à l'excès dans ces sortes de jeux ; et y proférer

des juremens et des blasphêmes, ou assez accoutumés
à tromper pour vouloir y exercer leur malheureux
talent malgré la modicité du gain qu'ils y peuvent
faire. Les personnes de ce caractère doivent sans
doute s'interdire les jeux les plus médiocres. Mais,
ceux qui jouent avec eux ne péchent point contre les
règles de la justice, et peuvent faire un gain légitime,
parce que ce gain a une cause qui n'est pas honteuse,
quoiqu'ils puissent blesser les lois de la charité ou
celles de la prudence, si, après avoir connu les défauts de ces joueurs, ils s'exposent à jouer avec eux.

Dans le second cas, comme les suites honteuses
d'une cause qui ne l'est pas en soi naissent du fond
et de la nature même de cette cause, ce ne sont plus
seulement les personnes, c'est la chose qu'il en faut
accuser ; et, par conséquent, la chose ne peut être innocente, puisqu'il est moralement impossible qu'elle
n'ait pas des suites vicieuses, et que celui qui la fait
s'engage, en la faisant, à toutes les suites qu'elle aura
infailliblement.

Ainsi, pour se servir encore de l'exemple du jeu,
qu'un homme forme une société pour établir dans
tout un royaume des académies publiques de jeu,
quand même on n'y joueroit que des jeux permis ou
tolérés par les lois, un tel établissement ne pourroit
être la matière d'un gain légitime ; sa cause, à la
vérité, ne seroit pas honteuse en elle-même, puisqu'il n'est pas défendu, à la rigueur, d'assembler
plusieurs personnes pour jouer à des jeux permis ;
mais, comme le vol, la mauvaise foi, la filouterie,
les juremens, les querelles, la ruine et la division
des familles, la perte des jeunes gens, et une infinité
d'autres désordres seroient des suites inévitables d'un
pareil établissement, et que ces suites naîtroient de
la chose même dont elles seroient inséparables, moralement parlant, cette seule raison seroit suffisante
pour faire regarder le gain d'une telle société comme
illégitime, parce qu'il est contraire aux bonnes mœurs,
non-seulement de mal faire, mais de mettre les
hommes dans le péril de mal faire ; de leur en pré-

senter des tentations et des occasions prochaines, auxquelles il est moralement sûr que, faits comme ils sont, ils ne manqueront pas de succomber.

Ou, si l'on veut, un exemple plus simple, et qui soit sujet à moins de contradictions, celui des nudités, dans les tableaux dont ou s'est déjà servi (*art.* 1, *n.* 3), est précisément de ce caractère. La chose en elle-même peut n'être pas absolument vicieuse, si elle ne cause aucune émotion dans le peintre qui n'y cherche que la perfection de son art; mais cependant, s'il expose un tel spectacle dans un lieu public, où des personnes de tout âge, de tout sexe et de toutes sortes de tempéramens ou d'inclinations passent tous les jours, il est moralement sûr que ce spectacle fera des impressions très-dangereuses, et qu'il aura des suites contraires aux bonnes mœurs. Il n'en faut pas davantage pour regarder le gain qu'un peintre feroit par cette voie, comme un gain honteux et justement réprouvé.

C'est par la même raison que ceux qui ne croient pas que la comédie et les autres spectacles soient vicieux en eux-mêmes, mais qui conviennent des suites mauvaises qu'ils produisent infailliblement, doivent aussi avouer que le gain des comédiens est un gain illégitime.

VIII. La loi civile ne sauroit déroger à tous ces principes, parce qu'ils sont fondés sur les premiers élémens de cette justice naturelle que Dieu a gravée dans le cœur de l'homme. Le prince peut bien les appuyer, les expliquer, les perfectionner; mais il ne sauroit les effacer, les abolir, les abroger. Justinien l'a reconnu, lorsqu'il a adopté, dans ses institutes, cette maxime des anciens jurisconsultes : *Civilis ratio civilia quidem jura corrumpere potest, naturalia verò non utique* (1). C'est par cette raison que ceux qui regardent l'usure comme contraire au droit naturel, ne changent pas de sentiment dans les lieux

---

(1) L. 8, *ff. de cap. minut.* Justi. *de L. agnat. tutelâ*, §. 3, *in fine.*

même où la loi civile l'autorise. Mais, pour ne pas se servir d'un exemple où le principe est contesté, si un législateur ordonnoit qu'un contrat d'échange seroit exécuté, et que l'un des contractans seroit tenu de livrer son fonds, quoique l'autre ne pût lui livrer le sien, attendu que la propriété ne lui en appartient pas. Qui pourroit croire qu'une telle loi mît la conscience de l'acquéreur en sûreté? Il en seroit de même si le prince ordonnoit que celui qui vendroit une action ou une créance ne seroit pas garant, au moins de l'existence et de la vérité de l'action ou de la créance. Pour juger de l'effet de ces sortes de lois, il ne faut point recourir à la distinction des canonistes ou des théologiens, entre ce qu'ils appellent *jura fori*, et ce qu'ils nomment *jura Pauli*, ni dire comme saint Jérôme : *Aliæ sunt Cesaris, aliæ Christi leges, aliud Paulus noster, aliud Papinianus præcipit*. Il suffit de revenir à la loi naturelle, sur laquelle la loi civile n'a aucun pouvoir. De pareilles lois sont donc non-seulement injustes, mais nulles, parce que la puissance des lois, établie pour maintenir la loi naturelle, ne peut tourner contr'elle l'autorité qu'elle n'a reçue que pour elle.

IX. Dans les ventes et achats, la cause de l'obligation, par rapport au vendeur, est le besoin ou l'intérêt qu'il a d'avoir de l'argent au lieu de sa marchandise; et la cause de l'obligation, par rapport à l'acheteur, est le besoin ou l'intérêt qu'il a d'avoir la marchandise au lieu de son argent.

X. Ce besoin ou cet intérêt, dans l'un et dans l'autre, est (suivant l'*art.* 1.er, *n.* 4 *et* 5) le besoin commun et ordinaire du plus grand nombre des acheteurs, et c'est le seul que l'on considère pour fixer le juste prix de la chose vendue. Ce prix, à la vérité, n'est pas invariable, parce que le besoin même commun et ordinaire des vendeurs ou des acheteurs peut varier par le temps, par le lieu, par d'autres circonstances. La balance de la valeur de l'argent, avec celle de la marchandise, se charge tantôt plus

d'un côté et tantôt plus de l'autre ; mais, cette variation successive n'empêche pas que, dans le même
temps, dans le même lieu et dans les mêmes circonstances, l'opinion, ou plutôt le besoin commun,
ne donne un certain prix à la marchandise, qui passe
pour le prix commun ou pour le juste prix.

XI. Le vendeur ou l'acheteur qui excède ces bornes,
abuse de la cause du contrat, comme on l'a dit (n.°
4 *de cet article*), en lui donnant plus d'étendue ou
d'effet qu'elle n'en doit avoir, et il fait entrer dans
le prix une cause étrangère qui ne doit y avoir aucune
part, c'est-à-dire, la nécessité particulière ou l'ignorance et l'avidité du vendeur ou de l'acheteur, circonstances qui sont hors de la chose même et qui
n'ajoutent rien à sa véritable estimation. C'est ce que
saint Thomas a fort bien remarqué lorsqu'il a dit que
la convenance personnelle qui dépend, non de la
chose en elle-même, mais de la situation où se trouve
l'acheteur, ne vient pas du vendeur ni de sa marchandise, elle vient uniquement de la part de l'acheteur ;
et, par conséquent, le vendeur à qui elle n'appartient
pas, ne sauroit la mettre à prix, parce qu'il ne peut
vendre ce qui n'est pas à lui. *Non est ex vendente,
sed ex conditione ementis, nullus autem debet vendere alteri, quod non est suum* (1).

XII. Cette maxime, comme le même auteur le reconnoît, doit être entendue avec une certaine étendue *ou
latitude morale*, parce que le prix commun ne consiste
pas précisément dans un point indivisible. Deux marchandises, quoique de même espèce, ne sont presque
jamais absolument et mathématiquement semblables :
il suffit donc pour ne pas blesser la justice, qu'on ne
s'écarte pas considérablement du prix commun sans
autre raison que ces circonstances que nous avons appelées étrangères. *Justum pretium*, (2) pour se servir
encore ici des paroles de saint Thomas : *Non est punc-*

(1) *Summ.* 2, *secundæ Qu.* 77, *art.* 1.

(2) *Summ. S. Thoma.* Ibid.

tualiter determinatum , sed magis in quadam estimatione consistit , ita quod modica additio , vel minutio non videtur tollere œqualitatem justiciœ ; et c'est-là le véritable sens de cette maxime qu'on trouve dans les jurisconsultes romains. *In pretio emptionis et venditionis naturaliter licet............ contrahentibus se circumvenire , et quod pluris sit, minoris emere, contra quod minoris sit , pluris vendere* (1). C'est au moins dans ces bornes qu'elle doit être renfermée , si l'on veut qu'elle soit vraiment conforme aux principes de la justice naturelle.

XIII. Il est difficile de marquer précisément jusqu'à quel point cette justice permet de s'écarter du prix commun.

Les empereurs Dioclétien et Maximien semblent l'avoir voulu faire dans la célèbre loi 2e. au Code *de rescindenda venditione*, où ils ont décidé que le vendeur, qui auroit souffert une lésion de plus de la moitié du juste prix, pourroit se faire restituer contre la vente, à moins que l'acheteur n'offrît de suppléer ce qui manquoit à ce prix.

Mais cette loi comparée avec les véritables principes de la justice naturelle paroît fort défectueuse.

1.º Suivant l'opinion des plus habiles interprètes , et l'espèce même de la loi, elle ne répare l'injustice qu'à l'égard du vendeur, qui, en effet, pour l'ordinaire y est plus exposé que l'acheteur, quoiqu'il puisse fort bien arriver que ce soit le dernier qui souffre une injustice, et que le vendeur ait abusé de sa nécessité ou de son ignorance pour exiger de lui un prix excessif.

2.º Elle ne tombe que sur les fonds de terre, quoique l'injustice ne soit pas plus permise dans la vente des meubles que dans celle des immeubles ; et on l'a tellement reconnu dans la suite, qu'on a étendu la décision de cette loi aux meubles précieux; ce qui ne

_____

(1) *L.* 16, §. 4, ff. *de minorib. L.* 22, §. 3, *ff. locati conducti.*

34 *

suffit pas encore pour remplir exactement la mesure de la justice.

3.º La détermination de la lésion à la moitié du juste prix, porte un caractère sensible de l'imperfection, qui est presque inséparable des lois humaines. Elles ont plus pour objet de prévenir les procès parmi les hommes, et d'y maintenir la paix et la tranquillité, que d'y faire régner une injustice entièrement exacte qui troubleroit le cours du commerce, rendroit les possessions incertaines, et produiroit peut-être un inconvénient général pour éviter un mal particulier. Les empereurs romains, auteurs de la loi dont il s'agit, ont donc considéré que s'ils fixoient ce degré de lésion qui peut annuler un contrat de vente sur un pied plus conforme à l'étroite justice, le commerce ou la vente des biens deviendroit plus difficile ; que personne ne voudroit s'exposer à acheter, si une lésion tant soit peu considérable suffisoit pour résoudre la vente ; qu'il y auroit parmi les hommes presqu'autant de procès qu'il se feroit d'acquisitions ; et c'est pour éviter cet inconvénient général, qu'ils ont cru devoir fermer les yeux sur quelques inconvéniens particuliers, prenant une espèce de milieu entre la justice parfaite et la cupidité humaine, et abandonnant à la liberté du commerce tout l'espace, et, pour ainsi dire, tout le terrein qui est entre le juste prix et la moitié de ce prix, et dans lequel le vendeur et l'acheteur ont la liberté de se jouer.

Mais, comme la véritable justice, la justice naturelle n'a pas seulement pour objet la paix et la tranquillité extérieure de la société, mais encore la vertu et la perfection de chaque homme en particulier, elle porte plus loin ses obligations ; et la règle générale qu'elle inspire sur ce sujet est égale pour l'acheteur comme pour le vendeur, pour les meubles comme pour les immeubles, pour tout ce qui excède considérablement le juste prix comme pour ce qui va jusqu'à la différence de la moitié, et cela par ce principe universel qu'on ne sauroit trop répéter, qu'en matière d'engagemens ou d'obligations, tout ce qui est sans cause, ou qui est porté au-delà des bornes de sa cause, est injuste ; parce qu'alors c'est une cause étrangère qui agit, c'est-à-dire, la nécessité, l'ignorance ou l'inconsidération du vendeur ou de l'acheteur. Ainsi, la règle la plus simple qui puisse marquer ce point moral au-delà duquel il n'est pas permis d'aller, est de voir si l'on auroit vendu la même marchandise à peu près aussi cher à toute autre personne. Si cela est, il y a lieu de croire qu'on n'a fait que suivre avec une certaine étendue morale le courant du commerce. Mais si c'est le contraire, il n'en faut pas davantage pour montrer que c'est la cupidité qui a pris la place de la justice dans la détermination du prix.

XIV. De ces principes généraux, il est aisé de tirer deux conséquences :

L'une, que s'il n'est pas permis à un négociant de s'éloigner considérablement du prix commun qui se règle sur le besoin commun, il lui est encore plus défendu d'augmenter ce besoin, en tâchant de se rendre le maître ou presque le maître d'une espèce de marchandise, afin que ceux qui en ont besoin, forcés de passer par ses mains, subissent, pour ainsi dire, la loi du plus fort. S'il ne peut pas abuser du besoin d'autrui pour augmenter son profit, il peut encore moins devenir l'auteur et comme l'artisan de ce besoin ; et c'est en effet ce que les lois punissent sous le nom de *monopole*, qui est regardé comme un crime public et digne de la mort civile, parce que c'est une infraction criminelle de l'ordre et des principes de la société civile.

La deuxième conséquence est, que non-seulement il est défendu à un négociant de faire croître réellement le besoin ou la nécessité commune, mais même d'en augmenter l'idée et l'opinion par des faits supposés. L'opinion domine dans toutes les choses humaines ; mais principalement dans le commerce qui se gouverne souvent, *arbitrio popularis aura*. La nouvelle d'un naufrage, d'un incendie, d'une banqueroute, d'une guerre, d'une paix, et de plusieurs autres événemens semblables, change la face du commerce, et il n'en faut pas souvent davantage pour faire monter ou descendre en un moment le prix de certaines marchandises.

Un négociant qui reçoit le premier ces sortes de nouvelles lorsqu'elles sont vraies, n'est pas coupable s'il les répand, et il ne lui est pas défendu de se servir d'une vérité qui peut lui être avantageuse; mais celui qui a la malice de répandre de faux bruits pour rehausser ou pour abaisser la valeur de certains effets, ne blesse pas seulement la vérité, il pèche encore contre la justice. C'est le besoin commun, comme on l'a dit plusieurs fois, et non pas une fausse opinion de ce besoin qui régle le prix des choses. Ainsi, le gain qu'un marchand peut faire par un tel artifice est *sans cause*, parce que l'erreur des hommes n'en est pas une, encore moins l'erreur que celui qui en profite leur inspire; et, si un philosophe payen (1) a cru qu'un négociant ne pouvoit pas même taire un fait véritable qui feroit baisser le prix de sa marchandise s'il étoit connu des acheteurs, que doit-on penser de celui qui, par des faits supposés, ose mettre à profit la fausseté d'un côté et la crédulité de l'autre? *Quod si vituperandi sunt qui retinuerunt,* dit le même auteur, *quid existimandum est de iis qui etiam orationis vanitatem adhibuerunt.*

XV. Ces principes et leurs conséquences marquent aussi les règles de justice naturelle que les négocians et tous les autres hommes doivent suivre sur le prix des choses qui sont dans le commerce, soit lorsqu'ils sont vendeurs, soit lorsqu'ils sont acheteurs; mais ils ne suffisent peut-être pas pour bien juger de leur devoir, lorsqu'ils réunissent en leur personne, comme le font tous les négocians, les deux qualités de vendeur et d'acheteur; qualités qui font concourir aussi en eux deux besoins ou deux intérêts contraires: l'un, de vendre cher en qualité de vendeur; l'autre, d'acheter à bon marché en qualité d'acheteur.

_____

(1) Cicer. *de Off.*, lib. 3, *p.* 111; Ed. *Rob. Steph.* in-8.°

On a déjà prévu cette difficulté lorsqu'on a défini (*art.* I, *n.* 5) ce que c'est que ce besoin qui règle le prix des choses, et en quoi il ne consiste pas. On y a fait voir qu'il y avoit deux sortes de besoin ou plutôt d'intérêts dans cette matière : un intérêt direct et naturel, suivant lequel le vœu commun des vendeurs étoit de vendre cher, et le vœu commun des acheteurs étoit d'acheter à bon marché ; un intérêt indirect, et pour ainsi dire artificiel, qui est hors du cours ordinaire du commerce, et qui, mêlant les vues de l'acheteur à celles du vendeur, fait que ceux qui en sont animés vendent souvent à bon marché et achètent cher, pour faire descendre ou monter à leur gré une marchandise sur laquelle ils veulent faire dans la suite un gain considérable.

On a vu que le premier intérêt est légitime, pourvu qu'il se renferme dans les bornes marquées par les principes précédens. Il s'agit à présent de caractériser le second genre d'intérêt, et d'examiner, comme on s'y est engagé (*art.* I, *n.* 5), s'il mérite le nom d'intérêt légitime, ou celui de cupidité injuste. Deux principes semblent renfermer tout ce qu'on peut dire sur ce sujet.

XVI. Le premier principe, est que les qualités de vendeur et d'acheteur ne sont point incompatibles dans la même personne, pourvu qu'elles ne servent pas de moyen à celui qui les réunit, pour troubler toute l'économie, et pour rompre tout l'équilibre du commerce.

Les deux parties de cette proposition paroissent également évidentes.

D'un côté, l'intérêt de la société civile demande nécessairement que la même personne puisse vendre pour acheter, et acheter pour vendre : sans cela il n'y auroit point de véritable commerce ; il seroit réduit à la vente des denrées que chacun auroit recueillies, ou des ouvrages qu'il auroit fabriqués, et le commerce n'auroit ni l'étendue, ni l'abondance, ni la facilité, ni la promptitude qu'il doit avoir pour fournir, dans tous les temps et dans tous les lieux, à tous les besoins de tous les hommes.

D'un autre côté, il ne doit pas arriver que ce qui s'est introduit en faveur du commerce, se tourne contre le commerce même, et que, parce qu'il est nécessaire qu'il y ait des hommes qui soient en même temps vendeurs et acheteurs, il soit en leur pouvoir d'anéantir, ou du moins d'affoiblir considérablement le seul principe qui puisse concilier les intérêts contraires des vendeurs et des acheteurs, et faire (par un juste équilibre de l'argent avec la marchandise), d'un côté, que l'abondance règne dans le commerce par le nombre des vendeurs, et, de l'autre, que le juste prix y soit maintenu par le nombre des acheteurs. Le principe qui produit cet effet avantageux à la société civile, et, pour ainsi dire, à tout le genre humain, est l'opposition naturelle de l'intérêt des vendeurs à celui des acheteurs; ce n'est ni la loi, ni le prince, ni le magistrat qui tiennent à cet égard la balance égale entre les uns et les autres : au contraire, presque toutes les fois qu'ils veulent s'en mêler, l'autorité détruit presque toujours un ouvrage qui est réservé à la nature, ou plutôt à la providence de l'auteur de la nature : c'est elle qui tempère tellement les choses par le combat de deux intérêts contraires, qu'il en résulte un prix à peu près proportionné aux besoins des vendeurs et aux besoins des acheteurs, qui, trouvant un avantage presque égal à vendre et à acheter, concourent également au bien et à l'intérêt commun de la société. Voilà le premier principe et le plus universel de toute cette matière Or, quiconque affoiblit ou détruit même ce fondement essentiel du commerce, mérite d'être regardé comme un perturbateur du bien public, et comme l'ennemi du genre humain, auquel le commerce est presque nécessaire : donc, si les qualités de vendeur et d'acheteur ne sont pas incompatibles dans la même personne, il faut au moins qu'elles soient mises en œuvre de telle manière, que le principe général qui assure toute l'harmonie du commerce subsiste dans son entier.

Par conséquent, celui qui réunit ces deux caractères

doit se conformer en l'un et en l'autre, selon qu'il les exerce tour à tour, au courant ou à l'esprit général du commerce; c'est-à-dire, que quand il vend, il faut qu'il suive le vœu commun des vendeurs; que lorsqu'il achète, il doit suivre le vœu commun des acheteurs; tellement que par là le prix des marchandises se porte à leur véritable valeur, ensorte qu'elles ne soient ni trop chères, ce qui ruineroit les acheteurs, ni à trop bon marché, ce qui ruineroit les vendeurs. Un exemple pourra mettre cette pensée dans un jour encore plus grand.

Un homme est chargé de deux tutelles différentes. Dans l'une, il trouve des mineurs qui ne peuvent être que des vendeurs; et, dans l'autre, il y en a qui ne peuvent être qu'acheteurs. Quand il agira pour les premiers, son devoir sera de n'être occupé que de l'intérêt commun des vendeurs, et son objet sera de vendre aussi cher qu'il le peut légitimement; quand il agira pour les derniers, son devoir au contraire sera d'entrer dans les sentimens communs aux acheteurs, et d'acheter à aussi bon marché qu'il lui sera possible, sans blesser la justice.

C'est sous cette image que celui qui réunit les qualités de vendeur et d'acheteur doit se considérer, pour soutenir de bonne foi l'un et l'autre personnages, selon qu'il est obligé d'être vendeur ou d'être acheteur; et pourvu qu'il soit exact à suivre fidèlement le caractère de l'un ou de l'autre, il n'altérera point le principe général du commerce, il réunira innocemment en sa personne, comme deux hommes différens, le vendeur et l'acheteur; mais, quand il sera vendeur, il oubliera qu'il doit être acheteur; et, quand il sera acheteur, il oubliera qu'il doit être vendeur; et, avec ces conditions, ces deux qualités n'auront rien d'incompatible, parce qu'elles n'auront rien qui nuise au public.

XVII. Le second principe, qui est une suite du premier, est que, si au contraire ces deux qualités se trouvent tellement mêlées et tellement confondues dans le cœur d'un négociant, qu'il porte l'esprit ou le

caractère d'un acheteur dans la vente, et l'esprit ou
le caractère d'un vendeur dans l'achat, s'il se plaît
à vendre à vil prix parce qu'il veut faire baisser la
marchandise pour y gagner ensuite en qualité d'a-
cheteur, s'il se plaît réciproquement à acheter bien
cher, parce qu'il fait monter par là le prix d'une
marchandise dont il sait qu'il a une grande quantité
à vendre, il attaque, et il renverse, autant qu'il est
en lui, le principal fondement du commerce; il ne
vend que pour acheter, comme on l'a dit (*art.* 1, *n.* 5),
et il n'achète que pour vendre; il trahit aujourd'hui
l'intérêt commun des vendeurs, et il trahira demain
l'intérêt commun des acheteurs; il se fait un intérêt
à part, et comme une balance de commerce qui n'est
que pour lui seul, qui monte et qui descend à son
gré; il tend un piège aux hommes, soit qu'il vende ou
qu'il achète, et péchant visiblement contre la première
régle de la société humaine, qui est que l'intérêt d'un
seul ne doit pas prévaloir sur l'intérêt de tous ou de
la multitude, il ne sauroit jamais faire un gain légitime.

XVIII. La raison du bien général ou de l'intérêt
de l'état ne peut jamais l'emporter sur les maximes
que l'on a établies dans toute la suite de cet article.

1.º La misère d'un homme ne peut pas être un
titre plus légitime pour enrichir l'état que pour enrichir un particulier.

2.º Il en est de même de la folie ou de l'aveuglement des hommes.

3.º Tout ce qui est au-delà de l'étendue ou de la
portée de la cause, ne produit pas un gain plus juste
pour le souverain que pour le sujet. On ne comprend
point en cela les impositions, parce qu'elles ont une
cause, c'est au prince seulement de n'en pas abuser.

4.º Une cause honteuse, ou en elle-même, ou dans
ses suites moralement nécessaires, n'est point purifiée
par l'intérêt de l'état.

5.º Il n'est pas plus permis au prince, même pour
le bien de l'état, qu'aux particuliers, d'induire les
négocians en erreur par de fausses opinions qui changent le prix des marchandises.

6.º Le principe général du commerce, et l'équilibre que le combat des deux intérêts contraires y maintient, ne doivent pas être plus altérés par le prince que par ses sujets, parce que ce seroit agir contre les lois de la nature ou de la providence, et contre l'intérêt général de la société.

XIX. La seule exception que le bien de l'état puisse autoriser en cette matière, est que le prince peut mettre le prix qu'il lui plaît à une marchandise dont il se réserve le débit ; parce qu'alors c'est la même chose que s'il chargeoit cette marchandise d'une imposition. C'est à lui seulement de la modérer de telle manière que les pauvres n'en soient pas exclus, s'il s'agit d'une marchandise nécessaire à la vie.

ARTICLE TROISIÈME.

Principes particuliers sur le Commerce de ce qu'on appelle le Papier et l'Agiotage.

I. L'espérance d'un bien ou d'un profit peut être vendue comme le bien ou le profit même. Une succession échue dont l'utilité est incertaine, une créance équivoque ; un coup de filet, un intérêt dans une société de commerce ou sur un vaisseau, tout cela peut être légitimement vendu, parce que l'incertitude même est estimable ; et que la vente a toujours une cause, dès le moment que je vends un droit qui peut produire une utilité réelle à l'acheteur.

II. Tout papier ; soit qu'on entende par ce nom des lettres ou des billets de change, ou qu'il s'applique à des actions de commerce, n'est qu'une espérance plus ou moins certaine ; et plus ou moins utile, selon la qualité du débiteur, ou selon le bénéfice qui se trouve dans le papier même, ou dans ce que le papier peut produire. Mais quelque bon qu'il paroisse, il y a toujours, absolument parlant, plus de sûreté dans la chose que dans l'action, et par conséquent, du côté de la sûreté, l'argent présent et comptant est un bien préférable au papier

III. D'un autre côté le papier a aussi ses avantages sur l'argent:

1.ᵉ Il est beaucoup plus facile à garder et à conserver.

2.º Par la même raison il a la commodité d'être bien plus aisé à porter. Ainsi, un voyageur donne de l'argent pour avoir une lettre de change.

3.º On fait les paiemens en papier avec bien plus de facilité et en moins de temps qu'on ne donne de l'argent, qui est toujours sujet au compte, au poids, et quelquefois même à l'essai.

4.º Le papier qui consiste en lettres de change tirées d'un royaume sur l'autre, ne craint point la variation des monnoies. Si la valeur d'une lettre de change a été payée en monnoie forte en Hollande, le porteur s'en fera payer aussi sur le même pied en France, quoique la monnoie y soit affoiblie, parce que le droit des gens qui règle les paiemens d'une nation à une autre, ne souffre point d'atteinte par les changemens qu'une nation peut faire dans sa monnoie.

5.º Si le papier consiste en une action qui puisse produire des fruits ou un bénéfice, il n'est pas stérile comme l'argent que l'on garde. Il travaille dans le porte-feuille, suivant l'expression des négocians; et il a en même temps la commodité du plus léger de tous les meubles, et l'utilité d'un fonds naturellement fécond.

Personne ne peut douter que ces avantages ne soient estimables, parce que tout ce qui est utile a son prix.

IV. Ainsi acheter du papier avec de l'argent, c'est échanger la sûreté de l'argent contre la commodité et l'utilité du papier. Au contraire, donner du papier pour de l'argent, c'est échanger la commodité et l'utilité du papier contre la sûreté de l'argent. Voilà ce qui caractérise essentiellement ce genre de commerce; il consiste dans une comparaison ou une balance perpétuelle des avantages de l'espérance, avec la sûreté de la chose même ou de l'argent; et, selon que l'un ou l'autre prend le dessus, le papier gagne sur l'argent, ou l'argent gagne sur le papier.

V. Ce gain n'a rien d'injuste des deux côtés.

1.º Pour commencer par ce qui est plus simple, on conçoit aisément que l'argent gagne sur le papier, et par exemple, qu'une lettre de change puisse être vendue au-dessous de sa valeur originaire, soit parce qu'on n'est pas entièrement sûr de la solvabilité du débiteur, soit à cause du délai du paiement pendant lequel l'acheteur est exposé à en courir tous les risques prévus ou non prévus.

2.º On n'a pas plus de peine à concevoir, au moins dans l'exemple suivant, que le papier puisse gagner sur l'argent.

On n'est point surpris de voir qu'une action de commerce se vende plus qu'elle n'a été achetée, et plus même que le fonds pour lequel elle a été acquise originairement, parce que ce genre de bien peut croître et augmenter en utilité. Et quand même il ne croîtroit que dans l'opinion des hommes, il est naturel qu'une espérance qui paroît devenir tous les jours plus certaine, soit aussi portée à un plus haut prix.

Mais, lorsque l'effet du papier est fixe et déterminé, lorsqu'il ne s'agit que d'une somme certaine, qu'on acquiert le droit de recevoir en achetant une lettre de change, on comprend bien qu'attendu le retardement et le risque qui est presque inséparable du papier, on peut l'acheter au-dessous de sa valeur originaire; mais on a plus de peine d'abord à concevoir qu'elle puisse être vendue légitimement au-dessus de cette valeur, parce que si elle est de mille livres par exemple, celui qui l'achète ne peut jamais recevoir plus du tireur ou de l'endosseur que la somme de mille livres; et si cela est, peut-il être juste qu'il en donne mille cinquante livres, comme cela arrive quand de certaines lettres de change gagnent 5 pour cent? Voici néanmoins la solution de cette difficulté :

Si une lettre de change ne procuroit aucune autre

utilité que celle de recevoir la somme pour laquelle elle a été faite, on pourroit l'acheter moins à cause du risque; mais il ne seroit pas permis de la vendre plus, parce que le prix d'une créance qui n'a aucun autre avantage que le droit de recevoir une certaine somme, n'est autre chose que cette somme même. Et en effet, quand il s'agit d'une autre espèce de créance, comme de ce qui est dû en vertu d'un contrat de constitution, il seroit aussi injuste qu'inouï de vouloir en exiger plus que la somme même que la créance donne le droit de demander.

Mais, comme on l'a observé (*n.° 3 de cet article*), la lettre de change a des avantages que la simple créance ou que l'argent même qui en est l'objet n'ont pas; et un de ces avantages est qu'elle est infiniment plus facile à porter. Supposons, par exemple, que j'aie 100,000 livres à payer en Hollande, si je prends pour cela la voie naturelle, et celle qui avoit lieu avant que le commerce des lettres de change eût été introduit, il faudra que je fasse voiturer cette somme de France en Hollande ; il m'en coûtera de grands frais pour y parvenir ; et, outre ces frais, je serai encore exposé à tous les hasards des vols, des pertes, des retardemens causés par les mauvais chemins, et autres accidens semblables. Les frais ont une estimation certaine, et les risques, quoiqu'incertains, sont néanmoins estimables comme on l'a déja dit. Or, j'évite l'un et l'autre en achetant des lettres de change tirées de la France sur la Hollande ; et ce que j'évite de perdre par là augmente à mon égard la valeur de la lettre de change, qui me devient plus utile que l'argent, si ce que je donne pour l'avoir monte moins haut que l'estimation des frais et des risques auxquels je serois exposé si je prenois le parti de faire voiturer des espèces. Et c'est cette utilité, extrinsèque pour ainsi dire à la créance, ou cette facilité attachée au papier, qui devient le principe d'une nouvelle valeur par laquelle le papier peut être plus estimé que l'argent.

Le principe de saint Thomas dont est parlé (*art.* 2.

n.° 11), et qui est, que tout ce qui ne vient point du côté du vendeur, mais qui naît de la condition ou de la situation de l'acheteur, ne peut augmenter légitimement le prix de la chose vendue, n'a point d'application au gain que fait en ce cas le vendeur de la lettre de change. L'utilité qui en augmente le prix est dans la chose même, c'est-à-dire dans cette forme de créance qui change de main aussi promptement et plus promptement que l'argent; qui se porte aisément en tout pays; et qui fait éviter les frais et les périls de la voiture. Le vendeur se prive, en la cédant, du même avantage qu'il transporte à l'acheteur; et, si dans la suite il a lui-même une pareille remise à faire en Hollande, il faudra qu'il lui en coûte autant et peut être plus, pour acheter des lettres de change, qu'il n'aura gagné sur celles qu'il a vendues.

C'est donc cet avantage, pour ne point parler ici de tous les autres, qui a fait que les lettres de change, à cause de la commodité et de la facilité qu'elles procurent dans le commerce, en retranchant les frais, les longueurs et les risques des voitures, sont devenues comme une espèce de marchandises dont la rareté augmente le prix, dont l'abondance le diminue, et qui suivent entièrement le cours ordinaire du commerce, de même que tout ce qui y entre naturellement.

VI. Par conséquent on doit appliquer au commerce du papier, soit qu'on y trafique des actions, ou qu'on y négocie des lettres de change, les mêmes principes qu'on a établis par rapport au commerce des autres marchandises, et, de cette conséquence générale, on peut conclure en particulier:

1.° Que le commerce du papier doit avoir une cause comme toutes les autres, et que tout ce qui est au-delà de la portée ou de l'étendue morale de la cause n'y est pas moins illégitime que s'il s'agissoit d'une autre espèce d'engagement.

2.° Que la misère ou la nécessité de l'un des contractans, n'y donne pas plus de droit que dans les autres conventions.

3.º Qu'il en est de même de la folie ou de l'aveugle-ment passager de l'un des contractans.

4.º Qu'une cause honteuse ou contraire aux bonnes mœurs, soit en elle-même ou dans ses suites morale-ment inévitables, n'infecte pas moins ce commerce que tous les autres.

5.º Que c'est le besoin ou l'intérêt commun des vendeurs, et le besoin ou l'intérêt commun des ache-teurs qui fixe moralement le juste prix du papier comme du reste des marchandises; avec cette seule différence que, comme l'espérance et l'opinion do-minent encore plus sur le papier que sur toute autre espèce de bien, le prix en est aussi sujet à de plus fréquentes et de plus grandes variations; ce qui n'em-pêche pas qu'il n'y ait, en chaque moment, un prix courant ou commun; en sorte qu'on sait sur la place à quel prix sont les lettres de change sur un certain pays, ou d'une certaine nature, de même qu'on sait au marché sur quel pied est la valeur courante du blé ou de l'avoine.

6.º Qu'il n'est pas plus permis dans le commerce du papier que dans tout autre, d'augmenter le be-soin des hommes en se rendant maître de presque tout le papier d'une certaine qualité pour y exercer une espèce de monopole.

7.º Qu'on doit porter le même jugement de ceux qui augmentent par de mauvaise voies l'idée ou l'opi-nion du besoin que les autres négocians peuvent avoir du papier de quelque espèce qu'il soit.

VII. Il reste une dernière conclusion à tirer du même principe; c'est qu'il est autant et peut être plus criminel à un négociant de changer artificieusement la valeur courante du papier, en abusant de l'union des deux qualités de vendeur et d'acheteur, pour se rendre maître du prix, que de faire la même manœu-vre à l'égard de toute autre marchandise.

Cette conclusion est si importante, parce qu'elle décide du vice de l'agiotage, qu'on a cru la devoir traiter séparément.

Il faut pour cela faire d'abord deux hypothèses qui mettront la question dans son véritable point de vue.

1.° Le papier peut se trouver sur la place, au-dessus ou au-dessous de la juste valeur qu'il devroit avoir, eu égard à sa bonté intrinsèque; et cet événement peut arriver, ou par un concours et une combinaison de causes fortuites qui font envisager aux hommes des sûretés ou des périls différens, sans que la malice de quelques négocians y ait aucune part, ou par l'habileté et l'industrie de ceux qu'on appelle agioteurs.

Dans le premier cas, ce concours de causes non recherchées ni préparées, qui arrivent selon le cours naturel des choses, est précisément ce qui fixe en ce moment la véritable valeur et le prix courant du papier. Les négocians peuvent donc traiter légitimement sur ce pied, quand même il pourroit leur être fort avantageux dans la suite. C'est un risque qu'ils courent, où ils peuvent perdre et gagner; ils ne font que suivre la pente naturelle du commerce.

Dans le second cas, où c'est la seule industrie des agioteurs qui cause cet événement, et qui cherche à faire un profit considérable en affoiblissant ou en augmentant la valeur courante du papier, un négociant qui s'en aperçoit fait non-seulement une action permise, mais une action louable, quand il oppose une bonne industrie à une mauvaise, pour faire monter ou descendre le papier à sa juste valeur. Il agit en cela pour le bien commun; il ne fait que remettre la chose dans sa situation naturelle, pour empêcher que l'intérêt d'un seul ne prévale sur l'intérêt de tous.

2.° Le papier peut se trouver sur la place à sa véritable valeur, eu égard à toutes les circonstances, qui en doivent naturellement déterminer le prix; et c'est là proprement le cas où l'industrie de l'agiotage, qui consiste à faire changer ce prix, pour l'intérêt particulier de l'agioteur, est une industrie vraiment criminelle, qui ne sauroit produire qu'un gain également injuste et odieux.

La preuve de cette proposition a été établie par avance (*art.* 2, *n.* 15, 16, 17), où l'on a fait voir que l'intérêt de celui qui abuse des qualités de vendeur et d'acheteur, réunies en sa personne, pour se rendre maître du prix de la marchandise, est un faux intérêt, un intérêt à part, ennemi de l'intérêt véritable et général du commerce, qui en renverse le principe fondamental, qui en détruit l'équilibre naturel, et qui mérite le nom de cupidité odieuse, plutôt que celui d'intérêt légitime.

Mais, outre cette preuve générale qui convient également à tout genre de commerce, il est bon de s'arrêter ici à considérer plus en détail les caractères particuliers qui justifient ce que l'on a dit d'abord que l'agiotage sur le papier est encore plus vicieux et plus dangereux qu'une pareille industrie dans toute autre espèce de commerce.

1.° Il est presqu'impossible d'y réussir, sans se servir des voies dont on a montré l'injustice dans l'*art.* 2, *n.* 14 ; c'est-à-dire, sans augmenter le besoin commun des hommes, en se rendant maître d'une partie considérable de la marchandise, et en commettant une espèce de monopole sur le papier, ou sans changer au moins l'idée ou l'opinion que les hommes en doivent avoir, par de mauvais bruits, par des impressions fausses, par des craintes ou par des espérances imaginaires. En effet, c'est en cela que consiste souvent le plus grand art de l'agioteur, il travaille sur l'imagination des hommes, et, abusant de leur légèreté ou de leur crédulité, il sait leur inspirer, par artifice et aux dépens de la vérité, ou une défiance injuste s'il veut acheter, ou une confiance aveugle s'il veut vendre ; le principe de son gain n'est donc que l'illusion qu'il fait aux autres, et plus le gain qu'il fonde sur une telle chimère est réel, plus il est injuste.

2.° Quand même l'agioteur ne feroit que vendre à bas prix, quand il veut faire tomber celui de la marchandise ; ou qu'acheter fort cher, quand il veut le faire monter, ce seroit encore une industrie criminelle. Supposons pour un moment que l'usure ne soit pas défendue, que diroit-on d'un usurier qui feroit cette manœuvre pour faire monter le taux des intérêts ? Il va sur la place, et il trouve que l'argent y est communément sur le pied de cinq pour cent ; il veut faire augmenter ce taux, parce qu'il a beaucoup d'argent oisif ; et, dans cette vue, il emprunte d'abord lui-même à un denier plus fort, comme à six ou sept pour cent ; il engage d'autres usuriers qui s'entendent avec lui, à offrir le même denier. Le bruit s'en répand bientôt sur la place, et, comme la cupidité est un mal contagieux, chacun des prêteurs se hâte de profiter de cet exemple, en sorte que ceux, qui d'abord vouloient bien prêter leur argent à cinq pour cent, ne veulent plus le donner qu'à six ou sept. Alors l'usurier, d'emprunteur qu'il étoit, devient prêteur, et, ne s'embarrassant point des intérêts trop forts qu'il a promis comme emprunteur, parce qu'il est le maître de rendre dès le lendemain ce qu'il a emprunté plutôt dans l'esprit de prêteur que dans celui d'emprunteur, il trouve le moyen de faire un gain considérable.

Telle est précisément la manœuvre la moins criminelle de l'agioteur sur le papier. Sans y exercer un véritable monopole, et sans tromper les hommes par de faux bruits, il voit que le papier est à un bon prix sur la place ; il en achète et en fait acheter par ses émissaires sur un pied plus fort, parce qu'il en a une grande quantité sur laquelle il veut faire un gain considérable ; et, lorsqu'il l'a fait remonter par ce moyen au-delà de la valeur que le papier devroit avoir naturellement, d'acheteur qu'il étoit il devient vendeur, et, assuré de ne rien perdre sur le papier qu'il a acheté plutôt dans l'esprit de vendeur que dans celui d'acheteur, il se met en état de faire fortune sur la grande quantité de cette marchandise qu'il a dans son portefeuille.

Or, ce changement qu'il produit, pour son intérêt particulier, dans le prix commun du papier, est encore plus injuste que la conduite de l'usurier (supposé que l'usure fut permise), parce que l'opération de

35 *

l'usurier ne tombe que sur les intérêts, au lieu que celle de l'agioteur tombe sur les fonds mêmes.

3.º Il y a des lois dans les autres commerces qui ont prévenu, au moins en grande partie, l'abus que la cupidité humaine sait faire de l'union des qualités de vendeur et d'acheteur, et c'est, sans doute, une des raisons qui ont porté le grand chancelier de l'hôpital, auteur de l'ordonnance de police de l'année 1567, une des plus saintes lois qui aient jamais été faites, à défendre aux marchands de blé et des autres marchandises nécessaires à la vie, d'en acheter dans les lieux où ils en vendent, ni même dans la distance de huit lieues pour ce qui regarde les marchands de Paris, et dans celle de deux lieues pour les marchands des autres villes.

Ce sage magistrat a bien senti qu'il n'y avoit rien de plus dangereux que de laisser concourir en la même personne, sur la même marchandise et dans le même lieu, les intérêts contraires du vendeur et de l'acheteur, parce que, si celui qui vend dans un marché étoit aussi le maître d'y acheter, il pourroit y faire de si grands achats, et les placer dans de telles conjonctures, qu'il feroit hausser à son gré le prix de la marchandise, et que, pour mille livres, par exemple, qu'il sacrifieroit à cette industrie, il gagneroit peut-être plus de dix mille livres.

Mais il n'y a point de lois semblables pour empêcher l'agiotage du papier, il n'est pas même possible d'imiter en cette matière la sagesse de ces lois. La nature de ce commerce y résiste, et il ne faut, pour en être persuadé, que le comparer par exemple avec le commerce de blé.

Qu'un marchand de blé veuille acheter dans le même lieu où il vend, il sera d'abord découvert : 1.º parce qu'il n'y a pas un si grand nombre de personnes qui fassent ce commerce en même temps; 2.º parce qu'il y a des officiers de police qui sont chargés d'y veiller; 3.º parce que l'intérêt des autres marchands est un surveillant encore plus sûr et plus inévitable.

Il ne peut pas même masquer aisément son commerce frauduleux, parce que si ceux qu'il emploie sont d'autres marchands, on les découvrira aussi promptement que lui; et s'ils ne le sont pas, leur collusion lui seroit inutile, si elle n'alloit jusqu'à lui prêter leur maison pour serrer le blé qu'ils auroient acheté pour son compte. Or, c'est à quoi il ne peut presque trouver personne qui veuille s'exposer. Enfin, pour pouvoir réussir dans ce genre de fraude, et éluder la prévoyance de la loi, il y a de grands frais à faire, outre le prix du blé, il faut des voitures et des magasins; il faut payer d'autant plus chèrement les complices, qu'on est obligé d'acheter non-seulement leur peine, mais leur silence et leur secret. Une machine si composée se dérange aisément, et la crainte de tout perdre et d'être puni en cas que l'on soit découvert, est suffisante pour empêcher qu'on ne veuille en courir le risque. Ainsi, la loi peut être utile en cette matière, parce qu'il y a des moyens naturels et faciles d'en assurer l'exécution.

Mais tous ces moyens manquent également à l'égard de l'agiotage du papier.

Un nombre infini de personnes se mêlent du commerce du papier, quand on en fait le plus grand objet d'un état. Il n'y a point de magistrat qui soit chargé d'y veiller, et, quand il y en auroit, il lui seroit impossible de le faire. C'est un commerce qui se fait dans le coin d'une rue ou d'une place, sous une porte, dans une boutique, dans un cabaret, où il n'y a ni témoins, ni surveillant, et où il n'est pas possible qu'il y en ait.

On y trouve autant de personnes affidées ou d'émissaires que l'on veut. Le volume de la marchandise permet d'en acheter à l'infini, sans être embarrassé de la garder ou de la serrer comme il plaît à l'agioteur. Un porte-feuille en cache aisément plusieurs millions.

Il n'y a enfin ni frais à faire, ni risques à courir. On n'a besoin ni de voitures, ni de magasin; on ne craint point d'être découvert, parce que l'agiotage est impuni; et, quand on le puniroit, il seroit si facile de se cacher, que le risque d'être décélé seroit compté pour très-peu de chose. Ceux dont l'agioteur peut se servir pour aider son industrie ne sont point des voituriers, des gens de journée ou d'autres personnes de même caractère, tels que ceux que l'agioteur de blé seroit obligé d'employer, ce sont des hommes de sa sorte, des agioteurs comme lui, sur la fidélité desquels il peut compter, et qui ont le même intérêt; ce sont non-seulement ses instrumens, mais ses complices, dont le secret ne peut lui manquer.

Il n'y a donc point de loi sur le commerce du papier qui prévienne la fraude de l'agiotage; et il seroit inutile d'en faire une, parce qu'il n'y auroit aucun moyen possible pour en assurer l'exécution. On peut juger par là combien cette espèce de fraude est dangereuse, puisqu'au lieu que dans les autres commerces la cupidité humaine trouve un frein ou une digue dans l'autorité des lois et dans les moyens qui rendent leur exécution possible; au contraire, dans le commerce du papier, la même cupidité, quoiqu'irritée par de plus grands objets de fortune, ne trouve aucun lien, aucun obstacle qui l'arrête et qui l'empêche de se répandre librement, sans aucune autre mesure que l'avidité et la corruption du cœur humain.

4.º Non-seulement l'agioteur du papier ne peut presque se passer de voies évidemment mauvaises pour réussir dans son commerce; non-seulement la voie même qui lui paroît la plus innocente, est cependant plus dangereuse que celle dont un usurier se sert pour faire monter le taux des intérêts; non-seulement il n'y a point de lois et il n'est pas possible d'en faire qui répriment l'agiotage sur le papier, comme il y en a qui le répriment à l'égard des autres marchandises, mais l'agiotage du papier a encore ce grand inconvénient, que, par un faux genre de commerce, il diminue et il affoiblit le véritable. Comme il ne faut, pour y réussir, ni talent ni habileté dans les arts ou dans le commerce, ni travail ni application pénible, ni même de la bonne foi, et qu'il suffit d'avoir une malheureuse manœuvre d'usurier, qui consiste à se jouer de l'opinion des hommes et à tirer une espèce de tribut de leur imprudence et de leur crédulité, tous ceux qu'on regarde comme le rebut du commerce honorable, et qui n'auroient aucun crédit s'ils s'en mêloient, ni aucun moyen de s'y avancer, viennent fondre de tous côtés dans ce commerce honteux, et la fortune du public est livrée à tout ce qu'il y a de plus méprisable, ou dans le négoce, ou dans les arts, ou dans la finance et dans les affaires. La rapidité des fortunes prodigieuses qu'ils font, débauche ceux mêmes qui pourroient s'enrichir par d'autres voies plus honnêtes. Peu d'esprits sont d'une trempe assez forte pour résister à cette tentation : une journée d'agiotage est souvent plus lucrative que des années entières de peines et d'application dans les travaux pénibles des autres professions qui ont rapport au négoce. Il n'en faut pas davantage pour porter une grande partie des hommes à renoncer à ces travaux pour faire en un moment une fortune si prompte et si facile par l'agiotage. Ainsi, le véritable commerce perd autant de sujets que le faux commerce en acquiert, et au lieu que ceux qui se livrent au dernier étoient auparavant des hommes occupés pour le bien de la société, des hommes utiles à l'état qui, en gagnant leur vie d'une manière laborieuse, y produisoient tous les jours un nouveau fonds de richesses; ce ne sont plus que des gens oisifs, riches pour eux-mêmes et stériles pour l'état, ou plutôt véritablement nuisibles à la société, où ils ne servent plus qu'à faire enchérir à l'excès les fruits de la nature et les ouvrages de l'art : en sorte qu'il faut ou devenir agioteur comme eux, ou être menacé de mourir de faim par le prix énorme des choses nécessaires à la vie.

On pourroit pousser encore plus loin ces réflexions, mais on en a dit assez pour faire voir que l'agiotage, injuste par lui-même, comme contraire au premier principe du commerce, vicieux par les voies qu'il est souvent obligé d'employer, plus dangereux que l'usure, au-dessus de la vigilance et même du pouvoir des lois, est enfin la perte et la ruine du véritable commerce, et par conséquent que l'introduction en est aussi mauvaise en soi que pernicieuse dans ses effets.

VIII. Les canonistes ultramontains ont établi cette belle maxime, qu'on ne peut commettre de simonie en présence du pape, parce que ses mains purifient tout ce qu'elles touchent. Dira-t-on de même qu'il ne peut y avoir d'agiotage dans un commerce dont le roi se mêle, parce qu'il purge et rectifie par sa présence tout ce que l'agiotage peut avoir de vicieux?

Proposer une telle question, c'est la résoudre. La véritable simonie demeure toujours simonie, même sous les yeux et entre les mains du Pape, et le véritable agiotage ne cesseroit point de l'être quand même le souverain y entreroit. On a vu plus haut (*art.* 2, *n.* 8), que la loi civile n'a aucun pouvoir sur la loi naturelle, et les actions ou la conduite du prince ne sauroient rendre pur et innocent, ce que ses lois mêmes ne pourroient rendre juste.

On a vu aussi (*art.* 2, *n.* 18) que le souverain même est obligé de respecter le principe fondamental du commerce et cet équilibre que le combat des intérêts contraires du vendeur et de l'acheteur y entretient, parce qu'autrement il agiroit contre l'ordre de la providence et contre l'intérêt général de la société humaine, qu'il doit protéger, et qu'il ne peut jamais détruire légitimement.

Enfin, comme il n'y a point d'intérêt qui puisse balancer ce bien général de la société, non plus que la force de la loi naturelle, les raisons d'état, si l'on veut dire ici ingénument la vérité, ne peuvent être décisives en cette matière, d'autant plus que les suites de l'agiotage étant, à la longue, pernicieuses à un royaume, les raisons d'état se réunissent aux raisons de justice, pour en réprouver l'exemple dans la personne du souverain comme dans celle du sujet.

Les objections qu'on peut faire contre cette proposition ne serviront qu'à l'éclaircir et à la confirmer.

1.° Si l'on dit que le pouvoir de faire des impositions sur les peuples ne peut être contesté au souverain, et que l'agiotage dans sa personne doit être considéré comme une espèce d'imposition dont il charge le papier, on conviendra du principe, mais on en niera la conséquence, parce que, quoique le pouvoir d'établir des impositions soit certain en général, et même fondé sur la justice naturelle, on ne doit pas en conclure qu'il ne puisse y avoir des impositions injustes. Le prince peut pécher dans les moyens, quoiqu'il ne pèche pas dans la fin. Si l'imposition n'a nulle proportion avec les facultés des sujets, si elle accable un certain genre de citoyens pendant que les autres sont soulagés; si elle renverse les principes de la société et de l'ordre public, c'est un abus injuste d'un pouvoir juste en lui-même; et, pour s'arrêter à ce dernier exemple, si le prince se faisoit agioteur de blé et le portoit par là à un prix excessif, diroit-on que sa conduite est innocente, parce qu'il pourroit tirer par la voie d'une imposition équitable et proportionnée la même somme qu'il recevroit par cette espèce d'agiotage. On peut porter le même jugement sur l'agiotage du papier, lorsque la fortune de presque tous les hommes y est intéressée directement ou indirectement.

2.° Si l'on dit que l'effet de l'agiotage est à peu près le même que celui du monopole, dont on a avoué que l'usage tempéré par certaines conditions n'étoit pas défendu au souverain, il est aisé de répondre:

1.° Que le monopole du prince ne fait que mettre une marchandise hors du commerce, mais il ne renverse point, comme l'agiotage, le principe fondamental qui règle le prix et la valeur des choses. Il ne tend point des piéges, comme l'agiotage, ni aux vendeurs, ni aux acheteurs; il ne favorise point, comme l'agiotage, la cupidité des uns, et il ne punit point la simplicité des autres.

2.º Que le prix est fixé par la loi même qui établit le monopole du prince, au lieu que l'incertitude perpétuelle du prix est un des plus grands maux de l'agiotage, parce que c'est de cette incertitude que l'agioteur abuse pour faire monter ou descendre à son gré le prix du papier. Le prince peut pécher à la vérité, dans le cas du monopole en donnant un trop grand prix à la marchandise, mais c'est un genre de mal qui n'a aucun rapport avec celui de l'agiotage, et qui d'ailleurs ne pourroit servir à l'excuser, puisqu'un mal ne justifie pas un autre mal.

3.º Que l'exemple de l'agiotage est contagieux et peut être imité par les sujets, au lieu qu'ils ne peuvent imiter celui du monopole exercé par le souverain.

4.º Que l'agiotage introduit un faux genre de commerce qui, comme on l'a déjà dit, débauche les négocians du véritable, et tous les hommes de professions pénibles, mais utiles à l'état. Au lieu que le monopole exercé par le prince n'a aucune de ces suites pernicieuses.

5.º Enfin, si l'on dit que le roi peut purger le vice de l'agiotage en partageant le bénéfice qu'il en reçoit avec tous ceux qui sont intéressés au papier qui en est la matière; on peut répondre à cette objection, la moins mauvaise de toutes :

1.º Qu'en supposant même cet usage singulier des fruits de l'agiotage, il est presqu'impossible que la justice soit exactement gardée, parce qu'il faudroit pour cela que la part qui revient à chacun des intéressés dans ces fruits, fût égale à l'intérêt de ce que chacun d'eux a donné au-delà de la véritable valeur du papier par l'artifice de l'agiotage, ce qu'on ne peut guère exécuter fidèlement.

2.º Que par là le prince ne rendroit justice qu'aux acheteurs qui conserveroient leurs actions, mais l'injustice subsisteroit toute entière à l'égard de ceux qui, ayant vendu avec perte ou sans profit, par l'opération de l'agiotage, ne seroient plus en état d'avoir part au prétendu dédommagement qui se partage entre ceux qui demeurent intéressés dans cette espèce de société. Si l'on dit qu'ils n'avoient qu'à ne point vendre, il sera aisé de répondre que c'est la nécessité ou la crainte inspirée par l'agioteur qui les y a forcés, et que d'ailleurs si personne ne vendoit, personne n'achèteroit; ce qui feroit tomber le gain de l'agiotage.

3.º Qu'enfin, cette espèce de réparation imparfaite de l'injustice de l'agiotage ne remédie point aux maux qu'il cause dans le commerce, et aux suites fâcheuses qu'il a par rapport au bien général de l'état.

ARTICLE QUATRIÈME,

Examen des différens Problémes que l'on peut agiter sur la Justice de l'Acquisition ou du Commerce des Actions de la Compagnie des Indes.

Avant que de faire l'énumération de ces problèmes, il y a une question préliminaire qu'il est important d'examiner, parce qu'elle peut influer sur la manière de les résoudre.

Elle consiste à savoir, s'il est certain que le bénéfice des actions ou le fonds du dividende ne puisse être composé, au moins en grande partie, que des fruits de l'agiotage.

1.º Si l'on en croit la voix publique, la question est décidée. Il n'y a presque personne qui ne soit persuadé que la compagnie n'a eu jusqu'à présent d'autres mines d'or et d'argent, ou pour parler sans figure, d'autre fonds que l'agiotage, pour fournir le dividende immense auquel elle s'est engagée. Or, cette notoriété est du nombre des preuves morales, qui ne trompent guère les hommes dans les opinions qui en résultent. C'est une espèce de jugement général qui se forme d'une infinité de faits, de circonstances, de jugemens différens; et, lorsque toutes les impressions particulières qui en résultent se réunissent en un seul point et concourent à la même fin, si ce n'est pas une décision absolue, c'est au moins un préjugé qui mérite une très-grande attention.

2.° Il semble même qu'un raisonnement assez simple, fournisse une espèce de démonstration sur ce sujet. De quelque manière qu'on fasse le calcul de la somme à laquelle le dividende a dû monter sur le pied qu'il a été réglé, et le calcul des fonds que la compagnie avoit pour le fournir indépendamment de l'agiotage, il paroît toujours évident qu'il y avoit un grand vide, ou un manque de fonds très-considérable : en sorte que, comme on pourroit le vérifier par une spéculation approchante de la vérité, il s'en falloit plus de quarante millions que la compagnie n'eût de quoi fournir un tel dividende. On peut faire à peu près le même raisonnement sur l'avenir. Les fonds de la compagnie augmenteront à la vérité, parce qu'elle recevra cette année en entier, des revenus qu'elle n'a touchés l'année dernière que pour une portion de l'année. Mais d'un autre côté, la somme totale du dividende croîtra aussi, soit parce que les actionnaires achèveront de faire le fonds de leurs actions, dont jusqu'à présent ils n'ont donné que les quatre dixièmes, soit parce qu'ils auront à recevoir le revenu d'une année entière ; au lieu qu'au 31 décembre dernier, ils n'avoient à toucher que le revenu d'une partie de l'année. Ainsi, on peut supposer, comme un fait très-vraisemblable, qu'il y aura aussi à l'avenir un manque de fonds d'environ quarante millions, au moins pendant plusieurs années ; car on doit compter pour rien les profits casuels de la compagnie dans le commerce, qui ne serviront pendant long-temps qu'à la dédommager, tout au plus, des avances qu'elle sera obligée de faire, et qui même suivant toutes les apparences n'y suffiront pas.

Cela supposé, il est évident que la compagnie n'a eu que trois voies pour suppléer à ce défaut de fonds, et qu'elle n'aura encore que les mêmes voies pour y parvenir dans la suite, au moins pendant bien des années.

L'une, d'employer au paiement du dividende les fonds mêmes que la compagnie a reçus pour les souscriptions, ou qu'elle recevra pour les actions. Elle peut le faire à la rigueur, parce que, quoique ces fonds aient été originairement destinés à fournir les sommes que la compagnie prête au roi, cependant, comme c'est en quittances plutôt qu'en deniers qu'elle les fournit au roi, par le tour que l'on a pris de faire donner les dettes de Sa Majesté en paiement des actions, elle peut trouver un revenant-bon dans les fonds qu'elle a reçus en argent, pour s'acquitter par là d'une partie du dividende.

L'autre, de se servir des actions qu'elle s'est reservées sans doute, et dont le prix ayant été porté jusqu'à 1,900 livres ou même à 2,000 livres, elle y a fait ou elle y peut faire un gain considérable, qui a été ou qui sera une nouvelle ressource pour le dividende.

La dernière est celle de l'agiotage, qui seul a pu et peut encore la mettre au-dessus de ses affaires, en lui fournissant des sommes beaucoup plus considérables que la totalité de ce dividende.

De ces trois voies il est très-peu vraisemblable qu'elle ait choisi les deux premières.

1.º A l'égard du secours qu'elle a pu ou qu'elle peut trouver encore dans les sommes qu'elle a reçues en paiement des actions, elle ne peut pas en avoir touché beaucoup en argent. Il est vrai qu'avant le 23 septembre, on ne payoit les souscriptions que de cette manière, mais aussi on ne fournissoit alors que le dixième du fonds. Depuis cette époque, presque tous les paiemens ont été faits en papiers royaux, c'èst-à-dire, en récépissés; et s'il y a eu quelques actionnaires qui aient donné de l'argent, ou sans effets ou avec des effets, cela ne peut pas avoir produit des sommes fort considérables, parce qu'il falloit donner un dixième de plus pour être reçu à faire ces paiemens en argent.

2.º Soit par rapport à la première ou par rapport à la seconde voie, il y a une réflexion simple qui persuade aisément que ni l'un ni l'autre n'ont été du goût de la compagnie.

Pourquoi auroit-elle pris la résolution singulière de manger son fonds et de le consommer par le dividende, au lieu de s'en servir utilement, ou pour son commerce, ou pour les autres projets qu'elle peut méditer.

Pourquoi se seroit-elle privée de même du bénéfice qu'elle a pu et qu'elle peut trouver dans les actions qu'elle s'est réservées, soit en les vendant bien cher, soit en jouissant pour rien d'un profit, ou d'une part dans le dividende que les autres actionnaires achètent à un si haut prix ?

Il paroît évident qu'elle n'auroit pu prendre ces deux résolutions que par deux motifs, c'est-à-dire, ou par l'impossibilité de pouvoir se passer de ces secours pour fournir un ample dividende, ou par un scrupule et une délicatesse de conscience sur l'agiotage.

Elle n'a pu avoir le premier de ces deux motifs, puisque la troisième voie, qui est celle de l'agiotage, étoit si facile, si sûre et si féconde pour la compagnie, qu'elle n'étoit nullement réduite à la nécessité de se servir des deux autres voies.

Elle n'a donc pu avoir le premier motif, et il paroît moralement certain qu'elle n'a pas eu le second, c'est-à-dire, qu'elle n'a pas été engagée par scrupule et par délicatesse de conscience, à aimer mieux consommer son propre fonds et se priver du bénéfice de ses actions, que d'avoir recours à la voie de l'agiotage, qui d'ailleurs pouvoit lui être nécessaire par l'insuffisance même des deux autres secours.

On ne fera point un jugement téméraire quand on dira que l'esprit de la compagnie a été jusqu'à présent de faire tous les gains possibles, et de profiter de tous ses avantages. Ceux qui la gouvernent ne passent pas l'esprit du public pour des ames fort scrupuleuses, et il faut renoncer aux présomptions et aux conjectures les plus vraisemblables, ou l'on

peut supposer avec une très-grande probabilité que
si la compagnie a pu garder ses fonds sans les employer à fournir en partie le dividende, elle l'a fait;
que si elle a pu se conserver en entier le bénéfice
des actions qui lui appartiennent, elle l'a fait encore;
que si elle a pu suppléer au défaut de fonds par la
voie de l'agiotage, elle l'a fait pareillement, et qu'en
un mot c'est son intérêt qui a été la seule règle de
sa conduite.

A la vérité, quelque véhémentes que soient toutes
ces présomptions, on ne peut pas dire qu'elles forment une démonstration parfaite et une certitude
mathématique; mais nous pouvons en conclure que
si le fait de l'agiotage exercé par la compagnie n'est
pas démontré de cette manière, il est au moins
infiniment vraisemblable, et la certitude morale suffit
pour nous conduire dans la décision des questions
de morale.

Il ne reste plus à présent que de proposer d'abord
les différens problèmes qu'on peut agiter sur l'acquisition ou sur le commerce des actions, pour essayer
ensuite de les résoudre par les principes établis dans
le second et dans le troisième article.

Tout ce qui peut former un doute raisonnable sur
cette matière se réduit à examiner :

1.º S'il est permis d'acquérir et de posséder des
actions, même avec intention de ne les pas vendre;

2.º S'il est permis d'en acquérir avec intention de
les vendre pour y gagner ;

3.º Si l'on peut les vendre légitimement sur le pied
qu'on les trouve dans le commerce, et y profiter
quand elles gagnent ;

4.º S'il n'est pas défendu d'y exercer l'agiotage ;

5.º Si, supposé que la règle soit pour la négative
dans les quatre premiers problèmes, l'intérêt du roi
et de l'état peut excuser ce genre de bien et de
commerce ;

6.º Si l'impossibilité de faire un autre emploi de
son argent, et la nécessité qui en résulte, justifient
l'acquisition et la vente des actions ;

7.° Si ceux qui ont gagné dans le commerce des actions sont obligés à restitution, et si quand ils n'y seroient pas obligés, ils peuvent retenir légitimement le gain qu'ils ont fait.

PROBLÈME PREMIER.

S'il est permis d'acquérir et de posséder des Actions, même avec l'intention de ne les pas vendre.

PREMIÈRE PROPOSITION.

On ne doit pas mettre l'acquisition des actions au nombre des engagemens qui n'ont aucune cause, et qui par là sont évidemment nuls, suivant ce qui a été dit (*art.* 2, *n.* 1,), la compagnie a des droits certains et des profits assurés dans lesquels quiconque devient actionnaire acquiert une part, et quand l'action ne seroit qu'une espérance, l'espérance est une cause qui est estimable comme la réalité (*article* 3, *n.* 1).

SECONDE PROPOSITION.

Tout engagement dont la cause ou l'utilité n'est évidemment fondée que sur un gain vicieux et injuste, est aussi un engagement évidemment injuste, s'il y a un doute raisonnable sur la justice du gain qui sert de cause, la justice de l'engagement est aussi douteuse; et dans le doute, comme la règle est de prendre toujours le parti le plus sûr, il est du devoir de l'homme juste de ne pas contracter un tel engagement.

Il suit de la dernière partie de cette proposition que, si non-seulement il y a un doute raisonnable sur ce point, mais que le principe vicieux du gain soit beaucoup plus probable dans le fait que le principe innocent, on est encore plus obligé de s'abstenir d'un pareil contrat.

Par conséquent l'acquisition des actions, même avec intention de ne les point vendre, est contraire au devoir de l'homme juste; puisque, d'un côté, l'agiotage est un principe vicieux de gain et de profit (*art.* 3. *n.* 7), et que, de l'autre, non-seulement on peut douter raisonnablement si l'agiotage n'entre pas en grande partie dans le profit des actions, mais que cette supposition est la plus vraisemblable, et qu'il y a même une espèce de certitude morale qu'elle est véritable.

TROISIÈME PROPOSITION.

Résultat de la question préliminaire, *article* 4, p. 52.

Tout engagement dont la cause est un bien qui par sa nature a des suites contraires aux bonnes mœurs, est un engagement vicieux qui ne peut produire un gain légitime.

Or, un bien a, par sa nature, des suites contraires aux bonnes mœurs, quand il ne peut subsister sans devenir la source d'une infinité de maux qui blessent ou l'honnêteté et la discipline publique, ou le véritable intérêt de l'état, ou celui des familles qui en font la principale partie.

Donc, si les actions sont un bien de ce caractère, l'acquisition qu'on en fait est une acquisition vicieuse qui ne peut produire un gain légitime.

QUATRIÈME PROPOSITION.

Les actions telles qu'elles sont établies ne sauroient avoir lieu, sans être la source d'une infinité de maux qui blessent ou l'honnêteté et la discipline publique, ou le véritable intérêt de l'état, ou celui des familles qui en font la principale partie.

La preuve de cette proposition dépend du détail des suites de ce nouveau genre de biens.

On les peut rapporter aux trois objets que l'on vient de marquer.

I. Suite des Actions, par rapport à l'Honnêteté et à la Discipline publique.

1.º On ne sauroit douter que ce genre de bien ne présente aux hommes la tentation la plus violente de se jeter dans l'agiotage qui leur ait jamais été offerte; et l'on a vu combien cette espèce de commerce étoit vicieuse en elle-même, et dangereuse dans ses conséquences. (art. 3, n. 7.)

Cette tentation est du nombre de celles auxquelles il est moralement impossible qu'un très-grand nombre de personnes ne succombent. Tous les esprits sont capables d'en comprendre l'utilité; peu d'esprits au contraire ont assez de lumières et de pénétration pour en découvrir l'injustice. Tous les cœurs sont remués par l'attrait d'une fortune immense, il n'y en a guère qui soient retenus par les avertissemens d'une conscience délicate et timorée. Aussi, un tel objet entraîne sûrement après soi la foule et le plus grand nombre des hommes. On peut juger, par là, s'il est permis de leur offrir un tel appas. C'est cependant la compagnie qui le leur présente; et chacun de ceux qui entrent dans une telle société, en acquérant des actions, s'associe à cette iniquité.

2.º On peut encore moins douter que ce nouveau genre de fortune n'allume une cupidité infinie dans le cœur de presque tous ceux qui veulent en profiter; cupidité, qui étouffe tout autre sentiment que la soif des richesses; qui éteint tout principe d'honneur, toute grandeur d'ame; qui avilit, qui dégrade la noblesse, et qui la réduit à la basse et honteuse condition des agioteurs. Ceux qui se croiroient déshonorés s'ils avoient acheté du drap pour le revendre, ne rougissent point de faire un trafic de papier encore plus vil et plus méprisable, parce qu'il est encore plus intéressé, et qu'il ne se soutient que par une manœuvre plus qu'ignoble et plus que roturière. C'est ainsi que l'attrait d'une fortune, plus aisée à faire qu'à imaginer, cause dans la plus noble partie

de l'état une révolution de sentimens, qui est souvent non-seulement le présage, mais la source d'une
révolution d'événemens qui changent la face de tout
un royaume, et qui décident du sort d'une nation.
Les Lidiens amollis par la politique de Cyrus, si l'on
en croit les anciennes histoires, ne recouvrèrent jamais leur ancienne vigueur, et ceux qui avoient paru
autrefois plus que des hommes, changèrent de caractère en changeant de mœurs, et devinrent moins
que des femmes. C'est ce qui nous conduit naturellement à examiner les suites du commerce des actions
par rapport au bien général de l'état.

II. Suite du Commerce des Actions, par rapport au véritable Intérêt de l'État.

1.° Un des principaux intérêts de tout empire,
et celui qui a été l'objet des plus sages législateurs,
est qu'il n'y ait presque point de citoyens oisifs
et inutiles à leur patrie; que la fortune et les biens
soient le prix du travail, et qu'ils ne s'acquièrent
que par dégrés et successivement, afin que les
hommes, soutenus toujours par le même objet, ne
tombent point dans la molesse, et conservent long-
temps une vigueur de corps et d'esprit utile pour
eux-mêmes, et non moins salutaire pour l'état. C'est
ce qui soutient et qui perfectionne l'agriculture; c'est
ce qui fait fleurir les arts; c'est ce qui nourrit et
augmente le commerce, sources naturelles des richesses et de l'abondance véritable. Rien n'est donc
plus opposé à l'esprit des plus saints législateurs,
aux vues des plus grands politiques, et, si on le peut
dire, à la loi de Dieu même qui a condamné
l'homme à gagner son pain à la sueur de son front;
que d'introduire un nouveau genre d'industrie qui,
sans peine, sans travail, sans application laborieuse,
donne plus de richesses en un moment, que les voies
naturelles et ordinaires n'en donneroient en une
année et souvent même en un siècle. Quel dégoût
un tel spectacle n'est-il pas capable d'inspirer à

36*

presque tous les hommes, pour les travaux pénibles, soit du service domestique, soit de l'agriculture, soit des arts et des métiers, soit même du
véritable commerce et des autres professions, où
l'on achète une fortune souvent médiocre par l'occupation et les fatigues de toute la vie ! On en sent
déjà les effets, et il n'y a presque personne, dans
quelque état qu'il soit, qui n'en ait des exemples
familiers et domestiques.

2.° Il y a une proportion naturelle et fondée sur
la providence qui veille à la conservation des états,
en faisant agir l'intérêt particulier pour le bien commun, il y a, dis-je, une proportion naturelle entre
le nombre de citoyens qui doivent travailler pour
eux-mêmes, ou pour les autres, et le nombre de
ceux qui vivent par le travail d'autrui. L'argent, à
proprement parler, est une fausse richesse; il n'y en
a de véritables, que celles qui remplissent par elles-
mêmes nos besoins naturels; et l'argent, stérile et
inutile par lui-même, n'est avantageux que parce
qu'il sert à acheter les véritables richesses. La providence a donc mis les vraies richesses d'un côté
et la fausse richesse de l'autre. Les vraies richesses,
les richesses naturelles qui remplissent directement
nos besoins, sont entre les mains des laboureurs,
des artisans, des mercenaires, des négocians. Les
fausses richesses, c'est-à-dire, l'or et l'argent, sont
entre les mains des nobles, ou de ceux qui vivent
noblement. Les premiers sont les vendeurs, les derniers sont les acheteurs; les uns ont la marchandise, et les autres ont l'argent qui en est le prix.
Or, il est évident qu'il faut incomparablement plus
de mains pour créer en quelque manière, ou du
moins pour produire les richesses naturelles et les
ouvrages de l'art, que pour les payer. Un seul homme
achète ce qui a peut être passé par les mains de cent
personnes, avant que de tomber dans les siennes;
et c'est ce qui fait sentir la nécessité de cette proportion qu'on doit toujours entretenir dans un état,
ou plutôt qui s'y entretient d'elle-même, quand on

n'y emploie que les voies ordinaires de s'enrichir. Il est certain qu'il faut que le nombre des travailleurs surpasse infiniment le nombre de ceux qui ne font que d'acheter le travail d'autrui ; mais il faut aussi qu'il le surpasse dans une certaine proportion qui ne sauroit être altérée de l'un ou de l'autre côté, sans que tout l'état s'en ressente.

Si le nombre des travailleurs devient trop grand, celui des oisifs n'est plus en état de payer le travail des premiers, et c'est le mal qu'un prince fait à son royaume, quand il y diminue trop le nombre des riches , et qu'il y augmente trop le nombre des pauvres.

Si, au contraire, le nombre des travailleurs diminue au-delà de la juste proportion , et que le nombre des oisifs augmente de la même manière, il n'y a plus assez d'hommes pour fournir aux besoins de tout un royaume , et les travailleurs sentant leur force, c'est-à-dire, l'extrême besoin que l'on a d'eux, mettent un si haut prix à leur travail , qu'il y a un grand nombre des oisifs, et de ceux même qu'on regardoit auparavant comme fort aisés , qui ne peuvent plus suffire à leur dépense ordinaire, en sorte qu'il ne reste plus qu'une petite partie des oisifs qui, ayant augmenté leurs richesses par des voies extraordinaires, puissent aussi soutenir cette augmentation de dépense. Il se forme donc comme trois classes de citoyens dans un état, les deux extrémités font fortune ; les travailleurs gagnent plus, soit parce qu'ils sont réduits à un moindre nombre, soit parce qu'ils font acheter plus cher leur travail. Les riches du premier ordre, qui ont trouvé des sources nouvelles et inconnues d'une richesse purement artificielle, sont dans l'opulence ; mais ils ne forment que le plus petit nombre sans aucune comparaison. Entre ces deux extrémités, le milieu, moins nombreux à la vérité que la première classe, mais beaucoup plus nombreux que la dernière , et composé des plus sages et des plus vertueuses familles, à qui leur première fortune avoit procuré une éducation libérale , et que leur vertu a éloignées de la route nouvelle des richesses, est dans la souffrance, parce que le bien qu'il avoit ne lui suffit plus pour vivre, et qu'il ne lui est pas possible de commencer à travailler pour en gagner.

Telle est l'image fidelle de la situation présente, et de l'état où l'établissement des actions a mis ce royaume. Le faux commerce prend la place des véritables sources d'abondance; il dégoûte un grand nombre d'hommes du travail; il en met d'autres dans une opulence excessive; ceux qui s'occupent encore de l'agriculture et des arts subsistent aisément, mais le reste est menacé d'une extrême misère qui commence déjà à se faire sentir. Or, rien n'est plus dangereux à un état, que d'en retrancher presque un étage entier, si l'on peut parler ainsi; de n'y laisser que les deux extrémités, c'est-à-dire, ceux qui gagnent leur vie par leur travail, et ceux qui jouissent d'une fortune extraordinaire, en sorte que l'étage du milieu, ou la condition médiocre qui est ordinairement celle où il habite plus d'honneur, de sagesse et de vertu, est presque anéantie, ou du moins réduite à une fâcheuse nécessité.

3.º De là, naissent deux grands maux pour tout le royaume en général.

L'un, qu'une malheureuse, ou plutôt une pernicieuse industrie prend la place de la probité et de la bonne foi, qui étoient non-seulement l'honneur et l'ornement, mais l'appui et le soutien du véritable commerce; en sorte que les hommes de tous les états, et des conditions même les plus élevées, s'accoutument insensiblement à se faire un jeu de se tromper mutuellement; de se tendre des piéges les uns aux autres; de répandre de faux bruits; d'inspirer tantôt des craintes vaines, tantôt des espérances imaginaires; de chercher par toutes sortes de voies à profiter de la crédulité des uns, de l'avidité des autres, et de regarder les foiblesses ou les passions d'autrui comme les instrumens de leur fortune. Les liens de la société, qui étoient déjà fort affoiblis entre les hommes, achèvent de s'user et de se rompre. On est bien éloigné de penser à cette espèce de parenté que des jurisconsultes payens vouloient que l'on respectât dans tous les hommes; et Cicéron seroit-il écouté, s'il venoit dire dans la rue Quinquampoix (1), comme il le disoit autrefois à Rome, que chaque particulier est obligé de veiller aux intérêts des autres hommes, et de servir au bien de la société : *Hominibus consulere debes et servire humanæ societati?* (2) Cependant quand ces premiers principes s'éteignent entièrement dans un état, et que l'intérêt particulier y étouffe, avec la noblesse des sentimens, tout amour du bien public, il n'y a personne qui ne doive craindre qu'un tel état ne soit menacé de sa ruine.

L'autre mal, qui naît encore de la situation présente et par conséquent du commerce des actions, est que, pendant que les plus honnêtes gens manquent du nécessaire, ceux qui ont fait de nouvelles fortunes, par cette voie, donnent dans un superflu qui n'a point de bornes, et augmentent leur luxe dans la même proportion qu'on voit croître la misère des premiers, et encore au-delà de cette proportion. On sait combien l'exemple du luxe est contagieux, et combien les hommes se laissent conduire par le faux honneur de vouloir imiter le faste et la dépense de leurs semblables. Ce genre de mal a cela même de plus fâcheux, que quand le premier viendroit à cesser ou à

---

(1) On diroit que Lucilius eût voulu peindre la rue Quincampoix dans ce fragment qui nous reste de ses Satyres.

Nunc verò à mane ad noctem festo atque professo toto itidem pariterque die populusque patresque, jactare induforo se omnes decedere nusquam, uni se atque eidem studio omnes dedere et arti verba dare, ut cautè possint pugnare dolosè, blanditiâ certare bonum simulare virum, insidias facere, ut si hostes sint omnibus omnes.

Nam cum inter nos cognationem quamdam natura constituit, consequens est hominem homini insidiari nefas esse. L. 3, ff. d. just. et jur.

(2) Cicer. *de Off. lib.* 3, *p.* 119; Ed. *Rob. Steph.* in-8.º

diminuer, celui-ci subsistera toujours. Le ton de la dépense monte aisément, mais il ne descend pas de même. Le mal que le luxe des financiers avoit causé dure encore, et quelle proportion leur gain et leur dépense avoient-ils avec ce que nous voyons aujourdhui, et ce que nous entendons dire des actionnaires.

Nous verrons donc en France les deux excès opposés se tenir, pour ainsi dire, par la main : l'excès de la misère, dans les maisons sages et vertueuses ; l'excès du luxe, dans celles des usuriers, des agioteurs, des banqueroutiers, de nos domestiques, de nos laquais même (1). Or, le plus grand mal qui puisse arriver dans un état, est que ces deux excès y marchent d'un pas égal. Tous les vices accompagnent ordinairement l'un et l'autre ; et quel secours le prince peut-il espérer d'un royaume où non-seulement, comme on l'a déjà dit, on ne trouve presque plus de vertu, mais où il ne reste qu'un petit nombre de riches, et où dans ce petit nombre même, il y en a la plus grande partie qui ont tout leur bien dans leur porte-feuille ?

Qu'importe, dira-t-on, que les biens soient dans une main plutôt que dans l'autre, pourvu que le même fonds de richesses se trouve toujours dans l'état.

1.º Il importe beaucoup que ce fonds de richesses soit plus également répandu, parce qu'alors il est bien plus facile de répandre aussi la charge des impositions avec une égalité à peu près proportionnelle.

2.º Il importe beaucoup que le bien des sujets du roi soit en évidence, et qu'il n'y ait pas une partie très-considérable de leurs richesses qui soit exempte de contribuer aux besoins publics, et qui mette le

---

(1) On diroit que c'est pour ce temps-ci qu'aient été écrites ces paroles, qui sont dans le *Recueil de choses mémorables avenues en France sous le règne de Henri II, François II, Charles IX, Henri III, Henri IV*. En peu de temps on vit, en France, les marauds devenir grands seigneurs, et les riches se faire belîtres.

possesseur en état d'insulter à la misère de ceux qui, étant beaucoup moins riches, sont néanmoins beaucoup plus chargés que lui.

3.º Il importe même pour le bien de l'état, que les biens soient placés entre les mains de ceux à qui la naissance et l'éducation ont appris à en faire un usage utile à eux-mêmes, utile au public, plutôt que d'être livrés, pour ainsi dire, au hasard du pillage. Ce terme n'est peut-être pas trop éloigné du sujet. Personne ne doute qu'il ne fût plus avantageux à un prince, si cela étoit possible, de partager le butin de la guerre, selon l'ordre du mérite ou des services, que de le livrer en proie à une armée victorieuse, où les plus forts et les plus avides l'emportent sur les autres, et où aucun de ceux mêmes qui en ont arraché la meilleure partie, ne demeure riche, parce qu'ils ont autant d'impatience de dissiper leur gain qu'ils en ont eu de le ravir. C'est une figure naturelle des fortunes présentes. Ce bien qui, partagé comme il l'étoit entre plusieurs familles vertueuses, auroit pu profiter à l'état, ravi par un petit nombre de mains avares et armées d'une cruelle industrie, fera tomber ceux qu'il élève aujourd'hui, au moins pour la plus grande partie des hommes obscurs, qui ont passé en un jour de l'excès de la misère à l'excès des richesses. Eblouis d'un changement si soudain, et comme enivrés d'une fortune inespérée, dont ils croiront ne voir jamais la fin, ils la trouveront par cette raison même beaucoup plus tôt qu'ils ne pensent. Ce grand butin qu'ils ont fait sur les meilleurs citoyens sera dispersé entre tant de mains différentes, que l'effet en deviendra presque insensible pour chacun. Les marchands, les artisans, les objets ou les compagnons de leurs débauches, voudront jouir à leur tour d'une abondance qui se répandra sur eux, et peut-être l'événement fera voir dans quelques années, que des fortunes si monstrueuses auront fait beaucoup de pauvres, et n'auront pas fait beaucoup de riches. Il y aura un petit nombre de têtes sensées qui emploieront, ou au paiement de leurs dettes, ou en fonds de terre, des richesses si fragiles; le reste les consumera en plaisirs, en luxe et en d'autres dépenses également frivoles, à peu près comme ceux qui ont fait des gains immenses au jeu, et à qui pour l'ordinaire, après un certain temps, il n'en reste que le souvenir.

> De tous ces vains trésors, où leur âme se plonge,
> Que leur restera-t-il? Ce qui reste d'un songe,
> Dont on a reconnu l'erreur.

4.º Est-il vrai même que l'état demeure toujours aussi riche, et que les biens n'aient fait que passer d'une main dans l'autre? Ce seroit une espèce de consolation si l'on pouvoit au moins le penser ainsi; mais on n'a pas même cette consolation. Les étrangers partagent avec nos citoyens les présens d'une fortune prodigue; et qui sait s'ils n'en ont pas même la meilleure part? Au bruit des miracles de la rue Quinquampoix, on a vu accourir de toutes parts tous les banquiers, tous les usuriers, tous les agioteurs nobles et ignobles, tous les juifs de l'Europe, plus habiles communément dans ce genre de commerce, que ceux de notre nation. Ils y ont fait des gains prodigieux, et s'en retournent dans leurs pays chargés de nos dépouilles, nous laissant des billets de banque pour notre argent.

> Et, pour des monceaux d'or, un vain tas de papier.

Dira-t-on qu'il ne leur a pas été facile d'emporter tant d'or et d'argent? Cela seroit vrai, si on y avoit veillé exactement, et si l'on avoit tenu la main à l'exécution des lois qui défendent le transport de l'or et de l'argent hors du royaume. Mais une des maximes du nouveau système, est que ce transport est une chose indifférente, et plutôt utile que nuisible à l'état. Sans examiner ici la solidité de cette maxime, il est certain, même suivant les principes de ceux qui la soutiennent, que le transport des espèces ne peut être utile à l'état, que lorsqu'il sert à en acquitter la dette à l'égard de l'étranger, parce qu'alors le change nous devenant favorable, peut faire rentrer avec usure les fonds qui ont été transportés hors du royaume. Mais ici tout l'or et tout l'argent que les étrangers ont emportés avec eux, ont une cause nouvelle, une cause qui n'a rien de commun avec la dette de l'état, qui ne s'impute point sur cette dette, et qui ne la diminue en aucune manière. Nous demeurons toujours également débiteurs de l'étranger, et nous perdons une partie des moyens de nous acquitter, par l'or et l'argent que nous laissons échapper. D'un côté, nous ne nous acquittons pas; et de l'autre, nous nous appauvrissons : c'est ainsi que les personnes ont accoutumé de se ruiner.

Les marchandises que les étrangers ont pu acheter de leur gain, dans le royaume, ne répondent que foiblement à cette difficulté.

Premièrement, il est aisé de juger qu'ils n'y ont employé que la moindre partie de ce gain immense. Personne ne pourra se persuader que des hommes avides, qui avoient sans doute autant d'ardeur pour mettre leur fortune en sûreté, qu'ils en avoient eu pour la faire, aient voulu se charger de marchandises dont le transport leur eût été fort onéreux, la garde difficile, et le débit peu convenable à la condition ou au commerce d'une grande partie de ces étrangers. Plusieurs, à la vérité, ont emporté de la vaisselle d'or et d'argent; mais ce sont toujours autant de matières qui sortent du royaume, et qui y rentreront encore moins que les espèces qu'ils ont emportées.

D'ailleurs, avec quoi ont-ils payé les marchandises qu'ils ont achetées? avec le papier même qu'ils avoient gagné. Ainsi, d'un côté, les étrangers nous enlèvent une partie de notre or et de notre argent; de l'autre, ils emportent nos marchandises sans nous les payer autrement qu'en billets de banque. Le royaume s'épuise donc en même temps d'argent et de marchandises, sans que l'argent de l'étranger remplace celui qu'il tire de nous; ou la valeur de nos marchandises, et par conséquent l'argent et la marchandise sortent également en pure perte pour le royaume; réflexion importante dont les négocians, qui ont le plus de capacité et d'expérience dans le commerce, sont justement effrayés, et qui fait bien sentir combien l'établissement des actions est contraire au véritable intérêt de l'état. Il reste de faire voir combien il est préjudiciable à l'intérêt des familles qui en composent une partie principale.

III. *Suite du Commerce des Actions, par rapport à l'Intérêt des Familles, qui en composent une partie principale.*

1.º On a déjà remarqué, en passant, combien la cherté excessive à laquelle ce nouveau commerce a fait monter le prix de toutes choses, est ruineuse pour tous ceux qui n'ont point voulu y prendre part. Il faut à présent peindre, par trois traits également sensibles, le malheur de l'état où ils sont réduits.

La perte entière, ou une très-grande diminution de leur revenu, est le premier trait.

Un péril évident et presqu'inévitable de perdre le fonds même, ou une partie considérable du fonds, est le second.

Une augmentation de dépense à laquelle ils ne peuvent suffire, est le troisième.

Le premier n'est que trop certain; les remboursemens que le roi fait, et l'impression que ce premier mouvement, ou le produit des actions, fait sur le reste de l'argent et sur les remboursemens des particuliers, font perdre un revenu non-seulement utile, mais nécessaire à plusieurs familles; et en même-temps qu'elles souffrent cette perte, il ne leur reste aucune ressource pour la réparer en se procurant un autre revenu.

Sur les terres ou sur les maisons, on perd, par le prix excessif que les nouveaux favoris de la fortune y mettent, les quatre cinquièmes, ou du moins les trois quarts du revenu dont on jouissoit auparavant.

Sur les emplois ou contrats de constitution, qui deviennent plus rares que jamais, il faut perdre à peu près la moitié de l'ancien revenu.

Telle est la situation des plus honnêtes et des plus vertueuses familles, elles se voient périr, et en danger de mourir bientôt de misère au milieu de leur bien.

Le fonds, qui forme le second trait de ce tableau, est encore plus en danger que le revenu même.

Le conservera-t-on en argent? Mais est-il permis, est-il sûr de le faire, et s'exposera-t-on au hasard des recherches rigoureuses dont on est menacé, et au risque d'être trahi par un ennemi, un domestique, par ses proches même? L'intérêt est devenu le seul maître de l'univers, les sentimens naturels sont éteints; et Ovide diroit à présent, avec plus de raison que jamais:

Effodiuntur opes, irritamenta malorum.
Vivitur ex rapto, non hospes ab hospite tutus.
Non socer à genero, fratrum quoque gratia rara est.
Victa jacet pietas..... terras astræa reliquit.

Gardera-t-on son fonds en billets de banque? Mais ils ont déjà commencé à perdre en certaines provinces, et le nombre en croît dans un si grand excès, que chacun croit y lire le présage d'une révolution fatale.

Le fonds est donc encore dans un plus grand péril que le revenu, et le dernier trait d'un état si fâcheux est l'augmentation prodigieuse de la dépense.

Quand les richesses réelles croissent dans un royaume, quand l'or et l'argent s'y multiplient considérablement, le prix des denrées croît à la vérité, et la dépense augmente nécessairement; mais les moyens de payer ce prix croissent en même temps, et la recette s'augmente autant que la dépense, en sorte que la fortune des hommes se trouve toujours à peu près dans la même proportion. Mais ici la dépense monte à l'excès, et les revenus, ou les moyens de la soutenir, diminuent aussi à l'excès. Celui qui n'avoit que 6,000 liv. de rente, et qui étoit obligé de les dépenser, est forcé d'en dépenser 12,000 liv.; et s'il est assez heureux pour ne voir diminuer son revenu que de la moitié, il n'a que 3,000 liv. pour en dépenser 12,000 liv., et, par conséquent, il s'en faut les trois quarts qu'il n'ait le nécessaire pour vivre.

Dira-t-on que les billets de banque sont une nouvelle espèce qui doit faire le même effet qu'une multiplication réelle de l'or et de l'argent? Mais l'expérience dément une spéculation qui paroît belle sur le papier, et qui se trouve fausse dans la pratique.

Si ce raisonnement étoit bon, il faudroit en conclure, que rien n'est plus avantageux dans un état que d'y affoiblir les monnoies en augmentant excessivement leur valeur extrinsèque, parce qu'on augmente par là, tant qu'on veut, les richesses imaginaires d'un royaume. Il y auroit même encore plus de réalité dans cette espèce de richesses que dans le papier; une monnoie, quoiqu'affoiblie, a toujours un reste de valeur réelle, au lieu qu'il n'y en a aucune dans le papier, qui, comme on l'a dit plus haut, n'est jamais qu'une espérance plus ou moins solide.

Les hommes ne prennent pas si aisément le change dans ces matières. La réalité de l'or et de l'argent est fondée sur l'opinion de tous les hommes et de tous les siècles. Celle du papier ou de la monnoie affoiblie n'est fondée que sur la parole du prince; et les hommes sont instruits par tant d'expériences du fond qu'on y peut faire, que les plus grossiers ne s'y trompent pas.

Qu'arrive-t-il donc quand le prince augmente la valeur extrinsèque de la monnoie? Le prix de toutes choses augmente, mais le revenu du commun des hommes ne croît pas. Au contraire, le taux des rentes et des intérêts diminue ordinairement. Ceux qui vendent les matières premières, sont les seuls qui en profitent, ou plutôt qui se mettent du moins en état de soutenir l'augmentation de la dépense; les artistes même, ou les fabricans, n'y font qu'un premier gain sur le prix des ouvrages qu'ils ont faits avant l'augmentation du prix des matières premières: mais, pour ceux qu'ils font dans la suite, quoiqu'ils les vendent plus cher, ils n'y gagnent pas davantage, parce qu'ils achètent plus cher les matières dont leurs ouvrages sont composés, et, s'ils veulent en faire monter le prix au-delà de cette proportion, ils courent souvent le risque de ne plus vendre. Ainsi, à la réserve d'un certain nombre de citoyens, tout le reste souffre réellement; les fermiers qui ne comptent pas sur la stabilité d'une pareille monnoie, n'augmentent point la redevance qu'ils donnent aux propriétaires; les rentes diminuent, comme on le vient de dire, plutôt que d'augmenter. Ainsi, avec un égal ou même avec un moindre revenu, on est obligé de faire une dépense plus grande.

C'est ce qui doit arriver, à plus forte raison, dans un état, quand on y établit une monnoie de papier, monnoie encore moins réelle que l'or et l'argent le plus affoiblis. La circulation en est, à la vérité, infiniment moins rapide, parce que chacun se hâte de se défaire d'un bien qui peut périr à tous momens; mais c'est cet empressement même qui augmente encore plus le prix des choses, parce que, quelque cher qu'on achète une marchandise, on croit y trouver toujours plus de réalité que dans une monnoie de papier; et quelque cher que le marchand la vende, il court toujours le risque de perdre le total du prix.

Ajoutons à tout cela que ce papier, qui n'est tout au plus que l'image ou la figure de la monnoie véritable, n'est que la figure ou l'image d'une monnoie affoiblie. C'est donc affoiblissement sur affoiblissement, et diminution sur diminution, ou perte sur perte, au moins dans l'opinion des hommes qui, décidant de leur confiance, décident aussi de la valeur des choses.

Il résulte de toutes ces idées, dont la vérité est sensible et comme palpable, que cette abondance de papier qu'on répand dans le public n'est qu'une fausse richesse, qui ne peut jamais produire les mêmes effets que la véritable; et le caractère qui distingue essentiellement la vraie de la fausse, est que si elles ont cela de commun, qu'elles augmentent la dépense des hommes, la vraie augmente en même temps leur recette ou leur revenu, au lieu que la fausse n'augmente que la dépense sans augmenter la recette, si ce n'est, comme on l'a dit, à l'égard de ceux qui vendent les matières premières; mais le reste du royaume en souffre véritablement.

Et si cela est vrai, lors même qu'on ne touche point d'ailleurs au revenu des hommes, et que leur préjudice ne consiste qu'en ce que leur dépense devient trop forte à proportion de leur revenu, que sera-ce lorsque ces deux fléaux tombent en même temps sur eux, diminution énorme dans les revenus, augmentation énorme dans la dépense?

Ils n'ont qu'à prendre des actions, dira-t-on, le mal qu'ils craignent cessera; et, si c'est cette raison qui fait naître leur scrupule sur la justice des actions, il ne tient qu'à eux de s'en guérir, en faisant cesser ce mal même, c'est-à-dire, la ruine des familles, qui ne seront plus ruinées si elles veulent acquérir le nouveau revenu qu'on leur offre. Mais,

1.º Le scrupule n'est pas un crime; et elles ne méritent pas qu'on les ruine, parce qu'elles ont la conscience trop délicate.

2.º Indépendamment de la raison qui se tire du renversement des familles, il y en a tant d'autres contre les actions, que quand on retrancheroit celle-là, il en resteroit encore plus qu'il n'en faut pour autoriser ce scrupule.

3.º Etoit-il même possible à tout le monde d'acquérir des actions; et que seroit-il arrivé si tout le monde en avoit acheté?

1.º C'est un fait notoire, qu'il y a eu une grande et évidente acception de personnes dans la distribution de ce nouveau genre de bien. La faveur en a décidé pour une partie très-considérable, et c'est un nouveau sujet de scrupule pour ceux qui en ont eu par cette voie. Il est vrai qu'on en a livré une autre partie au hasard du commerce sur le théâtre de la rue Quincampoix. Mais, sans parler de l'indécence de ce théâtre, où peu d'honnêtes gens auroient voulu grossir la foule des acteurs; sans parler de la pénible nécessité de se voir confondu avec la nation des agioteurs si l'on y alloit soi-même, ou de charger un agioteur de sa confiance si l'on n'y alloit pas, il n'est pas possible que ce qu'on a lâché d'actions dans la rue Quincampoix eût pu suffire aux besoins de tous ceux qui se sont ruinés par ce nouveau commerce.

2.º Que seroit-il arrivé si tout le monde y avoit couru en effet? Le concours d'une partie des hommes en a fait hausser si prodigieusement la valeur, qu'un bien que le roi n'avoit créé que sur le pied de dix pour un, a été vendu le double. Qu'auroit-ce donc été, si tous les hommes avoient saisi également cet appât de gain? Le prix des actions auroit monté jusqu'à trente et quarante pour un; c'est-à-dire, que le produit pour le revenu n'auroit été que d'un et demi ou d'un pour cent; et par-conséquent on n'auroit évité par là ni cette diminution énorme dans les revenus, ni cette disproportion aussi énorme dans la dépense, qui fait un des plus grands maux de ce nouvel établissement.

3.º Le bien même des actions portées à la haute valeur où elles sont, peut être mis au nombre des biens imaginaires, qui ne seront peut-être qu'une vaine ressource pour ceux qui y auront recours.

Un bien peut-il être regardé comme un bien réel, comme un bien solide et durable, lorsqu'il est contraire aux trois grands intérêts qui décident de la durée de tous les nouveaux établissemens; l'intérêt du roi, à qui il fait périre une grande partie de ses revenus, dans lesquels tôt ou tard il viendra des ministres qui voudront le faire rentrer; l'intérêt véritable de l'état, qui blesse, comme on vient de le voir, en tant de manières; l'intérêt des familles ordinaires et médiocres qu'il ruine véritablement, sans compter les autres inconvéniens particuliers dont on va parler dans un moment? Contre tant d'intérêts qui s'opposent évidemment au système des actions, il ne se soutient que par la faveur et le grand objet de la libération du roi. Mais cette libération s'avance; elle sera bientôt, ou on la croira bientôt consommée; et, quand on n'aura plus cet objet, quand le roi se trouvera quitte, ou que ses dettes ne seront plus un fardeau considérable, on oubliera bientôt l'état dont on sera sorti; et tous les intérêts contraires aux actions, se réunissant en même temps et faisant contr'elles un effet qui ne sera plus balancé par l'avantage de la libération du roi, ils reprendront là-dessus tôt ou tard, et renverseront à leur tour les actions avec la même supériorité que les actions ont à présent sur ces intérêts. Tels sont les retours ordinaires de l'impétuosité française; le passé nous en a fait voir tant d'exemples, qu'il n'est presque pas possible que l'avenir ne lui ressemble. Rien n'est donc plus casuel, plus incertain, plus exposé à de fâcheuses révolutions que ce genre de bien, qu'on présente néanmoins aujourd'hui comme le seul dédommagement des pertes dont les familles sont affligées.

4.° Ce dédommagement même, quand il seroit durable, ne répareroit leur perte que très-imparfaitement; elles jouissoient de leur revenu sur le pied du denier vingt-cinq avec le roi, et du denier vingt avec les particuliers; et, en acquérant des actions sur le pied qu'elles sont aujourd'hui, elles n'en recevront guère que le denier cinquante; c'est-à-dire, que par rapport aux rentes sur le roi, elles perdront la moitié; et par rapport aux rentes sur les particuliers, elles perdront les trois cinquièmes de leur revenu. On dit, à la vérité, que le produit des actions augmentera par l'union de la banque, ou par d'autres moyens. On ne peut en juger, que lorsque la chose sera faite; mais en attendant, il est certain qu'au moins par rapport à l'état présent, avec une diminution de revenu qui va à plus de la moitié, il faut soutenir une augmentation de dépense, qui va aussi à plus de la moitié, et cela en acquérant même des actions; en sorte que, comme on l'a dit avant que de répondre à cette objection, il s'en faut les trois quarts que le commun des hommes qui vivent honnêtement de leur revenu n'aient les mêmes moyens qu'ils avoient pour subsister.

5.° Outre le mal général et commun à presque toutes les familles, dont on a parlé dans l'article précédent, elles sont exposées par le commerce des actions à un grand nombre d'inconvéniens particuliers qui tomberont tantôt sur l'une et tantôt sur l'autre, mais qu'il sera aussi difficile d'éviter, qu'il est aisé de les prévoir :

1.° Les actions sont une tentation continuelle de fausseté, et comme une invitation à ce crime, mise devant les yeux de tous les faussaires du royaume et de ceux qui sont capables de le devenir; tentation à laquelle ils succomberont tôt ou tard s'ils n'y ont pas succombé. Et qui sait même si les étrangers ne s'y laisseront pas aller? Feront-ils plus de scrupule de gagner le tout en imitant notre papier, qu'ils n'en ont fait de contrefaire nos louis d'or, pour gagner seulement la moitié? Et si ce genre de fausseté s'introduit chez nos voisins, quel discrédit pour le véritable papier, quelle incertitude, quelle défiance, quel embarras dans le commerce, quelle confusion pour tout le royaume?

2.° A cette première tentation que les actions offrent aux hommes, il s'en joint une seconde de vol et de soustraction, qui peut armer les domestiques contre les maîtres, les enfans contre les pères, les femmes contre les maris, tous les filous et tous les malhonnêtes gens contre les honnêtes gens : ajoutez à cela les hasards du feu, de l'eau, de mille autres accidens, qui seront comme autant de voleurs innocens d'une richesse si fragile.

3.° Du même principe, naît encore une facilité infinie d'éluder les lois qui défendent les avantages directs ou indirects entre les maris et les femmes, celles qui établissent l'égalité entre les enfans, ou

37 *

qui assurent au moins leur légitime ; enfin, celles qui annullent les donations faites en faveur des concubines, des bâtards et des autres personnes prohibées.

4.º Il en résulte, enfin, une impossibilité presque entière de conclure aucun mariage avec une sûreté réciproque, d'assurer les dots ou les conventions des femmes, et les hypothèques même des autres créanciers, sur une nature de bien qui n'a point de maître, qui réside dans un porte-lettre, et qu'on ne sauroit employer en fonds, sans un risque évident ou un embarras inexplicable sur l'avenir.

Sur quel pied un mari s'engagera-t-il à rendre des actions dont la valeur peut descendre aussi bas qu'elle a été portée à un haut prix ? Et, supposé qu'il s'engage à en acquérir une terre, sa femme pourra-t-elle être obligée un jour à la prendre sur le pied du denier 100, s'il arrive, comme cela n'est nullement impossible, que pendant le cours du mariage le prix des terres revienne au denier 25 ou 30 ?

Les privilèges, par la même raison, pourront devenir inutiles, au moins en grande partie, aux créanciers ; et celui qui aura cru avoir un privilége pour 100,000 livres, par exemple, n'en aura peut-être plus que pour 50,000 livres, ou peut-être pour moins, par la grande diminution du prix excessif auquel les fonds sont portés à présent.

Que si l'on oppose à ces inconvéniens particuliers, que l'on couroit autrefois les mêmes risques dans les familles des négocians, ou lorsque l'on traite avec eux, parce que leur fortune a toujours consisté en effets mobiliers et en billets, il est aisé de répondre :

1.º Qu'on n'étoit exposé au moins qu'à une légère partie du mal dont on est menacé aujourd'hui, et que le risque ne tomboit que sur les familles des négocians ou sur ceux qui traitoient avec eux, encore même ne couroit-on guère celui de la fausseté, et on ne couroit point du tout celui de l'incertitude du prix des actions, ou des fonds qu'on acquiert avec les actions ;

mais ici, outre les périls particuliers qu'on y peut
craindre et qui n'avoient pas lieu dans le commerce,
ce qu'on ne craignoit qu'avec une partie des citoyens, avec lesquels presque tous ceux qui n'étoient
pas négocians contractoient assez rarement, on le
craint à l'égard de toutes sortes de personnes, parce
que le mal se répand sur toutes les conditions. L'argument du plus au moins est souvent bon, mais celui
du moins au plus ne prouve rien. Telle chose peut
n'être pas fort dangereuse, lorsqu'elle est renfermée
dans un certain genre de personnes, qui devient
pernicieuse à l'état, quand on veut l'étendre à tous
les hommes.

2.º L'objet est ici d'une étendue infinie, non-
seulement par rapport au nombre des personnes
qu'il intéresse, mais encore plus par rapport à la
valeur et à l'importance des effets. Il n'y a peut-être
pas pour plus de trois cent millions de billets qui
circulent par an entre les négocians de ce royaume,
et le fonds des actions monte déjà à près de six milliards, c'est-à-dire, à vingt fois autant.

3.º Avec les négocians, on a au moins l'avantage
d'avoir la contrainte par corps, qui tient lieu de
beaucoup d'autres sûretés, et qui remédie à quelques-uns des inconvéniens particuliers qu'on a expliqués. On n'a pas le même avantage avec les actionnaires ; et, quand on traite avec eux, il n'y a
de véritable sûreté ni dans la chose ni dans la personne.

4.º Enfin, malgré toutes les différences qui distinguent la condition des négocians de celle des
actionnaires, on a trouvé de si grands inconvéniens
pour la sûreté des familles, et pour le bien même
du commerce, dans la tolérance de l'usage des billets
payables au porteur, déjà réprouvé par d'anciennes
lois, que sur les remontrances des négocians on
l'a aboli pour eux-mêmes par un édit solennel de
l'année 1716. Or, si cet usage a paru abusif lorsqu'il
n'avoit lieu qu'entre les négocians, et que son objet n'étoit peut-être pas de plus de trois cent millions

par an pour tout le royaume, que doit-on penser de ce même usage introduit dans les actions pour toutes sortes de personnes, et pour un objet de six milliards ?

Telles sont donc les suites du nouveau système des actions, soit contre l'honnêteté et la discipline publique, soit contre le véritable intérêt de l'état, soit contre le bien, la sûreté, la paix et la tranquillité des familles, qui en font une principale partie.

On ne peut pas dire que ces maux ne sont que des suites arbitraires du nombre de celles qu'on a appelées plus haut (*art.* 1, *n.°* 3, et *art.* 2, *n.°* 7) des suites accidentelles, qui naissent plutôt de la conduite personnelle de ceux qui abusent d'une cause juste en elle-même, que de la substance et du fonds de la cause même, ce sont au contraire, suivant la notion qu'on a établie dans le même endroit, des suites infaillibles de la cause, qui dérivent de sa propre nature ; en sorte qu'il est moralement impossible d'établir des actions de la qualité de celles dont ils s'agit, sans que toutes ces suites, qui en sont des effets naturels et nécessaires, arrivent en même temps. Aucune sagesse, aucune puissance, aucune loi humaine ne peuvent les empêcher ; il faudroit changer la substance de la chose pour pouvoir les éviter, et tant qu'elle subsistera telle qu'elle est, on ne les évitera jamais.

Pour bien juger d'une action morale, il ne suffit pas de la considérer seulement en elle-même ; il faut réunir toutes ses circonstances, et l'envisager non-seulement dans son principe, mais dans toutes les suites qui en sont moralement inséparables. Ce qui ne peut être que pernicieux dans ses conséquences ne sauroit être innocent dans son principe, parce que le devoir de l'homme juste consiste non-seulement à éviter ce qui est mauvais ou injuste en soi, mais encore à ne pas faire ce qui est nuisible aux autres hommes dans ses effets. Il ne pèche point en un sens contre la justice qu'il se doit à lui-même, quand il fait une action qui, détachée de toutes ses circonstances, ne paroît pas avoir un vice radical et essentiel; mais il pèche contre la justice qu'il doit aux autres hommes, quand il entre dans un engagement qui est au moins une source inévitable d'abus, de désordres, de préjudices pour le général et pour le particulier; et tout gain qu'on ne fait qu'en violant ainsi le premier principe de la société humaine, ne sauroit jamais être un gain légitime.

C'est donc à ceux qui veulent justifier les actions, de voir s'ils osent soutenir que tous les maux qu'elles causent n'en sont pas des suites naturelles et inévitables; mais s'ils ne veulent pas l'entreprendre, ou s'ils ne peuvent y réussir, ils doivent donc reconnoître de bonne foi que la cause du gain qu'on en retire est du nombre de celles que le droit appelle honteuses, ou contraires aux bonnes mœurs, sinon en elles-mêmes, au moins dans leurs effets, qui en sont moralement inséparables.

Que leur serviroit-il donc de dire, que ce ne sont pas eux qui sont les auteurs ou les approbateurs de ce nouveau système, qu'ils en sentent tous les maux, et qu'ils en gémissent; mais que, comme ils n'ont aucune part personnelle à ces maux, et que c'est au gouvernement d'en répondre, il ne leur est pas défendu d'acquérir des actions tant que ce genre de bien est soutenu par l'autorité publique? L'intention ne justifie pas les hommes, lorsque l'action les condamne. Qu'importe que je fasse des vœux pour le public, que je sois même sincèrement affligé de le voir souffrir, si je m'associe à ceux qui le font souffrir? Je profite d'un établissement qui est en même temps la ruine d'un grand nombre de familles, le renversement des mœurs, la perte de l'état; je partage les avantages d'une société qui a ces trois suites malheureuses. C'est en vain que je les déplore, pendant que j'y contribue moi-même en entrant dans une compagnie qui en est la cause générale. Quiconque s'engage dans une société nuisible au public, est responsable du préjudice qui en résulte.

Le nombre n'est composé que d'unités : si chacun en particulier se défendoit d'y entrer, il n'y auroit point de compagnie, et le public n'en souffriroit pas. Chacun en particulier contribue donc à la former, et porte par conséquent sa part de l'iniquité commune.

La quatrième proposition qu'on a avancée, page 561, et dont tout ce qu'on vient de dire n'est qu'une preuve détaillée, paroît donc d'une vérité clairement démontrée; je veux dire, que les actions telles qu'elles ont été établies, ne sauroient avoir lieu, sans être une source d'une infinité de maux qui en sont des suites naturelles ou moralement nécessaires, et qui blessent également l'honnêteté ou la discipline publique, le véritable intérêt de l'état, et celui des familles qui en font une partie principale.

Or, suivant la proposition troisième, tout bien qui porte ce caractère est un bien non-seulement suspect et équivoque, mais clairement vicieux et injuste.

Donc, l'acquisition ou la possession des actions ne sauroit être juste et légitime, quand même on ne les acquerroit que pour en jouir, et sans aucune intention de les vendre.

On ne répond point ici à l'argument tiré de l'intérêt du roi, dont on promet d'éteindre les dettes par les actions. Ce sera la matière du cinquième problème.

PROBLÊME SECOND.

S'il est permis d'acquérir des Actions, avec intention de les vendre pour y gagner.

On n'a agité le premier problème avec tant d'étendue, que parce qu'il sert à établir les faits et les principes par lesquels tous les autres peuvent être résolus; et que, si ces principes ont lieu dans le cas de tous le plus favorable, ils doivent servir de règle, à plus forte raison, dans les cas qui sont beaucoup plus odieux. Mais, s'il faut dire la vérité, ce premier cas, qui a servi de matière au premier problème sur ceux qui achètent des actions avec intention de ne les pas vendre, est un cas presque métaphysique, un cas qui n'a peut-être point d'exemple, au moins pour toutes les actions qui ont été créées sur le pied de dix pour un. Qu'on interroge ceux qui en ont acheté sur ce pied, et qu'on leur demande s'ils les ont acquises pour les conserver, ils répondront tous, s'ils sont de bonne foi, qu'ils se seroient bien gardés d'en prendre s'il avoit fallu s'engager à les posséder toujours, et que leur véritable objet a été de les acheter pour les vendre, et d'y gagner en les vendant. C'est donc ici un des genres de bien qu'on acquiert, non pour les avoir, mais pour ne les avoir plus. Cette réflexion préliminaire doit être encore plus approfondie pour en tirer un principe qui puisse servir, avec beaucoup d'autres, à la solution du problème présent et de ceux qui le doivent suivre.

On achète du blé ou du vin pour le vendre, quand on est marchand de blé ou de vin : on ne veut même, dans toutes les conditions, avoir de l'argent que pour s'en défaire; et l'usage de toutes ces espèces de biens consiste dans l'abus, comme parlent les jurisconsultes ; parce que, pour en user et pour en jouir, il faut les perdre, sans quoi l'argent seroit entièrement inutile : et à l'égard du blé, du vin ou de toute autre marchandise qui peut remplir par elle-même nos besoins naturels, à la réserve de ce qui est nécessaire pour cet usage, tout le reste est inutile à celui qui les garde, et n'est utile qu'à celui qui les perd, c'est-à-dire, qu'à celui qui les vend. S'ensuit-il de là que l'acquisition de ces sortes de biens soit injuste ? Non, sans doute ; pourquoi donc trouvera-t-on un caractère de malignité dans l'acquisition des actions, par cette seule raison qu'on ne les achète que pour les vendre, et que leur usage principal consiste dans l'abus ?

Pour résoudre cette difficulté, il faut distinguer trois sortes de raisons, qui portent les hommes à vendre leurs effets : l'une, est l'envie naturelle de gagner sur le prix ; la seconde, est qu'il y a d'autres effets qui leur conviennent mieux ; la troisième, est le vice intérieur de ceux dont ils veulent se défaire, et le risque qu'ils courent en les gardant.

De ces trois raisons, les deux premières sont évidemment légitimes par elles-mêmes ; et, pourvu qu'on n'y mêle point des moyens injustes pour parvenir à l'une ou à l'autre de ces deux fins, le gain que l'on peut faire, en vendant par ces motifs, n'a rien de suspect.

La troisième est plus douteuse ; parce que, quoiqu'en général il soit vrai de dire que la vente d'un bien qui a un défaut et un risque inséparable de sa possession, n'est point vicieuse, quand le défaut, ou le risque, est connu de l'acheteur comme du vendeur, il peut néanmoins se trouver des circonstances dans lesquelles une telle vente seroit justement condamnée ; et il s'agit à présent d'examiner, entr'autres choses, pour la solution du problème second, si ces circonstances se rencontrent dans la vente des actions.

PREMIÈRE PROPOSITION.

S'il n'est pas permis d'acquérir des actions avec intention de ne les pas vendre, il est encore plus défendu d'en acquérir pour y gagner en les vendant, parce qu'outre le vice de l'acquisition, on se charge encore de l'iniquité de la vente, un bien injustement acquis ne pouvant être vendu justement. Ainsi, ce second problème est déjà résolu par la solution du premier.

SECONDE PROPOSITION.

Quand on acquiert des actions pour y gagner en les vendant, les trois motifs qu'on a distingués dans la réflexion préliminaire concourent ensemble dans l'esprit de l'acquéreur, qui achète pour vendre.

1.º Il n'est pas douteux qu'il cherche à gagner sur

le prix; et il est évident que sans cela il n'achèteroit point, puisqu'il n'achète que pour vendre.

2.º Il veut avoir d'autres effets qui lui conviennent
mieux, ce motif est aussi clairement renfermé dans
son intention.

3.º Il sent le vice de l'effet qu'il acquiert, il en
craint les risques évidens, et c'est pour cela qu'il
n'achète que pour vendre. Voilà les trois motifs.

Mais il y a cela de remarquable dans le dernier, que
c'est celui qui influe sur les deux autres, et auquel on
peut dire qu'ils sont subordonnés. La vue du risque,
dont un tel bien est menacé dans l'avenir, fait envisager au possesseur le hasard favorable du présent, et l'engage à se hâter d'en profiter, non-seulement pour n'y pas perdre, mais encore pour y
gagner. Un bien qui peut périr à tout moment ne lui
paroît pas un bien convenable à conserver, et, en
effet, il n'y en a guère qui le soient moins, selon
les règles de la prudence; c'est donc, encore une
fois, le danger et le risque que l'on court en gardant un tel effet, qui est le principal motif de celui
qui ne l'achète que pour s'en défaire dans un moment favorable; c'est son intention dominante; il
veut, s'il est possible, vendre plus cher qu'il n'a
acheté, mais sur toutes choses il veut vendre.

TROISIÈME PROPOSITION.

Vouloir vendre un effet de cette nature, c'est
une disposition qui renferme deux choses : 1.º une
intention de faire courir à un autre le risque qui
est inséparable d'un tel effet, plutôt que de le courir
soi-même ; 2.º un désir de gagner sur celui à qui
l'on résigne, pour ainsi dire, un péril et un danger
dont on veut se préserver.

*Observations préliminaires aux Propositions sui-
vantes.*

Il est vrai que celui à qui on vend ce bien n'en
connoît pas moins le danger que le vendeur même ;

mais cette raison suffit-elle pour excuser la vente ? C'est une question d'autant plus difficile, que les mêmes circonstances ne se trouvent point dans la plupart des autres ventes de tout ce qui est dans le commerce.

Une grande partie des marchandises qu'on vend et qu'on achète ne sont point sujettes à ce risque qui peut arriver d'un moment à l'autre, et qui feroit que l'effet périroit absolument, ou presque absolument pour l'acheteur.

A cette première circonstance, il s'en joint une seconde : c'est que les actions sur le pied qu'elles sont, ne sauroient être vendues à personne, qui ne les achète aussi dans l'intention de les vendre, ou qui soit disposé à les conserver. C'est l'effet que produit la connoissance qui est commune entre le vendeur et l'acheteur du péril attaché à la possession de cette espèce de bien, fort différent en cela des autres marchandises qui, après quelques degrés, et souvent dès le premier, passent entre les mains d'un acheteur qui ne les prend que pour les garder, ou pour s'en servir. Une action même, sur un vaisseau, ou sur tout autre genre de commerce incertain, trouve à la fin un acheteur qui veut en courir le risque jusqu'au bout, mais c'est ce qu'on aura de la peine à trouver à l'égard des actions.

Une troisième circonstance est que, dans chaque mutation, le premier vendeur veut gagner sur le premier acheteur; le premier acheteur, devenant vendeur, veut gagner à son tour sur le second acheteur, et ainsi successivement dans tous les degrés de mutation à l'infini. Or, comme le risque devient plus grand à mesure que le prix augmente, il est visible que l'effet de cette opération successive tend à faire augmenter la cherté de ce bien, à mesure que sa valeur véritable diminue; car il n'est pas douteux que plus on achète chèrement une action, moins on peut espérer d'en retirer du profit ; et sa valeur, devant être relative ou proportionnée au profit, il ne peut pas être douteux non plus que, sa valeur réelle ne diminue à mesure que son estimation arbitraire augmente, de même qu'on ôte autant de valeur réelle à la monnoie, qu'on y ajoute de fausse valeur.

Enfin, une dernière circonstance est que, s'il est vrai que ce genre de bien périsse un jour, la perte en tombera sur quelqu'un qui s'en trouvera alors possesseur, et vraisemblablement ceux qui en souffriront la perte seront ceux qui l'auront acheté fort cher, à moins que les actions ne descendent par degrés, comme elles sont montées par degrés ; mais, comme la chute est naturellement et ordinairement plus rapide que l'élévation, il est fort probable que la perte se fera par des degrés encore plus sensibles et plus marqués que le gain ne s'est fait.

On peut donc, dans la supposition présente, c'est-à-dire, suivant l'esprit d'un homme qui n'achète des actions que pour les vendre, définir les actions, comme un genre de bien qui, par sa nature, peut périr entre les mains de l'acheteur ; que l'acheteur n'achète lui-même que pour le vendre ; sur lequel chaque acheteur veut gagner successivement en devenant vendeur, quoique la valeur d'un tel bien diminue réellement par là, et dont la perte, si l'effet vient à périr, tombera certainement sur quelqu'un des acheteurs.

QUATRIÈME PROPOSITION.

La connoissance que l'acheteur a du vice ou du risque attaché à la chose qu'il achète, ne justifie le vendeur que lorsque l'acheteur veut bien courir ce risque, et non lorsqu'il veut si peu s'en charger, qu'il n'achète lui-même que pour vendre.

La première partie est certaine, toutes les fois que ce n'est ni une espèce de folie, ni une véritable misère, qui obligent l'acheteur à passer par-dessus le vice ou le péril du bien qu'il achète.

La seconde partie est donc, à proprement parler, la seule qui ait besoin d'être prouvée ; et il s'agit de faire voir que quand un bien est si douteux et si équivoque, que le vendeur le vend par cette raison, et que l'acquéreur ne l'achète que parce qu'il est sûr de le revendre sur-le-champ, une telle vente ne sauroit produire un gain légitime.

Posons d'abord un cas fort simple, dans lequel tout le monde conviendra qu'une telle vente seroit injuste, et voyons ensuite s'il y a une différence réelle entre ce cas et le nôtre.

Supposons qu'un actionnaire sache certainement que les actions vont périr, et que leur suppression est résolue, il profite, ou plutôt il abuse de cette connoissance, pour se tirer d'affaire et mettre un autre homme dans sa situation ; il trouve une personne moins instruite que lui du sort des actions, et il lui vend celle qu'il a entre ses mains, en sorte qu'il se sauve par la perte d'un autre homme.

Il y a peu de jurisconsultes assez relâchés, pour justifier une vente faite dans ces circonstances ; et sûrement Cicéron, dont on a rapporté plus haut les principes, ne l'auroit pas approuvée. Elle est contraire à tous ceux qui ont été établis dans l'article second ; l'erreur, ou l'ignorance des hommes, n'est pas une cause ou un titre légitime pour enrichir l'un et pour appauvrir l'autre. Une telle vente seroit la vente d'une chimère, d'un effet qui n'est plus, à proprement parler ; et le vendeur feroit en ce cas payer à l'acheteur un péril certain, qui est la seule chose qu'il lui vend dans la vérité ; on peut vendre des espérances ou des droits incertains, mais celui-ci ne l'est pas, c'est un effet désespéré dont le vice est certain. Il n'y a plus de marchandise, et par conséquent il n'y a plus de marché.

Il faut examiner à présent s'il y a une différence bien réelle entre cette espèce et le cas que nous avons à décider, c'est-à-dire, celui d'une suite d'acheteurs et de vendeurs successifs, qui sont tous si convaincus du risque attaché à la marchandise, qu'il n'y en a aucun qui n'achète pour vendre, et qui achetât, s'il savoit qu'il lui fût impossible de vendre.

Les seules différences que j'y trouve sont : 1.º que

dans l'exemple proposé, il n'y a qu'un vendeur et qu'un acheteur; au lieu que dans la question qu'il s'agit de résoudre, il y a plusieurs vendeurs et plusieurs acheteurs qui se succèdent l'un à l'autre, et qui, après avoir été acheteurs, deviennent vendeurs; ensorte que le risque est éloigné de plusieurs degrés. Voilà la première différence.

2.º Dans l'exemple proposé, le risque est non-seulement présent, mais le vendeur en est assuré sans que l'acquéreur le sache; au lieu que dans notre question le vendeur n'en sait pas plus sur cela que l'acheteur.

Mais la première différence n'en met aucune dans le principe de la décision, elle peut faire dire, à la vérité, que dans notre espèce, il s'agit d'un mal que le premier acheteur n'éprouvera pas, ni le second, ni le troisième, ni peut-être même le centième; au contraire, dans l'exemple proposé, ce sera sûrement le premier acheteur qui souffrira la perte; mais il y aura enfin, dans notre espèce même, et c'est la pensée de tous les vendeurs et de tous les acheteurs successifs, il y aura enfin un dernier acheteur sur qui la perte tombera. A quoi servent donc tous ces degrés qui se trouvent entre le premier vendeur et le dernier acheteur, si ce n'est à faire voir que, s'il y a de l'iniquité dans ce commerce, elle passe, pour ainsi dire, de main en main; le premier vendeur la résigne au premier acheteur; le premier acheteur, devenant vendeur, la transmet au second acheteur; et ainsi de suite, à peu près comme dans cette course aux flambeaux dont Platon parle au premier livre de la république, où chacun donnoit le flambeau à celui qui le suivoit; mais quelque fût le nombre de ceux qui entrôient dans cette course, c'étoit toujours le même flambeau qui passoit successivement du premier au dernier. C'est donc ici le même vice, la même iniquité, qui ne fait que changer de main, qui descend par degrés du premier vendeur jusqu'au dernier acheteur, comme on le vient de dire. Si je suis ce premier vendeur, je me console peut-être du risque auquel je livre les autres, parce que je me dis en moi-même que celui auquel je vends mes actions n'en souffrira pas; mais cette iniquité que je crois éviter par là, je la commets en la faisant faire par un autre; celui qui me suit raisonne de même et se trompe comme moi, jusqu'à ce qu'on soit parvenu au dernier degré, où, le mal étant présent et certain, on ne peut plus se dissimuler l'injustice d'un tel contrat. Cependant, si l'on veut remonter jusqu'à la source, on trouvera que c'est le premier vendeur qui est la véritable cause du mal que souffre le dernier acheteur; il se forme de toutes les ventes et de tous les achats, comme une longue chaîne, dont les anneaux se tiennent les uns aux autres; et celui qui remue le premier est véritablement la cause du mouvement qu'éprouve le dernier. Si l'on veut simplifier encore plus cette idée, on peut s'imaginer qu'il n'y a que deux hommes, dont l'un vend toutes les actions, et l'autre les achète toutes; seroit-il permis en ce cas de lui faire acheter un risque si grand, que c'est ce risque même qui détermine le vendeur à se défaire de sa marchandise?

L'acquisition des actions, dès le moment qu'on ne l'a faite que dans l'intention de les vendre, renferme donc une semence ou un germe d'injustice qui semble d'abord se perdre dans la terre, où il demeure caché long-temps, mais qui, suivant la pensée de quiconque n'achète des actions que pour les vendre, produira tôt ou tard son fruit, c'est-à-dire, la ruine du dernier possesseur. Or, une telle intention ne peut être véritablement innocente, surtout si l'on considère qu'il s'agit d'un bien qu'on n'est point forcé d'acquérir. Celui qui l'achète le fait librement, et par conséquent il s'engage volontairement à toutes les mauvaises suites que son acquisition peut avoir pour lui ou pour les autres. Si c'est sur lui qu'en tombe la perte dans la suite, il a péché contre la prudence; si c'est sur les autres, par la vente qu'il leur a faite de ses actions, il a péché contre la justice. Il se met donc dans une situation où il ne peut presque que mal faire, et où il faut qu'il péche ou contre lui-même, ou contre les autres.

On ne doit pas confondre ce cas avec celui de la monnoie affoiblie, qu'on peut donner légitimement aux autres, quoique, lorsqu'elle a passé par différentes mains, il y ait un malheureux sur lequel la perte du décri tombe dans la suite. La raison de la différence est sensible après ce que l'on vient de dire ; ce n'est pas volontairement et par choix qu'on reçoit de la monnoie affoiblie, on y est forcé par l'autorité du prince qui, par cette raison, doit seul répondre des mauvaises suites de l'affoiblissement. Si les actions devenoient monnoie, comme les billets de banque, il seroit sans doute permis de faire des paiemens en cette monnoie, malgré la raison du risque qui y seroit attaché, parce qu'on auroit été aussi forcé de la recevoir, malgré ce même risque ; et d'ailleurs il y auroit encore plus d'inconvénient pour les autres hommes et pour la société en général, à ne pas payer ce que l'on doit, sous prétexte qu'on ne peut le faire qu'en monnoie affoiblie, ou qu'avec un papier hasardeux, qu'à les payer avec une monnoie ou avec un papier sur lequel il y a un risque à courir, mais un risque qui, pour bien des gens, n'est pas un mal comparable à celui de ne rien recevoir de ses débiteurs. Ces deux raisons importantes distinguent entièrement la cause de ceux qui paient leurs dettes en monnoie foible, telle que celle qui a cours aujourd'hui, ou en billets de banque, devenus monnoie à présent ; et la cause de ceux qui vendent des actions, ou qui en achètent pour les vendre. Ils achètent volontairement, et ce qu'ils achètent n'est point monnoie ; ils n'ont pas été obligés de le recevoir, ils ne sont pas obligés de s'en servir pour s'acquitter de ce qu'ils doivent, et par conséquent il n'y a aucune conséquence à tirer de l'exemple de la monnoie affoiblie ou des billets de banque, pour justifier ceux qui n'achètent des actions que pour les vendre.

La plus grande objection que l'on puisse faire en leur faveur, est donc de dire que le risque des actions

n'est pas certain ; qu'à la vérité c'est un bien fragile
qui peut périr, mais que tout ce qui est fragile ne se
brise pas ; que celui-ci peut devenir si utile à l'état et
aux particuliers, qu'il subsistera toujours, et que par
conséquent il n'est pas vrai que dans le commerce
des actions chacun ne fasse que rejeter sur son voisin
un mal qu'il craint pour lui-même.

Et quæ sibi quisque timebat.
Unius in miseri exitium conversa tulere.

On ne veut point faire ici l'horoscope des actions,
ni être un prophète de mauvais augure. Il y auroit
trop de choses à dire sur ce sujet, et d'ailleurs ce qui
est le plus probable n'arrive pas toujours. Il y a des
coups uniques qui arrivent dans la vie comme au tric-
trac, contre toute apparence, et quoiqu'il y ait à
parier vingt contre un qu'ils n'arriveront pas ; mais
il est inutile d'exercer ici l'art des conjectures, et de
faire, par rapport aux actions, l'analyse des jeux de
hasard.

C'est l'intention qui juge les hommes ; c'est elle qui
décide de la bonté ou de la malice des actions humaines. L'événement, quoique contraire à l'attente
de ceux qui vendent un effet le croyant mauvais ou
dangereux, ne les justifie point, s'il est vrai qu'ils ne
l'aient vendu que parce qu'ils le regardoient comme
tel. Je vends un cheval que je crois frappé d'une maladie secrète et mortelle ; celui qui l'achète le croit
comme moi, mais il est sûr de s'en défaire dans le
moment même sans y rien perdre ; il en est de même
de tous ceux qui l'achèteront pendant un certain temps,
parce que la maladie n'éclatera pas encore. Quand
même le mal ne se trouveroit pas incurable par l'événement, ni moi, ni tous ceux qui l'ont acheté successivement pour le revendre, par la connoissance qu'ils
avoient du vice intérieur de la chose, ne sommes innocens, parce que nous devions agir conformément à
notre pensée, et qu'il ne nous étoit pas permis de
faire acheter un risque que nous croyions certain.

Ce qui fait que l'on peut vendre légitimement une espérance, comme par exemple, une action sur un vaisseau, c'est que c'est une espérance, c'est-à-dire, l'attente d'un événement, qui peut être heureux comme il peut être malheureux ; celui qui la vend le croit ainsi, celui qui l'achète pense de même ; l'un veut seulement se mettre l'esprit en repos, et sortir d'un doute qui l'inquiète ; l'autre, au contraire, préfère le doute à une situation plus tranquille, parce qu'il en espère un grand profit ; mais on n'a jamais vu d'autre commerce que celui des actions, où le vendeur et l'acheteur également persuadés du vice de l'effet, que l'un vend et que l'autre achète, ne s'accordent entr'eux que parce que l'acheteur est moralement sûr de se défaire assez promptement de la marchandise pour en faire tomber le risque sur un autre. Voilà, s'ils veulent être de bonne foi, le réel et le fond de leur disposition. L'acheteur agit directement contre son principe, puisqu'il paie chèrement un bien qu'il croit être mauvais, et c'est le vendeur qui l'y invite ; en sorte qu'il est vrai de dire qu'ils ne traitent ensemble que par un pur motif d'intérêt, mais d'un intérêt qui, suivant leur pensée même, se doit terminer à la perte d'un tiers, *colludunt in necem tertii*, comme disent les jurisconsultes, ils sacrifient également leur persuasion intime et ce que l'on peut appeler leur conscience, à cet intérêt ; c'est donc ici le cas de cette parole de l'écriture, *omne quod non est ex fide, peccatum est*. C'est par là que saint Paul condamnoit ceux qui mangeoient des viandes immolées aux idoles, croyant mal faire, quoique, s'ils avoient été dans un autre sentiment, ils eussent pu le faire innocemment. La conscience lie les mains de ceux mêmes qu'elle trompe sur le droit, à plus forte raison quand il ne s'agit que du fait, et d'un fait sur lequel ils ont l'opinion, qui est sans comparaison la plus probable, quoiqu'il ne soit pas absolument impossible qu'elle ne se trouve pas véritable.

Je ne pense point à tout cela, dira-t-on, je vois un bien que le prince met dans le commerce, j'en achète ;

je vois que le prix en augmente, je le vends sans me
mettre en peine de la pensée de celui qui l'achète ; il
faudroit ajouter aussi, sans me mettre en peine de la
mienne.

Mais sur cela, comme sur toute autre action morale,
il faut toujours revenir à la bonne foi, et rentrer au
fond de son cœur. Le prince autorise une espèce de
bien, mais cela vous dispense-t-il d'en examiner la
nature ? Si le prince autorisoit l'usure, vous seroit-il
permis de la mettre en pratique ? Est-il vrai même
que vous n'examinez point la nature de ce nouveau
genre de bien que le prince introduit ? Vous en êtes
si bien instruit, et vous en connoissez tellement \le
risque, que vous ne l'acheterez que pour le vendre
(c'est notre hypothèse), et que vous croyez voir dans
ce risque une espèce de certitude morale. N'est-il pas
de notoriété publique que ceux qui l'achèteront de
vous, l'achèteront dans le même esprit ; une ignorance prétendue, qui va à ne pas savoir ce que tout le
monde sait, *non intelligere quod omnes intelligunt*;
comme disent les jurisconsultes, est-elle une ignorance
invincible, et l'homme est-il plus excusable quand il
ignore ce qu'il doit et ce qu'il peut savoir, que quand
il n'agit pas conformément à ce qu'il sait ?

Toutes ces objections bien approfondies ne sont
donc, à parler correctement, que de ces sophismes que
le cœur fournit à l'esprit, comme on l'a dit plus haut.
Une ame simple et droite qui voit les choses en elles-
mêmes, et non pas seulement dans le point de vue
où son intérêt les lui montre, ne tombera point dans
cette méprise; et son cœur, ne faisant point illusion à
son esprit, elle sentira aisément que tout bien qu'on
achète, le croyant fort dangereux, dans la seule vue
de le revendre pour en faire passer le danger sur
la tête d'un autre, est un bien plus que suspect, à
l'appât duquel elle se gardera bien de succomber.

Ainsi, pour réduire en peu de mots cette quatrième
proposition, en lui donnant un nouveau tour, bien
loin que l'acquisition des actions puisse être justi-
fiée par ce principe, que la vente d'un effet vicieux

ou douteux n'est injuste que quand le vice ou le danger est inconnu de l'acheteur ; c'est, au contraire, le même principe bien entendu qui condamne ce genre d'acquisition.

Il n'y a donc qu'à en faire la majeure de ce raisonnement.

Une vente est injuste quand il s'agit d'un effet vicieux ou douteux, dont le vice ou le danger est inconnu à l'acheteur.

Or, c'est ce qui se trouve dans la vente des actions, non pas, à la vérité, à l'égard du premier acquéreur, mais à l'égard du dernier, qui achètera un jour, dans un temps où le péril sera imminent, mais où l'acheteur le croira encore éloigné, et ce dernier acheteur est compris dans le premier, tous les dégrés intermédiaires devant être comptés pour rien, parce qu'ils ne servent qu'à prolonger et à faire durer l'injustice.

Donc, c'est précisément parce que le vice et le danger des actions sont ou seront inconnus à l'acheteur, qui est la fin et le terme de toute cette gradation de commerce, que la vente des actions ne paroît pas légitime.

Or, il n'est pas permis d'acquérir dans la seule intention de s'en défaire, un bien qu'il n'est pas permis de vendre : donc l'acquisition des actions avec la résolution de les vendre n'est pas licite.

CINQUIÈME PROPOSITION.

S'il n'est pas juste d'acquérir des actions dans la seule vue de les vendre, il est beaucoup plus mauvais de vouloir y gagner en les vendant, et d'en exiger et d'en recevoir un prix plus fort que celui qu'elles ont par l'autorité du prince; et, par conséquent, quiconque en achète dans cette intention, est encore moins innocent que celui qui n'auroit que celle de vendre, sans avoir envie d'y gagner.

1.º Tout le vice de l'espèce précédente se trouve encore dans celle-ci ; et, par conséquent, s'il n'est pas permis d'acheter avec l'intention de vendre en général, il est encore plus défendu d'acheter avec le dessein formel de vendre plus cher qu'on n'a acheté.

2.º Suivant la remarque qu'on a faite en parlant de la troisième circonstance qui caractérise le commerce des actions, plus on augmente le prix d'un bien auquel il y a un risque et un péril inséparablement attaché, plus le risque et le péril croissent; non pas à la vérité par rapport à la nature de la chose en elle-même, mais par rapport à la perte dont l'acheteur est menacé. Il est encore vrai, comme on l'a observé au même endroit, que plus on achète chèrement une action, moins le profit en est proportionné au prix qu'elle coûte; et, comme la valeur des choses est relative naturellement à l'utilité ou au profit qui en résulte, il est clair que la valeur réelle des actions diminue à mesure que leur prix arbitraire augmente. J'achète une action sur le pied de dix pour un, elle m'auroit produit un intérêt à raison de 4 pour 100; je la vends sur le pied 15 pour un, elle ne produira d'intérêt à l'acheteur qu'à raison de 2 tiers pour 100 : ainsi j'aurois eu pour 5,000 livres, 200 livres; et pour 7,500 livres il n'aura que la même somme, ou le même revenu de 200 livres; et par conséquent, pour courir le même risque que je courois, il lui en coûte 2,500 livres, ou un tiers de plus. S'il comptoit sur le bénéfice qui peut naître du fond de la chose même, il n'y auroit rien en cela d'extraordinaire. C'est ce qui arrive tous les jours dans la vente des actions de commerce; à mesure que l'espérance croît, qu'il reste peu de risque à essuyer, qu'un vaisseau est déjà sur son retour, ou qu'un commerce se perfectionne, le prix des actions augmente naturellement, parce qu'effectivement elles acquièrent une plus grande espérance d'utilité. Mais ni celui qui achète de moi, ni ceux qui successivement achèteront de lui, et qui, suivant l'hypothèse présente, n'achèteront aussi que pour vendre, ne comptent pas sur l'augmentation du produit ou du bénéfice réel des actions; ils n'en-

visagent que le profit qu'ils feront en les vendant,
par l'ardeur de ceux qui se pressent d'en acquérir
pour les vendre aussi de la même manière. Or, il paroît évident que tant que la chose ne change point
de nature, que le bénéfice n'en augmente pas, que
je ne compte même en aucune manière sur ce bénéfice, que celui à qui je vends mon action n'y compte
pas non plus, il ne peut y avoir aucune cause réelle
et solide pour fonder cette augmentation de prix que
je reçois au-delà du taux marqué par le prince. La
valeur véritable diminue d'autant, que j'en augmente
la valeur arbitraire : cette valeur arbitraire, que j'a-
joute à la véritable, n'a donc aucun fondement ; et
il n'en faut pas davantage selon les principes établis
(*art.* 2, *n.* 4), pour faire considérer tout ce qui
excède cette valeur véritable comme un gain illégitime que l'acheteur ne m'accorde, que parce qu'il
espère d'excéder encore davantage cette véritable
valeur, en vendant mon action plus cher qu'il ne
l'a achetée de moi. Et, comme toutes les ventes et
toutes les acquisitions se font dans cet esprit, il n'y
en a aucunes qui ne pèchent par le principe, et qui
ne soient d'autant plus vicieuses que l'on y gagne
davantage.

3.º Du défaut de cause, qui n'est, à proprement
parler, qu'une injustice négative, naît ordinairement
une injustice positive qui consiste à s'enrichir par une
cause vicieuse, qui tient la place d'une cause légitime ;
et c'est ce qui arrive dans la vente des actions à un prix
plus fort que celui qui leur a été donné par le prince.
L'excédant de ce prix, ou ce que je gagne au-delà
en les vendant, ne peut être fondé, ou que sur l'aveuglement de l'acheteur s'il ne voit pas qu'il diminue
la valeur réelle de ce bien en augmentant sa valeur
arbitaire, ou que sur son injustice si, le sachant
bien, il compte s'en dédommager en vendant lui-
même plus qu'il n'a acheté, en quoi il peut être
encore ou aveugle ou injuste ; aveugle, s'il ne sent
pas que le danger de ce bien dont il a tant de hâte
de se défaire, tombera à la fin sur quelqu'un qui y

sera trompé; injuste, si prévoyant cet événement, il ne craint point d'en devenir la cause, en achetant et en vendant des actions. Or, de quelque manière que l'on prenne la chose, il est visible, suivant les principes établis dans l'article 2, que ni l'aveuglement ni l'injustice d'autrui ne sauroient être le titre d'un gain légitime. Donc, etc.

4.º Pour rendre tous ces raisonnemens plus sensibles par un exemple, prenons celui de la monnoie affoiblie. Personne ne doute qu'on ne revienne quelque jour à la forte monnoie, par le décri de la foible; et c'est même cette opinion qui est le véritable fondement de toutes les opérations présentes. On sait que cela arrivera, mais on en ignore le temps; et c'est par cette raison que chacun se presse de se défaire de la monnoie foible pour éviter une perte qui peut être différée, mais qui peut aussi arriver d'un moment à l'autre. Jusque-là, il n'y a rien qu'on puisse blâmer, par les raisons qui ont été expliquées sur la quatrième proposition. Mais si un particulier vouloit mettre un prix plus haut à la monnoie foible; si ce genre de commerce s'établissoit, et que les hommes fussent assez simples pour y donner, comme cela ne seroit pas impossible en certains pays pour éviter de recevoir des billets de banque, un tel commerce seroit-il permis? Y auroit-il des esprits assez aveuglés ou assez relâchés pour croire qu'il fût innocent de se faire payer un bien plus cher qu'il ne vaut, et cela précisément par l'action par laquelle on en diminue la valeur, et en faisant tomber sur un autre le danger que l'on craint pour soi-même? Ce seroit sans doute faire acheter un repentir; et, parce qu'il y auroit d'autres hommes successivement qui seroient la dupe du premier acheteur, comme il l'auroit été du premier vendeur, on ne s'aviseroit point d'excuser un pareil commerce. Il suffit, diroit-on, qu'il se termine à tromper quelqu'un, et que ce soit là ce que pensent ceux mêmes qui vendent ou qui achètent de la monnoie foible, pour regarder ce commerce comme vicieux et illégitime. Or, ce que l'on diroit en ce cas de ceux qui gagneroient en vendant de la monnoie affoiblie, on le doit dire de ceux qui gagnent ou qui ont envie de gagner en vendant des actions, dans le temps qu'ils sont persuadés que c'est un bien fragile qui peut périr à tous momens ; dans le temps qu'ils ne le vendent même ou ne le veulent vendre que par cette raison ; et, enfin, dans le temps qu'ils en diminuent la valeur par le prix arbitraire qu'ils y donnent, quoique le même risque y soit toujours attaché.

Le second problème, qui consiste à savoir s'il est permis d'acquérir des actions dans le dessein d'y gagner en les vendant, est donc résolu par l'intention même de ceux qui en achètent. Et, quoiqu'ils cherchent à s'étourdir sur ce point, tant que leur motif principal sera de gagner en faisant tomber sur un autre un péril dont ils sont entièrement persuadés, leur conduite ne paroîtra jamais innocente, et elle ne pourra devenir la source d'un gain légitime.

PROBLÈME TROISIÈME.

Si, par quelque motif qu'on ait acquis des Actions, on peut les vendre légitimement, et y profiter en les vendant sur le pied qu'on les trouve dans le Commerce?

PREMIÈRE PROPOSITION.

Suivant la solution du premier problème, il n'est pas permis de posséder des actions, même sans l'intention de les vendre.

Donc, à plus forte raison, il est défendu de les vendre. On ne peut vendre justement un bien qu'on ne possède pas justement. C'est comme si un homme vendoit une créance qui n'auroit pour principe que l'usure ou un jeu défendu : la vente ajoute un second mal à ce vice originaire de la possession.

SECONDE PROPOSITION.

Suivant la solution du second problème, l'acquisition des actions est injuste, parce qu'elle est toujours accompagnée du désir de vendre.

Donc la vente, qui est l'accomplissement de ce désir, est encore plus injuste, quand elle n'est fondée que sur l'envie de gagner en se défaisant d'un bien dont la garde paroît hasardeuse, et dont on veut faire courir le risque à un autre. L'acquisition est le commencement, et la vente est la consommation de l'iniquité; et quand le principe est vicieux, l'effet l'est encore davantage.

TROISIÈME PROPOSITION.

Il n'y a que deux sortes de principes qui portent les hommes à acheter des actions ; ou la nécessité à laquelle ils sont ou se croient réduits, ou la cupidité du gain par la revente des actions qu'ils achètent.

QUATRIÈME PROPOSITION.

Suivant ce qui a été établi (*art.* 2, *n.* 2), la misère ou la nécessité de l'un des contractans, n'est point une juste cause de profit ou de gain pour l'autre.

Or, le gain qui se fait par la vente des actions, est souvent fondé sur la misère ou sur la nécessité des acheteurs.

Donc, dans ce cas, la vente des actions ou le gain qu'elle produit est injuste.

La mineure est aisée à prouver.

On peut distinguer deux sortes de vendeurs des actions, ou c'est la compagnie qui les vend de la première main, ou ce sont ceux qui les ont achetées de la compagnie ou des premiers acheteurs.

Si c'est donc la perte, ou la diminution de tous les autres biens, qui porte les hommes à acquérir des actions de la compagnie, il est clair qu'elle profite ou abuse de leur nécessité; en les leur faisant acheter au-delà du pied sur lequel elles sont créées. Personne certainement n'en voudroit courir le risque, si son bien demeuroit dans la même situation où il étoit avant cet établissement. Quand on dit que personne ne voudroit s'exposer à ce risque, on entend parler de ceux qui achètent, non par cupidité, mais par nécessité; ce qui est l'objet de la proposition présente. Par conséquent ce n'est que la nécessité qui met ce prix excessif aux actions.

Ce n'est point une nécessité naturelle, telle que celle qui augmente le prix des choses dans le commerce, quand elles deviennent rares : ainsi, quand le blé a manqué une année, il est nécessaire, suivant le cours naturel des choses, que le blé soit plus cher; et il n'y a point en cela d'injustice, pourvu qu'on n'abuse pas d'une telle conjoncture. Le laboureur, ou le fermier, qui est le premier vendeur du blé, a la même redevance à payer et la même dépense à faire, quoiqu'il n'ait recueilli, par exemple, que le tiers du blé qu'il avoit accoutumé de recueillir; il ne blesse donc point la justice quand il vend son blé trois fois autant qu'il le faisoit les années précédentes; il ne gagne pas plus en le vendant 30 livres, qu'il auroit gagné en le vendant 10 livres l'année précédente, parce que la quantité de ce qu'il auroit vendu auroit été triple de la quantité qu'il vend cette année, comme le prix qu'il exige cette année, est triple de celui qu'il avoit reçu l'année précédente : par conséquent, tant que la proportion demeure réciproque entre la quantité et le prix, qui ne croît qu'autant que la quantité diminue, il ne commet aucune injustice.

Mais la nécessité qui porte à acheter des actions, n'est point de cette espèce. Ce n'est pas la rareté qui donne le prix aux actions; au contraire, plus on les multiplie, plus on veut les rendre chères. Ce n'est donc point, comme on vient de le dire, une nécessité naturelle qui en augmente le prix; c'est une nécessité qu'on peut appeler artificielle, *non nata*, *sed facta*; c'est la compagnie elle-même qui fait cette nécessité, ou qui y réduit les hommes en détruisant tous les autres biens. Elle pèche donc manifestement contre les principes qu'on a établis dans *l'article 2, n.* 14, qu'il n'est pas permis à un négociant d'augmenter le besoin naturel, ordinaire ou commun, qui porte les hommes à acheter; ce qui est si certain que, comme on l'a dit au même endroit, il lui est même défendu d'augmenter l'idée ou l'opinion du besoin.

La Compagnie fait l'un et l'autre. Elle ruine les hommes réellement par la soustraction ou par la diminution de leurs revenus, et par l'augmentation du prix de toutes les choses utiles ou même nécessaires à la vie; c'est l'état où elle les réduit pour les forcer, en quelque manière, à acquérir des actions. Encore, si elle ne les leur vendoit que sur le pied qu'elles ont été créées, le mal seroit supportable; mais en même temps qu'elle anéantit presque les revenus qui subsistoient avant elle, elle trouve encore l'art de diminuer ceux même dont elle est la créatrice, en faisant acheter les actions à un prix qui n'a plus de proportion avec le revenu qu'elles produisent. Elle se sert donc d'un moyen bien nouveau et bien singulier pour les faire valoir, et pour les donner au public, comme le meilleur fonds que l'on puisse avoir. Autrefois, quand on vouloit inviter les hommes à l'acquisition d'une nouvelle espèce de bien, on y attachoit des avantages qui en rendoient la possession plus utile que celle des autres biens; ici, tout au contraire, on rend ce nouveau bien, c'est-à-dire, les actions, moins utiles que les anciens fonds ne l'étoient auparavant; mais, parce qu'on veut pourtant y attirer les hommes, et qu'on n'y sauroit parvenir sans faire en sorte que ce bien l'emporte en valeur sur les autres, on ne fait pas croître celui-ci, mais on diminue tout le reste, afin que ce bien si favorisé ait toujours le dessus. C'est comme si un homme, voulant que le pied fût la plus grande mesure dont on se servît chez lui, faisoit rompre toutes les toises, pour en réduire les fragemens à un demi pied chacun, afin que le pied eût l'avantage; ou comme si un prince, ayant une maison trop basse, au lieu de la faire élever, faisoit abaisser celles de ses sujets au-dessous de la hauteur de la sienne, afin que la maison royale l'emportât sur celles des particuliers.

Non-seulement la compagnie augmente réellement le besoin des hommes pour les obliger de venir à elle, mais elle augmente aussi l'idée et l'opinion qu'ils ont de ce besoin, par des opérations qui font toujours craindre de plus en plus que le revenu des autres biens ne soit réduit à rien : celui des terres au denier cent, et celui des rentes au denier cinquante, afin que chacun s'estime heureux d'avoir quelque chose de plus par le moyen des actions. Elle n'enrichit donc point ceux qui se jettent dans ce nouveau genre de bien, mais elle ruine tous ceux qui ne le font pas; et, pour laisser échapper encore ce dernier trait sur une chose si singulière et si inouie dans les siècles passés, il semble qu'elle dise aux hommes : venez me trouver, fiez-vous à moi; à la vérité, je ne vous rendrai pas plus riches que vous l'étiez auparavant, mais je rendrai tous ceux qui n'y viendront pas, si pauvres et si misérables, qu'en comparaison d'eux vous vous trouverez riches.

Cependant, dira-t-on, la compagnie a fait faire des fortunes si immenses que la postérité en doutera un jour, et que ceux mêmes qui en ont été témoins ont de la peine à le croire. Il est vrai, mais cela n'est nullement contraire à ce que l'on vient de dire. Autre chose est le bénéfice ou le produit qui naît de la chose même, et qui en est, pour ainsi dire, le fruit naturel; autre chose est le gain que l'on fait, non en gardant la chose, mais en la vendant, soit par la misère, soit par la folie des hommes, soit par l'industrie de l'agiotage, qui profite également de l'une et de l'autre. Voilà la source de ces fortunes incroyables; et de ce côté-là, on ne peut pas dire que le gain des actionnaires soit chimérique, ou au-dessus de ce qu'il devoit être; la question est seulement de savoir s'il est juste, ou s'il ne va pas trop loin. Mais ce gain n'est qu'un profit accidentel, passager, et qui ne naît point de la chose même, c'est le fruit de l'opinion ; et tout cela n'empêche point qu'il ne soit vrai de dire, comme on l'a fait, que le véritable produit de la compagnie, que le fruit réel des actions qui ne consiste que dans le dividende, est moindre, eu égard au prix qu'on en donne, que n'étoit le revenu des anciens fonds, et qu'il ne devient considérable que par le soin qu'on a pris de décrier et d'affoiblir tous les autres biens, comme si un prince, pour faire donner la préférence à une espèce de monnoie de bas aloi, faisoit altérer et affoiblir encore plus toutes les autres monnoies. Si c'est donc la compagnie qui vend les actions au-delà de leur première valeur, son gain est injuste, parce que ce n'est que la nécessité où elle réduit les acheteurs qui le lui fait faire.

Que si ce sont les particuliers qui font ce profit les uns sur les autres, il n'en est pas plus légitime. A la vérité, ce n'est pas un tel, ou un tel vendeur qu'il faut accuser de la nécessité qui force l'acheteur à acquérir des actions ; mais s'il n'en est pas l'auteur, il ne lui est pas plus permis d'en profiter, parce que c'est un principe vicieux qui ne peut jamais être fécond pour personne ; la bonne intention du vendeur, quand elle seroit telle en effet, n'ôte pas le vice de la contrainte qui se trouve dans la vente du côté de l'acheteur. Tant que le vendeur n'en profite pas, il en est innocent ; mais il en devient coupable dès le moment qu'il en profite ; et, en recueillant les fruits de l'injustice d'autrui, il cesse lui-même d'être juste. La compagnie a semé, et c'est lui qui recueille.

Il est donc vrai de dire que, soit que la compagnie vende elle-même, soit que ceux qui ont acheté d'elle soient les vendeurs, la vente n'étant fondée à l'égard d'une grande partie des acheteurs que sur la nécessité où ils sont réduits, ne peut être en ce cas le principe d'un gain légitime.

CINQUIÈME PROPOSITION.

Le second principe qui excite les hommes à acheter des actions, est la cupidité du gain qu'ils comptent faire en les revendant.

Mais ce second principe n'est pas plus juste, et ne rend pas le gain du vendeur plus légitime que le premier.

Donc, etc.

La mineure est une suite des propositions précédentes, et un dilemme fort simple en renferme toute la preuve.

Ou l'acheteur est éclairé et n'achète lui-même que parce qu'il sait qu'il peut vendre ce qu'il achète, et qu'il espère de le vendre plus cher qu'il ne l'a acheté, malgré le risque attaché à cette espèce de bien, risque qu'il connoît, mais dont il s'embarrasse peu, comptant que ce sera un autre qui le courra : en ce cas, l'iniquité ne fait que se multiplier et se répandre en différens degrés successifs, et selon la quatrième proposition la vente est injuste, tant de la part du vendeur que de la part de l'acheteur.

Ou l'acheteur ne connoît point le danger de la chose, et, sans faire de réflexion ni sur le vice, ni sur le péril de ce genre de commerce, il achète seulement parce qu'il sait que d'autres y ont fait leur fortune, et qu'il espère d'y faire la sienne : en ce cas, son erreur ne peut être un titre légitime de gain pour le vendeur, suivant les principes établis dans l'*article second*, n.° 14.

En un mot, il y a dans l'acheteur ou injustice, ou erreur ; et ni l'un ni l'autre ne peuvent autoriser le prix du vendeur.

Allons encore plus loin, et voyons si l'on ne peut pas démontrer encore par une autre voie la même proposition.

Toutes les réflexions qu'on a faites sur le premier problème, prouvent clairement qu'il n'y a que l'ignorance et l'aveuglement des hommes sur leur devoir, c'est-à-dire, une espèce de folie passagère, et comme une phrénésie d'intérêt ou de cupidité, qui puisse porter le commun des hommes à acquérir un bien qui a des suites aussi funestes pour le général et pour le particulier que les actions.

Or, on a fait voir dans l'*article second*, n.° 3, que la folie ou l'aveuglement des hommes sur leur véritable intérêt, ou sur leur devoir, ne peut servir de fondement à un gain juste et légitime.

Donc, etc.

Un exemple mettra cette preuve dans un plus grand jour.

Je me représente ceux qui achètent ces actions, comme une troupe de joueurs qui se mettent avec empressement autour d'une table pour jouer au pharaon.

Ils savent ou ils ne savent pas (mais s'ils l'ignorent, c'est imprudence ; et s'ils le savent, c'est folie); ils savent donc, ou ils ne savent pas, d'un côté, que cette espèce de jeu est défendue ; et de l'autre, que la condition en est fort inégale entre le banquier et les pontes, en sorte qu'à la longue le profit en est moralement sûr pour l'un, et la perte moralement certaine pour les autres.

Cependant, par un désir aveugle de s'enrichir, ils se flattent de l'espérance d'un coup de fortune, qui n'est pas impossible, quoique moins vraisemblable.

Voilà l'image de ceux dont on a parlé dans le premier problème, qui veulent courir le risque des actions : ce que l'on peut regarder comme des fous malheureux s'ils perdent, et comme des fous heureux s'ils gagnent.

Je vois derrière eux des spectateurs qui, après avoir vu quelques coups favorables aux pontes faire passer entre leurs mains de grosses sommes d'argent, sont tentés de faire la même fortune, et leur proposent de leur vendre leurs cartes qui ne sont pas encore venues, ce qu'on peut regarder comme des actions. Le marché se conclut, et, moyennant une prime qui se règle entr'eux, le spectateur devient acteur.

C'est la peinture naturelle de l'actionnaire qui vend ses actions. Aucun de ceux qui ont au moins une première notion des principes de la justice naturelle, ne peut dire que la prime donnée au joueur ait une autre cause que la folie du spectateur ; c'est-à-dire, son aveuglement sur son véritable intérêt, ou sur ses devoirs, qui l'empêche de sentir qu'il n'achète que le droit de se ruiner ou de s'enrichir injustement. Il en est de même de ceux qui achètent les actions, ou par ignorance de ce véritable intérêt, ou par ignorance de leur devoir. Ce que l'on a dit, en examinant le premier problème, fait voir qu'il ne peut y avoir que l'une de ces deux causes ; et toutes les deux sont également illégitimes.

SIXIÈME PROPOSITION.

On peut récapituler toutes les propositions précédentes dans une seule qui les contient en effet, et qui les renferme toutes.

Suivant les principes établis dans l'article second, il y a un prix commun, ou un juste prix, dont la mesure ou la règle est le besoin commun des vendeurs et le besoin commun des acheteurs. Tout autre motif est vicieux, et tout ce qui excède notablement cette mesure est injuste.

Or, ce n'est point cette règle qui décide du prix des actions créées sur le pied de dix pour un. Si cela étoit, elles ne seroient point portées à une plus haute valeur ; car il est évident que quatre pour cent n'a rien de trop avantageux, et que c'est même un profit médiocre, si l'on considère l'incertitude inséparable de cette nature de bien, et toutes les révolutions auxquelles il peut être sujet.

Il seroit inutile de dire qu'il sera toujours avantageux en comparaison des autres genres de bien ; parce qu'outre que cette manière de faire valoir un bien nouveau n'est pas juste, comme on l'a fait voir, il n'est nullement sûr que ces biens demeurent dans l'état où l'on veut les réduire; et il est au contraire moralement certain qu'ils reprendront un jour leur première valeur, parce qu'on revient tôt ou tard à la nature, et qu'ainsi il se trouvera, par l'événement, que ces actions auront été portées à un prix excessif et insensé.

Si ce n'est donc pas le besoin commun qui préside à leur estimation, il ne peut y avoir que des motifs étrangers, des motifs forcés, et par conséquent des motifs injustes qui la déterminent.

Si c'est la nécessité où l'on réduit les acheteurs, la misère d'un homme n'est point une source naturelle de richesses pour un autre homme.

Si c'est la cupidité et le desir de gagner, en faisant acheter à un second ou à un troisième acheteur un risque qu'on ne veut pas courir soi-même, c'est une injustice qui ne peut produire un gain juste et légitime.

Donc la vente des actions, indépendamment de toutes les autres raisons qui sont prises de la nature de ce bien, ne sauroit être juste par l'excès du prix auquel elles sont portées.

PROBLÈME QUATRIÈME.

S'il n'est pas défendu d'exercer l'Agiotage sur les Actions.

PREMIÈRE PROPOSITION.

Si la simple acquisition des actions est vicieuse; s'il est encore plus mauvais de les acheter dans la seule intention de les vendre; si la vente qu'on en fait pour gagner sur le prix est comme la consommation de l'iniquité, il est évident que l'agiotage qui, comme on l'a fait voir dans l'*article 3, nombre 7*, est criminel dans toutes sortes de commerces, et encore plus criminel dans celui du papier, ajoute un dernier degré de réprobation au gain qui se fait sur les actions par celte voie. Ainsi, la solution des problèmes précédens emporte la résolution de celui-ci.

La seule réflexion qui mérite d'y être ajoutée, fera la matière de la deuxième proposition.

SECONDE PROPOSITION.

Non-seulement l'agiotage personnel est une espèce de crime qui blesse essentiellement les lois de la société, mais il est défendu à celui même qui ne l'exerce pas personnellement, de profiter de l'agiotage d'autrui. C'est y participer en quelque manière que d'en recueillir le fruit.

Or, il est presqu'impossible que ceux qui profitent du haut prix des actions ne profitent, par une conséquence nécessaire, de l'agiotage des autres, quoiqu'ils n'en fassent point de personnel, parce que c'est cet agiotage d'autrui qui fait monter si haut l'estimation des actions : tous ceux qui les vendent sur ce pied, tirent donc profit de l'agiotage; et il ne leur suffit pas de dire qu'ils ne le font pas eux-mêmes, ils le font, ou du moins ils l'approuvent en un sens dès le moment qu'ils y gagnent; ils ne peuvent ignorer que c'est là le principe ou l'occasion de leur gain, et quiconque s'enrichit par l'injustice d'autrui ne sauroit lui-même être juste.

Ainsi, l'agiotage d'une partie des actionnaires est un mauvais levain qui infecte, qui corrompt, pour ainsi dire, toute la masse, et qui empoisonne le commerce des actions, non-seulement pour les agioteurs véritables, mais pour tous ceux qui y profitent par le contre-coup du gain des agioteurs.

Que peut-on donc répondre à cet argument, le plus simple de tous ceux que l'on peut faire contre la vente des actions?

D'un côté, il est certain dans le droit, que l'agiotage est une industrie criminelle qui ne peut être le principe d'un gain légitime.

De l'autre, il est notoire dans le fait, qu'il y a un grand nombre d'agioteurs mêlés dans le commerce des actions, soit que la compagnie fasse elle-même l'agiotage, soit qu'il n'y ait que des particuliers qui l'exercent; or, cet agiotage, de quelque part qu'il vienne, fait monter le prix des actions lorsque leur prix augmente; et celui qui en vend, les vend plus cher qu'il ne feroit, si leur prix ne croissoit par l'artifice de l'agioteur.

Donc il profite de cet artifice; et il lui est redevable d'une partie de son gain.

Or, profiter de l'artifice ou de l'injustice d'autrui, et faire par là un juste profit, ce sont deux idées contradictoires qui se détruisent mutuellement.

Donc le haut prix des actions ne sauroit être exempt d'injustice; et quiconque les vend à ce prix, est injuste.

PROBLÈME CINQUIÈME.

Si, supposé même que le Commerce des Actions et l'Agiotage qui s'en fait, soient vicieux à les considérer suivant les règles de la Justice, le bien de l'État et la grande utilité qu'il en peut tirer sont des raisons suffisantes pour les justifier et pour les autoriser ?

PREMIÈRE PROPOSITION.

Suivant le principe établi dans l'*article second*, n.° 8, le prince n'est pas moins obligé que les particuliers de suivre, dans le commerce, les règles de la justice naturelle, qui, comme on l'a dit ailleurs, est supérieure à toutes les lois positives; et, suivant le *nombre* 7 du même *article*, l'agiotage étant contraire à cette justice, ne peut pas être plus permis au prince qu'à ses sujets.

Donc, sans aller plus loin, l'intérêt de l'état ne sauroit excuser le commerce des actions, tel qu'il est aujourd'hui, et tel que l'on vient de le représenter dans la solution des problèmes précédens.

Mais, comme on y oppose toujours que, même

suivant les principes de la justice naturelle, le salut
du peuple ou de l'état est la loi suprême à laquelle
toute autre loi doit céder, il faut ajouter encore
ici les propositions suivantes, pour résoudre cette
grande difficulté.

SECONDE PROPOSITION.

Le salut du peuple ou de l'état n'exige point que
l'on fasse ni ce qui est impossible, ni ce qui doit être
regardé comme tel.

Or, tout ce qui est contraire au droit naturel,
éclairci et tempéré par la raison ; tout ce qui résiste
à l'équité primitive et immuable aux principes fon-
damentaux de la société, aux règles essentielles des
mœurs, doit être regardé comme impossible. Et ce
n'est pas la religion chrétienne qui a enseigné aux
hommes une morale si pure et si contraire au goût
du siècle présent ; on a déjà vu qu'un jurisconsulte
payen en a fait une règle du droit ; et c'est ainsi que
Papinien, l'oracle de la jurisprudence romaine, l'explique dans la loi 15, au digeste *De conditionibus
institutionum. Quæ facta lædunt pietatem, existimationem, verecundiam nostram, et ut generaliter
dixerint, contrà bonos mores fiunt, nec facere nos
posse credendum est.*

Si l'état ne pouvoit être sauvé que par un crime
véritable, par une perfidie, par une trahison, par un
assassinat, il faudroit regarder son salut comme impossible, et dire avec Pompée : *il est nécessaire de
faire voile, il n'est pas nécessaire de vivre;* il est
nécessaire de faire ce qui est d'un devoir inviolable,
il n'est pas nécessaire que l'état soit sauvé, s'il ne le
peut être que par une iniquité évidente :

Nullas habet spes Troja, si tales habet.

Voilà le principe général qui, quelque rigoureux
qu'il paroisse, est néanmoins exactement vrai.

Que l'on parcoure en effet tous les cas dans lesquels la raison d'état fait passer les princes par-dessus les règles ordinaires, on trouvera que c'est parce que dans ces cas les règles ordinaires cessent, et n'obligent point effectivement.

Ainsi, quand le parlement est d'avis que le roi François I.er peut compter pour rien l'abdication qu'il a faite en prison du comté d'Artois, de l'hommage du comté de Flandre, etc., et par conséquent manquer à sa parole, confirmée par un serment solennel, c'est qu'il juge que sa promesse étoit nulle par le défaut de liberté; et que le malheur d'un roi qui se trouve captif, n'est pas un titre qui puisse lui donner le pouvoir d'aliéner valablement une partie de ses états.

Ainsi, quand le cardinal de Joyeuse et le cardinal d'Ossat excusent la résolution qu'Henri III avoit prise, et qu'il avoit fait exécuter sans aucune forme contre le cardinal de Guise, bien loin de dire qu'un prince peut violer le droit naturel pour sauver sa couronne, c'est au contraire à ce droit naturel qu'ils ont recours pour sa défense; ils soutiennent que les lois qui veulent qu'on ne fasse mourir les coupables des plus grands crimes, qu'en observant les formes de la justice, cessent dans une conjoncture où l'autorité royale est sans force, et où la défense civile, si l'on peut parler ainsi, n'ayant plus lieu, parce que le sujet est devenu plus puissant que son maître, on revient à la défense naturelle, qui permet d'ôter la vie à un ennemi déclaré, lorsqu'il n'y a pas d'autre moyen de l'empêcher de nous la ravir.

Enfin, pour ne pas multiplier ces exemples à l'infini, si l'on autorise quelquefois, si l'on excuse du moins le mensonge dans les affaires de l'état, c'est parce qu'on dira qu'il ne peut y en avoir entre des puissances ennemies, entre lesquelles les paroles ne sont plus des signes de vérité; en sorte qu'il n'y a de trompés que ceux qui veulent bien l'être, tout homme devant porter ce jugement de ceux avec qui les liens ordinaires de la société sont rompus;

que s'ils nient la vérité d'un fait, cela signifie seulement ou que le fait n'est pas véritable, ou qu'ils ne veulent pas en convenir.

Dans tous les exemples de cette nature, on ne sacrifie point au bien public une loi qui oblige actuellement dans les circonstances où l'on se trouve; mais on juge que, dans telles et telles circonstances, la loi n'oblige point, et que ce n'est pas pour ces cas qu'elle est faite.

Mais, quand on est véritablement dans le cas de la loi naturelle; quand elle oblige effectivement, il ne peut jamais être permis de la violer, même pour le bien de l'état; et c'est vraiment pour de telles occasions qu'est faite la maxime, *fiat jus et pereat mundus*. On va voir néanmoins qu'on n'a pas même besoin de ce principe rigoureux, pour répondre ici au prétexte spécieux du bien public.

TROISIÈME PROPOSITION.

Ce que l'on appelle salut du peuple ou de l'état, est ce qui l'empêche d'être livré au ravage d'une armée ennemie, de devenir la conquête d'un usurpateur, de voir changer l'ancienne forme du gouvernement, de voir périr ses lois, ses privilèges, sa liberté, sa société. Voilà ce qui mérite véritablement le nom de salut du peuple. Cicéron reçoit justement le titre de père de la patrie, pour avoir découvert et dissipé une conjuration qui menaçoit la république d'une ruine entière, et qui alloit élever la tyrannie sur les débris de la liberté.

Mais, c'est abuser étrangement des expressions, de dire qu'il s'agit du salut du peuple ou de l'état, quand il n'est question que de trouver un moyen de libérer le roi d'une partie considérable de ses dettes. Les deux extrémités à cet égard étoient donc, que le roi demeurât toujours chargé, autant qu'il l'étoit; l'autre qu'il se libérât par une banqueroute totale. L'une et l'autre pouvoient avoir des suites très-fâcheuses pour un grand nombre de ses sujets; mais ni l'un ni l'autre ne menaçoient l'état d'une entière subversion.

Or, dans le sentiment même de ceux qui veulent que cette règle, *salus populi suprema lex esto*, ne reçoive aucune exception, ce n'est que dans ce cas que la règle doit avoir lieu.

Donc nous n'étions point dans le cas auquel cette règle convient, et par conséquent elle ne sauroit excuser le commerce des actions, s'il est vicieux en lui-même et dans ses suites.

QUATRIÈME PROPOSITION.

Quand même on voudroit faire passer la libération du roi pour un de ces cas où la règle du salut du peuple doit seule avoir lieu, il faudroit, pour en faire l'application, qu'il fût évident qu'on ne pouvoit trouver aucune autre voie pour diminuer le fardeau trop pesant dont le roi étoit chargé.

Celui qui soutient qu'il n'est rien que la nécessité de l'état n'autorise, doit au moins prouver que l'on est dans le cas de cette nécessité, et même qu'elle est telle, qu'il ne reste qu'une seule porte pour en sortir.

Or, non-seulement il n'est nullement certain que le roi ne pouvoit se libérer que par la voie du commerce des actions, mais il est de la dernière évidence qu'il pouvoit se passer très-aisément de ce secours ; et le système présent fournit même la démonstration de cette vérité.

Ses objets principaux, comme toutes les opérations de son auteur, qui le font voir clairement, sont .

1.° De bonifier ou d'augmenter les fermes et les revenus du roi, comme l'on a déjà commencé de le faire ;

2.° De lui fournir de nouveaux revenus par le nouvel établissement de la banque ;

3.° De diminuer le taux des rentes constituées, plus fort dans ce royaume que dans plusieurs des nations voisines ;

4.° D'étendre et de perfectionner le commerce.

Or, il n'y a aucune de ces vues qui ne diminue considérablement la charge ou la pesanteur des dettes du roi, et qui ne soit indépendante de l'établissement des actions, tel que nous le voyons aujourd'hui.

Si, par une sage et heureuse administration des fermes ou des autres revenus du roi, ils peuvent croître de vingt millions par exemple, il n'y avoit qu'à y travailler, sans introduire un agiotage aussi immense que ruineux pour tous les sujets du roi, et le fardeau de ses dettes auroit été diminué de vingt millions, puisque c'est la même chose d'augmenter sa recette ou de diminuer sa dépense.

Si les profits de la banque peuvent aller aussi à vingt millions par an, avec une augmentation de quarante millions de revenu, l'objet des dettes du roi devenoit presque insensible.

Si, en établissant le commerce des actions, on réduit le taux des rentes ou des intérêts à trois pour cent, on pourroit faire la même chose sans l'établir ; et la diminution d'un quart sur les dettes du roi, jointe à une augmentation de quarante millions sur ses revenus, le mettoit tellement au-dessus de ses affaires, qu'il se trouvoit de beaucoup plus riche que le feu roi ne l'a jamais été.

Enfin, si le commerce plus étendu et plus florissant devient une nouvelle source d'abondance, et pour le roi en particulier, et pour tout le royaume en général, on y auroit encore suffisamment pourvu, soit en mettant le roi en état de payer régulièrement ce qu'il doit, soit en lui fournissant des revenus assez grands pour le mettre en état de rétablir sa marine et de protéger puissamment le commerce, soit en dégoûtant les hommes de la possession indolente et stérile des rentes constituées par la réduction du taux à trois pour cent.

Ainsi, bien loin que les opérations du nouveau système prouvent la vérité de cette nécessité supérieure à toutes les lois, qui sert de prétexte à l'établissement d'un agiotage public, il ne faut employer que ces opérations mêmes, pour faire voir que l'on abuse ici manifestement du grand nom de la nécessité ; et que ce n'est qu'une chimère spécieuse dont on se sert, pour éblouir les esprits superficiels, mais dont tous ceux qui peuvent entrer dans le fond des choses sentent d'abord l'illusion.

On ne prévoit que deux objections que l'on puisse faire contre ce raisonnement.

On dira d'abord qu'à la vérité en augmentant les revenus du roi, on le met en état de supporter aisément le fardeau de ses dettes ; mais, que pour parvenir à une telle augmentation, il faut que deux choses concourent :

L'une, que le roi puisse se passer pendant quelque temps de ses revenus ordinaires, afin d'avoir le loisir d'y donner une meilleure forme, sans être exposé au danger d'être plus mal pour vouloir être mieux ;

L'autre, que comme l'amélioration des revenus du roi exige certaines dépenses, il faut, pour y réussir, que, par des routes nouvelles, le roi trouve un fonds extraordinaire qui le mette en état de faire ces dépenses.

Les actions lui procurent l'une et l'autre facilité ; donc, dira-t-on, les actions étoient un moyen nécessaire pour parvenir à l'augmentation des revenus du roi.

On supposera, si l'on veut, la vérité de ces deux principes, mais on en niera la conséquence qui n'est pas juste en effet, si le roi pouvoit avoir les mêmes facilités, ou du moins ces deux facilités dans un degré suffisant, pour parvenir à l'amélioration de ses revenus sans se servir du secours des actions.

1.° Il est déjà certain que le bénéfice de la réduction des rentes à trois pour cent n'avoit nullement besoin de ce secours, et cependant ce bénéfice n'est pas si peu considérable qu'il ne monte à plus de dix millions sur le pied de ce que le roi payoit à ses créanciers, et à plus de seize sur le pied de ce qu'il auroit dû leur payer.

2.º Il est encore évident que si la banque produit un revenu de vingt millions par an, cette augmentation de revenu pourroit avoir lieu indépendamment des actions et de l'agiotage.

3.º Il peut y avoir à la vérité quelques changemens dans la perception ou dans la régie des revenus du roi, qui demandent que pendant qu'on essaie de mettre une meilleure forme, on puisse soutenir le retardement que l'essai apportera aux recouvremens ordinaires ; mais,

1.º Il y a aussi une grande partie de ces revenus où les changemens qu'on y voudra faire en mieux n'apporteront aucun délai considérable. Il faut, à la vérité, y bien penser avant que de faire ces changemens ; mais s'ils sont vraiment utiles, ils ne feront qu'avancer et faciliter les recouvremens.

2.º Les recouvremens des seuls restes dont on a privé le roi par une ostentation de libéralité, dont on se repent peut-être à présent, auroient été un secours dont on auroit pu se servir utilement en trouvant des financiers qui eussent fait des avances sur ce fonds, pour se donner tout le temps nécessaire pour faire les changemens qu'on médite.

3.º Quand même ils auroient causé quelque retardement dans le paiement des dettes du roi, c'étoit un inconvénient bien léger, en comparaison de tous ceux auxquels un établissement public d'agiotage donne lieu.

4.º Comptera-t-on pour rien une augmentation de plus de trente millions de revenu pour le roi, par la réduction du taux des rentes, et par les profits de la banque ; et en faut-il davantage pour lui donner le temps d'essayer les changemens qu'on veut faire dans la manière de percevoir ses revenus ?

5.º Pour ce qui est des dépenses qu'on suppose nécessaires pour parvenir à cette réformation, c'est un objet qui ne mérite pas d'entrer en ligne de compte ; au contraire, une partie de la réforme, ou de l'amélioration, doit consister, si elle est bien faite, à retrancher un grand nombre de dépenses et de frais, inutiles au roi et onéreux au peuple; et, par conséquent, cette première objection bien approfondie, tombe d'elle-même.

On dira en second lieu, et c'est l'objection la plus spécieuse, qu'il n'y avoit que les actions qui pussent procurer des fonds immenses pour le rétablissement d'un commerce qui devient entièrement supérieur à celui des étrangers; que cette supériorité est un si grand avantage pour le roi, pour l'état, pour tous les particuliers, qu'on ne l'achète pas trop chèrement par une infraction passagère de quelques règles de morale, qui, n'étant établies que pour le bien de la société, doivent céder à un aussi grand intérêt pour cette société même, que l'abondance et l'immensité du commerce intérieur et extérieur; que s'il y a du vice ou de l'iniquité dans l'agiotage, elle se termine sans doute au préjudice qu'une partie des sujets du roi en souffre.

Mais ce préjudice sera avantageusement réparé par le rétablissement et l'augmentation du commerce: Ceux mêmes qui sont le plus à plaindre dans l'opération présente, y retrouveront avec usure, s'ils veulent s'y prêter, tout ce qu'ils perdent aujourd'hui; et ce qui leur fait tant de peine dans ce changement se terminera un jour à les rendre plus industrieux, plus laborieux, et plus riches qu'ils ne l'étoient auparavant.

Certainement, les promesses ne peuvent être plus magnifiques, mais il s'agit d'en peser la réalité.

1.º Il faut convenir que c'est une étrange manière de rétablir le commerce, que de commencer par ruiner tout un genre d'hommes qui a passé jusqu'à présent pour la classe des plus honnêtes gens du royaume, et de ruiner presque tout le reste par une augmentation de dépense qui ne profite qu'au plus petit nombre, parce que celui des acheteurs est infiniment plus grand dans un état que celui des vendeurs. On a déjà montré plus haut que le faux genre de richesses qu'on donne aux hommes par le moyen de la monnoie de papier cause ce mal en partie, et n'en est nullement le remède. Or, de cette augmentation de dépense ou de cet excès de cherté auquel toutes les denrées et les marchandises sont portées, il résultera nécessairement une grande diminution dans la consommation, unique ressource de ceux qui manquent du nécessaire, pour soutenir leur ancienne dépense, et il n'y a personne qui ne sache que le défaut de consommation est le plus grand ennemi de la prospérité du commerce.

2.º A la vérité la compagnie des Indes acquiert par son industrie de grands fonds, qui bien employés pourroient être d'un secours fort utile pour le rétablissement du commerce intérieur et extérieur; mais la plus grande partie de ces fonds se consomme à payer le dividende des actionnaires. C'est une terre qui dévore presque tous les fruits qu'elle produit, et il y a tout lieu de croire que ce qu'on en réserve pour l'amplification du commerce, n'est pas aussi considérable que bien des actionnaires se l'imaginent.

3.º Si la compagnie travaille au rétablissement du commerce, elle y nuit d'un autre côté par la douceur dangereuse d'un commerce faux et imaginaire, qui, comme on l'a fait voir sur le problème premier, débauche les hommes du véritable, par les fortunes immenses que l'agiotage leur fait faire, sans peine, sans talens, sans habileté, sans travail, sans risque.

4.º Elle nuit encore d'une autre manière à ce rétablissement qu'elle veut procurer, et elle agit directement contre son propre objet, en faisant sortir du royaume des sommes immenses au profit de l'étranger, sans que la dette de l'état soit diminuée, comme on l'a dit plus haut; et, en donnant lieu d'un autre côté à l'enlèvement stérile et infructueux de nos marchandises, pour lesquelles on ne nous donne que notre papier même; ce qui fait que l'étranger paye sa dette, sans que la nôtre s'acquitte, et que le change monte à un excès qui est la ruine du royaume en général, et du commerce en particulier.

Ainsi, quiconque pèsera dans une balance exacte, d'un côté, les maux que la compagnie fait au commerce, et de l'autre, les biens qu'elle peut lui procurer, trouvera que les maux égalent, s'ils ne surpassent même les biens, comme cela est fort vraisemblable, d'autant plus que les maux sont certains et présens, au lieu que les biens sont incertains et éloignés. C'est le sujet d'une cinquième réflexion.

5.º Quand on supposeroit qu'il naîtra quelque jour, du sein de la compagnie, des avantages infinis pour le commerce, ce jour est encore loin ; et il faudroit pour y parvenir, que tout ce que l'on fait dans le système nouveau fût de nature à durer long-temps, et du moins jusqu'à cet heureux jour. Mais, soit que l'on considère les opérations de ce système, soit que l'on fasse attention au génie de la nation à laquelle on veut le rendre praticable, il n'y a presque personne qui puisse s'en promettre la durée.

Tout est forcé, tout est violent, tout est contre la nature dans ces opérations ; tout y est contraire au préjugé de tous les siècles, à l'usage de toutes les nations, aux sentimens de tous les hommes ; les principes en sont douteux, et l'exemple, ou l'expérience plus forte en pareille matière que le raisonnement, y résiste entièrement. Il faut, pour le soutenir, lutter continuellement contre le torrent des opinions humaines, et c'est ce qui y produit tous les jours tant de changemens, tant de variations; ou l'on est obligé de revenir sur ses pas, de défaire ce qu'on a fait, et de le refaire encore pour le défaire une seconde fois. On n'y peut réussir qu'en dominant en même temps sur toutes les volontés de tous les habitans d'un grand royaume ; et si elles veulent secouer le joug qu'on leur impose, il n'y a aucun moyen possible pour les y assujettir. C'est le sort de toutes les lois d'un trop grand détail, et qui ne peuvent être utiles que sup-

posé qu'elles fussent exécutées en même temps par
tous les hommes; ou plutôt, c'est la méprise de tous
ceux qui, ayant plus de spéculation que de pratique,
croient que les législateurs, même les plus autorisés,
peuvent se faire obéir autrement qu'en se servant ha-
bilement de l'intérêt des hommes pour les amener
au but qu'ils se proposent. Croire que l'on surmonte
à la fin cet intérêt général qui est gravé dans tous les
cœurs, et cette opinion aussi ancienne et aussi étendue
que le monde, sur les véritables richesses; s'imaginer
que l'on puisse venir à bout de la vaincre et de l'é-
touffer non-seulement dans un petit nombre d'esprits
éclairés et susceptibles des idées d'un système suivi,
mais généralement dans tous les hommes, c'est une
illusion qui trompera toujours quiconque s'y livrera,
et qui sera d'autant plus dangereuse, que ceux qui
en seront éblouis auront plus de lumières et d'élévation d'esprit; les villes ne se prennent pas avec le bout
du doigt, disoit le marquis d'Ornano au père Joseph,
qui lui traçoit aisément sur une carte le plan d'une
glorieuse campagne. Les hommes ne se prennent pas
avec du papier, pourroit-on dire aujourd'hui aux auteurs du nouveau système; et si l'appétit du gain, si
l'appât d'une fortune immense en séduit d'abord une
partie, ce sont des prodiges qui ouvrent les yeux au
reste des peuples. Le grand nombre, le gros des
hommes ramènent toujours le plus petit; et, comme
on l'a dit plus haut, ils reviennent bientôt à la nature
et à leurs premières idées, surpris et honteux d'avoir
pu s'en écarter si grossièrement. Il faudroit cependant
supposer que rien de tout cela n'arrivera, pour donner
à la compagnie le temps de tenir une partie de ses
promesses magnifiques; et c'est ce qui paroîtra moralement impossible à tous ceux qui examineront de
sang-froid la nature et les opérations du nouveau
système.

L'impossibilité est encore plus grande, si l'on considère le génie de la nation dans laquelle on veut
l'établir. Le français n'a pas changé de caractère depuis le temps de Jules-César, et l'on peut assurer;

que sans un miracle, il n'en changera jamais. Léger jusqu'à l'excès, et extrême en tout, il passe sans milieu de l'excès de la confiance à l'excès de la défiance. Il n'y a point de pays où l'on puisse hasarder plus aisément des entreprises qui ne roulent que sur l'opinion; il n'y en a point où de pareilles entreprises soient moins durables, et la mesure de leur succès devient sûrement celle de leur disgrâce. Jugeons-en par le passé. Y avoit-il rien de plus séduisant dans l'esprit des faiseurs de système que l'invention des billets de monnoie? Elle avoit ses défauts, sans doute, comme toute ressource de cette nature; mais cependant les hommes la saisirent si avidement, que ces billets gagnèrent d'abord sur l'argent. La révolution en a été aussi prompte qu'excessive. Il en sera de même de tout établissement semblable dans un royaume où l'on ne sait point garder de mesure ni dans le bien ni dans le mal. La chose manque toujours, ou du côté du gouvernement, ou du côté des peuples. Le gouvernement abuse d'une première confiance; il se laisse aller à la douceur d'un bien qui lui coûte si peu, et il goûte sans bornes le plaisir de la création; mais c'est ce plaisir même qui le conduit à l'anéantissement. Dès qu'il a violé certaines propositions, la confiance diminue; elle disparoît avec encore plus de rapidité qu'on ne l'avoit vu croître; on passe en un moment d'une extrémité à l'autre. Le gouvernement a péché par un excès de confiance; les peuples pèchent à leur tour par un excès de défiance; et, après avoir trop estimé un nouveau genre de bien, ils finissent par l'estimer trop peu. Il ne faut pas être un grand prophète pour annoncer une pareille catastrophe aux actions et à tout papier, sur lesquels on ne gardera point de mesure; on a déjà commencé à en voir des préludes, et Dieu veuille qu'ils n'aient pas des suites plus funestes.

Joignons à présent ces deux causes de destruction qui menacent ce papier de sa ruine; sa nature d'un côté; de l'autre, le génie de la nation qu'on y veut assujettir. Oserons-nous après cela nous en promettre la durée? Et si cela est, que deviendront ces vastes projets de rétablissement et d'augmentation d'un commerce formidable à toute l'Europe? N'est-il pas à craindre qu'ils ne se terminent à une mesure plus grande que celle dont nous avons voulu sortir, et qu'il n'en résulte qu'une diminution des dettes du roi, qui aura fait plus de mal qu'une franche et honnête banqueroute n'en auroit pu faire?

6.° Flattons-nous néanmoins, si on le veut, jusqu'à l'excès; et supposons que, malgré tout ce qui peut faire craindre la catastrophe des actions, elles produiront tout le fruit qu'on en fait espérer au public, et qu'elles le dédommageront en effet, par un commerce florissant et supérieur à celui des peuples voisins, de tout ce qu'il souffre à leur occasion. Mais ces peuples qui observent de si près toutes nos démarches, qui en sentent déjà les conséquences, et auxquels même on ne prend aucun soin de les cacher, souffriront-ils tranquillement que nous reprenions sur eux l'avantage qu'ils croient avoir sur nous du côté du commerce? Que peuvent-ils faire pour l'empêcher, dira-t-on? Trois choses fort aisées à imaginer, sans compter toutes celles qu'une plus profonde connoissance du commerce peut leur inspirer.

1.° Qui les empêche de nous imiter, s'il est vrai que nous fassions bien, et que nous soyons dans le véritable chemin de l'abondance? Ils en savent autant et plus que nous dans le commerce du papier comme dans tout autre; et, par la constitution de leur état, l'Angleterre et la Hollande ont de si grands avantages à cet égard sur la France, que ce qui est fort mauvais, ou qui est du moins très-équivoque chez nous, pourroit devenir bon ou du moins innocent chez eux. On y traite sûrement avec l'état; la confiance y est établie depuis long-temps; les engagemens d'une république ou d'un royaume, qui, pour les finances, est gouverné avec un esprit républicain, sont bien autrement solides et agissent tout autrement sur l'esprit des hommes, que les promesses ou les projets d'un souverain qui exerce une puissance absolue et arbitraire. Ainsi, toutes les fois qu'ils voudront prendre la rue Quincampoix pour modèle, après y avoir fait un si riche butin, ils pourront y réussir aussi bien, et peut-être mieux que nous. Or, si cela arrivoit, et s'ils profitoient de nos fautes pour y donner une meilleure forme, tout ce commerce de papier qui fait le grand fondement de nos espérances, prendroit bientôt son cours vers les lieux où il se feroit plus sûrement et plus solidement qu'en France. On verroit la fameuse rue déserte et abandonnée, non-seulement par les étrangers, mais peut-être encore plus par les français mêmes, dont la plupart aimeroit beaucoup mieux faire ailleurs un moindre gain, mais plus certain et plus durable. Sans cet appât même, combien y avoit-il de gens qui vouloient y faire transporter leur or et leur argent, à la faveur d'un arrêt du 22 janvier? Et quelques précautions que l'on pût prendre pour empêcher l'effet de cette diversion de commerce, il seroit toujours assez grand pour nuire infiniment aux vastes desseins du nouveau système.

2.º Que si l'on dit que nos voisins ne nous imiteront pas, j'en conviendrai fort aisément. Mais ne sont-ils pas toujours les maîtres de rompre tout commerce avec nous ; de ne plus tirer aucune de nos marchandises ; et de réduire tellement par là nos négocians aux abois, qu'ils n'auront pas le temps d'attendre ce rétablissement du commerce que la compagnie leur promet ? Que pourroit-elle d'ailleurs substituer à ce fonds de commerce naturel, que la fertilité de ce royaume et l'abondance de ses denrées lui ont procuré jusqu'à présent ? Nous avons déjà commencé, malheureusement pour nous, d'apprendre à nos voisins à s'en passer ; et ce sera encore bien pis, s'ils sentent que nous voulons prendre sur eux une supériorité qui iroit à anéantir entièrement leur commerce, comme ils entendent dire sans doute qu'on les en menace.

3.º Enfin, si une rupture de commerce ne leur suffit pas, ne peuvent-ils pas en venir à une guerre ouverte ?

Seroit-ce la première qui n'auroit été exécutée que par une jalousie de commerce? et y a-t-il aucun intérêt qui puisse entrer en comparaison avec celui-là, pour l'Angleterre et pour la Hollande, dont l'une regarde le commerce comme toute sa grandeur, et l'autre comme sa vie même? Je loue, si l'on veut, l'intrépidité de ceux qui ne sont pas touchés de cette crainte; j'entends dire qu'ils se flattent que la supériorité du commerce et des richesses nous assurera aussi la supériorité des armes; mais nous avons déjà été tristement la dupe d'une pareille confiance. N'avoit-on pas persuadé au feu roi qu'avec les sommes immenses qu'il tiroit de ses états, et le nombre prodigieux de troupes qu'il entretenoit, il seroit supérieur à toute l'Europe? Il l'avoit été en effet pendant quelque temps; mais ce qui n'est qu'un effort et un mouvement extraordinaire, cède toujours enfin à des forces naturellement supérieures. La plus grande valeur succombe tôt ou tard sous le nombre de ses ennemis; trois hommes à la longue viennent toujours à bout d'un seul homme. Depuis que le sort de l'Europe est entre les mains de quatre ou cinq puissances principales, sa politique a toujours été et sera toujours, tant que les choses seront sur le même pied, d'empêcher qu'une seule ne s'élève au-dessus des autres, et de conserver un équilibre qui assure la liberté commune. Le feu roi l'a éprouvé, et s'est vu à la fin menacé de périr pour avoir voulu être plus fort que toutes les autres puissances réunies. Nous l'éprouverons encore de même si nous voulons dominer sur leur commerce, qu'elles regardent comme leur substance même, et comme le principal appui de leur indépendance. Ainsi, plus nous voudrons élever notre commerce, plus il est à craindre que nous le fassions tomber, et que, pour avoir entrepris de monter trop haut, nous descendions peut-être plus bas que nous ne sommes aujourd'hui.

Vis consili expers mole ruit suâ.
Vim temperatam Dii quoque provehunt:
Sis majus.

C'est ce qui nous conduit naturellement à une sep-
tième réflexion.

7.º Montrer de vastes projets, afficher une ambi-
tion démesurée, ce n'est pas le moyen de réussir dans
ses entreprises. C'est avertir l'Europe entière de se
réunir contre nous. Mais se hâter lentement, diminuer les dettes du roi, rétablir insensiblement ses
forces sur la mer, favoriser l'agriculture, exciter le
travail et l'industrie, ranimer tous les arts, protéger
le commerce, et travailler toujours plus sous la terre
qu'au-dessus ; c'est-là le véritable chemin pour parvenir à une grandeur solide, qui augmente ses forces
sans irriter l'envie, et qui ne commence à se faire
craindre que lorsqu'elle n'a plus rien à craindre elle-
même. C'est à quoi un système simple, naturel et
suivi, auroit pu nous conduire par la réduction des
dettes du roi et l'augmentation de ses revenus, sans
employer aucun de ces moyens extraordinaires qui ne
sont propres qu'à répandre l'alarme au-dedans et au-
dehors, à éteindre la confiance du citoyen, et à exciter
l'envie de l'étranger.

Quiconque pèsera donc bien tous les prétextes que
l'on tiré du commerce pour soutenir le nouveau système, sera convaincu que c'est au moins un système
très-douteux et très-équivoque, pour n'en rien dire
de plus, et, par conséquent, qu'il n'est nullement de
ceux que la loi suprême du salut de l'état met sans
injustice au-dessus des règles ordinaires.

Observation générale sur ce cinquieme Problème.

On finira toutes ces réflexions par une remarque
qui pourroit rendre toutes les autres inutiles, c'est
qu'il ne paroît pas même jusqu'à présent que le nouveau système opère véritablement la libération du roi.
Ainsi, on le colore du spécieux prétexte de cette libération par laquelle on croit répondre à tous les inconvéniens du système ; et cette libération ne s'y trouve
point. Le roi devoit seize cent millions avant l'établissement de la compagnie ; le roi les doit encore

aujourd'hui. Il les devoit à un grand nombre de particuliers ; il les doit aujourd'hui à la compagnie et à tous ceux qui y sont intéressés. Il est vrai qu'à raison de quatre pour cent le roi auroit dû soixante-quatre millions par an, au lieu qu'à raison de trois pour cent il n'en doit que quarante-huit ; mais, si cela est, le bénéfice du roi ne consiste que dans la réduction du taux des rentes, et il pouvoit se procurer tout d'un coup le même bénéfice, sans ébranler toutes les fortunes, et sans donner lieu à toutes les autres suites pernicieuses du nouveau système. Il est encore vrai que, comme le roi a lui-même des actions, il consomme par là une partie de sa dette ; et c'est ce qui a donné lieu au nouvel arrangement qu'on a vu paroître depuis que cette dissertation a été faite, et par lequel la compagnie doit lui fournir neuf cent millions qu'il eût été plus court et plus sûr de compenser tout d'un coup avec les seize cent millions que le roi doit à la compagnie, si l'on n'eût appréhendé d'en faire tomber par là le crédit. Mais, d'un autre côté, le roi se trouve chargé envers le public d'un *milliard* (1) de billets de banque, dont il est difficile de croire que le fonds soit entièrement existant ; ainsi, il se peut faire qu'il doive réellement plus qu'il ne devoit avant le nouveau système ; mais il n'est presque pas possible qu'il ne doive

---

(1) Nous avons substitué le mot *milliard* à celui de *million*, que porte la première édition. En effet, on voit, par la requête des directeurs de la compagnie des Indes, sur laquelle intervint le fameux arrêt du 26 janvier 1721, que, pour exécuter le projet de convertir les actions en billets de banque, et les billets de banque en actions, il avoit été fait pour. . . . . 1,756,400,000 liv.

Plus, en billets de 10 livres. 17,000,000

TOTAL. 1,773,400,000

c'est-à-dire, un milliard 773 millions 400 mille livres de billets de banque.

Il n'y avoit que les agens des opérations de Jean Law qui connussent exactement la quantité de billets qui avoit été fabriquée ; le public savoit seulement qu'il y en avoit pour des sommes immenses, et M. le Chancelier devoit supposer que

autant au moins. Où est donc cet intérêt supérieur à
toutes les lois, cette loi suprême, ce salut du peuple
qui doit l'emporter sur toutes les règles ordinaires
suivant les partisans du nouveau système? Cet intérêt,
réduit à sa juste valeur, n'est que la libération du
roi; et la libération du roi ne se trouve point ici.
Ainsi, le seul changement que ce système ait produit,
est que tous les honnêtes gens sont ruinés, et tous les
fripons comblés de richesses : est-ce là donc ce salut
de l'état?

Mais quelque décisive qu'eût pu être cette réflexion,
on ne se repent point de l'avoir gardée pour la dernière; parce qu'il est toujours fort important de se
convaincre que, quand même on parviendroit à la
libération d'une grande partie des dettes du roi par
la route qu'on a prise, cet avantage n'auroit rien
d'assez considérable pour balancer les inconvéniens
du nouveau système; d'autant plus qu'on auroit pu
parvenir presque au même but, comme on l'a fait
voir, par des voies infiniment plus douces et moins
nuisibles à l'état et aux particuliers.

PROBLÈME SIXIÈME.

*Si l'impossibilité de faire un autre emploi de son
Argent, et la nécessité qui en résulte, excusent
l'Acquisition et le Commerce des Actions?*

PREMIÈRE PROPOSITION.

Il n'y a dans le monde de nécessité absolue et pro-

---

cette fabrication montoit au moins à un milliard. C'est un
milliard qu'on devoit lire. Il est vrai que ce magistrat sup-
posa qu'on pouvoit borner à un milliard la fabrication des
billets; mais, son mémoire, comme il l'a marqué à la tête
de son manuscrit, ayant été fait et achevé en janvier et
février 1720, il ne pouvoit deviner un fait qui ne fut révélé
au public qu'un an après; et il étoit trop circonspect pour
supposer que l'abus et le désordre eussent été portés jusqu'à
fabriquer près de 18 cents millions en billets de banque. Ce
fait, constaté depuis, ajoute une nouvelle force à son objection.

prement dite, que celle de faire son devoir ; parce qu'il n'y a que cette nécessité qui vienne de Dieu, et que Dieu est le seul être nécessaire.

Toutes les autres choses auxquelles on prodigue le nom de nécessaires ne sont que plus ou moins utiles pour conserver des biens, ou des avantages qui, eux-mêmes, sont seulement utiles, et non pas absolument nécessaires.

Or, ce qui est absolument nécessaire doit être préféré à ce qui n'est qu'utile ; c'est l'ordre immuable de la raison ou de la justice, qui, comme Socrates l'a définie parfaitement, n'est autre chose que la science de mettre chaque chose à sa place.

Donc, le devoir, qui est l'unique nécessaire, doit être toujours préféré à toute nécessité, qui n'est, à parler correctement, qu'une plus grande utilité.

Donc, le sixième problème est déjà résolu par avance, si l'on a suffisamment prouvé, dans les précédens, que l'acquisition et le commerce des actions soient contraires aux premiers principes de la justice, et, par conséquent, aux règles fondamentales du devoir.

Si, dans un état, le taux des rentes constituées étoit sur le pied du denier vingt, et que l'intérêt des billets fût sur la place au denier dix, seroit-il permis, à tous ceux qui n'auroient pas le nécessaire pour vivre, selon leur condition, avec le revenu de leurs rentes constituées, de vendre leurs contrats, et de faire valoir leur argent sur la place par une usure qui mettroit leurs rentes au niveau de leurs dépenses ? Cet exemple ne diffère en rien de la situation où l'on se trouve aujourd'hui, s'il est vrai, comme on croit l'avoir prouvé, que les actions soient un bien vicieux et une voie injuste de soutenir ou d'élever sa fortune.

En un mot, pour revenir toujours au premier principe, il est nécessaire de faire son devoir. Il n'est pas nécesssaire de vivre dans l'abondance ; il ne l'est point de vivre dans la commodité ; il ne l'est point de ne pas manger son fonds pour vivre ; il ne l'est pas de même de vivre, lorsque le devoir est de mourir. Nulle nécessité n'excuse celui qui trahit son devoir. Il vaut mieux être un innocent malheureux que d'être un heureux coupable; il vaut mieux même n'être plus, que de vivre pour être criminel.

Mais, est-il vrai que les hommes soient réduits à une si fâcheuse extrémité? C'est le sujet de la seconde proposition.

SECONDE PROPOSITION.

Ce qui paroît devoir être, et ne pouvoir même être que passager, et ce qui ne peut causer, par conséquent, qu'un dommage borné, ne méritent pas de porter le nom de nécessité, dans le sens même que l'on donne communément à cette expression.

Or, telle est la nature du mal que produisent les actions.

1.º Ce mal ne peut être que passager. Il n'est pas possible que le gouvernement, qui en sent tous les inconvéniens, laisse subsister, dans l'état où nous le voyons aujourd'hui, un mal qu'il ne regarde que comme un remède, ou comme un passage, pour parvenir à une meilleure situation. Un commerce, qui ruine tous les honnêtes gens, enchérit toutes les marchandises jusqu'à un excès ridicule ; qui cause, d'un côté, un luxe insensé, et, de l'autre, une misère effroyable; qui fait passer en pure perte, à l'étranger, une partie des richesses de l'état; qui autorise les faussetés, les vols, les fraudes domestiques, ne sauroit être, quoi qu'on en dise, un mal de longue durée; et, plus il est porté à l'excès, moins il y a lieu de craindre, selon le cours ordinaire des choses humaines, qu'il ne soit durable.

2.º Par conséquent, le dommage, ou le préjudice qui résulte de cette opération, est un préjudice borné, dont l'effet se réduira, pour les plus malheureux, à manger quelque chose de leur fonds. C'est donc la même chose à leur égard, que si une banqueroute; un incendie, une mauvaise récolte, et ce que l'on appelle une *vimaire*, leur avoient fait perdre une ou deux années de leur revenu, comme il est arrivé à bien des gens en l'année 1709. Il n'y a personne qui, dans certains temps, n'éprouve des pertes sur son bien ; mais, dans la suite de la vie, ces événemens fâcheux sont compensés par d'autres événemens favorables ; et, après tout, si le roi avoit fait ce que les personnes les mieux instruites croient qu'il auroit pu faire sans injustice, c'est-à-dire, s'il avoit réduit simplement le taux des intérêts à trois pour cent, la plupart de ceux qui se plaignent aujourd'hui souffriroient presque autant, au moins pour tout ce qui peut durer dans la conjoncture présente ; et, cependant, se flatteroient-ils qu'il leur fût permis de réparer, par l'usure ou toute autre industrie criminelle, les ruines de leur fortune ?

Il est vrai qu'ici, outre la diminution du revenu, on est encore dans l'inquiétude de perdre une partie de son fonds, ou par un décri des monnoies, si on le garde en argent, ou par la décadence de la banque, si l'on est obligé de le garder en billets ; mais,

1.º Évite-t-on absolument ce danger, en acquérant des actions ?

Si on les garde, on a tout à craindre ; leur sort est attaché à celui des billets de banque et à la haute valeur des monnoies ; et, outre le risque commun, elles en ont un qui leur est propre, dans la variation et le changement de l'opinion publique à leur égard ;

Si on les convertit en argent, on est exposé au hasard du décri et au danger des perquisitions ;

Si on les emploie en contrats de rente, il faut y perdre la moitié de l'ancien revenu dont on jouissoit.

Si on les emploie en terres, il faut y perdre trois ou quatre cinquièmes.

Il faut avouer néanmoins que, comme on double

presque son bien, en acquérant et en vendant des actions, les pertes, quoique de même genre, seront moins sensibles, parce qu'elles ne tomberont, au moins pour la plupart, que sur le gain qu'on aura fait. On conservera son fonds en entier; et c'est là ce qui séduit la plus grande partie des honnêtes gens qui veulent profiter de cette ressource. On leur entend dire à tous : « Je ne prétends point m'enrichir ; » je ne cherche pas à gagner ; je cherche seulement à » ne pas perdre, et à conserver précisément la même » fortune que j'ai reçue de mes pères ». Si les actions se soutiennent, le haut prix auquel toutes les denrées et toutes les marchandises ont été portées se soutiendra ; mais j'aurai aussi le double du bien que j'avois, et je serai en état de supporter cette augmentation de dépense. Si les actions tombent, ce haut prix tombera aussi ; alors je me retrouverai avec le même fonds que j'avois avant les nouvelles opérations, et ma recette sera toujours, par conséquent, au niveau de ma dépense. Si, au contraire, je n'achète pas d'actions ; si je ne profite pas du gain qu'on y fait, dans l'un et dans l'autre cas, je manque également du nécessaire. Si les actions se soutiennent, le haut prix de tout ce qui est dans le commerce se soutiendra ; et, mon revenu étant réduit à la moitié ; je n'aurai, comme on l'a dit plus haut, que le quart de ce qu'il me faut pour vivre, parce que ma dépense sera doublée. Je cours, outre cela, le risque de perdre la moitié de mon fonds par le décri des monnoies ou par la chute des billets de banque ; ainsi, supposé que les actions viennent à tomber, et que le prix de toutes choses baisse en même temps, mon fonds étant réduit au moins à la moitié, il s'en faudra aussi la moitié au moins que je n'aie le nécessaire pour subsister.

Voilà, sans doute, le raisonnement qui est le plus plausible de tous ceux qu'on peut entendre de la part de ceux qui veulent justifier l'acquisition et la vente des actions. Mais, après tout, cet argument est du nombre de ceux qui embarrassent le cœur beaucoup plus que l'esprit, et qui partent de l'amour-propre plutôt que de la raison.

Outre qu'il peut arriver des événemens dans lesquels ceux qui auroient gardé leur fonds, se trouveroient avoir mieux fait leurs affaires que ceux qui n'auroient pour tout bien que des actions de nulle valeur, ou une terre acquise sur le pied du denier cent, il est certain que le plus grand malheur qui puisse arriver à ceux qui n'auront point acheté d'actions, est de perdre une partie de leurs biens. Or, ce malheur, quelque grand qu'il soit pour certaines familles, n'efface point les lois du devoir et les principes de la justice naturelle. Il en faut juger, comme on l'a déjà dit, de la même manière que l'on juge de tous les autres accidens de la vie, qui nous font perdre une grande partie de notre fortune ; ce qui ne nous autorise pas, pour cela, à prendre de mauvaises voies pour la rétablir. Ainsi, la question, bien approfondie, se réduit toujours à savoir si l'acquisition et la vente des actions doivent être mises au nombre de ces voies mauvaises et injustes ; car, si cela est, comme on croit l'avoir prouvé en plusieurs manières, c'est en vain qu'on se sert du prétexte de la nécessité pour colorer une injustice. Et, d'ailleurs, tout est tellement incertain dans la conjoncture présente ; il peut y arriver de telles révolutions et des retours si contraires à l'attente d'une prudence intéressée, que ce prétexte même n'est pas aussi spécieux qu'il le paroît d'abord ; en sorte que bien des gens pourront y être trompés, et s'affliger inutilement, dans la suite, d'avoir fait un mal dont ils n'auront pas recueilli le fruit. Mais, encore une fois, quand ce qu'on appelle nécessité seroit de la dernière évidence, il est encore plus évident qu'un avantage, quoique certain, ne doit jamais être acheté par un mal certain, surtout quand le mal regarde notre devoir, et que le bien n'intéresse que notre fortune.

PROBLÈME SEPTIÈME.

Si ceux qui ont gagné, dans le Commerce des Actions, sont obligés à restituer le Profit qu'ils en ont reçu?

PREMIÈRE PROPOSITION.

Ou le gain que l'on y a fait n'a point eu pour principe un agiotage personnel, ou il a été fondé sur ce principe. C'est sur ces deux cas que doivent rouler les propositions suivantes :

S'il n'y a point eu d'agiotage personnel, et que l'actionnaire qui a vendu ses actions n'ait fait autre chose que suivre simplement le courant de la place, sans le faire changer lui-même par son industrie, il faut revenir au principe qui a été expliqué dans l'*article* 2, *n*. 6, que lorsque le vice ou la turpitude de la cause est égal des deux côtés, la condition du possesseur est la meilleure, en sorte que celui qui a reçu le prix de la convention vicieuse n'est pas obligé, suivant la rigueur de la justice, à le restituer.

Or, la turpitude ou le vice de l'obligation est également partagé entre le vendeur et l'acheteur d'une action; quand il n'y a point d'agiotage personnel de la part du vendeur pour en augmenter le prix, ou du moins il n'y a aucunes marques extérieures par lesquelles on puisse juger si l'un est plus coupable que l'autre.

Donc, selon les lois de la justice humaine, le devoir de la restitution cesse absolument en ce cas.

SECONDE PROPOSITION.

Si, au contraire, le vendeur ajoute à la turpitude ou au vice naturel des actions, celle d'un agiotage personnel par le moyen duquel il en a fait monter le prix; alors, la turpitude n'étant plus égale des deux côtés, un autre principe qu'on a expliqué dans le même endroit oblige le vendeur à la restitution, parce que toutes les fois que la turpitude est du côté de celui qui reçoit, il est vrai de dire qu'il a reçu sans cause, et, par conséquent, qu'il doit restituer ce qu'il a reçu, suivant la règle qu'on a expliquée *art. 2, n. 5.*

Mais, de cette décision il naît une question plus difficile à résoudre, qui consiste à savoir s'il n'est obligé de rendre que ce qu'il a reçu de plus par la voie de l'agiotage, qu'il n'auroit reçu sans cela, ou s'il doit restituer tout le prix qui lui a été payé, sans aucune distinction. Par exemple, les actions gagnoient quinze pour un, ou cinq au-delà de dix pour un, qui est le taux du prince, et cela par le cours naturel du commerce; l'agiotage les fait monter à vingt pour un, ou à dix au-delà du premier taux, la restitution aura-t-elle lieu pour cet excédant seulement, c'est-à-dire, pour ce qui est au-delà de quinze pour un (en quoi consiste, à proprement parler, le fruit de l'agiotage); ou pour la totalité de ce qui excède le taux du prince, c'est-à-dire, pour tout ce qui est au-delà de dix pour un?

D'un côté, on peut dire, en faveur de l'agioteur, que, puisqu'il n'y a que l'inégalité de la turpitude qui l'oblige à la restitution, il ne faut pas donner plus d'étendue à l'effet qu'à la cause. Or, la cause de la restitution n'opère, à proprement parler, que depuis quinze jusqu'à vingt, parce qu'il n'y a que cette augmentation de prix qui soit le produit de l'agiotage; et, quand il n'y en auroit point eu, les actions auroient toujours été vendues, suivant le cours de la place, à quinze pour un; auquel cas la turpitude, étant égale des deux côtés, la restitution n'auroit pas lieu, suivant la première proposition; d'où il semble qu'on peut conclure qu'il n'y a que ce qui est infecté par le vice de l'agiotage, c'est-à-dire, ce qui excède le prix de quinze pour un qui soit sujet à restitution.

D'un autre côté, quoique ces raisons paroissent

très-fortes, suivant les principes de la justice humaine, on peut dire, contre l'agioteur, que le mélange d'un gain vicieux et sujet à restitution infecte la masse entière; d'autant plus que personne ne peut savoir précisément si son industrie, qui a fait monter le prix des actions au-delà de quinze pour un, n'a pas aussi été cause qu'elles ne sont pas descendues plus bas; qu'on doit interpréter tout, à la rigueur et en mauvaise part, contre celui qui, faisant une action injuste, s'engage malgré lui à toutes les suites qu'elle peut avoir, quoiqu'il ne les ait ni prévues ni recherchées, suivant cette règle du droit canonique dont on trouve la semence dans le droit civil : *Danti operam rei illicitæ imputantur etiam ea quæ præter voluntatem eveniunt;* et qu'ainsi, dans le doute, le plus sûr est d'obliger l'agioteur à restituer entièrement tout ce qu'il a reçu au-delà du prix que l'autorité publique a donné aux actions.

TROISIÈME PROPOSITION.

Dans les cas mêmes où l'obligation de restituer n'a pas lieu, à cause de la turpitude de l'acheteur égale à celle du vendeur, le dernier ne peut conserver légitimement le prix qu'il a reçu des actions. L'acheteur n'est exclu de la répétition que par une exception personnelle tirée de son indignité, qui l'en rend incapable, suivant les règles du droit; mais, l'indignité de l'acheteur ne justifie ou ne purifie pas le gain du vendeur. L'un est indigne de répéter ce qu'il a payé; l'autre est indigne de retenir ce qu'il a reçu. C'est un bien qui n'appartient à personne, et qui, par conséquent, doit être rendu au public en la personne des pauvres, suivant le principe établi, *art.* 2, *n.* 6.

PROPOSITION à examiner sur les Actions des Indes (1).

8 février 1721.

LA compagnie prendra une délibération portant : Que toutes les actions seront réduites au cinquième, sauf à ceux qui prétendront qu'il faut leur en laisser davantage pour le remplacement des fonds réels et effectifs qu'ils ont convertis en actions, de représenter leurs titres aux commissaires du roi; et, en cas que leurs titres soient jugés valables, il leur sera laissé assez d'actions pour les remplir entièrement de ce qui peut leur être légitimement dû.

A la charge que ceux qui ne pourront pas justifier suffisamment leur prétention, perdront même le quint réservé à tous les actionnaires en général.

Moyennant cet arrangement, la compagnie paroît disposée à passer condamnation sur le chef de l'arrêt

_____

(1) Jean Law, qui avoit imaginé le système, et dirigé à son gré toutes les opérations de la banque royale et de la compagnie des Indes, quitta Paris le 10 décembre 1720. M. Pelletier de la Houssaye fut fait contrôleur-général. Une de ses premières opérations fut de rendre l'arrêt célèbre, du 26 janvier 1721, qui ordonna que toutes les négociations qui avoient été faites par la compagnie des Indes, depuis le 5 mars 1720, seroient et demeureroient pour son compte et à ses risques. Les actionnaires, à qui cet arrêt causa de vives inquiétudes, y formèrent opposition dans la suite. Mais on voit, par cet écrit, qu'avant de recourir à ce moyen, ils imaginèrent de tenter la _proposition_ qu'examine M. le chancelier d'Aguesseau. Elle ne tarda pas à être abandonnée, et c'est sans doute par cette raison que l'examen est demeuré incomplet. Cependant on n'a pas cru devoir priver le public d'une portion de travail si sagement et si solidement entamé. M. d'Aguesseau l'a écrit à mi-marge, sans rature, sans renvoi. Mais, plus il porte le caractère de la précipitation, plus il fera sentir la supériorité et les lumières de ce grand homme dans les matières même qu'il auroit pu ignorer, sans rien perdre de sa gloire, comme magistrat.

du 26 janvier, qui la charge des actions achetées en exécution de l'arrêt du 5 mars 1720, bien entendu que le roi, en considération du grand retranchement que la compagnie fait sur elle-même, lui remettra le débet du compte auquel l'achat des actions fait après l'arrêt du 5 mars donne lieu.

AVANTAGES DE LA PROPOSITION.

1.° Elle simplifie et abrège l'opération de la vérification, en mettant les actionnaires, qui voudront conserver leurs actions en entier, dans la nécessité de se rendre demandeurs, et de représenter d'eux-mêmes leurs titres, sans obliger les commissaires du roi à appeler indifféremment tous les actionnaires pour la vérification ordonnée.

2.° Elle prévient les objections et les instances des étrangers, qui ne peuvent refuser de se soumettre aux délibérations libres de la compagnie.

3.° Elle termine le grand procès que l'achat des actions, en vertu de l'arrêt du 5 mars 1720, a fait naître ; et elle le termine :

A l'avantage du roi, qui est déchargé de ces actions ;

A l'avantage de la compagnie, qui demeure quitte par la remise que le roi lui fait ;

A l'avantage des actionnaires de bonne foi, qui conservent leurs actions en entier, sans avoir rien à demander au roi pour leur indemnité ;

Enfin, à la satisfaction du public, qui verra avec joie tomber toute la rigueur des retranchemens sur les actionnaires qui lui sont odieux, par la rapidité et l'immensité de leur fortune.

Difficultés préliminaires à examiner, avant que de se déterminer à accepter ou à rejeter la Proposition.

1.° Dans la forme, la compagnie voudra-t-elle prendre ce parti, et autoriser régulièrement ceux qui font cette proposition pour elle ?

2.º Le peut-elle valablement, tant qu'elle ignore le véritable état de ses affaires, dont la situation ne peut lui être connue que par trois opérations ?

L'une, est la représentation de tous les effets actifs ;

L'autre, est le compte qu'elle doit au roi ;

La dernière, est l'état exact de ses dettes.

3.º Quand la compagnie voudroit et pourroit faire cette proposition, le roi pourroit-il l'accepter sans une entière connoissance de ses droits ?

Pour parvenir à cette connoissance, la représentation des effets actifs, l'état des dettes de la compagnie, et la reddition de son compte, paroissent indispensablement nécessaires.

Sans cela, il est impossible de savoir dans les règles si le roi est créancier ou s'il ne l'est pas; de combien il l'est, supposé qu'il le soit, et quels effets la compagnie peut lui donner en paiement ? Si le roi doit exercer ses droits à la rigueur, ou s'il lui convient de faire grâce ? Il n'y a personne qui puisse donner un conseil sur ce sujet, sans savoir certainement, et par un compte rendu en bonne forme, le plus ou le moins de ce qui peut être dû au roi.

Il semble donc que la proposition soit prématurée des deux côtés : la véritable situation de la compagnie n'étant pas encore assez connue, ni de la compagnie même pour faire une pareille proposition, ni du roi pour l'accepter.

Inconvéniens de la Proposition considérée en elle-même, en supposant que les choses fussent assez avancées pour pouvoir délibérer décisivement sur ce sujet.

1.º Si la compagnie se trouve redevable de sommes considérables, comme elle le suppose dès à présent, elle ne peut se tirer d'affaire avec le roi que par un paiement effectif, ou par une remise qui lui sera faite par Sa Majesté.

Un paiement effectif n'est pas possible ; elle en convient.

Une remise ne peut être solide et durable, si elle n'est fondée sur des motifs dont l'équité fasse la sûreté de la compagnie.

Le retranchement qu'elle fait sur elle-même ne peut être utile que pour elle ; le roi n'en profite point, si ce n'est en tant qu'il peut être avantageux à l'état de conserver la compagnie.

Quand la compagnie céderoit au roi les actions retranchées, cette cession ne seroit qu'un avantage imaginaire. On ne retranche ces actions que parce qu'on les regarde comme un bien qui ne peut être utile au propriétaire, le produit de la compagnie ne pouvant supporter ce nombre immense d'actions.

Ainsi, ou le roi voudra faire valoir ces actions, et, en ce cas, il ne gagne presque rien, parce que le dividende, partagé entre tant d'actionnaires, ne sera presque d'aucune utilité ; et il nuit à ces actionnaires de bonne foi, en faveur desquels le retranchement est proposé, puisque ce retranchement ne subsistera plus, et que le roi fait revivre en sa faveur toutes les actions retranchées ;

Ou le roi ne fera aucun usage des actions qui lui sont cédées, et, en ce cas, il sera évident qu'il aura remis pour rien, à la compagnie, un débet immense.

On pourroit, à la vérité, prendre un troisième parti :

Ce seroit de faire supporter d'abord le retranchement aux actionnaires de bonne foi, comme aux autres, après quoi le roi rendroit aux premiers les actions retranchées que la compagnie lui auroit cédées, jusqu'à concurrence des quatre cinquièmes, que chacun de ces actionnaires de bonne foi auroit perdu.

Mais, pour autoriser cette opération, il faudroit supposer que le roi fût obligé d'indemniser ces actionnaires, et regarder leurs actions comme la dette du roi, en quelque manière, parce qu'ils ont suivi la foi du gouvernement, et qu'ils ont été comme forcés de faire cet emploi de leur bien, toute autre porte leur étant fermée.

Ce seroit, sans doute, la meilleure manière de tourner la proposition ; mais, peut-on faire une dette du roi de ce qui n'en est pas une ?

Pour éclaircir encore plus ce point, il faut distinguer deux sortes de fonds qu'on a convertis en actions :

Les uns, provenant de remboursemens faits par le roi ;

Les autres, de remboursemens faits par des particuliers, ou de vente d'immeubles.

A l'égard des premiers, il y auroit une grande équité à en charger le roi, en regardant les actions comme subrogées aux rentes remboursées, dont le roi étoit le débiteur. Ne peut-on pas dire même que le corps de la compagnie, ayant acquitté les dettes du roi par ses actions, a été subrogé de droit aux créanciers remboursés, et que cette subrogation, ou son effet, se divise entre tous les actionnaires, à proportion du fonds qu'ils ont acquis de leur part pour libérer le roi ; c'est comme si Sa Majesté leur avoit donné des actions de la compagnie en paiement, ne seroit-elle pas obligée, en ce cas, à les faire valoir ?

Le second cas est plus difficile ; cependant, on peut dire en faveur des actionnaires, dont les actions représentent des remboursemens faits par des particuliers, que s'ils eussent conservé les billets de banque qu'ils ont reçus de leurs débiteurs, le roi s'en seroit regardé comme le garant, et ils auroient pu profiter du débouchement offert pour les rentes que le roi a crées. Leur condition doit-elle être différente, parce qu'ils ont acquis des actions ? On sait quelle est la différence qui est entre les billets et les actions. Le roi doit les uns et ne doit pas les autres. Mais, cependant, les actions sont l'emploi de préférence que le roi a indiqué. Ceux qui l'ont choisi ont été regardés comme les sujets les plus affectionnés au gouvernement. Il y a plus, entre les débouchemens offerts à ces billets de banque, on a employé indistinctement et les rentes et les actions. Il y a donc de grandes considérations d'équité en faveur des actionnaires mêmes, qui n'ont pour titre que des remboursemens faits par des particuliers; et c'est ce qui mérite d'être une fois pleinement discuté, parce que, pour réduire la difficulté à un seul point, il s'agit de savoir si la compagnie n'a pas payé la dette du roi en donnant des actions pour des billets de banque.

Il est vrai que, par rapport à la compagnie, elle devoit acquitter le roi de cette dette, c'est-à-dire, des billets de banque; et que, faute de l'acquitter, le roi exerçant un recours de garantie contr'elle, peut s'emparer de tous les effets de la compagnie.

Mais le public, à qui les actions ont été données pour le paiement des billets de banque, dont le roi étoit débiteur envers lui, ne peut-il pas dire que ces actions représentent les billets, et que, dans la déroute générale de la compagnie, il faut au moins que le roi tienne compte de ces billets à ceux qui prouvent qu'ils procèdent d'un fonds certain et légitime?

Tout cela peut mériter d'être encore plus approfondi.

2.º Il est à craindre qu'en prenant le parti d'accepter la proposition, on ne favorise plus une espèce de sujets du roi que l'autre.

La compagnie étant réformée, et fondée sur de meilleurs principes, pourra rendre, aux actionnaires qui seront conservés, un intérêt de huit ou dix pour cent.

Pendant que, d'un autre côté, les porteurs d'actions rentières ou de billets de banque n'auront peut-être pas un pour cent d'intérêt.

On ne peut remédier à cette inégalité qu'en se conservant le droit de rejeter sur la compagnie une partie de ce que le roi ne pourroit porter, et l'on perd ce droit, si l'on accepte, dès à présent, la proposition dont il s'agit, au lieu d'attendre l'effet de la vérification générale.

Réflexions sur ce second Inconvénient.

1.º N'est-ce pas faire injustice aux actionnaires conservés, ou de bonne foi ? Ils forment comme un genre de créances privilégiées sur la compagnie. Peut-on leur donner, malgré eux, des associés qui diminuent leur profit en le partageant avec eux ?

D'ailleurs, le fonds de leur bien est un bien casuel, incertain, sujet à une infinité d'accidens, chargé, quand on le juge à propos, de l'obligation de fournir des supplémens. Toutes ces circonstances ne compensent-elles pas le bénéfice qu'ils peuvent avoir à certaines années ?

FIN DU TOME TREIZIÈME.